Felix Stumpf

Das Recht auf Vergessenwerden

Felix Stumpf

Das Recht auf Vergessenwerden

Das Google-Urteil des EuGH – Vorbote der zweiten Chance im digitalen Zeitalter oder Ende der freien Kommunikation im Internet?

Tectum Verlag

Felix Stumpf

Das Recht auf Vergessenwerden. Das Google-Urteil des EuGH – Vorbote der zweiten Chance im digitalen Zeitalter oder Ende der freien Kommunikation im Internet?

Zugl. Diss. Philipps-Universität Marburg 2017

ISBN: 978-3-8288-4041-6

eISBN: 978-3-8288-6764-2

Umschlagsabbildung: The two towers of the European Court of Justice on Kirchberg in Luxembourg. May 05,2013 shutterstock.com
© Peter Fuchs

Druck und Bindung: CPI buchbücher.de, Birkach
Printed in Germany

Besuchen Sie uns im Internet
www.tectum-verlag.de

FSC
www.fsc.org
MIX
Papier aus verantwortungsvollen Quellen
FSC® C083411

Bibliografische Informationen der Deutschen Nationalbibliothek
Die Deutsche Nationalbibliothek verzeichnet diese Publikation in der Deutschen Nationalbibliografie; detaillierte bibliografische Angaben sind im Internet über http://dnb.ddb.de abrufbar.

„Themistokles wenigstens, als ihm Simonides – oder wer sonst es war – versprach, ihn die Kunst des Gedächtnisses zu lehren, sagte: ›Ich wünschte lieber die Kunst des Vergessens, denn ich erinnere mich auch an das, was ich nicht will, und vergessen kann ich nicht, was ich will.‹ Das war ein Mann von großem Geist; allein, es verhält sich doch überhaupt so, daß es allzu gebieterisch von einem Philosophen ist, zu verbieten, daß man sich erinnere."

Marcus Tullius Cicero

De finibus bonorum et malorum libri quinque – Vom höchsten Gut und vom größten Übel

Meinem Großvater Rudolf Josef Stumpf

21.8.1940 – 28.6.2008

Sic Parvis Magna

Vorwort

Die vorliegende Arbeit wurde vom Fachbereich Rechtswissenschaften der Philipps-Universität Marburg im Sommersemster 2017 als Dissertation angenommen. Entwicklungen in Gesetzgebung, Rechtsprechung und Literatur wurden bis März 2017 berücksichtigt; die Erreichbarkeit der in die Arbeit eingefügten Verlinkungen wurde im September 2017 erneut überprüft.

Meiner Doktormutter *Prof. Dr. Monika Böhm* möchte ich zunächst dafür danken, dass sie mir die Möglichkeit der Promotion eröffnet und mich während des gesamten Entstehungsprozesses der Arbeit in stets angenehmer Atmosphäre und umfassend betreut hat. Wann immer sich Fragen auftaten, stand sie umgehend für Rücksprachen zur Verfügung, wobei sie schier grenzenlose Geduld an den Tag legte. Auch möchte ich Ihr für die zahllosen Hinweise zur Verbesserung von Struktur und Inhalt der Arbeit, sowie Ihre schnelle Erstellung des Erstgutachtens danken. Außerordentlich möchte ich auch Herrn *Prof. Dr. Georgios Gounalakis* für seine rasche Erstellung des Zweitgutachtens danken.

Dr. Christian Schmitt möchte ich dafür danken, dass er mir in den vergangenen Jahren als Mentor zur Seite stand, mich an seinen eigenen Erfahrungen als Doktorand teilhaben ließ und mir bei Rückschlägen in den schwierigen Phasen der Dissertation stets half neuen Mut zu fassen. Darüber hinaus möchte ich Ihm besonders für sein in mich gesetztes Vertrauen danken. *Dr. Kerstin Wilhelm* möchte ich dafür danken, dass sie mich dazu angehalten hat, den Abschluss meiner Dissertation auch dann weiterzuverfolgen, als sich deren Vollendung länger als ursprünglich beabsichtigt hinzog.

Besonderer Dank gebührt meinen Eltern *Karin* und *Dieter Stumpf*, ohne deren kontinuierliche Unterstützung mir weder das Studium der Rechtswissenschaften noch die Anfertigung der vorliegenden Arbeit jemals möglich gewesen wären. Überaus zu Dank verpflichtet bin ich Herrn *Johannes Elias Parwulski*, welcher mir über die gesamte Dauer des Schaffensprozesses mit seiner Freundschaft und seinem Rat zur Seite stand. *Josef Nejib Matoussi*, *Lukas Murgott* und *Selina Merle* möchte ich dafür danken, dass sie immer ein offenes Ohr für die Sorgen hatten, welche die Erstellung dieser Arbeit mit sich brachte, und mir mehr als einmal geholfen haben, neue Motivation zu schöpfen. Auch meinen ehemaligen Kolleginnen *Carolin Puscher*, *Christina Kesting* und *Lisa-Kristin Wagener* bin ich zu Dank verpflichtet: Ich möchte mich nicht nur für die außerordentlich gute Zusammenarbeit in unserer Zeit als wissenschaftliche Mitarbeiter bei *Linklaters LLP* bedanken, sondern auch dafür, dass sie wiederholt zum Gedankenaustausch bereit waren, wenn sich Fragen über die Ausgestaltung der Dissertation auftaten. Meinem Mitreferendar *Richard Schwens* möchte ich für seine herzliche Unterstützung in den letzten Monaten der Dissertationsausfertigung danken. Dadurch, dass er von Beginn des Referendariats an darum bemüht war, mich von einem Teil der alltäglichen Referendars-Arbeit zu entlasten, hat er mir die Fertigstellung meiner Dissertation erheblich erleichtert. Besonderer Dank gilt auch *Alexander Rohe*, *Dr. Sebastian Rapp* und *Veronika Julie Gaile*, welche in der Endphase der Arbeit bereitwillig die nicht unerhebliche Mühe auf sich genommen haben, diese mehrfach durchzusehen und durch zahllose Anmerkungen zu ihrer Verbesserung beigetragen haben.

Marburg, im September 2017 *Felix Stumpf*

Abkürzungsverzeichnis

AEPD	Agencia Española de Protección de Datos
AEUV	Vertrag über die Arbeitsweise der Europäischen Union
AfP	Zeitschrift für Medien- und Kommunikationsrecht
AICGS	American Institute for Contemporary German Studies
Audiencia Nacional	Nationales Obergericht Spaniens
BJIL	Berkeley Journal of International Law
BORA	Berufsordnung der Rechtsanwälte
Brook. J. Int'l L.	Brooklyn Journal of International Law
BTLJ	Berkeley Technology Law Journal
BVerfG	Bundesverfassungsgericht
BZRG	Bundeszentralregistergesetz
CBPC	California Business and Professions Code
CoDesign	International Journal of CoCreation in Design and the Arts
CR	Computer und Recht
CLSR	Computer Law & Security Review
CNIL	Commission Nationale de l'Informatique et des Libertés
COPPA	Children's Online Privacy Act, 15 U.S.C. §§ 6501-6506
Cox Broadcasting-Entscheidung	Cox Broadcasting Corp. v. Cohn, 420 U.S. 469 (1975)
Datenschutzgrundverordnung	Verordnung (EU) 2016/679 des Europäischen Parlaments und des Rates vom 27. April 2016 zum Schutz natürlicher Personen bei der Verarbeitung personenbezogener Daten, zum freien Datenverkehr und zur Aufhebung der Richtlinie 95/46/EG
Datenschutzrichtlinie	Richtlinie 95/46/EG des Europäischen Parlaments und des Rates vom 24. Oktober 1995 zum Schutz natürlicher Personen bei der Verarbeitung personenbezogener Daten und zum freien Datenverkehr
DIVSI	Deutsches Institut für Vertrauen und Sicherheit im Internet
DNB	Deutsche Nationalbibliothek
DOC	United States Department of Commerce (Amerikanisches Handelsministerium)

DS-GVO-E	Vorschlag für eine Verordnung des europäischen Parlaments und des Rates zum Schutz natürlicher Personen bei der Verarbeitung personenbezogener Daten und zum freien Datenverkehr vom 25. Januar 2012, KOM(2012) 11
DS-GVO	vgl. „Datenschutzgrundverordnung“
DSRL	vgl. „Datenschutzrichtlinie“
DuD	Datenschutz und Datensicherheit
EGMR	Europäischer Gerichtshof für Menschenrechte
EJRR	European Journal of Risk Regulation
EJLT	European Journal of Law and Technology
EL	Ergänzungslieferung
EMRK	Europäische Menschenrechtskonvention
ENISA	European Network and Information Security Agency
EU	Europäische Union
FAZ	Frankfurter Allgemeine Zeitung
FBI	Federal Bureau of Investigation
FCRA	Fair Credit Reporting Act
FDP	Freie Demokratische Partei
Florida Star v. B.J.F.	Florida Star v. B.J.F., 491 U.S. 524 (1989)
FTC	Federal Trade Commission
Gates-Entscheidung	Gates v. Discovery Communications, Inc., 34 Cal.4th 679
Gestapo	Geheime Staatspolizei
Google-Urteil	Entscheidung des EuGH vom 13. Mai 2014 im Vorabentscheidungsverfahren C-131/12
GRCh	Charta der Grundrechte der Europäischen Union bzw. Grundrechte-Charta
GRUR Int.	Gewerblicher Rechtsschutz und Urheberrecht Internationaler Teil
GRUR-RR	Gewerblicher Rechtsschutz und Urheberrecht Rechtsprechungs-Report
Hous. L. Rev	Houston Law Review
Hrsg.	Herausgeber
ICWE	International Conference on Web Engineering
IDP	Revista de Internet, Derecho y Política
IRIE	International Review of Information Ethics
JCRED	Journal of Civil Rights and Economic Development
J. On Telecomm. & High Tech L.	Journal on Telecommunication and High Technology Law
J. Transnat'l L.	Vanderbilt Journal of Transnational Law
J. Marshall J. Info. Tech. & Privacy L.	John Marshall Journal of Information Technology & Privacy Law
JA	Juristische Arbeitsblätter
JOIP	Journal of Information Policy
JIPITEC	Journal of Intellectual Property, Information Technology and Electronic Commerce Law
JZ	JuristenZeitung
KGB	Komitee für Staatssicherheit

Kommissionsvorschlag vom 25. Januar 2012	Vorschlag für eine Verordnung des europäischen Parlaments und des Rates zum Schutz natürlicher Personen bei der Verarbeitung personenbezogener Daten und zum freien Datenverkehr vom 25. Januar 2012, KOM(2012) 11
Law & Pol'y Int'l Bus.	Law and Policy in International Business
MMR	Multimedia und Recht Zeitschrift für Informations-, Telekommunikations- und Medienrecht
MMR-Aktuell	Newsletter zur Zeitschrift MultiMedia und Recht
NJW	Neue Juristische Wochenschrift
No.	Number
NSA	National Security Agency
NVwZ	Neue Zeitschrift für Verwaltungsrecht
Oklahoma Publishing-Entscheidung	Oklahoma Pub. Co. v. District Court, 430 U.S. 308 (1977)
PELJ	Potchefstroom Electronic Law Journal
Safe Harbor-Entscheidung	Entscheidung der Kommission vom 26. Juli 2000 gemäß der Richtlinie 95/46/EG des Europäischen Parlaments und des Rates über die Angemessenheit des von den Grundsätzen des „sicheren Hafens" und der diesbezüglichen „Häufig gestellten Fragen" (FAQ) gewährleisteten Schutzes, vorgelegt vom Handelsministerium der USA
SB 568	Senate Bill No. 568
SCLJ	Santa Clara Computer & High Tech Law Journal
Stan. L. Rev. Online	Stanford Law Review Online
Stasi	Ministerium für Staatssicherheit
STLR	Stanford Technology Law Review
StPO	Strafprozessordnung
Swift-Abkommen	Abkommen zwischen der Europäischen Union und den Vereinigten Staaten über die Verarbeitung von Zahlungsverkehrsdaten und deren Übermittlung aus der Europäischen Union an die Vereinigten Staaten von Amerika für die Zwecke des Programms zum Aufspüren der Finanzierung des Terrorismus
taz	Die Tageszeitung
UC Davis Law Review	University of California Davis Law Review
UOLTJ	University of Ottawa Law & Technology Journal
URL	Uniform Resource Locator
Vol.	Volume
VR	Verwaltungsrundschau
WFLR	Wake Forest Law Review
ZaöRV	Zeitschrift für ausländisches öffentliches Recht und Völkerrecht
ZD	Zeitschrift für Datenschutz
ZDF	Zweites Deutsches Fernsehen

Zit.	Zitiert
ZRP	Zeitschrift für Rechtspolitik
ZUM	Zeitschrift für Urheber- und Medienrecht

Im Übrigen wird auf das Abkürzungsverzeichnis der Rechtssprache von *Kirchner* (Hrsg.), 8. Aufl., Berlin 2015, verwiesen.

Literaturverzeichnis

Abel, Ralf B., Datenschutz in den neuen Bundesländern", DtZ 1991, 112.

Ainsworth, Scott G. / AlSum, Ahmed / SalahEldeen, Hany / Weigele, Michele C. / Nelson, Michael L., How Much of the Web Is Archived?, abrufbar unter http://arxiv.org/abs/1212.6177 (zuletzt abgerufen am 5. September 2017).

Albrecht, Jan Philipp, Die EU-Datenschutzgrundverordnung rettet die informationelle Selbstbestimmung! - Ein Zwischenruf für einen einheitlichen Datenschutz durch die EU, ZD 2013, 587.

Alexander, Christian, Urheber- und persönlichkeitsrechtliche Fragen eines Rechts auf Rückzug aus der Öffentlichkeit, ZUM 2011, 382.

Ambrose, Meg Leta, EU Right to be Forgotten Case: The Honorable Google Handed Both Burden and Boon, Pla(Y)giarizing for Educational Purposes vom 19. Mai 2014, abrufbar unter https://playgiarizing.com/2014/05/19/eu-right-to-be-forgotten-case-the-honorable-google-handed-both-burden-and-boon/ (zuletzt abgerufen am 5. September 2017).

Ambrose, Meg Leta, It's About Time: Privacy, Information Lifecycles, and the Right to Be Forgotten, Stanford Technology Law Review, Vol. 16, No. 2, 2013, 369.

Ambrose, Meg Leta, Speaking of Forgetting: Analysis of Possible Non-EU Responses to the Right to Be Forgotten and Speech Exception, 24. März 2013, abrufbar unter http://papers.ssrn.com/sol3/papers.cfm?abstract_id=2238602 (zuletzt abgerufen am 5. September 2017).

Ambrose, Meg Leta, You Are What Google Says You Are: The Right to be Forgotten and Information Stewardship, IRIE, Vol. 17, 2012, 22.

Ambrose, Meg Leta / Ausloos, Jef, The Right to be Forgotten across the Pond, JOIP, Vol. 3, 2013, 1.

Ambrose, Meg Leta / Friess, Nicole / Van Matre, Jill, Seeking Digital Redemption: The Future of Forgiveness in the Internet Age, SCLJ, Vol. 29, 2012, 65.

American Psychological Association, Forgiveness – A Sampling of Research Results, Washington 2006 (zit.: *Bearbeiter*, in: Forgiveness – A Sampling of Research Results, Seite).

Andrade, Norberto Nuno Gomes de, Oblivion: The Right to Be Different … from Oneself – Reproposing the Right to Be Forgotten, IDP 2012, 122.

Antani, Ravi, The Resistance of Memory: Could the European Union's Right to be Forgotten Exist in the United States?, abrufbar unter http://papers.ssrn.com/sol3/papers.cfm?abstract_id=2590158, zuletzt abgerufen am 5. September 2017 (zit.: *Antani*, The Resistance of Memory: Could the European Union's Right to be Forgotten Exist in the United States?, Seite).

Ausloos, Jef, The 'Right to be Forgotten' – Worth remembering?, CLSR 2012, 143.

Ball, James, Guardian, 2. Juli 2014, EU's right to be forgotten: Guardian articles have been hidden by Google, https://www.theguardian.com/commentisfree/2014/jul/02/eu-right-to-be-forgotten-guardian-google (zuletzt abgerufen am 5. September 2017).

Bannon, Liam J., Forgetting as a feature, not a bug: the duality of memory and implications for ubiquitous computing, CoDesign, Vol. 2, Nr. 1, 2006, 3.

Becker, Jörg / Gronau, Norbert / Sinz, Elmar J. / Suhl, Leena / Leimeister, Jan Marco, Enzyklopädie der Wirtschaftsinformatik (zitiert: *Bearbeiter*, in: Enzyklopädie der Wirtschaftsinformatik, Abschnitt), abrufbar unter http://www.enzyklopaedie-der-wirtschaftsinformatik.de/wi-enzyklopaedie (zuletzt abgerufen am 5. September 2017).

Bender, Gunnar, Medien- und Telekommunikationsrecht im Internet – Eine Navigationshilfe zum raschen Aufspüren von Ressourcen, ZUM 1997, 708.

Bennett, Steven C., The "Right to Be Forgotten": Reconciling EU and US Perspectives, BJIL, Vol. 30, Issue 1, 2012, 161.

Bergmann, Jan / Dienelt, Klaus (Hrsg.), Ausländerrecht, Aufenthaltsgesetz, Freizügigkeitsgesetz/EU und Arb 1/80 (Auszug), Grundrechtecharta und Artikel 16a GG, Asylgesetz, Kommentar, 11. Auflage, München 2016 (zit.: Bergmann/Dienelt/*Bearbeiter*, Art., Rn.).

Bernal, Paul A., A Right to Delete?, EJLT, Vol. 2, Issue 2, 2011, 1.

Bettermann, Karl August / Zeuner, Albrecht (Hrsg.), Festschrift für Eduard Bötticher zum 70. Geburtstag am 29. Dezember 1969, Berlin 1969 (zit.: *Bearbeiter*, in: FS Bötticher, Seite).

Biermann, Kai, Ein digitaler Radiergummi ist nur ein Teil der Lösung, Zeit Online vom 11. Januar 2011, abrufbar unter http://www.zeit.de/digital/datenschutz/2011-01/radiergummi-vergessen-schoenberger/komplettansicht (zuletzt abgerufen am 5. September 2017).

Biermann, Kai, Datenschutz – Das Netz soll auch vergessen, Zeit Online vom 3. April 2008, abrufbar unter http://www.zeit.de/online/2008/15/datenschutz-mayer-schoenberger (zuletzt abgerufen am 5. September 2017).

Blanchette, Jean-François / Johnson, Deborah G., Data Retention and the Panoptic Society: The Social Benefits of Forgetfulness, The Information Society, Vol. 18, 2002, 33.

Blumenwitz, Dieter, Einführung in das anglo-amerikanische Recht: Rechtsquellenlehre, Methode der Rechtsfindung, Arbeiten mit praktischen Rechtsfällen, München 1976 (zit.: *Blumenwitz*, Einführung in das anglo-amerikanische Recht, Seite).

Boehme-Neßler, Volker, Das Recht auf Vergessenwerden – Ein neues Internet-Grundrecht im Europäischen Recht, NVwZ 2014, 825.

Boehme-Neßler, Volker, Vertrauen im Internet – Die Rolle des Rechts, MMR 2009, 439.

Bolton, Robert Lee, The Right to Be Forgotten: Forced Amnesia in a Technological Age, J. Marshall J. Info. Tech. & Privacy L., Vol. 31, Issue 2, 2015, 133.

Bottis, Maria (Hrsg.),Privacy and Surveillance - current aspects and future perspectives, Athen 2013 (zit.: *Bearbeiter*, in Bottis: Privacy and Surveillance, Seite).

Brandeis, Louis D. / Warren, Samuel D., The Right to Privacy, Harvard Law Review, Vol. 4, 1890, 193.

Britz, Gabriele, Schutz informationeller Selbstbestimmung gegen schwerwiegende Grundrechtseingriffe – Entwicklungen im Lichte des Vorratsdatenspeicherungsurteils, JA 2011, 81.

Brookman, Justin, Können wir der Cloud vertrauen?, ZD 2012, 401.

Buchholtz, Gabriele, Das „Recht auf Vergessen" im Internet – eine Herausforderung für den demokratischen Rechtsstaat, AöR 2015, 121.

Buchholtz, Gabriele, Das „Recht auf Vergessen" im Internet – Vorschläge für ein neues Schutzkonzept, ZD 2015, 570.

Bull, Hans Peter, Netzpolitik: Freiheit und Rechtsschutz im Internet, Baden-Baden 2013 (zit.: *Bull*, Seite).

Bull, Hans Peter, Persönlichkeitsschutz im Internet: Reformeifer mit neuen Ansätzen, NVwZ 2011, 257.

Calliess, Christian / Ruffert, Matthias, EUV/AEUV, Das Verfassungsrecht der Europäischen Union mit Europäischer Grundrechtecharta, Kommentar, 5. Auflage, München 2016 (zit.: Calliess/Ruffert/*Bearbeiter*, Art., Rn.).

Carlton, Christopher F., The Right to Privacy in Internet Commerce: A Call for New Federal Guidelines and the Creation of an Independent Privacy Commission, JCRED, Vol. 16, Issue 2, 2002, 393.

Caspar, Johannes, Datenschutz im Verlagswesen: Zwischen Kommunikationsfreiheit und informationeller Selbstbestimmung, NVwZ 2010, 1451.

Castro, Daniel, How Much Will PRISM Cost the U.S. Cloud Computing Industry?, ITIF August 2013, abrufbar unter http://www.itif.org/publications/how-much-will-prism-cost-us-cloud-computing-industry (zuletzt abgerufen am 5. September 2017).

Cellan-Jones, Rory, US v Europe - a cultural gap on the right to be forgotten, BBC News vom 15. Mai 2014, abrufbar unter http://www.bbc.com/news/technology-27421969 (zuletzt abgerufen am 5. September 2017).

Christiansen, Per, Selbstregulierung, regulatorischer Wettbewerb und staatliche Eingriffe im Internet, MMR 2000, 123.

Churchill, Sir Winston Leonard Spencer, Europarede, 19. September 1946, abrufbar unter http://www.europa-union.de/fileadmin/files_eud/PDF-Dateien_EUD/Allg._Dokumente/Churchill_Rede_19.09.1946_D.pdf (zuletzt abgerufen am 2. September 2017).

Ciacchi, Aurelia Colombi / Godt, Christine / Rott, Peter / Smith, Lesley Jane (Hrsg.), Haftungsrecht im dritten Millennium = Liability in the Third Millennium, Baden-Baden 2009, 285 (zit.: *Bearbeiter*, in: Liability in the third millennium, Seite).

Cicero, Marcus Tullius, Vom höchsten Gut und vom größten Übel – De finibus bonorum et malorum libri quinque, Übersetzt von Otto Büchler, Anaconda Verlag, Köln 2012 (zitiert: *Cicero*, De finibus bonorum et malorum libri quinque, Seite).

Clifford, Stephanie, Ads Follow Web Users, and Get More Personal, New York Times vom 31. Juli 2009, abrufbar unter http://www.nytimes.com/2009/07/31/business/media/31privacy.html?pagewanted=all&_r=0 (zuletzt abgerufen am 5. September 2017).

Comans, Clemens David, Ein „modernes" europäisches Datenschutzrecht: Bestandsaufnahme und Analyse praktischer Probleme des europäischen Datenschutzes unter besonderer Berücksichtigung der Richtlinie zur Vorratsdatenspeicherung, Frankfurt am Main 2012 (zit.: *Comans*, Seite).

Czychowski, Christian / Nordemann, Jan Bernd, Grenzenloses Internet – entgrenzte Haftung? – Leitlinien für ein Haftungsmodell der Vermittler, GRUR-Beilage 2014, 3.

Dammann, Ulrich / Simitis, Spiros, EG-Datenschutzrichtlinie, Kommentar, Baden-Baden 1997 (zit.: *Dammann/Simitis*, Art., Rn.).

Dauses, Manfred A. (Hrsg.), Handbuch des EU-Wirtschaftsrechts, Stand: 40. Ergänzungslieferung, Juni 2016, München (zit.: Dauses/*Bearbeiter*, Abschnitt, Rn.).

de Terwangne, Cécile, The Right to be Forgotten and the Informational Autonomy in the Digital Environment, Report EUR 26434 EN, European Commission, Joint Research Centre, Institute for the Protection and Security of the Citizen, 2013 (zit.: *de Terwangne*, The Right to be Forgotten and the Informational Autonomy in the Digital Environment, Seite).

de Terwangne, Cécile, Internet Privacy and the Right to Be Forgotten/Right to Oblivion, IDP 2012, 109.

Demuth, Norbert, Umsetzung des EuGH-Urteils durch Google - Nebulöse Entscheidungspraxis bei Löschanträgen, Legal Tribune Online vom 15. Juli 2015, abrufbar unter http://www.lto.de/recht/hintergruende/h/recht-auf-vergessen-werden-theorie-eugh-praxis-google/ (zuletzt abgerufen am 5. September 2017).

Dent, Chris / Kenyon, Andrew T., Defamation Law's Chilling Effect: A Comparative Content Analysis of Australian and US Newspapers, Media & Arts Law Review, Vol. 9, No. 94, 2004, 89.

Derksen, Roland, Strafrechtliche Verantwortung für in internationalen Computernetzen verbreitete Daten mit strafbarem Inhalt, NJW 1997, 1878.

DeVires, Will Thomas, Protecting Privacy in the Digital Age, BTLJ, Vol. 18, Issue 1, 2003, 283.

Diesterhöft, Martin, Das Recht auf medialen Neubeginn, Die „Unfähigkeit des Internets zu vergessen" als Herausforderung für das allgemeine Persönlichkeitsrecht, Berlin 2014 (zit.: *Diesterhöft*, Seite).

Diesterhöft, Martin, Datenschutzrechtlicher Direktanspruch gegen Suchmaschinenbetreiber – Königsweg zum medialen Neubeginn? – Zum „Recht auf Vergessen" im europäischen Datenschutzrecht, VBlBW 2014, 370.

DIVSI, Das Recht auf Vergessenwerden, Eine Untersuchung des iRights.Lab im Auftrag des Deutschen Instituts für Vertrauen und Sicherheit im Internet, Hamburg 2015, abrufbar unter https://www.divsi.de/wp-content/uploads/2015/01/Das-Recht-auf-Vergessenwerden.pdf, zuletzt abgerufen am 5. September 2017 (zit.: *DIVSI*, Das Recht auf Vergessenwerden, Seite).

Dobusch, Leonhard, Kommentar zum EuGH-Urteil: Zuviel des Guten – Privatisierte Rechtsdurchsetzung auf dem Vormarsch, Netzpolitik.org vom 14. Mai 2014, abrufbar unter https://netzpolitik.org/2014/kommentar-zum-eugh-urteil-zuviel-des-guten-privatisierte-rechtsdurchsetzung-auf-dem-vormarsch/ (zuletzt abgerufen am 5. September 2017).

Dörr, Dieter / Natt, Alexander, Suchmaschinen und Meinungsvielfalt, ZUM 2014, 829.

Dreier, Thomas / Euler, Ellen (Hrsg.), Kulturelles Gedächtnis im 21. Jahrhundert, Tagungsband des internationalen Symposiums, 23. April 2005, Karlsruhe (zit.: *Bearbeiter*, in: Dreier/Euler, Seite).

Druschel, Peter / Backes, Michael / Tirtea, Rodica, The right to be forgotten – between expectation and practice, 18. Oktober 2011 (zit.: *ENISA*, The right to be forgotten – between expectations and practice, Seite). Der Bericht der *ENISA* ist abrufbar unter https://www.enisa.europa.eu/publications/the-right-to-be-forgotten (zuletzt abgerufen am 5. September 2017).

Ehlers, Dirk (Hrsg.), Europäische Grundrechte und Grundfreiheiten, 4. Auflage, Berlin/Boston 2014 (zit.: Ehlers/*Bearbeiter*, §, Abschnitt, Rn.).

Ehmann, Eugen / Helfrich, Marcus, EG-Datenschutzrichtlinie, Kurzkommentar, Köln 1999 (zit.: *Ehmann/Helfrich*, Art., Rn.).

EU Network of Independent Experts on Fundamental Rights, Commentary of the Charter of Fundamental Rights of the European Union, Juni 2006, abrufbar unter http://ec.europa.eu/justice/fundamental-rights/files/networkcommentaryfinal_en.pdf, zuletzt abgerufen am 5. September 2017 (zit.: CCFREU/*Bearbeiter*, Art., Seite).

European Data Protection Supervisor, Opinion of the European Data Protection Supervisor on the Communication from the Commission to the European Parliament, the Council, the Economic and Social Committee and the Committee of the Regions, A comprehensive approach on personal data protection in the European Union, 14. Januar 2011, abrufbar unter http://ec.europa.eu/justice/news/consulting_public/0006/contributions/public_authorities/edps_en.pdf, zuletzt abgerufen am 5. September 2017 (zit.: *European Data Protection Supervisor*, A comprehensive approach on personal data protection in the European Union, Seite).

Federal Trade Commission, Protecting Consumer Privacy in an Era of Rapid Change, Preliminary FTC Staff Report, Dezember 2010, abrufbar unter https://www.ftc.gov/reports/preliminary-ftc-staff-report-protecting-consumer-privacy-era-rapid-change-proposed-framework, zuletzt abgerufen am 5. September 2017 (zit.: *FTC*, Protecting Consumer Privacy in an Era of Rapid Change, Seite).

Federrath, Hannes / Fuchs, Karl-Peter / Herrmann, Dominik / Maier, Daniel / Scheuer, Florian / Wagner, Kai, Grenzen des „digitalen Radiergummis", DuD 2011, 403.

Flaherty, David H., Protecting Privacy in Surveillance Societies, the Federal Republic of Germany, Sweden, France, Canada and the United States, Chapel Hill (u.a.) 1989 (zit.: *Flaherty*, Protecting Privacy in Surveillance Societies, Seite).

Fleischer, Peter, Foggy thinking about the Right to Oblivion, 9. März 2011, abrufbar unter http://peterfleischer.blogspot.de/2011/03/foggy-thinking-about-right-to-oblivion.html (zuletzt abgerufen am 5. September 2017).

Floridi, Luciano / Kauffman, Sylvie / Kolucka-Zuk, Lidia / La Rue, Frank / Leutheusser-Schnarrenberger, Sabine / Piñar, José-Luis / Valcke, Peggy / Wales, Jimmy, The Advisory Council to Google on the Right to be Forgotten, 6. Februar 2015, abrufbar unter https://drive.google.com/file/d/0B1UgZshetMd4cEI3SjlvVohNbDA/view, zuletzt abgerufen am 5. September 2017 (zit.: *The Advisory Council to Google on the Right to be Forgotten*, Seite).

Freialdenhoven, Jan / Heinzke, Philippe, Vergiss mich: Das Recht auf Löschung von Suchergebnissen, GRURPrax 2015, 119.

Frenz, Walter, Europarecht, 2. Auflage, Berlin 2016 (zit.: *Frenz*, Europarecht, Rn.).

Freidel, Morten, Recht auf Vergessenwerden – Google rudert bei gelöschten Links zurück, FAZ.net vom 4. Juli 2014, abrufbar unter http://www.faz.net/aktuell/wirtschaft/wirtschaftspolitik/google-rudert-bei-geloeschten-links-zurueck-13027601.html (zuletzt abgerufen am 22. November 2016).

Freidel, Morten, Recht auf Vergessenwerden – Welche Auswirkungen Googles Löschpraxis hat, FAZ.net vom 3. Juli 2014, abrufbar unter http://www.faz.net/aktuell/wirtschaft/wirtschaftspolitik/schadet-das-recht-auf-vergessen-der-pressefreiheit-13025471.html (zuletzt abgerufen am 5. September 2017).

Gandy, Oscar H. Jr., The Panoptic sort: A political economy of personal information, Boulder (u.a.) 1993 (zit.: *Gandy*, The Panoptic sort: A political economy of personal information, Seite).

Gauck, Joachim, Es gibt keine deutsche Identität ohne Auschwitz, Rede zum Gedenken an die Opfer des Nationalsozialismus und den 70. Jahrestag der Befreiung des Konzentrationslagers Auschwitz im deutschen Bundestag, Süddeutsche Zeitung vom 27. Januar 2015, abrufbar unter http://www.sueddeutsche.de/politik/bundespraesident-gaucks-rede-im-wortlaut-es-gibt-keine-deutsche-identitaet-ohne-auschwitz-1.2322759 (zuletzt abgerufen am 5. September 2017).

Gerling, Sebastian / Gerling, Rainer W., Wie realistisch ist ein „Recht auf Vergessenwerden"?, DuD 2013, 445.

Gersdorf, Hubertus / Paal, Boris P. (Hrsg.), Beck'scher Online-Kommentar Informations- und Medienrecht, 14. Edition, Stand: 1. November 2016, München (zit.: BeckOK Informations- und Medienrecht/*Bearbeiter*, Art., Rn. (Stand:)).

Glaser, Andreas, Grundrechtlicher Schutz der Ehre im Internetzeitalter, NVwZ 2012, 1432.

Glöckner, Jochen / Kur, Annette, Geschäftliche Handlungen im Internet – Herausforderungen für das Marken- und Lauterkeitsrecht, GRUR-Beilage 2014, 29.

Gola, Peter / Klug, Christoph / Körffer, Barbara / Schomerus, Rudolf, Bundesdatenschutzgesetz, Kommentar, 12. Auflage, München 2015 (zit.: Gola/Schomerus/*Bearbeiter*, §, Rn.).

Goldman, Eric, California's New 'Online Eraser' Law Should Be Erased, Forbes vom 23 September 2014, abrufbar unter http://www.forbes.com/sites/ericgoldman/2013/09/24/californias-new-online-eraser-law-should-be-erased/ (zuletzt abgerufen am 5. September 2017).

Goldman, Eric, Search Engine Bias and the Demise of Search Engine Utopianism, Yale Journal of Law and Technology, Vol. 8, Issue 1, 2006, 188.

Gomes, Daniel / Silva, Mario J., Modelling Information Persistence on the Web, Juli 2006, abrufbar unter http://xldb.fc.ul.pt/xldb/publications/fp613-gomes.pdf (zuletzt abgerufen am 5. September 2017).

Gounalakis, Georgios Rechtliche Grenzen der Autocomplete-Funktion von Google, NJW 2013, 2321.

Grabitz, Eberhard / Hilf, Meinhard / Nettesheim, Martin (Hrsg.), Das Recht der Europäischen Union, EUV/AEUV, 60. Ergänzungslieferung, Oktober 2016, München (zit.: GHN/*Bearbeiter*, Art., Rn. (Stand:)).

Grabitz, Eberhard / Hilf, Meinhard, Das Recht der Europäischen Union, 40. Ergänzungslieferung, Oktober 2009, München (zit.: Grabitz/Hilf/*Bearbeiter*, Das Recht der Europäischen Union (Sekundärrecht), Art., Rn. (Stand:)).

Graf, Jürgen Peter (Hrsg.), Beck'scher Online-Kommentar, Strafprozessordnung mit RiStBV und MiStra, 27. Edition, Stand: 1. Januar 2017, München (zit.: Beck OK StPO/*Bearbeiter*, §, Rn. (Stand:)).

Grau, Timon / Granetzny, Thomas, EU-US-Privacy Shield – Wie sieht die Zukunft des transatlantischen Datenverkehrs aus?, NZA 2016, 405.

Greve, Holger / Schärdel, Florian, Der digitale Pranger – Bewertungsportale im Internet, MMR 2008, 644.

Grimm, Dieter, Der Datenschutz vor einer Neuorientierung, JZ 2013, 585.

Grimm, Dieter, Die Meinungsfreiheit in der Rechtsprechung des Bundesverfassungsgerichts, NJW 1995, 1697.

Gropp, Martin, Recht auf Vergessenwerden – Google hat mehr als 90.000 Löschanträge erhalten, FAZ.net vom 24. Juli 2014, abrufbar unter http://www.faz.net/aktuell/wirtschaft/recht-auf-vergessenwerden-google-hat-mehr-als-90-000-loeschantraege-erhalten-13063392.html (zuletzt abgerufen am 4. November 2016).

Grünwald, Andreas / Döpkens, Harm-Randolf, Cloud Control? Regulierung von Cloud Computing-Angeboten, MMR 2011, 287.

Gstrein, Oskar Josef, Das Recht auf Vergessenwerden als Menschenrecht – Hat Menschenwürde im Informationszeitalter Zukunft?, Baden-Baden 2016 (zit.: *Gstrein*, Seite).

Gstrein, Oskar Josef, Die umfassende Verfügungsbefugnis über die eigenen Daten - Das „Recht auf Vergessenwerden" und seine konkrete Umsetzbarkeit, ZD 2012, 424.

Hansen, Marit / Weichert, Thilo, Das Recht auf Privatheit – The Right to Privacy, DuD 2012, 755.

Harper, Jim / Spies, Axel, A Reasonable Expectation of Privacy? Data Protection in the United States and Germany, AICGS Policy Report 22, 2006 (zit.: *Bearbeiter*, AICGS Policy Report 22, Seite).

Hay, Peter, US-Amerikanisches Recht, 6. Auflage, München 2015 (zit.: *Hay*, US-Amerikanisches Recht, Rn.).

Herzog, Marco, Rechtliche Probleme einer Inhaltsbeschränkung im Internet, Frankfurt am Main 2000 (zit.: *Herzog*, Seite).

Hillenbrand, Tom, Web-Kult: Die Leiden des Star-Wars-Kids, Spiegel Online vom 5. August 2003, abrufbar unter http://www.spiegel.de/netzwelt/web/web-kult-die-leiden-des-star-wars-kids-a-259878.html (zuletzt abgerufen am 5. September 2017).

Hilty, Reto M. / Drexl, Josef / Nordemann, Wilhelm (Hrsg.), Schutz von Kreativität und Wettbewerb: Festschrift für Ulrich Loewenheim zum 75. Geburtstag, München 2009 (zit.: *Bearbeiter*, in: FS Loewenheim, Seite).

Hoeren, Thomas, Internet und Recht – Neue Paradigmen des Informationsrechts, NJW 1998, 2849.

Hoeren, Thomas, Das Internet für Juristen - eine Einführung, NJW 1995, 3295.

Hoeren, Thomas / Bensinger, Viola (Hrsg.), Haftung im Internet – Die neue Rechtslage, Berlin/Bosten 2014 (zit.: *Bearbeiter*, in: Hoeren/Bensinger, Kap., Rn.).

Hoeren, Thomas / Sieber, Ulrich / Holznagel, Bernd (Hrsg.), Handbuch Multimedia-Recht, Rechtsfragen des elektronischen Geschäftsverkehrs, 43. Ergänzungslieferung, Juli 2016, München (zit.: Handbuch Multimedia-Recht/*Bearbeiter*, Teil, Abschnitt, Rn. (Stand:)).

Hoffmann, Christian / Schulz, Sönke E. / Borchers, Kim Corinna, Grundrechtliche Wirkungsdimensionen im digitalen Raum - Bedrohungslagen im Internet und staatliche Reaktionsmöglichkeiten, MMR 2014, 89.

Holznagel, Bernd / Hartmann, Sarah, Das „Recht auf Vergessenwerden" als Reaktion auf ein grenzenloses Internet - Entgrenzung der Kommunikation und Gegenbewegung, MMR 2016, 228.

Hornig, Michael, Möglichkeiten des Ordnungsrechts bei der Bekämpfung rechtsextremistischer Inhalte im Internet, ZUM 2001, 846.

Hornung, Gerrit, Eine Datenschutz-Grundverordnung für Europa? Licht und Schatten im Kommissionsentwurf vom 25.1.2012, ZD 2012, 99.

Hornung, Gerrit / Hofmann, Kai, Ein „Recht auf Vergessenwerden"? Anspruch und Wirklichkeit eines neuen Datenschutzrechts, JZ 2013, 163.

Hornung, Gerrit / Müller-Terpitz, Ralf, Rechtshandbuch Social Media, Berlin Heidelberg 2015 (zitiert: Hornung/Müller-Terpitz, Rechtshandbuch Social Media, Seite).

Iglezakis, Ioannis, The Right To Be Forgotten in the Google Spain Case (case C-131/12): A Clear Victory for Data Protection or an Obstacle for the Internet?, 26. Juli 2014, abrufbar unter http://papers.ssrn.com/sol3/papers.cfm?abstract_id=2472323 (zuletzt abgerufen am 5. September 2017).

Jahn, Joachim, „Recht auf Vergessen werden" – So zeigt Google auch die versteckten Seiten, FAZ.net vom 22. September 2015, abrufbar unter http://www.faz.net/aktuell/wirtschaft/macht-im-internet/frankreich-zwingt-google-zur-weltweiten-datenloeschung-13816223.html (zuletzt abgerufen am 5. September 2017).

Jahn, Joachim, Führt das Google-Urteil zur Zensur?, FAZ.net vom 23. Mai 2014, abrufbar unter http://www.faz.net/aktuell/wirtschaft/recht-steuern/google-urteil-fuehrt-das-recht-auf-vergessen-werden-zu-zensur-12954853.html (zuletzt abgerufen am 5. September 2017).

Jandt, Silke, EuGH stärkt den Schutz der Persönlichkeitsrechte gegenüber Suchmaschinen, MMR-Aktuell 2014, 358242.

Jandt, Silke / Kieselmann, Olga / Wacker, Arno, Das Recht auf Vergessen im Internet – Diskrepanz zwischen rechtlicher Zielsetzung und technischer Realisierbarkeit?, DuD 2013, 235.

Janisch, Wolfgang, EuGH-Urteil zu Suchmaschinen - Gericht zwingt Google zum Vergessen, Süddeutsche Zeitung, 14. Mai 2014, abrufbar unter http://www.sueddeutsche.de/digital/eugh-urteil-zu-suchmaschinen-gericht-zwingt-google-zum-vergessen-1.1961284 (zuletzt abgerufen am 5. September 2017).

Jarass, Hans D., Charta der Grundrechte der Europäischen Union: unter Einbeziehung der vom EuGH entwickelten Grundrechte, der Grundrechtsregelungen der Verträge und der EMRK, 3. Auflage, München 2016 (zit.: *Jarass*, Art, Rn.).

Kalabis, Lukas / Selzer, Annika, Das Recht auf Vergessenwerden nach der geplanten EU-Verordnung - Umsetzungsmöglichkeiten im Internet, DuD 2012, 670.

Kappes, Christoph / Krone, Jan / Novy, Leonard (Hrsg.), Medienwandel kompakt 2011–2013, Netzveröffentlichungen zu Medienökonomie, Medienpolitik & Journalismus, Wiesbaden 2014 (zit.: *Kappes/Krone/Novy*, Medienwandel, Seite).

Kerry, Cameron, Missed Connections: Talking With Europe About Data, Privacy, And Surveillance, Center for Technology Innovation at Brookings, Mai 2014, 1, abrufbar unter https://www.brookings.edu/wp-content/uploads/2016/06/Kerry_EuropeFreeTradePrivacy.pdf (zuletzt abgerufen am 5. September 2017).

Kirchhof, Paul / Isensee, Josef (Hrsg.), Handbuch des Staatsrechts der Bundesrepublik Deutschland, Band VII, Freiheitsrechte, 3. Auflage, Heidelberg 2009 (zit.: Handbuch des Staatsrechts VII/*Bearbeiter*, §, Rn.).

Kleinz, Torsten, Vergiss es Google, Zeit Online vom 9. Juli 2014, abrufbar unter http://www.zeit.de/digital/datenschutz/2014-07/google-urteil-eugh-link-loeschen-streisand-effekt (zuletzt abgerufen am 5. September 2017).

Knödler, Christoph, Zensur im Internet?, JurPC 1996, 257.

Kodde, Claudia, Die „Pflicht zu Vergessen“ – „Recht auf Vergessenwerden” und Löschung in BDSG und DS-GVO, ZD 2013, 115.

Koehler, Wallace, Digital libraries and World Wide Web sites and page persistence., Information Research, July 1999, Vol. 4, No. 4, abrufbar unter http://www.informationr.net/ir/4-4/paper60.html (zuletzt abgerufen am 5. September 2017).

Körber, Torsten, Juristische Recherche im Internet, NJW 1997, 3222.

Koops, Bert-Jaap, Forgetting Footprints, Shunning Shadows. A Critical Analysis of the “Right To Be Forgotten” in Big Data Practice, SCRIPTed, Vol. 8, Issue 3, 2011, 1.

Koós, Clemens, Das Vorhaben eines einheitlichen Datenschutzes in Europa - Aktueller Stand des europäischen Gesetzgebungsverfahrens, ZD 2014, 9.

Koreng, Ansgar, Das "Recht auf Vergessen" und die Haftung von Online-Archiven, AfP 2015, 514.

Koreng, Ansgar / Feldmann, Thorsten, Koreng, Feldmann: Das „Recht auf Vergessen” - Überlegungen zum Konflikt zwischen Datenschutz und Meinungsfreiheit, ZD 2012, 311.

Krulwich, Robert, Is The Right To Be Forgotten‘ The ‘Biggest Threat To The Free Speech On The Internet‘?, krulwich wonders vom 24. Februar 2012, abrufbar unter http://www.npr.org/sections/krulwich/2012/02/23/147289169/is-the-right-to-be-forgotten-the-biggest-threat-to-free-speech-on-the-internet (zuletzt abgerufen am 5. September 2017).

Kühling, Jürgen / Martini, Mario, Die Datenschutz-Grundverordnung: Revolution oder Evolution im europäischen und deutschen Datenschutzrecht?, EuZW 2016, 448.

Kühling, Jürgen, Rückkehr des Rechts: Verpflichtung von „Google & Co.“ zu Datenschutz, EuZW 2014, 527.

Kulk, Stefan / Borgesius, Frederik Zuiderveen, Google Spain v. González: Did the Court Forget about Freedom of Expression? Case C-1 31/12 Google Spain SL and Google Inc. v. Agencia Espa/lola de Proteccibn de Datos and Mario Costeja Gonzilez, EJRR, 2014, 389.

Kuner, Christopher, The Court of Justice of the EU Judgment on Data Protection and Internet Search Engines, LSE, Law, Society and Economy Working Papers 3/2015, abrufbar unter https://papers.ssrn.com/sol3/papers.cfm?abstract_id=2496060, zuletzt abgerufen am 5. September 2017 (zit.: *Kuner*, LSE Working Papers 3/2015, Seite).

Kurz, Constanze, Wenn die Zensur reichlich alt aussieht, FAZ.Net vom 20. August 2010, abrufbar unter http://www.faz.net/aktuell/feuilleton/debatten/digitales-denken/aus-dem-maschinenraum-14-wenn-die-zensur-reichlich-alt-aussieht-11027346.html?printPage%E2%80%A6 (zuletzt abgerufen am 5. September 2017).

Kutter, Inge, Digitales Gedächtnis: Das Netz vergisst doch, Die Zeit, 27. September 2012, abrufbar unter http://www.zeit.de/2012/40/Internet-Digitales-Gedaechtnis-Daten-Speicherung (zuletzt abgerufen am 5. September 2017).

Ladeur, Karl-Heinz, Anmerkung zum Urteil des BGH vom 14. Mai 2013 – VI ZR 269/12, JZ 2013, 792.

Ladeur, Karl-Heinz, Neue Institutionen für den Daten- und Persönlichkeitsschutz im Internet: „Cyber-Courts" für die Blogosphere, Datenschutz in Netzwerken gegenüber dem Staat und Providern (insbesondere „social media" wie Facebook), DuD 2012, 711.

Ladeur, Karl-Heinz, Zur Kooperation von staatlicher Regulierung und Selbstregulierung des Internet – zugleich ein Beitrag zum Entwurf eines Informations- und Kommunikationsdienste-Gesetzes des Bundes und eines Staatsvertrags über Mediendienste der Länder, ZUM 1997, 372.

Ladeur, Karl-Heinz / Gostomzyk, Tobias, Der Schutz von Persönlichkeitsrechten gegen Meinungsäußerungen in Blogs - Geht die große Zeit des privaten Presserechts im Internet zu Ende?, NJW 2012, 710.

Lagone, Laura, The Right to Be Forgotten: A Comparative Analysis, 7. Dezember 2012 (zitiert: *Lagone*, The Right to Be Forgotten: A Comparative Analysis, Seite), abrufbar unter http://ssrn.com/abstract=2229361 (zuletzt abgerufen am 5. September 2017).

Lee, Dave, BBC to publish 'right to be forgotten' removals list, BBC News vom 17. Oktober 2014, abrufbar unter http://www.bbc.com/news/technology-29658085 (zuletzt abgerufen am 5. September 2017).

Lee, Dave, Google ruling 'astonishing', says Wikipedia founder Wales, BBC News vom 14. Mai 2014, abrufbar unter http://www.bbc.com/news/technology-27407017 (zuletzt abgerufen am 5. September 2017).

Lee, James, SB 568: Does California's Online Eraser Button Protect the Privacy of Minors?, UC Davis Law Review, Vol. 48, Issue 3, 2015, 1173.

Lehr, Gernot, Pressefreiheit und Persönlichkeitsrechte – Ein Spannungsverhältnis für die Öffentlichkeitsarbeit der Justiz, NJW 2013, 728.

Lejeune, Mathias, Datenschutz in den Vereinigten Staaten von Amerika, CR 2013, 755.

Leupold, Andreas / Glossner, Silke (Hrsg.), Münchener Anwaltshandbuch IT-Recht, 3. Auflage, München 2013 (zit.: MIT/*Bearbeiter*, Teil, Abschnitt, Rn.).

Levin, Avner / Nicholson, Mary Jo, Privacy Law in the United States, the EU and Canada: The Allure of the Middle Ground, UOLTJ 2005, 357.

Libertus, Michael, Umfang und Reichweite von Löschungspflichten bei Rechtsverstößen im Internet, ZUM 2005, 627.

Liptak, Adam, The Nation's Borders, Now Guarded by the Net, New York Times vom 14. Mai 2007, abrufbar unter http://www.nytimes.com/2007/05/14/us/14bar.html (zuletzt abgerufen am 5. September 2017).

Lischka, Konrad, Studie zur Web-Haltbarkeit – Das Netz vergisst schnell, Spiegel Online vom 22. September 2012, abrufbar unter http://www.spiegel.de/netzwelt/web/web-archiv-studie-zur-haltbarkeit-von-online-quellen-a-856936.html (zuletzt abgerufen am 5. September 2017).

Louw, André M, What Intellectual Property Lawyers Can Learn from Barbra Streisand, Sepp Blatter, and the 'Coca-Cola Cry-Baby': Dealing with 'Trademark Bullying' in South Africa, Potchefstroom Electronic Law Journal, Vol. 16, No. 5, 2013, 1, abrufbar unter http://papers.ssrn.com/sol3/papers.cfm?abstract_id=2427712 (zuletzt abgerufen am 5. September 2017).

Luch, Anika / Schulz, Sönke E. / Kuhlmann, Florian, Ein Recht auf Vergessenwerden als Ausprägung einer selbstbestimmten digitalen Persönlichkeit - Anmerkung zum Urteil des EuGH v. 13.5.2014 (Google), Rs. C131/12, EuR 2014, 698.

Luch, Anika / Schulz, Sönke E., Die digitale Dimension der Grundrechte - Die Bedeutung der speziellen Grundrechte im Internet, MMR 2013, 88.

Ludwig, Thomas Claus, Zum Verhältnis zwischen Grundrechtecharta und allgemeinen Grundsätzen – die Binnenstruktur des Art. 6 EUV n. F., EuR 2011, 715.

Madrigal, Alexis C., How Much of the Web Is Archived? Truth Is, We Don't Really Know, The Atlantic vom 7. Januar 2013, abrufbar unter http://www.theatlantic.com/technology/archive/2013/01/how-much-of-the-web-is-archived-truth-is-we-dont-really-know/266905/ (zuletzt abgerufen am 5. September 2017).

Mantelero, Alessandro, Finding a Solution to the Google's Dilemma on the 'Right to Be Forgotten', after the 'Political' ECJ Decision, 19. November 2014, abrufbar unter https://papers.ssrn.com/sol3/papers.cfm?abstract_id=2528565 (zuletzt abgerufen am 5. September 2017).

Masing, Johannes, Vorläufige Einschätzung der „Google-Entscheidung" des EuGH, Verfassungsblog, 14. August 2014, abrufbar unter http://verfassungsblog.de/ribverfg-masing-vorlaeufige-einschaetzung-der-google-entscheidung-des-eugh/ (zuletzt abgerufen am 5. September 2017).

Masing, Johannes, Herausforderungen des Datenschutzes, NJW 2012, 2305.

Mason, Rowena, Right to be forgotten: Wikipedia chief enters internet censorship row, The Guardian vom 25. Juli 2014, abrufbar unter http://www.theguardian.com/technology/2014/jul/25/right-to-be-forgotten-google-wikipedia-jimmy-wales (zuletzt abgerufen am 5. September 2017).

Maunz, Theodor / Dürig, Günter, Grundgesetz, Kommentar, 78. Ergänzungslieferung, September 2016, München (zit.: Maunz/Dürig/*Bearbeiter*, Art., Rn. (Stand:)).

Mayen, Thomas, Die Auswirkungen der Europäischen Datenschutzrichtlinie auf die Forschung in Deutschland, NVwZ 1997, 446.

Mayer, Franz C., Recht und Cyberspace, NJW 1996, 1782.

Mayer-Schönberger, Viktor, Delete – The Virtue of Forgetting in the Digital Age, Princeton und Oxford 2009 (zit.: *Mayer-Schönberger*, Delete, Seite).

Mayer-Schönberger, Viktor, Useful Void: The Art of Forgetting in the Age of Ubiquitous Computing, John F. Kennedy School of Government - Harvard University, Harvard Kennedy School, Working Paper RWP07-022, 31. März 2007 (zitiert: *Mayer-Schönberger*, The Art of Forgetting, Seite), abrufbar unter https://papers.ssrn.com/sol3/papers.cfm?abstract_id=976541 (zuletzt abgerufen am 5. September 2017).

McCarthy, Hugh J., All the World's a Stage: The European right to be forgotten revisited from a US perspective, GRUR Int. 2016, 604.

McNealy, Jasmine E.,The Emerging Conflict between Newsworthiness and the Right to Be Forgotten, Northern Kentucky Law Review, Vol. 39, Issue 2, 2012, 119, abrufbar unter https://papers.ssrn.com/sol3/papers.cfm?abstract_id=2027018 (zuletzt abgerufen am 5. September 2017).

Mecklenburg, Wilhelm, Internetfreiheit, ZUM 1997, 525.

Meindel, Claudia, Verteidigungsstrategien im Zeitalter von Social Media, GRUR-Prax 2014, 97.

Merten, Detlef / Papier, Hans-Jürgen (Hrsg.), Handbuch der Grundrechte in Deutschland und Europa, Band IV, Grundrechte in Deutschland, Einzelgrundrechte I, Heidelberg 2011 (zit.: HGR IV/*Bearbeiter*, §, Rn.).

Meyer, Jürgen (Hrsg.), Charta der Grundrechte der Europäischen Union, 4. Auflage, Baden-Baden 2014 (zit.: Meyer/*Bearbeiter*, Art, Rn.).

Milstein, Alexander / Lippold, Matthias, Suchmaschinenergebnisse im Lichte der Meinungsfreiheit der nationalen und europäischen Grund- und Menschenrechte, NVwZ 2013, 182.

Möstl, Markus / Schwabenbauer, Thomas (Hrsg.), Beck'scher Online-Kommentar Polizei- und Sicherheitsrecht Bayern, 3. Edition, München 2017 (zit.: BeckOK PolR Bayern/*Bearbeiter*, Art., Rn.).

Monahan, Amy P., Deconstructing Information Walls: The Impact of the European Data Directive on U.S. Businesses, Law & Pol'y Int'l Bus., Vol. 29, 1998, 275.

Nägele, Thomas / Jacobs, Sven, Rechtsfragen des Cloud Computing, ZUM 2010, 281.

Nazari-Khanachayi, Arian, Sicherheit vs. Freiheit – der moderne Rechtsstaat vor neuen Herausforderungen, JA 2010, 761.

Nebel, Maxi / Richter, Philipp, Datenschutz bei Internetdiensten nach der DS-GVO - Vergleich der deutschen Rechtslage mit dem Kommissionsentwurf, ZD 2012, 407.

Nelson, Michael L. / Allen, B. Danette, Object Persistence and Availability in Digital Libraries, D-Lib Magazine, January 2002, Vol. 8, No. 1, abrufbar unter http://www.dlib.org/dlib/january02/nelson/01nelson.html (zuletzt abgerufen am 5. September 2017).

Neuerer, Dietmar, Konsequenzen gefordert - Internet-Bespitzelung alarmiert Deutschland, Handelsblatt vom 7. Juni 2013, abrufbar unter http://www.handelsblatt.com/politik/deutschland/konsequenzen-gefordert-internet-bespitzelung-alarmiert-deutschland/v_detail_tab_print/8316266.html (zuletzt abgerufen am 5. September 2017).

Nolte, Norbert, Das Recht auf Vergessenwerden – mehr als nur ein Hype?, NJW 2014, 2238.

Nolte, Norbert, Zum Recht auf Vergessen im Internet – Von digitalen Radiergummis und anderen Instrumenten, ZRP 2011, 236.

Nys, Herman, Towards a Human Right 'to Be Forgotten Online'?, European Journal of Health Law 2011, 469.

O'Brien, Kevin J., Silicon Valley Companies Lobbying Against Europe's Privacy Proposals, New York Times, 25. Januar 2013, abrufbar unter http://www.nytimes.com/2013/01/26/technology/eu-privacy-proposal-lays-bare-differences-with-us.html (zuletzt abgerufen am 5. September 2017).

Orthwein, Matthias / Rücker, Katrin Anna, Kann Europa von Kalifornien Datenschutz lernen? Data Breach, Do Not Track und das Recht auf Vergessen im Gesetzgebungsvergleich, DuD 2014, 613.

Ossenbühl, Fritz, Medien zwischen Macht und Recht, JZ 1995, 633.

Ott, Stephan, Schutz der Nutzerdaten bei Suchmaschinen - Oder: Ich weiß, wonach du letzten Sommer gesucht hast ..., MMR 2009, 448.

Ott, Stephan, Das Internet vergisst nicht – Rechtsschutz für Suchobjekte?, MMR 2009, 158.

Ott, Stephan, Ich will hier rein! Suchmaschinen und das Kartellrecht, MMR 2006, 195.

Otte, Karsten, Umfassende Streitentscheidung durch Beachtung von Sachzusammenhängen: Gerechtigkeit durch Verfahrensabstimmung?, Tübingen 1998, (zit.: *Otte*, Seite).

Paal, Boris, Vielfaltsicherung im Suchmaschinensektor, ZRP 2015, 34.

Patalong, Frank, Hatz in sozialen Netzwerken. Rassisten am Internet-Pranger, Spiegel Online, 26. Januar 2015, abrufbar unter http://www.spiegel.de/karriere/twitter-us-rassisten-am-internet-pranger-a-1013920.html (zuletzt abgerufen am 5. September 2017).

Peintinger, Stefan, Aktueller Zwischenstand zu Safe Harbor, ZD-Aktuell 2016, 04172.

Peston, Robert, Why has Google cast me into oblivion?, BBC News, 2. Juli 2014, abrufbar unter http://www.bbc.com/news/business-28130581 (zuletzt abgerufen am 5. September 2017).

Pino, Giorgio, The Right to Personal Identity in Italian Private Law: Constitutional Interpretation and Judge-Made Rights, 2000, abrufbar unter http://papers.ssrn.com/sol3/papers.cfm?abstract_id=1737392 (zuletzt abgerufen am 5. September 2017).

Plath, Kai-Uwe (Hrsg.), BDSG/DSGVO, Kommentar zum BDSG und zur DSGVO sowie den Datenschutzbestimmungen von TMG und TKG, 2. Auflage, Köln 2016 (zit.: *Bearbeiter*, in: Plath, §/Art., Rn.).

Polke-Majewski, Karsten, Digitales Erinnern - Kein Vergeben, Kein Vergessen, Zeit Online, 8. April 2011, abrufbar unter http://www.zeit.de/2011/15/Internet-Gedaechtnis (zuletzt abgerufen am 5. September 2017).

Posner, Eric, We All Have the Right to Be Forgotten, 14. Mai 2014, abrufbar unter http://www.slate.com/articles/news_and_politics/view_from_chicago/2014/05/the_european_right_to_be_forgotten_is_just_what_the_internet_needs.html (zuletzt abgerufen am 5. September 2017).

Prosser, William L., Privacy, California Law Review Vol. 48, Issue 3, 1960, 383, abrufbar unter http://scholarship.law.berkeley.edu/cgi/viewcontent.cgi?article=3157&context=californialawreview (zuletzt abgerufen am 5. September 2017).

Räther, Philipp C. / Seitz, Nicolai, Übermittlung personenbezogener Daten in Drittstaaten – Angemessenheitsklausel, Safe Harbor und die Einwilligung, MMR 2002, 425.

Raymond, Walter John, Dictionary of politics: selected American and foreign political and legal terms, 7. Auflage, Lawrenceville 1992 (zit.: Raymond, Seite).

Reding, Viviane, The EU Data Protection Reform 2012: Making Europe the Standard Setter for Modern Data Protection Rules in the Digital Age, SPEECH/12/26, Innovation Conference Digital, Life, Design, 22. Januar 2012, (zit.: *Reding*, SPEECH/12/26, The EU Data Protection Reform 2012: Making Europe the Standard Setter for Modern Data Protection Rules in the Digital Age, Seite).

Reding, Viviane, Privacy matters – Why the EU needs new personal data protection rules, The European Data Protection and Privacy Conference, 30. November 2010, SPEECH/10/700 (zit.: *Reding*, Privacy matters – Why the EU needs new personal data protection rules (2010), Seite).

Reidenberg, Joel R., E-Commerce and Trans-Atlantic Privacy, Hous. L. Rev., Vol. 38, 2001-2002, 717.

Roberton, Gideon (Hrsg.), Data Protection & Privacy in 26 jurisdictions worldwide, Second Edition 2014, London (zit.: *Bearbeiter*, in: Data Protection & Privacy 2014, Seite).

Roellecke, Gerd, Den Rechtsstaat für einen Störer! - Erziehung vs. Internet?, NJW 1996, 1801.

Römermann, Volker (Hrsg), BORA, 15. Edition, Stand: 1. März 2017, München (zit.: BeckOK BORA/*Bearbeiter*, §, Rn. (Stand:)).

Rosen, Jeffrey, The right to be forgotten, Stan. L. Rev. Online, Vol. 64, 2012, 88.

Rosen, Jeffrey, Free Speech, Privacy, and the Web that Never Forgets, J. On Telecomm. & High Tech L., Vol. 9, 2011, 345.

Rosen, Jeffrey, New York Times vom 21. Juli 2010, The Web Means the End of Forgetting, abrufbar unter http://www.nytimes.com/2010/07/25/magazine/25privacy-t2.html?pagewanted=all (zuletzt abgerufen am 5. September 2017).

Roßnagel, Alexander (Hrsg.), Beck'scher Kommentar zum Recht der Telemediendienste, Telemediengesetz, Jugendmedienschutz-Staatsvertrag (Auszug), Signaturgesetz, Signaturverordnung, Vorschriften zum elektronischen Rechts- und Geschäftsverkehr, München 2013 (zit.: Roßnagel/*Bearbeiter*, §, Rn.).

Ruttig, Markus, Damit das Internet vergisst - Online-Archive und das Recht verurteilter Straftäter auf Beseitigung ihrer Namensnennungen jedenfalls nach Verbüßung der Strafe, AfP 2013, 372.

SalahEldeen, Hany M / Nelson, Michael L., Losing My Revolution. How Many Resources Shared on Social Media Have Been Lost?, Norfolk Virginia 2012, abrufbar unter http://arxiv.org/abs/1209.3026, zuletzt abgerufen am 5. September 2017 (zit.: *SalahEldeen/Nelson*, Losing My Revolution, Seite).

Salbu, Steven R., The European Union Data Privacy Directive and International Relations, J. Transnat'l L., Vol. 35, 2002, 655.

Sachs, Michael (Hrsg.), Grundgesetz, Kommentar, 7. Auflage, München 2014, (zit.: Sachs/*Bearbeiter*, Art., Rn.).

Sanderson, Robert / Phillips, Mark / Van de Sompel, Herbert, Analyzing the Persistence of Referenced Web Resources with Memento, Juni 2011, abrufbar unter http://digital.library.unt.edu/ark%3A/67531/metadc39318/ (zuletzt abgerufen am 5. September 2017).

Sasse, Helge / Waldhausen, Hans, Musikverwertung im Internet und deren vertragliche Gestaltung – MP3, Streaming, Webcast, On-demand-Service etc., ZUM 2000, 837.

Schantz, Peter, Die Datenschutz-Grundverordnung – Beginn einer neuen Zeitrechnung im Datenschutzrecht, NJW 2016, 1841.

Schauer, Frederick, Fear, risk and the first amendment: Unraveling the chilling effect, Boston University Law Review, Vol. 58, 1978, 685.

Schertz, Christian, Der Schutz des Individuums in der modernen Mediengesellschaft, NJW 2013, 721.

Schladebach, Marcus / Simantiras, Nikolaos, Grundstrukturen des unionalen Rundfunkrechts, EuR 2011, 784.

Schmitz, Thomas, Die EU-Grundrechtecharta aus grundrechtsdogmatischer und grundrechtstheoretischer Sicht, JZ 2001, 833.

Schneider, Jochen / Härting, Niko, Wird der Datenschutz nun endlich internettauglich? - Warum der Entwurf einer Datenschutz-Grundverordnung enttäuscht, ZD 2012, 199.

Schröder, Christian / Spies, Axel, Bezirksgericht SDNY: Microsoft muss Daten in Irland herausgeben, ZD-Aktuell 2014, 04315.

Schultz, Walter D., Utopie, Möglichkeit – Wirklichkeit? Der Roman einer Gefahr für die Menschheit, Die Zeit vom 18. August 1949, abrufbar unter http://www.zeit.de/1949/33/utopie-moeglichkeit-wirklichkeit (zuletzt abgerufen am 5. September 2017).

Schwartmann, Rolf, Praxishandbuch Medien-, IT- und Urheberrecht, 3. Auflage, Heidelberg, München, Landsberg, Frechen, Hamburg 2014 (zit.: *Schwartmann*, Praxisandbuch Medienrecht, Teil, Kapitel, Rn.).

Schwartz, John, Two German Killers Demanding Anonymity Sue Wikipedia's Parent, New York Times vom 12. November 2009, abrufbar unter http://www.nytimes.com/2009/11/13/us/13wiki.html?_r=0 (zuletzt abgerufen am 5. September 2017).

Seltzer, Wendy, Free Speech Unmoored in Copyright's Safe Harbor: Chilling Effects of the DMCA on the First Amendment, Harvard Journal of Law & Technology, Vol. 24, 2010, 171.

Shoor, Emily Adams, Narrowing the Right to be Forgotten: Why the EU needs to amend the proposed Data Protection Regulation, Brook. J. Int'l L. 2014, Vol. 39:1, 487.

Shoor, Emily Adams, Internet Eraser Laws: California and Europe Attempt to Reign in Your Online Reputation, Brook. J. Int'l L. Practicum vom 16. November 2013, abrufbar unter http://practicum.brooklaw.edu/articles/internet-eraser-laws-california-and-europe-attempt-reign-your-online-reputation (zuletzt abgerufen am 15. Dezember 2015).

Sieber, Ulrich, Straftaten und Strafverfolgung im Internet, NJW-Beilage 2012, 86.

Sieber, Ulrich / Nolde, Malaika, Sperrverfügungen im Internet: nationale Rechtsdurchsetzung im globalen Cyberspace?, Berlin 2008, abrufbar unter http://www.kjm-online.de/fileadmin/Download_KJM/Service/Gutachten/Gutachten_Sperrverfuegungen_Recht_2008.pdf, zuletzt abgerufen am 5. September 2017 (zit.: Sieber/Nolde, Sperrverfügungen im Internet, Seite).

Simitis, Spiros (Hrsg.), Bundesdatenschutzgesetz, 8. Auflage, Baden-Baden 2014 (zit.: Simitis/*Bearbeiter*, §, Rn.).

Simitis, Spiros, Datenschutz – Rückschritt oder Neubeginn?, NJW 1998, 2473.

Simitis, Spiros, Die EU-Datenschutzrichtlinie - Stillstand oder Anreiz?, NJW 1997, 281.

Simitis, Spiros, Die informationelle Selbstbestimmung – Grundbedingung einer verfassungskonformen Informationsordnung, NJW 1984, 398.

Skouris, Vassilios, Medienrechtliche Fragen in der Rechtsprechung des EuGH – Grundrechtliche Aspekte des Medienrechts und Charta der Grundrechte, MMR 2011, 423.

Sörup, Thorsten, EuGH: Löschungsanspruch gegen Google – „Recht auf Vergessen", MMR 2014, 455.

Sofiotis, Ilias I., Das Recht auf Vergessen im Spannungsfeld von Datenschutz und Informationsfreiheit, VR 2014, 84.

Sokur, Ekaterina, Privatsphärenschutz vs. Pressefreiheit: Eine rechtvergleichende Untersuchung zum deutschen und russischen Recht im Lichte der EMRK, 2013, abrufbar unter http://hdl.handle.net/11858/00-1735-0000-0001-BB83-E, zuletzt abgerufen am 5. September 2017 (zit.: *Sokur*, Privatsphärenschutz vs. Pressefreiheit, Seite).

Sorge, Petra, Das schwammige Recht auf Vergessenwerden, Cicero, 14. Mai 2014, abrufbar unter http://www.cicero.de/berliner-republik/google-urteil-recht-auf-vergessenwerden/57571 (zuletzt abgerufen am 5. September 2017).

Spies, Axel, German/U.S. Data Transfers - Crucial for Both Economies, Difficult to Regain Trust, AICGS 46 (April 2014), 1.

Spies, Axel, ITU-Konferenz in Dubai 2012 - Regulierung des Internet?, MMR-Aktuell 2012, 339462.

Spies, Axel, USA: Neue Datenschutzvorschriften auf dem Prüfstand - Mehr Schutz für die Privacy der Bürger per Gesetz oder durch Selbstverpflichtung der Industrie?, ZD 2011, 12.

Spindler, Gerald, Datenschutz- und Persönlichkeitsrechte im Internet, GRUR-Beilage 2014, 101.

Spindler, Gerald, Durchbruch für ein Recht auf Vergessen(werden)? – Die Entscheidung des EuGH in Sachen Google Spain und ihre Auswirkungen auf das Datenschutz- und Zivilrecht, JZ 2014, 981.

Spindler, Gerald, Persönlichkeitsrecht und Datenschutz im Internet – Anforderungen und Grenzen einer Regulierung, NJW-Beilage 2012, 98.

Spindler, Gerhard / Schuster, Fabian (Hrsg.), Recht der elektronischen Medien, Kommentar, 3. Auflage, München 2015 (zit.: Spindler/Schuster/*Bearbeiter*, Teil, §, Rn.).

Staten, James, The Cost of PRISM Will Be Larger Than ITIF Projects, Forrester Blogs vom 14. August 2013, abrufbar unter http://blogs.forrester.com/james_staten/13-08-14-the_cost_of_prism_will_be_larger_than_itif_projects (zuletzt abgerufen am 7. November 2016).

Steenhoff, Holger, Das Internet und die Schulordnung, NVwZ 2013, 1190.

Steinbeis, Maximilian, Google – nur just another Grundrechtsträger?, Verfassungsblog vom 14. Mai 2014, abrufbar unter http://verfassungsblog.de/beeintraechtigt-das-google-urteil-des-eugh-meine-meinungsfreiheit/ (zuletzt abgerufen am 5. September 2017).

Stock, Oliver, Das Internet wird erwachsen, Handelsblatt, 14. Mai. 2014.

Stoffels, Herbert / Bernskötter, Peter, Die Goliath-Falle: Die neuen Spielregeln für die Krisenkommunikation im Social Web, Wiesbaden 2012 (zit.: *Stoffels/Bernskötter*, Die Goliath-Falle, Seite).

Stoltenberg, Klaus / Bossack, Carolin (Hrsg.), Stasi-Unterlagen-Gesetz, Kommentar, 2012 (zit.: SUG- Kommentar *Stoltenberg/Bossack*, §, Rn.).

Stommel, Anna / Yertek, Lucie, Huch, sind wir schon so lange drin?, taz vom 5. August 2011, abrufbar unter http://www.taz.de/!5114877/ (zuletzt abgerufen am 5. September 2017).

Streinz, Rudolf (Hrsg.), EUV, AEUV: Vertrag über die Europäische Union und Vertrag über die Arbeitsweise der Europäischen Union, 2. Auflage, München 2012 (zitiert: *Bearbeiter*, in: Streinz, EUV/AEUV, Art., Rn.).

Streinz, Rudolf, Europarecht: Unabhängigkeit der Datenschutzbeauftragten – Besprechung zu EuGH, Urteil vom 9. 3. 2010 - C-518/07 Kommission ./. Bundesrepublik Deutschland, JuS 2010, 556.

Streinz, Rudolf / Michl, Walther, Die Drittwirkung des europäischen Datenschutzgrundrechts (Art. 8 GRCh) im deutschen Privatrecht, EuZW 2011, 384.

Taeger, Jürgen / Pohle, Jan, Computerrechtshandbuch, Informationstechnologie in der Rechts- und Wirtschaftspraxis, 33. Ergänzungslieferung, Februar 2017 (zit.: Kilian/Heussen/*Bearbeiter*, Abschnitt, Teil, Rn. (Stand:)).

Tamò, Aurelia / George, Damian, Oblivion, Erasure and Forgetting in the Digital Age, JIPITEC 2014, 71.

Tettinger, Peter J. / Stern, Klaus (Hrsg.), Kölner Gemeinschaftskommentar zur Europäischen Grundrechte-Charta, München 2006 (zitiert: KölnKomm/Bearbeiter, Art, Rn.).

The Authority of the House of Lords, European Union Committee, 2nd Report of Session 2014–15, EU Data Protection law: a 'right to be forgotten'?, abrufbar unter https://www.publications.parliament.uk/pa/ld201415/ldselect/ldeucom/40/40.pdf, zuletzt abgerufen am 5. September 2017 (zit.: House of Lords, 2nd Report of Session 2014–15, EU Data Protection law: a 'right to be forgotten'?, Rn.).

Thüsing, Gregor (Hrsg.), Beschäftigtendatenschutz und Compliance, Effektive Compliance im Spannungsfeld von BDSG, Persönlichkeitsschutz und betrieblicher Mitbestimmung, 2. Auflage, München 2014 (zitiert: Thüsing/*Bearbeiter*, §, Rn.).

Tinnefeld, Marie-Theres, Sapere aude! Über Informationsfreiheit, Privatheit und Raster, NJW 2007, 625.

Tippmann, Sylvia / Powles, Julia, Google accidentally reveals data on 'right to be forgotten' requests, The Guardian vom 14. Juli 2015, abrufbar unter https://www.theguardian.com/technology/2015/jul/14/google-accidentally-reveals-right-to-be-forgotten-requests (zuletzt abgerufen am 5. September 2017).

Toobin, Jeffrey, The Solace of Oblivion – In Europe, the right to be forgotten trumps the Internet, The New Yorker vom 29. September 2014, abrufbar unter http://www.newyorker.com/magazine/2014/09/29/solace-oblivion (zuletzt abgerufen am 5. September 2017).

Trstenjak, Verica / Beysen, Erwin, Das Prinzip der Verhältnismäßigkeit in der Unionsrechtsordnung, EuR 2012, 265.

Tsesis, Alexander, The Right to be Forgotten and Erasure: Privacy, Data Brokers, and the Indefinite Retention of Data, WFLR, Vol. 48, 2014, 101.

Tsesis, Alexander, Hate in Cyberspace: Regulating Hate Speech on the Internet, San Diego Law Review, 2001, 818.

Volokh, Eugene / Falk, Donald M., Google – First Amendment Protection for Search Engine Search Results, Journal of Law, Economics & Policy, Vol. 8:4, 2012, 883.

Von Lackum, Jens, Verantwortlichkeit der Betreiber von Suchmaschinen, MMR 1999, 697.

Walker, Robert Kirk, The Right to Be Forgotten, Hastings Law Journal, Vol. 64, 2012, 257.

Weber, Rolf H., On the Search for an Adequate Scope of the Right to Be Forgotten, JIPITEC 2015, 2.

Weber, Rolf H., The Right to Be Forgotten - More Than a Pandora's Box?, JIPITEC 2011, 120.

Weigl, Michaela, Meinungsfreiheit contra Persönlichkeitsschutz am Beispiel von Web 2.0-Applikationen, Hamburg 2011 (zitiert: *Weigl*, Seite).

Whitman, James Q., The Two Western Cultures of Privacy: Dignity versus Liberty, The Yale Law Journal, Vol. 113, 2003-2004, 1151.

Wittmann, Philipp, Nobody Watches the Watchmen – Rechtliche Rahmenbedingungen und zunehmende Ausweitung der öffentlichen Videoüberwachung in den USA, ZaöRV 2013, 373.

Wolff, Amadeus / Brink, Steffan (Hrsg.), Beck'scher Online-Kommentar Datenschutzrecht, 18. Edition, München 2016 (zitiert: BeckOK DatenSR/*Bearbeiter*, Abschnitt, Rn.).

Xanthoulis, Napoleon, Conceptualising a Right to Oblivion in the Digital World. A human rights-based approach, http://papers.ssrn.com/sol3/papers.cfm?abstract_id=2064503, zuletzt abgerufen am 5. September 2017 (zit.: *Xanthoulis*, Conceptualising a Right to Oblivion in the Digital World, Seite).

Xanthoulis, Napoleon, The Right to Oblivion in the Information Age: A Human-Rights Based Approach, US-China Law Review, Vol. 10, 2013, 84.

Yakowitz, Jane, More Bad Ideas from the E.U., Forbes, 25. Januar 2012, http://www.forbes.com/sites/kashmirhill/2012/01/25/more-bad-ideas-from-the-e-u/ (zuletzt abgerufen am 5. September 2017).

Zanfir, Gabriela, Tracing the right to be forgotten in the short history of data protection law: The “new clothes” of an old right, Computers, Privacy and Data Protection Conference, Brüssel, Oktober 2013, http://ssrn.com/abstract=2501312, zuletzt abgerufen am 5. September 2017 (zit.: *Zanfir*, Tracing the right to be forgotten in the short history of data protection law: The “new clothes” of an old right, Seite).

Ziebarth, Wolfgang, Google als Geheimnishüter? Verantwortlichkeit der Suchmaschinenbetreiber nach dem EuGH-Urteil, ZD 2014, 394.

Ziegenhorn, Gero / von Heckel, Katharina, Datenverarbeitung durch Private nach der europäischen Datenschutzreform – Auswirkungen der Datenschutz-Grundverordnung auf die materielle Rechtmäßigkeit der Verarbeitung personenbezogener Daten, NVwZ 2016, 1585.

Zittrain, Jonathan L., The Future of the Internet - And How to Stop It, London 2009 (zit.: *Zittrain*, The Future of the Internet – And How to Stop It, Seite).

Inhaltsverzeichnis

A. Einleitung

I. Recht auf Vergessenwerden – Ein Begriff, der Verwirrung stiften sollte

Etwa zwei Jahre vor seiner Ermordung und zu einer Zeit, als die Römische Republik bereits ihrem Ende entgegenging, hielt *Cicero* fest, dass der menschliche Einfluss auf die Abläufe von Erinnerung und Vergessen bestenfalls begrenzt und ein Verbot der Erinnerung an bestimmte Ereignisse daher regelrecht anmaßend sei.[1] Mehr als zwei Jahrtausende nach dem Tod *Ciceros* hat in Europa ein Begriff Einzug in den öffentlichen Sprachgebrauch gehalten, der auf den ersten Blick die Anmaßung ankündigt, Einfluss auf die Wahrnehmung der Vergangenheit ausüben zu wollen: Das Recht auf Vergessenwerden. Einen Betrachter, der zum ersten Mal mit dieser Bezeichnung konfrontiert ist, muss das Recht auf Vergessenwerden verwirrt zurücklassen. Der Begriff ermöglicht einen erheblichen Interpretationsspielraum[2] und kaum jemand schien bei seinem vermehrten Auftauchen zum Beginn des 21. Jahrhunderts zu wissen, was sich dahinter verbirgt.[3] Weder konnte sich eine einheitli-

1 *Cicero*, De finibus bonorum et malorum libri quinque, Seite 99.
2 *ENISA*, The right to be forgotten – between expectations and practice, Seite 6.
3 *Ambrose*, *„EU Right to be Forgotten Case: The Honorable Google Handed Both Burden and Boon"*, Pla(Y)giarizing for Educational Purposes vom 19. Mai 2014.

che Definition herausbilden[4] noch die genaue rechtliche Natur[5] oder die praktischen Konsequenzen geklärt werden.[6] Manche verwarfen die Vorstellung von einem rechtlichen Anspruch auf Vergessen sogar im Ansatz als nicht durchsetzbar.[7]

4 Zur Verdeutlichung der Vielfalt der Definitionsansätze:
„*The proposed Right to Be Forgotten empowers individuals to assert greater control over their reputations and identities on the Internet .... This controversial right would grant individual citizens the ability to demand the permanent removal of personal content from the Internet*" (*Shoor*, Brook. J. Int'l L., Vol. 39:1, 2014, 487 (487)).
„*The right to oblivion, equally called the right to be forgotten, is the right for natural persons to have information about them deleted after a certain period of time*" (*de Terwangne*, IDP 2012, 109 (110)).
„*The right of individuals to have their data no longer processed and deleted when they are no longer needed for legitimate purposes*" (*Ausloos*, CLSR 2012, 143 (144), unter Bezugnahme auf den Definitionsansatz der Europäischen Kommission in ihrer Mitteilung vom 4. November 2010, KOM(2010) 609 endgültig).
„*Altogether, although the details of authors' conceptualisations vary, there seems to be a considerable common denominator in the literature about a "right to be forgotten", namely that someone has a significant interest (possibly to be protected in the form of a legal right) in not being confronted by others with elements of her past, more in particular with data from the (more remote) past that are not relevant for present-day decisions or views about her*" (*Koops*, SCRIPTed Vol. 8, Issue 3, 2011, 1 (4)).
„*The issue of the right to be forgotten revolves around the question of granting Internet users the possibility of deleting personal data (such as images, texts, opinions, official documents, certificates and any others describing past behaviours and actions, etc.) from the list of results delivered by search engines, or posted on websites, social networks, blogs etc.*" (*Andrade*, IDP 2012, 122 (124)).
„*The right to be forgotten, a new digital privacy rule that aims to protect an individual's right to shape how the internet can define her, ...*" (*Antani*, The Resistance of Memory: Could the European Union's Right to be Forgotten Exist in the United States?, Seite 1).

5 *Koops*, SCRIPTed Vol. 8, Issue 3, 2011, 1 (3); *Xanthoulis*, in *Bottis*: Privacy and Surveillance, Seite 157; *Iglezakis*, The Right To Be Forgotten in the Google Spain Case (case C-131/12): A Clear Victory for Data Protection or an Obstacle for the Internet?, Seite 3.

6 *Koops*, SCRIPTed Vol. 8, Issue 3, 2011, 1 (2).

7 *Koreng/Feldmann*, ZD 2012, 311 (312): „*Vergessen" ist kein Rechtsbegriff. Ein auf das Vergessen eines Umstands gerichteter Anspruch wäre von vornherein sinnlos, weil er – ungeachtet des Grundsatzes, wonach etwas Unmögliches nicht verlangt werden kann (impossibilium nulla est obligatio) – jedenfalls nicht durchsetzbar wäre.*"

II. Von Cicero über Mayer-Schönberger zum Google-Urteil des EuGH

1. Vergessen – Ein altes Problem in der Geschichte der Menschheit

Was hat es also mit dem Recht auf Vergessenwerden auf sich und warum verursachte dieses im 21. Jahrhundert so viel Aufregung? Eine Antwort auf diese Frage verlangt zuallererst, sich zu vergegenwärtigen, dass die namensstiftende Problematik des Vergessenwerdens kein neues Phänomen ist.[8] Der richtige Umgang mit der menschlichen Vergangenheit und eine mögliche Beherrschung von Erinnerung und Vergessen beschäftigt die Menschheit seit Jahrtausenden. Dies belegt etwa die eingangs aufgegriffene Überlegung *Ciceros*, welcher erkannte, dass Erinnerung und Vergessen nur eingeschränkt der menschlichen Beherrschungsfähigkeit unterliegen.[9] Auch dem jüdischen *Talmud* sind bereits Einlassungen zu der Problematik zu entnehmen, wie lange ein Einzelner in der Gegenwart für frühere Verfehlungen zu leiden hat. Im *Talmud* wird der festen Überzeugung Ausdruck verliehen, dass einer über ihre früheren Verfehlungen hinausgewachsenen Person das Privileg göttlicher Vergebung zuteil wird:

> „... *although the Talmudic sages believed that God reads our thoughts and records them in the book of life, they also believed that God erases the book for those who atone for their sins by asking forgiveness of those they have wronged. In the Talmud, people have an obligation not to remind others of their past misdeeds, on the assumption they may have atoned and grown spiritually from their mistakes. "If a man was a repentant [sinner]," the Talmud says, "one must not say to him, 'Remember your former deeds.'"*"[10]

Auch in der jüngeren Geschichte blieb die Auseinandersetzung mit Erinnerung und Vergessen von Bedeutung und sorgte – gerade unter den Eindrücken des zweiten Weltkriegs – im Europa des 20. Jahrhunderts für Bewegung. Glaubt man den Worten *Winston Churchills* aus seiner 1946 an der Universität Zürich gehaltenen Europa-Rede, so könnte nach Bestrafung der NS-Täter ein „*segensreiche*[r] *Akt des Vergessens*"

8 Vgl. hierzu auch *Gstrein*, Seite 17 f.

9 *Cicero*, De finibus bonorum et malorum libri quinque, Seite 99.

10 *Rosen*, New York Times, 21. Juli 2010, „*The Web Means the End of Forgetting*". *Rosen* bezieht sich auf den *Talmud*-Abschnitt *Baba Mezi'a 58b*, vgl. *ders.*, J. On Telecomm. & High Tech L. Vol. 9, 2011, 345 (354).

die Voraussetzung dafür geschaffen haben, dass sich innerhalb der Staatengemeinschaft Europas wieder ein Verhältnis gegenseitigen Vertrauens entwickeln konnte:

> *„Der Schuldige muss bestraft werden. Deutschland muss der Macht beraubt werden, sich wieder zu bewaffnen und einen neuen Angriffskrieg zu entfesseln. Aber wenn all das getan worden ist, so wie es getan werden wird, so wie man es bereits jetzt tut, dann muss die Vergeltung ein Ende haben. Dann muss das stattfinden, was Gladstone vor vielen Jahren "einen segensreichen Akt des Vergessens" genannt hat. Wir alle müssen den Schrecknissen der Vergangenheit den Rücken kehren. Wir müssen in die Zukunft schauen. Wir können es uns nicht leisten, den Hass und die Rachegefühle, welche den Kränkungen der Vergangenheit entsprangen, durch die kommenden Jahre mitzuschleppen. Wenn Europa vor endlosem Elend und schließlich vor seinem Untergang bewahrt werden soll, dann muss es in der europäischen Völkerfamilie diesen Akt des Vertrauens und diesen Akt des Vergessens gegenüber den Verbrechen und Wahnsinnstaten der Vergangenheit geben.*“[11]

Auch in rechtlicher Hinsicht stellten Erinnerung und Vergessen Europa vor Herausforderungen, so dass der Gedanke, dass Menschen die Berechtigung zustehen kann, Informationen über ihre Vergangenheit nach einiger Zeit zu unterdrücken, dem Kontinent nicht fremd blieb. Zwei Aspekte sind dabei besonders hervorzuheben:[12] Zunächst das *Right to Oblivion*, welches in den 1970er Jahren die Gerichte mehrerer europäischer Staaten beschäftigte und diese zur Auseinandersetzung mit ehemaligen Straftätern zwang, die nicht länger öffentlich mit ihrer

---

11 Churchills Rede vom 19. September 1946 ist unter http://www.europa-union.de/fileadmin/files_eud/PDF-Dateien_EUD/Allg._Dokumente/Churchill_Rede_19.09.1946_D.pdf abrufbar (zuletzt abgerufen am 2. September 2017).

12 *de Terwangne*, The Right to be Forgotten and the Informational Autonomy in the Digital Environment, Seite 1: „*What is at stake is the right for natural persons to have information about them deleted after a certain period of time. This has already been in some way recognised as a right under two different angles: as regards the criminal past and as part of the data protection legislation*“; die gleichen zwei Bereiche arbeitet auch *Antani* heraus, The Resistance of Memory: Could the European Union's Right to be Forgotten Exist in the United States?, Seite 30: „*It will analyze two major areas where the right can operate: legal forgiveness and personal information. Values that might clash with a right to be forgotten in these areas include free speech, the public's right to information, and freedom of the press.*“ Vgl. ferner *Kamlah*, in: Plath, Art. 17 DSGVO, Rn. 2, wonach der Gedanke einer Löschung personenbezogener Daten nicht neu, sondern dem Datenschutzrecht immanent ist.

kriminellen Vergangenheit konfrontiert werden wollten.[13] Das *Right to Oblivion* wurde im französischen und italienischen Recht als „*le droit à l'oubli*"[14] bzw. „*il diritto al'oblio*"[15] bekannt – das französische Wort *oubli* bedeutet ins Deutsche übersetzt „Vergessen",[16] das italienische *oblio* „Vergessenheit".[17]

Daneben sah sich im gleichen Zeitraum auch das Datenschutzrecht mit der Problematik von Vergessen und Erinnerung konfrontiert. Ein Recht auf Löschung („*Right to Erasure*") personenbezogener Daten (= jede Information über eine bestimmte oder bestimmbare natürliche Person[18]), die nicht mehr für rechtmäßige Zwecke benötigt werden, kennen die Rechtsordnungen einzelner europäischer Staaten seit den 1970ern[19] und auch das Unionsrecht sieht ein solches in der 1995 verabschiedeten Datenschutzrichtlinie vor.[20]

Die erstmalige ausdrückliche Benennung eines Rechts auf Vergessenwerden erfolgte im Jahr 1989 durch *David H. Flaherty*, welcher das „*right to be forgotten*" als fundamentales Datenschutzprinzip identifi-

13 *Bernal*, EJLT Vol. 2, Issue 2, 2011, 1 (2). Teilweise wurden innerhalb des *Right to Oblivion* zwei unterschiedliche Bestandteile identifiziert, *Ambrose*, IRIE Vol. 17, 2012, 21 (23): „*Being forgotten (the right to have third parties forget your past) and forgetting (the right to avoid being confronted with your past) are both embraced by the French concept oubli, oblivion, which denotes a negative right that others abstain from remembering one's past as well as a subjective right of the individual to control his past and future.*" Ausführlich zum *Right to Oblivion* vgl. *B. I. 1. The Right to Oblivion.*

14 *Andrade*, IDP 2012, 122 (123); *Bernal*, EJLT Vol. 2, Issue 2, 2011, 1 (2); *Rosen*, Stan. L. Rev. Online, Vol. 64, 2012, 88 (88); *Walker*, Hastings Law Journal, Vol. 64, 2012 (272).

15 *Andrade*, IDP 2012, 122 (123); *Bernal*, EJLT Vol. 2, Issue 2, 2011, 1 (2).

16 http://de.langenscheidt.com/franzoesisch-deutsch/oubli?term=oubli&q_cat=%2F-franzoesisch-deutsch%2F (zuletzt abgerufen am 2. September 2017).

17 http://de.langenscheidt.com/italienisch-deutsch/oblio (zuletzt abgerufen am 2. September 2017). Für die Bezeichnung *right to oblivion* gilt nichts Anderes: Oblivion bedeutet im Englischen „Vergessen" bzw. „Vergessenheit", http://de.langenscheidt.com/englisch-deutsch/oblivion (zuletzt abgerufen am 2. September 2017).

18 Zum Begriff der personenbezogenen Daten vgl. Art. 2 lit. a) DSRL.

19 *Zanfir*, Tracing the right to be forgotten in the short history of data protection law: The "new clothes" of an old right, Seite 3.

20 *B. I. 2. The Right to Erasure.* Insbesondere das Zweckprinzip hat sich in der Praxis jedoch als stumpfes Schwert erwiesen, vgl. *Ausloos*, CLSR 2012, 143 (145); *Koops*, SCRIPTed Vol. 8, Issue 3, 2011, 1 (16).

zierte.[21] Anlass dafür bot sich *Flaherty* in Gestalt der französischen Datenschutzgesetzgebung von 1978, mit welcher die im Hinblick auf ihr Erinnerungsvermögen dem Menschen überlegenen Computer rechtlich zum Vergessen gezwungen werden sollten.[22] Als zentrales Prinzip wurde in Art. 28 des Gesetzes Nr. 78-17 vom 6. Januar 1978 über Informatik, Daten und Freiheiten[23] (mit dem auch die französische Datenschutzbehörde, die *Commission Nationale de l'Informatique et des Libertés* („*CNIL*"), geschaffen wurde) die Löschung von Informationen nach Ablauf einer bestimmten Zeitspanne gesetzlich vorgegeben, sofern keine abweichende Regelung eingreift.[24] Das Recht auf Vergessenwerden wird von *Flaherty* als eines von zwölf Prinzipien zur Kontrolle von staatlicher Überwachung benannt:

> „*12. The right to be forgotten, including the ultimate anonymization or destruction of almost all personal information.*"[25]

1993 beschrieb *Oscar H. Jr. Gandy* unter Bezugnahme auf *Flaherty* das Recht auf Vergessenwerden näher. Dieses zielt nach *Gandys* Umschreibung auf die Vernichtung oder Anonymisierung von Informationen ab, um einer Person dadurch einen Neuanfang zu ermöglichen:

> „*Flaherty's twelth principle, the right to be forgotten, to become anonymous, and to make a fresh start by destroying almost all personal information, is as intriguing as it is extreme. It should be possible to call for and to develop relationships in which identification is not required and in which records are not generated. For a variety of reasons, people have left home, changed their identities, and begun their lives again. If the purpose is non-fraudulent, is not an attempt to escape legitimate debts and responsibilities, then the for-*

21 *Blanchette/Johnson*, The Information Society, Vol. 18, 2002, 33 (35); *Xanthoulis*, Conceptualising a Right to Oblivion in the Digital World, Seite 6: „*Flaherty's reference to a right to be forgotten in relation to private data in the digital world in 1989 is considered one of the first that have been recorded in the academic literature.*" Vgl. ferner *Koops*, SCRIPTed Vol. 8, Issue 3, 2011, 1 (2).

22 *Flaherty*, Protecting Privacy in Surveillance Societies, Seite 210.

23 Loi relative à l'informatique, aux fichiers et aux libertés, in: Journal Officiel Januar 1978, Seite 227 ff.

24 *Flaherty*, Protecting Privacy in Surveillance Societies, Seite 180: „*Article 28 establishes the central principle of the right to be forgotten, one of the most important ideas in the law: "Unless otherwise provided for by law, information may not be stored in personal form beyond the period stated in the application for an opinion or in the declaration, unless such storage is authorized by the Comission.*"

25 *Flaherty*, Protecting Privacy in Surveillance Societies, Seite 380.

mation of new identities is perfectly consistent with the notions of autonomy I have discussed.“[26]

2. Neue Herausforderungen: Internet und Wandel der Erinnerungskultur

Wenngleich das Recht auf Vergessenwerden erstmals in *Flahertys* Arbeit aus dem Jahr 1989 Erwähnung fand, erfuhr es erst im 21. Jahrhundert größere Beachtung. Abseits aller beim Wiederaufleben der Bezeichnung auftretenden Verwirrung war zumindest klar, dass das Recht auf Vergessenwerden mit der immer stärkeren Ausbreitung des Internets[27] im Zusammenhang stand und um die Frage kreiste, ob und inwieweit ein Mensch berechtigt ist, die über ihn im Netz vorhandenen Informationen zu unterdrücken.[28] Verantwortlich dafür, dass das Recht auf Vergessenwerden zu später Berühmtheit gelangte, dürfte die Arbeit des Harvard-Professors *Viktor Mayer-Schönberger* gewesen sein, welchem aufgrund seiner 2007 und 2009 erschienenen Werke bisweilen die Urheberschaft am Recht auf Vergessenwerden zugesprochen wird.[29] Auch wenn diese aufgrund der früheren Aneignung des Begriffs bei *Flaherty* anzuordnen ist, soll dies die Bedeutung der Arbeit

26 *Gandy*, The Panoptic sort: A political economy of personal information, Seite 225; *Blanchette/Johnson*, The Information Society, Vol. 18, 2002, 33 (35).

27 Die Begriffe „Internet“ und „Netz“ werden im weiteren Verlauf der Arbeit synonym gebraucht.

28 *Ambrose*, STLR Vol. 16, No. 2, 2013, 369 (385); *Ausloos*, CLSR 2012, 143 (143); *Koops*, SCRIPTed Vol. 8, Issue 3, 2011, 1 (4); *Xanthoulis*, in *Bottis*: Privacy and Surveillance, Seite 158.

29 So z.B. *Nolte*, ZRP 2011, 236 (236). An anderer Stelle wird *Mayer-Schönberger* auch als „*Erfinder der Idee des digitalen Vergessens*“ bezeichnet, vgl. *Biermann*, Zeit Online, 11. Januar 2011, „*Ein digitaler Radiergummi ist nur ein Teil der Lösung*“. In den frühen Debatten um das Recht auf Vergessenwerden unterblieb oft eine Rückbesinnung auf Ursprünge und Vorläufer des Rechts auf Vergessenwerden, vgl. nur den Vorwurf von *Tamò/George*, JIPITEC 2014, 71 (82): „*Therefore, when it comes to discussing the potential benefits of introducing a right to be forgotten in data protection law, legislators should be aware of existing laws and case law with respect to privacy protection. The current debate has failed to thoroughly analyse and benefit from existing judicial reasoning on the right of oblivion that provides for a differentiated balancing of interests.*“

Mayer-Schönbergers nicht in Abrede stellen.[30] Letzterer befüchtete, dass moderne Technologien eine Umkehr des bisherigen Regel-Ausnahme-Verhältnisses von Vergessen und Erinnerung bewirken könnten, wodurch die dauernde Aufbewahrung von Informationen zum neuen Regelfall erhoben[31] und positive Aspekte des Vergessens gefährdet würden.[32] Nur eine Gesellschaft, in der individuelle Fehler der Vergangenheit vergessen werden könnten, ermögliche jedoch Gescheiterten, wie z.B. Straftätern, eine zweite Chance.[33] Institutionalisiertes gesellschaftliches Vergessen erkenne die menschliche Fähigkeit zur Fortentwicklung und zum Lernen aus vergangenen Fehlern an,[34] so dass die Entwicklung einer des Vergessens unfähigen Gesellschaft fragwürdig sei.[35] Das Bewusstsein, dass persönliche Informationen möglicherweise die eigene Existenz überdauern, könne Menschen von der Bereitschaft zum offenen Gedankenaustausch fort und schließlich hin zur Selbstzensur führen.[36] Um das Vergessen im digitalen Zeitalter zu bewahren, schlug *Mayer-Schönberger* ein Verfallsdatensystem vor, bei dem Daten mit dem Erreichen der zuvor festgelegter Zeitspannen automatisch gelöscht werden sollten.[37]

---

30 Zur Bedeutung der Arbeit *Mayer-Schönbergers* vgl. nur *Koops*, SCRIPTed Vol. 8, Issue 3, 2011, 1 (5).

31 *Mayer-Schönberger*, Delete – The Virtue of Forgetting in the Digital Age, Seite 196: *„For millenia, the relationship between remembering and forgetting remained clear. Remembering was hard and costly, and humans had to choose deliberately what to remember. The default was to forget. In the digital age, in what is perhaps the most fundamental change for humans since our humble beginnings, that balance of remembering and forgetting has become inverted. Comitting information to digital memory has become the default, and forgetting the exception"; ders.*, The Art of Forgetting, Seite 3; ferner *Ausloos*, CLSR 2012, 143 (144).

32 *Mayer-Schönberger*, Delete – The Virtue of Forgetting in the Digital Age, Seite 12 ff.

33 *Mayer-Schönberger*, Delete – The Virtue of Forgetting in the Digital Age, Seite 13.

34 *Mayer-Schönberger*, Delete – The Virtue of Forgetting in the Digital Age, Seite 13.

35 *Mayer-Schönberger*, Delete – The Virtue of Forgetting in the Digital Age, Seite 4 f.: *„Do we want a future, that is forever unforgiving because it is unforgetting?"* Ausführlich zum veränderten Stellenwert von Erinnerung und Vergessen *B. II. 2. Revision des Werts von Erinnerung und Vergessen.*

36 *Mayer-Schönberger*, Delete – The Virtue of Forgetting in the Digital Age, Seite 5. Ausführlich zu diesen Gefahren *B. II. 2. C) Bedrohung der selbstbestimmten Persönlichkeitsentwicklung.*

37 *Mayer-Schönberger*, Delete – The Virtue of Forgetting in the Digital Age, Seite 14 f.: *„My suggestion is an expiration date for information to confront us with the finiteness of memory, and to prompt us to understand (and appreciate) that information also*

Dass sich das Verfallsdatensystem i.E. als nicht realisierbar erwies,[38] tat dem bestehenden Handlungs- und Diskussionsbedarf keinen Abbruch. Mit der Verbreitung des Internets haben nie dagewesene Möglichkeiten zum Suchen und Speichern von Informationen in den menschlichen Alltag Einzug gehalten. Informationen über ein längst vergangenes Geschehen können in der Gegenwart aufleben und dort erheblichen Schaden anrichten,[39] so dass das Vergessen von Informationen zu einer Erscheinungsform zu werden scheint, die in naher Zukunft selbst dem Vergessen anheimfallen und für künftige Generationen unvorstellbar sein könnte:

> *„Personal data can easily be stored and then even more easily multiplied on the Web. But it is not easy to wipe it out. As somebody once said: "God forgives and forgets but the Web never does!"*[40]

3. Rechtssache C–131/12

A) Sünden der Vergangenheit leben im Internet wieder auf

Da Vergessen oft als ein „*menschlicher Makel*" begriffen wird,[41] droht schnell übersehen zu werden, dass dieses mit einer Reihe von Vorteilen einhergehen kann.[42] Das Vergessen vergangenen Geschehens bedeutete stets auch ein Versprechen auf einen möglichen Neuanfang,[43] doch droht dieses Versprechen insbesondere durch Suchmaschinen zunichte gemacht zu werden. Letztere sind zur ersten Anlaufstelle für die Infor-

---

has a lifespan. Most importantly, though, my aim is to help us take steps to ensure we'll remember how to forget in the digital age"; *ders.*, The Art of Forgetting, Seite 17.

38 *Exkurs: Der Verfallsdatenansatz Viktor Mayer-Schönbergers.* Dennoch markierte der Verfallsdatenansatz einen frühen Versuch zur Stärkung des Vergessens im 21. Jahrhundert.

39 *Reding*, SPEECH/12/26, The EU Data Protection Reform 2012: Making Europe the Standard Setter for Modern Data Protection Rules in the Digital Age.

40 *Reding*, Privacy matters – Why the EU needs new personal data protection rules (2010), Seite 2.

41 *Nolte*, ZRP 2011, 236 (236).

42 *B. II. 2. Revision des Werts von Erinnerung und Vergessen.*

43 *DIVSI*, Das Recht auf Vergessenwerden, Seite 15.

mationssuche im Internet geworden[44]: Hat eine Information, bspw. das frühere wirtschaftliche Scheitern eines Menschen, ihren Weg ins Internet einmal gefunden, kann sie mit der Hilfe von Suchmaschinen durch wenige Tastenanschläge aufgefunden werden.[45] Um die Vergangenheit eines Menschen zu enthüllen, müssen Dritte nicht gezielt nach einer bestimmten Information suchen; alles was oft zum Einblick in die Vergangenheit erforderlich ist, ist die Eingabe eines Namens in die Suchmaske von *Google*.[46]

Exemplarisch für das Problem der unter Umständen unbegrenzt einsehbaren Vergangenheit steht die Geschichte des Spaniers *Mario Costeja González*, welche in der Entscheidung des EuGH vom 13. Mai 2014 in Rechtssache C–131/12 („*Google-Urteil*") gipfelte[47] und den Anstoß zur vorliegenden Arbeit lieferte. Der Name des Betroffenen fand 1998 unter wenig erfreulichen Umständen Eingang in die Berichterstattung der in Katalonien auflagenstarken Tageszeitung *La Vanguardia*. Letztere wies in zwei Anzeigen auf eine Grundstücksversteigerung infolge bestehender Schulden gegenüber der Sozialversicherung hin und benannte dabei *Costeja González* als Eigentümer des zuvor gepfändeten Grundstücks.[48] Für den Betroffenen war nicht hinnehmbar, dass die zwischenzeitlich digitalisierte Berichterstattung über das wirtschaftliche Scheitern noch Jahre später durch die Eingabe seines Vor- und Nachnamens in die *Google*-Suchmaschine abrufbar blieb, obwohl die schuldenbedingte Grundstückspfändung seit Jahren abgeschlossen war.[49] 2010 verlangte er daher von *Google*, die „*ihn betreffende*[n] *personenbezogene*[n] *Daten zu löschen oder zu verbergen, so dass diese weder in den Suchergebnissen noch in Links zu La Van-*

44 *Tanriverdi*, in: *DIVSI*, Das Recht auf Vergessenwerden, Seite 73.

45 *Posner*, „*We All Have the Right to Be Forgotten*", 14. Mai 2014.

46 *Posner*, „*We All Have the Right to Be Forgotten*", 14. Mai 2014.

47 EuGH, Urteil vom 13. Mai 2014 – C–131/12 (*Google Spain und Google*) = NJW 2014, 2257.

48 EuGH, Urteil vom 13. Mai 2014 – C–131/12 (*Google Spain und Google*), Rn. 14; Schlussanträge des Generalanwalts vom 25. Juni 2013 im Verfahren C–131/12, Rn. 18 = BeckRS 2014, 80934.

49 EuGH, Urteil vom 13. Mai 2014 – C–131/12 (*Google Spain und Google*), Rn. 15; Schlussanträge des Generalanwalts vom 25. Juni 2013 im Verfahren C–131/12, Rn. 19.

guardia erschienen.“[50] Der Streit zwischen *Costeja González* sowie der ihn unterstützenden spanischen Datenschutzbehörde *Agencia Española de Protección de Datos* („*AEPD*“) auf der einen, und *Google* auf der anderen Seite, führte schließlich dazu, dass das Nationale Obergericht Spaniens („*Audiencia Nacional*“) den EuGH mit einer Vorlagefrage „*[z]ur Reichweite des Rechts auf Löschung und/oder Widerspruch in Verbindung mit dem Recht auf Vergessenwerden*“ konfrontierte.[51] Nach Auslegung der Vorgaben der Richtlinie 95/46/EG[52] („*DSRL*“ bzw. „*Datenschutzrichtlinie*“) stellte der EuGH fest, dass ein von suchmaschinenseitigen Datenverarbeitungen Betroffener grundsätzlich verlangen kann, bei Eingabe seines Namens in eine Suchmaschine („*personenbezogene Suchanfrage*“) nicht länger mit bestimmten Informationen in Verbindung gebracht zu werden.[53]

B) Weichenstellung des EuGH: Zweite Chance für Gescheiterte im Internet oder Wegbereitung für eine orwellsche Zukunft?

Am zugrundeliegenden Sachverhalt des *Google-Urteils* zeigt sich, dass Erinnerung und Vergessen die Menschheit im Internetzeitalter erneut vor Herausforderungen stellen. Die Dimension der Umwerfung verglich der Generalanwalt in seinen Schlussanträgen zu Rechtssache C-131/12 mit der Verbreitung des Buchdrucks:

---

50 EuGH, Urteil vom 13. Mai 2014 – C-131/12 (*Google Spain und Google*), Rn. 15.

51 Vgl. zum vollständigen Wortlaut die Schlussanträge des Generalanwalts vom 25. Juni 2013 im Verfahren C-131/12, Rn. 3.1: „*Zur Reichweite des Rechts auf Löschung und/oder Widerspruch in Verbindung mit dem Recht auf Vergessenwerden stellt sich folgende Frage: Kann davon ausgegangen werden, dass das in Art. 12 Buchst. b der Richtlinie geregelte Recht auf Löschung und Sperrung der Daten sowie das in Art. 14 Buchst. a der Richtlinie vorgesehene Widerspruchsrecht beinhalten, dass sich die betroffene Person an die Suchmaschinenbetreiber wenden kann, um die Indexierung auf sie bezogener Informationen zu verhindern, die auf Webseiten von Dritten veröffentlicht sind, und sie sich hierzu auf ihren Willen berufen kann, dass sie den Internetnutzern nicht bekannt werden, wenn sie der Ansicht ist, dass sie ihr schaden könnten, oder sie sich wünscht, dass sie vergessen werden, selbst wenn es sich um Informationen handelt, die von Dritten rechtmäßig veröffentlicht wurden?*“

52 Richtlinie 95/46/EG des Europäischen Parlaments und des Rates vom 24. Oktober 1995 zum Schutz natürlicher Personen bei der Verarbeitung personenbezogener Daten und zum freien Datenverkehr (ABl. Nr. L 281 Seite 31).

53 EuGH, Urteil vom 13. Mai 2014 – C-131/12 (*Google Spain und Google*) = NVwZ 2014, 857 (864 f.).

> *„Ähnlich wie die Erfindung des Buchdrucks im 15. Jahrhundert die Vervielfältigung von Exemplaren, die früher per Hand geschrieben werden mussten, in unbegrenzter Zahl ermöglichte, eröffnet das Einstellen von Material in das Internet den Massenzugang zu Informationen, die zuvor womöglich nur nach mühevoller Recherche und an nur wenigen Orten zu finden waren.“*[54]

Gelangen Informationen ins Internet, werden sie grundsätzlich weltweit zugänglich[55] und können, wie z.B. die *La Vanguardia* Anzeigen, noch Jahre nach ihrer Ursprungsveröffentlichung zugänglich bleiben. Die Persönlichkeit eines Menschen kann sich im Laufe der Zeit jedoch verändern, so dass ein im Internet abrufbares Zeugnis seines früheren Scheiterns wenig Aussagekraft über den gegenwärtigen Entwicklungsstand besitzen muss. Auch wenn sein wirtschaftliches Scheitern über ein Jahrzehnt zurücklag, wurde *Costeja González* im Jahr 2010 noch immer in die Nähe zu seinem früheren, wenig solventen Selbst gerückt. Wer aber wird ohne Zögern zu Geschäftsabschlüssen mit einem Mann bereit sein, der in der Vergangenheit Pfändung und Zwangsversteigerung über sich ergehen lassen musste, was sich mittels *Google* nach nur wenigen Tastenanschläge offenbart? Es stellt sich daher die Frage, in welchem Umfang Informationen aus der Vergangenheit eines Individuums über *Google* und andere Suchmaschinen aufwandslos zugänglich bleiben sollten. Ist es im Interesse eines möglichsten ungebremsten Informationsflusses angeraten, keinerlei Begrenzung zu ziehen, oder sollte der Einzelne selbst entscheiden dürfen was über ihn im Internet einsehbar bleibt?

Für Menschen, die wie *Costeja González* ihre Vergangenheit nicht länger allgegenwärtig im Internet zugänglich wissen wollen, könnte das *Google-Urteil* einem *„segensreichen Akt des Vergessens“*[56] gleichkommen. Ohne die Informationsvermittlung durch Suchmaschinen läuft das Aufspüren einzelner Informationen im Netz auf die Suche nach der oft bemühten Nadel in einem (gewaltigen) Heuhaufen hinaus.[57] Für den digitalen Raum könnte die Entscheidung des EuGH

54 Schlussanträge des Generalanwalts vom 25. Juni 2013 im Verfahren C-131/12, Rn. 28.

55 *Weigl*, Seite 25 f.; ausführlich *B. II. 1. A) Ubiquität und Bedeutung der Suchmaschinen.*

56 Zu dieser Umschreibung *Winston Churchills* vgl. erneut *A. II. 1. Vergessen – Ein altes Problem in der Geschichte der Menschheit.*

57 Ausführlich *B. II. 1. A) Ubiquität und Bedeutung der Suchmaschinen.*

bedeuten, was das *Right to Oblivion* für ehemalige Straftäter bedeutete: Die Ermöglichung einer zweiten Chance, d.h. die Chance ein Leben zu führen, welches nicht von der allgegenwärtigen Erinnerung an Fehler der Vergangenheit beherrscht wird. Die Vorstellung von einem Recht auf Vergessenwerden ist jedoch nicht nur mit Zustimmung aufgenommen worden und wurde z.B. jenseits des Atlantiks in die Nähe der dystopischen Welt aus *George Orwells* Roman *1984* gerückt:

> „*We don't erase people out of history because they have a Right to Be Forgotten. That's a little too Orwellian.*"[58]

Wikipedia-Gründer *Jimmy Wales* erkannte im *Google-Urteil* sogar einen besonders weitreichenden Fall von Zensur im Internet („*one of the most wide-sweeping internet censorship rulings that I've ever seen*").[59] Die wohlwollende Interpretation des *Google-Urteils* als segensreicher Akt des Vergessens ist keinesfalls zwingend. Schon vor der Entscheidung im Verfahren C-131/12 sprach sich Generalanwalt *Jääskinen* im Interesse von Meinungs- und Informationsfreiheit klar gegen eine Ausweitung der Rechtsstellung derjenigen aus, über die Informa-

58 *Krulwich*, Is The Right To Be Forgotten' The 'Biggest Threat To The Free Speech On The Internet'? Ausführlich zur Problematik des Rechts auf Vergessenwerden unter dem US-amerikanischen Recht siehe *F. Clash of Civilizations – Chancen einer transatlantischen Initiative.*
Das in *1984* von *Orwell* gezeichnete Regime zeichnete sich nicht nur durch seinen allgegenwärtigen Überwachungsapparat, sondern auch durch seine gezielte Beeinflussung der Erinnerung der Bevölkerung an vergangene Vorgänge aus, vgl. *Schultz*, Die Zeit vom 18. August 1949, „*Utopie, Möglichkeit – Wirklichkeit? Der Roman einer Gefahr für die Menschheit*": „*Wer die Vergangenheit beherrscht, beherrscht die Zukunft; wer die Gegenwart kontrolliert, kontrolliert die Vergangenheit" – das ist die Erkenntnis „der Partei". So erfährt es Winston Smith, die Hauptfigur des Romans, von einem Freund. Winston ist Beamter im „Ministerium der Wahrheit" und damit beschäftigt, täglich Dokumente, Zeitschriften, Zeitungen, Bücher zu „überprüfen", schon gefälschte „Tatsachen" von gestern noch einmal und immer wieder auf die Parteilinie von heute „auszurichten" und umzufälschen. Die korrigierten Dokumente werden eingestampft, die „aktuelle" Version neu gedruckt. In der „Neusprache" heißt man diesen Prozeß „Realitätskontrolle". Durch ihn wird die Vergangenheit so unwirklich, wie es die Gegenwart ist. Realität, Wahrheit, Tatsache ist, was „Big Brother" nützt, der Partei, dem Staate dient. Der Geist ist bezwungen, die Geschichte nichtexistent, die Erinnerung ausgelöscht, der Determinismus aus Menschenhand triumphiert, etwas Neues, Endgültiges, die Überlüge entsteht.*"

59 *Lee*, BBC News vom 14. Mai 2014, „*Google ruling 'astonishing', says Wikipedia founder Wales*".

tionen durch Suchmaschinen im Internet zugänglich gemacht werden.[60]

III. Zielsetzung und weiterer Gang der Arbeit

Die vorliegende Arbeit steht ganz im Zeichen des Rechts auf Vergessenwerden. In ihrem Verlauf soll das Vergessensrecht greifbarer gemacht werden, so dass klar wird, worum es beim Vergessenwerden im Internet im Kern geht und wie dieses herbeigeführt werden könnte. Es wird auch zu klären sein, ob im Recht der Europäischen Union ein Instrument existiert, das als Recht auf Vergessenwerden angesehen werden kann, was wiederum eine Auseinandersetzung mit dem *Google-Urteil* erforderlich macht. Hierbei wird sich zeigen müssen, ob der EuGH in dieser Entscheidung tatsächlich den Grundstein für ein Recht auf Vergessenwerden gelegt hat, er den Garanten einer zweiten Chance im Europarecht verankert oder doch die Weichen für eine Zukunft gestellt hat, in der keine freie Kommunikation im Internet mehr erfolgt und die Möglichkeit, sich an vergangenes Geschehen zu erinnern, unter dem Vorbehalt der einstigen Protagonisten steht.

Die Annäherung an das Recht auf Vergessenwerden soll in fünf Schritten erfolgen. An erster Stelle wird die bereits begonnene Betrachtung der Vergangenheit[61] fortgeführt um anschließend nachvollziehen zu können, warum das Recht auf Vergessenwerden zu einer so verbreiteten, aber auch umstrittenen Bezeichnung geworden ist (*B. Grundlagen - Der Weg in eine des Vergessens unfähige Welt*). Dazu werden zunächst *Right to Oblivion* und *Right to Erasure* näher betrachtet,[62] um sich anschließend dem technischen Wandel zuzuwenden, der die Suche nach neuen rechtlichen Antworten verlangt.[63] Sodann gilt es der populären Behauptung vom niemals vergessenden Internet nachzuge-

60 Schlussanträge des Generalanwalts vom 25. Juni 2013 im Verfahren C-131/12, Rn. 133.

61 *A. II. Von Cicero über Mayer-Schönberger zum Google-Urteil des EuGH.*

62 *B. I. Vorbilder des Rechts auf Vergessenwerden in der jüngeren Geschichte.*

63 *B. II. 1. Technischer Wandel und Verschmelzung von Right to Oblivion und Right to Erasure.*

hen[64] und die Bedeutung von Suchmaschinen wie *Google* zu würdigen.[65] Auch sind die im Wandel befindliche Bedeutung von Erinnerung und Vergessen[66] sowie die Interessenkonflikte, die sich beim zwangsweisen Vergessen von Informationen im Internet ergeben können, aufzuzeigen.[67] Anschließend muss die Angemessenheit der Bezeichnung „Recht auf Vergessenwerden" zur Diskussion gestellt werden, welche nicht frei von Kritik geblieben ist.[68]

Im zweiten Schritt werden die technischen Hindernisse und praktischen Schwierigkeiten für das Vergessen von Informationen im Internet näher gewürdigt (*C. Technische Herausforderungen und praktische Durchsetzungshindernisse*) und es gilt anhand einer Auswahl von Studien zu bewerten, ob Informationen im Internet tatsächlich niemals dem Vergessen anheimfallen.[69] Unabhängig von der Frage nach der möglicherweise unbegrenzten Lebensdauer von Informationen im Internet besteht eine Reihe praktischer Herausforderungen für die Informationsbeseitigung im Netz.[70]

Darüber, ob ein Recht auf Vergessenwerden bereits Bestandteil des geltenden Europarechts ist, besteht keine Einigkeit.[71] Mit dem *Google-Urteil* erfuhr das Recht auf Vergessenwerden endgültig auch außerhalb juristischer Fachzirkel breite Aufmerksamkeit und ihm folgte ein mediales Echo unterschiedlichster Reaktionen. Hierbei wurde in dem *„bahnbrechenden"*[72] Urteil z.T. die Basis eines *„neuen europäischen*

---

64 *B. II. 1. B) „Das Internet vergisst nicht" – der Ewigkeitseffekt.*

65 *B. II. 1. A) Ubiquität und Bedeutung der Suchmaschinen.*

66 *B. II. 2. Revision des Werts von Erinnerung und Vergessen.*

67 *B. II. 3. Interessenkonflikte beim erzwungenen Vergessen von Informationen im Internet.*

68 *B. II. 4. Recht auf Vergessenwerden – irreführende Bezeichnung?*

69 *C. I. Dauerhafte Existenz von einmal ins Internet gelangten Informationen?*

70 *C. II. Hürden bei der gewillkürten Beseitigung von Informationen.*

71 *Nys*, European Journal of Health Law 2011, 469 (472); *Xanthoulis*, in *Bottis*: Privacy and Surveillance, Seite 154.

72 *Janisch*, Süddeutsche Zeitung vom 14. Mai 2014, *„EuGH-Urteil zu Suchmaschinen - Gericht zwingt Google zum Vergessen"*: *„Der Datenschutz, die Persönlichkeitsrechte, das Recht auf informationelle Selbstbestimmung - daran muss sich auch der mächtige Suchmaschinenbetreiber halten. Das ist die bahnbrechende und dabei fast banale Formel, mit der der EuGH Google in seine Schranken weist. Erstmals gewährt er den Bürgern das Recht, Informationen aus den Auflistungen der Suchmaschine entfernen zu lassen - ein Recht, "vergessen" zu werden, wie es seit Jahren diskutiert wird, um dem unerbittlichen Gedächtnis des Internets zu entkommen".*

Grundrechts auf Vergessenwerden“ erkannt,[73] z.T. wurde ebenjene Neubegründung in Abrede gestellt.[74] Der dritte Schritt dieser Arbeit nimmt sich des gegenwärtigen Regimes der Datenschutzrichtlinie und des *Google-Urteils* an. Anhand der letztgenannten EuGH-Entscheidung gilt es zu untersuchen, ob und inwieweit die Datenschutzrichtlinie Mechanismen bereithält, um das Vergessen von Informationen im Internet durchzusetzen (*D. Das Recht auf Vergessenwerden unter dem Regime der Datenschutzrichtlinie*). Besondere Aufmerksamkeit soll i.R.d. dritten Schritts der Interessenkonflikt zwischen dem Schutz der Persönlichkeit im Internet einerseits und den Kommunikationsfreiheiten andererseits erfahren.[75] Die rechtlichen Betrachtungen beschränken sich diesbzgl. auf das Verhältnis zwischen Privaten, wie es auch dem Sachverhalt des *Google-Urteils* zugrunde lag.

Abschließend wird im dritten Schritt ein Ausblick auf die bevorstehenden Umwälzungen im europäischen Datenschutz erfolgen (*D. IV. Ausblick: Das Regime der Datenschutzgrundverordnung*). Das Recht auf Vergessenwerden war bereits 2010 von der ehemaligen EU-Justizkommissarin *Viviane Reding* aufgegriffen worden[76] und sollte im Zuge der anstehenden europäischen Datenschutzreform auf bestehenden Regeln aufgebaut werden.[77] Die Europäische Kommission leitete mit der Präsentation ihres Vorschlags einer Datenschutzgrundverordnung

---

73 *Boehme-Neßler*, NVwZ 2014, 825 (827).

74 *Jandt*, MMR-Aktuell 2014, 358242; *Nolte*, NJW 2014, 2238 (2238).

75 *D. III. 4. Zwischen Skylla und Charybdis – Unauflösbarer Interessenkonflikt beim Vergessen im Internet?*

76 *Nolte*, ZRP 2011, 236 (237). In einer Mitteilung vom 4. November 2010 umschrieb die Europäische Kommission das Recht auf Vergessenwerden als „*das Recht von Personen, dass ihre Daten nicht länger verarbeitet und gelöscht werden, wenn sie nicht mehr für einen rechtmäßigen Zweck gebraucht werden*“, Mitteilung der Kommission an das europäische Parlament, den Rat, den europäischen Wirtschafts- und Sozialausschuss und den Ausschuss der Regionen vom 4. November 2010, KOM(2010) 609 endgültig. Große Erkenntnisgewinne gingen mit dieser Umschreibung nicht einher, da sich die Frage aufdrängen musste, ob ein vergleichbares Recht, etwa in Gestalt von Art. 12 lit. b) Var. 2 DSRL, nicht bereits innerhalb der Datenschutzrichtlinie existiert. Das Recht auf Löschung personenbezogener Daten nach dem Wegfall der Rechtfertigung für die weitere Speicherung gehört „*seit langem zum Standard der Datenschutzgesetzgebung*“, vgl. *Diesterhöft*, Seite 78 m.w.N.

77 *Reding*, SPEECH/12/26, The EU Data Protection Reform 2012: Making Europe the Standard Setter for Modern Data Protection Rules in the Digital Age: „*The right to*

am 25. Januar 2012[78] die Wachablösung der in die Jahre gekommenen Datenschutzrichtlinie ein. Nach einem zähen Reformprozess wurde die Verordnung (EU) 2016/679 des Europäischen Parlaments und des Rates vom 27. April 2016 zum Schutz natürlicher Personen bei der Verarbeitung personenbezogener Daten, zum freien Datenverkehr und zur Aufhebung der Richtlinie 95/46/EG („*Datenschutzgrundverordnung*“ bzw. „*DS-GVO*“) schließlich am 27. April 2016 vom europäischen Parlament verabschiedet[79] und wird zum 25. Mai 2018 die Datenschutzrichtlinie ablösen.[80] Innerhalb des neuen Datenschutzregimes wird in Art. 17 DS-GVO ausdrücklich ein „*Recht auf Löschung („Recht auf Vergessenwerden")*“ aufgelistet.

Der Fokus des vierten Schritts gilt den praktischen Folgen des *Google-Urteils* (*E. Praktische Umsetzung und Anwendbarkeit*). Hier ist zunächst zu klären, in welchem Umfang Suchmaschinenbetreiber zur Bereinigung ihrer Ergebnislisten verpflichtet werden können und wie ein Betroffener einen entsprechenden Anspruch durchsetzen kann.[81] Die Arbeit privater Suchmaschinenbetreiber ist zur gezielten Informationssuche im Internet von entscheidender Bedeutung.[82] Diese können sich auch dazu entscheiden, bestimmte Informationen i.R.d. eigenen Angebots gar nicht oder nur eingeschränkt zugänglich zu machen, wie es in der Vergangenheit bspw. der chinesische Suchmaschinenbetreiber *Baidu* in den USA zulasten demokratiefreundlicher Bewegungen praktizierte.[83] Dementsprechend ließ auch das *Google-Urteil* Befürchtungen laut werden, wonach der EuGH den Grundstein für eine histo-

---

be forgotten will build on already existing rules to better cope with privacy risks online.“

78 Vorschlag für eine Verordnung des europäischen Parlaments und des Rates zum Schutz natürlicher Personen bei der Verarbeitung personenbezogener Daten und zum freien Datenverkehr vom 25. Januar 2012, KOM(2012) 11 endgültig, abrufbar unter http://eur-lex.europa.eu/LexUriServ/LexUriServ.do?uri=COM:2012:0011:FIN:DE:PDF (zuletzt abgerufen am 2. September 2017).

79 *Schantz*, NJW 2016, 1841 (1841).

80 *Schantz*, NJW 2016, 1841 (1841); *Ziegenhorn/von Heckel*, NVwZ 2016, 1585 (1585).

81 *E. I. Durchsetzung und Folgen eines Delisting-Begehrens.*

82 *B. II. 1. A) Ubiquität und Bedeutung der Suchmaschinen.*

83 *McCarthy*, GRUR Int. 2016, 604 (609).

rische Zensur durch Private gelegt habe.[84] Die Verlagerung der Rechtsdurchsetzung auf private Suchmaschinenbetreiber soll daher ebenfalls nähere Ausführungen erfahren.[85] Dazu werden zum einen die Vorschläge von zwei Organisationen vorgestellt, welche sich der Aufgabe angenommen haben, die richterlichen Vorgaben im *Google-Urteil* zu konkretisieren und durch die Erstellung von Leitfäden für die Praxis nutzbar zu machen.[86] Es handelt sich hierbei um die Arbeiten des von *Google* einberufenen Sachverständigenrates („*Sachverständigenrat*"),[87] dem u.a. die FDP-Politikern und ehemalige Bundesjustizministerin *Leutheusser-Schnarrenberger* angehört, sowie der Artikel-29-Datenschutzgruppe, in welcher zur Beratung der EU-Kommission in Datenschutzfragen Vertreter der nationalen Datenschutzbehörden zusammenkommen.[88] Zum anderen ist zu erwägen, ob der Lösungsansatz des EuGH entsprechend einem Vorschlag des Deutschen Instituts für Vertrauen und Sicherheit im Internet („*DIVSI*") zu modifizieren ist, oder sogar vollständig durch eine andere Vorgehensweise ersetzt werden muss.[89]

Bevor in den Abschlussbetrachtungen der Arbeit beantwortet werden kann, ob innerhalb der Union ein Recht auf Vergessenwerden existiert (bzw. existieren sollte), soll in einem fünften Schritt ein Blick über den EU-Tellerrand hinaus auf das US-amerikanische Recht gewagt werden. Der fünfte Schritt ist der Natur des Internets als Staatsgrenzen überwindendes Medium geschuldet, welches nicht nur in der EU, sondern weltweit Probleme aufwirft. Dementsprechend sorgte das Recht auf Vergessenwerden auch in den USA für zahlreiche Debattenbeiträge (*F. Clash of Civilizations – Chancen einer transatlantischen Initiative*). Die grenzüberschreitende Betrachtung soll eine Beurteilung

84 *Mason*, The Guardian vom 25. Juli 2014, „*Right to be forgotten: Wikipedia chief enters internet censorship row*".

85 *E. II. Verlagerung der Rechtsdurchsetzung auf Private – Zensur durch Google und Co.?*

86 *E. II. 3. Richtlinien für die Auflösung des Interessenkonfliktes.*

87 Näher zum Sachverständigenrat *E. II. 3. A) Sachverständigenrat.*

88 https://edps.europa.eu/data-protection/our-work/edps-worldwide_en#WP29 (zuletzt abgerufen am 2. September 2017). Näher zur Arbeit der Artikel-29-Datenschutzgruppe *E. II. 3. B) Artikel-29-Datenschutzgruppe.*

89 *E. III. Alternative Ausgestaltungen.*

der Realisierungschancen eines gemeinsamen transatlantischen Ansatzes für ein Recht auf Vergessenwerden ermöglichen.[90]

90 *F. Clash of Civilizations – Chancen einer transatlantischen Initiative.*

B. Grundlagen – Der Weg in eine des Vergessens unfähige Welt?

I. Vorbilder des Rechts auf Vergessenwerden in der jüngeren Geschichte

Die unter dem Schlagwort „Recht auf Vergessenwerden" geführte Auseinandersetzung ist eine Erscheinung der jüngeren Geschichte. Als Bezeichnung erstmals ausdrücklich 1989 als *„right to be forgotten"* in Erscheinung getreten und von *David H. Flaherty* in der Auseinandersetzung mit staatlichen Überwachungsmaßnahmen gebraucht,[91] steht das Recht auf Vergessenwerden infolge der Arbeit *Mayer-Schönbergers* im 21. Jahrhundert mittlerweile für den Versuch, den Gefahren des Internets Herr zu werden.[92]

Anders als das Internet und die mit diesem einhergehenden Gefahren ist der Umstand, dass Vergessen und Erinnerung der Menschheit Probleme bereiten, kein neues Phänomen: Schon zu Zeiten *Ciceros* sann man über den richtigen Umgang mit der Vergangenheit nach.[93] Zu den moderneren Erscheinungsformen dieses Problemkreises gehörte die im Europa des 20. Jahrhunderts geführte Auseinandersetzung mit der kriminellen Vergangenheit eines Menschen, sowie die im Datenschutzrecht geschaffene Möglichkeit, Datenlöschungen einzufordern.[94] Um das Recht auf Vergessenwerden besser begreifen zu können, ist es erforderlich, sich näher mit dem *Right to Oblivion* und dem *Right to Erasure* auseinanderzusetzen, denn auch wenn mit dem technologischen Faktor Internet ein neues Element hinzugetreten ist, ist das zugrundeliegende Problem nicht vollkommen neu:

---

91 *A. II. 1 Vergessen – Ein altes Problem innerhalb der Menschheitsgeschichte.*

92 *A. II. 2. Neue Herausforderungen: Internet und Wandel der Erinnerungskultur.*

93 *A. II. 1 Vergessen – Ein altes Problem innerhalb der Menschheitsgeschichte*; *Cicero*, De finibus bonorum et malorum libri quinque, Seite 99.

94 *A. II. 1 Vergessen – Ein altes Problem innerhalb der Menschheitsgeschichte.*

„Although the Right to be Forgotten is a new concept in relation to the Internet, it is derived from existing notions of privacy. European countries have strong traditions of protecting individual privacy and limiting personal content published in public forums. The origin of this notion is derived from the French concept le Doit a l'Oubli, which loosely translates to "the right to oblivion."[95]

1. The Right to Oblivion

Ein Vorläufer der Idee eines Rechts auf Vergessenwerden wird sowohl im französischen[96] als auch im italienischen Recht[97] in Gestalt des *Right to Oblivion* (*„le droit à l'oubli“*[98] bzw. *„il diritto al'oblio“*[99]) erkannt, dessen Entwicklung bis in die 1970er zurückgeht.[100] Das als *„the right to silence on past events in life that are no longer occurring“* umschriebene[101] *Right to Oblivion* ermöglichte es Straftätern, die ihre Haftstrafen abgesessen hatten, Veröffentlichungen zu widersprechen, welche Umstände der Verurteilung zum Gegenstand hatten.[102] Die Idee eines *Right to Oblivion* ist sowohl in der Schweiz[103] als auch in

95 *Shoor*, Brook. J. Int'l L., Vol. 39:1, 2014, 487 (492).

96 *Bernal*, EJLT Vol. 2, Issue 2, 2011, 1 (2); *Rosen*, Stan. L. Rev. Online, Vol. 64, 2012, 88 (88); *Shoor*, Brook. J. Int'l L., Vol. 39:1, 2014, 487 (492); *Walker*, Hastings Law Journal, Vol. 64, 2012, 257 (272).

97 *Bernal*, EJLT Vol. 2, Issue 2, 2011, 1 (2).

98 *Andrade*, IDP 2012, 122 (123); *Bernal*, EJLT Vol. 2, Issue 2, 2011, 1 (2); *Rosen*, Stan. L. Rev. Online, Vol. 64, 2012, 88 (88); *Walker*, Hastings Law Journal, Vol. 64, 2012, 257 (272); näher zum *Right to Oblivion* im französischen Recht: *Tamò/George*, JIPITEC 2014, 71 (76).

99 *Andrade*, IDP 2012, 122 (123); *Bernal*, EJLT Vol. 2, Issue 2, 2011, 1 (2); näher zum *Right to Oblivion* im italienischen Recht: *Tamò/George*, JIPITEC 2014, 71 (72, 80 f.).

100 *Bernal*, EJLT Vol. 2, Issue 2, 2011, 1 (2).

101 *Pino*, The Right to Personal Identity in Italian Private Law: Constitutional Interpretation and Judge-Made Rights, Seite 14; *Andrade*, IDP 2012, 122 (123); *Bernal*, EJLT Vol. 2, Issue 2, 2011, 1 (2).

102 *Rosen*, Stan. L. Rev. Online, Vol. 64, 2012, 88 (88); *Walker*, Hastings Law Journal, Vol. 64, 2012, 257 (272). *de Terwangne* sieht die Auseinandersetzung mit der kriminellen Vergangenheit eines Individuums als den klassischen Aspekt eines Rechts auf Vergessenwerden an, IDP 2012, 109 (111).

103 Vgl. die Nachweise von *Weber*, JIPITEC 2011, 120 (121); ausführlich zum Schweizer Recht *Werro*, in: Liability in the third millennium, Seite 290 f.

Deutschland nicht unbekannt geblieben. So stellte z.B. das BVerfG in seiner *Lebach I* – Entscheidung 1973 fest, dass es die

> „*Ausstrahlungswirkung des verfassungsrechtlichen Schutzes der Persönlichkeit ... nicht zu*[lässt], *daß die Kommunikationsmedien sich über die aktuelle Berichterstattung hinaus zeitlich unbeschränkt mit der Person eines Straftäters und seiner Privatsphäre befassen. Vielmehr gewinnt nach Befriedigung des aktuellen Informationsinteresses grundsätzlich sein Recht darauf, „allein gelassen zu werden", zunehmende Bedeutung und setzt dem Wunsch der Massenmedien und einem Bedürfnis des Publikums, seinen individuellen Lebensbereich zum Gegenstand der Erörterung oder gar der Unterhaltung zu machen, Grenzen*".[104]

Die rechtlichen Anknüpfungspunkte des *Right to Oblivion* werden im Bereich des Privatsphäreschutzes[105] bzw. des Persönlichkeitsrechts[106] gesehen: Das Ansehen einer rehabilitierten Person soll nicht länger von ihrer einstmals kriminellen Vergangenheit beherrscht werden.[107] Das Vertrauen in die Fähigkeit eines Menschen rechtfertigt die Einräumung von Vergessen; wer den „Preis" für eigene Verfehlungen begli-

---

104 BVerfG, Urteil vom 5. Juni 1973 - 1 BvR 536/72 = NJW 1973, 1226 (1231). Im Zuge dieser Entscheidung hatte sich das BVerfG mit der geplanten Ausstrahlung einer mehrteiligen Dokumentation des Zweiten Deutschen Fernsehens („*ZDF*") über den sog. *Soldatenmord von Lebach* auseinanderzusetzen. Einer der Tatbeteiligten, welcher bereits den Großteil seiner Haftstrafe verbüßt hatte und sich durch die Dokumentation in seinem Persönlichkeitsrecht verletzt sah, setzte sich gegen die geplante Ausstrahlung zu Wehr, BVerfG, Urteil vom 5. Juni 1973 - 1 BvR 536/72, NJW 1973, 1226 (1227). Die *Lebach I*-Entscheidung wird in Deutschland bisweilen als „*judikativer Grundstein des „Rechts auf Vergessenwerden*" bezeichnet, *Kodde*, ZD 2013, 115 (118); vgl. ferner *Tamò/George*, JIPITEC 2014, 71 (77): „*The German case law dealing with the right to personality - and in particular the right of oblivion - is extensive. Important leading cases in this respect are the Lebach I and Lebach II decisions.*"

105 *Ambrose/Ausloos*, JOIP Vol. 3, 2013, 1 (2): „*Oblivion finds its rationale in privacy as a human/fundamental right (related to human dignity, reputation, etc.)*"; *de Terwangne*, The Right to be Forgotten and the Informational Autonomy in the Digital Environment, Seite 13; ferner *Tamò/George*, JIPITEC 2014, 71 (72 f.): „*The rationale behind the concept of oblivion is found in the fundamental respect for privacy. It aims to prevent potential harm to "dignity, personality, reputation, and identity" of an individual*".

106 *de Terwangne*, The Right to be Forgotten and the Informational Autonomy in the Digital Environment, Seite 13.

107 *de Terwangne*, IDP 2012, 109 (111); *dies.*, The Right to be Forgotten and the Informational Autonomy in the Digital Environment, Seite 13; *Walker*, Hastings Law Journal, Vol. 64, 2012, 257 (272).

chen hat, darf nicht den Rest seines Lebens auf die Verfehlung reduziert werden.[108]

Gleichzeitig geht das *Right to Oblivion* mit erheblichem Konfliktpotential einher: U.a. müssen die Interessen des einstigen Straftäters, einen Schlussstrich unter seine Vergangenheit zu ziehen, mit dem Interesse der Öffentlichkeit am Zugang zu Informationen über das Geschehene in Ausgleich gebracht werden.[109] Besondere Bedeutung für die Auflösung des Interessenkonflikts kam im Oblivion-Konzept dem zeitlichen Element zu[110]: Je mehr Zeit seit dem Bekanntwerden eines Vorfalles verstrichen war, desto weniger ließ sich sein erneutes Aufleben rechtfertigen.[111]

Schon in *Lebach I* konnte der Interessenkonflikt jedoch nicht allein anhand der verstrichenen Zeit aufgelöst werden. Eine zeitliche Grenze, ab deren Überschreiten die fortgesetzte Berichterstattung unzulässig wird, lässt sich *„nicht allgemein, jedenfalls nicht mit einer nach Monaten*

108 *de Terwangne*, The Right to be Forgotten and the Informational Autonomy in the Digital Environment, Seite 13.

109 *Ambrose/Ausloos*, JOIP Vol. 3, 2013, 1 (2, 14). Neben der Auslösung eines Konfliktes mit der Informationsfreiheit konnte sich das *Right to Oblivion* auch als Beschränkung der Meinungsfreiheit niederschlagen, *Bernal*, EJLT Vol. 2, Issue 2, 2011, 1 (2). Zu weiteren Beeinträchtigungen vgl. *de Terwangne*, IDP 2012, 109 (118): *„As already commented concerning the right to forget the judicial past, the right to oblivion enters into conflict with important other rights, freedoms and legitimate interests, in particular, with freedom of expression and freedom of the press. It impinges on the conservation of full archives, as developed in point 2.2.2 relating to Internet newspaper archives. For the same reason, it hurts the duty of memory. It is a hindrance to historical research. It also has an impact on business continuity, management of employee files, the obligation to keep evidence, etc.“*.

110 *Andrade*, IDP 2012, 122 (132); *de Terwangne*, The Right to be Forgotten and the Informational Autonomy in the Digital Environment, Seite 1, 13 f.; *Tamò/George*, JIPITEC 2014, 71 (72); ferner *Ambrose/Ausloos*, JOIP Vol. 3, 2013, 1 (15).

111 *de Terwangne*, IDP 2012, 109 (111); ferner *Andrade*, IDP 2012, 122 (132): *„If the information is considered newsworthy (given its recent occurrence), then the right to information prevails, if not the latter is overwritten by the right to oblivion …“*. Unabhängig von der verstrichenen Zeit soll der Informationsfreiheit dort der Vorrang eingeräumt werden, wo das vergangene Geschehen von historischem Interesse ist oder im Zusammenhang mit dem Verhalten einer Person des öffentlichen Lebens in der Öffentlichkeit steht, *Andrade*, IDP 2012, 122 (132); *de Terwangne*, IDP 2012, 109 (112).

und Jahren für alle Fälle fest umrissenen Frist fixieren".[112] Erforderlich war die Hinzuziehung weiterer Kriterien (i.E. die zusätzliche Beeinträchtigung des Betroffenen durch eine weitere Berichterstattung).[113]

2. The Right to Erasure

Auch wenn er sprachlich nicht konsequent von der der „klassischen Facette"[114] – dem *Right to Oblivion* – getrennt wird,[115] existiert in Europa ein weiterer Anknüpfungspunkt für ein Recht auf Vergessenwerden. Das *Right to Erasure* folgt aus einem Zusammenspiel verschiedener datenschutzrechtlicher Vorschriften.[116] Anders als beim *Right to Oblivion* stellt der datenschutzrechtliche *Right to Erasure*-Komplex nicht zwingend auf ein zeitliches Element ab, so dass dem Zeitfaktor grundsätzlich eine geringere Bedeutung zukam.[117] Auch bestehen unterschiedliche Begründungsansätze: Während das *Right to Oblivion* das

112 BVerfG, Urteil vom 5. Juni 1973 - 1 BvR 536/72, NJW 1973, 1226 (1231); das Gericht stellte i.E. darauf ab, ob die erneute Berichterstattung eine zusätzliche Belastung für den Betroffenen bedeuten würde.

113 BVerfG, Urteil vom 5. Juni 1973 - 1 BvR 536/72, NJW 1973, 1226 (1231).

114 *de Terwangne*, The Right to be Forgotten and the Informational Autonomy in the Digital Environment, Seite 13.

115 Auch bzgl. des *Right to Erasure* ist die Terminologie in der juristischen Debatte alles andere als einheitlich. *de Terwangne*, IDP 2012, 109 (113) spricht bezogen auf die datenschutzrechtlichen Gewährleistungen nicht vom *Right to Erasure* sondern von einer zweiten Facette des *Right to Oblivion*, welche ein Recht auf Vergessenwerden bilde: „*The second facet of the right to oblivion derives from this data protection regulation. Through different principles, this legislation guarantees what can be considered as a right to be forgotten. But in this context, the right is extended. It is no more exclusively linked to judicial past but applies to processing of any personal data.*". Andere bezeichnen das Recht gesammelte und verarbeitete Daten löschen zu lassen dagegen als *Right to Erasure*, *Ambrose/Ausloos*, JOIP Vol. 3, 2013, 1 (1 f.): „*Two versions of the right to be forgotten result in muddled conceptions and rhetoric when not distinguished. ... A second version of the right is one offering deletion or erasure of information that a data subject has disclosed passively. In such a context, in which data is collected and processed by third parties, a more accurate description would be a "right to erasure."*"; *Tamò/George*, JIPITEC 2014, 71 (73).

116 *de Terwangne*, IDP 2012, 109 (113 ff.). Zur Geschichte und Entwicklung des *Right to Erasure* vgl. ausführlich *Zanfir*, Tracing the right to be forgotten in the short history of data protection law: The "new clothes" of an old right, Seite 11 ff.

117 *Ambrose/Ausloos*, JOIP Vol. 3, 2013, 1 (15); *Tamò/George*, JIPITEC 2014, 71 (73).

erneute Aufleben vergangener Ereignisse unterbinden sollte, steht hinter dem *Right to Erasure* der Gedanke, dass der von einer Verarbeitung[118] personenbezogener Daten[119] Betroffene[120] in der Lage sein muss, die weitere Verarbeitung ihn betreffender Daten durch den Verantwortlichen[121] zu unterbinden und eine etwaige Einwilligung zu widerrufen.[122]

Unionsrechtlicher Ausgangspunkt des *Right to Erasure* ist die Datenschutzrichtlinie, welche an verschiedenen Stellen die Löschung personenbezogener Daten vorsieht.[123] Für die Vorgaben dieser Richtlinie ist eines vorab klarzustellen[124]: Die Datenschutzrichtlinie erfasst in gemeinsamen Vorschriften sowohl den Bereich öffentlicher als auch privater Datenverarbeitungen.[125] Hierdurch stellte sie bei ihrer Verab-

118 Art. 2 lit. b) DSRL.

119 Art. 2 lit. a) Hs. 1 DSRL.

120 Art. 2 lit. a) DSRL.

121 Art. 2 lit. d) DSRL.

122 *Tamò/George*, JIPITEC 2014, 71 (73); vgl. auch *Ambrose/Ausloos*, JOIP Vol. 3, 2013, 1 (15).
Es wird z.T. auch vertreten, dass das *Right to Erasure* anders als das *Right to Oblivion* keine Anwendung auf von Dritten erstellte Inhalte finde, *Ambrose/Ausloos*, JOIP Vol. 3, 2013, 1 (15): „*Erasure seems intended to be narrower and not intended to apply to content created by others.*" Gegen dieses Abgrenzungskriterium spricht aber, dass der EuGH i.R.d. *Google-Entscheidung* das Recht auf Löschung aus Art. 12 lit. b) DSRL auf die Verarbeitung personenbezogener Daten durch Suchmaschinenbetreiber erstreckte; genügt der Suchmaschinenbetreiber bei der Einbeziehung der Daten bestimmten Anforderungen nicht, so kann der Betroffene nach Art. 12 lit. b) DSRL die Löschung verlangen, EuGH, Urteil vom 13. Mai 2014 - C–131/12 (*Google Spain und Google*), Rn. 94.

123 In einzelnen europäischen Staaten wurde bereits vor Verabschiedung der Datenschutzrichtlinie die Löschung verarbeiteter Daten angeordnet bzw. ermöglicht. Etwa sahen das 1977 in Deutschland verabschiedete BDSG und der 1984 in Großbritannien verabschiedete *Data Protection Act* ein Recht auf Löschung vor, *Zanfir*, Tracing the right to be forgotten in the short history of data protection law: The "new clothes" of an old right, Seite 12.

124 Näher zu den Anforderungen der Datenschutzrichtlinie vgl. *D. I. Grundlagen der Datenschutzrichtlinie.*

125 Gola/Schomerus/*Körffer/Gola/Klug*, § 2 BDSG, Rn. 1; vgl. auch *Brühann*, in: von der Groeben/Schwarze/Hatje, Europäisches Unionsrecht, Art. 16 AEUV, Rn. 15, 98. Eine begriffliche Trennung zwischen dem öffentlichen und privaten Bereich war damit nicht erforderlich, wurde aber dennoch z.B. vom deutschen Gesetzgeber in § 2 BDSG vorgenommen, Gola/Schomerus/*Körffer/Gola/Klug*, § 2 BDSG, Rn. 1.

schiedung insbesondere diejenigen Mitgliedsstaaten vor Herausforderungen, die wie bspw. die Bundesrepublik Deutschland den Schutz vor privaten Datenerhebungen vernachlässigt hatten:

> *„Die Richtlinie orientierte sich dagegen von Anfang an, schon aus Kompetenzgründen, ganz am nicht-öffentlichen Sektor. Für die Bundesrepublik, aber nicht nur für sie, heißt dies: Die Richtlinie zwingt in erster Linie dazu, das längst konstatierte und noch 1990 bei der BDSG-Novellierung hingenommene Datenschutzdefizit im nicht-öffentlichen Bereich zu beheben. Genauer: Die Richtlinie mahnt die Übernahme jener Datenschutzstandards an, die für den öffentlichen Bereich bereits gesetzlich abgesichert sind und in nahezu allen entscheidenden Punkten in der Richtlinie wiederkehren.*"[126]

In Art. 6 Abs. 1 lit. b) der Datenschutzrichtlinie wurde das „*Prinzip der Zweckbindung*" verankert,[127] welches eine Basis des *Right to Erasure* bildet;[128] danach dürfen personenbezogene Daten nur für eindeutig festgelegte und rechtmäßige Zwecke erhoben werden.[129] Daneben bestimmt Art. 6 Abs. 1 lit. e) DSRL, dass Daten nicht länger in einer die

---

126 *Simitis*, NJW 1997, 281 (287). Der Geltungsanspruch für den privaten Bereich kommt z.B. in Erwägungsgrund Nr. 55 der Datenschutzrichtlinie zum Ausdruck: „*...Unabhängig davon, ob es sich um eine Person des Privatrechts oder des öffentlichen Rechts handelt, müssen Sanktionen jede Person treffen, die die einzelstaatlichen Vorschriften zur Umsetzung dieser Richtlinie nicht einhält.*".
Eine Ausnahme vom Geltungsanspruch im privaten Bereich sieht Art. 3 Abs. 2 DSRL für Datenverarbeitungen vor, die eine natürliche Person ausschließlich zur Ausübung persönlicher oder familiärer Tätigkeiten vornimmt.

127 GHN/*Sobotta*, Art. 16 AEUV, Rn. 42 (51. EL 2013); Gola/Schomerus/*Gola/Klug/Körffer*, § 14 BDSG, Rn. 9; ferner *Jandt/Kieselmann/Wacker*, DuD 2013, 235 (235 f.): „*Nach dem Grundsatz der Zweckbindung beziehen sich die gesetzlichen Erlaubnisvorschriften und auch die Einwilligung immer auf einen bestimmten Zweck und stellen zudem auf die Erforderlichkeit der Datenverarbeitung zur Zweckerreichung ab. Die Zulässigkeit der Erhebung, Verarbeitung und Nutzung personenbezogener Daten ist daher immer auf diesen Zweck begrenzt. Sollen die Daten für weitere Zwecke verwendet werden, bedarf diese Zweckänderung einer eigenständigen Erlaubnis. ... Fehlt es an einer gesetzlichen Erlaubnis oder an einer Einwilligung für den Umgang mit den personenbezogenen Daten für weitere Zwecke und werden sie für den ursprünglichen Zweck nicht mehr benötigt, entfällt die Erforderlichkeit der Speicherung und die personenbezogenen Daten sind ebenfalls zu löschen.*"

128 *de Terwangne*, IDP 2012, 109 (114).

129 Art. 6 DSRL
(1) Die Mitgliedstaaten sehen vor, daß personenbezogene Daten
...
b) für festgelegte eindeutige und rechtmäßige Zwecke erhoben und nicht in einer mit diesen Zweckbestimmungen nicht zu vereinbarenden Weise weiterverarbeitet wer-

Identifizierung des Bertoffenen ermöglichenden Form aufbewahrt werden dürfen, als es für die Realisierung ihres Erhebungs- oder Verarbeitungszweckes erforderlich ist („*Erforderlichkeitsgrundsatz*).[130] Auch wurde den Mitgliedsstaaten in Art. 12 lit. b) DSRL vorgegeben, von Datenverarbeitungen betroffenen Personen das Recht auf Löschung nicht richtlinienkonform verarbeiteter Daten einzuräumen.[131] Zusätzlich gibt Art. 14 lit. a) DSRL den Mitgliedsstaaten auf, dem Be-

---

den. Die Weiterverarbeitung von Daten zu historischen, statistischen oder wissenschaftlichen Zwecken ist im allgemeinen nicht als unvereinbar mit den Zwecken der vorausgegangenen Datenerhebung anzusehen, sofern die Mitgliedstaaten geeignete Garantien vorsehen;

130 Art. 6 DSRL
(1) Die Mitgliedstaaten sehen vor, daß personenbezogene Daten
…
e) nicht länger, als es für die Realisierung der Zwecke, für die sie erhoben oder weiterverarbeitet werden, erforderlich ist, in einer Form aufbewahrt werden, die die Identifizierung der betroffenen Personen ermöglicht. Die Mitgliedstaaten sehen geeignete Garantien für personenbezogene Daten vor, die über die vorgenannte Dauer hinaus für historische, statistische oder wissenschaftliche Zwecke aufbewahrt werden.

131 Art. 12 lit. b) DSRL flankiert die aus den Prinzipien der Zweckbindung und Erforderlichkeit folgende Verpflichtung, indem dem Betroffenen für bestimmte Konstellationen ein eigenes Löschungsrecht zugestanden wird, *de Terwangne*, IDP 2012, 109 (114); *Koops*, SCRIPTed Vol. 8, Issue 3, 2011, 1 (14). Art. 12 lit. b) DSRL wird (gemeinsam mit Art. 14 DSRL) als die im Hinblick auf ein Löschbegehren / ein Recht auf Vergessenwerden bedeutsamste Vorschrift der Datenschutzrichtlinie betrachtet, *Ambrose/Ausloos*, JOIP Vol. 3, 2013, 1 (7); *Tamò/George*, JIPITEC 2014, 71 (75). Das Löschungsrecht kann entweder ausgelöst werden, wenn Anforderungen an die Qualität einer Datenverarbeitung nach Art. 6 Abs. 1 DSRL missachtet werden oder keiner der für eine Datenverarbeitung erforderlichen Zulässigkeitsgründe des Art. 7 DSRL vorliegt, *Zanfir*, Tracing the right to be forgotten in the short history of data protection law: The "new clothes" of an old right, Seite 14. *Dies.* erkennt in Art. 12 lit. b) DSRL zumindest beim Fehlen eines Zulässigkeitsgrundes nach Art. 7 DSRL ein generelles Recht auf Löschung.
Im deutschen BDSG ist die Löschung personenbezogener Daten in § 20 BDSG (für Datenverarbeitungen öffentlicher Stellen) und § 35 BDSG (für Datenverarbeitungen nicht-öffentlicher Stellen) vorgesehen. § 20 BDSG beinhaltet sowohl eine Löschungspflicht für die verantwortliche Stelle, als auch ein Recht des Betroffenen auf Löschung, Gola/Schomerus/*Gola/Klug/Körffer*, § 20 BDSG, Rn. 1. Durch § 35 BDSG wurde Art. 12 lit. b) DSRL in deutsches Recht umgesetzt; die Vorschrift geht teilweise über die europäische Vorgabe hinaus, vgl. *Nolte*, ZRP 2011, 236 (238).

troffenen beim Vorliegen überwiegender, sich aus seiner besonderen Situation ergebender Gründe ein Widerspruchsrecht zu garantieren.[132]

Gestützt auf die skizzierten Bestimmungen wird z.T. ein bereits in der Datenschutzrichtlinie existierendes Recht auf Vergessenwerden erkannt. So leitet bspw. *de Terwangne* ein solches aus Art. 6 Abs. 1 lit. e) DSRL ab („*This rule clearly establishes a right to oblivion.*").[133] *Koops* dagegen erkennt Umschreibungen des Rechts auf Vergessenwerden primär in Gestalt der Art. 12 lit. b) und 14 DSRL.[134] Art. 12 lit. b) gewährleiste zwar ein generelles Recht auf Löschung in Fällen nicht

132 Ab Ausübung des Widerspruchsrechts wird die weitere Verarbeitung der entsprechenden Daten unzulässig, Grabitz/Hilf/*Brühann*, Das Recht der Europäischen Union (Sekundärrecht), Art. 14 DSRL, Rn. 9 (Stand: 13. EL 1999). Das Widerspruchsrecht ist nicht identisch mit einem Recht auf Löschung. Wird mit dem Widerspruchsrecht ein Stopp einer Verarbeitung geltend gemacht, kann damit gleichzeitig die Löschung der bestehenden Datenbestände eingefordert werden; eine parallele Löschung als Konsequenz der Ausübung des Widerrufsrechts ist jedoch kein Regelfall, *de Terwangne*, IDP 2012, 109 (115).

133 *de Terwangne*, IDP 2012, 109 (114). Insbesondere das Prinzip der Zweckbindung steht hinsichtlich seiner Eignung als Recht auf Vergessenwerden im Zentrum erheblicher Kritik: Die Zweckbindung werde zunehmend aufgeweicht und Datenverarbeitungen würden selbst für vage oder ungewisse zukünftige Zwecke zugelassen, *Koops*, SCRIPTed Vol. 8, Issue 3, 2011, 1 (16): „*Now that the socio-technical context of Big Data implies that data processing is being based on vague purpose definitions to allow unforeseen future uses, and that data are increasingly used for secondary purposes, this fundamentally challenges not only the purpose-limitation principle itself but also the effectiveness of a right to be forgotten if that is tied to retention periods based on legitimate processing for purposes that are vague or derivative.*" Teilweise wird das Prinzip der Zweckbindung daher als „zahnloses" Instrument eingestuft, welches in der Praxis nur in Ausnahmefällen umgesetzt wird, *Ambrose/Ausloos*, JOIP Vol. 3, 2013, 1 (7): „*Article 6(1)(e) of the DP Directive, for example, declares that personal data can be kept "for no longer than is necessary for the purposes for which the data were collected or for which they are further processed." However, besides some exceptional cases, on the Internet personal data is collected, processed, and stored for indeterminate lengths of time and for myriad purposes, rendering the purpose limitation principle quite toothless in practice.*" *Koops* geht davon aus, dass die Erfüllung der Pflicht des Verantwortlichen, Daten tatsächlich nach Erreichen ihres Verarbeitungszweckes zu löschen, maßgeblich von der Einrichtung eines *Good Governance* Systems abhängt, SCRIPTed Vol. 8, Issue 3, 2011, 1 (14).

134 *Koops*, SCRIPTed Vol. 8, Issue 3, 2011, 1 (12). Im Zusammenspiel mit Art. 12 lit. b) DSRL könne auch Art. 6
Abs. 1 lit. e) DSRL, welcher eine Verpflichtung für den Verantwortlichen aber kein Recht des Betroffenen normiert, als Recht auf Vergessenwerden interpretiert

richtlinienkonform verarbeiteter Daten, aber kein generelles Recht auf Vergessenwerden, da sich ein solches auch auf Daten erstrecken müsse, die richtig und rechtmäßig verarbeitet wurden.[135]

Ohne an dieser Stelle bereits näher auf die Entscheidung einzugehen, ist darauf hinzuweisen, dass sich der EuGH im *Google-Urteil* auf ein Zusammenspiel des Erforderlichkeitsprinzips i.V.m. Art. 7 lit. f), 12 lit. b) und 14 DSRL stützte,[136] mithin vom *Right to Erasure* Gebrauch machte.

II. Das Recht auf Vergessenwerden

1. Technischer Wandel und Verschmelzung von Right to Oblivion und Right to Erasure

Die vorausgegangenen Ausführungen haben gezeigt, dass bereits in der Vergangenheit einzelne europäische Staaten durch das *Right to Oblivion* das Neuaufleben der kriminellen Vergangenheit einzelner Bürger zu verhindern gesucht haben. Auch das Unionsrecht hält mit dem *Right to Erasure* einen sekundärrechtlichen Normenkomplex bereit, der einem Begehren auf Löschung von Informationen Rechnung tragen kann.[137]

Was also macht das Recht auf Vergessenwerden erforderlich und wodurch unterscheidet sich dieses von den ihm vorausgegangenen Rechten? Es fehlt nicht an einem Bestand von Normen für die Löschung von Informationen, sondern es ist vielmehr fraglich, ob dieser Normenbestand für die Probleme im Internetzeitalter noch zeitgemäß ist.[138] Technischer Wandel und Fortschritte auf dem Gebiet der Infor-

werden, SCRIPTed Vol. 8, Issue 3, 2011, 1 (14). Im deutschen Recht wird bisweilen § 35 BDSG bescheinigt, Potential für ein Recht auf Vergessenwerden zu bieten, *Nolte*, ZRP 2011, 236 (239).

135 *Koops*, SCRIPTed Vol. 8, Issue 3, 2011, 1 (13).

136 *D. II. 2. B) BB) BBB) Ein Recht auf Löschung der in Suchergebnislisten enthaltenen personenbezogenen Daten.*

137 *B. I. Vorbilder des Rechts auf Vergessenwerden in der jüngeren Geschichte.*

138 *Koops*, SCRIPTed Vol. 8, Issue 3, 2011, 1 (17): „*As to legal measures, the Data Protection Directive (DPD) already provides a good starting point, but it has several weaknesses in current provisions to effect a right to be forgotten.*" Ferner *de Ter-*

mationstechnologie machen es erforderlich, den Umfang der bekannten Instrumente neu zu bestimmen.[139] Durch den technischen Wandel nähern sich *Oblivion* und *Erasure* immer weiter an und vermengen sich miteinander.[140] Im Internet kommt es zur massenhaften Verarbeitung von Informationen über bestimmte bzw. bestimmbare Personen, d.h. zur Verarbeitung personenbezogener Daten i.S.v. Art. 2 lit. a) Hs. 1 DSRL. Bereits die namentliche Nennung einer Person auf einer Website stellt eine Verarbeitung von personenbezogenen Daten dar.[141] Je mehr Informationen ins Internet gelangten und je länger diese dort existierten, desto größer musste die Zahl derjenigen werden, die vom datenschutzrechtlichen *Right to Erasure* Gebrauch machen würde, um Informationen aus der eigenen Vergangenheit zu beseitigen. Die Überschneidung der Anwendungsfelder von *Right to Oblivion* und *Right to Erasure* war vorprogrammiert. Da es sich um grundsätzlich unterschiedliche Konzepte handelt, ist eine Vermengung anstelle einer Ergänzung nicht ungefährlich: Das *Right to Erasure* der Datenschutzrichtlinie ist weniger auf die Berücksichtigung von Interessenkonflikten ausgelegt als das in der Rechtsprechung einzelner Mitgliedsstaaten beheimatete *Right to Oblivion*.[142]

---

wangne, IDP 2012, 109 (115): „*Recently, the right to be forgotten has been at the heart of intense debates, related in the press, in official reports, political statements, and in blogs, etc. The concern expressed is about the appropriateness of extending the existing right to be forgotten in response to the situations born from the development of the Internet environment.*“

139 *de Terwangne*, The Right to be Forgotten and the Informational Autonomy in the Digital Environment, Seite 1.

140 *Ambrose* erkannte im DS-GVO-E eine Vermengung der Konzepte und plädierte für eine weiterhin strikte Trennung, Speaking of Forgetting: Analysis of Possible Non-EU Responses to the Right to Be Forgotten and Speech Exception, Seite 28: „*The DP Regulation draft of the right to erasure dangerously conflates two concepts: the right to delete data collected and privately held and the right to oblivion for information that affects the data subject's public reputation and identity.*“ Aus Sicht von *Tamò* und *George* handelt es sich beim *Right to Oblivion* und *Right to Erasure* um einander ergänzende Rechte, JIPITEC 2014, 71 (83).

141 EuGH, Urteil vom 6. November 2003 - C 101/01 (*Lindquist*) = EuZW 2004, 245 (247).

142 *Tamò/George*, JIPITEC 2014, 71 (83); vgl. erneut die Befürchtung von *Ambrose*, Speaking of Forgetting: Analysis of Possible Non-EU Responses to the Right to Be Forgotten and Speech Exception, Seite 28

Zum Zeitpunkt bspw. von *Lebach I* existierten weder Suchmaschinen noch Online-Archive.[143] Wo ehemalige Straftäter in der Vergangenheit noch hoffen konnten, dass ihre Taten nach einiger Zeit nicht erneut ins Licht der Öffentlichkeit gezerrt, sondern dem *Oblivion* anheimfallen würden, haben sich die Ausgangsbedingungen im Internetzeitalter verschoben. Die Zahl der im Netz über Einzelpersonen verfügbaren Informationen wächst beständig und fördert die Gefahr der Bildung von Persönlichkeitsprofilen.[144] Im Jahr 2009 wurden digitale Daten in einem Umfang erstellt, dass sich damit ein DVD-Stapel füllen ließe, der die Distanz zwischen Erde und Mond überbrücken würde.[145] 2011 konnte sich ein Student in den Niederlanden mit einfachen Mitteln Zugriff auf Datenbanken von *Google* verschaffen und gewann Zugang zu Informationen – darunter Namen und E-Mail-Adressen – von über 35 Millionen Menschen.[146]

Befürchtet wird, dass sich die gewaltigen Datenbestände[147] nachteilig für diejenigen auswirken, deren Daten erfasst werden, etwa indem berufliche Aufstiegschancen geschmälert werden.[148] Angesichts

143 *Ruttig*, AfP 2013, 372 (372).

144 *Greve/Schärdel*, MMR 2008, 644 (645).

145 So die bildhafte Umschreibung von *Koops*, SCRIPTed Vol. 8, Issue 3, 2011, 1 (6): „*The total amount of yearly created digital information reached 800,000 petabytes in 2009 (roughly, a stack of DVDs from Earth to the moon and back) and was expected to reach 1.2 zettabytes (i.e. 1021 or 1,000,000,000,000,000,000,000 bytes) in 2010.23 A lot of this is created by individuals themselves, following the rise of Web 2.0 in which every web user is also a content creator.*“

146 *Bernal*, EJLT Vol. 2, Issue 2, 2011, 1 (5).

147 Ein Beispiel für das gewaltige Ausmaß der Datenanhäufungen über Einzelpersonen liefert bspw. die US-amerikanische *Axciom Corporation*, welche Schätzungen zufolge über insgesamt 1.500 Daten betreffend jeden US-Amerikaner verfügt, *Clifford*, New York Times, 31. Juli 2009, „*Ads Follow Web Users, and Get More Personal*“: „*…Acxiom estimates it has 1,500 pieces of data on every American, based on information from warranty cards, bridal and birth registries, magazine subscriptions, public records and even dog registrations with the American Kennel Club.*“ Vgl. aber *Tsesis*, WFLR, Vol. 48, 2014, 101 (121 Fn. 84), welcher einschränkend darauf hinweist, dass sich Axciom „nur“ auf diejenigen Amerikaner bezieht, bzgl. derer das Unternehmen überhaupt über Daten verfügt (d.h. die Bezugnahme auf „jeder Amerikaner“ ist nicht auf die absolute Gesamtzahl aller lebenden Amerikaner bezogen zu verstehen). Unternehmen wie Axciom gelingt es zunehmend, die offline und online gesammelten Datenbestände miteinander zu verknüpfen, vgl. *Clifford* a.a.O.

148 *Greve/Schärdel*, MMR 2008, 644 (645).

zunehmender Digitalisierung wächst bei einem immer größer werdenden, nicht länger auf ehemalige Straftäter begrenzten Personenkreis das Bedürfnis, im Internet nicht grenzenlos mit der eigenen Vergangenheit konfrontiert zu werden.[149] Die sich verändernde Ausgangslage betonte auch die ehemalige EU-Justiz-Kommissarin *Viviane Reding*: Während sich 1993 lediglich ein Prozent der Telekommunikation im Internet abspielte, waren es 2012 bereits 97 %.[150] Um EU-Bürgern mehr Kontrolle über ihre Daten zu verleihen, sprach sich *Reding* für die Verankerung eines Rechts auf Vergessenwerden im Zuge der EU-Datenschutzreform aus, welches auf den bereits bestehenden Regeln aufbauen solle.[151]

Vor allen anderen lassen sich zwei Gefahrenquellen benennen, die den Ruf nach einem Recht auf Vergessenwerden haben laut werden lassen: die durch die Allmacht der Suchmaschinen ausgelöste *Ubiquität* und der *Ewigkeitseffekt.*

A) Ubiquität und Bedeutung der Suchmaschinen

Während unangenehme Erfahrungen vor der Verbreitung des Internets regelmäßig lokal begrenzte Erscheinungen blieben, droht die mit der steigenden Internetnutzung einhergehende Verbreitung neuer Medienformen diesen Status quo aufzuheben.[152] So finden sich z.B. auf der Videoplattform *YouTube* zahlreiche Aufzeichnungen von Personen, die in beschämende Vorfälle i.R.v. Sportereignissen verwickelt

149 *Andrade*, IDP 2012, 122 (133): „*Given the increasing digitization of information and storage of our most mundane actions and behaviours, the application of the right to oblivion ... should not be restricted to the criminal sphere. The need to be forgotten is today a reality that goes beyond the reference to one's possible criminal convictions*"; ferner *Ambrose*, IRIE Vol. 17, 2012, 21 (22); *Koops*, SCRIPTed Vol. 8, Issue 3, 2011, 1 (23).
Die ehemalige EU-Justiz-Kommissarin *Reding* wies darauf hin, dass mittlerweile 81 % der deutschen Bürger das Gefühl hätten, nicht länger Herr über ihre persönlichen Daten zu sein, SPEECH/12/26, The EU Data Protection Reform 2012: Making Europe the Standard Setter for Modern Data Protection Rules in the Digital Age.

150 *Reding*, SPEECH/12/26, The EU Data Protection Reform 2012: Making Europe the Standard Setter for Modern Data Protection Rules in the Digital Age.

151 *Reding*, SPEECH/12/26, The EU Data Protection Reform 2012: Making Europe the Standard Setter for Modern Data Protection Rules in the Digital Age.

152 *Tsesis*, WFLR, Vol. 48, 2014, 101 (111).

wurden.[153] Wären diese Zwischenfälle im analogen Zeitalter schnell vergessen, überdauern sie im Internet auf unbestimmte Zeit und für die Öffentlichkeit – potentielle Arbeitgeber oder den eigenen Lebenspartner eingeschlossen – zugänglich.[154] Ist eine Information über einen Menschen einmal ins Netz gelangt, erlangt sie zusätzliches Gefahrenpotential, da sie nunmehr weltweit von einem unbestimmbaren Personenkreis abgerufen werden kann.[155] Schnell wird auf diesem Weg aus einer „*private*[n] *Peinlichkeit ein globaler Event*",[156] wodurch das Internet zum virtuellen „*Pranger*" werden kann, auf dem die eigene Vergangenheit für eine breite Öffentlichkeit zugänglich wird.[157] Informationsveröffentlichungen im Internet unterscheiden sich dadurch deutlich von Veröffentlichungen in klassischen Medien wie z.B. den Printmedien, da eine regionale Begrenzung des Adressatenkreises grundsätzlich nicht mehr stattfindet.[158] Diese allgegenwärtige Verfügbarkeit von Informationen wird vom EuGH als „*Ubiquität*" bezeichnet.[159]

---

153 *Tsesis*, WFLR, Vol. 48, 2014, 101 (111).

154 *Tsesis*, WFLR, Vol. 48, 2014, 101 (111).

155 *de Terwangne*, IDP 2012, 109 (113): „*The harm deriving from the eternal and universal availability of the data on the Internet will much more often be considered disproportionate than the harm ensuing from local publicity subject to procedures.*" EuGH, Urteil vom 21. Oktober 2011 – Rechtssachen C-509/09 und C-161/10 (*eDate Advertising*), Rn. 45.

156 *Hillenbrand*, Spiegel Online vom 5. August 2003, „*WebKult: Die Leiden des Star-Wars-Kids*".

157 Handbuch des Staatsrechts VII/*Kube*, § 148, Rn. 148. Zum größeren Gewicht der Verdachtsberichterstattung im Internet vgl. ferner *Lehr*, NJW 2013, 728 (729).

158 EuGH, Urteil vom 21. Oktober 2011 – Rechtssachen C-509/09 und C-161/10 (*eDate Advertising*), Rn. 45: „*Wie jedoch sowohl die vorlegenden Gerichte als auch die Mehrzahl der Parteien und Beteiligten, die vor dem Gerichtshof Erklärungen abgegeben haben, vortragen, unterscheidet sich die Veröffentlichung von Inhalten auf einer Website von der gebietsabhängigen Verbreitung eines Mediums wie eines Druckerzeugnisses dadurch, dass es grundsätzlich auf die Ubiquität dieser Inhalte abzielt. Die Inhalte können von einer unbestimmten Zahl von Internetnutzern überall auf der Welt unmittelbar abgerufen werden, unabhängig davon, ob es in der Absicht ihres Urhebers lag, dass sie über seinen Sitzmitgliedstaat hinaus abgerufen werden, und ohne dass er Einfluss darauf hätte.*"

159 EuGH, Urteil vom 13. Mai 2014 – C-131/12 (*Google Spain und Google*), Rn. 80; ferner EuGH, Urteil vom 21. Oktober 2011 – Rechtssachen C-509/09 und C-161/10 (*eDate Advertising*), Rn. 45

Die zunehmende Digitalisierung bringt gleichzeitig einen erleichterten Informationszugang mit sich: „[D]*as Internet hat … das Suchen und Auffinden von weltweit verteilten Daten revolutioniert*".[160] Besondere Bedeutung für die vereinfachte Auffindbarkeit und damit für die praktische Allgegenwärtigkeit von Informationen kommt den Suchmaschinen zu. Bei einer Suchmaschine handelt es sich um

> „*ein Programm, mit dessen Hilfe innerhalb eines definierten Datenbestandes, insbesondere dem World Wide Web, ein bestimmtes Dokument, z. B. eine Webseite oder eine Bilddatei, gefunden werden kann. Dazu muss der Nutzer lediglich einen Suchterm, d. h. Stichwörter oder Volltexte, in eine Suchmaske eingeben und erhält als Suchergebnis eine Auflistung derjenigen Webseiten, auf der die gewünschte Information zu finden ist. Die Suchmaschine beschränkt sich nicht auf eine bloße Auflistung aller in Betracht kommender Webseiten, sondern sortiert die Suchergebnisse nach Relevanz in Form eines Rankings.*"[161]

In Anbetracht ihrer besonderen Bedeutung für die Informationsverbreitung im Netz werden diese Informationsintermediäre des Internets[162] auch als „Gatekeeper" der Informationsgesellschaft bezeichnet – diejenigen, die entscheiden, ob Informationen erscheinen oder nicht.[163] Allein durch Suchmaschinen kann die gewaltige Anzahl an Informationen im Internet auf praktische Art und Weise von der breiten Masse der Internetnutzer durchsucht werden,[164] indem eine zielgerichtete Suche nach bestimmten Informationen ermöglicht wird.[165] Ohne Suchmaschinen droht die Informationssuche im Internet an der schieren Anzahl von Informationen und möglichen Informations-

---

160 *Federrath/Fuchs/Herrmann/Maier/Scheuer/Wagner*, DuD 2011, 403 (403).

161 *Milstein/Lippold*, NVwZ 2013, 182 (183); ausführlich zur Funktion von Suchmaschinen vgl. Kilian/Heussen/*Egermann*, 3. Abschnitt, Teil 300, Suchmaschinen, I, Rn. 1 (Stand: 33. EL 2017).

162 *Paal*, ZRP 2015, 34 (34).

163 *Boehme-Neßler*, NvWZ 2014, 825 (825); *Ott*, MMR 2006, 195 (195). Unter den verschiedenen Suchmaschinenbetreibern nimmt *Google* die Führungsposition ein, Kilian/Heussen/*Egermann*, 3. Abschnitt, Teil 300, Suchmaschinen, VI, Rn. 20 (Stand: 33. EL 2017).

164 Kilian/Heussen/*Egermann*, 3. Abschnitt, Teil 300, Suchmaschinen, IV, Rn. 8 (Stand: 33. EL 2017); Spindler/Schuster/*Spindler/Volkmann*, Dritter Teil, § 1004 BGB, Rn. 49; ferner *Dörr/Natt*, ZUM 2014, 829 (831).

165 *de Terwangne*, IDP 2012, 109 (112); ferner *Paal*, ZRP 2015, 34 (35), sowie *Jandt/Kieselmann/Wacker*, DuD 2013, 235 (236), wonach Suchmaschinen für die Nutzbarkeit des Internets unabdingbar sind.

fundstellen zu scheitern. Eine universelle Verfügbarkeit von Informationen wäre ohne sie nicht vorstellbar – ohne Suchmaschinen gibt es keine Ubiquität.[166] Erst die bei einer Suchanfrage erfolgende Vorauswahl kanalisiert die gewaltige Anzahl der im Internet vorhandenen Informationen und macht sie dem Suchenden zugänglich[167] - „[o]*hne die Inanspruchnahme von Suchdiensten und deren Einsatz von Hyperlinks ... wäre die sinnvolle Nutzung der unübersehbaren Informationsfülle im World Wide Web praktisch ausgeschlossen*".[168] Aufgrund dieser elementaren Bedeutung besteht an der Nutzung von Suchmaschinen ein öffentliches Interesse.[169]

Die steigende Bedeutung der Suchmaschinen ist nicht ungefährlich. Die Ermöglichung eines zielgerichteten Suchens nach Informationen über bestimmte Personen trägt dazu bei, dass leicht von jedermann ein mehr oder weniger detailliertes Profil des Gesuchten erstellt werden kann.[170] Die aufgefundenen Informationen können dabei hoffnungslos veraltet oder vollkommen aus ihrem ursprünglichen Zusam-

---

Daneben bieten Suchmaschinenbetreiber weitere Dienste an. Dazu gehört das Platzieren von Werbung, die auf den verwendeten Suchbegriff abgestimmt ist und gemeinsam mit einer Ergebnisliste angezeigt wird (sog. „*Keyword-Advertising*"), Kilian/Heussen/*Egermann*, 3. Abschnitt, Teil 300, Suchmaschinen, V, Rn. 11, 14 (Stand: 33. EL 2017).

166 Schlussanträge des Generalanwalts vom 25. Juni 2013 im Verfahren C-131/12, Rn 45.

167 Kilian/Heussen/*Egermann*, 3. Abschnitt, Teil 300, Suchmaschinen, IV, Rn. 9 (Stand: 33. EL 2017); vgl. auch Roßnagel/*Jandt*, § 10 TMG, Rn. 54. Ein Großteil der Internetnutzer nimmt überhaupt nur die Internetbereiche wahr, die von Suchmaschinen vermittelt und zugänglich gemacht werden; der nicht von Suchmaschinen erfasste Bereich ist deutlich umfangreicher als der erfasste Bereich, *Dörr/Natt*, ZUM 2014, 829 (831).

168 BGH, Urteil vom 17. Juli 2003 – I ZR 259/00 = NJW 2003, 3406 (3410); *Paal*, ZRP 2015, 34 (34).
Vgl. auch *Dörr/Natt*, ZUM 2014, 829 (829): „*Wäre das Internet eine Bibliothek, so wären Suchmaschinen ihre Kataloge, ihre Bibliothekare und seit geraumer Zeit sogar selbst Autoren und Verleger.*" Die Anbieter von Suchmaschinen beschränken sich nicht länger darauf, fremde Inhalte und Informationen im Internet auffindbar zu machen, sondern bieten zunehmend eigenhändig erstellte Inhalte an, *dies.*, ZUM 2014, 829 (831 f.).

169 *Von Lackum*, MMR 1999, 697 (701).

170 EuGH, Urteil vom 13. Mai 2014 – C-131/12 (*Google Spain und Google*), Rn. 80: „*...da diese Verarbeitung es jedem Internetnutzer ermöglicht, mit der Ergebnisliste einen strukturierten Überblick über die zu der betreffenden Person im Internet zu*

menhang gerissen sein. Was bestimmten Personenkreisen einst freiwillig zugänglich gemacht wurde, kann an anderer Stelle ungeahnte und unerwünschte Wirkung entfalten.[171] Durch die von Suchmaschinen geschaffene Möglichkeit, das Internet durch die bloße Namenseingabe gezielt nach Informationen über den Namensträger zu durchsuchen, muss dieser beständig um das Wiederaufleben von Informationen aus seiner Vergangenheit in seinem gegenwärtigen oder zukünftigen Umfeld fürchten.[172] Im Geleit der personenbezogenen Suchanfrage können Informationen aus der Vergangenheit auch denjenigen aufgedrängt werden, die ohne bestimmtes Ziel einen Namen in eine Suchmaske eingegeben haben.[173]

Die Gefahr bei der Bündelung von Informationsmassen an einer zentral zusammenlaufenden Stelle erkannte noch vor der Verbreitung der Suchmaschinen der US Supreme Court 1989 in der Entscheidung *Department of Justice v. Reporters Committee for Freedom of the Press.*[174] Danach besteht ein erheblicher Unterschied zwischen öffent-

---

findenden Informationen zu erhalten, die potenziell zahlreiche Aspekte von deren Privatleben betreffen und ohne die betreffende Suchmaschine nicht oder nur sehr schwer hätten miteinander verknüpft werden können, und somit ein mehr oder weniger detailliertes Profil der Person zu erstellen.“ Vgl. auch Schlussanträge des Generalanwalts vom 25. Juni 2013 in Rechtssache C-131/12, Rn. 45; ferner *de Terwangne*, The Right to be Forgotten and the Informational Autonomy in the Digital Environment, Seite 3: „*The "eternity effect" of the electronic memory is to be combined with the efficiency of search engines to bring to the surface of the Net the slightest piece of information, removed out of its initial context, and to gather all the pieces to offer a recomposed though often heterogeneous portrait. Linked to the "absolute memory" of the Internet, such portrait may consist of past characteristics eternally present. Result can be sometimes some way or other harmful. And it is not only information on you disclosed by third persons that can raise concerns.*“ Zweifelnd an der Gefahr einer Bildung von Persönlichkeitsprofilen: *Bull*, Seite 46 f.; *Diesterhöft*, VBlBW 2014, 370 (371).

171 *de Terwangne*, The Right to be Forgotten and the Informational Autonomy in the Digital Environment, Seite 3.

172 *Diesterhöft*, VBlBW 2014, 370 (370).

173 *Diesterhöft*, VBlBW 2014, 370 (372).

174 *Department of Justice v. Reporters Committee for Freedom of the Press*, 489 U.S. 749 (1989). Im zugrundeliegenden Sachverhalt ging es um die Einsicht in sog. „*Rap-Sheets*“ des *Federal Bureau of Investigation* („*FBI*“), die Informationen über die kriminelle Vorgeschichte von mehreren Millionen Menschen enthielten. Auf Basis des *Freedom of Information Acts* und aufgrund des Verdachts der Verstrickung in Abläufe organisierten Verbrechens war u.a. seitens *CBS News* Einsicht in ein

lich dokumentierten Informationen, die erst durch (ggf.) intensive Recherchen auffindbar sind und an einer einzigen Stelle zusammenlaufenden, computergenerierten Zusammenfassungen.[175] Eine ähnliche Bündelung von Informationen bewirken auch Suchmaschinen: Ihre wachsende Leistungsfähigkeit ermöglicht an einer zentralen Anlaufstelle das Auffinden von Informationen, die lange zurückliegende Vorfälle betreffen und in der analogen Welt nur unter erheblichem Aufwand aufzufinden wären.[176]

Diese erhebliche Vereinfachung der Informationssuche wird z.B. anhand des sog. *Star Wars Kid*-Zwischenfalls deutlich. Ein kanadischer Schüler stellte 2002 in einer privaten Videoaufzeichnung Szenen aus dem Science-Fiction-Epos *Star Wars* nach, welche später u.a. über eine Tauschbörse rasante Verbreitung im Internet fanden.[177] Durch die Veröffentlichung der Aufnahmen sah sich der betroffene Schüler beißendem Spott ausgesetzt: Es entstanden über 50 abgewandelte Versionen des ursprünglichen Videos und der Betroffene musste sich daraufhin psychologischer Betreuung unterziehen.[178] Die Verbreitung des Videos begann im Jahr 2002 – ein 2003 auf Spiegel Online erschienener Artikel über die Vorfälle[179] konnte i.R.d. Anfertigung der vorliegenden

---

bestimmtes Rap-Sheet beantragt worden. Der US Supreme Court untersagte die Offenlegung des Rap-Sheets aufgrund einer Ausnahmebestimmung des Freedom of Information Acts.

175 *Department of Justice v. Reporters Committee for Freedom of the Press*, 489 U.S. 749, 764 (1989): *„But the issue here is whether the compilation of otherwise hard-to-obtain information alters the privacy interest implicated by disclosure of that information. Plainly there is a vast difference between the public records that might be found after a diligent search of courthouse files, county archives, and local police stations throughout the country and a computerized summary located in a single clearinghouse of information"*; *de Terwangne*, IDP 2012, 109 (112). Zu einem vergleichbaren Schluss gelangte im *Google-Urteil* auch der EuGH, Urteil vom 13. Mai 2014 – C–131/12 (*Google Spain und Google*), Rn. 80.

176 *Dreier*, in: FS Loewenheim, Seite 67. Ferner *Alexander*, ZUM 2011, 382 (383), wonach insbesondere die schnelle Abrufbarkeit im Internet die flüchtige Natur von Informationen – z.B. in klassischen Rundfunkbeiträgen – aushebelt und dadurch eine *„Rückkehr zur Anonymität"* deutlich erschwert.

177 *Hillenbrand*, Spiegel Online vom 5. August 2003, *„WebKult: Die Leiden des Star-Wars-Kids"*.

178 *Hillenbrand*, Spiegel Online vom 5. August 2003, *„WebKult: Die Leiden des Star-Wars-Kids"*.

179 *Hillenbrand*, Spiegel Online vom 5. August 2003, *„WebKult: Die Leiden des Star-Wars-Kids"*.

Arbeit noch nach über einem Jahrzehnt durch die Eingabe von „Star Wars Kid“ in die Suchmaske von www.google.de ohne Schwierigkeiten aufgefunden werden.

Je mehr Informationen gespeichert wurden, desto mehr stellte sich in Zeiten vor der flächendeckenden Verbreitung von Internet und Suchmaschinen das Problem, sich daran zu erinnern, wo eine bestimmte Information aufbewahrt wurde.[180] Dies veranschaulichen etwa die Beispiele der *Axciom Corporation*[181] oder des niederländischen Datenlecks bei *Google*[182]: Unter 1.500 Informationen über eine Person bzw. unter 35 Millionen Menschen eine Person und die dazugehörige Information von Interesse ausfindig zu machen, würde erhebliche Schwierigkeiten bereiten. Durch leistungsstarke Suchmaschinen wird es dagegen immer einfacher und schneller möglich, den Standort einer tatsächlich begehrten Information aufzuspüren.

Ebenjenes vereinfachte Auffinden von Informationen zählt zu den Hauptsorgen vieler Menschen im Internetzeitalter.[183] Die Verwendung von Suchmaschinen zur Überprüfung von Personen erfreut sich immer größerer Beliebtheit;[184] Arbeitgeber greifen zunehmend auf Suchmaschinen zurück um Informationen über Bewerber im Netz aufzuspüren.[185] Durch die allgegenwärtige Nutzung von Suchmaschinen muss beständig um das Wiederaufleben von Informationen aus der eigenen Vergangenheit gefürchtet werden.[186] Die leichte Auffindbarkeit – insbesondere von Informationen, die womöglich so lange in die Vergangenheit zurückdatieren, dass sie zum gegenwärtigen Wesen einer Person keinen oder nur noch einen geringen Bezug aufweisen – kann eine nachhaltige Störung der Persönlichkeitsentwicklung bewirken.[187]

---

180 *Mayer-Schönbergers*, Delete – The Virtue of Forgetting in the Digital Age, Seite 46 ff.

181 *Clifford, Clifford*, New York Times, 31. Juli 2009, „*Ads Follow Web Users, and Get More Personal*“.

182 *Bernal*, EJLT Vol. 2, Issue 2, 2011, 1 (5).

183 *Tamò/George*, JIPITEC 2014, 71 (82).

184 *Antani*, The Resistance of Memory: Could the European Union's Right to be Forgotten Exist in the United States?, Seite 34: „*... and Google will have to accept its new identity as a de facto consumer reporting agency.*“

185 *Ambrose/Friess/Van Matre*, SCLJ Vol. 29, 2012, 1 (54).

186 *Diesterhöft*, VBlBW 2014, 370 (372).

187 *Diesterhöft*, VBlBW 2014, 370 (372).

Dieses unter Umständen gefährliche und fatale Zusammenspiel aus Ubiquität und Leistungsfähigkeit wird besonders deutlich, wenn man sich die Geschichte des *Costeja Gonzalez* in Erinnerung ruft: Um die weit über ein Jahrzehnt zurückliegende Insolvenzverstrickung aufzudecken, war keine aufwendige Recherche erforderlich – das Aufdecken dieser Information bedurfte nichts weiter als die bloße Namenseingabe.[188]

B) „Das Internet vergisst nicht" – der Ewigkeitseffekt

Die Auseinandersetzung mit dem Recht auf Vergessenwerden wird von dem Mantra beherrscht, das Internet vergesse nichts;[189] einmal ins Internet gelangte Informationen sollen auch noch nach vielen Jahren

188 *Posner*, „*We All Have the Right to Be Forgotten*", 14. Mai 2014: „*Once information is online, it can be forever instantly accessible through search engines. No need to dig through archives or court records for the record of Costeja's debt—it was at your fingertips if you searched his name, whether or not you even wanted to know. A quarter-century ago, there would have been little chance that Costeja would still have to explain himself to an employer or landlord or client or prospective date.*"

189 *Boehme-Neßler*, NVwZ 2014, 825 (825) („*Das Internet hat ein Elefantengedächtnis und vergisst nichts.*"); *Diesterhöft*, VBlBW 2014, 370 (370) („*Unfähigkeit des Internets zu vergessen*"); *Holznagel/Hartmann*, MMR 2016, 228 (229) („*Bekanntlich vergisst das Internet nicht. Berichterstattungen auf Webseiten, die persönlichkeitsrechtsverletzend sind, bleiben dort auf ewig zugänglich.*"); *Spindler*, GRUR-Beilage 2014, 101 (103) („*...angesichts der Tatsache, dass das Netz tendenziell nichts „vergisst"...*"); *Stoffels/Bernskötter*, Die Goliath-Falle, Seite 45 („*Das Internet vergisst nichts, beziehungsweise ist es bislang unmöglich, Wortbeiträge oder Bilder aus dem Web vollständig zu löschen.*"); vgl auch *Kutter*, Die Zeit vom 27. September 2012, „*Digitales Gedächtnis: Das Netz vergisst doch*" („*Als Mantra aller Internetaufklärer gilt der Satz "Das Netz vergisst nie!" Diese Mahnung lässt so manchen Finger vor der Enter-Taste innehalten: Soll man dieses Foto wirklich hochladen, jenes Posting tatsächlich senden? Oder wird man sich später für das schämen, was man heute unbedacht preisgibt? Schließlich gilt das Internet als weltweites digitales Gedächtnis, das einmal gewonnene Informationen bis in alle Ewigkeit speichert.*"); ferner *Bolton*, J. Marshall J. Info. Tech. & Privacy L. Vol. 31, Issue 2, 2015, 133 (133) („*Because the Internet has such a wide scope, once something has entered its domain, it is virtually impossible to permanently remove.*"). Auch findet sich diese Behauptung – wenngleich nicht mit Bezug auf ein Recht auf Vergessenwerden – bei *Weigl*, Seite 26, sowie bei *Dreier*, in: FS Loewenheim, Seite 68 („*Das Netz vergisst eben nichts.*").

abrufbar bleiben.[190] Anders als dem menschlichen Erinnerungsvermögen wird dem Erinnern im Internet eine „Unfehlbarkeit" zugeschrieben, die es unmöglich machen soll, sich von einmal begangenen Fehlern zu lösen.[191] Teilweise wird diese langanhaltende Konservierung von Inhalten im Netz auch als „Ewigkeitseffekt" („*eternity effect*") bezeichnet.[192]

Auch die vom Ewigkeitseffekt ausgehende Gefahr manifestiert sich erst durch das Hinzutreten von Suchmaschinen.[193] Dies hat bereits der *Star Wars Kid*-Vorfall angedeutet, dessen Abläufe sich noch ein Jahrzehnt später mühelos im Netz nachverfolgen ließen.[194] Der Ewigkeitseffekt kann jedoch noch (deutlich) weiter in der Vergangenheit zurückliegende Berichterstattung wieder ans Licht holen. Sucht man mit *Google* nach dem Namen des im Zusammenhang mit den *Apollonia*-Morden Verurteilten, lassen sich Berichte aus den Jahren 1982 und 1983 im Onlinearchiv des Spiegels auffinden.[195]

---

190 *Weigl*, Seite 26. Im Netz kommt es zu einer „*Extemporalisierung*" des Rechts, vgl. *Hoeren*, NJW 1998, 2849 (2851): „*...zeitliche Bezüge werden durch das Internet ad absurdum geführt.*"

191 *de Terwangne*, IDP 2012, 109 (110). Vgl. auch *Dreier*, in: Dreier/Euler, Seite 7, wonach sich bereits Stimmen finden, denen zufolge „*[m]it der digitalen Speicherungs- und Informationstechnologie ... erstmals die unzerstörbare ewige Speicherbarkeit in greifbare Nähe [rücke]*". Bisweilen wird die auf digitaler Ebene erfolgende Speicherung von Informationen als „*umfassend, ungefiltert und im Prinzip dauerhaft*" beschrieben, *Nolte*, ZRP 2011, 236 (236).

192 *de Terwangne*, The Right to be Forgotten and the Informational Autonomy in the Digital Environment,
Seite 2: „*The infallibility of the "total memory" of the Internet contrasts with the limits of human memory. Now memory can be the one of rancor, vengeance or belittlement. Thanks to its "eternity effect", the Internet preserves bad memories, past errors, writings, photos or videos which we would like to deny later.*"

193 *Diesterhöft*, VBlBW 2014, 370 (370).

194 *B. II. 1. A) Ubiquität und Bedeutung der Suchmaschinen.*

195 *Ruttig*, AfP 2013, 372 (375). An Bord der Jacht *Apollonia* kam es 1981 zu einem Vorfall, bei dem zwei Menschen starben und ein dritter Beteiligter schwer verwundet wurde. Der 1982 wegen zweifachen Mordes und versuchtem Mord Verurteilte begehrte ab dem Jahr 2011 die Unterlassung der Berichterstattung seitens des Magazins der Spiegel. Das Magazin hatte ab 1982 mehrfach über den *Apollonia-Prozess* berichtet und diese Berichte später in seiner ab 1999 betriebenen Online-Plattform www.spiegel.de bereitgestellt, BGH, Urteil vom 13. November 2012 – VI ZR 330/11, GRUR 2013, 200 (200). Ein Spiegel-Artikel vom 22. November 1982 über die Vorfälle (abrufbar unter http://www.spiegel.de/spiegel/print/d-14355425.html, zuletzt abgerufen am 2. September 2017) kann ebenfalls

Das menschliche Bedürfnis zur Bewahrung und Weitergabe von Erinnerungen und Erfahrungen an künftige Generationen begegnete im Lauf der Geschichte immer wieder einer natürlichen Grenze: Die Bewahrung von Informationen ging mit hohen Kosten einher, während eine gezielte Informationssuche nur eingeschränkt möglich war.[196] Die moderne Technik verkehrt dies ins Gegenteil; Verarbeitung und Aufbewahrung von Informationen werden immer einfacher handhabbar.[197] Etwa hatte 2010 eines der ältesten Internetarchive, die *Wayback Machine*, über 1,5 Milliarden verschiedener URLs archiviert.[198] Letztlich soll es zu einem „fundamentalen Paradigmenwechsel in der menschlichen Erfahrung" kommen,[199] wodurch Vergessen zur Ausnahme und Erinnerung zur Regel wird.[200] Der Ewigkeitseffekt wird durch die zunehmend preiswertere Verfügbarkeit immer größerer Speicherkapazitäten begünstigt.[201] Die immer günstigeren Speicherkapazitäten fördern (neben anderen Faktoren) den Umfang der betriebe-

ohne größere Schwierigkeiten mittels einer Suchanfrage nach dem Begriff „Apollonia Fall" über die *Google*-Suchmaschine aufgefunden werden.

196 Vgl. *Mayer-Schönberger*, welcher sich u.a. auf die Unterhaltskosten von Bibliotheken stützt, The Art of Forgetting, Seite 2 f.

197 Mayer-Schönberger, The Art of Forgetting, Seite 3.

198 *Ainsworth/AlSum/SalahEldeen/Weigele/Nelson* – How Much of the Web Is Archived?, Seite 1. Zur Definition einer URL vgl. http://www.itwissen.info/URL-uniform-resource-locator-Internetadresse.html (zuletzt abgerufen am 2. September 2017): „*Uniform Resource Locator (URL) ist eine Adressierungsform für Internetadressen, die vor allem innerhalb des World Wide Web (WWW) zur Anwendung kommt. Das URL-Format macht eine eindeutige Bezeichnung aller Dokumente im Internet möglich, es beschreibt die Internetadresse eines Dokuments oder Objekts, das von einem WWW-Browser gelesen werden kann.*"

199 *Antani*, The Resistance of Memory: Could the European Union's Right to be Forgotten Exist in the United States?, Seite 1: „*The emergence of the right to be forgotten highlights a fundamental paradigm shift in the human experience, from an existence in which the default was to forget, the mind solely bearing the struggle to remember and retain, to one in which data in the digital world makes preservation the norm and forgetting a struggle.*"

200 *Antani*, The Resistance of Memory: Could the European Union's Right to be Forgotten Exist in the United States?, Seite 1; *Mayer-Schönberger*, The Art of Forgetting, Seite 3; *ders.*, Delete – The Virtue of Forgetting in the Digital Age, Seite 103 ff.

201 *Diesterhöft*, Seite 24; *Walker*, Hastings Law Journal, Vol. 64, 2012, 257 (281). *Moore's Gesetz* zufolge werden sich die Kosten für Speicherplatz sogar im 18-Monats-Turnus halbieren, *Dreier*, in: Dreier/Euler, Seite 3.

nen Datenverarbeitung.[202] Diese „*Ökonomie des digitalen Erinnerns*"[203] führt dazu, dass kein wirtschaftlicher Anreiz entsteht gespeicherte Informationen wieder zu löschen, sondern fördert das gegenteilige Verhalten.[204] Datenlöschungen verursachen höhere Kosten als die andauernde Speicherung[205] und sind gleichzeitig mit größerem Aufwand verbunden[206] oder nur begrenzt möglich.[207] Die Anwendung eines Rechts auf Vergessenwerden stünde im Widerspruch zu wirtschaftlichen Erwägungen.[208] Hinzu kommt, dass die ununterbrochene Aufbewahrung von Daten auch die Möglichkeit offenhält, neue Verwendungsmöglichkeiten für diese Datenbestände zu finden.[209] Dementsprechend wird befürchtet, dass der Zuwachs günstigerer Speicherkapazitäten Unternehmen zur Aufbewahrung einmal gespeicherter Daten auf unbestimmte Zeit verleiten könnte.[210]

---

202 *FTC*, Protecting Consumer Privacy in an Era of Rapid Change, Seite 24.

203 So *Diesterhöft*, Seite 26, unter Bezugnahme auf die Bezeichnung „*economics of digital remembering*" bei *Mayer-Schönberger*, Delete – The Virtue of Forgetting in the Digital Age, Seite 104.

204 *Diesterhöft*, Seite 26: „*Die Grenzkosten der dauerhaften Abrufbarkeit zusätzlicher Inhalte bewegen sich infolge stetig sinkender Preise für digitale Speicher gegen Null. Für die Anbieter bedeutet dies, dass sie nicht aus wirtschaftlichen Gründen gezwungen werden, einmal eingestellte Inhalte erneut zu bewerten und die als weniger relevant erachteten zu entfernen.*" *European Data Protection Supervisor*, A comprehensive approach on personal data protection in the European Union, Seite 18.

205 *European Data Protection Supervisor*, A comprehensive approach on personal data protection in the European Union, Seite 18: „*Besides, from an economic perspective, it is more costly for a data controller to delete data than to keep them stored. The exercise of the rights of the individual therefore goes against the natural economic trend*"; *de Terwangne*, IDP 2012, 109 (116).

206 *de Terwangne*, The Right to be Forgotten and the Informational Autonomy in the Digital Environment, Seite 3 f.

207 *Greve/Schärdel*, MMR 2008, 644 (648).

208 *de Terwangne*, The Right to be Forgotten and the Informational Autonomy in the Digital Environment, Seite 4.

209 *FTC*, Protecting Consumer Privacy in an Era of Rapid Change, Seite 25, 46 f. Gleichzeitig steigen mit immer größeren, auf lange Zeit angelegten Datensammlungen Risiken wie z.B. die Gefahr des unbefugten Zugriffs, *FTC*, Protecting Consumer Privacy in an Era of Rapid Change, Seite 46: „*Good data collection practices also support good data security practices, as collecting and storing large amounts of data not only increases the risk of a data breach or other unauthorized access but also increases the potential harm that could be caused.*"

210 *FTC*, Protecting Consumer Privacy in an Era of Rapid Change, Seite 25.

Sollen ins Internet gelangte Informationen wieder beseitigt werden, begegnet dies einer Reihe tatsächlicher Hindernisse.[211] Dies bedeutet nicht zwangsläufig, dass das pauschalisierende Mantra, wonach einmal im Internet zugänglich gemachte Informationen nicht wieder untergehen können, absolute Geltung beansprucht.[212] Auch im Netz muss die Existenz von Informationen nicht von Dauer sein.[213] Datenerhebende Stellen führen – etwa aufgrund gesetzlich auferlegter Pflichten – täglich eine Vielzahl von Datenlöschungen durch.[214] Softwareversagen, Kommunikationsfehler oder Angriffe von außen bewirken zusätzliche Informationsverluste;[215] auch ist es nicht unüblich, dass ganze Webseiten abgeschaltet werden.[216] Digitale Informationsquellen zeichnen sich außerdem durch größere Instabilität aus als analoge Quellen.[217] Ungeachtet dieser Faktoren für mögliche Informationsverluste bleibt das Problem bestehen, dass ein nicht unbeachtlicher Anteil einmal gespeicherter Daten im Internet auch nach langer Zeit erhalten und zugänglich bliebt.[218] Wenn Informationen selbst nach dem Verstreichen vieler Jahre noch abrufbar sind, droht die Fortentwicklung der eigenen Persönlichkeit beschränkt zu werden, da die Vergangenheit zum unüberwindbaren und dank Suchmaschinen allgegenwärtigen Stigma mutieren kann.[219] Daraus erwachsen nicht nur Probleme und Gefahren für den Einzelnen, sondern die grundlegende Bedeutung von Erinnerung und Vergessen steht vor einer Revision.

---

211 *C. II. Hürden bei der gewillkürten Beseitigung von Informationen.*

212 *Bull*, Seite 45; ausführlich unter *C. I. Dauerhafte Existenz von einmal ins Internet gelangten Informationen?* Über die Zweifel am absoluten Geltungsanspruch hinaus wird diese Behauptung auch den im Raum stehenden Interessen derjenigen nicht gerecht, über die Informationen im Internet noch nach vielen Jahren auffindbar sind, so dass *„[d]er Satz, das Internet vergisst nicht, … hier nicht das Ende der Überlegungen sein“* kann, *Nolte*, ZRP 2011, 236 (237); ferner *ders.*, NJW 2014, 2238 (2240).

213 *Ambrose*, IRIE Vol. 17, 2012, 21 (23); *Assion*, in: *Kappes/Krone/Novy*, Medienwandel, Seite 94.

214 *Bull*, Seite 45 f.

215 *Ambrose*, IRIE Vol. 17, 2012, 21 (23).

216 *Assion*, in: *Kappes/Krone/Novy*, Medienwandel, Seite 94.

217 *Ambrose*, STLR Vol. 16, No. 2, 2013, 369 (390).

218 *Bull*, Seite 45.

219 Vgl. nur *Ambrose*, IRIE Vol. 17, 2012, 21 (22): *„It is difficult to change when one cannot move beyond the past. The Internet changes access to the past and this new form of access may limit the growth and development of the individual“.*

C) Fehlendes Gefahrenbewusstsein

Das grundlegende Problem hinter dem Recht auf Vergessenwerden liegt im Zusammenwirken aus der Informationslanglebigkeit im Internet[220] und der durch Suchmaschinen ermöglichten allgegenwärtigen Verfügbarkeit von Informationen.[221] Erschwerend kommt hinzu, dass sich viele Menschen dieser Gefahren nicht bewusst sind. So wurde ein großer Teil der im Internet über die nach 1985 geborenen Generationen auffindbaren Informationen freiwillig von denjenigen offenbart, auf die sich diese Informationen beziehen.[222] Die technischen Entwicklungen werden von einem menschlichen Verhalten mit ausgesprochenem Hang zur Selbstgefährdung begleitet.[223] Personen, die von klein auf mit dem Internet vertraut sind, offenbaren auch gegenüber völlig Unbekannten immer bereitwilliger Details ihres Lebens im Internet; die Grenzen zwischen dem Verhalten im privaten und dem Verhalten im öffentlichen Raum beginnen zu verschwimmen.[224] Wenn eine Preisgabe von Informationen zunächst auch rational durchdacht erscheint, kann das langfristige Gefahrenpotential doch leicht verkannt

220 *B. II. 1. A) Ubiquität und Bedeutung der Suchmaschinen.*

221 *B. II. 1. B) „Das Internet vergisst nicht" – der Ewigkeitseffekt.* Vgl. auch *Tamò/George*, JIPITEC 2014, 71 (82): *„The easy access and quick retrieval of personal data via search engines is the main concern of individuals regarding their online privacy."* *Diesterhöft*, VBlBW 2014, 370 (370); *Mayer-Schönberger*, Delete – The Virtue of Forgetting in the Digital Age, Seite 103.

222 *Zittrain*, The Future of the Internet – And How to Stop It, Seite 231: *„A large part of the personal information available on the Web about those born after 1985 comes from the subjects themselves. People routinely set up pages on social networking sites —in the United States, more than 85 percent of university students are said to have an entry on Facebook—and they impart reams of photographs, views, and status reports about their lives, updated to the minute. Friends who tag other friends in photographs cause those photos to be automatically associated with everyone mentioned —a major step toward the world in which simply showing up to an event is enough to make one's photo and name permanently searchable online in connection with the event."* Ferner *Koops*, SCRIPTed Vol. 8, Issue 3, 2011, 1 (6).

223 *Schertz*, NJW 2013, 721 (724): *„Das heißt, dass einerseits die technische Entwicklung die Möglichkeiten von Persönlichkeitsrechtsverletzungen in kaum zu erahnendem Maße potenziert hat, zum anderen der Mensch selbst durch sein mediales Eigenverhalten die Risiken noch zusätzlich erhöht hat, allein um öffentlich stattzufinden."*

224 *Zittrain*, The Future of the Internet – And How to Stop It, Seite 234.

werden.[225] Informationen können von Suchmaschinen aufgegriffen oder von Dritten für neue Zwecke verwendet werden[226] – aufgrund der Informationslanglebigkeit im Internet ist dies auch noch nach langer Zeit zu befürchten. Werden Informationen eigenhändig in einem sozialen Netzwerk offenbart, können dadurch z.B. die beruflichen Perspektiven leiden.[227] Auch ist bspw. in den USA seit den Terroranschlägen auf das *World Trade Center* am 11. Septembers 2001 ein starkes Wachstum privater Sicherheitsdienstleister zu verzeichnen, die – auch auf Basis von im Internet zugänglichen Informationen – darauf spezialisiert sind, den Hintergrund einer Person näher zu durchleuchten.[228]

Eine verstärkte Aufklärung oder die Erziehung junger Menschen zur größeren Vorsicht bei der Informationspreisgabe könnte die Gefahren aus dem Zusammenspiel von Informationslanglebigkeit, Suchmaschinen und allzu großzügiger Informationspreisgabe zwar eindämmen, aber nicht aus der Welt räumen. Selbst wenn jemand im Internet keine Informationen über sich preisgibt, ist nicht ausgeschlossen, dass Dritte Informationen über diese Person offenlegen[229] – der Fall des *Costeja Gonzalez* demonstriert dies eindrücklich.

---

225 *Zittrain*, The Future of the Internet – And How to Stop It, Seite 232. Nicht selten wird aber bereits die Tragweite der eigenen Einwilligung in die Verarbeitung personenbezogener Daten verkannt, *Bernal*, EJLT Vol. 2, Issue 2, 2011, 1 (4): „*Even when data is gathered with legal consent, the data subjects will not always (or even often) understand that consent - often having scrolled through pages of legal language that they don't even read let alone understand before clicking 'OK'.* " *Once this consent has been given, what happens to the data is effectively beyond the control of the user...*"; ferner *FTC*, Protecting Consumer Privacy in an Era of Rapid Change, Seite 25 ff.

226 *Zittrain*, The Future of the Internet – And How to Stop It, Seite 232.

227 *Ambrose/Ausloos*, JOIP Vol. 3, 2013, 1 (4), weisen darauf hin, dass in den USA mittlerweile über 75 % der Personalabteilungen im Internet nach Informationen über potentielle Arbeitnehmer suchen, was eine Vielzahl der Nachforschenden bereits zu Absagen bewegt hat: „*A survey by Microsoft found that 75% of United States employment recruiters and human resources professionals are ordered to do online research about candidates, and 70% reported having rejected candidates because of information that was found online.*" 2011 gaben sogar 91 % der befragten Personalanwerber an, in die Bewertung von Bewerbern auch Informationen aus sozialen Netzwerken einfließen zu lassen, *Ambrose/Friess/Van Matre*, SCLJ Vol. 29, 2012, 1 (16).

228 *Ambrose/Friess/Van Matre*, SCLJ Vol. 29, 2012, 1 (39 f.).

229 *Posner*, „*We All Have the Right to Be Forgotten*", 14. Mai 2014: „*So we have to warn our children not to post anything about themselves online that might cause an*

Gegenwärtig ist es unmöglich, alle möglichen Folgen und Verwendungsmöglichkeiten bei der Ansammlung und Verarbeitung personenbezogener Daten vorherzusehen.[230] Die Gefahren der Informationspreisgabe und -verwendung können ungewiss wirken, da sie sich womöglich niemals realisieren oder erst nach dem Hinzutreten weiterer Faktoren offenbaren.[231] Informationen im Internet können mit zunehmendem Zeitverlauf ein von ihrem Inhalt unabhängiges Gefahrenpotential erlangen. Im Internet die Jahre überdauernde Informationen können vollkommen aus ihrem ursprünglichen Kontext gerissen sein und jede Aussagekraft über den aktuellen Entwicklungsstand einer Person vermissen lassen.[232] Bei personenbezogenen Informationssuchen über Suchmaschinen werden sowohl alte wie neue Informationen in unmittelbarem Zusammenhang angezeigt.[233] Die noch nach Jahren abrufbar bleibende Berichterstattung kann ähnlich beeinträchtigend wirken, wie die andauernde Berichterstattung über eine Person.[234]

2. Revision des Werts von Erinnerung und Vergessen

A) Erinnerung als neuer Regelfall

Die Ausführungen über den Ewigkeitseffekt und die Macht der Suchmaschinen haben verdeutlicht, dass die Art und Weise menschlicher Erinnerung im Internet Veränderungen erfährt. Diese Schwierigkeiten betreffen nicht nur die Bürger der EU, sondern die Menschen welt-

---

employer to raise an eyebrow decades hence. But this is an impossible standard. Our children can't stop their friends (or enemies) from posting drunken photos or a heedless rant, barnacles that will cling to them for years."

230 Diejenigen Konsequenzen, deren Voraussage möglich ist, sind als „*very abstract, distant and uncertain*" zu umschreiben, vgl. *Ambrose/Ausloos*, JOIP Vol. 3, 2013, 1 (4).

231 *Ambrose/Ausloos*, JOIP Vol. 3, 2013, 1 (4).

232 *B. II. 2. Revision des Werts von Erinnerung und Vergessen.*

233 *Ruttig*, AfP 2013, 372 (375).

234 *Ruttig*, AfP 2013, 372 (375): „*Die bloß mögliche Auffindbarkeit von Inhalten im Internet ähnelt damit sehr stark der fortdauernden Berichterstattung, zumal die Suchmaschinen Alt- und Neumeldungen häufig in unmittelbarem Zusammenhang anzeigen.*"

weit.[235] In ihrer Geschichte sah sich die Menschheit bislang nie mit der Frage konfrontiert, ob sie tatsächlich eine absolute Erinnerung wünscht, da dies faktisch nicht umsetzbar war.[236] Vergessen war die Regel, Erinnerung die Ausnahme.[237] Auch heute noch erkennen einige statt im Rückzug des Vergessens in der „*menschliche*[n] *Vergesslichkeit*" das größere Problem, zu dessen Überwindung sich die Menschheit seit Jahrhunderten Hilfsmitteln wie Bibliotheken und Archiven bedient.[238] Erinnerung geht zweifelsohne mit vielen Vorteilen einher: Die Erinnerung an Vergangenes hilft beim Treffen anstehender Entscheidungen[239] und beim Begreifen gegenwärtiger Ausprägungen einer Gesellschaft.[240] Wird sie jedoch gezielt gesteuert, kann Erinnerung – wie bspw. in der Vergangenheit seitens der katholischen Kirche – zum Machterhalt instrumentalisiert werden.[241]

B) Zusammenspiel moderner Technik zwingt zum Überdenken des Stellenwerts von Erinnerung und Vergessen

Im Vergleich mit den oft hervorgehobenen Vorzügen der Erinnerung wird nur selten darauf hingewiesen, dass auch dem Vergessen positive Aspekte anhaften können. Stattdessen eilt Letzterem der Ruf eines „menschlichen Makels" voraus,[242] dem die Menschheit durch Erfin-

235 *Rosen*, J. On Telecomm. & High Tech L. Vol. 9, 2011, 345 (345).

236 *Mayer-Schönberger*, Delete – The Virtue of Forgetting in the Digital Age, Seite 48 f.

237 *Mayer-Schönberger*, Delete – The Virtue of Forgetting in the Digital Age, Seite 2.

238 *Koreng/Feldmann*, ZD 2012, 311 (312).

239 *Dreier*, in: Dreier/Euler, Seite 5; *Mayer-Schönberger*, Delete – The Virtue of Forgetting in the Digital Age, Seite 22.

240 *Dreier*, in: Dreier/Euler, Seite 5; *Goldman*, Forbes vom 24. September 2013, „*California's New 'Online Eraser' Law Should Be Erased*".

241 *Mayer-Schönberger*, Delete – The Virtue of Forgetting in the Digital Age, Seite 37. Erst die ungehinderte Verbreitung des Buchdrucks konnte die kirchliche Herrschaft über den Wissensfluss nach und nach beenden, *ders.*, Delete – The Virtue of Forgetting in the Digital Age, Seite 37.

242 *Nolte*, ZRP 2011, 236 (236): „*Wie kann man denn von dem Vergessen als einer Tugend sprechen, gilt doch das Vergessen eher als Untugend, oder zumindest als menschlicher Makel, den man zu vermeiden trachtet.*" Vgl. auch *Bannon*, CoDesign Vol. 2, Nr. 1, 2006, 3 (6): „*In general, forgetting is seen as one more example of the fragility of the human mind, where it loses out to computers, with their ability to*

dungen wie Schrift oder Buchdruck im Laufe der Jahrhunderte Herr zu werden versuchte.[243]

Wenn Vergessen und Vergebung auch nicht identisch sind,[244] besteht doch eine enge Verbindung zwischen beiden. Dort wo die Hinweise auf früheres Fehlverhalten allgegenwärtig sind, da sie auf unbestimmte Zeit durch Suchmaschinen zugänglich bleiben und so dem Wirkungsbereich des Vergessens entzogen werden, wird es schwer Vergebung zu erlangen.[245] Mit der Vergebung – dem Gehenlassen negativer Empfindungen wie dem Bedürfnis nach Vergeltung und Rache[246] – können jedoch positiv Auswirkungen auf die Gesellschaft als Ganzes einhergehen.[247] Werden z.B. jugendliche Straftäter rehabilitiert und nicht ihr Leben lang anhand ihrer früheren Taten gemessen, können Staaten einen erheblichen Kostenaufwand vermeiden.[248]

Es lassen sich jedoch weder langwierige Erinnerung noch das Vergessen von Informationen allgemein als gut oder schlecht einstufen. Wird sie z.B. zu schnell gewährt, dann kann auch die Vergebung Schattenseiten zeigen, etwa indem beim Opfer einer Straftat das Gefühl zurückbleibt, diese habe niemals ein Nachspiel für den Täter zur Folge gehabt.[249] So wie das Vergessen keine rein negative Erscheinungsform ist, so kann auch die Erinnerung an die Vergangenheit neben eigenen Vorteilen auch Nachteile bewirken. Langanhaltende und umfangreiche Erinnerung kann helfen aus der Vergangenheit zu lernen, Lehren für die Zukunft zu ziehen und Wissen an künftige Gene-

---

retain information indefinitely. Forgetting is thus seen as a bug in the human makeup, an aspect of the human memory system that has negative connotations."

243 *Mayer-Schönberger*, The Art of Forgetting, Seite 2.

244 *Ambrose/Friess/Van Matre*, SCLJ Vol. 29, 2012, 1 (6 f.).

245 *Ambrose/Friess/Van Matre*, SCLJ Vol. 29, 2012, 1 (12).

246 *Ambrose/Friess/Van Matre*, SCLJ Vol. 29, 2012, 1 (7, 64).

247 Ausführlich zu den Vorteilen von Vergebung *Ambrose/Friess/Van Matre*, SCLJ Vol. 29, 2012, 1 (7 ff.).

248 *Blanchette/Johnson*, The Information Society, Vol. 18, 2002, 33 (37). Auch das Bundeszentralregister kennt grundsätzlich ein verordnetes Vergessen vergangener Verfehlungen, *Dreier*, in: FS Loewenheim Seite 80. Eintragungen von Verurteilungen im Bundeszentralregister sind nach dem Ablauf bestimmter Fristen zu löschen, § 45 Abs. 1 BZRG. Es gilt bspw. für Jugendstrafen von nicht mehr als einem Jahr eine Tilgungsfrist von 5 Jahren, § 46 Abs. 1 Nr. 1 c) BZRG. Zum verordneten Vergessen im BZRG vgl. außerdem *DIVSI*, Das Recht auf Vergessenwerden, Seite 15.

249 *Ambrose/Friess/Van Matre*, SCLJ Vol. 29, 2012, 1 (14).

rationen weiterzugeben.[250] Ein Beispiel dafür liefert etwa der Umgang mit der Erinnerung an die Opfer des Holocausts. Innerhalb der israelischen Gedenkstätte *Yad Vashem* versucht die Halle der Erinnerung die Namen und das Andenken derjenigen zu bewahren, die von den Nationalsozialisten ermordet wurden und anschließend aus der Geschichte getilgt werden sollten.[251] Anlässlich des 70. Jahrestages der Befreiung des Konzentrationslagers Auschwitz erinnerte auch der damalige Bundespräsident *Joachim Gauck* an die Worte seines Vorgängers *Roman Herzog*:

> *„Ohne Erinnerung gibt es weder Überwindung des Bösen noch Lehren für die Zukunft."*[252]

Die Erinnerung an die Vergangenheit kann sich jedoch auch als zweischneidiges Schwert erweisen, welches zur Entstehung von neuem Leid in der Gegenwart beiträgt. Eine Befragung von *Wohl* und *Branscombe* zum israelisch-palästinensischen Konflikt deutet darauf hin, dass die Erinnerung an erlittene Gräuel ein entschiedeneres und unter Umständen schadensträchtiges Verhalten in der Gegenwart begünstigen kann.[253] Um ihrer diesbzgl. Vermutung nachzugehen, forderten *Wohl* und *Branscombe* Nordamerikaner mit jüdischen Wurzeln teilweise zum Nachdenken über den Holocaust, teilweise zum Reflektieren über den Genozid in Kambodscha auf; einem weiteren Teil der Befragungsgruppe wurden keine Anweisungen zum Nachsinnen über ein bestimmtes Ereignis erteilt.[254] Im Anschluss an die Reflektionsphase sollten sämtliche Teilnehmer ein israelisches Vorgehen beurteilen, bei dem Palästinenser zu Schaden kamen. Hierbei zeigten sich Mitglieder der zuvor über den Holocaust reflektierenden Gruppe nachsichtiger

250 Vgl. erneut *Dreier*, in: Dreier/Euler, Seite 5; *Goldman*, Forbes vom 24. September 2013, *„California's New 'Online Eraser' Law Should Be Erased"*; *Mayer-Schönberger*, Delete – The Virtue of Forgetting in the Digital Age, Seite 22 f.

251 *Yad Vashem* ist es zum gegenwärtigen Zeitpunkt gelungen, die Namen und Lebensgeschichten von etwa viereinhalb Millionen Ermordeten aufzuzeichnen, http://yvng.yadvashem.org/ (zuletzt abgerufen am 2. September 2017).

252 Der Wortlaut der Rede von Bundespräsident *Gauck* vom 27. Januar 2015 ist abrufbar unter http://www.sueddeutsche.de/politik/bundespraesident-gaucks-rede-im-wortlaut-es-gibt-keine-deutsche-identitaet-ohne-auschwitz-1.2322759.

253 *Wohl/Branscombe*, in: Forgiveness – A Sampling of Research Results, Seite 23 f.; *Ambrose/Friess/Van Matre*, SCLJ Vol. 29, 2012, 1 (11).

254 *Wohl/Branscombe*, in: Forgiveness – A Sampling of Research Results, Seite 24.

gegenüber dem israelischen Verhalten und erkannten zugleich eine geringere Verantwortung der israelischen Seite für den Nahostkonflikt.[255]

Über derartige, eher unbewusst auf das Erinnertwerden folgende Reaktionen hinaus liefert das 20. Jahrhundert auch Beispiele für den Versuch, Erinnerung als Waffe zu missbrauchen. Der sowjetische Geheimdienst verfolgte die dystopische Vorstellung von einer Welt, in der man früheren Fehlern niemals hätte entkommen können. Damit Identität und Taten derjenigen niemals vergessen würden, die sich dem sowjetischen Regime widersetzten, versah das *Komitee für Staatssicherheit* („*KGB*") bestimmte Akten mit dem Stempel *„хранить вечно" (to be preserved forever)*" – „für immer aufzubewahren".[256]

Das Verhältnis zwischen Erinnerung und Vergessen ist von der Verbreitung des Internets nicht unbeeinflusst geblieben, wodurch sich das Kräfteverhältnis immer mehr zugunsten der ausufernden Erinnerung verschieben könnte. Je mehr Informationen auf unbestimmte Zeit aufbewahrt werden, desto schwerer können sich die positiven Seiten des Vergessens manifestieren:

> *„Ist das menschliche Vergessen oft heilsam, bleiben virtuelle Spuren, einmal hinterlassen, zeitlich prinzipiell unbegrenzt existent und sind, verteilt auf eine unbekannte Zahl von Internetrechnern, heruntergeladen von einer unbekannten Zahl von Nutzern und zudem vielfältig konvertiert, kaum noch zu tilgen"*.[257]

Vor dem Siegeszug des Internets war es einem Menschen leicht möglich, den Fehlern aus der eigenen Vergangenheit zu entkommen; schon der Wechsel des Wohnorts konnte bewirken, dass frühere Fehltritte dem neuen sozialen Umfeld nicht bekannt wurden.[258] Das Regel-Ausnahme-Verhältnis wird durch die Verbreitung neuer Technologien und

---

255 *Wohl/Branscombe*, in: Forgiveness – A Sampling of Research Results, Seite 24.

256 *Mayer-Schönberger*, The Art of Forgetting, Seite 1.

257 Handbuch des Staatsrechts VII/*Kube*, § 148, Rn. 147.

258 *Lagone*, The Right to Be Forgotten: A Comparative Analysis, Seite 1: *„Before the Internet, people could make mistakes without the fear of being haunted by them in the future. Embarrassing information was usually contained in one's community and typically forgotten over time. At the extreme, one could always move to a new neighborhood or find a new job in order to start fresh. In today's Internet age, however, it is no longer easy to escape one's past when personal information can go viral in a matter of minutes, search results retain old information, and more data gets stored in the cloud."*

das globale Netzwerk Internet jedoch ins Gegenteil verkehrt.[259] Ging der Wohnortwechsel zuvor mit dem Versprechen eines Neuanfangs einher,[260] ist dies im 21. Jahrhundert keine vergleichbar sichere Perspektive mehr.[261] Selbst bei einem kompletten Austausch des gegenwärtigen Bekanntenkreises können Information aus der Vergangenheit den Betroffenen verfolgen und ihn in der Zukunft gegenüber neuen Bekanntschaften wieder einholen.[262] Es ist längst keine Seltenheit mehr, auf der Suche nach bislang unbekannten Informationen über das eigene soziale Umfeld auf Suchmaschinen zurückzugreifen.[263] Die Leistungsfähigkeit moderner Suchmaschinen und Speichersysteme zwingt dazu, grundlegend zu überzudenken, an welche Ereignisse aus dem Leben eines Menschen erinnert und welche Informationen der Öffentlichkeit nicht mehr preisgegeben werden sollen. Durch das Auslagern der eigenen Erinnerungsfähigkeit auf moderne technische Systeme können ganze Lebensabschnitte detailliert festgehalten werden.[264]

Wer die eigene Vergangenheit nicht hinter sich lassen kann und doch an ihr gemessen wird, kann sich nur schwer weiterentwickeln und neu erfinden.[265] Deutlicher als alle bislang genannten Beispiele demonstriert dies der Fall des kanadischen Psychotherapeuten *Andrew Feldmar*. Dieser gestand 2001 in einem Fachbeitrag seinen LSD-Konsum in den 1960er Jahren ein.[266] Beim Versuch der Einreise in die USA wurde er von einer Grenzpatrouille angehalten, welche mittels einer Suchmaschine durch Eingabe von *Feldmars* Namen auf den Zeit-

259 *Mayer-Schönberger*, Delete – The Virtue of Forgetting in the Digital Age, Seite 2. Wenn diese Entwicklung auch durch das *Web 2.0* - die verstärkte Verwendung des Internets zum Produzieren und Teilen von Informationen - beschleunigt wurde, hat sie längst konventionelle Veröffentlichungsformen erfasst, wo diese auf das Internet treffen, *ders.*, Delete – The Virtue of Forgetting in the Digital Age, Seite 3 f.

260 *Lagone*, The Right to Be Forgotten: A Comparative Analysis, Seite 1.

261 *Diesterhöft*, Seite 120.

262 *Diesterhöft*, VBlBW 2014, 370 (371).

263 *Diesterhöft*, Seite 157.

264 *Ambrose/Friess/Van Matre*, SCLJ Vol. 29, 2012, 1 (24).

265 *Ambrose*, IRIE Vol. 17, 2012, 21 (22).

266 *Mayer-Schönberger*, Delete – The Virtue of Forgetting in the Digital Age, Seite 4; *Liptak*, New York Times vom 14. Mai 2007, „*The Nation's Borders, Now Guarded by the Net*".

schriftenbeitrag stieß.[267] *Feldmar* wurde daraufhin für mehrere Stunden festgehalten und die künftige Einreise in die USA wurde ihm verweigert.[268] Auch wenn der eingeräumte Drogenkonsum bereits mehr als drei Jahrzehnte zurücklag,[269] machte die moderne Technik im Internet das Vergessen unmöglich.[270]

Der Fall *Andrew Feldmars* demonstriert, wie die leichte Auffindbarkeit veralteter Informationen im Internet heilsame Wirkungen des menschlichen Vergessens untergraben kann. Es ist wichtig zu begreifen, dass die Frage nach einem Recht auf Vergessenwerden über die isolierte Auseinandersetzung eines Einzelnen mit seiner Vergangenheit hinausgeht. Wird ein Mechanismus verankert, der Informationen im Internet verschwinden lässt, dann müssen Vorkehrungen getroffen werden die sicherstellen, dass z.B. die Vorzüge digitaler Archive nicht verloren gehen,[271] gleichzeitig aber die Rechte derjenigen gewahrt werden, deren Geschichte archiviert wird:

> „*In the Internet age, how can we preserve information that may be important later in an easily accessible form while still providing individuals with the ability to move on from their pasts and giving society the peace of mind that comes from forgetting and forgiving?*“[272]

Die Auswirkungen eines Rechts auf Vergessenwerden auf die gesamte Gesellschaft müssen bedacht und eine Lösung zum größtmöglichen gemeinschaftlichen Nutzen gefunden werden.[273] Wird ignoriert, dass Erinnern im Internet immer länger möglich, immer einfacher zu

267 *Mayer-Schönberger*, Delete – The Virtue of Forgetting in the Digital Age, Seite 4.

268 *Mayer-Schönberger*, Delete – The Virtue of Forgetting in the Digital Age, Seite 4.

269 *Mayer-Schönberger*, Delete – The Virtue of Forgetting in the Digital Age, Seite 4; *Liptak*, New York Times vom 14. Mai 2007, „*The Nation's Borders, Now Guarded by the Net*“.

270 *Mayer-Schönberger*, Delete – The Virtue of Forgetting in the Digital Age, Seite 4: „*But because of digital technology, society's ability to forget has become suspended, replaced by perfect memory*“.

271 *Bull*, NVwZ 2011, 257 (260).

272 *Ambrose*, STLR Vol. 16, No. 2, 2013, 369 (388).

273 *Ambrose/Friess/Van Matre*, SCLJ Vol. 29, 2012, 1 (55): „*In considering legal approaches to oblivion, it is essential to evaluate and articulate the benefit to society as a whole. Forgiveness laws in general offer great comfort. We, as a population, exert a sigh of relief knowing that certain violations do not remain on our record forever or that bankruptcy is an option when debt leaves us in ruin.*“

handhaben und immer kostengünstiger wird,[274] wodurch ein grundlegender Paradigmenwandel erfolgt,[275] dann kann langfristig die demokratische Gesellschaft Schaden nehmen.

C) Bedrohung der selbstbestimmten Persönlichkeitsentwicklung

Auf der einen Seite wirkt das Internet dem Verlust nützlicher Informationen – die Kehrseite des Vergessens – entgegen.[276] Auf der anderen Seite werden dadurch die Voraussetzungen für eine *„selbstbestimmte Persönlichkeitsentwicklung"* untergraben.[277] Eine Gesellschaft, die das Vergessen des Vergangenen verlernt, schafft ein Umfeld in dem nur unter großen Schwierigkeiten demokratische Bürger heranwachsen können.[278] Die Persönlichkeit eines Menschen ist nicht in Stein gemeißelt und kann sich im Laufe der Zeit verändern.[279] Wird einer Person die Möglichkeit zugestanden, sich über vergangene Fehler hinaus zu entwickeln, profitiert davon nicht nur der Einzelne, sondern die *„social forgetfulness"* kommt der gesamten Gesellschaft zugute.[280] Anerkannt wird dies z.B. im US-amerikanischen Recht auf dem Gebiet der Rehabilitation jugendlicher Delinquenten und im Konkursrecht.[281]

---

274 Vgl. *B. II. 1. A) Ubiquität und Bedeutung der Suchmaschinen* und *B. II. 1. B) „Das Internet vergisst nicht" – der Ewigkeitseffekt.*

275 Vgl. erneut *Antani*, The Resistance of Memory: Could the European Union's Right to be Forgotten Exist in the United States?, Seite 1; *Mayer-Schönberger*, The Art of Forgetting, Seite 3; *ders.*, Delete – The Virtue of Forgetting in the Digital Age, Seite 104 f.

276 *Jandt/Kieselmann/Wacker*, DuD 2013, 235 (237).

277 *Jandt/Kieselmann/Wacker*, DuD 2013, 235 (237).

278 *Blanchette/Johnson*, The Information Society, Vol. 18, 2002, 33 (36): *„A world in which there is no forgetfulness—a world in which everything one does is recorded and never forgotten—is not a world conducive to the development of democratic citizens. It is a world in which one must hesitate over every act because every act has permanence, may be recalled and come back to haunt one, so to speak."* Vgl. auch *Xanthoulis*, in *Bottis*: Privacy and Surveillance, Seite 152 f.

279 *Andrade*, IDP 2012, 122 (129); *Koops*, SCRIPTed Vol. 8, Issue 3, 2011, 1 (22).

280 *Blanchette/Johnson*, The Information Society, Vol. 18, 2002, 33 (36); *Koops*, SCRIPTed Vol. 8, Issue 3, 2011, 1 (22).

281 *Blanchette/Johnson*, The Information Society, Vol. 18, 2002, 33 (36 ff.); *Koops*, SCRIPTed, Volume 8, Issue 3, 1 (22).

Eine Demokratie ist auf das Handeln und kritische Denken ihrer Bürger angewiesen.[282] Ein sich unter Beobachtung wähnender Mensch wird sein Verhalten auf diese Dauerobservierung ausrichten.[283] Diesen Gedanken zog bereits das BVerfG 1973 in der Volkszählungsentscheidung heran:

> *„Individuelle Selbstbestimmung setzt aber - auch unter den Bedingungen moderner Informationsverarbeitungstechnologien - voraus, daß dem einzelnen Entscheidungsfreiheit über vorzunehmende oder zu unterlassende Handlungen einschließlich der Möglichkeit gegeben ist, sich auch entsprechend dieser Entscheidung tatsächlich zu verhalten. Wer nicht mit hinreichender Sicherheit überschauen kann, welche ihn betreffende Informationen in bestimmten Bereichen seiner sozialen Umwelt bekannt sind, und wer das Wissen möglicher Kommunikationspartner nicht einigermaßen abzuschätzen vermag, kann in seiner Freiheit wesentlich gehemmt werden, aus eigener Selbstbestimmung zu planen oder zu entscheiden. Mit dem Recht auf informationelle Selbstbestimmung wären eine Gesellschaftsordnung und eine diese ermöglichende Rechtsordnung nicht vereinbar, in der Bürger nicht mehr wissen können, wer was wann und bei welcher Gelegenheit über sie weiß. Wer unsicher ist, ob abweichende Verhaltensweisen jederzeit notiert und als Information dauerhaft gespeichert, verwendet oder weitergegeben werden, wird versuchen, nicht durch solche Verhaltensweisen aufzufallen.“*[284]

Kann der Einzelne nicht mehr überblicken welche Informationen über ihn bekannt sind bzw. weitergegeben werden, kann ihn dies im Gebrauch seiner Freiheit einschränken, wodurch i.E. das Gemeinwohl als solches leidet, welches auf die Handlungsfähigkeit und Partizipation der Bürger angewiesen ist.[285] Im Internet wird es möglich mithilfe von Suchmaschinen Fehltritte noch aus der eigenen Jugendzeit wieder ans Licht zu holen.[286] Die auf Suchmaschinen wie *Google* zurückzuführen-

---

282 *Blanchette/Johnson*, The Information Society, Vol. 18, 2002, 33 (36).

283 *Blanchette/Johnson*, The Information Society, Vol. 18, 2002, 33 (36).

284 BVerfG, Urteil vom 15. Dezember 1983 - 1 BvR 209/83 = NJW 1984, 419 (422). Die Sorge davor, dass im Zuge der technischen Entwicklung immer weniger Informationen vergessen werden, ist nicht erst mit der Verbreitung des Internetzeitalters aufgetreten, sondern konnte schon in den 1970ern aufgrund der verstärkten Verbreitung von Computern beobachtet werden, *Blanchette/Johnson*, The Information Society, Vol. 18, 2002, 33 (36).

285 BVerfG, Urteil vom 15. Dezember 1983 - 1 BvR 209/83, NJW 1984, 419 (422).

286 *Antani*, The Resistance of Memory: Could the European Union's Right to be Forgotten Exist in the United States?, Seite 32.

de Ubiquität von Informationen erlaubt es Menschen nicht länger Fehler zu machen, ohne befürchten zu müssen, davon noch Jahrzehnte später eingeholt zu werden, was die Möglichkeit der Vergebung von früheren Taten begrenzt.[287] Die Möglichkeiten zur freien Fortentwicklung der eigenen Persönlichkeit werden hierdurch erheblich beeinträchtigt:

> *„Zum einen kann das Risiko der zukünftigen dauerhaften Dokumentation seines Verhaltens den Betroffenen zu einer prospektiven Selbstbeschränkung bei der Entfaltung des aktuellen eigenen Persönlichkeitsentwurfs veranlassen. Zum anderen beeinflussen die Informationen, die über das Internet bereits mit seinem Namen veröffentlicht sind, auf einer vorgelagerten Stufe die Bildung des eigenen Persönlichkeitsentwurfs.“*[288]

Die Identität eines Menschen ist ständigem Wandel unterworfen[289]: Frühere Prägungen seiner Persönlichkeit – etwa durch eine Insolvenz oder eine begangene Straftat im Jugendalter – müssen in keinem Zusammenhang mehr zum gegenwärtigen Entwicklungsstand stehen. Werden z.B. einem Straftäter die Taten der Vergangenheit vergeben, können davon sowohl er als auch die Gesellschaft insgesamt profitieren.[290] Das soziale Umfeld eines Menschen kann aber auf die veralteten Momentaufnahmen im Internet reagieren, die das Scheitern einer Person festhalten. So kann bspw. der über ein Vierteljahrhundert zurückliegende Drogenkonsum in der Verweigerung der Einreise in die Vereinigten Staaten gipfeln[291] oder die unangenehme Video-Aufnahme aus der Vergangenheit zu neuen Demütigungen in der Gegenwart führen.[292] Die Ubiquität von Informationen im Internet kann für

287 *Ambrose/Friess/Van Matre*, SCLJ Vol. 29, 2012, 1 (6).

288 *Diesterhöft*, VBlBW 2014, 370 (371).

289 *Andrade*, IDP 2012, 122 (129): *„Identity is instead a cultural and social construct, something we choose, construct and adhere to. Personal identity should be perceived as a matter of choices, a process of continuous negotiation (with ourselves and others), never predetermined and univocal, but one that can be constantly revised and changed. The right to be forgotten is an important instrument to be used in this process of negotiation, enabling further choices, opening future identities by removing previous ones.“* Vgl. auch *Diesterhöft*, Seite 150 f.

290 *Ambrose/Friess/Van Matre*, SCLJ Vol. 29, 2012, 1 (30 f., 55).

291 Vgl. erneut *Liptak*, New York Times vom 14. Mai 2007, *„The Nation's Borders, Now Guarded by the Net“*.

292 Zum *Star-Wars-Kid*-Vorfall vgl. bereits *B. II. 1. A) Ubiquität und Bedeutung der Suchmaschinen.*

manche Menschen zur Folge haben, dass ein früherer Fehltritt zu einem lebenslangen Stigma wird.[293]

Um das Treffen autonomer Entscheidungen weiterhin zu ermöglichen, müssen die Folgen begriffen werden, die eintreten können, wenn Vergangenes unabsehbar lang auffindbar bleibt.[294] Gelangt eine in der Vergangenheit getroffene Entscheidung durch das Internet Jahre später wieder ans Licht und führt zu schmerzlichen, möglicherweise nie bedachten Konsequenzen, lässt dies befürchten, dass der Einzelne nur noch restriktiv von seinen Freiheiten Gebrauch macht[295] – eine Neuauflage der Gefahr, vor der das BVerfG bereits im Volkszählungsurteil warnte.[296] Zu viel an Informationen und zu viel an allgegenwärtiger Vergangenheit resultieren in Handlungsunfähigkeit.[297] Jede neue Handlung und jede Meinungsäußerung – die essentielle Teilhabe des Bürgers am demokratischen System – ist mit dem Risiko behaftet, dass der Betroffene sich auch noch nach Jahren an ihr messen lassen muss.[298] Wer ernstlich fürchtet, dass Aspekte seiner Persönlichkeit in Stein gemeißelt werden, wird in seiner freien Entfaltung gehemmt[299] und nur noch zurückhaltend von der Meinungsfreiheit Gebrauch machen.[300]

Vergebung und Überwindung früheren Verhaltens sind der Schlüssel dafür, dass ein Mensch wieder zu einem nützlichen Mitglied der Gesellschaft werden kann.[301] Die Möglichkeit, sich selbst neu erfinden und verändern zu können, stärkt die Autonomie einer Person.[302] Dem Einzelnen dagegen die Möglichkeit zu verweigern, einen

293 *Ambrose/Friess/Van Matre*, SCLJ Vol. 29, 2012, 1 (3); zur Ubiquität siehe *B. II. 1. A) Ubiquität und Bedeutung der Suchmaschinen.*

294 *Ambrose/Friess/Van Matre*, SCLJ Vol. 29, 2012, 1 (4).

295 *Bannon*, CoDesign Vol. 2, Nr. 1, 2006, 3 (11).

296 BVerfG, Urteil vom 15. Dezember 1983 - 1 BvR 209/83, NJW 1984, 419 (422).

297 *Bannon*, CoDesign Vol. 2, Nr. 1, 2006, 3 (10 f.).

298 *Blanchette/Johnson*, The Information Society, Vol. 18, 2002, 33 (36).

299 *Diesterhöft*, Seite 151: „*Das Wissen um das Risiko, dass eigene oder fremde Beiträge das aktuelle Verhalten auf unabsehbare Zeit für alle zugänglich dokumentieren und spätere Entwicklungen behindern könnten, erzeugt darüber hinaus einen Konformitätsdruck hinsichtlich der Umsetzung vermeintlich „gewagter" Persönlichkeitsentwürfe*".

300 *Koreng/Feldmann*, ZD 2012, 311 (313).

301 *Ambrose/Friess/Van Matre*, SCLJ Vol. 29, 2012, 1 (16).

302 *Ambrose/Friess/Van Matre*, SCLJ Vol. 29, 2012, 1 (16 f.).

Neubeginn zu wagen, wird diesen zunächst die Möglichkeit zur freien Entfaltung seiner Persönlichkeit kosten, langfristig aber zu Lasten der demokratischen Gesellschaft gehen:

> *„Individuelle Freiheit ist der immer neue Versuch des Selbstentwurfs in der Zeit, und zur Zeit gehört das Vergessen – Vergessen, das Irrtum verschluckt und damit erlaubt. Freilich gibt es kein absolutes Recht, dass andere vergessen. Aber wird all unser Handeln prinzipiell festgehalten, so verlieren sich Spontanität und Unbefangenheit. Fehltritte werden gefährlich, das Begehen unausgetretener Wege zum Risiko, Freiheit wird mit Angst besetzt. Zur Wahrung der Freiheit muss der Datenschutz das Anwachsen von Datensammlungen verhindern, anhand derer jeder Schritt potenziell rekonstruierbar wird und so schon die Chance des Vergessens verloren geht.“*[303]

Mithilfe eines internettauglichen Rechts auf Vergessenwerden könnte verhindert werden, dass der gesellschaftliche Nutzen des Vergessens weiter ausgehöhlt wird.[304] Durch den Datenschutz können die Gewährleistungen der Meinungsfreiheit *„flankiert“* werden: Muss ein Mensch nicht befürchten, auf unbestimmte Zeit an früherem Verhalten gemessen zu werden, kann dies seine Bereitschaft fördern, sich am Prozess der demokratischen Meinungsbildung zu beteiligen.[305]

Aber auch eine *„generelle Löschungsvorsorge“* kann mit erheblichen Nachteilen einhergehen und die Vorteile der langfristigen Informationsaufbewahrung aufs Spiel setzen.[306] Wird Vergessen vorschnell gewährt, droht auch dies die Fundamente der demokratischen Gesellschaft zu beschädigen. Wenn ein Ereignis aus der eigenen Vergangenheit ohne Weiteres getilgt und vor der Allgemeinheit verborgen werden kann, wird der Bürger aus der Verantwortung für sein Handeln entlassen. Ohne mit den Konsequenzen des eigenen Verhaltens konfrontiert zu werden, droht einer Entwicklung hin zum unmündigen Bürger Vorschub geleistet zu werden.[307] Ermöglicht es ein Sicherheitsnetz im digitalen Raum, unüberlegte Äußerungen oder Aspekte der

303 *Masing*, NJW 2012, 2305 (2308); vgl. auch *Diesterhöft*, VBlBW 2014, 370 (371).

304 *Antani*, The Resistance of Memory: Could the European Union's Right to be Forgotten Exist in the United States?, Seite 32.

305 *Koreng/Feldmann*, ZD 2012, 311 (313).

306 *Bull*, NVwZ 2011, 257 (260); ferner *Ambrose/Friess/Van Matre*, SCLJ Vol. 29, 2012, 1 (14).

307 *Blanchette/Johnson*, The Information Society, Vol. 18, 2002, 33 (36): *„Of course, the opposite is equally true: A world in which individuals are not held accountable*

Vergangenheit ohne Schwierigkeiten zu tilgen, kann dies insbesondere Minderjährigen ein falsches Sicherheitsgefühl vermitteln.[308] Wer nie mit der ganzen Tragweite des eigenen Verhaltens konfrontiert wird, wird auch nie in die Lage versetzt, selbstbestimmt und verantwortungsvoll zu handeln.[309]

Erschwerend kommt hinzu, dass sich die Gewährung von Vergessen je nach betroffener Personengruppe in ihren Auswirkungen unterscheiden kann. Wo man eher geneigt sein wird, einer Sechzehnjährigen z.B. die Beseitigung einer unüberlegten Äußerung in einem sozialen Netzwerk zuzubilligen, muss dies nicht in gleicher Weise für eine Person des politischen Lebens gelten.[310] Vergessenwerden kann Fluch und Segen zugleich darstellen:

> „*From a political and historical perspective, forgetting can be seen as both a blessing and a curse. A blessing in that, to move forward, one needs on occasion to forget, bury the past and forge a new beginning. A curse, in that 'those who forget the past are condemned to repeat it', as the saying goes.*“[311]

Das Wissen um eine in der Vergangenheit in Ausübung einer Position begangene Untreue kann helfen, die Öffentlichkeit in Zukunft zu schützen, indem verhindert wird, dass die veruntreuende Person erneut ein vergleichbares Amt ausübt.[312] Ein Recht auf Vergessenwerden darf nicht zu einer vollständigen Immunisierung dergestalt führen,

---

over time for the consequences of their actions will not produce the sense of responsibility that is just as necessary to a democraticsociety.“ *Xanthoulis*, US-China Law Review, Vol. 10, 2013, 84 (85).

308 So die Feststellung von *Lee* bzgl. einer Initiative des kalifornischen Gesetzgebers zur Gewährung von Vergessen im Internet, UC Davis Law Review Vol. 48, Issue 3, 2015, 1173 (1204). Ausführlich zur Situation in den USA vgl. *F. Clash of Civilizations – Chancen einer transatlantischen Initiative.*

309 *Bolton*, J. Marshall J. Info. Tech. & Privacy L. Vol. 31, Issue 2, 2015, 133 (141): „*If an individual presents an obnoxious or unflattering statement about himself because he is aware it can be deleted with impunity, he might remain unenlightened that his actions occasionally have consequences. However, if forced to be made aware that his behavior is unacceptable through social shaming, it might encourage people to operate with greater decorum.*“

310 *Andrade*, IDP 2012, 122 (132 f.).

311 *Bannon*, CoDesign Vol. 2, Nr. 1, 2006, 3 (8).

312 *Andrade*, IDP 2012, 122 (132); *Werro*, in: Liability in the third millennium, Seite 291.

dass Menschen niemals mit ihrer Vergangenheit konfrontiert werden, da es in diesem Fall die Geschichtstilgung ermöglichen würde.[313]

Das Recht auf Vergessenwerden im Internet steht im Zentrum eines Konfliktes zwischen denjenigen, die so viel wie möglich an Informationen bewahren wollen, und denjenigen, die das Vergessen auf die Ebene des Internets überführen wollen.[314] Fest steht, dass durch das Internet die Grenzen des bisherigen Verhältnisses von Erinnern und Vergessen verschoben werden. Selbst wenn Informationsverluste nicht zwingend ausgeschlossen sind,[315] macht der Paradigmenwechsel eine Neubewertung erforderlich: Im Fokus steht nicht mehr die Frage, was für die Nachwelt aufbewahrt werden soll, sondern „*was nicht mit in die Arche Noah des digitalen Wissens überführt werden soll*".[316] Wenn veraltete Informationen den Repräsentierten nicht mehr widerspiegeln, sind sie ungenau und von geringem Wert.[317] Nur weil die Möglichkeit besteht, Datenberge in bislang nicht vorstellbarem Ausmaß anzuhäufen, bedeutet dies nicht, dass Informationen nur deshalb aufbewahrt werden sollten, weil es im Rahmen des Möglichen liegt.[318]

---

313 So der BGH im Zusammenhang mit der Auffindbarkeit von Berichten über vergangene Straftaten in Online-Archiven, Urteil vom 9. Februar 2010 - VI ZR 243/08 u. VI ZR 244/08 = MMR 2010, 573 (575): „*Ein generelles Verbot der Einsehbarkeit und Recherchierbarkeit bzw. ein Gebot der Löschung aller früheren den Straftäter identifizierenden Darstellungen in „Onlinearchiven" würde dazu führen, dass Geschichte getilgt und der Straftäter vollständig immunisiert würde ...*".

314 *Ambrose/Friess/Van Matre*, SCLJ Vol. 29, 2012, 1 (14): „*The Preservationists believe the Internet offers the most truthful and comprehensive history of humanity ever collected and feel a duty to descendants to create and protect raw digital legacies without censorship. The Deletionists argue that the Internet must learn to forget in order to preserve vital societal values, that human culture cannot handle total recall gracefully, and that threats to the dignity and privacy of individuals will create an open yet oppressive networked space.*"

315 *B. II. 1. B) „Das Internet vergisst nicht" – der Ewigkeitseffekt.* Zum Geltungsanspruch des Ewigkeitseffektes vgl. C. I. Dauerhafte Existenz von einmal ins Internet gelangten Informationen?

316 *Dreier*, in: Dreier/Euler, Seite 11.

317 *Ambrose/Friess/Van Matre*, SCLJ Vol. 29, 2012, 1 (55). Dies soll insbesondere gelten, wenn veraltete Informationen außerhalb ihres ursprünglichen Kontexts verbreitet werden.

318 *Bannon*, CoDesign Vol. 2, Nr. 1, 2006, 3 (10): „*What is the purpose of these exhaustive recordings of personal activities and events? The only rationale seems to be, since it can be done, then it should be done!*"

Erinnerung und Vergessen sind zwei Seiten der gleichen Medaille, die ohne einander nicht vorstellbar sind.[319] Eingriffe in dieses Verhältnis dürfen bzw. müssen dort erfolgen, wo ihr Gleichgewicht gestört wird.[320] Gefahren drohen dem Einzelnen und der Gesellschaft zum einen da, wo die Vergangenheit niemals in Vergessenheit geraten und dadurch das Wachstum der eigenen Persönlichkeit blockieren kann, zum anderen dort, wo Menschen niemals in die Verantwortung für ihr Verhalten genommen werden. Erforderlich ist auch im Internet ein Balanceakt zwischen Erinnern und Vergessen, bei dem sowohl das Bedürfnis nach einem Neuanfang als auch das Prinzip der Verantwortung für eigenes Handeln gewahrt bleiben.[321] Vermag ein Recht auf Vergessenwerden Menschen die Angst davor zu nehmen, im Internet für immer an frühere Fehltritte und früheres Scheitern erinnert zu werden, kann es helfen den für das Funktionieren der freiheitlichen Demokratie essentiellen öffentlichen Diskurs am Leben zu erhalten.[322]

3. Interessenkonflikte beim erzwungenen Vergessen von Informationen im Internet

A) Gegenläufige Interessen Privater

Der technische Wandel und das Vordringen der Informationstechnologie haben dazu geführt, dass immer mehr Informationen über das Verhalten, persönliche Vorlieben und Einstellungen von Menschen erfasst und über immer längere Zeiträume aufbewahrt werden.[323] Unterstützt durch den teilweise leichtfertigen Umgang mit persönlichen In-

319 *Dreier*, in: Dreier/Euler, Seite 7.

320 *Dreier*, in: Dreier/Euler, Seite 7 f.

321 *Blanchette/Johnson*, The Information Society, Vol. 18, 2002, 33 (36); *Xanthoulis*, in *Bottis*: Privacy and Surveillance, Seite 152 f.

322 *Ambrose/Friess/Van Matre*, SCLJ Vol. 29, 2012, 1 (55): „*A way to prevent being forever branded by a piece of negative information retrieved by a search engine would probably quell many of our fears of the digital age and perhaps make us freer individuals, more willing to participate in open public discourse.*"

323 *Mayer-Schönberger*, The Art of Forgetting, Seite 5.

formationen[324] kommt es dadurch zu einem immer stärkeren Anwachsen privater Datensammlungen.[325] Wenn dieser technische Wandel auch mit Vorteilen einhergeht,[326] führt er doch dazu, dass der Selbstentfaltung des Einzelnen vermehrt Risiken von Seiten Privater drohen, die ihrerseits eigene berechtigte Interessen wahrnehmen können.

Wenngleich es ein „*berechtigtes Interesse Einzelner gibt, im Internet über sie veröffentlichte Informationen zu einem bestimmten Zeitpunkt wieder aus dem Internet zu entfernen*",[327] kann es doch kein absolutes Recht auf Vergessenwerden geben.[328] Das Persönlichkeitsrecht des Individuums ist keine absolut unantastbare Größe, sondern steht in einem Spannungsverhältnis zu den Freiheitsrechten anderer,[329] so dass sich die Auseinandersetzung um das Vergessen von Informationen im Internet auf einem von Interessenkonflikten gekennzeichneten Terrain bewegt. Informationen können zum Gegenstand des Meinungsaustauschs in sozialen Netzwerken werden, Eingang in die digitale journalistische Tätigkeit finden oder zum Gegenstand von Informationssuchen mittels Suchmaschinen werden. Bei dem Bestreben das Aufleben von Informationen über die eigene Vergangenheit zu unterdrücken, können Konflikte mit der Informations-, Meinungs- und Pressefreiheit zu Tage treten.[330] Freie Kommunikation ist von entscheidender Bedeutung für den Prozess der Meinungsbildung[331] und essentieller Be-

---

324 *Nazari-Khanachayi*, JA 2010, 761 (761) spricht diesbzgl. bereits vom Daten-Exhibitionismus: „*Während die Bürger 1949 über den Roman des Autors George Orwell »1984« erschüttert waren und 1983 sogar auf die Straßen gingen, um gegen die Volkszählung zu demonstrieren, betreiben sie heutzutage durch Plattformen wie »StudiVZ«, »Facebook«, »YouTube« usw. beinahe schon Daten-Exhibitionismus.*"

325 Handbuch des Staatsrechts VII/*Kube*, § 148, Rn. 145 f.

326 *Nazari-Khanachayi*, JA 2010, 761 (761) verweist z.B. auf die grenzüberschreitende Kommunikation oder das Erledigen von Einkäufen im Internet.

327 *Nolte*, NJW 2014, 2238 (2240).

328 *Masing*, NJW 2012, 2305 (2308); vgl. auch *Diesterhöft*, Seite 152.

329 *Luch/Schulz/Kuhlmann*, EuR 2014, 698 (706); vgl. auch Maunz/Dürig/*di Fabio*, Art. 2 GG, Rn. 231 (Stand: 39. EL 2001).

330 *de Terwangne*, IDP 2012, 109 (111); *Koreng/Feldmann*, ZD 2012, 311 (313); *Nolte*, ZRP 2011, 236 (237); Schlussanträge des Generalanwalts vom 25. Juni 2013 in Rechtssache C-131/12, Rn. 131.

331 Meyer/*Bernsdorff*, Art. 11 GRCh, Rn. 1; ferner *Tinnefeld*, NJW 2007, 625 (628).

standteil des Demokratieprinzips;[332] Kommunikationsfreiheit zählt zu den *„Stützpfeilern einer jeden Grundrechtsordnung"*.[333] An Informationen können ferner wirtschaftliche Interessen datenverarbeitender Stellen[334] oder wissenschaftliche Interessen[335] bestehen.

Wird versucht, Informationen aus dem Internet zu entfernen oder den Zugang zu Informationen zu erschweren, können Dritte in der Ausübung ihrer Kommunikationsfreiheiten beeinträchtigt werden. Personenbezogene Daten, d.h. alle Informationen über eine bestimmte oder bestimmbare natürliche Person,[336] sind im Internet allgegenwärtig[337]: Wenn auf Internetseiten auf Personen hingewiesen wird und diese z.B. durch die Nennung ihres Namens oder Angaben über ihre Beschäftigungsverhältnisse erkennbar gemacht werden, werden personenbezogene Daten gem. Art. 3 Abs. 1 DSRL verarbeitet.[338] Darüber hinaus können personenbezogene Daten auch in Meinungsäußerungen oder Werturteilen enthalten sein.[339] Zum einen ist die Verarbeitung personenbezogener Daten für die freie Berichterstattung von essentieller Bedeutung,[340] zum anderen kommt es auch i.R.d. Tätigkeit von Suchmaschinenbetreibern zu Datenverarbeitungen.[341]

332 *Grimm*, NJW 1995, 1697 (1703): *„Während die übrigen Grundrechte bestimmte Voraussetzungen von Demokratie sichern, ist freie Kommunikation und die durch sie hergestellte Öffentlichkeit geradewegs Bestandteil des Demokratieprinzips."*

333 BeckOK Informations- und Medienrecht/*Cornils*, Art. 10 EMRK, Rn. 1; vgl. auch *Caspar*, NVwZ 2010, 1451 (1452).

334 Schlussanträge des Generalanwalts vom 25. Juni 2013 in Rechtssache C-131/12, Rn. 133.

335 *ENISA*, The right to be forgotten – between expectations and practice, Seite 7.

336 Art. 2 lit. a) DSRL.

337 *B. II. 1. A) Ubiquität und Bedeutung der Suchmaschinen.*

338 EuGH, Urteil vom 6. November 2003 – C-101/01 = EuZW 2004, 245 (247).

339 BGH, Urteil vom 23. Juni 2009 – VI ZR 196/08 = ZUM 2009, 753 (755).

340 *Caspar*, NVwZ 2010, 1451 (1452): *„Ohne die Erhebung, Verarbeitung und Nutzung personenbezogener Daten kann es keine freie Berichterstattung geben"*.

341 Im Zusammenhang mit der Bereitstellung von Suchmaschinen sind personenbezogene Daten in verschiedener Hinsicht von Bedeutung, Schlussanträge des Generalanwalts vom 25. Juni 2013 in Rechtssache C-131/12, Rn. 3: Personenbezogene Daten tauchen auf den Quellwebseiten auf, der Suchende wird von der Suchmaschine auf die jeweiligen Quellwebseiten geführt und eine Suchmaschine erfasst zugleich personenbezogene Daten über den Suchenden. Im Rahmen dieser Arbeit ist allein die zweite Konstellation, die auch den Schwerpunkt des *Google-Urteils* bildete, von Bedeutung.

Sollte die Anwendung eines Rechts auf Vergessenwerden dazu führen, dass bestimmte Informationen nicht mehr über Suchmaschinen im Internet auffindbar sind, würde dadurch eine der wichtigsten Ausübungsformen der Informationsfreiheit im 21. Jahrhundert beeinträchtigt. Ohne Suchmaschinen gibt es keine Ubiquität von Informationen und die Informationssuche im Internet würde deutlich verkompliziert und in ihrer Effektivität beschnitten.[342] Insbesondere totalitäre Regime tendieren dazu, die Informationsfreiheit über eine Beschneidung des Internetzugangs einzuschränken,[343] wodurch Suchmaschinenbetreiber ins Visier dieser Regime geraten können.[344] Ohne Weiteres sind Fälle vorstellbar, in denen an der Existenz und dem Zugang zu Informationen ein gesteigertes öffentliches Interesse bestehen kann.[345]

Im Hinblick auf die Meinungsfreiheit ist fraglich, ob ihr noch Bedeutung verbliebe, wenn die Auseinandersetzung mit einer Person nur noch getreu ihren Wünschen erfolgen dürfte.[346] Zu eng gezogene datenschutzrechtliche Grenzen bei der Datenverarbeitung können die Kommunikationsfreiheiten erheblich beeinträchtigen und bspw. investigativen Journalismus nahezu unmöglich machen.[347] Wenngleich die fortdauernde Abrufbarkeit von Berichten im Internet einen Ausgleich

342 Schlussanträge des Generalanwalts vom 25. Juni 2013 in Rechtssache C-131/12, Rn. 45. Für die Bedeutung von Suchmaschinen für die Erschließung der Informationsmassen im Internet vgl. bereits *B. II. 1. A) Ubiquität und Bedeutung der Suchmaschinen.*

343 Schlussanträge des Generalanwalts vom 25. Juni 2013 in Rechtssache C-131/12, Rn. 121.

344 *Tinnefeld*, NJW 2007, 625 (628).

345 Bspw. im *ENISA*-Bericht wird die Frage aufgeworfen, ob auch Regierungsmitglieder vom Recht auf Vergessenwerden profitieren sollen und dadurch unter Umständen die Möglichkeit erhalten, ungelegene Berichte zu unterdrücken, *ENISA*, The right to be forgotten – between expectations and practice, Seite 7.

346 *Grimm*, JZ 2013, 585 (588).

347 Schlussantrag der Generalanwältin *Kokott* vom 8. Mai 2008 im Verfahren C-73/07, BeckRS 2008, 70547, Rn. 43: „*Eine strenge Anwendung des Datenschutzes könnte die Meinungsfreiheit empfindlich einschränken. So wäre investigativer Journalismus weitgehend ausgeschlossen, wenn die Medien personenbezogene Informationen nur mit Zustimmung oder nach Information der Betroffenen verarbeiten und veröffentlichen dürften.*“

im Wege der praktischen Konkordanz erschwert,[348] müssen doch neben dem Interesse an zukünftiger Persönlichkeitsentfaltung auch die Interessen derjenigen Berücksichtigung finden, die im Internet debattieren, berichten oder nach Informationen suchen.

B) Chilling Effect – Abschreckungswirkung zulasten der Kommunikationsfreiheit?

Beim erforderlichen Ausbalancieren innerhalb des Spannungsverhältnisses widerstreitender Interessen am Bestand bzw. Vergessen von Informationen müssen Auswirkungen berücksichtigt werden, die über das Verhältnis einzelner Privater hinausgehen.[349] Die Möglichkeit zur Selbstentfaltung hängt entscheidend von der Entwicklung und damit auch der Veränderbarkeit der eigenen Identität ab.[350] Infolge der Aushöhlung des Vergessens werden die Möglichkeiten zur Persönlichkeitsentfaltung eingeschränkt, wodurch Menschen in geringerem Maße zur Partizipation am demokratischen Gemeinwesen bereit sein werden und dieses insgesamt in Mitleidenschaft gezogen wird.[351] Wer fürchtet, dass das eigene Verhalten beobachtet wird – etwa weil er bereits beobachten konnte, wie andere Menschen von ihrer Vergangenheit eingeholt wurden –, kann sich im Gebrauch der eigenen Freiheit zurückhal-

348 So *Ruttig* zum Beispiel eines verurteilten Straftäters, AfP 2013, 372 (372): „*Zwischen der durch eine Korrekturpflicht betroffenen Meinungs- und Pressefreiheit einerseits und dem allgemeinen Persönlichkeitsrecht des Täters und seinem Resozialisierungsinteresse andererseits muss eine praktische Konkordanz gefunden werden, an der es fehlt, wenn der Täter auch Jahre nach der Tat über Suchmaschinen und damit - etwa von einem möglichen Arbeitgeber - einfach über die Eingabe seines Namens seinem ganz oder teilweise gesühnten Verbrechen zugeordnet werden kann.*“

349 Ähnlich verhält es sich auch bei der Neubewertung von Erinnerung und Vergessen, *B. II. 2. Revision des Werts von Erinnerung und Vergessen.*

350 *Koops*, SCRIPTed Vol. 8, Issue 3, 2011, 1 (5): „*Rouvroy's main concern with the right to forgetfulness is that an individual should be able to speak and write freely, without the shadow of what you express being used in the future against you. Self-development implies that you should not be fixed by what you express but that you are always free to change; the right to be forgotten thus implies the sense of liberty of expressing yourself freely in the here and now without fear that this might be used against you in the future*“; *B. II. 2. Revision des Werts von Erinnerung und Vergessen.*

351 *B. II. 2. Revision des Werts von Erinnerung und Vergessen.*

ten.[352] Verfehlt wäre es daher, rechtlichen Ansätzen zur Ermöglichung von Vergessen eine absolute Absage zu erteilen und den Betroffenen darauf zu verweisen, sein Umfeld um Vergebung für sein vergangenes Verhalten zu ersuchen.[353]

Die demokratische Gesellschaft kann jedoch auch Schaden nehmen, wenn die Kommunikationsfreiheiten infolge datenschutzrechtlicher Anstrengungen stranguliert werden;[354] in besonderem Maße ist bei der Anwendung eines Rechts auf Vergessenwerden der Eintritt eines „*Chilling Effect*" zu befürchten. Diese Bezeichnung, die mit „abschreckende"[355] oder „abkühlende Wirkung"[356] übersetzt werden kann, geht auf die Rechtsprechung des US Supreme Court zurück und steht im Zusammenhang mit dem ersten Verfassungszusatz,[357] welcher

352 Vgl. erneut BVerfG, Urteil vom 15. Dezember 1983 - 1 BvR 209/83 = NJW 1984, 419 (422); ferner *Britz*, JA 2011, 81 (82).

353 So aber ausdrücklich *Koreng/Feldmann*, ZD 2012, 311 (315): „*Vielleicht sollte, wer meint, anderen gegenüber mit den Mitteln des Rechts einen Anspruch auf „Vergessen" durchsetzen zu müssen, eher um Verständnis und Vergebung bitten und durch sein eigenes gegenwärtiges Verhalten dafür sorgen, dass ihm seine Vergangenheit nicht länger nachgetragen wird.*" Das Vergessen und Loslassen der Vergangenheit kann jedoch gerade die Gewährung von Vergebung befördern, vgl. *B. II. 2. Revision des Werts von Erinnerung und Vergessen.*

354 *B. II. 3. A) Gegenläufige Interessen Privater.*

355 *DIVSI*, Das Recht auf Vergessenwerden, Seite 139, Fn. 33.

356 *Koreng/Feldmann*, ZD 2012, 311 (312 Fn. 10).

357 *Schauer*, Boston University Law Review Vol. 58, 1978, 685 (685, 691). Erstmalig wurde der *Chilling Effect* in der Entscheidung *Gibson v. Florida Legislative Investigation Comm.* 372 U.S. 539, 556, 557 (1963) angesprochen: „*While, of course, all legitimate organizations are the beneficiaries of these protections, they are all the more essential here, where the challenged privacy is that of persons espousing beliefs already unpopular with their neighbors, and the deterrent and "chilling" effect on the free exercise of constitutionally enshrined rights of free speech, expression, and association is consequently the more immediate and substantial.*" *Schauer*, Boston University Law Review Vol. 58 (1978), 685 (685). Warnungen vor den Auswirkungen eines *Chilling Effect* haben auch Eingang in die Rechtsprechung des EGMR gefunden, vgl. nur EGMR, *Węgrzynowski and Smolczewski v. Poland*, Urteil vom 16. Juli 2013 – 33846/07, BeckRS 2013, 15343, Ziff. 57: „*The Court has reiterated on numerous occasions that freedom of expression constitutes one of the essential foundations of a democratic society and in that context the safeguards guaranteed to the press are particularly important. The Court has also observed that the most careful of scrutiny under Article 10 is required where measures or sanctions imposed on the press are capable of discouraging the participation of the press in debates on matters of legitimate public concern*"; ferner Maunz/Dürig/*Grabenwarter*, Art. 5 GG, Rn. 103 (Stand: 68. EL 2013).

die Garantie der freien Presse und freien Meinungsäußerung beinhaltet.[358] Mit der Warnung vor einem *Chilling Effect* wird der Befürchtung Ausdruck verliehen, dass Sanktionierungen von Meinungsäußerungen sich nicht allein auf den Sanktionierten auswirken, sondern weitere Personen vom Gebrauch ihrer Kommunikationsfreiheiten abzuschrecken vermögen.[359] Werden repressive Maßnahmen an Äußerungen geknüpft (oder wird dies auch nur befürchtet[360]), können dabei leicht über den Einzelfall hinausgehende Auswirkungen eintreten.[361] Dieser Gedanke kann auch innerhalb der Rechtsprechung des BVerfG identifiziert werden:

> *„Müsste der sich Äußernde befürchten, wegen einer Deutung, die den gemeinten Sinn verfehlt, mit staatlichen Sanktionen belegt zu werden, würden über die Beeinträchtigung der individuellen Meinungsfreiheit hinaus negative Auswirkungen auf die generelle Ausübung des Grundrechts der Meinungsfreiheit eintreten. Eine staatliche Sanktion könnte in einem solchen Fall wegen ihrer einschüchternden Wirkung die freie Rede, freie Information und freie Meinungsbildung empfindlich berühren und damit die Meinungsfreiheit in ihrer Substanz treffen"*.[362]

Ein *Chilling Effect* führt dazu, dass durch die Befürchtung möglicher Konsequenzen weniger ausgedrückt oder veröffentlicht wird, als es

358 Amendment I (1791):
„Congress shall make no law respecting an establishment of religion, or prohibiting the free exercise thereof; or abridging the freedom of speech, or of the press; or the right of the people peaceably to assemble, and to petition the Government for a redress of grievances."

359 Maunz/Dürig/*Grabenwarter*, Art. 5 GG, Rn. 103 (Stand: 68. EL 2013).

360 *Seltzer*, Harvard Journal of Law & Technology Vol. 24, 2010, 171 (194): *„The law's chilling effect on an individual is thus a function of the likelihood of erroneous enforcement, the costs of litigation, and the magnitude of the harm from punishment."* Einschneidungen der Meinungs- und Pressefreiheit können neben strafrechtlichen Verurteilungen auch zivilgerichtliche Maßnahmen, etwa Verurteilungen zu einem Widerruf oder zur Unterlassung künftiger Äußerungen, bewirken, vgl. die abweichende Meinung der Richterin am BVerfG *Rupp-von Brünneck* zum Beschluss des BVerfG vom 11. Mai 1976 - 1 BvR 671/70, NJW 1976, 1677 (1679).

361 *Grimm*, NJW 1995, 1697 (1704).

362 BVerfG, Beschluss vom 25. Oktober 2005 – 1 BvR 1696/98 = NJW 2006, 207 (209). Vgl. auch BVerfG, Beschluss vom 13. Februar 1996 – 1 BvR 262/91 = NJW 1996, 1529 (1530); BVerfG, Beschluss vom 7. Dezember 1976 – 1 BvR 460/72 = NJW 1977, 799 (799). M.w.N. zum *Chilling Effect* in der Rechtsprechung des BVerfG *Diesterhöft*, Seite 117 f.

einer Person rechtlich möglich wäre.[363] Die Aussicht, als „Preis" für kontroverse Äußerungen womöglich einen kostspieligen Rechtsstreit auszutragen, kann zum Unterlassen der Äußerung führen,[364] so dass der *Chilling Effect* auf eine faktische Beeinträchtigung der Meinungsfreiheit hinauslaufen kann.[365] Auch Journalisten und Verleger können in der Folge von bestimmten Veröffentlichungen absehen.[366] Beteiligen sich immer weniger Menschen an öffentlichen Debatten oder kommunizieren sie immer weniger Ideen öffentlich, leiden darunter nicht nur Einzelne.[367] Bedrohlich am *Chilling Effect* ist weniger die durch die Selbstbeschneidung erfolgende unmittelbare Freiheitsbeschränkung eines Einzelnen, sondern der Verlust, den eine Gesellschaft mittelbar erleidet, wenn verfassungsmäßige Rechte nur noch zurückhaltend ausgeübt werden.[368]

Die Verarbeitung personenbezogener Daten ist von elementarer Bedeutung für die Ausübung der Kommunikationsfreiheiten im Internet.[369] Gleichzeitig muss ein Recht auf Vergessenwerden beim Zugang zu Informationen über eine bestimmte Person ansetzen, um zu verhindern, dass die leichte Auffindbarkeit veralteter Informationen im Netz die Persönlichkeitsfortbildung unzumutbar erschwert. Dass im Fahrwasser des Rechts auf Vergessenwerden ein *Chilling Effect* ausgelöst werden könnte, ist infolge dieses gemeinsamen Anknüpfungspunkts keine völlig fernliegende Vorstellung.[370] Die Befürchtung eines *Chilling Effect* rechtfertigt es jedoch nicht, die Aspekte des Persönlichkeitsschutzes völlig auszublenden. Die Forderung, dass „[d]*er einzelne … nicht ohne weiteres auf dem Altar einer für die Demokratie existentiellen*

363 *Schauer*, Boston University Law Review Vol. 58, 1978, 685 (693).

364 *Seltzer*, Harvard Journal of Law & Technology Vol. 24, 2010, 171 (194).

365 Maunz/Dürig/*Grabenwarter*, Art. 5 GG, Rn. 103 (Stand: 68. EL 2013).

366 *Dent/Kenyon*, Media & Arts Law Review Vol. 9, No. 94, 2004, 89 (90).

367 *Schauer*, Boston University Law Review Vol. 58, 1978, 685 (691): „*If, despite the first amendment, no one was willing to discuss public issues, express new opinions, or exchange ideas and information, society would no doubt suffer.*"

368 *Schauer*, Boston University Law Review Vol. 58, 1978, 685 (693).

369 *B. II. 3. A) Gegenläufige Interessen Privater.*

370 Die Umsetzung des *Google-Urteils* durch *Google* ging bspw. der französischen Datenschutzbehörde *CNIL* nicht weit genug, so dass sie dem Konzern Geldbußen im sechsstelligen Bereich androhte, vgl. *Jahn*, FAZ.net vom 22. September 2015, „*Recht auf Vergessen werden" – So zeigt Google auch die versteckten Seiten*". Ausführlich *E. I. 3. Territoriale Reichweite: Regionales oder globales Delisting?*

öffentlichen Meinungsbildung geopfert werden [darf]",[371] ist auch hinsichtlich des Rechts auf Vergessenwerden zu erheben. Andernfalls droht die Warnung vor der Realisierung eines *Chilling Effect* auf einen Zirkelschluss hinauszulaufen: Gleichsam der Sanktionierung von Äußerungen kann auch das Beharren auf der Unantastbarkeit einmal ins Netz gelangter Informationen im restriktiven Freiheitsgebrauch enden.[372] Auch die anhaltende Konfrontation mit der eigenen Vergangenheit kann die Kommunikationsfreiheiten faktisch beeinträchtigen,[373] d.h. ebenfalls einen *Chilling Effect* auslösen.[374]

Das Recht auf Vergessenwerden bewegt sich damit nicht bloß im Spannungsverhältnis verschiedener Partikularinteressen: Wird die Möglichkeit zur zukünftigen Persönlichkeitsentfaltung nicht ausreichend im Internetbereich abgesichert, droht eine Zurückhaltung bei der Ausübung der Kommunikationsfreiheiten. Erfolgen zu weitgehende Einschränkungen der Kommunikation im Internet durch ein Recht auf Vergessenwerden, werden die Kommunikationsfreiheiten stranguliert. In beiden Fällen leidet neben dem Einzelnen auch die demokratische Gesellschaft insgesamt, welche sowohl auf die Entfaltung als auch auf die Kommunikation ihrer Bürger angewiesen ist.[375] Bei der Wahrung einer angemessenen Balance kann ein Recht auf Vergessenwerden zu einem Freiheitsgaranten im digitalen Zeitalter werden und neben der Chance auf persönliche Fortentwicklung garantieren, dass sich Menschen in Zukunft auch im Internet zum Meinungs- und Informationsaustausch bereitfinden.

---

371 *Ossenbühl*, JZ 1995, 633 (636).

372 *B. II. 2. Revision des Werts von Erinnerung und Vergessen.*

373 *Mayer-Schönberger*, The Art of Forgetting, Seite 5 f.: „*If whatever we do can be held against us years later, if all our impulsive comments are preserved, they can easily be combined into a composite picture of ourselves. Afraid how our words and actions may be perceived years later and taken out of context, the lack of forgetting may prompt us speak less freely and openly.*"

374 Vgl. insofern erneut die Warnung des Bundesverfassungsgerichts im Volkszählungsurteil, BVerfG, Urteil vom 15. Dezember 1983 - 1 BvR 209/83 = NJW 1984, 419 (422).

375 *Koreng/Feldmann*, ZD 2012, 311 (313): „*Es ist also zunächst festzuhalten, dass Datenschutz zumindest eine Grundlage von echter Meinungsfreiheit ist. Umgekehrt steht aber auch fest, dass Meinungsfreiheit die Voraussetzung von Demokratie überhaupt ist.*"

4. Recht auf Vergessenwerden – irreführende Bezeichnung?

Es hat sich gezeigt, dass die zunehmende Verbreitung des Internets neue Probleme aufwirft, die nach neuen Antworten verlangen. Im Kern geht es darum, ob eine Welt, in der begangene Fehler noch nach Jahrzehnten einfach aufzufinden sind und Einfluss auf die Beurteilung der eigenen Person nehmen können, anstrebenswert ist.[376] Unter dem Deckmantel des Rechts auf Vergessenwerden findet eine intensive Debatte über den Stellenwert von Erinnerung und Vergessenwerden statt, die vor allem dem Anstoß *Viktor Mayer-Schönbergers* zu verdanken ist.[377] Gleichwohl ist die Bezeichnung nicht von Kritik verschont geblieben. Ein Anspruch, welcher das Vergessen eines Umstandes zum Inhalt habe, sei mangels Durchsetzbarkeit von vornherein zwecklos.[378] Da niemandem das Recht auf die Beeinflussung des Gedächtnisses seiner Mitmenschen zustehe, sei auch „[d]*ie Rede vom Recht auf Vergessen(werden) … irreführend*".[379] Weiter wird kritisiert, dass die Bezeichnung den Eindruck von Zensur vermitteln könne und dadurch emotionale anstelle rationaler Reaktionen hervorrufe.[380] Vorgeschlagen werden daher z.T. alternative Bezeichnungen wie Recht auf Löschung („*the right to delete*")[381] oder „*Recht auf medialen Neubeginn*".[382]

Der Vorwurf der Irreführung vermag nicht zu verfangen; dass die Bezugnahme auf „*Vergessenwerden*" *tatsächlich nicht wörtlich gemeint*

---

376 *B. II. 2. Revision des Werts von Erinnerung und Vergessen.*

377 *A. II. 2. Neue Herausforderungen und Wandel der Erinnerungskultur.*

378 *Koreng/Feldmann*, ZD 2012, 311 (312); *Kühling*, EuZW 2014, 527 (530).

379 *Diesterhöft*, VBlBW 2014, 370 (372, Fn. 38); *ders.*, Seite 150ff.; ferner *Jandt/Kieselmann/Wacker*, DuD 2013, 235 (238): „*Es ist im Gegenteil rechtlich geboten, keine unmöglichen rechtlichen Forderungen zu stellen.*" *Koreng/Feldmann*, ZD 2012, 311 (312); *Kühling*, EuZW 2014, 527 (530).

380 *Bernal*, EJLT Vol. 2, Issue 2, 2011, 1 (3, 10); *Xanthoulis*, in *Bottis*: Privacy and Surveillance, Seite 153. Vgl. außerdem die Kritik von *Assion*, in: *Kappes/Krone/Novy*, Medienwandel, Seite 93f., wonach das seit Jahren erfolgreich vermarktete Recht auf Vergessenwerden auf eine „*fixe Idee*" *Mayer-Schönbergers* zurückgehe, welche aus Sicht *Assions* auf der falschen Annahme vom niemals vergessenden Internet beruhe.

381 *Bernal*, EJLT Vol. 2, Issue 2, 2011, 1 (10).

382 *Diesterhöft*, Seite 150ff.

sein" kann,[383] sollte sich ohne größere Anstrengung erschließen.[384] Mit keiner gesetzlichen Anordnung kann ein Mensch zum Vergessen von Informationen bewegt werden: Vergessen „*kann nur in den Köpfen der Menschen stattfinden*",[385] doch gibt es keinen gegen das menschliche Gedächtnis gerichteten Löschungsanspruch.[386] Auch das in der *Lebach I* - Entscheidung bemühte „*Recht allein gelassen zu werden*"[387] war nicht wörtlich in dem Sinne aufzufassen, dass dem einstigen Straftäter nach Verbüßung seiner Haftstrafe ein Anspruch darauf zustand, vom Rest der Gesellschaft isoliert leben zu können. Gesetzliche Löschpflichten können aber dazu beitragen, dass die Vergangenheit einer Person nicht beständig neu im Bewusstsein ihrer Mitmenschen auflebt.[388]

Der Vorwurf der Irreführung - ebenso wie der Vorwurf übersteigerter Emotionalität - verkennt zudem die Ausstrahlungswirkung der Bezeichnung Recht auf Vergessenwerden. Bei der Verwendung einer weniger medienwirksamen Bezeichnung wäre im Zuge der europäischen Datenschutzreform kein vergleichbares Maß an Aufmerksamkeit erzeugt worden.[389] Das Erzeugen von Aufmerksamkeit für die Begleiterscheinungen der Internetkommunikation ist jedoch wünschenswert, um eine möglichst große Zahl von Menschen zu erreichen. Die Tatsache, dass der Umgang nicht mit dem individuellen menschlichen, sondern mit dem kollektiven Gedächtnis im Internet neue Probleme aufwirft,[390] ist dank der einprägsamen Bezeichnung Recht auf Vergessenwerden nicht zur Randnotiz fachlicher Diskussionen verkommen, sondern spätestens mit dem *Google-Urteil* im öffentlichen Bewusstsein angekommen. Die Debatte unter anderer Bezeichnung (fort)führen zu

383 *Kühling*, EuZW 2014, 527 (530).

384 Auch bei der Tötung eines Menschen durch Abfeuern einer Schusswaffe käme niemand auf die Idee, dem Täter zu bescheinigen, er habe mangels Erschlagens eines Menschen nicht den Tatbestand des Totschlags gem. § 212 Abs. 1 StGB verwirklicht. Treffender stellt dagegen etwa *Grimm* fest, dass: „[e]*in Selbstbestimmungsrecht über das Wissen anderer Personen von der eigenen Person ... illusorisch sein* [dürfte].", JZ 2013, 585 (588).

385 *Bull*, Seite 46.

386 *Gounalakis*, NJW 2013, 2321 (2324).

387 BVerfG, Urteil vom 5. Juni 1973 - 1 BvR 536/72 = NJW 1973, 1226 (1231).

388 *Bull*, Seite 46.

389 *Kodde*, ZD 2013, 115 (115).

390 *Diesterhöft*, Seite 150, 153 f.

wollen, hieße die Chancen einer in breiter Öffentlichkeit geführten Diskussion ungenutzt zu lassen.[391] Dass es kein *„absolutes Recht, dass andere vergessen"*, sondern lediglich eine „*Chance auf Vergessen*" geben kann,[392] spricht Forderungen nach einem Recht auf Vergessenwerden nicht die Legitimation ab. Vielmehr ist darin der Hinweis zu erkennen, dass bei der Informationsbeseitigung im Internet gegenläufige Interessen aufeinanderprallen.[393]

Schwerer wiegt der Einwurf von *Bernal*, wonach das Recht auf Vergessenwerden emotionale Reaktionen hervorrufe und – insbesondere in den USA – den Verdacht der Zensur vermittle.[394] Im Angesicht der großen öffentlichen Aufmerksamkeit, die die Thematik seit einigen Jahren erfährt, könnte dadurch die Akzeptanz für die Verankerung eines Rechts auf Vergessenwerden in Mitleidenschaft gezogen werden. Das Recht auf Vergessenwerden soll nach diesseitigem Verständnis aber nicht die Vergangenheit einer Person von Grund auf umschreiben und sämtliche unerwünschten Ereignisse der eigenen Vergangenheit ausradieren.[395] Zielsetzung ist vielmehr, dass der Einzelne nicht auf seine Vergangenheit reduziert wird, welche deshalb nicht wieder und wieder neu aufleben soll.[396] Durch ein ständig präsentes – über Suchmaschinen leicht aufzufindendes – Abbild der Vergangenheit wird dem Wachstum und der Weiterentwicklung einer Person der Weg ver-

391 Beiträge zum Recht auf Vergessenwerden finden sich mittlerweile regelmäßig auf bekannten Plattformen. So berichteten z.B. am 10 Februar 2016 die FAZ (http://www.faz.net/aktuell/politik/recht-auf-vergessenwerden-google-fuehrt-geoblocking-ein-14061531.html) und die Süddeutsche Zeitung (http://www.sueddeutsche.de/news/service/internet-google-weitet-recht-auf-vergessenwerden-bei-suchergebnissen-aus-dpa.urn-newsml-dpa-com-20090101-160210-99-621130) darüber (beide zuletzt abgerufen am 2. September 2017).

392 Vgl. erneut *Masing*, NJW 2012, 2305 (2308); ferner *Diesterhöft*, Seite 152.

393 *B. II. 3. A) Gegenläufige Interessen Privater.*

394 *Bernal*, EJLT Vol. 2, Issue 2, 2011, 1 (3 f.).

395 So auch *de Terwangne*, The Right to be Forgotten and the Informational Autonomy in the Digital Environment, Seite 1.

396 Vgl. nur *de Terwangne*, The Right to be Forgotten and the Informational Autonomy in the Digital Environment, Seite 1: „*The idea is to see to it that someone's present is not cluttered up by his/her past. The past is the past and should not recurrently come to the surface. Change and maturation are part of human being nature. Individuals should not be reduced to their past. The right to be forgotten does not mean erasure of the information. It rather means to stop bringing back data from the past.*"

baut.[397] Diese Zielsetzung gilt es in der öffentlichen Diskussion – insbesondere wenn es zu Berührungen mit dem US-amerikanischen Raum kommt – stärker hervorzuheben.[398] Die Parteinahme für ein Instrument, das mit der Persönlichkeitsfortbildung des Einzelnen zugleich den Fortbestand der offenen Debatte sichern könnte,[399] kann nicht selbst jene offene Debatte mit der Begründung scheuen, dass das prägende sprachliche Element – Vergessenwerden – Menschen auf negativer emotionaler Ebene anzusprechen vermag.

Wenn auch der Vorwurf der Irreführung zu weit geht, eröffnet „Recht auf Vergessenwerden" ausfüllungsbedürftige Interpretationsspielräume. Vergessenwerden muss nicht zwingend auf die Beseitigung von Informationen abzielen, sondern kann auch so verstanden werden, dass einer Information immer weniger Bedeutung zukommt, bis sie schließlich in einem Meer von anderen Informationen untergeht.[400] In seiner grundlegenden Arbeit wies bereits *Mayer-Schönberger* darauf hin, dass Vergessenwerden eintreten kann, wenn eine Information

---

397 *B. II. 2. Revision des Werts von Erinnerung und Vergessen.*

398 So weist *Bernal* darauf hin, dass es sich bei vielen der wichtigsten Akteure im Internet um US-amerikanische Unternehmen handelt, EJLT Vol. 2, Issue 2, 2011, 1 (3 f.). Daher könne es sich fatal auswirken, wenn das Recht auf Vergessenwerden automatisch mit Beschränkungen der freien Rede in Verbindung gebracht werde, da jener vom ersten Zusatz zur US-Verfassung ein nahezu unantastbarer Stellenwert eingeräumt werde. Ließen sich dagegen US-Unternehmen wie *Facebook* und *Google* von der Idee eines Rechts auf Vergessenwerden überzeugen, könnte diese Unterstützung das Vergessen im Internet weltweit fördern, *Bernal*, a.a.O. Da das Internet eine globale Möglichkeit zur Kommunikation darstellt und dementsprechend einzelstaatliche Ansätze vor große Herausforderungen stellt (*C. II. 2. Globales Kommunikationsmedium: Strukturelle Hindernisse und Aufhebung von territorialen Grenzen*), dürfen amerikanische Perspektiven in der Betrachtung nicht außen vor bleiben. Ausführlich zu den Herausforderungen des ersten Verfassungszusatzes und der Perspektive eines Rechts auf Vergessenwerden in den USA vgl. *F. Clash of Civilizations – Chancen einer transatlantischen Initiative*

399 *B. II. 2. Revision des Werts von Erinnerung und Vergessen.*

400 So die Interpretation der Vorstellung *Mayer-Schönbergers* durch *Assion*, in: *Kappes/Krone/Novy*, Medienwandel, Seite 94: „*Das ist vielleicht die wichtigste Information zu Meyer-Schönbergers These: Wenn er vom „Recht auf Vergessenwerden" spricht, meint er (nach meinem Dafürhalten) nicht den Vorgang des Vergessens selbst. Er meint den Vorgang des „Gras darüber wachsens". Das ist nicht dasselbe: Beim „Vergessen" geht eine Information unwiederbringlich verloren. Wächst nur Gras darüber, dann verschwindet sie nicht vollständig. Sie ist nur nicht mehr so relevant, verschwimmt in einem Umfeld von Erinnerungen.*"

zwar erhalten bleibt, ihr Aufbewahrungsort aber nicht länger auffindbar ist.[401] Ein Lösungsansatz, bei dem Suchmaschinen bestimmte Informationsstandorte nicht zugänglich machen, mag kein Anwendungsfall des *Right to Oblivion* sein, bewirkt i.E. aber dennoch, dass bestimmte Informationen nicht mehr auffindbar und somit nicht länger allgegenwärtig sind.[402] Auch die Beschränkung des Zugangs zu einer veralteten Information, Gegenüberstellungen mit dem aktuellen Stand der Persönlichkeitsentwicklung entsprechenden Informationen[403] – z.B. im Falle einer früheren Insolvenz der Hinweis auf die Begleichung alter Schulden – oder Verwertungssperren ab einem bestimmten Informationsalter können zum Eintritt von Vergessen führen.[404] Ein Trugschluss wäre es, von der Existenz „des einen Rechts auf Vergessenwerden" auszugehen, da verschiedene Wege für das Vergessen von Informationen im Internet im Raum stehen.

Die sich eröffnenden Interpretationsspielräume sprechen nicht entscheidend gegen die weitere Verwendung der Bezeichnung „Recht auf Vergessenwerden". Zum einen hat sich bereits gezeigt, dass dem Vergessen von Informationen erhebliche Bedeutung für Individuum

401 *Mayer-Schönberger*, Delete – The Virtue of Forgetting in the Digital Age, Seite 19: *„Neuroscientists and psychologists are still debating what it means to "forget" information stored in long-term memory. Some think that information in long-term memory cannot be erased except through physiological damage. They suggest that when we forget, what we have lost is not the information itself, but the link to it. It is like a web page on the Internet that no other page links to. With no links pointing to it, the information cannot be found, not even through a stupendous search. For all practical purposes, it is forgotten."*

402 *Fleischer, „Foggy thinking about the Right to Oblivion": „Sometimes people aren't trying to delete content, they're just trying to make it harder to find. This motivates various initiatives against search engines, for example, to delete links to legitmate web content, like newspaper articles. This isn't strictly speaking "droit a l'oubli", but it's a sort of endrun around it, by trying to make some content unfindable rather than deleted."*

403 So weisen *Tamò* und *George* darauf hin, dass innerhalb der italienischen Rechtsprechung zum *Right to Oblivion* Gegenüberstellungen und Zugangsschranken als weniger einschneidende Eingriffe in die Meinungsfreiheit hervorgehoben werden, JIPITEC 2014, 71 (82).

404 Vgl. *Ambrose/Friess/Van Matre*, SCLJ Vol. 29, 2012, 1 (51 f.), wonach die Verwertungssperren des FCRA einen Weg hin zur Vergebung früheren Scheiterns bedeuten können. Näher zum FCRA vgl. *F. I. 2. B) AA) CCC) Fair Credit Reporting Act.*

und Gesellschaft zukommt.[405] Der Sprachgebrauch vom Recht auf Vergessenwerden ist daher sachgerecht, da er direkt auf das grundlegende Problem verweist: Die Gefährdung des Vergessens von Informationen im Internet und damit einhergehend die Gefährdung einer Neudefinition der eigenen Persönlichkeit.[406] „Recht auf Vergessenwerden" wahrt zum anderen den Bezug zu den vorausgegangenen Konzepten. Schon beim *Right to Oblivion* stand der Gedanke im Raum, nicht ewig einer auf Basis vergangenen Fehlverhaltens getroffenen Bewertung unterliegen zu müssen.[407] Gleichzeitig ist die *„Chance auf Vergessen"* ein Kernelement des Datenschutzes,[408] aus dem das *Right to Erasure* hervorgegangen ist. Auch die Ermöglichung eines Neubeginns, die der Entwurf eines *Rechts auf medialen Neubeginn* in den Fokus rücken will,[409] ist schon frühen Beschreibungen des Rechts auf Vergessenwerden als Zielsetzung zu entnehmen.[410]

„Recht auf Vergessenwerden" stellt nach alldem eine angemessene Bezeichnung für einen Ansatz zur Lösung der in jüngerer Zeit aufgekommenen Probleme dar, bei welcher gleichzeitig der Bezug zu vorausgegangen Mechanismen gewahrt ist.[411] Unabhängig davon, ob das Recht auf Vergessenwerden weiterhin den allgemeinen Sprachgebrauch dominiert, oder sich eine andere Bezeichnung etablieren kann,

---

405 *B. II. 2. Revision des Werts von Erinnerung und Vergessen.*

406 Insoweit wäre *Diesterhöfts* Bezeichnung „Recht auf medialen Neubeginn" einem „Recht auf Löschung" vorzuziehen, da auch hier sprachlich der Bezug zum Kernproblem gewahrt bleibt.

407 *B. I. The Right to Oblivion*; *de Terwangne*, The Right to be Forgotten and the Informational Autonomy in the Digital Environment, Seite 13.

408 *Masing*, NJW 2012, 2305 (2308).

409 *Diesterhöft*, Seite 155, Fn. 725: *„Während die denkbare Bezeichnung als „Recht auf Vergessen" sich als irreführend erwiesen hat ... und überdies bereits durch Art. 17 DS-GVO-E ... belegt ist, werden mit der Beschreibung des Schutzziels als „medialer Neubeginn" bewusst die Vorarbeiten aufgegriffen, die – in verschiedenen sprachlichen Variationen – eine immerwährende Chance auf einen „Neubeginn" bzw. „Neustart" als übergreifenden Gewährleistungstopos verschiedener Ausprägungen des allgemeinen Persönlichkeitsrechts identifiziert haben ... "*.

410 *Gandy*, The Panoptic sort: A political economy of personal information, Seite 225.

411 Vgl. auch *Tamò/George*, JIPITEC 2014, 71 (83): *„In fact, we argue that the right to be forgotten is a generic term, bringing together the existing rights of oblivion and erasure"*.

sollte der Fokus von Fragen der richtigen sprachlichen Verpackung[412] vermehrt auf die Bewältigung der grundlegenden Probleme gerichtet werden.

Exkurs: Recht auf Vergessen oder Recht auf Vergessenwerden?

Zusätzliche Verwirrung im Umgang mit dem Recht auf Vergessenwerden bewirkt der Umstand, dass sich in die Auseinandersetzung mit jenem Instrument gelegentlich der Begriff „Recht auf Vergessen" einschleicht. Die Begriffe „Recht auf Vergessen" und „Recht auf Vergessenwerden" werden teilweise unterscheidungslos gebraucht,[413] vereinzelt wird aber auch eine Differenzierung versucht.[414] Jener Differenzierungsversuch will zwischen einem Recht auf die Unterdrückung des Wiederauflebens vergangener Ereignisse (= Recht auf Vergessen) und dem Recht auf Löschung personenbezogener Daten (= Recht auf Vergessenwerden) trennen:

> *„But viewed precisely, the active and the passive side of the "forget" medal are not identical, and the right to be forgotten should not be confused with the right to forget as happens frequently in blog discussions: The "right to forget" refers to the already intensively reflected situation that a historical event should no longer be revitalized due to the length of time elapsed since its occurrence; the "right to be forgotten" reflects the claim of an individual to have certain data deleted so that third persons can no longer trace them. Therefore, the right to be forgotten is based on the autonomy of an individual becoming a rightholder in respect of personal information on a time scale;*

412 *de Terwangne*, IDP 2012, 109 (115): „*Faced with the media fuss created around the recent claim to guarantee everyone a digital right to be forgotten, it was said that the clamour was perhaps simply about the 'lyric' translation of the already existing right to oppose.*"

413 So spricht z.B. *Kamlah* zunächst vom Recht auf Vergessenwerden, in einem anschließenden Satz aber vom Recht auf Vergessen, *ders.*, in: Plath, Art. 17 DSGVO, Rn. 1. Auch *Nolte* wählte für eine Veröffentlichung im Jahr 2011 die Bezeichnung Recht auf Vergessen („*Zum Recht auf Vergessen im Internet*", ZIP 2011, 236), wechselte dann aber 2014 in einer weiteren Veröffentlichung auf die Bezeichnung Recht auf Vergessenwerden („*Das Recht auf Vergessenwerden – mehr als nur ein Hype?*", NJW 2014, 2238).

414 *Weber*, JIPITEC 2011, 120 (120 f.); *ders.*, JIPITEC 2015, 2 (2). Auch *Gstrein* tritt für eine Unterscheidung zwischen Vergessen und Vergessenwerden ein, *ders.*, Seite 18 f.

> *the longer the origin of the information goes back, the more likely personal interests prevail over public interests.*“[415]

Die so gezogene Trennlinie zwischen Vergessen und Vergessenwerden verläuft damit entlang der Grenze zwischen dem *Right to Oblivion* und dem *Right to Erasure*, d.h. zwischen der Ermöglichung eines Neuanfangs und der Datenvernichtung.[416] Dies kann i.E. nicht überzeugen: Oblivion- und Löschungsrecht können in ihren Ursprüngen zwar unterschieden werden,[417] doch demonstriert insbesondere der Sprachgebrauch *Gandys* bei der Beschreibung des Rechts auf Vergessenwerden, dass sich die Zielsetzungen Neuanfang und Datenlöschung überschneiden können und ihre absolute Trennung bereits in der Vergangenheit nicht einzuhalten war:

> „*Flaherty's twelth principle, the right to be forgotten, to become anonymous, and to make a fresh start by destroying almost all personal information, is as intriguing as it is extreme.*“[418]

Da zudem technische Entwicklungen das *Right to Oblivion* und das *Right to Erasure* verstärkt aneinanderrücken lassen,[419] wird im Verlauf dieser Arbeit der Unterscheidung zwischen Vergessen und Vergessenwerden nicht gefolgt und stattdessen durchgehend der Begriff „Recht auf Vergessenwerden“ verwendet, welcher auch den offiziellen Sprachgebrauch der Europäischen Union prägt.[420]

---

415 *Weber*, JIPITEC 2011, 120 (120 f.).

416 Vgl. ausführlich zu diesen *B. I. 1. The Right to Oblivion* und *B. I. 2. The Right to Erasure.*

417 *B. I. Vorbilder des Rechts auf Vergessenwerden in der jüngeren Geschichte.*

418 Siehe erneut *Gandy*, The Panoptic sort: A political economy of personal information, Seite 225; *A. II. 1. Vergessen – Ein altes Problem in der Geschichte der Menschheit.*

419 *B. II. 1. Technischer Wandel und Verschmelzung von Right to Oblivion und Right to Erasure.*

420 Vgl. z.B. Art. 17 DSGVO – *Recht auf Löschung ("Recht auf Vergessenwerden")*; *Reding*, SPEECH/12/26, The EU Data Protection Reform 2012: Making Europe the Standard Setter for Modern Data Protection Rules in the Digital Age; Schlussanträge des Generalanwalts vom 25. Juni 2013 in Rechtssache C-131/12, Rn. 6, 108 ff.

III. Zwischenfazit

1. Garant der zweiten Chance

Die bisherigen Ausführungen sollten verdeutlichen, dass die Auseinandersetzung mit dem Vergessen der Vergangenheit die Menschheit im Laufe ihrer Geschichte immer wieder beschäftigt hat. Schon *Cicero* lassen sich Anspielungen auf die nur eingeschränkte Beherrschbarkeit von Erinnerung und Vergessen entnehmen und im *Talmud* wird der Überzeugung Ausdruck verliehen, dass die an den Tag gelegte Reue einer Person für frühere Verfehlungen ihr Vergebung zuteilwerden lässt.[421] Auch wenn die Bezeichnung „Recht auf Vergessenwerden" erstmals 1989 von *Flaherty* gebraucht wurde, lassen sich die Kerngedanken des Rechts auf Vergessenwerden in Ansätzen bis in die 1970er zurückverfolgen.[422] Die Idee, eine Person nicht unbegrenzt einer Beurteilung auf Basis ihrer Vergangenheit zu unterwerfen, lag schon dem *Right to Oblivion* zugrunde.[423] Im unionsrechtlichen Datenschutz steht mit dem *Right to Erasure* für diejenigen, deren personenbezogene Daten Gegenstand einer Verarbeitung wurden, die Möglichkeit bereit, sich dagegen zur Wehr zu setzen und eine Löschung der verarbeiteten Daten zu erzwingen.[424]

Neu ist jedoch die besondere Herausforderung der zweiten Chance durch den technischen Wandel, insbesondere im Bereich des Internets. Hier stellt sich das Problem, dass Informationen weltweit abrufbar und durch Suchmaschinen leicht auffindbar sind.[425] Gleichzeitig führen immer günstigere Speicherkapazitäten dazu, dass immer größere Massen von Informationen auf unbestimmte Zeit aufbewahrt werden.[426] Die Forderung nach einem digitalen Recht auf Oblivion – dem Recht

421 *A. II. 1. Vergessen – Ein altes Problem in der Geschichte der Menschheit.*

422 *Bernal*, EJLT Vol. 2, Issue 2, 2011, 1 (2); *A. II. 1. Vergessen – Ein altes Problem in der Geschichte der Menschheit.*

423 *B. I. 1. The Right to Oblivion.*

424 *B. I. 2. The Right to Erasure.*

425 *B. II. 1. A) Ubiquität und Bedeutung der Suchmaschinen.*

426 *B. II. 1. B) „Das Internet vergisst nicht" – der Ewigkeitseffekt.*

auf Vergessenwerden – steht im direkten Zusammenhang mit den neuen Gefahren durch Ubiquität und Ewigkeitseffekt.[427]

Im Laufe eines Lebens vermag der Mensch sich zu verändern und weiterzuentwickeln, so dass das Fehlverhalten der Vergangenheit oder ein früheres Scheitern wenig bis gar nichts über seine gegenwärtige Persönlichkeit aussagen muss. Durch das Zugestehen einer zweiten Chance – einer „*Chance auf Vergessen*“[428] – wird die Fähigkeit zur persönlichen Fortentwicklung sowohl anerkannt als auch ermöglicht. Sie ist „*Grundbedingung der unabgeschlossenen (Fort-)Entwicklung der eigenen Persönlichkeit*“.[429]

Um das Entstehen einer Welt zu verhindern, in welcher Suchmaschinenbetreiber wie *Google* über die digitale Identität eines Menschen gebieten, muss diese veränderbar bleiben.[430] Das Recht auf Vergessenwerden darf nicht allein als ein moderneres Recht auf Löschung personenbezogener Daten begriffen werden,[431] sobald diese nicht mehr für rechtmäßige Zwecke benötigt werden.[432] Derartige Instrumente kennen die Rechtsordnungen einzelner europäischer Staaten seit den 1970ern[433] und auch das Unionsrecht sieht diese in der Datenschutz-

427 *de Terwangne*, IDP 2012, 109 (115): „*The 'new' digital right to oblivion is clearly linked to certain Internet specificities. Some of these have already been mentioned: the 'eternity effect' of the electronic memory as well as the efficiency of search engines to bring to the surface the slightest piece of information, out of its initial context, and to gather all the pieces together to offer a recomposed, often heterogeneous, portrait. Linked to the 'absolute memory' of the Internet, this portrait may consist of past characteristics eternally present and sometimes harmful in one way or another.*“ Vgl. ferner *Andrade*, IDP 2012, 122 (133); *Iglezakis*, The Right To Be Forgotten in the Google Spain Case (case C-131/12): A Clear Victory for Data Protection or an Obstacle for the Internet?, Seite 3.

428 *Masing*, NJW 2012, 2305 (2308).

429 *Diesterhöft*, Seite 150.

430 *Ambrose/Friess/Van Matre*, SCLJ Vol. 29, 2012, 1 (19).

431 *Xanthoulis*, in *Bottis*: Privacy and Surveillance, Seite 155: „*...the underlying value of the right to oblivion should not merely be the protection of proprietary interests in certain data but a number of interrelated fundamental values (e.g. autonomy, personality and dignity among others) ...*“.

432 So aber noch der Definitionsansatz der Europäischen Kommission zu Beginn der europäischen Datenschutzreform, Mitteilung der Kommission an das europäische Parlament, den Rat, den europäischen Wirtschafts- und Sozialausschuss und den Ausschuss der Regionen vom 4. November 2010, KOM(2010) 609 endgültig.

433 *Zanfir*, Tracing the right to be forgotten in the short history of data protection law: The “new clothes” of an old right, Seite 3.

richtlinie vor.[434] Auf dem Spiel steht die Möglichkeit des Einzelnen zur Veränderung der eigenen Identität. Das Recht auf Vergessenwerden ist mehr als ein bloßes Recht auf Datenlöschung. Vielmehr verbirgt sich dahinter die Forderung, ein Leben führen zu dürfen in welchem die Vergangenheit eines Menschen nicht den Verlauf seiner Zukunft kontrolliert[435] und in dem er sich fortlaufend neu definieren kann.[436] Die Kontrolle eines Menschen über die „eigenen" personenbezogenen Daten bildet das Mittel zur Neuerfindung der eigenen Persönlichkeit,[437] nicht aber einen finalen Zweck.

Den Gewährleistungsinhalt des Rechts auf Vergessenwerden als Chance auf einen Neuanfang und nicht als allumfassende Kontrolle über den Informationsfluss im Internet zu begreifen, bietet die Chance, die umfangreich entbrannte Diskussion einzugrenzen und das Recht auf Vergessenwerden deutlich zurückhaltender erscheinen zu lassen.[438] Insbesondere Letzteres wäre wünschenswert, da nicht nur die Vorstellung eines Rechts auf Vergessenwerden, sondern bereits die bloße Bezeichnung unter erheblichen Beschuss geraten sind.[439] Mit eingegrenztem Gewährleistungsgehalt begriffen zielt das Recht auf Vergessenwerden weder auf eine Geschichtsneuschreibung oder weitreichende Beschneidung der Kommunikationsfreiheiten, sondern auf die Garantie einer zweiten Chance im 21. Jahrhundert, welche insbesondere durch die Tätigkeit Suchmaschinenbetreibern gefährdet ist.[440]

---

434 *B. I. 2. The Right to Erasure.* Insbesondere das Zweckprinzip hat sich in der Praxis als stumpfes Schwert erwiesen, *Ausloos*, CLSR 2012, 143 (145); *Koops*, SCRIPTed Vol. 8, Issue 3, 2011, 1 (16); *B. I. 2. The Right to Erasure.*

435 Vgl. erneut die Beiträge von *Shoor*, Brook. J. Int'l L., Vol. 39:1, 2014, 487 (519), sowie *Andrade*, IDP 2012, 122 (134).

436 *Andrade*, IDP 2012, 122 (134).

437 *Shoor*, Brook. J. Int'l L., Vol. 39:1, 2014, 487 (517).

438 *Koops*, SCRIPTed Vol. 8, Issue 3, 2011, 1 (24): „*In conclusion, the right to be forgotten as a claim on a clean slate is much more modest and narrower than the right to delete that currently dominates the debate. It does not focus on comprehensive measures aimed at individuals being able to control which information exists, but rather on fine-grained, context-specific measures aimed at controlling how other parties can use information when decisions are made that affect individuals.*"

439 *B. II. 4. Recht auf Vergessenwerden – irreführende Bezeichnung?*

440 *Posner*, „*We All Have the Right to Be Forgotten*", 14. Mai 2014.

2. Weiterer Gang der Untersuchung: Rechtliche und technische Hürden

Auch nach Eingrenzung des anvisierten Gewährleistungsinhalts des Rechts auf Vergessenwerden verbleiben nicht wenige Schwierigkeiten. Die Bewältigung von Sachverhalten mit Internetbezug erfordert ein grundlegendes Verständnis technischer Rahmenbedingungen.[441] Auch bei der Bewältigung der Gefahren digitaler Erinnerung müssen diese zunächst in ihren verschiedenen Facetten erkannt werden,[442] d.h. es müssen neben rechtlichen auch technische Probleme Berücksichtigung finden.[443] Wenn Informationen über die Vergangenheit eines Menschen beseitigt werden sollen, liegt die Löschung personenbezogener Daten nahe, doch begegnen der Umsetzung dieses Vorhabens einige tatsächliche Schwierigkeiten.[444] Im Internet ist die alleinige Löschung von Daten an ihrem Ursprungsort oft nicht ausreichend. Bis die Löschung vollzogen wurde, können Informationen andernorts erneut zugänglich gemacht worden sein.[445] Daneben können sich weitere Schwierigkeiten wie z.B. der *Streisand-Effekt* ergeben, bei dem einer Information infolge eines Unterdrückungsversuchs ein hohes Maß an Aufmerksamkeit zuteilwird.[446]

---

441 Handbuch Multimedia-Recht/*Sieber*, Teil 1, A., I., Rn. 9 (Stand: 43. EL 2016).

442 So bereits *Mayer-Schönberger*, Delete – The Virtue of Forgetting in the Digital Age, Seite 168: „*Taken together, perhaps two conclusions are in order. The first ist that to combat the dangers posed by digital remembering, it may require us to give up on finding a perfect answer, and instead pragmatically aim for a solution mix to ensure that all the necessary aspects oft the challenge are addressed*".

443 Dass zu rechtlichen noch tatsächliche Hindernisse hinzutreten, ist eines der beiden Hauptprobleme beim Persönlichkeitsschutz im Internet, vgl. *Schertz*, NJW 2013, 721 (721): „*Daraus ergeben sich ganz offensichtlich zwei Probleme beim Persönlichkeitsschutz in der digitalen Welt: Zum einen das veränderte und bereits eingangs beschriebene Eigenverhalten der Menschen. Sie begeben sich zunehmend ihres Privatsphärenschutzes, indem sie alle Details preisgeben. Zum anderen gibt es eben die faktische Schwierigkeit, Persönlichkeitsrechten im Internet zu ihrer Durchsetzung zu verhelfen, weil nicht selten die Täter und Störer kaum zu ermitteln sind, da sie im Ausland sitzen oder in Blogs unter anonymen Namen andere Menschen beleidigt werden.*"

444 *Jandt/Kieselmann/Wacker*, DuD 2013, 235 (236). Ausführlich zu den technischen Hürden *C. II. Hürden bei der gewillkürten Beseitigung von Informationen.*

445 Vgl. näher *C. II. 1. Dezentrale Aufbewahrung.*

446 Ausführlich zum *Streisand-Effekt* vgl. *C. II. 3. B) Der Streisand-Effekt.*

Neben den technischen und tatsächlichen Hindernissen ist zu bedenken, dass das Vergessen von Informationen im Internet verschiedene Interessen berührt.[447] Ein Eingriff in das Verhältnis von Erinnerung und Vergessen kann sich – positiv wie negativ – sowohl auf den Einzelnen als auch auf die Gesellschaft insgesamt auswirken.[448] Auf der rechtlichen Seite ist daher zu prüfen, ob das Unionsrecht in Gestalt des europäischen Datenschutzregimes noch im Stande ist den Herausforderungen für die Persönlichkeitsfortbildung durch Ubiquität und Informationslanglebigkeit im Internet zu begegnen und die dabei auftretenden Interessenkonflikte aufzulösen.

Erfahren bei einem Lösungsversuch nur die rechtliche oder nur die technische Seite Berücksichtigung, kann langanhaltender und leicht auffindbarer digitaler Erinnerung nicht adäquat entgegengewirkt werden; erforderlich ist die Erfassung und Einbeziehung aller Problemaspekte in einen Lösungsansatz.[449] So kann z.B. die Auseinandersetzung mit rechtlichen Hindernissen bei der Entwicklung praktikabler Lösungen für technische Herausforderungen helfen.[450] Auch wenn der geforderte interdisziplinäre Ansatz[451] im Rahmen einer rechtswissenschaftlichen Arbeit nicht befriedigend geleistet zu werden vermag,[452] müssen dennoch grundlegende technische Besonderheiten in dieser Arbeit Berücksichtigung finden. Die Alternative – eine ausschließlich rechtlich orientierte Betrachtungsweise – ist geeignet, mehr

---

447 *B. II. 3. A) Gegenläufige Interessen Privater.*

448 *B. II. 2. C) Bedrohung der selbstbestimmten Persönlichkeitsentwicklung.*

449 *ENISA*, The right to be forgotten – between expectations and practice, Seite 2: „*For any reasonable interpretation of the right to be forgotten, a purely technical and comprehensive solution to enforce the right in the open Internet is generally impossible. An interdisciplinary approach is needed and policy makers should be aware of this fact.*“

450 Aus Sicht der *ENISA* ist die technische Umsetzung eines Recht auf Vergessenwerden davon abhängig, dass möglichst klare Vorgaben erfolgen, auf welche Daten sich dieses Recht bezieht und von wem eine Beseitigung verlangt werden kann, *ENISA*, The right to be forgotten – between expectations and practice, Seite 1, 7. Gerade der erste Entwurf der Datenschutzgrundverordnung wurde dahingehend kritisiert, dass er nicht nur die Beseitigung schädlicher, sondern auch schlichtweg ungewünschter Informationen ermöglicht hätte, vgl. *Shoor*, Brook. J. Int'l L., Vol. 39:1, 2014, 487 (517 f.).

451 *ENISA*, The right to be forgotten – between expectations and practice, Seite 2.

452 Zu den Problemen einer über die rechtliche Ebene hinausgehenden Betrachtung vgl. auch *Diesterhöft*, Seite 48.

Schaden als Nutzen zu bewirken.[453] Werden internetspezifische Besonderheiten ignoriert, drohen regulierende Vorhaben zu *„bedeutungsloser symbolischer Gesetzgebung"* zu verkommen[454] – nichts Anderes gilt für den Bereich des Rechts auf Vergessenwerden.

Im Folgenden sollen nun die tatsächlichen Schwierigkeiten näher untersucht werden, wozu einerseits der Ewigkeitseffekt auf den Prüfstand gestellt[455] und andererseits die Hindernisse bei der Beseitigung von Informationen im Netz[456] aufgezeigt werden. In einem zweiten Schritt wird dann ausgehend vom *Google-Urteil* eine Auseinandersetzung mit der rechtlichen Seite des Vergessens von Informationen im Internet erfolgen.[457]

453 *C. II. 3. B) Der Streisand-Effekt.*

454 *Hornig*, ZUM 2001, 846 (849).

455 *C. I. Dauerhafte Existenz von einmal ins Internet gelangten Informationen?*

456 *C. II. Hürden bei der gewillkürten Beseitigung von Informationen.*

457 *D. Das Recht auf Vergessenwerden unter dem Regime der europäischen Datenschutzrichtlinie.*

C. Technische Herausforderungen und praktische Durchsetzungshindernisse

I. Dauerhafte Existenz von einmal ins Internet gelangten Informationen?

Aufgrund von fehlenden wirtschaftlichen Anreizen zur Vornahme von Datenlöschungen[458] wird eine immer höhere Lebensdauer im Internet auffindbarer Informationen befürchtet. In vielen Auseinandersetzungen mit dem Recht auf Vergessenwerden wird konstatiert, dass das Internet unfähig sei zu vergessen[459] und einmal im Netz veröffentlichte Informationen auf unbestimmte Zeit weiterexistieren würden. Dieser oft beschworene Ewigkeitseffekt („Das Internet vergisst nicht!") ist – neben der Ubiquität von Informationen im Internet[460] – der Auslöser für vermehrte und grenzüberschreitende[461] Debatten über das Für und Wider eines Rechts auf Vergessenwerden.

Der absolute Geltungsanspruch des Ewigkeitseffektes ist jedoch nicht unumstritten[462] und verschiedene Forschungsarbeiten über die Lebensdauer von Inhalten im Internet bieten Anlass zur Hinterfragung des Nimbus vom niemals vergessenden Internet.[463] Selbst wenn es aber im Internet mit der Zeit zu Datenverlusten kommen sollte, entfiele damit nicht automatisch die Notwendigkeit eines Rechts auf Vergessenwerden. Auch gesetzt den Fall, dass zeitablaufbedingtes Vergessen im

---

458 Zur Ökonomie des digitalen Erinnerns vgl. bereits *B. II. 1. B) „Das Internet vergisst nicht" - der Ewigkeitseffekt*; *Diesterhöft*, Seite 26; *Mayer-Schönbergers*, Delete - The Virtue of Forgetting in the Digital Age, Seite 104.

459 Vgl. bereits *B. II. 1. A) Ubiquität und Bedeutung der Suchmaschinen.*

460 *B. II. 1. A) Ubiquität und Bedeutung der Suchmaschinen.*

461 *F. Clash of Civilizations - Chancen einer transatlantischen Initiative.*

462 Vgl. erneut *Ambrose*, IRIE Vol. 17, 2012, 21 (23); *Assion*, in: *Kappes/Krone/Novy*, Medienwandel, Seite 94; *Bull*, Seite 45 f.; mit Zweifeln am Ewigkeitsffekt auch *Boehme-Neßler*, NvWZ 2014, 825 (825).

463 *Ambrose*, IRIE Vol. 17, 2012, 21 (23).

Internet stattfindet, müssen davon nicht sämtliche über einen bestimmten Menschen im Internet befindlichen Informationen erfasst sein. Menschen, die wie *Costeja González* in der Außenwahrnehmung Bewertungen auf Grundlage längst veralteter Informationen unterliegen können, ist mit dem Verweis auf einen nur möglicherweise eintretenden Informationsverlust nicht geholfen. Überleben personenbezogene Daten den Verfallsprozess, können sie durch Suchmaschinen weiterhin weltweit aufgefunden und abgerufen werden. Auf diese Weise zugänglich bleibende Informationen können weiterhin einen Mechanismus erfordern, der es ermöglicht personenbezogene Daten im Internet unzugänglich zu machen, sofern diese eine Gefahr für die Persönlichkeitsfortbildung bedeuten.

Um die Berechtigung der These „Das Internet vergisst nicht" besser beurteilen zu können, soll diese im Folgenden an den Erkenntnissen von Forschungsarbeiten gemessen werden, die sich mit der Lebensdauer von Informationen im Internet auseinandersetzten.[464]

1. Object Persistence and Availability in Digital Libraries (2002)

Nelson und *Allen* befassten sich mit der Beständigkeit von digitalen Objekten[465] in digitalen Bibliotheken und überprüften zu diesem Zweck jeweils 50 Objekte aus 20 verschiedenen Sammlungen.[466] Die ausgewählten Objekte wurden im Zeitraum vom 21. November 2001 bis zum 9. Dezember 2001 wöchentlich drei Mal automatisiert über-

464 Ausführlich beschäftigt sich auch *Ambrose* anhand einer Vielzahl von Untersuchungen mit der Lebensdauer von Informationen im Internet, vgl. *dies.*, STLR Vol. 16, No. 2, 2013, 369 (390 ff.).

465 Im Glossar der Deutschen Digitalen Bibliothek wird analoges Objekt als *„Objekt in der realen Welt"* definiert, wohingegen ein digitales Objekt oder digitaler Inhalt *„in binärer Kodierung auf einem Datenträger vorliegt"*, Glossar zu den technischen Spezifikationen der Deutschen Digitalen Bibliothek, abrufbar unter https://www.deutsche-digitale-bibliothek.de/static/de/sc_documents/Anlage_TS_Glossar.pdf (zuletzt abgerufenam 2. September 2017).

466 *Nelson/Allen*, Object Persistence and Availability in Digital Libraries, 1.0 Introduction. Zu den überprüften Sammlungen zählte etwa eine Bibliothek der NASA zum Bereich Raumfahrt und eine Bibliothek der Universität Harvard zum Bereich Astrophysik.

prüft und wenn möglich heruntergeladen.[467] Bei der Auswertung stellten die Autoren fest, dass von den insgesamt 1000 Objekten lediglich 31 – mithin ein Verlust von etwa 3 % – nicht länger vorhanden bzw. trotz aller Lokalisierungsversuche nicht aufzufinden waren.[468] Ob eine Verlustrate dieser Höhe verallgemeinert werden kann, bedarf aus Sicht von *Nelson* und *Allen* weiterer Forschung.[469]

2. Modelling Information Persistence on the Web (2006)

Gomes und *Silva* befassen sich in ihrer 2006 auf der International Conference on Web Engineering („*ICWE*") vorgestellten Studie mit der Beständigkeit von Informationen („*Persistence*") im Internet.[470] Zur Gewinnung von Erkenntnissen über die Beständigkeit von URLs[471] und den dazugehörigen Inhalten wurden mithilfe des vom *Tomba Web Ar-*

467 *Nelson/Allen*, Object Persistence and Availability in Digital Libraries, 3.0 Results. Insgesamt fand an 161 Tagen eine Überprüfung statt, wobei maximal 161.000 Downloadvorgänge möglich waren, *Nelson/Allen*, Object Persistence and Availability in Digital Libraries, 1.0 – Introduction.

468 *Nelson/Allen*, Object Persistence and Availability in Digital Libraries, 4.0 Conclusions. Wurden Objekte bei der automatisierten Überprüfung nicht aufgefunden, gingen *Nelson* und *Allen* zu einer manuellen Suche über, d.h. sie überprüften die Existenz der fehlenden Objekte in den Digitalen Sammlungen und stellenweise auf den ursprünglichen Webseiten. Bei den 31 fehlenden Objekten führte jedoch auch die manuelle Suche zu keinem Erfolg. Die Autoren räumten aber ein, dass es möglich ist, dass diese Objekte z.B. unter anderem Namen weiterhin vorhanden sind, *Nelson/Allen*, Object Persistence and Availability in Digital Libraries, 1.0 Introduction.

469 *Nelson/Allen*, Object Persistence and Availability in Digital Libraries, 4.0 Conclusions.

470 *Gomes/Silva*, Modelling Information Persistence on the Web. Zur Bedeutung des im englischen Original verwendeten Begriffs *Persistence* vgl. ferner *Koehler*, Digital libraries and World Wide Web sites and page persistence: „*Web documents undergo two kinds of change. The first type, the type addressed in this paper, is "persistence" or the existence or disappearance of Web pages and sites, or in a word the lifecycle of Web documents.*"

471 Zur Definition einer URL vgl. erneut http://www.itwissen.info/URL-uniform-resource-locator-Internetadresse.html.

chiv[472] verwendeten Crawlers[473] zwischen 2002 und 2005 in insgesamt acht Anläufen Daten gesammelt: Allein im achten Erfassungsdurchlauf wurden ca. zehn Millionen URLs auf 106.841 Webseiten angesteuert und 299 Gigabyte an Daten gesammelt.[474] URLs führen Nutzer von Webbrowsern zu einem bestimmten Bereich einer Webseite im Internet, indem sie *„die Internetadresse eines Dokuments oder Objekts"* angeben.[475] Die Angabe durch eine URL, wo genau bestimmte Objekte im Internet zu finden sind, kann auch den Standort von personenbezogenen Daten über eine Person offenbaren.[476]

Konnte der von *Gomes* und *Silva* eingesetzte Crawler eine URL bei mehr als zwei Momentaufnahmen ansteuern und den an der angegebenen Internetadresse beheimateten Inhalt erfolgreich herunterladen, stuften die Autoren die URL als beständig ein.[477] Gemessen daran offenbarte sich eine hohe URL-Sterblichkeitsrate: Bspw. überdauerten nur 24 % der im ersten Durchgang erfassten URLs bis zur Anfertigung der dritten Momentaufnahme.[478] Allein diese hohe URL-Sterblichkeitsrate erlaubt noch keinen Rückschluss dahingehend, dass Informationen über Einzelpersonen im Netz in vergleichbarer Art und Weise verschwinden. Wenn eine URL nicht mehr erfolgreich das Ansteuern eines bestimmten Webseiten-Bereiches ermöglicht, dann bedeutet dies nicht gleichzeitig, dass auch die urspr. hinter der Adresse stehenden Inhalte aus dem Internet verschwunden sind. Anders ausgedrückt: Eine nicht länger zielführende Internetadresse ist nicht mit dem Verschwinden von Inhalten aus dem Internet gleichzusetzen. So stellten *Gomes* und *Silva* weiterhin fest, dass bei 78 % der nicht mehr zielfüh-

---

472 Das *Tomba Web Archiv* ist auf die Archivierung von Webinhalten in portugiesischer Sprache spezialisiert, *Gomes/Silva*, Modelling Information Persistence on the Web, Seite 2.

473 Zur genauen Funktionsweise eines Webcrawlers vgl. *Exkurs: Indexierung durch Suchmaschinen*.

474 *Gomes/Silva*, Modelling Information Persistence on the Web, Seite 2, Tabelle 1, *„Statistics of the crawls in the data set"*.

475 http://www.itwissen.info/definition/lexikon/uniform-resource-locator-URL.html.

476 Ein Bsp. hierfür ist die von *Costeja González* angegriffene, von *Google* gelieferte Adressangabe zu den Berichten über seine Insolvenzverstrickung im Web-Auftritt der Zeitschrift *La Vanguardia*.

477 *Gomes/Silva*, Modelling Information Persistence on the Web, Seite 2.

478 *Gomes/Silva*, Modelling Information Persistence on the Web, Seite 2. Die Halbwertszeit einer URL gaben die Autoren mit 61 Tagen an.

renden Internetadressen die dazugehörige Webseite weiterhin existierte.[479] Die Autoren gelangten daher zu dem Schluss, dass die ursprünglichen, nicht länger zielführenden URLs durch neue Internetadressen ersetzt wurden.[480] Anders ausgerückt: Objekte im Internet, deren Standorte sich verändert hatten, waren neue Adressen zugewiesen worden.

Um Erkenntnisse über die Lebensdauer von Inhalten im Internet zu gewinnen, identifizierten *Gomes* und *Silva* bestimmte Inhalte unabhängig von den darauf verweisenden URLs und kontrollierten nach jeder Momentaufnahme, wie viele dieser Inhalte noch vorhanden waren.[481] Auf diese Weise gelangten Sie zu dem Schluss, dass nur 34 % der erfassten Web-Inhalte länger als 33 Tage existierten; nur etwa 13 % überlebten mehr als ein Jahr.[482] Dies legt nahe, dass viele Inhalte im Internet eine eher kurze Lebensspanne aufweisen, manche aber auch lange Zeit im Netz überdauern können.[483] Die Autoren vermuteten außerdem, dass unterschiedliche Formen von Webinhalten unterschiedliche Lebensspannen mit sich bringen können; so soll z.B. eine Bilddatei eine längere Existenzdauer aufweisen als reiner Text.[484]

---

479 *Gomes/Silva*, Modelling Information Persistence on the Web, Seite 3.

480 *Gomes/Silva*, Modelling Information Persistence on the Web, Seite 3. Das Austauschen einer alten durch eine neue URL ist den Autoren zufolge auch die Hauptursache für das URL-Absterben. Entsprechend wird die Halbwertszeit einer Webseite mit 556 Tagen von den Autoren deutlich höher als bei URLs eingeschätzt.

481 *Gomes/Silva*, Modelling Information Persistence on the Web, Seite 4.

482 *Gomes/Silva*, Modelling Information Persistence on the Web, Seite 4. Die Autoren schlussfolgerten, dass die meisten Webinhalte kurzlebiger Natur sind, ein geringer Teil sich aber als äußerst langlebig erweisen kann, *Gomes/Silva*, Modelling Information Persistence on the Web, Seite 5.
Die Halbwertszeit von Webinhalten wird von den Autoren auf gerade einmal 2 Tage veranschlagt, *Gomes/Silva*, Modelling Information Persistence on the Web, Seite 8.

483 *Gomes/Silva*, Modelling Information Persistence on the Web, Seite 4 f.

484 *Gomes/Silva*, Modelling Information Persistence on the Web, Seite 8.

3. Analyzing the Persistence of Referenced Web Resources with Memento (2011)

Sanderson, *Phillips* und *Van de Sompel* untersuchten in ihrer Studie mithilfe des *Memento Projektes*[485] („*Memento*") die Beständigkeit von Webressourcen,[486] auf die in wissenschaftlichen Artikeln verwiesen wurde.[487] *Memento* ermöglicht es zum einen, herauszufinden, wie viel Zeit zwischen Veröffentlichung einer Forschungsarbeit und Archivierung der darin enthaltenen URLs verstrichen ist.[488] Zum anderen kann mit *Memento* bestimmt werden, ob eine URL noch zu einer intakten Webressource verweist bzw. eine Kopie dieser Quelle in einem Internetarchiv vorhanden ist.[489]

Bei der kleineren Forschungssammlung *UNT digital library* ließ sich bei 72 % aller überprüften URLs die Webressource entweder am angegebenen Standort oder in einem Archiv auffinden; in den verbleibenden 28 % aller Fälle konnte die Quelle bei der automatisierten

---

485 http://mementoweb.org/about/ (zuletzt abgerufen am 2. September 2017).

486 *Microsoft* beschreibt Webressourcen als „*virtuelle Dateien*" die sich „*mithilfe einer eindeutigen URL-Adresse abrufen*" lassen. Bei Webressourcen kann es sich z.B. um Webseiten oder Bilddateien handeln, vgl. https://msdn.microsoft.com/de-de/library/gg309473.aspx (zuletzt abgerufen am 2. September 2017).

487 Einbezogen wurden Artikel aus den Sammlungen *arXiv* (abrufbar unter http://arxiv.org/) und *UNT digital library* (abrufbar unter http://digital.library.unt.edu/), *Sanderson/Phillips/Van de Sompel*, Analyzing the Persistence of Referenced Web Resources with Memento, Seite 1.

488 Der Zeitfaktor wird von den Autoren als entscheidend betrachtet, weil die Informationen, zu denen die URL den Nutzer eines Webbrowsers führt, jederzeit geändert werden können, *Sanderson/Phillips/Van de Sompel*, Analyzing the Persistence of Referenced Web Resources with Memento, Seite 1.

489 *Sanderson/Phillips/Van de Sompel*, Analyzing the Persistence of Referenced Web Resources with Memento, Seite 1. Anlass zur Studie war die Sorge der Autoren, dass zwar wissenschaftliche Forschungsarbeiten zunehmend archiviert werden, dies aber nicht in gleichem Maße auf die in Forschungsarbeiten einbezogenen Internetquellen zutreffen könnte, *Sanderson/Phillips/Van de Sompel*, a.a.O. Der Vorteil des Rückgriffs auf *Memento* liegt in seiner Automatisierung; bereits in anderen Forschungsarbeiten war es durch einen manuellen Rückgriff auf Suchmaschinen und Internetarchive möglich, Internetquellen wiederzuentdecken, welche über die ursprünglich zitierten URLs nicht auffindbar waren, *Sanderson/Phillips/Van de Sompel*, Analyzing the Persistence of Referenced Web Resources with Memento, Seite 2.

Überprüfung durch *Memento* nicht ermittelt werden.[490] Bei der größeren Forschungssammlung *arXiv* konnten 78 % der in Forschungsarbeiten zitierten Webressourcen abgerufen werden – 70 % davon am urspr. von einer URL ausgewiesenen Standort.[491] *Sanderson*, *Phillips* und *Van de Sompel* befürchteten daher, dass ein großer Teil der in wissenschaftliche Arbeiten einbezogenen Webressourcen Gefahr läuft, für immer zu verschwinden.[492]

4. How Much of the Web Is Archived? (2011)

Der 2011 veröffentlichten Studie von *Ainsworth*, *AlSum*, *SalahEldeen*, *Weigele* und *Nelson* lag der Gedanke zugrunde, dass zwar eine umfangreiche Auseinandersetzung über die Probleme und zunehmende Bedeutung von Internet-Archiven[493] stattfinde, bislang aber nur wenig Forschungsaufwand über das tatsächliche Ausmaß der Archivierung von Internetinhalten erfolgt sei.[494] Um abzuschätzen, in welchem Umfang URLs in Internet-Archiven konserviert werden, sammelten die Forscher zwischen November 2010 und Januar 2011 Stichproben im

490 *Sanderson/Phillips/Van de Sompel*, Analyzing the Persistence of Referenced Web Resources with Memento, Seite 3.

491 *Sanderson/Phillips/Van de Sompel*, Analyzing the Persistence of Referenced Web Resources with Memento, Seite 3. Als „dramatisch" bewerteten die Autoren, dass sich bei der *arXiv*-bezogenen Überprüfung herausstellte, dass zum Zeitpunkt der Studie nur 45 % der Quellen archiviert worden waren. Da in vielen Fällen die Archivierung einer Internetquelle innerhalb eines Jahres nach Veröffentlichung der Forschungsarbeit erfolge, müsse zudem befürchtet werden, dass die archivierte Quellenversion nicht der bei Erstellung der Forschungsarbeit einbezogenen Quellenversion entspreche.

492 *Sanderson/Phillips/Van de Sompel*, Analyzing the Persistence of Referenced Web Resources with Memento, Seite 4: „*As shown, a large number of referenced resources are at risk of disappearing.*"

493 Auch die DNB betreibt seit 2006 die Sammlung und Archivierung von „*unkörperlichen Medienwerken (Netzpublikationen)*", vgl. http://www.dnb.de/DE/Netzpublikationen/netzpublikationen_node.html (zuletzt abgerufen am 2. September 2017).

494 *Ainsworth/AlSum/SalahEldeen/Weigele/Nelson* – How Much of the Web Is Archived?, Seite 1; vgl. auch *Madrigal*, The Atlantic vom 7. Januar 2014, „*How Much of the Web Is Archived? Truth Is, We Don't Really Know*".

Umfang einiger tausend URLs.[495] Anschließend wurde in einem zweiten Schritt überprüft, ob diese URLs gegenwärtig im Web existierten.[496] Abschließend ermittelten die Autoren mittels *Memento*,[497] ob und in welchem Umfang eine Archivierung erfolgt war.[498]

Das Ausmaß der tatsächlichen Archivierung im Internet variiert erheblich: Die Studie deutet darauf hin, dass zwischen 35 und 90 % der Web-Inhalte zumindest einmal zum Gegenstand einer Archivierung werden.[499] Da die Wahrscheinlichkeit der Archivierung einer URL je nach überprüftem Internet-Archiv teils deutlich unterschiedlich ausfiel, halten die Autoren einen Zusammenhang zwischen dem öffentlichen Interesse an einer URL und ihrer Archivierung für naheliegend.[500] Das ambivalente Ergebnis der Untersuchung verdeutlicht, dass es Probleme mit der Aufbewahrung von Informationen im Internet gibt, erlaubt aber keine genaue Aussage über die Größe des Problems.[501]

---

495 *Ainsworth/AlSum/SalahEldeen/Weigele/Nelson* – How Much of the Web Is Archived?, Seite 2 f. Als Quellen zur URL-Gewinnung dienten zum einen die Archive *Open Directory Project*, *Delicious* und *Bitly*; die vierte Stichprobe wurde aus dem Index der *Google*-Suchmaschine gewonnen.

496 *Ainsworth/AlSum/SalahEldeen/Weigele/Nelson* – How Much of the Web Is Archived?, Seite 2 f. Die Existenz wurde dahingehend überprüft, ob der Inhalt hinter der URL zum Zeitpunkt der Studie angesteuert werden konnte oder im gegenwärtigen Index der Suchmaschinen *Google*, *Bing* oder *Yahoo!* vorhanden war.

497 Bzgl. der Funktion von *Memento* vgl. *C. I. 3. Analyzing the Persistence of Referenced Web Resources with Memento (2011).*

498 *Ainsworth/AlSum/SalahEldeen/Weigele/Nelson* – How Much of the Web Is Archived?, Seite 2, 4. *Memento* ermöglichte den Forschern die Feststellung, wie viele Versionen einer URL in öffentlich zugänglichen Archiven vorhanden sind.

499 *Ainsworth/AlSum/SalahEldeen/Weigele/Nelson* – How Much of the Web Is Archived?, Seite 1.

500 *Ainsworth/AlSum/SalahEldeen/Weigele/Nelson* – How Much of the Web Is Archived?, Seite 8: „*These substantial archival rate differences have led us to think that publicity interest a URI receives is a key driver of archival rate for publicly-accessible URIs.*“ Die Archive wählten die zu archivierenden URLs unterschiedlich aus: Bei einigen Archiven wurden diese manuell von einer Person geliefert, während es bei den Suchmaschinen zur automatisierten Auswahl kam.

501 So die Schlussfolgerung von *Madrigal*, The Atlantic vom 7. Januar 2014, „H*ow Much of the Web Is Archived? Truth Is, We Don't Really Know*“: „*Researchers took a step towards answering that question in a paper submitted to the arXiv repository late last month. They found two things for sure:1) the Internet has a memory problem and 2) we don't know how big it is.*“

5. Losing my Revolution (2012)

SalahEldeen und *Nelson* beschäftigten sich mit der Frage, wie viele der über soziale Medien verbreiteten Informationsquellen mit zunehmendem Zeitablauf noch im Internet verfügbar sind.[502] Dazu untersuchten sie die Beständigkeit von Informationsquellen die anlässlich von sechs verschiedenen Ereignissen (Tod Michael Jacksons; Vergabe des Friedensnobelpreises an Barack Obama; Ausbruch des H1N1-Virus; Ägyptische Revolution; Präsidentschaftswahlen in der Islamischen Republik Iran; Beginn des syrischen Bürgerkriegs) zwischen Juni 2009 und März 2012 in sozialen Netzwerken verbreitet wurden.[503] In fünf der untersuchten Fälle wurden Informationsquellen (Videos, Bilder etc.) untersucht, die in Mitteilungen des Kurznachrichtendienstes Twitter eingebunden waren (sog. „*Tweets*“);[504] im Falle der ägyptischen Revolution wurde die Untersuchung auf nicht über Twitter verbreitete Quellen erweitert.[505] Die Autoren überprüften sowohl, ob Quellen gegenwärtig im Internet existierten, als auch ob bereits eine Archivierung erfolgte.[506]

Nach Auswertung der Ergebnisse schätzten die Autoren, dass innerhalb eines Jahres nach Veröffentlichung in sozialen Netzwerken etwa 11 % aller Informationsquellen verloren gingen; nach Ablauf des ersten Jahres soll sich der Informationsverlust mit jedem weiteren verstrichenen Tag um ca. 0,02 % fortsetzen.[507] *SalahEldeen* und *Nelson* vermuten dementsprechend einen Zusammenhang zwischen dem Alter eines Ereignisses und der Anzahl verbreiteter Informationen, die

---

502 *SalahEldeen/Nelson*, Losing My Revolution, Seite 1. Vgl. dazu auch *Lischka*, Spiegel Online vom 22. September 2012, „*Studie zur Web-Haltbarkeit: Das Netz vergisst schnell*“; *Kutter*, Die Zeit vom 27. September 2012, „*Digitales Gedächtnis: Das Netz vergisst doch*“.

503 *SalahEldeen/Nelson*, Losing My Revolution, Seite 1. Im Zusammenhang mit der ägyptischen Revolution hielten die Autoren fest, dass es sich als überraschend schwer herausstellte, Material in sozialen Netzwerken über vergangene Geschehnisse aufzutreiben: „*Despite its ubiquity, gathering social media for a past event is surprisingly hard.*“

504 *SalahEldeen/Nelson*, Losing My Revolution, Seite 4 ff.

505 *SalahEldeen/Nelson*, Losing My Revolution, Seite 6.

506 *SalahEldeen/Nelson*, Losing My Revolution, Seite 7 ff.

507 *SalahEldeen/Nelson*, Losing My Revolution, Seite 1, 10.

nicht länger auffindbar sind.[508] Auch Archivierungen vermögen die Informationsverluste im Internet nicht vollständig aufzufangen.[509]

6. Zwischenfazit

A) Keine unbegrenzte Lebensdauer von ins Internet gelangten Informationen

Die Zusammenschau der ausgewählten Forschungsarbeiten bekräftigt, dass die Aussage „Das Internet vergisst nicht" in ihrer Absolutheit nicht haltbar ist. Jede Arbeit zeigte mehr oder weniger stark ausgeprägte Informationsverluste auf; insbesondere die Studie von *SalahEldeen* und *Nelson* deutet auf eine mit zunehmender Lebensdauer abnehmende Beständigkeit von Informationen im Internet hin.[510] Entgegen weitläufiger Behauptungen können auch Informationen im Internet vergessen werden und kurze Lebensspannen aufweisen.[511]

Wenig überzeugend ist die Schlussfolgerung, wonach die Studie von *SalahEldeen* und *Nelson* nur den Verlust von *„nachrichtliche*[n] *Informationen"*, nicht aber den aus der Warte eines Rechts auf Vergessenwerden maßgeblichen Gefahrenquellen – den personenbezogenen Da-

508 *SalahEldeen/Nelson*, Losing My Revolution, Seite 9: *„Inspecting the results from the previous steps suggests that the number of missing shared resources in social media corresponding to an event is directly proportional with its age."* Zusätzlicher Forschungsbedarf besteht hinsichtlich der Auswirkung weiterer Faktoren auf die Beständigkeit und den Verlust von Informationen im Internet, *SalahEldeen/Nelson*, Losing My Revolution, Seite 11.

509 So konnten innerhalb des ersten Jahres nur 20 % der Informationsquellen archiviert werden, vgl. *SalahEldeen/Nelson*, Losing My Revolution, Seite 1; *Kutter*, Die Zeit vom 27. September 2012, *„Digitales Gedächtnis: Das Netz vergisst doch"*.

510 Vgl. erneut *SalahEldeen/Nelson*, Losing My Revolution, Seite 9, sowie *Ambrose*, IRIE Vol. 17, 2012, 21 (23): *„Recent work suggests, albeit tentatively, that data is becoming less persistent over time; for example, Gomes and Silva studied the persistence of content between 2006 and 2007 and discovered a rate of only 55% alive after 1 day, 41% after a week, 23% after 100 days, and 15% after a year."*

511 *Ambrose*, IRIE Vol. 17, 2012, 21 (23). Die Forschungsarbeit von *SalahEldeen/Nelson* – und damit auch der Gesichtspunkt, dass Informationen im Internet vergessen werden können – wurde umgehend in der Presseberichterstattung aufgegriffen, vgl. *Lischka*, Spiegel Online vom 22. September 2012, *„Studie zur Web-Haltbarkeit: Das Netz vergisst schnell"*; *Kutter*, Die Zeit vom 27. September 2012, *„Digitales Gedächtnis: Das Netz vergisst doch"*.

ten – belege.[512] Informationen über die Vergangenheit eines Menschen können ohne Weiteres in Nachrichtenmeldungen enthalten sein. So gelangten z.B. die von *Google* ausgewiesenen Informationen über die Insolvenzverstrickung von *Costeja González* im Rahmen der Web-Berichterstattung der Zeitung *La Vanguardia* ins Internet.[513] Auch der LSD-Konsum *Andrew Feldmars* wurde durch einen Zeitschriftenbeitrag im Internet bekannt.[514] Sofern der Verfallsprozess derartige Nachrichtenmeldungen erfasst, gehen die darin enthaltenen personenbezogenen Daten ebenfalls unter.

In welchem Umfang dem Verfallsprozess durch Internetarchive entgegengewirkt wird, ist unklar. Die Untersuchung von *Ainsworth/AlSum/SalahEldeen/Weigele/Nelson* gelangte zu dem ambivalent anmutenden Ergebnis, dass zwischen 35 und 90 % aller Web-Inhalte zumindest einmal archiviert werden[515] - entweder wird also der Großteil oder aber kaum mehr als ein Drittel aller Web-Inhalte in Internet-Archiven konserviert („*Either we're capturing almost all the web or we're capturing barely more than a third of it*").[516] Eine Archivierungsrate von 100 %, d.h. die Archivierung sämtlicher Web-Inhalte, konnte nicht belegt werden.

512 So aber im Ansatz *Kutter*, Die Zeit vom 27. September 2012, „*Digitales Gedächtnis: Das Netz vergisst doch*": „*Ist also die Diskussion um ein Recht auf Vergessenwerden unnötig? Kann die EU ihre Datenschutzreform getrost beiseitelegen? Leider nein. Denn bei dem von SalahEldeen und Nelson untersuchten Material handelte es sich um nachrichtliche Informationen, deren Archivierung sinnvoll und von gesellschaftlichem Nutzen gewesen wäre. Was Mayer-Schönberger und andere anprangern, ist hingegen die Speicherung personenbezogener Daten. … Wo Werbetreibende ein Interesse haben, ist Archivierung kein Problem.*"

513 Schlussanträge des Generalanwalts vom 25. Juni 2013 in der Rechtssache C-131/12, Rn. 18.

514 *Mayer-Schönberger*, Delete – The Virtue of Forgetting in the Digital Age, Seite 4; *Liptak*, New York Times vom 14. Mai 2007, „*The Nation's Borders, Now Guarded by the Net*".

515 *Ainsworth/AlSum/SalahEldeen/Weigele/Nelson* – How Much of the Web Is Archived?, Seite 1.

516 *Madrigal*, The Atlantic vom 7. Januar 2014, „*How Much of the Web Is Archived? Truth Is, We Don't Really Know*".

B) Notwendigkeit zur Unterbrechung des allgegenwärtigen Informationsflusses

Wenn nach alldem auch nicht vom niemals vergessenden Internet auszugehen ist, so offenbart sich doch nur umso deutlicher das den Suchmaschinen innewohnende Gefahrenpotential. Die Arbeit von *Gomes* und *Silva* deutet auf eine hohe URL-Sterblichkeitsrate – d.h. von Adressen die zu Inhalten im Internet führen sollen, dies jedoch nicht mehr tun – hin. Die beiden Autoren vermuteten, dass dafür in den meisten Fällen eine Änderung der Internetadresse eines Inhalts verantwortlich sei, da bei 78 % der nicht mehr zielführenden URLs die dazugehörige Webseite noch existierte.[517] Unter einer neuen URL – d.h. beim Ansteuern der neuen Internetadresse – können diese Inhalte also weiterhin aufgefunden werden.

Ein Großteil der Internetnutzer greift zur Informationssuche im Netz auf Suchmaschinen zurück, da andernfalls einzelne Informationen aufgrund der schieren Informationsmasse im Internet nahezu unauffindbar wären, wenn dem Suchenden nicht die Adresse einer Information (= die URL) bereits bekannt ist.[518] Bedenkt man die hohe, auf ständige Adressänderungen von Objekten im Internet zurückzuführende URL-Sterblichkeit, wird die entscheidende Rolle der Suchmaschinen für die Erschließung des Internets als Informationsquelle noch deutlicher. Wenn die gewaltigen Informationsmassen im Netz das Herausfiltern einzelner Informationen bereits erschweren, muss dies umso mehr gelten, wenn eine Information jederzeit ihren Standort ändern kann. Ohne die Gatekeeper der Informationsgesellschaft würde die zielgerichtete Informationssuche im Internet regelmäßig eine kaum zu bewältigende Herkulesaufgabe darstellen:

517 *Gomes/Silva*, Modelling Information Persistence on the Web, Seite 3.

518 Kilian/Heussen/*Egermann*, 3. Abschnitt, Teil 300, Suchmaschinen, IV, Rn. 8 (Stand: 33. EL 2017): „*Auf Grund dieser Struktur der Internetinhalte stellen Suchmaschinen derzeit die einzig praktikable Möglichkeit dar, Informationen im Internet zu finden, ohne sie wäre die gewaltige Informationsfülle schlichtweg nicht mehr nutzbar. Denn zur Erschließung des als großen Lexikons genutzten Internets braucht der Nutzer Suchmaschinen, es sei denn, er weiß genau, auf welches Informationsangebot er zurückgreifen möchte und unter welcher URL er es findet. Dies scheint aber immer weniger der Fall zu sein, denn nach Schätzungen kommen 80–90% aller Besucher einer Website über Suchmaschinen zu ihr*"; vgl. auch *B. II. 1. A) Ubiquität und Bedeutung der Suchmaschinen.*

„Bei näherer Betrachtung der Beispiele fällt indes auf, dass eine fortwährende weltweite Abrufbarkeit solcher Beiträge über das Internet – für sich genommen – nicht weiter besorgniserregend wäre: Es verhielte sich ähnlich wie mit der ständigen Wahrnehmung durch andere Menschen in einer Großstadt. Die Masse an Informationen, die auf den Beobachter zuströmt, kann von diesem nur gefiltert verarbeitet werden. Gesichter und Gespräche der Passanten werden nur erinnert, wenn etwas Außergewöhnliches passiert oder es sich um einen Bekannten handelt. Wäre das Internet ein solcher „Ozean an Informationen", bestünde faktisch Anonymität, weil die Wahrscheinlichkeit, dass die inkriminierende Information zufällig wahrgenommen würde, außerordentlich gering wäre."[519]

Die Untersuchung von *SalahEldeen* und *Nelson* hat nicht belegt, dass jede Information im Internet durch bloßen Zeitablauf früher oder später aufhört zu existieren. Aufgezeigt wurde, dass von den in sozialen Netzwerken verbreiteten Informationsquellen innerhalb des ersten Jahres ab Verbreitung bereits 11 % verloren sind[520] – Informationen können im Umkehrschluss aber auch länger als ein Jahr im Internet existieren.[521] Dies wird z.B. durch die Langlebigkeit der Informationen in den Fällen von *Costeja González* oder des *Star Wars Kid*-Zwischenfalles unterstrichen.[522] Die *„Ökonomie digitalen Erinnerns"*[523] – immer günstigere Verfügbarkeit immer größerer Speichermengen, welche Informationslöschungen teurer und aufwendiger als anhaltende Informationsaufbewahrung macht – lässt befürchten, dass es weiterhin Fälle geben wird, in denen Informationen hohe Lebensspannen erreichen.

Dass Informationen im Internet nicht zwingend für unbegrenzte Zeit existieren und Vergessen damit seltener wird, aber nicht ausstirbt, lässt die Notwendigkeit eines Rechts auf Vergessenwerden nicht entfal-

519 *Diesterhöft*, Seite 41.

520 *SalahEldeen/Nelson*, Losing My Revolution, Seite 1, 10.

521 Aus Sicht von *Gomes* und *Silva* liegt nahe, dass Web-Inhalte oft kurze Lebensspannen aufweisen, teilweise aber auch eine lange Existenz im Netz möglich ist, Modelling Information Persistence on the Web, Seite 4 f.

522 Zum *Star Wars Kid*-Zwischenfall vgl. erneut *Hillenbrand*, Spiegel Online vom 5. August 2003, *„WebKult: Die Leiden des Star-Wars-Kids"*; *B. II. 1. A) Ubiquität und Bedeutung der Suchmaschinen.*

523 *Diesterhöft*, Seite 26, unter Bezugnahme auf *Mayer-Schönberger*, Delete – The Virtue of Forgetting in the Digital Age, Seite 104; *B. II. 1. B) „Das Internet vergisst nicht" – der Ewigkeitseffekt.*

len.[524] Selbst wenn viele Menschen nie damit konfrontiert sein werden, dass Suchmaschinen Belastendes aus ihrer Vergangenheit zu Tage fördern,[525] wird es weiterhin diejenigen geben, die wie *Costeja González* Anlass haben nach dem Vergessen ihrer Vergangenheit im Internet zu streben. Überdauern Informationen lange Zeit im Netz, so besteht – insbesondere bei jüngeren Menschen – ein berechtigtes Interesse, dadurch nicht in der Persönlichkeitsentwicklung gehindert zu werden.[526]

Folglich muss es für diese Menschen – je nach Gewicht der im Einzelfall betroffenen Interessen – möglich sein, einmal ins Internet gelangte Information, die nicht mit der Zeit verfallen, gezielt zu beseitigen bzw. den allgegenwärtigen Zugriff der Allgemeinheit auf die Spuren der eigenen Vergangenheit im Netz zu unterbinden. Dabei handelt es sich um eine nicht unproblematische Zielsetzung.[527] Dem Verlangen nach dauerhafter Entfernung von Informationen im Internet begegnen tatsächliche Hindernisse; die Struktur des Internets, die Veranlagung bestimmter sich im Internet bewegender Personenkreise und die globale Natur des Netzes erschweren dieses Vorhaben nicht unwesentlich.

524 Vgl. nur *Assion*, in: *Kappes/Krone/Novy*, Medienwandel, Seite 97: *„Das „Vergessen" im Internet ist sicherlich seltener geworden, als es noch vor einem Jahrzehnt der Fall war. Speicherplatz und Bandbreite sind billig geworden, und manche Unternehmen machen einen Sport daraus, jedes Datum zu speichern, das ihnen irgendwie unter die Finger kommt. Die Befürchtungen, die mit dem Recht auf Vergessenwerden verknüpft sind, sind in vieler Hinsicht legitim. Sie verdienen auch Beachtung. Es muss für Kinder möglich sein, eine normale digitale Jugend zu verbringen, ohne dass ihre Eskapaden später auf sie zurückfallen."*

525 *Ambrose/Friess/Van Matre*, SCLJ Vol. 29, 2012, 1 (54).

526 *Assion*, in: *Kappes/Krone/Novy*, Medienwandel, Seite 97.

527 *Nolte*, ZRP 2011, 236 (237).

II. Hürden bei der gewillkürten Beseitigung von Informationen

1. Dezentrale Aufbewahrung

A) Erleichterte Verbreitung digitaler Informationen in einem offenen System

Solange Informationen bspw. auf Papier verkörpert waren, ließ sich ihre Verbreitung mit verhältnismäßig wenig Aufwand kontrollieren.[528] Auch Informationen über bestimmte/bestimmbare natürliche Personen – personenbezogene Daten i.S.d. Art. 2 lit. a) Hs. 1 DSRL – lassen sich dauerhaft löschen, indem man das sie beheimatende Speichermedium zerstört.[529] Daneben können personenbezogene Daten auch ohne Beschädigung des Speichermediums entfernt werden, wenn sie so überschrieben werden, dass eine Wiederherstellung der ursprünglichen Datei nicht mehr möglich ist.[530]

Im Gegensatz zu analogen Informationen ist die Verbreitung digitalisierter,[531] d.h. nicht an ein bestimmtes Medium gebundener, Informationen schwerer zu kontrollieren.[532] Die Beseitigung von digitalisierten Informationen, die den Weg ins Internet gefunden haben, wird dadurch erschwert, dass keine zentrale Speicherstelle existiert[533] und Informationen regelmäßig auf verschiedenen Datenträgern gespei-

528 *Kurz*, FAZ.net vom 20. August 2010, „*Wenn die Zensur reichlich alt aussieht*".

529 *ENISA*, The right to be forgotten – between expectations and practice, Seite 11; *Jandt/Kieselmann/Wacker*, DuD 2013, 235 (236); Simitis/*Dammann*, § 3 BDSG, Rn. 178.

530 *Jandt/Kieselmann/Wacker*, DuD 2013, 235 (236); Simitis/*Dammann*, § 3 BDSG, Rn. 177.

531 Wenn „*Daten in digitaler Form vor*[liegen], *dann können diese über unterschiedliche Medien transportiert sowie auf unterschiedlichen Endgeräten präsentiert werden. Analoge Inhalte sind dagegen an ihr Medium gekoppelt*", *Hess*, in: Enzyklopädie der Wirtschaftsinformatik, Technologische und methodische Grundlagen, Digitalisierung. Der Begriff „Digitalisierung" kann in einem größeren Kontext zugleich die Veränderungen für Individuen, Organisationen und die Gesellschaft beschreiben, die durch die vermehrte Nutzung von „*Anwendungssystemen*" hervorgerufen werden, vgl. *Hess*, a.a.O.

532 *Kurz*, FAZ.net vom 20. August 2010, „*Wenn die Zensur reichlich alt aussieht*".

533 *Tsesis*, San Diego Law Review 2001, 818 (827). Vgl. auch Kilian/Heussen/*Egermann*, 3. Abschnitt, Teil 300, Suchmaschinen, IV, Rn. 8 (Stand: 33. EL 2017): „[d]*as Internet ist ein dezentrales Informationsnetz…*".

chert werden.[534] Die ursprünglich im Internet veröffentlichten personenbezogenen Daten lassen sich noch unproblematisch beseitigen, bspw. indem das in einem sozialen Netzwerk veröffentlichte Bild vom Plattformbetreiber gelöscht wird. Allerdings hat die Entfernung der ursprünglich ins Internet gelangten Daten nicht zwingend zur Folge, dass die zugänglich gemachten Informationen vollständig „*aus dem Internet*" verschwinden.[535] Der Speicherort personenbezogener Daten wird in dem Moment festgelegt, in dem sie erstmalig im Internet veröffentlicht werden – ab diesem Zeitpunkt wird die weitere Verbreitung der Daten „*wie bei einem Schnellballsystem*" im Netz möglich.[536] Sind personenbezogene Daten einmal im Internet abrufbar, können sie grundsätzlich von jedem Ort auf der Welt abgerufen werden.[537] Folglich können sie ab diesem Moment weltweit und ggf. in großem Umfang verbreitet werden, ohne dass noch eine effektive nationalstaatliche Kontrolle erfolgen kann.[538]

Am ursprünglichen Speicherort gelöschte personenbezogene Daten können längst kopiert und weitergleitet worden sein[539]: Bspw. kann das Bild im sozialen Netzwerk zwischen Veröffentlichung und Entfernung ohne Wissen des Veröffentlichenden dupliziert und an anderer Stelle zugänglich gemacht worden sein.[540] Selbst beim Entfernen einer kompletten Webseite ist es möglich, dass die ursprünglich dort angesiedelten Informationen von Dritten weiterhin verfügbar und zugänglich gemacht werden.[541] Das World Wide Web ist ein in weiten Teilen offenes System, in welchem sich Daten jederzeit kopieren und an ver-

534 *Jandt/Kieselmann/Wacker*, DuD 2013, 235 (236). Insbesondere bei der Nutzung von „*Cloud Computing*" verlieren Konzerne zusehends ihre Kenntnis darüber, an welchem Ort die physische Aufbewahrung der von ihnen erhobenen Daten letzten Endes stattfindet, *Spies*, AICGS 46 (2014), 1 (3).

535 *Jandt/Kieselmann/Wacker*, DuD 2013, 235 (236).

536 *Jandt/Kieselmann/Wacker*, DuD 2013, 235 (236).

537 *Weigl*, Seite 25 f.

538 *Sieber*, NJW-Beilage 2012, 86 (87); vgl. sogleich *C. II. 2. Globales Kommunikationsmedium: Strukturelle Hindernisse und Aufhebung von territorialen Grenzen.*

539 *Ambrose/Ausloos*, JOIP Vol. 3, 2013, 1 (18).

540 *Jandt/Kieselmann/Wacker*, DuD 2013, 235 (236); vgl. auch *Polke-Majewski*, Zeit Online, 8. April 2011, „*Digitales Erinnern: Kein Vergeben, kein Vergessen*".

541 *Libertus*, ZUM 2005, 627 (627).

schiedensten Orten neu zugänglich machen lassen.[542] Nicht immer hat der am Ursprungsort für die Löschung Verantwortliche Kenntnis davon, ob und an wie vielen Stellen im Internet Daten vorhanden sind; hinzukommend wird er i.d.R. keinen Zugriff auf alle Datenträger haben, auf denen eine zu beseitigende Information seit ihrer Erstveröffentlichung im Internet gespeichert wurde.[543] Im offenen System Internet ist es i.E. unmöglich jede Kopie personenbezogener Daten über einen bestimmten Menschen aufzuspüren und zu vernichten.[544]

B) Die analoge Lücke

Es kann der Fall eintreten, dass Informationen über die Vergangenheit eines Menschen parallel innerhalb und außerhalb des Internets existieren, z.B. wenn Informationen sowohl in der Druckausgabe als auch im Online-Auftritt einer Zeitung veröffentlicht werden. Auf technischem Wege kann das Vergessen von Informationen außerhalb des Internets nicht erzwungen werden.[545] Wird die Information vom Herausgeber aus dem Online-Auftritt der Zeitung entfernt, kann sie später von der Printausgabe ihren Weg zurück ins Netz finden.

In einem geschlossenen System,[546] dessen Zugang strikt kontrolliert wird und in dem Zugangsberechtigte ständig ihre Identität bestätigen müssen, wäre ein auf die Entfernung ursprünglich veröffentlich-

542 *ENISA*, The right to be forgotten – between expectations and practice, Seite 8, 10; *Shoor*, Brook. J. Int'l L., Vol. 39:1, 2014, 487 (503): „*Given the open-system nature of an expansive portion of the World Wide Web, data can be stored and copied from almost any location.*"

543 *ENISA*, The right to be forgotten – between expectations and practice, Seite 8; *Jandt/Kieselmann/Wacker*, DuD 2013, 235 (236). Das Aufspüren aller Duplikate einer Information zählt einerseits zu den größten Herausforderungen bei der Durchsetzung des Rechts auf Vergessenwerden und ist andererseits in einem offenen System nahezu nicht umsetzbar, vgl. ENISA, a.a.O.

544 *ENISA*, The right to be forgotten – between expectations and practice, Seite 8; vgl. diesbzgl. auch *Shoor*, Brook. J. Int'l L., Vol. 39:1, 2014, 487 (503).

545 *ENISA*, The right to be forgotten – between expectations and practice, Seite 11.

546 Für ihre Untersuchung beschrieb die *ENISA* ein geschlossenes System dergestalt, dass darin sowohl die Systemkomponenten, die personenbezogene Informationen verarbeiten, als auch die zugangsberechtigten Personen vertrauenswürdig sind und für Verstöße gegen geltendes Recht zur Verantwortung gezogen werden können, *ENISA*, The right to be forgotten – between expectations and practice, Seite 9.

ter Informationen samt aller Duplikate gerichtetes Recht auf Vergessenwerden grundsätzlich vorstellbar.[547] Als geschlossenes System ist z.B. ein Unternehmensnetzwerk einzustufen.[548] Zur Umsetzung eines Rechts auf Vergessenwerden in einem geschlossenen System hätte EU-weit ein geschlossenes Netzwerk errichtet werden müssen, bei dem Personen mit Zugriff auf personenbezogene Daten jederzeit identifizierbar bleiben.[549] In einem offenen System, bei dem es unmöglich ist jede Kopie personenbezogener Daten zu lokalisieren und natürliche Personen sicher zu identifizieren, ist dieser weitreichende Ansatz nicht umsetzbar.[550]

Doch auch im Rahmen eines geschlossenen Systems wäre aufgrund der *„analogen Lücke“*[551] kein einhundertprozentiger Schutz gegen unerlaubte Vervielfältigungen von Informationen gewährleistet. Bspw. das Abfotografieren von auf einem Bildschirm angezeigten Informationen kann mit technischen Abwehrmöglichkeiten nicht verhindert werden.[552] Ähnlich wie im Falle des Nebeneinanders von Print- und Onlinejournalismus könnte die abfotografierte Information

---

547 Auch in geschlossenen Systemen stößt eine derart umfassende Durchsetzung auf Schwierigkeiten, insbesondere die Abhängigkeit von der Vertrauenswürdigkeit der zugangsberechtigten Personen, *ENISA*, The right to be forgotten – between expectations and practice, Seite 9.

548 *ENISA*, The right to be forgotten – between expectations and practice, Seite 9.

549 *ENISA*, The right to be forgotten – between expectations and practice, Seite 8; *Shoor*, Brook. J. Int'l L., Vol. 39:1, 2014, 487 (503).

550 *ENISA*, The right to be forgotten – between expectations and practice, Seite 8.

551 Zum Begriff und Problem der analogen Lücke vgl. *Kalabis/Selzer*, DuD 2012, 670 (672): *„Das Problem der „analogen Lücke“ ist generisch für alle digitalen Inhalte bzw. Medien und erlaubt jedwede digitale Sicherheitsmaßnahme zu umgehen. So kann beispielsweise eine DVD, die mit einem Sicherheitsmechanismus gegen Urheberrechtsverstöße gesichert ist, beim Abspielen mit einer Kamera aufgezeichnet und anschließend ohne den Sicherheitsmechanismus online verfügbar gemacht werden. Ähnlich verhält es sich mit Bildern, die abfotografiert oder per Screenshot auf dem eigenen Rechner gespeichert werden können. Es gibt unterschiedliche Ansätze, die diese Art von Kopieren zu verhindern versuchen. Während einige Ansätze bei Bildern theoretisch umsetzbar sind, so kann es beispielsweise keine Möglichkeit geben, einen Text derart zu schützen, dass dieser nicht (analog) mit Stift und Papier abgeschrieben und erneut online gestellt werden kann.“*

552 *ENISA*, The right to be forgotten – between expectations and practice, Seite 8 f.: *„It is important to understand that regardless of the type of information system, unauthorized copying of information by human observers is ultimately impossible to prevent by technical means. Consider Alice viewing Bob's personal information on a*

wieder im Internet zugänglich gemacht werden.[553] Gleich welche technischen Mittel zum Einsatz gebracht werden, kann das unerlaubte Duplizieren von Informationen nicht verhindert werden.[554]

Exkurs: Indexierung durch Suchmaschinen

Ein gutes Beispiel dafür, dass das Löschen der auf einer Webseite veröffentlichten Informationen nicht zugleich ihr vollständiges Verschwinden aus dem Internet zur Folge haben muss, liefert der Indexierungsprozess bei Suchmaschinen.

Bei automatisierten Suchmaschinen werden mithilfe sog. *Crawler* Webseiten nach Informationen durchsucht, welche im Anschluss mittels einer Indexierungssoftware ausgewertet[555] und in die suchmaschineneigenen Datenbanken übertragen werden.[556] Damit Suchanfragen

---

computer screen, while she is allowed to do so (i.e., before Bob has invoked his right to be forgotten). Alice can take a picture of the screen using a camera, take notes or memorize the information. It is technically impossible to prevent Alice from doing so, or even to recognize that she has obtained a copy of Bob's personal data. Later, when Bob invokes his right to be forgotten, all known copies of his data within the system are deleted. However, Alice has a copy of the information and she can distribute or re-publish this information at will."

553 *ENISA*, The right to be forgotten – between expectations and practice, Seite 10.

554 *ENISA*, The right to be forgotten – between expectations and practice, Seite 8.

555 „*Information Retrieval Systeme*" bereiten die vom Crawler zusammengetragenen Datenbestände für eine effiziente Beantwortung von Suchanfragen auf, Kilian/Heussen/*Egermann*, 3. Abschnitt, Teil 300, Suchmaschinen, II, Rn. 2 (Stand: 33. EL 2017); Schlussanträge des Generalanwalts vom 25. Juni 2013 in der Rechtssache C-131/12, Rn. 73. Dazu wird der aufgefundene Webseiteninhalt Schlüsselwörtern zugeordnet und nach Relevanz bewertet; die Schlüsselwörter werden anschließend mit den URL-Adressen der Quellwebseiten verknüpft, Schlussanträge des Generalanwalts vom 25. Juni 2013 in Rechtssache C-131/12, Rn. 73.

556 Kilian/Heussen/*Egermann*, 3. Abschnitt, Teil 300, Suchmaschinen, II, Rn. 2 (Stand: 33. EL 2017). Das für die automatische Durchforstung des Internets bestimmte Programm wird neben Crawler auch als „*Spider*" oder „*Robot*" bezeichnet, vgl. Kilian/Heussen/*Egermann*, 3. Abschnitt, Teil 300, Suchmaschinen, II, Rn. 2 (Stand: 33. EL 2017). Das Durchforstungsprogramm fordert von den aufgesuchten Webseiten jeweils eine Kopie an; die Webseitenbetreiber können dabei versuchen den Indexierungsvorgang unter Einsatz sog. „*exclusion codes*" zu verhindern, Schlussanträge des Generalanwalts vom 25. Juni 2013 in Rechtssache C-131/12, Rn. 34, 41, 73. Die Verwendung von *exclusion codes* erfordert jedoch, dass der Suchmaschinenbetreiber der Aufforderung, bestimmte Informationen

schneller bearbeitet werden können, werden nicht nur einzelne Informationen, sondern ganze Webseiten im Cache gespeichert.[557] Aus diesen suchmaschineninternen Datenbanken und regelmäßig nicht in Echtzeit werden dann die Ergebnislisten erstellt, die dem Suchenden am Ende seiner Suchanfragen präsentiert werden.[558] Eine Suchmaschine liefert regelmäßig nicht nur Links zu weiterführenden, der Suchanfrage entsprechenden Quellwebseiten, sondern bietet auch eine Vorschau, welche Texte und Momentaufnahmen der Quellwebseite beinhalten kann.[559] Lässt sich der Suchende aber bspw. ein Bild anzeigen, wird er auf die Quellwebseite weitergeleitet.[560]

Wird ein Webseitenbetreiber zum Adressaten eines Löschbegehrens und kommt diesem auf seiner Webseite nach, hat dies nicht automatisch das Verschwinden der angegriffenen Information aus den Datenbanken der Suchmaschine zur Folge. Die vom Crawler erfasste Ursprungswebseite kann als Kopie (einschließlich der Daten deren Löschung begehrt wird) weiter in den internen Datenbanken der Suchmaschine existieren. In regelmäßigen Zeiträumen kehrt der Crawler jedoch zu den erfassten Webseiten zurück und überprüft, ob es dort zu Änderungen gekommen ist.[561] Wird dabei festgestellt, dass die originalen Daten auf der Quellwebseite entfernt wurden, hat dies i.d.R. zur Folge, dass auch ihre Kopien im Cache einer Suchmaschine entfernt

---

nicht verfügbar zu machen, Folge leistet, *Ambrose/Friess/Van Matre*, SCLJ Vol. 29, 2012, 1 (61).

557 *Jandt/Kieselmann/Wacker*, DuD 2013, 235 (236); Schlussanträge des Generalanwalts vom 25. Juni 2013 in Rechtssache C-131/12, Rn. 73: „*Um die Indexierung vornehmen und die Suchergebnisse anzeigen zu können, wird jeweils eine Kopie der Seite im Cache der Suchmaschine gespeichert*".

558 Kilian/Heussen/*Egermann*, 3. Abschnitt, Teil 300, Suchmaschinen, II, Rn. 2 (Stand: 33. EL 2017); Schlussanträge des Generalanwalts vom 25. Juni 2013 in Rechtssache C-131/12, Rn. 73 f.

559 Schlussanträge des Generalanwalts vom 25. Juni 2013 in Rechtssache C-131/12, Rn 35.

560 Schlussanträge des Generalanwalts vom 25. Juni 2013 in Rechtssache C-131/12, Rn. 74: „*Hat der Nutzer eine Suchanfrage gestartet, kann eine Kopie der gesuchten Quellenwebseite, die im Cache gespeichert ist, angezeigt werden. Der Nutzer gelangt jedoch zu der Originalseite, wenn er sich z. B. die auf der Quellenwebseite befindlichen Bilder anzeigen lässt.*"

561 Kilian/Heussen/*Egermann*, 3. Abschnitt, Teil 300, Suchmaschinen, II, Rn. 2 (Stand: 33. EL 2017).

werden.[562] Diese Praxis hat die Konsequenz, *„dass die Daten in Caches und Suchmaschinen aussterben“* – welcher Zeitraum bis zur Löschung der Duplikate vergeht, liegt aber grundsätzlich in der Hand des Suchmaschinenbetreibers.[563] Der Abschluss dieses Prozesses kann Tage, unter Umständen aber auch Wochen in Anspruch nehmen.[564]

Dass die Beseitigung von Daten auf der Ursprungswebseite und eine Aktualisierung der suchmaschineninternen Datenbanken zeitversetzt erfolgt, eröffnet betroffenen Informationen zusätzliche Überlebenschancen im Internet. Durch die im Cache vorhandenen Kopien ganzer Webseiten können diese einem Suchenden selbst dann angezeigt werden, wenn die Quellwebseite im aktuellsten Zustand nicht erreichbar sein sollte.[565] Da erst im Verlauf des nächsten Indexierungsdurchlaufs eine Berichtigung der Suchmaschinendatenbanken erfolgt, kann die gelöschte Ursprungsinformation weiterhin in Gestalt der Kopie abgerufen werden. Wird eine Information im Zeitraum zwischen der Löschung auf der Ursprungswebseite und der Aktualisierung der Suchmaschinendatenbanken von einem Dritten aufgegriffen und andernorts im Internet veröffentlicht, überdauert sie im Netz und der soeben skizzierte Prozess muss erneut durchlaufen werden.[566]

2. Globales Kommunikationsmedium: Strukturelle Hindernisse und Aufhebung von territorialen Grenzen

A) Aushölung des rechtlichen Geltungsanspruchs einzelner Staaten im Netz

Wie zuvor gezeigt lassen sich Informationen im Internet leicht vervielfältigen und weiterverbreiten.[567] Durch die Natur des Internets als globales Kommunikationsmedium ergeben sich weitere Hindernisse für die Überwindung der eigenen Vergangenheit. Sachverhalte mit Internetbezug werfen Abgrenzungsfragen hinsichtlich Zuständigkeit und

562 *Jandt/Kieselmann/Wacker*, DuD 2013, 235 (236).
563 *Jandt/Kieselmann/Wacker*, DuD 2013, 235 (236).
564 *de Terwangne*, IDP 2012, 109 (117).
565 *Paal*, in: Hoeren/Bensinger, Kap. 7, Rn. 24, Fn. 79.
566 *de Terwangne*, IDP 2012, 109 (117).
567 *C. II. 1. Dezentrale Aufbewahrung.*

Gestaltungsmacht eines Staates auf, wie ein Blick auf den Bereich des „*Cloud Computings*“ verdeutlicht. Hierbei werden Daten nicht mehr an einer zentralen Stelle gespeichert und können ortsunabhängig von verschiedenen Personen abgerufen werden.[568] Dabei stellt sich die Frage, welche Länder Zugriff auf die „in der Cloud“ gespeicherten Daten erhalten,[569] bspw. wenn die Datenbestände eines israelischen Unternehmens nicht in Israel, sondern auf Cloud-Servern in Kanada hinterlegt sind.[570] Ähnliche Probleme können auftreten, wenn auf Microsoft-Servern in Irland gespeicherte Daten im Rahmen einer Ermittlung wegen Rauschgifthandels von US-Behörden herausverlangt werden.[571] Auch wer von der irischen Facebook-Niederlassung den Zugang zu bestimmten Daten verlangt, kann erleben, dass er selbst in seiner Funktion als Richter der Bundesrepublik Deutschland damit vertröstet wird, dass die begehrten Daten *„leider auf Servern in den USA lägen“*.[572]

Soll nationales Recht gegenüber Internetdienstanbietern im Ausland durchgesetzt werden, geraten der Geltungsanspruch des Rechts und die Gestaltungsmacht einzelner Staaten an ihre Grenzen.[573] Das Internet bewirkt eine *„Entgrenzung der Kommunikation“*[574]: Kommunikation ist nicht länger zwingend an einen bestimmten Ort gebun-

568 *Spies*, MMR-Aktuell 2012, 339462. Für den Begriff Cloud Computing existieren Umschreibungen, bislang jedoch keine allgemein anerkannte Definition, vgl. Thüsing/*Thüsing*/*Pötters*, § 15, Rn. 1; MIT/*Stögmüller*, Teil 6, F. I., Rn. 1. Beim Cloud Computing werden „[v]*erschiedenste IT-Dienste und -Anwendungen ... dezentral über das Internet*“ zugänglich gemacht, *Grünwald/Döpkens*, MMR 2011, 287 (287). Hierbei können die auf den Servern eines Cloud-Dienstleisters befindlichen Daten von *„jedem Berechtigten ortsungebunden abgerufen und weiterbearbeitet werden“*, *Nägele/Jacobs*, ZUM 2010, 281 (281). Cloud Computing ermöglicht *„das Speichern, Verarbeiten und Verwenden von Daten, die sich in entfernten Rechnern befinden und auf die über das Internet zugegriffen wird.“*, Mitteilung der Europäischen Kommission vom 27. September 2012, COM(2012) 529 final, Seite 2, abrufbar unter http://eur-lex.europa.eu/LexUriServ/LexUriServ.do?uri=COM:2012:0529:FIN:DE:PDF (zuletzt abgerufen am 4. September 2017).

569 *Spies*, MMR-Aktuell 2012, 339462; *Brookman*, ZD 2012, 401 (401 f.).

570 Beispiel nach *Brookman*, ZD 2012, 401 (401).

571 *Schröder/Spies*, ZD-Aktuell 2014, 04315.

572 *Masing*, NJW 2012, 2305 (2310). Ausführlich zu dem von *Masing* angesprochenen Fall vgl. Zeit Online vom 29. März 2012, *„Konto-Beschlagnahme: Facebook-Prozess endet unspektakulär“*, abrufbar unter http://www.zeit.de/digital/internet/2012-03/facebook-prozess-datenschutz (zuletzt abgerufen am 4. September 2017).

573 *Masing*, NJW 2012, 2305 (2309 f.).

574 *Holznagel/Hartmann*, MMR 2016, 228 (229).

den[575] und die im Netz kommunizierenden Personen unterliegen in ihrer Gesamtheit nicht der Regelungsmacht eines einzigen Nationalstaates.[576] Es existiert keine zentrale Stelle die das Internet kontrolliert, Zwangsmittel ausüben oder das Netz abschalten könnte.[577] Staatsgrenzen im digitalen Raum werden zunehmend durchlässiger: Die in Staat A geltenden strengen Datenschutzregime können außer Kraft gesetzt werden, wenn es aus der Unternehmens-Niederlassung in Staat A zum Daten-Transfer in die Niederlassung in Staat B kommt.[578] Das Internet ist ein *„grenzüberschreitendes Medium*",[579] welches im 21. Jahrhundert Probleme globaler Natur aufwirft.[580] Durch sein zunehmendes Eindringen in immer mehr Lebensbereiche wird eine „Deterritorialisierung" des Rechts bewirkt.[581] Die Rechtsdurchsetzung im Internet wird – sei es durch zunehmende Globalisierung[582] oder aber durch die Anonymität der im Netz agierenden Personen[583] – zunehmend schwieriger.[584] Treffend beschreibt der Richter am BVerfG *Masing* die einzelstaatliche Hilflosigkeit bei der Berührung von Recht und globalem Internet:

> *„Nirgends zeigt sich die Schwächung der Ordnungsfunktion des demokratischen Rechtsstaats so deutlich wie in der Internetkommunikation – und damit auch beim Datenschutz. Indem sich Kommunikation über ein diffuses Netzwerk dezentraler Rechner unter Überwindung von Zeit und Raum in eine virtuelle Welt verlegt, laufen staatliche Regelungen und Sanktionen weithin leer. Auch wenn wir strenge Datenschutzregeln aufstellen, stößt de-*

575 *Christiansen*, MMR 2000, 123 (123).

576 *Mayer*, NJW 1996, 1782 (1789).

577 *Mayer*, NJW 1996, 1782 (1783); *C. II. 1. A) Erleichterte Verbreitung digitaler Informationen in einem offenen System.*

578 *Reding*, SPEECH/12/26, The EU Data Protection Reform 2012: Making Europe the Standard Setter for Modern Data Protection Rules in the Digital Age, Seite 4.

579 BeckOK BORA/*Römermann*, § 6 BORA, Rn. 382 (Stand: 1.03.2017). Vgl. auch *Sieber*, NJW-Beilage 2012, 86 (87) und *Holznagel/Hartmann*, MMR 2016, 228 (229).

580 *Reding*, SPEECH/12/26, The EU Data Protection Reform 2012: Making Europe the Standard Setter for Modern Data Protection Rules in the Digital Age, Seite 4.

581 *Hoeren*, NJW 1998, 2849 (2850): *„Im Internet verlaufen sich alle Normen ins Nichts, die auf den Raum, das Territorium, den Sitz Bezug nehmen. Die elektronische Geschwindigkeit deterritorialisiert das Recht."*

582 *Masing*, NJW 2012, 2305 (2309 f.); *Spindler*, NJW-Beilage 2012, 98 (99).

583 *Spindler*, NJW-Beillage 2012, 98 (99).

584 *Holznagel/Hartmann*, MMR 2016, 228 (229).

ren Durchsetzung gegenüber Anbietern aus dem Ausland schnell an Grenzen."[585]

B) Flucht in fremde Rechtsordnungen

Der Blick ausschließlich auf die Situation in einem einzelnen Land gibt nicht die Realität des 21. Jahrhunderts wieder.[586] Versuche die Internetnutzung im einzelstaatlichen Alleingang zu regulieren verkennen die globale Natur des Internets und drohen daran zu scheitern. Nationalen Regulierungsbestrebungen lässt sich durch eine gezielte Verlagerung der eigenen Aktivität in fremde Rechtsordnungen ausweichen.[587] Darüber hinaus bergen Alleingänge das Risiko, Standortnachteile für die in den vorpreschenden Staaten ansässigen Internetdienstanbieter nach sich zu ziehen.[588]

Ob einer Rechtsnorm zur Geltung verholfen werden kann, hängt im Internet erheblich davon ab, inwieweit internationale Zusammen-

585 *Masing*, NJW 2012, 2305 (2309).

586 *Reding*, SPEECH/12/26, The EU Data Protection Reform 2012: Making Europe the Standard Setter for Modern Data Protection Rules in the Digital Age, Seite 4: „*In the Internet age, data protection laws need to take account of this global dimension. If they only focus on the activities of a company within a given country, they will not reflect reality.*"

587 *Christiansen*, MMR 2000, 123 (123). Vgl. auch *Herzog*, Seite 39: „*Eine nationalstaatliche Inhaltsbeschränkung hingegen leidet an der Internationalität des Mediums Internet und der hiermit einhergehenden Umgehbarkeit traditioneller nationalstaatlicher Regularien*"; Spindler, NJW-Beilage 2012, 98 (99): „*Dabei müssen mindestens europäische einheitliche Regelungen verabschiedet werden, wie es der Vorschlag einer EU-DatenschutzVO vorsieht; nationale Alleingänge bergen das Risiko der Insellösungen und nachteiliger Wirkungen für heimische Anbieter.*" Auch den staatlichen Möglichkeiten, Persönlichkeitsrechte vor privater Datensammlung zu schützen, werden durch die „*territoriale Entgrenzung der Informationstechnologie*" Grenzen gesetzt, Handbuch des Staatsrechts VII/*Kube*, § 148, Rn. 145. Durch den Siegeszug des Internets wurde die Datenverarbeitung „*globalisiert*" und die nationale Gesetzgebung ihres effektiven Einflusses beraubt, *Simitis*, NJW 1998, 2473 (2478); vgl. auch *Boehme-Neßler*, MMR 2009, 439 (442). Datenverarbeitende Stellen können bspw. dem deutschen Datenschutzsystem dadurch ausweichen, dass sie einen ausländischen Staat als Ausgangspunkt ihrer Tätigkeit wählen, welcher einen weniger strengen bzw. gar keinen wirksamen Datenschutzstandard etabliert hat, *Spindler*, NJW-Beilage 2012, 98 (99).

588 *Spindler*, NJW-Beilage 2012, 98 (99).

arbeit stattfindet.[589] Wie leicht sich rechtliche Anforderungen durch Standortveränderungen im Internet umgehen lassen, hat sich auch anhand der Bestrebungen *Googles* zur Umsetzungen der EuGH-Entscheidung in der Rechtssache C-131/12 gezeigt. Als Reaktion auf das *Google-Urteil* begann *Google* mit der Einrichtung eines Antragssystems, welches die Anzeige personenbezogener Daten i.R.v. Suchergebnissen ermöglichen sollte. Nach positivem Befund einer von *Google* angestrengten Prüfung werden Einträge aus den Ergebnislisten einer Suchanfrage „entfernt", in denen die angegriffenen Informationen enthalten sind.[590] Die beanstandeten Informationen werden i.R.d. Verfahrens nicht vollständig aus dem Index[591] der Suchmaschine gelöscht, sondern lediglich bei Suchanfragen nach dem Namen der betroffenen Person aus den Ergebnislisten ausgeblendet[592] - der von *Google* einberufene Sachverständigenrat bezeichnet diese Prozedur als „*Delisting*".[593]

Auch wenn sich das *Delisting*-Verfahren hoher Nachfrage erfreute,[594] fand es zunächst nur auf die europäische Variante der *Google*-Suchmaschine Anwendung, nicht aber bei Suchanfragen innerhalb der USA.[595] In der EU aus den Ergebnislisten verbannte Informationen ließen sich bei der Nutzung der US-amerikanischen *Google-Search*-Variante weiterhin aufspüren.[596] Um vom *Delisting*-Verfahren unberührte Suchergebnisse zu erzielen, musste ein Nutzer der Google-Suchmaschine dazu Suchanfragen über www.google.com/ncr durchführen.[597] Personen deren Vergangenheit im Internet über namensbasierte Such-

589 Vgl. *Sieber*, NJW-Beilage 2012, 86 (87): „*Die Wirksamkeit rechtlicher Normen hängt im globalen Cyberspace darüber hinaus stark von dem bestehenden internationalen Kooperationsrecht und geeigneten internationalen Institutionen ab.*" Insbesondere der Bereich der Strafverfolgung ist auf diese Zusammenarbeit angewiesen, *ders.*, NJW-Beilage 2012, 86 (88).

590 *Gropp*, FAZ.net vom 24. Juli 2014, „*Google hat mehr als 90.000 Löschanträge erhalten*".

591 Zum Indexierungsprozess vgl. *Exkurs: Indexierung durch Suchmaschinen.*

592 *Kleinz*, Zeit Online vom 9. Juli 2014, „*Vergiss es Google*".

593 *The Advisory Council to Google on the Right to be Forgotten*, Seite 3 f.

594 *Gropp*, FAZ.net vom 24. Juli 2014, „*Google hat mehr als 90.000 Löschanträge erhalten*".

595 *Kleinz*, Zeit Online vom 9. Juli 2014, „*Vergiss es Google*".

596 *Kleinz*, Zeit Online vom 9. Juli 2014, „*Vergiss es Google*".

597 *Jahn*, FAZ.net vom 22. September 2015, „*Recht auf Vergessen werden*" – *So zeigt Google auch die versteckten Seiten*": „*Bislang können daher auch deutsche Nutzer auf die vollständigen Suchergebnisse von Google zugreifen. Möglich ist dies auf*

anfragen allgegenwärtig abrufbar ist, wird nur bedingt geholfen, wenn diese Informationen zwar innerhalb der EU erschwert über Suchmaschinen zugänglich sind, außerhalb des europäischen Einflussbereichs aber ohne Hindernisse abrufbar bleiben.

3. Widerstand im Cyberspace

A) Begünstigung von Umgehungslösungen

Nicht allein die Auflösung territorialer Grenzen im Netz,[598] sondern auch die anarchischen Strukturen des Internets[599] begünstigen eine

---

einem wenig bekannten Weg. Statt der hierzulande üblichen Webadresse „www.google.de" reicht es hierfür nicht, die amerikanische Endung „.com" zu verwenden. Vielmehr muss diese ergänzt werden durch den Befehl: „ncr". Das steht für: „no country redirect". Die vollständige Zieladresse für eine ungefilterte Recherche lautet also: „www.google.com/ncr"." Die französische Datenschutzbehörde *CNIL* versucht jedoch den *Google*-Konzern durch Androhung hoher Geldbußen dazu zu bewegen, vom *Delisting* zur weltweiten Löschung beanstandeter Suchergebnisse überzugehen, *Jahn*, a.a.O. Vgl. dazu auch *E. I. 3. Territoriale Reichweite: Regionales oder globales Delisting?*

598 Vgl. sogleich *C. II. 2. Globales Kommunikationsmedium: Strukturelle Hindernisse und Aufhebung von territorialen Grenzen.*

599 Das Internet ist ein über einen gemeinsamen Standard (TCP/IP) kommunizierendes Netzwerk von Netzwerken, *Derksen*, NJW 1998, 1878 (1878); *Hoeren*, NJW 1995, 3295 (3295); *Mayer*, NJW 1996, 1782 (1783); *Mecklenburg*, ZUM 1997, 525 (526). Seine Ursprünge liegen in der Entwicklung eines Kommunikationssystems für das US-Verteidigungsministerium in der zweiten Hälfte des vergangenen Jahrhunderts, *Hoeren*, NJW 1995, 3295 (3295); *Mayer*, NJW 1996, 1782 (1783). Bzgl. seines genauen zeitlichen Ausgangspunktes finden sich unterschiedliche Vorstellungen: Der Ursprung des Projekts wird z.T. am Anfang der 60er Jahre erkannt (*Hoeren*, NJW 1995, 3295 (3295)), z.T. aber auch erst zu Beginn der 70er Jahre (*Mayer*, NJW 1996, 1782 (1783)). Im kalten Krieg sollte es – selbst im Fall des Einsatzes atomarer Sprengköpfe – die Aufrechterhaltung von Kommunikation und Informationsverteilung garantieren, *Knödler*, JurPC 1996, 257 (259); *Sasse/Waldhausen*, ZUM 2000, 837 (838): *„Die Anarchie hat zwar Methode, aber sie ist per Definition nicht selbst methodisch, weil eben dies des Internets Bestimmungszweck im kalten Krieg war: Unkontrollierbare Verteilung von Informationen und somit lebensrettende bzw. fortgesetzt vernichtende Kommunikation im atomaren Krieg der Supermächte."* Die militärischen Ursprünge des Internets sind nicht unumstritten, vgl. nur Handbuch Multimedia-Recht/*Sieber*, Teil 1, A. I., Rn. 1 Fn. 1 (Stand: 43. EL 2016).

Umgehung von geltendem Recht.[600] Auch wenn ein Schwerpunkt der Internetnutzung mittlerweile im zivilen Bereich erfolgt, ist dem Internet eine dezentrale Struktur erhalten geblieben, die den Widerstand gegen Regulierungsversuche verhältnismäßig einfach macht.[601] Fallen Abschnitte des Netzes aus, können die an das Internet angeschlossenen Computersysteme selbstständig neue Verbindungen bilden[602] – *„Zensur wird technisch als Schaden interpretiert und umgangen"*.[603] Anonymes Agieren durch Verwendung von Verschleierungsprogrammen oder den Einsatz dynamischer IP-Adressen erschweren die Verfolgung von Rechtsverstößen;[604] auch durch Softwareeinsatz gezogene Grenzen lassen sich grundsätzlich umgehen.[605]

Die Möglichkeiten sich im Internet dem Geltungsanspruch des Rechts zu entziehen, gewinnen umso mehr Bedeutung, wenn man berücksichtigt, dass jenem Geltungsanspruch im Netz nicht selten mit Ablehnung und Misstrauen begegnet wird.[606] Teilen der sich im Internet bewegenden Personenkreise (*„Online-Community"*) wird eine *„prinzipiell »anarchistische« Tendenz"* bescheinigt.[607] Innerhalb dieser Personenkreise dominiert die Vorstellung, dass sich das Recht dem technologischen Fortschritt zu unterwerfen hat, so dass jeder Versuch

600 *Sasse/Waldhausen*, ZUM 2000, 837 (838); *Christiansen*, MMR 2000, 123 (125). Vgl. auch *Mayer*, NJW 1996, 1782 (1789): *„Niemand kontrolliert das Internet, man kann es nicht einfach abschalten."* Zur Definition des Begriffs Internet vgl. Kilian/Heussen/*Wißner/Jäger*, 3. Abschnitt, Technisches Lexikon, Internet (IN) (Stand: 33. EL 2017): *„Das Internet ist ein weltweites Computernetzwerk. Es dient der elektronischen Kommunikation und dem Austausch von Informationen. Das Internet basiert auf der einheitlichen TCP/IP-Protokollfamilie, die einen Standard für Adressierung und Datenaustausch zwischen verschiedenen Computern und Netzwerken festlegt. Daraus ergibt sich der Name Inter-Network (Inter = lat. zwischen) - also das (Über-)Netzwerk, das die vereinzelten Netzwerke miteinander verbindet. Ein großer Vorteil des Internet ist, dass die Kommunikation völlig unabhängig von den verwendeten Betriebssystemen und Netzwerktechnologien geschehen kann."*

601 *Mayer*, NJW 1996, 1782 (1783).

602 *Roellecke*, NJW 1996, 1801 (1801).

603 *Mayer*, NJW 1996, 1782 (1783); ferner *Knödler*, JurPC 1996, 257 (262).

604 *Czychowski/Nordemann*, GRUR-Beilage 2014, 3 (3).

605 *Christiansen*, MMR 2000, 123 (125).

606 *Kühling*, EuZW 2014, 527 (530); *Ladeur*, DuD 2012, 711 (713).

607 *Hornig*, ZUM 2001, 846 (848); *Ladeur*, ZUM 1997, 372 (376). Vgl. ferner *Stoffels/Bernskötter*, Die Goliath-Falle, Seite 19: „*...die Verfechter der Netzkultur* [wollen] *Grenzen überwinden und eine neue Freiheit erlangen. Und sie akzeptieren in keinster Weise mehr den Primat der Unternehmen oder auch der Politik.*"

zur Beschränkung internetbasierender Kommunikation als Angriff auf elementare Freiheiten angesehen wird.[608] Das Verbreiten und Teilen von Informationen gehört zu den prägenden Merkmalen der Netzkultur.[609] Die „*Verfechter der Netzkultur [wollen] Grenzen überwinden und eine neue Freiheit erlangen. ... sie akzeptieren in keinster Weise mehr den Primat der Unternehmen oder auch der Politik*".[610] Besonders deutlich kommt diese Haltung bereits im 1999 veröffentlichten *Cluetrain Manifesto*[611] zum Ausdruck:

> „*Wenn Du heute nur Zeit hast für eine Einsicht, dann sollte es diese sein ... Wir sind keine Zuschauer oder Empfänger oder Endverbraucher oder Konsumenten. Wir sind Menschen - und unser Einfluß entzieht sich eurem Zugriff. Kommt damit klar.*"[612]

Zugute kommt dieser Haltung, dass ein wesentlicher Internet-Bestandteil – das World Wide Web[613] – von Beginn an darauf ausgelegt war,

608 *Ladeur*, JZ 2013, 792 (792): „*Im Internet entwickelt sich mehr und mehr eine Art „nomadisierender Individualismus", der jede Beschränkung der Internetkommunikation für einen nicht zu rechtfertigenden Eingriff in Freiheitsrechte hält und konkurrierende Rechte Dritter vernachlässigt.*"; *ders.* DuD 2012, 711 (713).

609 *Stoffels/Bernskötter*, Die Goliath-Falle, Seite 19.

610 *Stoffels/Bernskötter*, Die Goliath-Falle, Seite 19.

611 Abrufbar unter http://www.cluetrain.com/auf-deutsch.html (zuletzt abgerufen am 4. September 2017). Beim *Cluetrain Maifesto* handelt es sich um eine Proklamation von 95 Thesen diverser Internetexperten betreffend das Verhältnis zwischen Unternehmen und Kunden im Internetbereich, *Stoffels/Bernskötter*, Die Goliath-Falle, Seite 17.

612 http://www.cluetrain.com/auf-deutsch.html; *Stoffels/Bernskötter*, Die Goliath-Falle, Seite 17.

613 Das World Wide Web („*www.*") ist nur ein Bestandteil des Internets, *Körber*, NJW 1997, 3222 (3223) MIT/*Glossner*, Teil 2, A., Rn. 6. Durch die Entwicklung des World Wide Web wurde die Fortbewegung im Internet auch für Personen ohne fundierte IT-Kenntnisse möglich, da ihnen die Verwendung von Hyperlinks den unkomplizierten Wechsel zwischen verschiedenen Webseiten ermöglichte, MIT/*Glossner*, Teil 2, A., Rn. 7. Neben dem World Wide Web werden im Internet weitere Dienste wie z.B. Instant-Messaging oder Chat-Dienste angeboten, Beck OK StPO/*Graf*, § 100a StPO, Rn. 25 (Stand: 1. 01.2017); der Bereich der elektronischen Post („*E-Mail*") bildet einen weiteren Bestandteil, *Körber*, NJW 1997, 3222 (3223).

den Zugriff auf Informationen zu erleichtern[614] und eine *„unbeschränkte Verknüpfung von Informationen“* als Zielsetzung hatte.[615]

Wenngleich totalitäre Regime dazu tendieren die Informationsfreiheit über eine Beschneidung des Internetzugangs zu beschränken,[616] so verkennt doch derjenige, der Grenzen für den Informationsaustausch im Internet nur akzeptiert wo das technisch Verwirklichbare endet, die schützende Funktion des Rechts[617] und übersieht, dass regulatorisches Eingreifen auch dazu dienen kann, die Rechte von Menschen im Internet zu stärken.[618] Wessen Vergangenheit zum Gegenstand von Meinungsäußerungen oder journalistischen Beiträgen im Netz wird, kann in besonderem Maß auf staatlichen Schutz und staatliches Eingreifen angewiesen sein, da Äußerungen im Internet eine Vielzahl von Menschen erreichen können, ohne das (anders als bei klassischen Massenmedien) der Äußernde die Verbreitung zu kontrollieren vermag.[619]

Der digitale Kommunikationsfluss kann nur schwer unterdrückt werden, was eine Kontrolle von Informationen im Internet sowohl für

---

614 *Stommel/Yertek*, taz, 5. August 2011 *„Huch, sind wir schon so lange drin?“*: *„Ein Aufsatz des Physikers Tim Berners-Lee mit dem unspektakulären Titel "Informationsmanagement: Ein Vorschlag" aus dem Jahr 1989 gilt als der Start zum World Wide Web. Berners-Lee regte ein System an, mithilfe dessen im Internet einfacher auf Daten zugegriffen werden kann: über sogenannte Hypertexte. Ziel sollte es sein, dass auf jede Information im Internet ein Link gesetzt werden kann, mithilfe dessen eine Information abgerufen werden kann.“*

615 *Stommel/Yertek*, taz, 5. August 2011 *„Huch, sind wir schon so lange drin?“*; *Stoffels/Bernskötter*, Die Goliath-Falle, Seite 17.

616 Vgl. erneut die Schlussanträge des Generalanwalts vom 25. Juni 2013 in Rechtssache C-131/12, Rn. 121.

617 *Kühling*, EuZW 2014, 527 (530).

618 *Ladeur*, JZ 2013, 792 (792). Schutzbedarf besteht auch über die Problematik des Rechts auf Vergessenwerden hinaus in nicht unerheblichem Ausmaß. So ist internetbasierende Kommunikation besonders anfällig für Ehrverletzungen, Beleidigungen und Cybermobbing (vgl. *Steenhoff*, NVwZ 2013, 1190 (1190)), so dass Dritte vor den Folgen dieser Kommunikation besonders schutzbedürftig sein können.

619 Vgl. *Ladeur/Gostomzyk*, NJW 2012, 710 (712 f.), welche davon ausgehen, dass die *„Adressierung der Kommunikationsteilnehmer“* nicht länger *„privat und individualisiert“* erfolgt.

Staaten als auch für Private schwerer macht.[620] Wer sich im Internet austauschen will, findet i.d.R. einen Weg dazu.[621] Wenn ein Staat Regulierungsbestrebungen im Internetbereich vorantreibt, lässt sich nicht selten beobachten, dass darauf aus den Reihen der Online-Community mit der Entwicklung von Umgehungslösungen reagiert wird.[622]

B) Der Streisand-Effekt

Auch bei der Umsetzung eines Rechts auf Vergessenwerden muss Widerstand aus den Reihen der Online-Community erwartet werden, da die Anwendung dieses Instruments als Versuch zur Unterbrechung des Informationsflusses im Internet gewertet werden könnte. So stufte z.B. der Wikipedia Gründer *Jimmy Wales* das *Google-Urteil* als besonders weitreichenden Fall von Zensur ein.[623]

Die Ablehnung eines als Zensur aufgefassten Vorhabens steht in enger Verbindung zum sog. *Streisand-Effekt*.[624] Dieses Phänomen verdankt seinen Namen der US-amerikanischen Sängerin *Barbra Streisand*, die 2003 von einem Photographen die Zahlung von 50 Millionen US-Dollar verlangte, weil dieser zuvor eine Luftaufnahme ihres

---

620 *Weber*, JIPITEC 2011, 120 (122). Zu den geänderten Ausgangsbedingungen vgl. *Stoffels/Bernskötter*, Die Goliath-Falle, Seite 43: *„Im Zeitalter von Blogs, Foren, Twitter und Facebook dagegen haben sich diese Kräfteverhältnisse der Kommunikation grundlegend geändert. Aus der One-to-Many-Kommunikation des Prä-Internet Zeitalters, bei der die „Meinungsmacht" einer einflussreichen Organisation, Kontakte zu Journalisten oder finanzielle Möglichkeiten entscheidende Faktoren waren, ist durch das interaktive Web eine dezentrale Many-to-Many-Kommunikation geworden: Der Einzelne hat nun die Möglichkeit, sich mit frei zugänglichen Mitteln bei einem breiten Publikum Gehör zu verschaffen, Meinungen zu formulieren, Dokumente zu präsentieren und Mitstreiter zu mobilisieren."*

621 *Weber*, JIPITEC 2011, 120 (122): *„A further (practical) obstacle consists in the fact that Internet users consider censorship damaging and go to lengths to circumvent it. As recent experiences with the attempt of many governments to block access to the Internet have shown, interested persons generally find a way to communicate electronically. With improved technology, it is becoming increasingly difficult for governments and private persons to contain certain information"*.

622 *Ladeur*, ZUM 1997, 372 (376).

623 *Lee*, BBC News vom 14. Mai 2014, *„Google ruling 'astonishing', says Wikipedia founder Wales"*; vgl. bereits *A. II. 3. B) Weichenstellung des EuGH: Zweite Chance für Gescheiterte im Internet oder Wegbereitung für eine orwellsche Zukunft?*

624 Zum Ursprung des Namens vgl. bereits *B. III. 2. Weiterer Gang der Untersuchung: rechtliche und technische Hürden.*

an der kalifornischen Küste gelegenen Hauses auf einer Webseite veröffentlichte, welche die Folgen der Küstenerosion dokumentieren sollte. Das Bild von *Streisands* Haus wurde vor dem Anstreben eines Prozesses insgesamt sechs Mal aufgerufen – das Vorgehen der Sängerin führte dazu, dass das Bild allein im Folgemonat über eine halbe Million Mal eingesehen wurde.[625]

Bei einem *Streisand-Effekt* erzeugt erst der Versuch, das Bekanntwerden einer vorhandenen Information gegenüber einem größeren Personenkreis zu verhindern, ein Ausmaß an Aufmerksamkeit, welches der Information ohne den Unterdrückungsversuch womöglich nie zuteil geworden wäre.[626] Das öffentliche Interesse gilt beim Auftreten des *Streisand-Effekts* weniger dem Inhalt der Information, sondern ist Konsequenz des Unmuts über den als Zensur empfundenen Unterdrückungsversuch.[627] Erst durch sein rechtliches Vorgehen lenkt der Betroffene größere Aufmerksamkeit auf eine Information und bewirkt, dass diese länger im Gedächtnis der Allgemeinheit präsent bleiben wird.[628] Wird durch den Unterdrückungsversuch ein bestimmtes Maß an öffentlichem Interesse erreicht, lässt sich die ggf. weltweite Verbrei-

625 *Louw*, Potchefstroom Electronic Law Journal Vol. 16, No. 5, 2013, 1 (6 f.); ferner *Stoffels/Bernskötter*, Die Goliath-Falle, Seite 39.

626 *Kurz*, FAZ.net vom 20. August 2010, „*Wenn die Zensur reichlich alt aussieht*": „*Wenn etwas wichtig genug ist, um zensiert oder verboten zu werden, muss es offenbar von Interesse und der allgemeinen Beachtung wert sein. Die Logik ist einfach: Eine einstweilige Verfügung oder auch eine Handvoll davon bekommt man noch zugestellt. Ein paar tausend Unterlassungsbegehren – noch dazu verteilt über die ganze Welt – durchzusetzen, das schafft niemand.*" Vgl. auch *Federrath/Fuchs/Herrmann/Maier/Scheuer/Wagner*, DuD 2011, 403 (406); *Nolte*, ZRP 2011, 236 (237); *Gounalakis*, NJW 2013, 2321 (2324).

627 *Kurz*, FAZ.net vom 20. August 2010, „*Wenn die Zensur reichlich alt aussieht*".

628 Mit Bezug auf das rechtliche Vorgehen von Bettina Wulff gegen die automatische Verknüpfung ihres Namens mit Begriffen des Rotlichtmilieus so *Gounalakis*, NJW 2013, 2321 (2324): „*Ob ihr die Autocomplete-Entscheidung des BGH im Nachhinein zur gewünschten vollständigen Wiederherstellung ihrer Reputation verhilft, vermag indes bezweifelt werden. Dagegen spricht wohl der mittlerweile eingetretene so genannte „Streisand-Effekt": Denn durch das gerichtliche Vorgehen gegen die Suchergänzungsvorschläge ist die breite Öffentlichkeit auf diesen Zusammenhang erst aufmerksam geworden. Und trotz der physischen Löschung der unerwünschten Verknüpfungen auf Googles Internetseite, die die Lösung des BGH jetzt verheißt, wird gleichwohl etwas davon im Gedächtnis der Menschen hängen bleiben.*"

tung der Information nicht mehr aufhalten.[629] Die Durchsetzung eines im Kern berechtigten Anliegens kann durch unbedachtes Vorgehen *„einen harmlosen Fall zu einer ernsthaften Krise werden lassen"*.[630] Ein jüngeres Anschauungsbeispiel für die Folgen des *Streisand-Effekt* lieferte der Präsident der Türkei *Recep Tayyip Erdoğan*, welcher die weitere Ausstrahlung eines Satire-Beitrags zu verhindern versuchte, dadurch aber nur bewirkte, dass das unerwünschte Video über 5 Millionen Mal auf der Video-Plattform *YouTube* angesehen wurde.[631]

Der *Streisand-Effekt* kann die Durchsetzung des Rechts auf Vergessenwerden erschweren[632] und das Ziel der in Vergessenheit geratenden Vergangenheit konterkarieren. Auch im Anschluss an das *Google-Urteil* ließ sich beobachten, dass Bemühungen zur rechtlichen Informationsunterdrückung mehr Aufmerksamkeit als je zuvor generieren können.[633] Die frühere Insolvenzverwicklung des *Costeja González* war vor dem *Google-Urteil* in 36 Wörtern in spanischer Sprache auf der *La Vanguardia*-Webseite dokumentiert – im Anschluss an das *Google-Urteil* wurde weltweit in über 840 Artikeln über das Geschehen berichtet.[634] Auf rechtlicher Ebene mag der Betroffene sein Ziel erreicht und erwirkt haben, dass *Google* (innerhalb Europas[635]) bei der Eingabe sei-

629 *Kurz*, FAZ.net vom 20. August 2010, *„Wenn die Zensur reichlich alt aussieht"*.

630 *Stoffels/Bernskötter*, Die Goliath-Falle, Seite 46. *Dies.* gehen davon aus, dass *„Rechtliche Schritte … in keinem Fall das erste Mittel der Wahl sein* [sollten]."

631 Spiegel Online, 1. April 2016, *„YouTube: Satire-Video über Erdogan knackt 5-Millionen-Marke"*, abrufbar unter http://www.spiegel.de/netzwelt/web/recep-tayyip-erdogan-satire-video-auf-youtube-reisst-5-millionen-marke-a-1085053.html (zuletzt abgerufen am 4. September 2017).

632 *Assion*, in: *Kappes/Krone/Novy*, Medienwandel, Seite 97: *„Und konkrete Informationen lassen sich mit Methoden des Presserechts aus dem Internet entfernen – jedenfalls dann, wenn sie dort nicht legitimerweise stehen, weil sie z. B. von der Meinungsfreiheit geschützt sind. Sicher, manchmal hilft das Presserecht nicht weiter, z. B. wenn der Streisand-Effekt zuschlägt. Aber dann hilft auch ein „Recht auf Vergessenwerden" nichts. Denn auch dieses muss durchgesetzt werden, und auch dieses ist machtlos gegen eine Internet-Community, die sich in den Kopf gesetzt hat, die „Zensur" einer bestimmten Information zu verhindern."*

633 *Zierbarth*, ZD 2014, 394 (399).

634 The Guardian, 14. Mai 2014, *„Costeja González and a memorable fight for the 'right to be forgotten'"*, abrufbar unter http://www.theguardian.com/world/blog/2014/may/14/mario-costeja-gonzalez-fight-right-forgotten (zuletzt abgerufen am 4. September 2017).

635 Zur beschränkten Anwendung des *Delisting*-Verfahrens vgl. *C. II. 2. B) Flucht in fremde Rechtsordnungen.*

nes Namens nicht länger auf den ursprünglichen *La Vanguardia* Bericht verweist.[636] In tatsächlicher Hinsicht hat er einen Pyrrhussieg erzielt[637] und durch die erzwungene Informationsbeseitigung seinen Namen und sein über 15 Jahre zurückliegendes Scheitern weltweit bekannt gemacht.[638]

Auch die Veranlagung der Online-Community zur Entwicklung von Umgehungslösungen manifestierte sich als Reaktion auf das *Google-Urteil.* Der Anwendung des *Delisting*-Verfahrens[639] durch *Google* wurde damit begegnet, dass man die bekanntgewordenen *Delisting*-Vorfälle auf der Website *hiddenfromgoogle.com* dokumentierte und dort auf die ausgeblendeten Informationen hinwies.[640] Wo die auf das *Google-Urteil* folgende mediale Aufmerksamkeit für *Mario Costeja González* einen Pyrrhussieg bedeutete,[641] demonstrierte *hiddenfromgoogle.com* jedoch auch, dass nicht jedem Fall eine derart hohe Aufmerksamkeit zuteilwerden muss. Am 9. Juli 2014 dokumentierte *hiddenfromgoogle.com* 15 *Delisting*-Fälle;[642] mehr als 1 ½ Jahre (Stand: 17. März 2016) später werden auf der Web-Seite 30 Fälle aufgeführt.[643] Zum Vergleich: Allein bis Mitte Juli 2014 wurden unter dem *Delisting*-System 91.000 Anträge an *Google* gerichtet, von denen das Unterneh-

636 Mit Zweifeln zum Ausgang der von den spanischen Gerichten durchzuführenden Interessenabwägungen zugunsten von *Costeja González* jedoch *Zierbarth*, ZD 2014, 394 (399).

637 The Guardian, 14. Mai 2014, „*Costeja González and a memorable fight for the 'right to be forgotten'*".

638 *Costeja Gonzalez* muss in Zukunft auch damit leben, dass sein Name wohl untrennbar mit der juristischen Auseinandersetzung über das Recht auf Vergessenwerden verbunden bleiben wird, in welcher bisweilen auch der Fundort der *La Vanguardia* Berichte genannt wird, vgl. bspw. *Antani,* The Resistance of Memory: Could the European Union's Right to be Forgotten Exist in the United States?, Seite 4, Fn 8.

639 *C. II. 2. B) Flucht in fremde Rechtsordnungen.*

640 *Holznagel/Hartmann*, MMR 2016, 228 (231); *Kleinz,* Zeit Online vom 9. Juli 2014, „*Vergiss es Google*".

641 The Guardian, 14. Mai 2014, „*Costeja González and a memorable fight for the 'right to be forgotten'*".

642 *Kleinz,* Zeit Online vom 9. Juli 2014, „*Vergiss es Google*".

643 Zum gegenwärtigen Zeitpunkt (12.09.2017) ist die Webseite hiddenfromgoogle.com nicht länger erreichbar.

men nur etwa 1/3 zurückwies.[644] Zwischen dem 29. Mai 2014 und dem 23. März 2015 erreichten *Google* 218.320 *Delisting*-Aufforderungen, woraufhin der Suchmaschinenbetreiber 101.461 Links (46 %) zu weiterführenden Seiten bei namensbezogenen Suchanfragen ausblendete.[645]

III. *ENISA* – Ein pragmatischer Weg zum Vergessenwerden im Internet?

Entgegen der allgegenwärtigen Behauptung vom niemals vergessenden Internet gehen auch im Netz Informationen verloren. Die Studie *SalahEldeens* und *Nelsons* weist darauf hin, dass ein Zusammenhang zwischen der Lebensdauer und der abnehmenden Bestandskraft von Informationen im Internet besteht.[646] In welchem Umfang Archive dem Informationsverlust genau entgegenwirken ist ungewiss,[647] doch vermögen sie gegenwärtig keine hundertprozentige Archivierung aller Informationen im Internet zu gewährleisten.[648] Auch im Internet können Informationen verloren gehen und vergessen werden;[649] das Netz stellt keinen *„amorphen Haufen"* dar, *„der Daten einsaugt und nie wieder ausspuckt"*.[650]

Allerdings stellt die umfassende Informationsbeseitigung im Internet keine geringe Herausforderung dar.[651] Näher an der Realität als „Das Internet vergisst nicht" ist die Einschränkung, dass die vollständige und umfassende Informationsbeseitigung nicht garantiert werden

644 *Gropp*, FAZ.net vom 24. Juli 2014, *„Google hat mehr als 90.000 Löschanträge erhalten"*.

645 *Tippman/Powles*, The Guardian, 14. Juli 2015, *„Google accidentally reveals data on 'right to be forgotten' requests"*.

646 Vgl. erneut *SalahEldeen/Nelson*, Losing My Revolution, Seite 9, sowie *Ambrose*, IRIE Vol. 17, 2012, 21 (23): *„Recent work suggests, albeit tentatively, that data is becoming less persistent over time; for example, Gomes and Silva studied the persistence of content between 2006 and 2007 and discovered a rate of only 55% alive after 1 day, 41% after a week, 23% after 100 days, and 15% after a year."*

647 *C. I. 4. How Much of the Web is Archived? (2011).*

648 *C.I. 6. A) Keine unbegrenzte Lebensdauer von ins Internet gelangten Informationen.*

649 *Assion*, in: *Kappes/Krone/Novy*, Medienwandel, Seite 94; m.w.N. *Ambrose*, STLR Vol. 16, No. 2, 2013, 369 (389 ff.); vgl ferner *Nolte*, NJW 2014, 2238 (2240).

650 *Assion*, in: *Kappes/Krone/Novy*, Medienwandel, Seite 94.

651 *Nolte*, NJW 2014, 2238 (2240).

kann.[652] Mit ihrem Eintritt ins Internet lassen sich digitale Daten leicht vervielfältigen.[653] Kopieren und verbreiten auch nur wenige Personen eine Information, kann sie sich so weit im Netz ausbreiten, dass es nicht mehr möglich ist sie aus dem Internet zu tilgen.[654] Im weithin offenen System des World Wide Web ist es nicht möglich jede Kopie aufzuspüren, die von einer einmal ins Internet gelangten Information angefertigt wurde.[655] Selbst wenn personenbezogene Daten an ihrem Ursprungsort gelöscht wurden, können Kopien davon an anderen Stellen wiederaufleben.[656] Auch wenn sich die Vernichtung einer bestimmten Information einschließlich aller Kopien im Internet garantieren ließe, bliebe das Problem der analogen Lücke bestehen.[657] Informationen können etwa von einem PC-Bildschirm auf Papier notiert oder abfotografiert werden um nach der Löschung der digitalen Information wieder im Internet veröffentlicht zu werden.[658]

Kernproblem bei der Umsetzung eines Rechts auf Vergessenwerden ist daher nicht, dass das Internet nicht vergisst oder Informationen nicht am Ort ihrer ursprünglichen Zugänglichmachung gelöscht werden können, sondern die Unmöglichkeit alle etwaigen Kopien zu finden und zu vernichten. Diese Unmöglichkeit sollte jedoch nicht dazu verleiten, insgesamt vom Recht auf Vergessenwerden Abstand zu nehmen; vielmehr sollte dieses nicht ausschließlich unter dem Blickwinkel der Löschung personenbezogener Daten auf einzelnen Quellwebseiten betrachtet werden. Zur Erzielung von Vergessen im Internet liegt zwar

---

652 So die Einschränkung bei *Stoffels/Bernskötter*, Die Goliath-Falle, Seite 45: „*Das Internet vergisst nichts, beziehungsweise ist es bislang unmöglich, Wortbeitrage oder Bilder aus dem Web vollständig zu löschen.*"

653 *C. II. 1. A) Erleichterte Verbreitung digitaler Informationen in einem offenen System*; *Jandt/Kieselmann/Wacker*, DuD 2013, 235 (236).

654 *Bolton*, J. Marshall J. Info. Tech. & Privacy L. Vol. 31, Issue 2, 2015, 133 (141): „*This is the problem at the center of most debates over the Internet. Because it is such an expansive domain, if even a limited number of people repost a prohibited image, it can expand exponentially until tracking down every instance of the datum is impossible.*"

655 *ENISA*, The right to be forgotten – between expectations and practice, Seite 8, 10; *Shoor*, Brook. J. Int'l L., Vol. 39:1, 2014, 487 (503); *C. II. 1. A) Erleichterte Verbreitung digitaler Informationen in einem offenen System.*

656 *Ausloos*, CLSR 2012, 143 (146).

657 Zur analogen Lücke vgl. *C. II. 1. B) Die analoge Lücke.*

658 Vgl. erneut *ENISA*, The right to be forgotten – between expectations and practice, Seite 8 f.

jener Löschungsprozess nahe, darf aber nicht das Ende aller Überlegungen sein, wie eine Untersuchung der *European Network and Information Security Agency* („*ENISA*") über die Realisierbarkeit eines Rechts auf Vergessenwerden unterstreicht.[659]

Dieser Untersuchung vorangestellt wurde die Frage, was einen annehmbaren Weg zum Vergessen von Informationen ausmacht,[660] da es sich beim „Recht auf Vergessenwerden" um einen Begriff handelt, der große Interpretationsspielräume eröffnet und dadurch Unsicherheit verursacht.[661] Von den denkbaren Vergessensinterpretationen würde die strengste die Löschung von Daten samt aller existenten Kopien erfordern, wohingegen die schwächste Variante nur die Sichtbarkeit von Daten in zentralen öffentlichen Anlaufstellen – darunter vor allem Suchmaschinen – zu verhindern sucht.[662]

Das Urteil der *ENISA* über die Realisierbarkeit von Vergessenwerden im Internet wirkt ernüchternd: Zur technischen Umsetzung von Vergessen im Internet existieren vier entscheidende Voraussetzungen;[663] da jedoch jeder technische Lösungsansatz Schwächen aufweise, könne das Vergessen einer Information allein auf technischem Weg

---

659 *ENISA*, The right to be forgotten – between expectations and practice.

660 *ENISA*, The right to be forgotten – between expectations and practice, Seite 7.

661 *B. II. 4. Recht auf Vergessenwerden – irreführende Bezeichnung?*

662 *ENISA*, The right to be forgotten – between expectations and practice, Seite 7: *„Our next question concerns the question of what is an acceptable way of "forgetting" information. A strict interpretation would require that all copies of the data be erased and removed from any derived or aggregated representations to the point where recovering the data is impossible by any known technical means. A slightly weaker (and possibly more practical) interpretation would allow encrypted copies of the data to survive, as long as they cannot be deciphered by unauthorized parties. An even weaker (and more practical) interpretation would allow clear text copies of the data to survive, as long as the data would no longer appear in public indices, database query results, or in the results of search engines.*"

663 *ENISA*, The right to be forgotten – between expectations and practice, Seite 8: *„The fundamental technical challenge in enforcing the right to be forgotten lies in*
(i) allowing a person to identify and locate personal data items stored about them;
(ii) tracking all copies of an item and all copies of information derived from the data item;
(iii) determining whether a person has the right to request removal of a data item; and,
(iv) effecting the erasure or removal of all exact or derived copies of the item in the case where an authorized person exercises the right."

nicht garantiert werden.[664] Durch die dezentrale Speicherung und die Möglichkeit, Informationen zu kopieren und weltweit zu verbreiten,[665] wird es unmöglich ein Recht auf Vergessenwerden entsprechend der strengsten Umsetzungsinterpretation zu verwirklichen.[666] Eine alternative, auf Datenverschlüsselung aufbauende Interpretation vermag das Problem der analogen Lücke nicht zufriedenstellend aufzulösen und würde darüber hinaus nur schwer Akzeptanz bei einer breiten Öffentlichkeit finden.[667]

Der letzte von der *ENISA* angeregte Lösungsansatz würde von vornherein nicht darauf abzielen, das Vergessenwerden mittels der Vernichtung von Informationen über die Vergangenheit eines Menschen einschließlich aller Kopien herbeizuführen.[668] Da umfassende Löschungsbestrebungen kaum Aussicht auf Erfolg haben, soll stattdessen der Zugang zu veralteten Informationen erschwert werden.[669] Als Anlaufstelle dienen dafür die zentralen Informationsintermediäre des Internets: Suchmaschinen, aber auch Netzwerke zum Teilen von Informationen wie z.B. *Twitter*.[670] Diese Informationsintermediäre sollen dann durch die EU-Mitgliedsstaaten verpflichtet werden, veraltete Informationen nicht länger im Rahmen ihres Internetangebots auffindbar zu machen.[671] Da Informationen dadurch schwerer aufspürbar wären, würden sie auf natürlichem Wege vergessen.[672]

---

664 *ENISA*, The right to be forgotten – between expectations and practice, Seite 13.

665 *C. II. 1. Dezentrale Aufbewahrung.*

666 *ENISA*, The right to be forgotten – between expectations and practice, Seite 8, 10.

667 *ENISA*, The right to be forgotten – between expectations and practice, Seite 10.

668 *ENISA*, The right to be forgotten – between expectations and practice, Seite 7.

669 *ENISA*, The right to be forgotten – between expectations and practice, Seite 13.

670 *ENISA*, The right to be forgotten – between expectations and practice, Seite 13.

671 *ENISA*, The right to be forgotten – between expectations and practice, Seite 13: „*While it is impossible in general to remove data from the Internet once it was published, it might be possible to limit its accessibility. One such approach relies on the observation that users typically find information on the Internet by issuing queries to a search engine, or by using a social networking, sharing, or tagging site. Data not identified by a search engine or shared via a service like Twitter is difficult to find. A natural way to "mostly forget" data is thus to prevent its appearance in the results of search engines, and to filter it from sharing services like Twitter. EU member states could require search engine operators and sharing services to filter references to forgotten data. As a result, forgotten data would be very difficult to find, even though copies may survive, for instance, outside the EU jurisdiction.*"

672 *ENISA*, The right to be forgotten – between expectations and practice, Seite 13.

IV. Zwischenfazit: *Delisting* – Schlechtester Weg zum Vergessenwerden im Internet, abgesehen von allen anderen?

Winston Churchill beschrieb 1947 in einer Rede vor dem britischen Unterhaus die Demokratie als „schlechteste aller Regierungsformen - abgesehen von all den anderen".[673] Die Umschreibung *Churchills* abgewandelt, könnte auch ein *Delisting*-Ansatz den schlechtesten Weg zum Vergessenwerden im Internet ausgenommen aller anderen Lösungsansätze markieren. Für diese Sichtweise spricht der Bericht der *ENISA*, welche die Vorzüge einer *Delisting*-Lösung bereits hervorhob,[674] bevor der EuGH dieser Vorgehensweise im *Google-Urteil* rechtlichen Nachdruck verleihen konnte.[675] Schon *Mayer-Schönberger* gelangte in seiner Auseinandersetzung mit den Gefahren digitaler Erinnerung zur Erkenntnis, dass diese keine perfekte Antwort, sondern eine pragmatische Herangehensweise verlangen.[676] Technische Lösungsversuche zur Gewährleistung von Vergessenwerden im Internet stoßen immer wieder auf das Hindernis, dass eine Information vor dem Vollzug der Löschung kopiert und anschließend erneut zugänglich gemacht werden kann.[677] Der Versuch, Informationen an ihrem Ursprungsort auszulöschen und anschließend möglichst viele ihrer Kopien im Internet zu beseitigen, ist zwar verständlich, aber impraktikabel. Pragmatischer ist

---

673 Vgl. die Auszüge aus der Rede *Churchills* bei *Raymond*, Seite 124: *„Indeed, it has been said that democracy is the worst form of Government except all those other forms that have been tried from time to time; …"*. Das Sitzungsprotokoll kann unter http://hansard.millbanksystems.com/commons/1947/nov/11/parliament-bill#column_206 eingesehen werden (zuletzt abgerufen am 4. September 2017).

674 *C. III. ENISA – Ein pragmatischer Weg zum Vergessenwerden im Internet.*

675 Ausführlich zur Entscheidung des EuGH vgl. *D. II. Das Google-Urteil des EuGH: Google Spain SL, Google Inc. ./. Agencia Española de Protección de Datos, Costeja González.*

676 *Mayer-Schönberger*, Delete – The Virtue of Forgetting in the Digital Age, Seite 168.

677 *ENISA*, The right to be forgotten – between expectations and practice, Seite 13: *„To summarize, all existing technical approaches to ensure the right to be forgotten are vulnerable to unauthorized copying while the date is publicly accessible and a re-dissemination of such unauthorized copies once the data has expired. Therefore, the right to be forgotten cannot be ensured using technical means alone. A possible partial solution may be a legal mandate aimed at making it difficult to find expired personal data, for instance, by requiring search engines to exclude expired personal data from their search results."*

daher ein Vorgehen, bei dem keine Energie auf die Auslöschung einer Information samt sämtlicher Duplikate verschwendet wird, sondern bei dem man versucht den Zugang zu bestimmten Informationen im Netz zu erschweren.

Die Vorzüge dieses Vorgehens werden deutlicher, wenn man den Ausgangsfall von *Lebach I*[678] modifiziert und in die Gegenwart versetzt, so dass die ZDF-Dokumentation im Internet platziert wird und der ehemalige Straftäter nach der Erstveröffentlichung eine Löschung gegenüber dem Sender am Ursprungsort durchsetzt. Da die Dokumentation nach dem erstmaligen Platzieren im Internet vervielfältigt worden sein kann, würde das Streben nach Vergessen nun verlangen, etwaige Kopien aufzuspüren und gegenüber den dahinterstehenden Personen ebenfalls das Löschbegehren durchzusetzen. Vollkommen ungeachtet von rechtlichen Hindernissen – möglicherweise können sich die Dritten dieses Szenarios auf andere Rechtfertigungsgründe stützen als das ZDF – wäre dies aus technischer Sicht grundsätzlich nicht zu leisten.

Ein Lösungsansatz der den öffentlichen Zugriff auf Informationen durch Einwirkung auf die Informationsaufbereitung der Suchmaschinen bewirkt, mag keine „*datenschutzkonforme Löschung*“ anbieten, da die Integrität von Daten nicht angetastet wird.[679] Um den Gefahren der eigenen Vergangenheit im Netz – insbesondere der Ubiquität von Informationen[680] – entgegenzuwirken, sind umfassende Informationslöschungen aber auch nicht zwingend erforderlich. Den Bedürfnissen vieler Menschen kann schon dadurch Rechnung getragen werden, dass Informationen über ihre Vergangenheit nicht gelöscht, aber für die Allgemeinheit schwieriger zugänglich gemacht werden.[681]

Unter dem Gesichtspunkt einer möglichst effizienten Unterbrechung des Informationsflusses bietet sich nicht derjenige als Anlaufstelle an, in dessen Einflusssphäre eine Information erstmals im Internet veröffentlicht wird, sondern derjenige, der den effektiven Zugang

678 BVerfG, Urteil vom 5. Juni 1973 - 1 BvR 536/72 = NJW 1973, 1226.

679 *Jandt/Kieselmann/Wacker*, DuD 2013, 235 (239).

680 *B. II. 1. A) Ubiquität und Bedeutung der Suchmaschinen.*

681 *Nolte*, ZRP 2011, 236 (240); vgl. auch *Jandt/Kieselmann/Wacker*, DuD 2013, 235 (239).

zur Information eröffnet.[682] Wenn ein Großteil der Menschen Informationen nur über die Hilfe von Suchmaschinen auffinden kann,[683] lässt sich das Vergessen im Netz am ehesten einleiten, indem die gezielte Durchsuchbarkeit des Internets eingeschränkt wird.[684] Wird das Durchsuchen der individuellen menschlichen Vergangenheit durch die Einflussnahme auf die *Gatekeeper* blockiert, gewinnt der Einzelne die Chance zurück, sich über sein früheres Selbst hinaus zu entwickeln und wieder anhand seiner gegenwärtigen Persönlichkeit gemessen zu werden.

Auch nach einem grundsätzlichen Plädoyer für die *Delisting*-Lösung darf nicht verkannt werden, dass auch dieser Ansatz Schwächen aufweist. Der Ansatz des *Google-Urteils* mag – mit Ausnahme des Falles von *Mario Costeja González* – den anarchischen Tendenzen im Netz und dem *Streisand-Effekt* getrotzt haben, welche mit der gewaltigen Anzahl an *Delisting*-Anträgen nicht Schritt hielten.[685] Bei diesem Verfahren bleiben Inhalte jedoch im Internet vorhanden und sind, wenngleich ohne direkte Unterstützung durch Suchmaschinen erheblich aufwendiger, aufspürbar.[686] Das von *Google* in Reaktion auf das Urteil in Rechtssache C-131/12 eingerichtete System blendet Informationen in den Ergebnislisten nur dann aus, wenn als Suchbegriff der Name einer Person verwendet wird,[687] so dass eine Variation der Suchbegriffe die ausgeblendeten Informationen wieder ans Licht holen kann. Auch ein EU-weit verankertes *Delisting*-Verfahren hätte damit

682 *Antani*, The Resistance of Memory: Could the European Union's Right to be Forgotten Exist in the United States?, Seite 26: „*Third parties on the internet are often hard to track down. Sometimes the most effective way to stop the spread of viral information is to ask the internet company that somehow controls access to the information to remove it, even if that company was not initially responsible for the privacy violation. Often, Google Search is this service.*"

683 *B. II. 1. A) Ubiquität und Bedeutung der Suchmaschinen.*

684 *ENISA*, The right to be forgotten – between expectations and practice, Seite 13.

685 *C. II. 3. B) Der Streisand-Effekt.*

686 *ENISA*, The right to be forgotten – between expectations and practice, Seite 13; *The Advisory Council to Google on the Right to be Forgotten*, Seite 4: „*Once delisted, the information is still available at the source site, but its accessibility to the general public is reduced because search queries against the data subject's name will not return a link to the source publication. Those with the resources to do more extensive searches or research will still be able to find the information, since only the link to the information has been removed, not the information itself.*"

687 *Kleinz*, Zeit Online vom 9. Juli 2014, „*Vergiss es Google*".

zu kämpfen, dass das Internet ein globales Kommunikationsmedium ist und Informationsflüsse nicht an den Außengrenzen Europas haltmachen.[688] Informationssuchende konnten die durch das *Google-Urteil* ausgelösten Restriktionen bislang durch ein Ausweichen auf die US-amerikanische *Google*-Suchmaschine umgehen.[689]

688 *ENISA*, The right to be forgotten – between expectations and practice, Seite 13. Die Durchsetzung eines Rechts auf Vergessenwerden hängt entscheidend davon ab, dass alle an einem Kommunikationssystem Partizipierenden in einer Jurisdiktion ansässig sind, in der dieses Recht auch durchgesetzt wird, *ENISA*, The right to be forgotten – between expectations and practice, Seite 8.

689 *Jahn*, FAZ.net vom 22. September 2015, *„Recht auf Vergessen werden“ – So zeigt Google auch die versteckten Seiten“*; *C. II. 2. B) Flucht in fremde Rechtsordnungen.*

D. Das Recht auf Vergessenwerden unter dem Regime der europäischen Datenschutzrichtlinie

Das *Google-Urteil* stellte die Weichen für den von der *ENISA* angeregten „dritten Weg",[690] erfuhr in Europa (und darüber hinaus) hohe Aufmerksamkeit und stand unvermittelt im Zentrum der Diskussion über das Recht auf Vergessenwerden. Die Süddeutsche Zeitung z.B. pries die Entscheidung als bahnbrechend und ließ verlauten, der EuGH habe EU-Bürgern erstmals ein Recht auf Vergessenwerden gewährt,[691] während andere Stimmen die Neubegründung ebenjenes Rechts in Abrede stellten.[692] Der folgende Abschnitt soll der Frage nachgehen, ob der viel diskutierte Urteilsspruch tatsächlich ein Recht – oder gar ein Grundrecht – auf Vergessenwerden hervorgebracht hat. Hierbei wird die Behandlung des Interessenkonflikts beim Vergessen im Internet durch den EuGH besondere Aufmerksamkeit erfahren.[693]

Die EuGH-Entscheidung vom 13. Mai 2014 steht exemplarisch für das Schutzniveau der mittlerweile über 20 Jahre alten Datenschutzrichtlinie, deren Verständnis für die Einordnung des *Google-Urteils* entscheidend ist. Bevor das *Google-Urteil* die ihm gebührende Aufmerksamkeit erfahren kann, werden daher zur besseren Nachvollziehbarkeit einige Erläuterungen zu den grundlegenden Funktionsweisen und Begriffen der Datenschutzrichtlinie vorangestellt.

---

690 Zum Vorschlag der *ENISA* vgl. bereits *C. III. 2. ENISA – Alternative Wege zum Oblivion.*

691 *Janisch*, Süddeutsche Zeitung vom 14. Mai 2014, „*EuGH-Urteil zu Suchmaschinen - Gericht zwingt Google zum Vergessen*".

692 *Jandt*, MMR-Aktuell 2014, 358242; *Nolte*, NJW 2014, 2238 (2238).

693 *B. II. 3. A) Gegenläufige Interessen Privater; D. III. 4. Zwischen Skylla und Charybdis – unauflösbarer Interessenkonflikt beim Vergessen im Internet?*

I. Grundlagen der Datenschutzrichtlinie

1. Grundbegriffe: Personenbezogene Daten / Verarbeitung / Betroffener / Verantwortlicher

Personenbezogene Daten sind alle Informationen über eine bestimmte oder bestimmbare natürliche Person, Art. 2 lit. a) Hs. 1 DSRL, mithin alle Informationen, die mit einem Menschen in Verbindung gebracht werden können.[694] Als Identifikationsmerkmale kommen die Zuordnung zu einer Kennnummer, aber auch zu spezifischen Elementen in Betracht, die Ausdruck der physischen, physiologischen, psychischen, wirtschaftlichen, kulturellen oder der sozialen Identität einer Person sind; Fingerabdrücke, genetische Merkmale oder das Bild einer Person werden ebenfalls von der Definition erfasst.[695] Auch der eigene Name, eine E-Mail-Adresse oder eine Telefonnummer sind als personenbezogene Daten anzusehen.[696]

Eine Verarbeitung personenbezogener Daten ist jeder mit oder ohne Hilfe automatisierter Verfahren ausgeführte Vorgang im Zusammenhang mit personenbezogenen Daten, Art. 2 lit. b) DSRL. Hierunter fallen das Erheben, Speichern oder die Aufbewahrung personenbezogener Daten sowie das Auslesen und die Verbreitung; ferner werden die Anpassung, Veränderungen, das Benutzen, die Übermittlung oder anderweitige Verbreitung, die Kombination, Verknüpfung und das Vernichten von personenbezogenen Daten erfasst.[697] Auch die namentliche Nennung einer Person auf einer Website stellt eine Verarbeitung personenbezogener Daten dar.[698]

694 *Ehmann/Helfrich*, Art. 2, Rn. 17. Bestimmbar ist die Person dann, wenn sie direkt oder indirekt identifizierbar ist, Art. 2 lit. a) Hs. 2 DSRL.

695 *Ehmann/Helfrich*, Art. 2, Rn. 17.

696 Schlussanträge des Generalanwalts vom 25. Juni 2013 in Rechtssache C-131/12, Rn. 48.

697 Die Definition der Verarbeitung innerhalb der DSRL ist derart weit gefasst, dass bereits bloßes Lesen seitens des Verantwortlichen erfasst wird, *Dammann/Simitis*, Art. 2, Rn. 5.

698 EuGH, Urteil vom 6. November 2003 – C 101/01 (*Lindqvist*) = EuZW 2004, 245 (247); vgl. auch die Schlussanträge des Generalanwalts vom 25. Juni 2013 in Rechtssache C-131/12, Rn 3 f.

Von der Verarbeitung Betroffener ist derjenige, auf den sich die zu verarbeitenden Informationen beziehen, Art. 2 lit. a) DSRL.[699] Für die Verarbeitung personenbezogener Daten Verantwortlicher ist derjenige, der über Zwecke und Mittel der Verarbeitung entscheidet, Art. 2 lit. d) S. 1 DSRL; wer bspw. personenbezogene Daten auf einer Quellwebseite veröffentlicht, ist als Verantwortlicher i.S.v. Art. 2 lit. d) S. 1 DSRL anzusehen.[700]

2. Legitimation und Anforderungen an die Datenverarbeitung

A) Art. 7 DSRL – Legitimationsgrundlage der Datenverarbeitung

Der europäische Gesetzgeber hat die Datenverarbeitung innerhalb der Datenschutzrichtlinie als Verbot mit Erlaubnisvorbehalt ausgestaltet[701]: Jede Verarbeitung personenbezogener Daten setzt eine besondere Legitimation voraus,[702] d.h. es muss einer der in Art. 7 DSRL abschließend aufgezählten[703] Erlaubnistatbestände erfüllt sein.[704]

Zu diesen Erlaubnistatbeständen gehört neben der Einwilligung des Betroffenen in die Datenverarbeitung nach Art. 7 lit. a) DSRL[705] auch ein berechtigtes Interesse am Verarbeitungsprozess, Art. 7 lit. f) DSRL.[706] Nach den beiden kumulativen Voraussetzungen des Art. 7

699 Juristische Personen werden nicht erfasst, *Dammann/Simitis*, Art. 2, Rn. 1.

700 Schlussanträge des Generalanwalts vom 25. Juni 2013 in Rechtssache C-131/12, Rn. 40.

701 *Comans*, Seite 85; Grabitz/Hilf/*Brühann*, Das Recht der Europäischen Union (Sekundärrecht), Art. 7 DSRL,
Rn. 6 (Stand: 13. EL 1999).

702 Grabitz/Hilf/*Brühann*, Das Recht der Europäischen Union (Sekundärrecht), Art. 7 DSRL, Rn. 6 (Stand: 13. EL 1999).

703 EuGH, Urteil vom 24. November 2011 – C-468/10 und C-469/10 (*ASNEF*) = NZA 2011, 1409 (1410); *Dammann/Simitis*, Art. 7, Rn. 1. Die Mitgliedstaaten dürfen weder neue Erlaubnisgründe schaffen, noch dürfen sie Maßnahmen treffen, welche die Tragweite der genannten Grundsätze unterlaufen, EuGH, a.a.O.

704 EuGH, Urteil vom 24. November 2011 – C-468/10 und C-469/10 (*ASNEF*), NZA 2011, 1409 (1410); *Comans*, Seite 85.

705 Der Betroffene kann durch jede ohne Zwang und in Kenntnis der Sachlage erfolgende Willensbekundung, mit der er die Verarbeitung ihn betreffender personenbezogener Daten akzeptiert, in die Verarbeitung einwilligen, Art. 2 lit. h) DSRL.

706 *Art. 7 DSRL*

lit. f) DSRL muss ein berechtigtes Interesse auf Seiten des Verarbeiters / des Informationsempfängers bestehen, zu dessen Verwirklichung die Datenverarbeitung erforderlich ist, und dieses berechtigte Interesse darf nicht von den Rechten des Betroffen überwogen werden.[707]

B) Art. 6 DSRL – Verarbeitungsgrundsätze

Neben dem Vorliegen eines Erlaubnistatbestandes muss jede Datenverarbeitung den in Art. 6 Abs. 1 DSRL[708] aufgestellten Grundsätzen

---

Die Mitgliedstaaten sehen vor, daß die Verarbeitung personenbezogener Daten lediglich erfolgen darf, wenn eine der folgenden Voraussetzungen erfuellt ist:
...
f) die Verarbeitung ist erforderlich zur Verwirklichung des berechtigten Interesses, das von dem für die Verarbeitung Verantwortlichen oder von dem bzw. den Dritten wahrgenommen wird, denen die Daten übermittelt werden, sofern nicht das Interesse oder die Grundrechte und Grundfreiheiten der betroffenen Person, die gemäß Artikel 1 Absatz 1 geschützt sind, überwiegen.

707 EuGH, Urteil vom 24. November 2011 – C-468/10 und C-469/10 (*ASNEF*) = NZA 2011, 1409 (1411). Der Legitimationsgrund des Art. 7 lit. f) DSRL läuft auf eine Abwägung der im Raum stehenden Interessen hinaus, in die zwingend die Rechte des Betroffenen aus den Art. 7 und 8 GRCh einfließen müssen, EuGH, Urteil vom 13. Mai 2014 - C–131/12 (*Google Spain und Google*), Rn. 73.

708 *Artikel 6 DSRL*
(1) Die Mitgliedstaaten sehen vor, daß personenbezogene Daten
a) nach Treu und Glauben und auf rechtmäßige Weise verarbeitet werden;
b) für festgelegte eindeutige und rechtmäßige Zwecke erhoben und nicht in einer mit diesen Zweckbestimmungen nicht zu vereinbarenden Weise weiterverarbeitet werden. Die Weiterverarbeitung von Daten zu historischen, statistischen oder wissenschaftlichen Zwecken ist im allgemeinen nicht als unvereinbar
mit den Zwecken der vorausgegangenen Datenerhebung anzusehen, sofern die Mitgliedstaaten geeignete Garantien vorsehen;
c) den Zwecken entsprechen, für die sie erhoben und/oder weiterverarbeitet werden, dafür erheblich sind und nicht darüber hinausgehen;
d) sachlich richtig und, wenn nötig, auf den neuesten Stand gebracht sind; es sind alle angemessenen Maßnahmen zu treffen, damit im Hinblick auf die Zwecke, für die sie erhoben oder weiterverarbeitet werden, nichtzutreffende oder unvollständige Daten gelöscht oder berichtigt werden;
e) nicht länger, als es für die Realisierung der Zwecke, für die sie erhoben oder weiterverarbeitet werden, erforderlich ist, in einer Form aufbewahrt werden, die die Identifizierung der betroffenen Personen ermöglicht. Die Mitgliedstaaten sehen geeignete Garantien für personenbezogene Daten vor, die über die vorgenannte Dauer hinaus für historische, statistische oder wissenschaftliche Zwecke aufbewahrt werden.
...

genügen.[709] Diese Vorschrift muss im Zusammenhang mit Art. 7 DS-RL gelesen werden,[710] verlangt aber anders als dieser, dass sämtliche der aufgestellten Verarbeitungsanforderungen erfüllt werden.[711]

Zu den Qualitätsanforderungen an die Datenverarbeitung gehört u.a. das Prinzip der Zweckbindung, Art. 6 Abs. 1 lit. b) DSRL; personenbezogene Daten dürfen danach ausschließlich für rechtmäßige, eindeutig festgelegte Zwecke verarbeitet werden.[712] Auch dürfen sie nur so lange aufbewahrt werden, als es die Realisierung ihres Erhebungs- oder Verarbeitungszweckes erfordert, Art. 6 Abs. 1 lit. e) DS-RL. Wurde der mit einer Datenverarbeitung verfolgte Zweck erreicht, hat der Verantwortliche die Daten zu löschen oder zu anonymisieren;[713] der Betroffene muss dies nicht aktiv einfordern.[714] Daten, die ihren Verarbeitungszweck überlebt haben, werden durch die Kombination aus Zweckbindung und Erforderlichkeitsgrundsatz zum Gegenstand einer „Pflicht zum Vergessen".[715]

709 EuGH, Urteil vom 24. November 2011 – C-468/10 und C-469/10 (*ASNEF*), NZA 2011, 1409 (1410). Die Überschriften der Art. 6, 7 RL 95/46/EG sind insoweit irreführend, als beide Vorschriften Zulässigkeitsvoraussetzungen aufstellen, *Ehmann/Helfrich*, Vor Art. 6, Rn. 2; vgl. auch *Dammann/Simitis*, Art. 7, Rn. 1.

710 *Ehmann/Helfrich*, Art. 7, Rn. 1.

711 EuGH, Urteil vom 24. November 2011 – C-468/10 und C-469/10 (*ASNEF*), NZA 2011, 1409 (1410).
Die in Art. 6 Abs. 1 DSRL aufgestellten Grundsätze können von den Mitgliedstaaten nach Maßgabe des Art. 13 Abs. 1 DSRL eingeschränkt werden, *Dammann/Simitis*, Art. 13, Rn. 1, 2.

712 *B. I. 2. The Right to Erasure*; GHN/*Sobotta*, Art. 16 AEUV, Rn. 42 (51. EL 2013); Gola/Schomerus/*Gola/Klug/Körffer*, § 14 BDSG, Rn. 9

713 *de Terwangne*, IDP 2012, 109 (114); *Koops*, SCRIPTed Vol. 8, Issue 3, 2011, 1 (14).

714 *de Terwangne*, IDP 2012, 109 (115). Die automatische Löschung nach Zweckerreichung liegt auch im Interesse des von einer Verarbeitung Betroffenen, *Koops*, SCRIPTed Vol. 8, Issue 3, 2011, 1 (13): „*That is why the second reason is particularly important: users have an interest in seeing data deleted when they are no longer relevant, to prevent the data from lingering around and coming back somewhere in the future with a vengeance. This is obliquely addressed by art. 6(1)(e) of the Data Protection Directive …*".

715 *Bernal*, EJLT Vol. 2, Issue 2, 2011, 1 (9): „*As noted at the start of this article, as the European Commission spells it out, though individuals do not currently have a 'right' to be forgotten, it can be argued that those holding the data do currently have a duty to 'forget' them. All that the right to be forgotten consists of, in the simple form as set out in the Communication, is 'the right of individuals to have their data no longer processed and deleted when they are no longer needed for legitimate purposes'. As noted above, data minimisation already requires those holding data not to*

3. Rechte eines Betroffenen

A) Das Recht auf Löschung – Art. 12 lit. b) Var. 2 DSRL

Der in Art. 12 lit. b) Var. 2 DSRL verankerte Anspruch auf Löschung[716] ist Ausfluss des Rechts auf informationelle Selbstbestimmung.[717] Der Betroffene soll zwingend die Löschung unvollständiger oder unrichtiger Daten einfordern können;[718] Adressat des Rechts auf Löschung personenbezogener Daten aus Art. 12 lit. b) Var. 2 DSRL ist der für die Verarbeitung Verantwortliche.[719] Da „Löschung" i.S.d. Art. 12 lit. b) Var. 2 DSRL nicht definiert wird, erfahren die Mitgliedsstaaten Umsetzungsspielraum auf Rechtsfolgenseite;[720] nach einer Löschung personenbezogener Daten darf der Verantwortlich nicht länger über die betroffenen Daten verfügen.[721]

Außerhalb des hervorgehobenen Bereichs unrichtiger oder unvollständiger Daten („*insbesondere*") kann eine Löschung auch verlangt werden, wenn die Datenverarbeitung aus anderen Gründen nicht den Vorgaben der Datenschutzrichtlinie entspricht.[722] Auch bei der Bestimmung, ab wann eine Datenverarbeitung nicht mehr als richtlinienkonform zu bewerten ist, wird den Mitgliedsstaaten („*je nach Fall*") ein

---

hold it any longer than is necessary - so they already have a duty to delete it as soon as it is no longer needed."

716 *Art. 12 DSRL – Auskunftsrecht*
Die Mitgliedstaaten garantieren jeder betroffenen Person das Recht, vom für die Verarbeitung Verantwortlichen folgendes zu erhalten:
…
b) je nach Fall die Berichtigung, Löschung oder Sperrung von Daten, deren Verarbeitung nicht den Bestimmungen dieser Richtlinie entspricht, insbesondere wenn diese Daten unvollständig oder unrichtig sind;
…

717 *Ehmann/Helfrich*, Art. 12, Rn. 7.

718 *Ehmann/Helfrich*, Art. 12, Rn. 7. Im Kommissions-Entwurf der Datenschutzgrundverordnung wurde das Recht auf Vergessenwerden in Art. 17 DS-GVO-E („*Recht auf Vergessenwerden und auf Löschung*") sprachlich mit einem eigenen Artikel bedacht; Art. 17 DS-GVO-E baute auf dem bereits in der Datenschutzrichtlinie vorgesehenen Recht auf Löschung auf, *Shoor*, Brook. J. Int'l L., Vol. 39:1, 2014, 487 (501).

719 *Dammann/Simitis*, Art. 12, Rn. 1.

720 *Dammann/Simitis*, Art. 12, Rn. 14.

721 *Dammann/Simitis*, Art. 12, Rn. 16.

722 EuGH, Urteil vom 13. Mai 2014 – C–131/12 (*Google Spain und Google*), Rn. 70.

erheblicher Umsetzungsspielraum gewährt.[723] Jedenfalls bei Verstößen gegen die in den Art. 6, 7 und 8 DSRL aufgestellten Anforderungen entspricht eine Verarbeitung personenbezogener Daten nicht länger den Anforderungen der Datenschutzrichtlinie – Konsequenz ist die Gewährung des Rechts aus Art. 12 lit. b) Var. 2 DSRL.[724]

B) Das Widerspruchsrecht des Betroffenen – Art. 14 lit. a) DSRL

Soweit ein Widerspruch nach Art. 14 lit. a) DSRL berechtigt ist, dürfen die Daten, auf die der Widerspruch Bezug nimmt, nicht länger verarbeitet werden;[725] die Verarbeitung wird mit Erhebung des Widerspruchs ex nunc rechtswidrig.[726] Während Art. 12 lit. b) Var. 2 DSRL die Löschung bereits verarbeiteter Daten vorsieht, sperrt ein berechtigter Widerspruch die zukünftige Datenverarbeitung.[727] Auch ist es innerhalb des Widerspruchsrechts aus Art. 14 lit. a) DSRL möglich, *„spezieller alle Umstände der konkreten Situation der betroffenen Person* [zu] *berücksichtigen"*.[728]

---

723 *Dammann/Simitis*, Art. 12, Rn. 14; *Ehmann/Helfrich*, Art. 12, Rn. 57. Der Ausgestaltungsspielraum umfasst nicht das Vorsehen von Heilungsmöglichkeiten für richtlinienwidrige Datenverarbeitungen, da dies die Erreichung eines einheitlichen Datenschutzniveaus innerhalb der EU unzumutbar behindert hätte, vgl. *Ehmann/Helfrich*, Art. 12, Rn. 59.

724 *Dammann/Simitis*, Art. 12, Rn. 16. Vgl. außerdem *Ehmann/Helfrich*, Art. 12, Rn. 53, wonach *„bereits die Verletzung allgemeiner Verarbeitungsvorschriften der Richtlinie* [genügt], *um einen entsprechenden Anspruch auf Berichtigung, Löschung oder Sperrung auszulösen"*.
Neben den von Art. 6 und 7 DSRL aufgestellten Voraussetzungen dürfen zu verarbeitende Daten auch nicht den in Art. 8 Abs. 1 DSRL genannten Kategorien besonders sensibler Daten unterfallen. Den Mitgliedsstaaten kommt insoweit kein Umsetzungsspielraum zu, *Ehmann/Helfrich*, Art. 8, Rn. 6, 9. Das Vorliegen eines Verbotstatbestandes des Art. 8 Abs. 1 DSRL war im Ausgangsfall des *Google-Urteils* nicht ersichtlich.

725 *Dammann/Simitis*, Art. 14, Rn. 4.

726 *Ehmann/Helfrich*, Art. 14, Rn. 22. Die Datenverarbeitung muss vor Erhebung des Widerspruchs nicht rechtswidrig gewesen sein, *Dammann/Simitis*, Art. 14, Rn. 4.

727 EuGH, Urteil vom 13. Mai 2014 – C-131/12 (*Google Spain und Google*), Rn. 76.

728 EuGH, Urteil vom 13. Mai 2014 – C-131/12 (*Google Spain und Google*), Rn. 76. Ein Widerspruchsrecht ist von den Mitgliedsstaaten zwingend nur für Konstellationen vorzusehen, in denen sich die Zulässigkeit der Datenverarbeitung auf einen Erlaubnistatbestand nach Art. 7 lit. e) oder lit. f) DSRL stützt, *Dammann/Simitis*, Art. 14, Rn. 2. Die der endgültigen Fassung der Datenschutzrichtlinie vor-

Gem. Art. 9 DSRL müssen die Mitgliedsstaaten für Art. 14 lit. a) DSRL – wie auch für Art. 6, 7 und 12 DSRL – Ausnahmen bei Datenverarbeitungen vorsehen, die allein zu journalistischen, künstlerischen oder literarischen Zwecken verarbeitet werden und bei denen ein Ausgleich zwischen dem Recht der Privatsphäre und den für die Meinungsfreiheit geltenden Vorschriften notwendig ist.[729]

II. Das Google-Urteil: Google Spain SL, Google Inc. ./. Agencia Española de Protección de Datos, Costeja González

1. Sachverhalt

1998 veröffentlichte die spanische Zeitschrift *La Vanguardia* zwei Bekanntmachungen einer Immobilienversteigerung, welche als Reaktion auf ausstehende Schulden gegenüber der spanischen Sozialversicherung erfolgte.[730] Im Zuge dieser Veröffentlichung und unter Verarbeitung seiner personenbezogenen Daten wurde *Mario Costeja González* als Grundstückseigentümer benannt; die zunächst nur in der Print-Ausgabe veröffentlichten Berichte wurden später auch auf der Webseite der *La Vanguardia* im Internet zugänglich gemacht[731] und tauchten

ausgegangenen Entwürfe gingen deutlich über diese Ausgestaltung des Widerspruchsrechts hinaus. Beabsichtigt war ein allgemeines Widerspruchsrecht, sofern berechtigte Gründe vorlagen, vgl. die Nachweise bei *Dammann/Simitis a.a.O.* und *Ehmann/Helfrich*, Art. 14, Rn. 1 f. Die Etablierung eines Widerspruchsrechts für andere Fallgruppen steht den Mitgliedsstaaten genauso frei wie seine Einschränkung (auch beim Vorliegen eines Erlaubnistatbestandes nach Art. 7 lit. e) und lit. f) DSRL) durch nationales Recht, *Dammann/Simitis*, Art. 14, Rn. 2 f.

729 *Art. 9 DSRL – Verarbeitung personenbezogener Daten und Meinungsfreiheit*
Die Mitgliedstaaten sehen für die Verarbeitung personenbezogener Daten, die allein zu journalistischen, künstlerischen oder literarischen Zwecken erfolgt, Abweichungen und Ausnahmen von diesem Kapitel sowie von den Kapiteln IV und VI nur insofern vor, als sich dies als notwendig erweist, um das Recht auf Privatsphäre mit den für die Freiheit der Meinungsäußerung geltenden Vorschriften in Einklang zu bringen.

730 EuGH, Urteil vom 13. Mai 2014 – C–131/12 (*Google Spain und Google*), Rn. 14. Zum zugrundliegenden Sachverhalt des *Google-Urteils* vgl. bereits *A. II 3. A) Sünden der Vergangenheit leben im Internet wieder auf.*

731 Schlussanträge des Generalanwalts vom 25. Juni 2013 in Rechtssache C-131/12, Rn. 5.

bei Suchanfragen nach dem Namen des Betroffenen auf den vorderen Plätzen der Ergebnislisten auf.[732]

Costeja González erhob 2010 bei der spanischen Datenschutzbehörde *AEPD* sowohl gegen die Herausgeberin der *La Vanguardia* als auch gegen *Google Spain* und *Google Inc.* Beschwerde.[733] Soweit er beantragte, die Herausgeberin der *La Vanguardia* anzuweisen, ihn betreffende Artikel zu löschen oder zumindest gegen die Erfassung durch Suchmaschinen abzusichern,[734] wies die *AEPD* seine Beschwerde ab.[735] Soweit er gefordert hatte, den Suchmaschinenbetreiber anzuweisen, „*ihn betreffende personenbezogene Daten zu löschen oder zu verbergen, so dass diese weder in den Suchergebnissen noch in Links zu La Vanguardia erschienen*", gab die Datenschutzbehörde der Beschwerde statt.[736] *Google Inc.* und *Google Spain* erhoben daraufhin Klage vor dem *Audiencia Nacional*.[737]

2. Vorabentscheidungsersuchen C–131/12

Konfrontiert mit der Frage, inwieweit Betreiber von Suchmaschinen zum Schutz der im Rahmen ihrer Tätigkeit verarbeiteten personenbezogenen Daten verpflichtet sind, wenn die von dieser Verarbeitung betroffenen Personen die Indexierung ihrer Daten und damit einhergehende Auffindbarkeit ablehnen würden, richtete das *Audiencia Nacional* ein Vorabentscheidungsersuchen an den EuGH.[738] Die Vorlagefra-

---

732 *Antani*, The Resistance of Memory: Could the European Union's Right to be Forgotten Exist in the United States?, Seite 4; *DIVSI*, Das Recht auf Vergessenwerden, Seite 22.

733 EuGH, Urteil vom 13. Mai 2014 – C–131/12 (*Google Spain und Google*), Rn. 14.

734 Durch die Verwendung von *exclusion codes* ergeht die Aufforderung an Suchmaschinen, bestimmte Webseiten nicht zu indexieren, Schlussanträge des Generalanwalts vom 25. Juni 2013 in Rechtssache C-131/12, Rn. 41.
Zum Ablauf des Indexierungsverfahrens durch Suchmaschinen vgl. *Exkurs: Indexierung durch Suchmaschinen.*

735 EuGH, Urteil vom 13. Mai 2014 – C–131/12 (*Google Spain und Google*), Rn. 15 f.

736 EuGH, Urteil vom 13. Mai 2014 – C–131/12 (*Google Spain und Google*), Rn. 15, 17.

737 EuGH, Urteil vom 13. Mai 2014 – C–131/12 (*Google Spain und Google*), Rn. 18.

738 EuGH, Urteil vom 13. Mai 2014 – C–131/12 (*Google Spain und Google*), Rn. 19, 20.

gen teilen sich in drei Komplexe auf, welche die territoriale Reichweite der Datenschutzrichtlinie, die rechtlichen Anforderungen an *Googles* Suchmaschinentätigkeit und den Geltungsbereich der Art. 12 und 14 DSRL zum Gegenstand hatten.[739] Der Fokus der folgenden Darstellung liegt auf den Vorlagefragen Nr. 2 und Nr. 3, welche für die Auseinandersetzung mit dem Recht auf Vergessenwerden die größte Bedeutung aufweisen.[740] Dort, wo es zum Dissens zwischen Generalanwalt *Jääskinen* und dem EuGH kam – Vorlagefragen Nr. 2 lit. c) und lit. d), sowie Vorlagefrage Nr. 3 –, wird den Einlassungen des *Google-Urteils* ein Überblick über die Positionierung des Generalanwalts vorangestellt.

A) Vorlagefrage Nr. 2 lit. a) und lit. b): Erfassung der Suchmaschinentätigkeit durch die Datenschutzrichtlinie

Innerhalb der ersten Hälfte von Vorlagefrage Nr. 2 galt es zu klären, ob es bei der Bereitstellung und Anwendung einer Suchmaschine zur Verarbeitung personenbezogener Daten kommt (Nr. 2 lit. a)) und ob der jeweilige Suchmaschinenbetreiber als der hierfür Verantwortliche anzusehen ist (Nr. 2 lit. b)):

> „2. *In Bezug auf die Tätigkeit der Suchmaschinen als Anbieter von Inhalten unter dem Blickwinkel der Richtlinie 95/46:*
> a) Zur Tätigkeit von Google Search als Anbieterin von Inhalten, die darin besteht, von Dritten ins Internet gestellte oder dort veröffentlichte Informationen zu finden, automatisch zu indexieren, vorübergehend zu speichern und schließlich den Internetnutzern in einer bestimmten Rangfolge zur Verfügung zu stellen:
> Fällt, wenn die genannten Informationen personenbezogene Daten Dritter enthalten, eine solche Tätigkeit unter den Begriff „Verarbeitung personenbezogener Daten" im Sinne von Art. 2 Buchst. b der Richtlinie 95/46?
> b) Bei Bejahung der vorstehenden Frage, ebenfalls im Zusammenhang mit einer Tätigkeit wie der zuvor beschriebenen:
> *Ist Art. 2 Buchst. d der Richtlinie 95/46 dahin auszulegen, dass das Unternehmen, das Google Search betreibt, hinsichtlich der auf den von ihr inde-*

739 EuGH, Urteil vom 13. Mai 2014 – C-131/12 (*Google Spain und Google*), Rn. 20.

740 Vorlagefrage Nr. 1 lit. a) wird an anderer Stelle eine kurze Darstellung erfahren, vgl. *Exkurs: Räumlicher Anwendungsbereich der Datenschutzrichtlinie.*

xierten Websites befindlichen Daten der „für die Verarbeitung Verantwortliche" ist?"[741]

AA) Verarbeitung personenbezogener Daten im Rahmen der Suchmaschinentätigkeit

Suchmaschinenbetreiber können unterschiedliche Formen der Datenverarbeitung vornehmen und dadurch sowohl auf Seiten der Suchenden wie auf Seiten des Gesuchten ein Schutzbedürfnis entstehen lassen;[742] bspw. können sie personenbezogene Daten desjenigen erheben, der sich einer Suchmaschine zur Informationssuche bedient.[743] Rechtssache C-131/12 betraf die Situation, dass *Google* i.R.v. personenbezogenen Suchanfragen die Standorte personenbezogener Daten auf Quellwebseiten weitervermittelte.[744] Anders ausgedrückt: Vorlagefrage Nr. 2 a) fragt danach, ob es durch die Bereitstellung und Anwendung der Suchfunktion zu einer Verarbeitung der den Gesuchten betreffenden personenbezogenen Daten kommt.

Personenbezogene Suchanfragen machen einen großen Teil der über Suchmaschinen gestarteten Suchanfragen aus.[745] Suchmaschinen durchsuchen das Internet systematisch nach Informationen und werden dabei in jedem Fall personenbezogene Daten erfassen;[746] das systematische Durchforsten wertete der EuGH – in Übereinstimmung

741 EuGH, Urteil vom 13. Mai 2014 – C-131/12 (*Google Spain und Google*), Rn. 20.

742 *Ott*, MMR 2009, 158 (158).

743 Gesammelt werden dabei etwa der Inhalt einer Suchanfrage und ihr Zeitpunkt, Kilian/Heussen/*Egermann*, 3. Abschnitt, Teil 300, Suchmaschinen, VII, Rn. 24 (Stand: 33. EL 2017). Zudem können Suchmaschinenbetreiber an die personenbezogenen Daten ihrer Nutzer gelangen, wenn diese Nutzerkonten bei ihnen unterhalten, Schlussanträge des Generalanwalts vom 25. Juni 2013 in Rechtssache C-131/12, Rn. 48.

744 Schlussanträge des Generalanwalts vom 25. Juni 2013 in Rechtssache C-131/12, Rn. 50. Ausführlich zu den Gefährdungen des Suchenden *Ott*, MMR 2009, 448 (448).

745 *Ott*, MMR 2009, 158 (158).

746 EuGH, Urteil vom 13. Mai 2014 – C-131/12 (*Google Spain und Google*), Rn. 27 f.; Schlussanträge des Generalanwalts vom 25. Juni 2013 in Rechtssache C-131/12, Rn. 72.

mit der Würdigung des Generalanwalts[747] – als Verarbeitung personenbezogener Daten:

> *„Indem er das Internet automatisch, kontinuierlich und systematisch auf die dort veröffentlichten Informationen durchforstet, „erhebt" der Suchmaschinenbetreiber mithin personenbezogene Daten, die er dann mit seinen Indexierprogrammen „ausliest", „speichert" und „organisiert", auf seinen Servern „aufbewahrt" und gegebenenfalls in Form von Ergebnislisten an seine Nutzer „weitergibt" und diesen „bereitstellt"."*[748]

Anschaulicher formuliert: Indem *Google* die *La Vanguardia* Berichterstattung über die Grundstückspfändung in den 1990ern erfasst und diese dann bei Suchanfragen nach dem Namen *Costeja González* in den Ergebnislisten auflistet, verarbeitet der Suchmaschinengigant personenbezogene Daten.

BB) Sind Suchmaschinenbetreiber Verantwortliche im Sinne der Datenschutzrichtlinie?

AAA) Schlussanträge des Generalanwalts

Vorlagefrage Nr. 2 lit. b) wird insoweit von einer unglücklichen Wortwahl des *Audiencia Nacional* geprägt, als sie danach fragt, ob ein Suchmaschinenbetreiber als für die Verarbeitung Verantwortlicher bzgl. der *„auf den … indexierten Websites befindlichen Daten"* anzusehen ist.[749] Für Klarheit versuchte Generalanwalt *Jääskinen* in seinen Schlussanträgen zu sorgen: Dieser stellte zunächst fest, dass personenbezogene Daten im Internet in verschiedenen Konstellationen von Bedeutung sind. Zum einen werden diese auf einzelnen Quellwebseiten veröffentlicht (= z.B. der *La Vanguardia* Webseite), zum anderen können Suchmaschinen den Internetnutzer zu den auf Quellwebseiten enthaltenen Daten führen.[750] Dementsprechend müssen im Ausgangsfall von Rechtssache C-131/12 zwei Vorgänge strikt voneinander getrennt werden:

---

747 Schlussanträge des Generalanwalts vom 25. Juni 2013 in Rechtssache C-131/12, Rn. 75.

748 EuGH, Urteil vom 13. Mai 2014 – C-131/12 (*Google Spain und Google*), Rn. 28.

749 EuGH, Urteil vom 13. Mai 2014 – C-131/12 (*Google Spain und Google*), Rn. 20.

750 Schlussanträge des Generalanwalts vom 25. Juni 2013 in Rechtssache C-131/12, Rn. 3.

- die Berichterstattung von *La Vanguardia* unter Einbeziehung der personenbezogenen Daten des *Costeja González* einerseits und
- die Einbeziehung dieser Berichterstattung in die Ergebnislisten der *Google*-Suchmaschine bei einer personenbezogenen Suchanfrage nach *Costeja González* andererseits.

Gegenstand des Vorlageverfahrens war ausschließlich der zweite Vorgang.[751] Ob der Suchmaschinenbetreiber im Rahmen seiner Rolle als Informationsintermediär als der für die Verarbeitung Verantwortliche angesehen werden konnte, war bis zum *Google-Urteil* ungewiss; bei der Beschränkung auf eine reine Vermittlerrolle wurde Suchmaschinenbetreibern z.T. die Verantwortlichkeit für Datenverarbeitungen abgesprochen.[752]

Generalanwalt *Jääskinen* positionierte sich differenzierend: Während er Suchmaschinenbetreiber für Datenverarbeitungen i.R.d. Indexierung (= die Verknüpfung der URL-Adresse von Quellwebseiten-Informationen mit Schlüsselwörtern) als Verantwortliche ansah, lehnt er deren Verantwortung für die Speicherung von personenbezogenen Daten im Cache ab.[753] Letztgenannter unterliege nicht der Verantwortung eines Suchmaschinenbetreibers, da er *„das Ergebnis eines vollkommen technischen und automatisierten Vorgangs ist, bei dem ein genaues Abbild der Textdaten der durchsuchten Webseiten mit Ausnahme der von der Indexierung und Archivierung ausgeschlossenen Daten hergestellt wird“*.[754] Auch für Datenverarbeitungen i.R.d. Indexierung sollten Suchmaschinenbetreiber nur ausnahmsweise den Pflichten eines Verantwortlichen unterliegen:

---

751 Schlussanträge des Generalanwalts vom 25. Juni 2013 in Rechtssache C-131/12, Rn. 3, 5. Soweit es ausschließlich darum geht, dass personenbezogene Daten auf Quellwebseiten enthalten sind, lehnte auch Generalanwalt *Jääskinen* die Einstufung eines Suchmaschinenbetreibers als Verantwortlicher ab, da „[d]*ie Bereitstellung eines Instruments zur Lokalisierung von Informationen … keine Kontrolle über die Inhalte* [impliziert]“ und man andernfalls *„Internetsuchmaschinen … als mit dem Unionsrecht unvereinbar erklären“* müsste, Schlussanträge des Generalanwalts vom 25. Juni 2013 in Rechtssache C-131/12, Rn. 86, 90.

752 Vgl. *Ott*, MMR 2009, 158 (162), welcher die grundsätzliche Einstufung von Suchmaschinenbetreibern als Verantwortliche ablehnt.

753 Ausführlich zu Indexierung und Cache vgl. *Exkurs: Indexierung durch Suchmaschinen.*

754 Schlussanträge des Generalanwalts vom 25. Juni 2013 in der Rechtssache C-131/12, Rn. 92.

„Deshalb bin ich der Ansicht, dass eine nationale Datenschutzbehörde einen Internetsuchmaschinen-Diensteanbieter nicht zur Entfernung von Informationen aus seinem Index verpflichten kann, es sei denn, der Diensteanbieter hat exclusion codes nicht beachtet oder ist einer Aufforderung seitens des Websitebetreibers zur Aktualisierung des Cache nicht nachgekommen.

…

Daher schlage ich dem Gerichtshof vor, auf die zweite Fragengruppe in dem Sinne zu antworten, dass unter den in der Vorlageentscheidung dargestellten Umständen ein Internetsuchmaschinen-Diensteanbieter personenbezogene Daten im Sinne von Art. 2 Buchst. b „verarbeitet". Er kann jedoch außer in den vorstehend beschriebenen Ausnahmefällen nicht als „für die Verarbeitung" dieser personenbezogenen Daten „Verantwortlicher" im Sinne von Art. 2 Buchst. d angesehen werden."[755]

BBB) Entscheidung des EuGH

An der Trennung der zwei vom Generalanwalt unterschiedenen Lebenssachverhalte[756] – ursprüngliche Datenveröffentlichung auf der Quellwebseite einerseits, Erfassung und Zugänglichmachung durch Suchmaschinen andererseits – hielt der EuGH fest und erkannte in der Suchmaschinentätigkeit einen zusätzlichen Verarbeitungsvorgang, der mit zusätzlichen Beeinträchtigungen des Betroffenen einhergeht.[757] Dass die Ursprungsveröffentlichung personenbezogener Daten (= Bekanntmachung auf der Quellwebseite) nicht vom Suchmaschinenbetreiber ausgeht, vermag nichts daran zu ändern, dass dieser durch die Erfassung und Vermittlung der Daten einen zweiten, eigenständigen Verarbeitungsvorgang vornimmt.[758]

Bei den Konsequenzen, die der EuGH aus der Trennung der unterschiedlichen Lebenssachverhalte zieht, endet der gemeinsam mit dem Generalanwalt beschrittene Pfad. Wo Letzterer *Google* & Co. nur ausnahmsweise dem Pflichtenkanon eines Verantwortlichen unterwerfen

755 Schlussanträge des Generalanwalts vom 25. Juni 2013 in Rechtssache C-131/12, Rn. 99 f.

756 *D. II. 2. A) AAA) Schlussanträge des Generalanwalts.*

757 EuGH, Urteil vom 13. Mai 2014 – C-131/12 (*Google Spain und Google*), Rn. 83.

758 EuGH, Urteil vom 13. Mai 2014 – C-131/12 (*Google Spain und Google*), Rn. 29 f. Wie schon in seinem Urteil vom 16. Dezember 2008 – C-73/07 (*Satakunnan Markkinapörssi und Satamedia*), Rn. 48 f., befürchtet der EuGH auch im *Google-Urteil*, dass die Nichtanwendung der Vorgaben der Datenschutzrichtlinie auf Folgeveröffentlichungen bereits bekanntgemachter personenbezogener Daten den Anwendungsbereich dieser Richtlinie weitgehend leerlaufen ließe.

wollte,[759] betrachtet der EuGH Suchmaschinenbetreiber umfassend als die für den zweiten Verarbeitungsvorgang Verantwortlichen:

> *„Somit ist auf Frage 2 Buchst. a und b zu antworten, dass Art. 2 Buchst. b und d der Richtlinie 95/46 dahin auszulegen ist, dass die Tätigkeit einer Suchmaschine, die darin besteht, von Dritten ins Internet gestellte oder dort veröffentlichte Informationen zu finden, automatisch zu indexieren, vorübergehend zu speichern und schließlich den Internetnutzern in einer bestimmten Rangfolge zur Verfügung zu stellen, sofern die Informationen personenbezogene Daten enthalten, als „Verarbeitung personenbezogener Daten" im Sinne von Art. 2 Buchst. b der Richtlinie 95/46 einzustufen ist und dass der Betreiber dieser Suchmaschine als für diese Verarbeitung „Verantwortlicher" im Sinne von Art. 2 Buchst. d der Richtlinie 95/46 anzusehen ist."*[760]

Ein anderes Ergebnis würde sich aus Sicht des EuGH in Widerspruch zum klaren Wortlaut des Art. 2 lit. d) DSRL setzen und wäre mit dem Normzweck eines möglichst wirksamen Schutzes des Betroffenen unvereinbar.[761]

B) Vorlagefragen Nr. 2 lit. c), lit. d) und Nr. 3: Die Pflichten eines Verantwortlichen und die Frage nach dem Recht auf Vergessenwerden

Auch wenn der Generalanwalt eingeschränkt und der EuGH umfassend die Verantwortlichkeit von *Google* anerkannten, galt es noch die Reichweite der aus dieser Einordnung folgenden Pflichten zu bestimmen. An dieser Stelle setzen die Vorlagefragen Nr. 2 lit. c) und lit. d) an, die im Zusammenhang mit der nachfolgenden Frage Nr. 3 zu würdigen sind:

> *„In Bezug auf die Tätigkeit der Suchmaschinen als Anbieter von Inhalten unter dem Blickwinkel der Richtlinie 95/46:*
> ...
> *c) Bei Bejahung der vorstehenden Frage:*
> *Kann die AEPD zum Schutz der durch Art. 12 Buchst. b und Art. 14 Abs. 1 Buchst. a der Richtlinie 95/46 gewährleisteten Rechte Google Search unmittelbar anweisen, von Dritten veröffentlichte Informationen aus ihren Inde-*

759 Schlussanträge des Generalanwalts vom 25. Juni 2013 in der Rechtssache C-131/12, Rn. 99 f.

760 EuGH, Urteil vom 13. Mai 2014 – C–131/12 (*Google Spain und Google*), Rn. 41.

761 EuGH, Urteil vom 13. Mai 2014 – C–131/12 (*Google Spain und Google*), Rn. 33 f.; zu Indexierung und Cache vgl. *Exkurs: Indexierung durch Suchmaschinen.*

> *xen zu entfernen, ohne sich zuvor oder gleichzeitig an den Inhaber der Website, die diese Informationen enthält, wenden zu müssen?*
> *d) Bei Bejahung der vorstehenden Frage:*
> *Entfällt die Verpflichtung der Suchmaschinenbetreiber zum Schutz der genannten Rechte, wenn die in den personenbezogenen Daten enthaltenen Informationen von Dritten rechtmäßig veröffentlicht worden sind und sich nach wie vor auf der ursprünglichen Website befinden?*"[762]

Die dritte Vorlagefrage des *Audiencia Nacional* galt ausdrücklich (auch) dem Recht auf Vergessenwerden:

> „*Zur Reichweite des Rechts auf Löschung und/oder Widerspruch in Verbindung mit dem Recht auf Vergessenwerden stellt sich folgende Frage:*
> *Kann davon ausgegangen werden, dass das in Art. 12 Buchst. b der Richtlinie geregelte Recht auf Löschung und Sperrung der Daten sowie das in Art. 14 Buchst. a der Richtlinie vorgesehene Widerspruchsrecht beinhalten, dass sich die betroffene Person an die Suchmaschinenbetreiber wenden kann, um die Indexierung auf sie bezogener Informationen zu verhindern, die auf Webseiten von Dritten veröffentlicht sind, und sie sich hierzu auf ihren Willen berufen kann, dass sie den Internetnutzern nicht bekannt werden, wenn sie der Ansicht ist, dass sie ihr schaden könnten, oder sie sich wünscht, dass sie vergessen werden, selbst wenn es sich um Informationen handelt, die von Dritten rechtmäßig veröffentlicht wurden?*"[763]

Zusammengefasst: Es galt zu klären, ob *Google* für seine eigenverantwortlichen Datenverarbeitungen losgelöst von der Rechtmäßig- oder Rechtswidrigkeit der quellwebseitigen Datenverarbeitung und der Verantwortlichkeit des Quellwebseitenbetreibers zum Adressaten der in den Art. 12 lit. b) Var. 2, 14 lit. a) DSRL angelegten Rechte werden kann. Nach Auffassung von *Google* und der Europäischen Kommission sollte sich der Betroffene nur bei einer richtlinienwidrigen Datenverarbeitung oder überwiegend schutzwürdigen Gründen auf die Rechte aus Art. 12 lit. b) und 14 lit. a) DSRL berufen können. *Costeja González* hielt diese Vorschriften bereits für einschlägig, wenn die ihn betreffenden Daten ihm zum Schaden gereichen könnten und seine Grundrechte aus Art. 7 und 8 GRCh (einschließlich eines Rechts auf Vergessenwerden) überwiegen würden.[764]

762 EuGH, Urteil vom 13. Mai 2014 – C–131/12 (*Google Spain und Google*), Rn. 20.

763 Schlussanträge des Generalanwalts vom 25. Juni 2013 in Rechtssache C-131/12, Rn. 23 3. – 3.1.

764 EuGH, Urteil vom 13. Mai 2014 – C–131/12 (*Google Spain und Google*), Rn. 90 f.

AA) Schlussanträge des Generalanwalts

Aus Sicht des Generalanwalts gewährt Art. 12 lit. b) DSRL insbesondere dann ein Recht auf Löschung, wenn personenbezogene Daten unrichtig oder unvollständig sind.[765] Beides traf im Ausgangsfall nicht zu: Weder die Informationen auf der *La Vanguardia* Webseite, noch deren Aufnahmen im Index und Cache von *Google* seien unvollständig oder unrichtig gewesen.[766] Ein Recht auf Löschung komme daher nur noch in Betracht, wenn sich die Verarbeitung personenbezogener Daten aus anderen Gründen als nicht richtlinienkonform erweise.[767] Gem. Art. 14 lit. a) DSRL könne einer Datenverarbeitung zwar aus überwiegend schutzwürdigen Gründen widersprochen werden, doch kenne die Datenschutzrichtlinie kein allgemeines Recht auf Vergessenwerden;[768] „*subjektive Präferenz*[en]" allein begründeten noch keine überwiegend schutzwürdigen Gründe.[769]

Dieses Ergebnis hält auch der anschließenden Überprüfung des Generalanwalts auf Konformität mit den Bestimmungen der Grundrechte-Charta stand,[770] woraufhin dem EuGH ausdrücklich von der

765 Schlussanträge des Generalanwalts vom 25. Juni 2013 in Rechtssache C-131/12, Rn. 104.

766 Schlussanträge des Generalanwalts vom 25. Juni 2013 in Rechtssache C-131/12, Rn. 105.

767 Schlussanträge des Generalanwalts vom 25. Juni 2013 in Rechtssache C-131/12, Rn. 105.

768 Schlussanträge des Generalanwalts vom 25. Juni 2013 in Rechtssache C-131/12, Rn. 108: „*Ebenso wie fast alle Verfahrensbeteiligten, die in der vorliegenden Rechtssache schriftliche Erklärungen eingereicht haben, bin ich jedoch der Meinung, dass die Richtlinie die Richtlinie kein allgemeines Recht auf Vergessenwerden in dem Sinne gewährt, dass eine betroffene Person berechtigt wäre, die Verbreitung personenbezogener Daten zu beschränken oder zu unterbinden, die sie für abträglich oder ihren Interessen zuwiderlaufend hält. Werden Daten ohne Einwilligung der betroffenen Person verarbeitet, kommt es auf die mit der Verarbeitung verfolgten Zwecke und Interessen in Abwägung mit denjenigen der betroffenen Person an und nicht auf die subjektiven Präferenzen dieser Person. Eine subjektive Präferenz stellt noch keinen überwiegenden, schutzwürdigen Grund im Sinne von Art. 14 Buchst. a der Richtlinie dar.*"

769 Schlussanträge des Generalanwalts vom 25. Juni 2013 in Rechtssache C-131/12, Rn. 108.

770 In die Erwägungen eingestellt wurden die Bestimmungen zum Schutz des Privatlebens (Art. 7 GRCh) und der personenbezogenen Daten einer Person (Art. 8 GRCh) einerseits, sowie die entgegenstehenden Rechte der Meinungsäußerungs-

Verankerung eines Rechts auf Vergessenwerden abgeraten wird.[771] Wegen des zugrundeliegenden, besonders komplexen Grundrechtskonfliktes ließe sich dieses nur unter Aufgabe elementarer Rechtspositionen erkaufen.[772] Der Generalanwalt rät dem EuGH ausdrücklich von der Annahme ab, die „*einander widerstreitenden Interessen* [könnten] *im jeweiligen Einzelfall auf zufriedenstellende Weise in ein Gleichgewicht gebracht werden*" und diese „*Entscheidung dem Internetsuchmaschinen-Diensteanbieter überlassen*" werden.[773]

Die Informationssuche mit Hilfe der Suchmaschinen – den Gatekeepern der Informationsgesellschaft[774] – zählt im 21. Jahrhundert zu den bedeutendsten Ausübungsformen der Informationsfreiheit.[775] Würde ein Suchmaschinenbetreiber zur Entscheidung über die Auflösung von Interessenkonflikten bestellt und ihm ein Verfahren zur Entfernung bestimmter Verlinkungen in Ergebnislisten vorgeschrieben, würde dies vermutlich „*zu einer automatischen Löschung von Links zu beanstandeten Inhalten oder zu einer von den beliebtesten und wichtigsten Internetsuchmaschinen-Diensteanbietern nicht zu bewältigenden Anzahl von entsprechenden Anträgen führen*".[776] *Google* würde zu einem privaten Zensurverantwortlichen verkommen und die Betreiber von Quellwebseiten bei der Umsetzung eines Rechts auf Vergessenwerden in ihrer Freiheit zur Meinungsäußerung beschneiden, ohne dass diese sich angemessen rechtlich zur Wehr setzen könnten.[777]

---

und Informationsfreiheit (Art. 11 GRCh) und der unternehmerischen Freiheit (Art. 16 GRCh) andererseits, Schlussanträge des Generalanwalts vom 25. Juni 2013 in Rechtssache C-131/12, Rn. 112 ff., 120 ff.

771 Schlussanträge des Generalanwalts vom 25. Juni 2013 in Rechtssache C-131/12, Rn. 133.

772 Schlussanträge des Generalanwalts vom 25. Juni 2013 in Rechtssache C-131/12, Rn. 133.

773 Schlussanträge des Generalanwalts vom 25. Juni 2013 in Rechtssache C-131/12, Rn. 133.

774 *B. II. 1. A) Ubiquität und Bedeutung der Suchmaschinen.*

775 Schlussanträge des Generalanwalts vom 25. Juni 2013 in Rechtssache C-131/12, Rn. 131.

776 Schlussanträge des Generalanwalts vom 25. Juni 2013 in Rechtssache C-131/12, Rn. 133.

777 Schlussanträge des Generalanwalts vom 25. Juni 2013 in Rechtssache C-131/12, Rn. 134.

In der Positionierung des Generalanwalts hätte *Costeja González* von *Google* nicht einfordern können, dass bei personenbezogenen Suchanfragen der Hinweis auf die *La Vanguardia* Berichte unterbleibt.

BB) Entscheidung des EuGH

Zur allgemeinen Überraschung folgte der EuGH den Empfehlungen des Generalanwaltes nicht und ging in seiner Antwort auf Vorlagefrage Nr. 3 deutlich über die von *Costeja González* vertretene Position hinaus. Verlangt der Betroffene, dass bei namensbezogenen Suchanfragen keine Verbindung mehr zwischen seinem Namen und bestimmten Informationen auf Quellwebseiten hergestellt wird, ist i.R.d. Art. 12 lit. b) und 14 lit. a) DSRL das Vorliegen eines entsprechenden Rechts zu prüfen. Dieses setzt zu seinem Bestehen nicht voraus, dass die bei einer personenbezogenen Suchanfrage offenbarten Informationen geeignet sind, dem Betroffenen zum Schaden zu gereichen.[778]

AAA) Rechtmäßigkeit der Datenverarbeitung auf einer Quellwebseite irrelevant

Der Gerichtshof stellt klar, dass jede Datenverarbeitung den Verarbeitungsregeln des Art. 6 Abs. 1 DSRL genügen und eine Legitimationsgrundlage nach Art. 7 DSRL aufweisen muss.[779] Bei der Datenverarbeitung auf einer Quellwebseite und den Datenverarbeitungen eines Suchmaschinenbetreibers handelt es sich um unterschiedliche Vorgänge.[780] Für unterschiedliche Datenverarbeitungen müssen weder die Legitimationsgrundlagen des Art. 7 DSRL deckungsgleich sein, noch muss die innerhalb des Erlaubnistatbestandes nach Art. 7 lit. f) DSRL erforderliche Interessenabwägung gleichlaufen.[781] Die Beeinträchtigung des Betroffenen durch die Aufnahme seiner personenbezogenen Daten in eine Ergebnisliste kann deutlich stärker ausfallen als die

778 EuGH, Urteil vom 13. Mai 2014 – C-131/12 (*Google Spain und Google*), Rn. 96.

779 EuGH, Urteil vom 13. Mai 2014 – C-131/12 (*Google Spain und Google*), Rn. 71. So auch entschieden in EuGH, Urteil vom 24. November 2011 – C-468/10 und C-469/10 (*ASNEF*), Rn. 26; EuGH, Urteil vom 20. Mai 2003 – C-465/00, C-138/01 und C-139/01 (*Österreichischer Rundfunk u.a.*), Rn. 65.

780 EuGH, Urteil vom 13. Mai 2014 – C-131/12 (*Google Spain und Google*), Rn. 83.

781 EuGH, Urteil vom 13. Mai 2014 – C-131/12 (*Google Spain und Google*), Rn. 86.

Veröffentlichung dieser Daten auf einer einzelnen Webseite.[782] Zudem greift zugunsten des Suchmaschinenbetreibers der Schutz des Art. 9 DSRL – anders als beim Quellwebseitenbetreiber – nicht ein.[783]

Aufgrund der Eigenständigkeit der Verarbeitungsvorgänge wird der Suchmaschinenbetreiber vom EuGH – unabhängig von einer etwaigen Verpflichtung des Quellwebseitenbetreibers, den Namen und andere Informationen über den Betroffenen parallel dazu von seiner Webseite zu entfernen – als möglicher Adressat eines Begehrens nach Art. 12 lit. b), 14 lit. a) DSRL angesehen.[784]

BBB) Ein Recht auf Löschung der in Suchergebnislisten enthaltenen personenbezogenen Daten

(A) Fehlende Erforderlichkeit als Grundlage einer Pflicht zum Vergessen

Ob die Verarbeitungsgrundsätze und das Legitimationserfordernis nach Art. 6 bzw. 7 DSRL erfüllt sind, ist innerhalb eines Löschungsantrags nach Art. 12 lit. b) DSRL zu überprüfen.[785] Aus den in Art. 6 Abs. 1 lit. c) – e) DSRL niedergelegten Verarbeitungsgrundsätzen folgt für den EuGH, dass selbst eine ursprünglich rechtmäßige Verarbeitung von Daten mit der Zeit umschlagen und in der Gegenwart den Vorschriften der Datenschutzrichtlinie zuwiderlaufen kann, wenn die Daten für ihren Erhebungs- oder Verarbeitungszweck nicht länger erforderlich sind.[786] An der Erforderlichkeit der Verarbeitung fehlt es insbesondere, wenn personenbezogene Daten

(i) in Anbetracht aller Umstände des Einzelfalls (insbesondere der verstrichenen Zeit) den Zwecken der Verarbeitung nicht entsprechen,

(ii) für diesen Zweck nicht (mehr) erheblich sind oder

(iii) über den Verarbeitungszweck hinausgehen.[787]

---

782 EuGH, Urteil vom 13. Mai 2014 – C-131/12 (*Google Spain und Google*), Rn. 87. Ausführlich *D. II. 2. B) BB) BBB) Ein Recht auf Löschung der in Suchergebnislisten enthaltenen personenbezogenen Daten.*

783 EuGH, Urteil vom 13. Mai 2014 – C-131/12 (*Google Spain und Google*), Rn. 85.

784 EuGH, Urteil vom 13. Mai 2014 – C-131/12 (*Google Spain und Google*), Rn. 88.

785 EuGH, Urteil vom 13. Mai 2014 – C-131/12 (*Google Spain und Google*), Rn. 75.

786 EuGH, Urteil vom 13. Mai 2014 – C-131/12 (*Google Spain und Google*), Rn. 93.

787 EuGH, Urteil vom 13. Mai 2014 – C-131/12 (*Google Spain und Google*), Rn. 93 f.

Ist eine Verarbeitung personenbezogener Daten bei der Bereitstellung von Ergebnislisten gemessen hieran nicht erforderlich, sind die Daten nach Art. 12 lit. b) DSRL zu löschen.[788] Bei fehlender Erforderlichkeit dürfen in eine personenbezogene Suchanfrage nach *Costeja González* weder Daten über diesen, noch ein Link zu den *La Vanguardia* – Berichten in die Ergebnisliste einfließen.

(B) Grundsätzlich überwiegendes Interesse des Betroffenen

Auch das Vorliegen einer Legitimationsgrundlage nach Art. 7 DSRL ist bei einem Löschungsantrag bzw. Widerspruch nach Art. 12 lit. b) DSRL und Art. 14 lit. a) DSRL zu prüfen.[789] Der Erlaubnistatbestand muss im gesamten Verarbeitungszeitraum, d.h. nicht nur im Zeitpunkt der ursprünglichen Erhebung, erfüllt sein.[790]

Den Veröffentlichungen seiner personenbezogenen Daten im Internet, welche dann von Suchmaschinen aufgespürt und der Allgemeinheit vermittelt werden, wird ein Gesuchter i.d.R. nie zugestimmt oder auch nur von ihrer Existenz im Netz Kenntnis haben.[791] So verhielt es sich auch im Ausgangsfall von Rechtssache C–131/12: Weder lag eine Einwilligung von *Costeja González* in die Verarbeitung seiner personenbezogenen Daten durch *Google* vor, noch war ein anderer Erlaubnistatbestand nach Art. 7 lit. b) – e) DSRL einschlägig. Die Zulässigkeit der Datenverarbeitung hing somit nach Art. 7 lit. f) DSRL davon ab, ob auf Seiten von *Google* oder der Informationssuchenden ein berechtigtes Interesse an der Verarbeitung bestand, das nicht von Interessen, Grundrechten oder Grundfreiheiten des Betroffenen überlagert wurde.[792]

In diesem Zusammenhang trifft der EuGH die vielleicht entscheidendste Feststellung des gesamten Urteils: Aufgrund seiner Grundrechte aus den Art. 7 und 8 GRCh kann ein Betroffener verlangen, dass

788 EuGH, Urteil vom 13. Mai 2014 – C–131/12 (*Google Spain und Google*), Rn. 94.

789 EuGH, Urteil vom 13. Mai 2014 – C–131/12 (*Google Spain und Google*), Rn. 75.

790 EuGH, Urteil vom 13. Mai 2014 – C–131/12 (*Google Spain und Google*), Rn. 95.

791 *Ott*, MMR 2009, 158 (158).

792 EuGH, Urteil vom 13. Mai 2014 – C–131/12 (*Google Spain und Google*), Rn. 73; *D. I. 1. A) Art. 7 DSRL – Legitimationsgrundlage der Datenverarbeitung.*

Informationen über ihn der Allgemeinheit nicht länger im Wege der personenbezogenen Suchanfrage eröffnet werden.[793] Die Grundrechte des Betroffenen überlagern grundsätzlich sowohl wirtschaftliche Interessen von Suchmaschinenbetreibern als auch das Informationsinteresse der Öffentlichkeit.[794]

Ausschlaggebend für das festgestellte Interessenübergewicht ist die im Vergleich zu einer einzelnen Webseite deutlich größere Reichweite einer Suchmaschine. Ihre Nutzung eröffnet jedem Informationssuchenden die Möglichkeit, durch bloße Namensnennung ein (ggf. umfangreiches) Profil über den Gesuchten abzurufen.[795] Je nachdem, was bereits an Informationen auf verschiedenen Internetwebseiten über eine Person veröffentlicht wurde und von den Crawlern der Suchmaschinen zusammengetragen wurde, kann eine personenbezogene Suchanfrage Informationen aus verschiedenen Bereichen ihres Privatlebens aufdecken.[796] Eine Verbindung der auf verschiedene Seiten im Internet verteilten Informationen wäre ohne die Hilfeleistung der Suchmaschinen nur unter hohem Arbeitsaufwand möglich – es ist die Suchmaschine, die den Informationen im Internet ihre Ubiquität verleiht und sie allgegenwärtig verfügbar macht.[797]

Da sich die Tilgung einer Information aus den Ergebnislisten auf das Informationsinteresse anderer Internetnutzer auswirken kann, ist zwar ein Ausgleich zwischen Informationsinteresse und den Art. 7 und 8 GRCh erforderlich, doch überlagern dabei aus Sicht des EuGH die letztgenannten Grundrechte grundsätzlich das Informationsinteresse.[798] Allerdings könne der erforderliche Ausgleich in besonderen Fällen von

(i) der Art der Information,
(ii) ihrer Sensibilität für das Privatleben des Betroffenen,
(iii) und dem Zugangsinteresse der Öffentlichkeit abhängen.[799]

793 EuGH, Urteil vom 13. Mai 2014 – C-131/12 (*Google Spain und Google*), Rn. 97.
794 EuGH, Urteil vom 13. Mai 2014 – C-131/12 (*Google Spain und Google*), Rn. 81, 97.
795 EuGH, Urteil vom 13. Mai 2014 – C-131/12 (*Google Spain und Google*), Rn. 80.
796 EuGH, Urteil vom 13. Mai 2014 – C-131/12 (*Google Spain und Google*), Rn. 80.
797 EuGH, Urteil vom 13. Mai 2014 – C-131/12 (*Google Spain und Google*), Rn. 80. Zur Ubiquität vgl. bereits *B. II. 1. A) Ubiquität und Bedeutung der Suchmaschinen.*
798 EuGH, Urteil vom 13. Mai 2014 – C-131/12 (*Google Spain und Google*), Rn. 81.
799 EuGH, Urteil vom 13. Mai 2014 – C-131/12 (*Google Spain und Google*), Rn. 81.

Die Situation von *Costeja González* stellte sich für den EuGH so dar, dass mit der Zwangsversteigerung seines Grundstücks besonders sensible Informationen über das Privatleben des Betroffenen vermittelt wurden und die ursprüngliche Veröffentlichung zum Urteilszeitpunkt bereits über 16 Jahre zurücklag.[800] Sofern das *Audiencia Nacional* kein besonderes Informationsinteresse der Öffentlichkeit zu erkennen vermag, kann *Costeja González* eine Tilgung dieser Informationen aus den Ergebnislisten gem. Art. 12 lit. b) DSRL und Art. 14 lit. a) DS-RL einfordern.[801]

Exkurs: Räumlicher Anwendungsbereich der Datenschutzrichtlinie

Ein besonderes Problem in Rechtssache C-131/12 stellte die kontinentale Arbeitsteilung zwischen der in Spanien ansässigen Tochter *Google Spain* und dem amerikanischen Mutterkonzern *Google Inc.* dar. Die Suchmaschinenfunktion *Google Search* wurde durch *Google Inc.* angeboten, welches weltweit für die Indexierung[802] von Webseiten zuständig ist; im Gegenzug übernimmt *Google Spain* die Kundenanwerbung und Vermarktung von Werbeflächen.[803] I.R.v. *Google Search* erfolgt die Gewinnerzielung dadurch, dass *Google Inc.* verschiedenen Unternehmen das Anbieten von Werbung ermöglicht, die Übereinstimmungen mit den von einem Suchenden verwendeten Suchbegriffen aufweist.[804]

Für das *Audiencia Nacional* stellte sich damit einhergehend die Frage, ob der räumliche Anwendungsbereich der Datenschutzrichtlinie über Art. 4 Abs. 1 lit. a) DSRL[805] eröffnet war:

---

800 EuGH, Urteil vom 13. Mai 2014 - C-131/12 (*Google Spain und Google*), Rn. 98.
801 EuGH, Urteil vom 13. Mai 2014 - C-131/12 (*Google Spain und Google*), Rn. 98.
802 *Exkurs: Indexierung durch Suchmaschinen.*
803 EuGH, Urteil vom 13. Mai 2014 - C-131/12 (*Google Spain und Google*), Rn. 43.
804 EuGH, Urteil vom 13. Mai 2014 - C-131/12 (*Google Spain und Google*), Rn. 43.
805 *Art. 4 DSRL - Anwendbares einzelstaatliches Recht*
(1) Jeder Mitgliedstaat wendet die Vorschriften, die er zur Umsetzung dieser Richtlinie erläßt, auf alle Verarbeitungen personenbezogener Daten an,
a) die im Rahmen der Tätigkeiten einer Niederlassung ausgeführt werden, die der für die Verarbeitung Verantwortliche im Hoheitsgebiet dieses Mitgliedstaats besitzt. Wenn der Verantwortliche eine Niederlassung im Hoheitsgebiet mehrerer Mitgliedstaaten besitzt, ergreift er die notwendigen Maßnahmen, damit jede dieser Nieder-

„*1. Zum räumlichen Anwendungsbereich der Richtlinie 95/46 und somit der spanischen Rechtsvorschriften über den Schutz personenbezogener Daten:*
a) Besteht eine „Niederlassung" im Sinne von Art. 4 Abs. 1 Buchst. a der Richtlinie 95/46, wenn eine oder mehrere der nachstehenden Fallgestaltungen vorliegen:
– wenn das die Suchmaschine betreibende Unternehmen in einem Mitgliedstaat für die Förderung des Verkaufs der Werbeflächen der Suchmaschine und diesen Verkauf selbst eine Zweigniederlassung oder Tochtergesellschaft gründet, deren Tätigkeit auf die Einwohner dieses Staats ausgerichtet ist, ...".[806]

Dazu müsste *Google Spain* eine Niederlassung von *Google Inc.* sein und die Datenverarbeitung im Zusammenhang mit personenbezogenen Suchanfragen müsste i.R.d. Tätigkeit der Niederlassung erfolgen. Bei der Tätigkeit von *Google Inc.* – „*die Anzeige personenbezogener Daten auf einer Seite mit Suchergebnissen*" – handelt es sich um die Verarbeitung personenbezogener Daten.[807] Da der Schutz der Privatsphäre bei Datenverarbeitungen in besonderem Maße zu den Zielen der Datenschutzrichtlinie gehört, konnte es für den EuGH „*nicht angehen*",[808] diese für den Suchmaschinenbetrieb bedeutsame Datenverarbeitung aus dem Anwendungsbereich der Richtlinie auszuklammern und die Betroffenen so vom intendierten Grundrechtsschutz auszuschließen. Auch wenn nur *Google Inc.* Datenverarbeitungen vornahm, fordert Art. 4 Abs. 1 lit. a) DSRL nicht, dass die Verarbeitung „von" der Niederlassung durchgeführt wird, sondern nur, dass diese „im Rahmen" der Niederlassungstätigkeit erfolgt.[809] Wenn *Google Spain* die Aufgabe zukommt, Werbeflächen für *Google Search* zu vermarkten, würden – so der EuGH – der Wortlaut des Art. 4 Abs. 1 lit. a) DSRL und der vom europäischen Gesetzgeber beabsichtigte, weite Anwendungsbereich der Datenschutzrichtlinie die Annahme gebieten, dass die Datenverarbeitung für *Google Search* i.R.d. Niederlassungstätigkeit erfolgt.[810] Tätigkeit von Mutter- (Bereitstellung der Suchfunktion *Google Search*)

---

lassungen die im jeweils anwendbaren einzelstaatlichen Recht festgelegten Verpflichtungen einhält;

...

806 EuGH, Urteil vom 13. Mai 2014 – C-131/12 (*Google Spain und Google*), Rn. 20.
807 EuGH, Urteil vom 13. Mai 2014 – C-131/12 (*Google Spain und Google*), Rn. 57.
808 EuGH, Urteil vom 13. Mai 2014 – C-131/12 (*Google Spain und Google*), Rn. 58.
809 EuGH, Urteil vom 13. Mai 2014 – C-131/12 (*Google Spain und Google*), Rn. 51 f.
810 EuGH, Urteil vom 13. Mai 2014 – C-131/12 (*Google Spain und Google*), Rn. 55.

und Tochterunternehmen (Vermarktung der Werbeflächen auf *Google Search*) seien untrennbar miteinander verbunden.[811]

III. Rechtliche Würdigung der Entscheidung

1. Kernaussagen

Die wesentlichen Aussagen der Entscheidung vom 13. Mai 2014 betrafen durchgehend die Frage nach und die Konsequenzen aus der Verantwortlichkeit eines Suchmaschinenbetreibers für die Verarbeitung personenbezogener Daten bei der Ermöglichung personenbezogener Suchanfragen[812]:

- Hierbei trifft den Betreiber der Suchmaschine eine eigene, vom Quellwebseitenbetreiber unabhängige Verantwortung; lässt er das Internet automatisiert nach Informationen durchforsten, um sie bei der Personensuche bereitzustellen, nimmt er als Verantwortlicher eine Verarbeitung personenbezogener Daten vor.
- Im gesamten Zeitraum dieser Verarbeitung müssen die Anforderungen des Art. 6 DSRL an die Verarbeitung eingehalten werden und es muss ein Erlaubnistatbestand nach Art. 7 lit. f) DSRL vorliegen.
- Den zentralen Dreh- und Angelpunkt der Entscheidung bildet die Auseinandersetzung mit den Rechten des Betroffenen aus den Art. 12 lit. b) und 14 lit. a) DSRL; das Eingreifen des Löschungs- und Widerspruchsrechtes ist nicht davon abhängig, ob dem Betroffenen durch die angegriffenen Daten ein Schaden entstehen kann. Der Betreiber einer Suchmaschine kann zum Adressaten dieser Rechte werden, der Betroffene kann entsprechende Anträge an ihn richten.
- Innerhalb der Art. 12 lit. b) und 14 lit. a) DSRL sind die Anforderungen der Art. 6 und 7 DSRL zu prüfen, das Löschungs- und Wi-

811 EuGH, Urteil vom 13. Mai 2014 – C-131/12 (*Google Spain und Google*), Rn. 56.

812 Die nicht ohne Schwierigkeiten nachzuvollziehende Ausgangslage des *Google-Urteils* lässt sich anhand des Schaubildes in der Urteilsbesprechung von *Sörup* besser erfassen, vgl. MMR 2014, 455 (464).

derspruchsrecht ruht folglich auf zwei Säulen. Aus Art. 6 Abs. 1 lit. c) – e) DSRL ist abzuleiten, dass auch eine zunächst ordnungsgemäße Datenverarbeitung durch den Suchmaschinenbetreiber umschlagen und sich mit der Zeit zur richtlinienwidrigen, nicht länger erforderlichen Verarbeitung wandeln kann. Entscheidend für die Wandlung können die seit Erhebung vergangene Zeit, die fehlende Erheblichkeit für den Verarbeitungszweck oder dessen Überschreiten sein.
– Bei der i.R.v. Art. 7 lit. f) DSRL vorzunehmenden Abwägung der aufeinanderprallenden Interessen von Suchmaschinenbetreiber, Informationsgesellschaft und Betroffenem überwiegen grundsätzlich die Rechte des Letztgenannten. Liegen keine besonderen Umstände vor, kann ein EU-Bürger vom Suchmaschinenbetreiber verlangen, bei namensbezogenen Suchanfragen nicht mehr mit den angegriffenen Informationen in Verbindung gebracht zu werden.

2. Systematik des Löschungsanspruchs

Ein Betroffener kann sich mit einem Antrag auf Löschung an den verantwortlichen Suchmaschinenbetreiber wenden; sollte dem Antrag nicht abgeholfen werden, kann er versuchen, dem Verantwortlichen die gewünschte Maßnahme durch die zuständige Kontrollstelle / das zuständige Gericht aufgeben zu lassen.[813] Der Löschungsanspruch hat seinen Ausgangspunkt in Art. 12 lit. b) DSRL und ruht auf zwei Säulen. Ausgelöst werden kann er zum einen, wenn ein Suchmaschinenbetreiber bei einer Datenverarbeitung den Qualitätsanforderungen von Art. 6 Abs. 1 lit. c) – e) DSRL zuwiderhandelt. Entspricht eine in die Ergebnisliste einbezogene Information dem Verarbeitungszweck nicht, ist sie für diesen nicht erheblich oder geht über ihn hinaus, steht dem Betroffenen ein Löschungsanspruch zu (= erste Säule).[814] Der EuGH spricht dabei allgemein von einer Unvereinbarkeit mit Art. 6 Abs. 1 lit. c) – e) DSRL ohne die einzelnen Anforderungen näher auf

813 EuGH, Urteil vom 13. Mai 2014 – C-131/12 (*Google Spain und Google*), Rn. 77.
814 EuGH, Urteil vom 13. Mai 2014 – C-131/12 (*Google Spain und Google*), Rn. 94.

die zugehörigen Abschnitte der Vorschrift aufzuteilen.[815] Die drei explizit hervorgehobenen Fallgruppen entstammen dem sog. Proportionalitätsgrundsatz des Art. 6 Abs. 1 lit. c) DSRL.[816] Maßgeblicher Anknüpfungspunkt für die Beurteilung der Konformität der Datenverarbeitung ist die Situation in der Gegenwart.[817]

Neben Fällen der Nonkonformität mit den Anforderungen von Art. 6 Abs. 1 lit. c) – e) DSRL kann ein Anspruch aus Art. 12 lit. b) DS-RL auch dann bestehen, wenn die Legitimationsgrundlage einer Datenverarbeitung fehlt. Für die Bereitstellung der Suchfunktion durch einen Suchmaschinenbetreiber kommt nur der Erlaubnistatbestand des Art. 7 lit. f) DSRL in Betracht, welcher i.E. eine Interessenabwägung verlangt.[818] An dieser Stelle – nicht i.R.d. Art. 6 Abs. 1 lit. c) – e) DSRL – knüpft das vom EuGH angenommene grundsätzliche Überwiegen der Betroffenenrechte aus Art. 7, 8 GRCh an (= zweite Säule).[819]

Da die Datenverarbeitung bei der Bereitstellung der Suchfunktion über Art. 7 lit. f) DSRL legitimiert wird, kann der Betroffene neben dem Antrag auf Löschung auch der Verarbeitung ihn betreffender personenbezogener Daten nach Art. 14 lit. a) DSRL widersprechen. Auch

---

815 EuGH, Urteil vom 13. Mai 2014 – C-131/12 (*Google Spain und Google*), Rn. 93 f.

816 *Art. 6 [Qualitätsgrundsätze]*
(1) Die Mitgliedstaaten sehen vor, daß personenbezogene Daten
...
c) den Zwecken entsprechen, für die sie erhoben und/oder weiterverarbeitet werden, dafür erheblich sind und nicht darüber hinausgehen;
...
Näher zum Proportionalitätsgrundsatz Grabitz/Hilf/*Brühann*, Das Recht der Europäischen Union (Sekundärrecht), Art. 6 DSRL, Rn. 13 (Stand: 13. EL 1999).

817 EuGH, Urteil vom 13. Mai 2014 – C-131/12 (*Google Spain und Google*), Rn. 94. Dass sich die Richtlinienkonformität einer einmal erfolgten Datenverarbeitung mit der Zeit verändern und daher nicht die Situation bei der erstmaligen Datenerhebung entscheidend sein kann, folgt aus Art. 6 Abs. 1 lit. d) („*und, wenn nötig, auf den neuesten Stand gebracht*") und lit. e) DSRL („*nicht länger, als es für die Realisierung der Zwecke, ..., erforderlich ist, in einer Form aufbewahrt werden, die die Identifizierung der betroffenen Personen ermöglicht*").

818 EuGH, Urteil vom 13. Mai 2014 – C-131/12 (*Google Spain und Google*), Rn. 73 f. Zur Systematik des Art. 7 lit. f) DSRL siehe *D. I. 2. A) Art. 7 DSRL – Legitimationsgrundlage der Datenverarbeitung.*

819 EuGH, Urteil vom 13. Mai 2014 – C-131/12 (*Google Spain und Google*), Rn. 95 ff. Zum grundsätzlichen Interessenübergewicht vgl. *D. II. 2. B) BB) BBB) (B) Grundsätzlich überwiegendes Interesse des Betroffenen.*

der Widerspruch läuft auf eine Abwägung der entgegenstehenden Interessen hinaus, soll aber eine noch speziellere Berücksichtigung der individuellen Situation des Betroffenen ermöglichen.[820]

3. Ambivalente Entscheidung

Das *Google-Urteil* hat einen enormen (und ambivalenten[821]) medialen Nachhall gefunden. Für einige Autoren bedeutete der Urteilsspruch vom 13. Mai 2014 *„ein großes Glück für die Bürgerrechte"*[822] und markierte die Geburtsstunde eines Rechts auf Vergessenwerden im Internet.[823] Auch habe der Gerichtshof in seiner Entscheidung *„besonderes Risikobewusstsein gegenüber Suchmaschinenbetreibern an den Tag* [ge]*legt"*[824] und der Privatsphäre des Einzelnen größeren Wert als der Erinnerung beigemessen.[825] Andere kritisierten dagegen, dass die Entscheidung mehr Fragen hinterlassen als Antworten geliefert habe, da sie in weiten Teilen zu vage sei und z.B. nicht konkretisiere, ob ein Anspruch gegen Suchmaschinenbetreiber erst 16 Jahre nach der Erstveröffentlichung einer Information oder bereits bei ihrem bloßem Missfallen besteht.[826] Eng verbunden damit ist die Befürchtung, dass das *Google-Urteil* den Beginn einer umfangreichen Zensurwelle von als unangenehm empfundenen Tatsachen durch Private einleitet.[827]

820 EuGH, Urteil vom 13. Mai 2014 – C-131/12 (*Google Spain und Google*), Rn. 75 f.; näher zu Art. 14 DSRL vgl. *D. I. 3. B) Das Widerspruchsrecht des Betroffenen – Art. 14 lit. a) DSRL.*

821 *DIVSI*, Das Recht auf Vergessenwerden, Seite 25; *Nolte*, NJW 2014, 2238 (2238)

822 *Sorge*, Cicero, 14. Mai 2014, *„Das schwammige Recht auf Vergessenwerden"*.

823 Süddeutsche Zeitung, 13. Mai 2014, *„Bürger können kritische Google-Links löschen lassen"*, abrufbar unter http://www.sueddeutsche.de/digital/eugh-urteil-zum-recht-auf-vergessenwerden-im-internet-google-kann-zur-loeschung-kritischer-suchergebnisse-verpflichtet-werden-1.1960576 (zuletzt abgerufen am 4. September 2017).

824 *Buchholtz*, AöR 2015, 121 (142).

825 *Stock*, *Handelsblatt*, 14. Mai 2014, *„Das Internet wird erwachsen"*.

826 *Sorge*, Cicero, 14. Mai 2014, *„Das schwammige Recht auf Vergessenwerden"*; vgl. auch *Jahn*, FAZ.net vom 23. Mai 2014, *„Führt das Google-Urteil zur Zensur"*.

827 *Jahn*, FAZ.net vom 23. Mai 2014, *„Führt das Google-Urteil zur Zensur"*.

Ebenso wie die Aufnahme des Urteils in den Medien zwischen Zustimmung und Ablehnung gespalten ist,[828] so gespalten wirken auch die Positionen des EuGH einerseits und des Generalanwalts andererseits. Während der Generalanwalt eine Verantwortlichkeit des Suchmaschinenbetreibers grundsätzlich ablehnte[829] und sich lediglich hilfsweise mit der dritten Vorlagefrage auseinandersetzte,[830] positionierte sich der EuGH gänzlich anders. Nicht nur sah dieser den Suchmaschinenbetreiber vollumfänglich als Verantwortlichen der Datenverarbeitungen i.R.v. personenbezogenen Suchanfragen an, sondern er erkannte ausgehend von den Art. 12 lit. b) und 14 lit. a) DSRL auch ein Recht des Betroffenen, mit bestimmten Informationen nicht länger durch Ergebnislisten in Verbindung gebracht zu werden.[831]

Die eigenständige Pflicht des Suchmaschinenbetreibers, Links zu von Dritten rechtmäßig im Netz platzierten Informationen zu entfernen, ist eine „*Quintessenz*" des *Google-Urteils*.[832] Ebenso bedeutsam, wenngleich nicht unkritisch zu würdigen, ist die Wertung, dass die Rechte eines Betroffenen aus den Art. 7 und 8 GRCh grundsätzlich das Informationsinteresse der Informationsgesellschaft überwiegen.[833] Auch fällt auf, dass der EuGH ein Recht auf Vergessenwerden in seiner Entscheidung - außerhalb der Wiedergabe der Vorlagefrage und der Darstellung der Betroffenenposition - nicht ausdrücklich erwähnt.[834] Daher soll nun zunächst die vielfach kritisierte Interessenabwägung des EuGH, aus der ein grundsätzlicher Vorrang der Art. 7 und 8 GRCh hervorgegangen ist, auf den Prüfstand gestellt werden. Anschließend ist der Frage nachzugehen, ob aus dem *Google-Urteil* tatsächlich ein

828 Zu den auseinanderklaffenden Reaktionen vgl. z.B. *Holznagel/Hartmann*, MMR 2016, 228 (231).

829 Vgl. erneut die Schlussanträge des Generalanwalts vom 25. Juni 2013 in der Rechtssache C-131/12, Rn. 91 ff.

830 Schlussanträge des Generalanwalts vom 25. Juni 2013 in der Rechtssache C-131/12, Rn. 101.

831 *D. II. 2. B) BB) BBB) Ein Recht auf Löschung der in Suchergebnislisten enthaltenen personenbezogenen Daten.*

832 *Sörup*, MMR 2014, 455 (464).

833 EuGH, Urteil vom 13. Mai 2014 – C-131/12 (*Google Spain und Google*), Rn. 81, 97.

834 Zutreffend auf die fehlende Aneignung des Begriffs hinweisend *Nolte*, NJW 2014, 2238 (2240).

Recht oder sogar ein Grundrecht auf Vergessenwerden destilliert werden kann.[835]

4. Zwischen Skylla und Charybdis – unauflösbarer Interessenkonflikt beim Vergessen im Internet?

A) Multipolarer Interessenkonflikt

Es ist fraglich, ob die vom EuGH vorgenommene Aufladung datenschutzrechtlicher Vorschriften mit grundrechtlichen Wertungen[836] überzeugt. Ein Recht auf Vergessenwerden bewegt sich innerhalb eines Spannungsverhältnisses verschiedener unionsrechtlicher Grundrechte,[837] einem Interessenkonflikt im „*Vierecksverhältnis*“:[838]

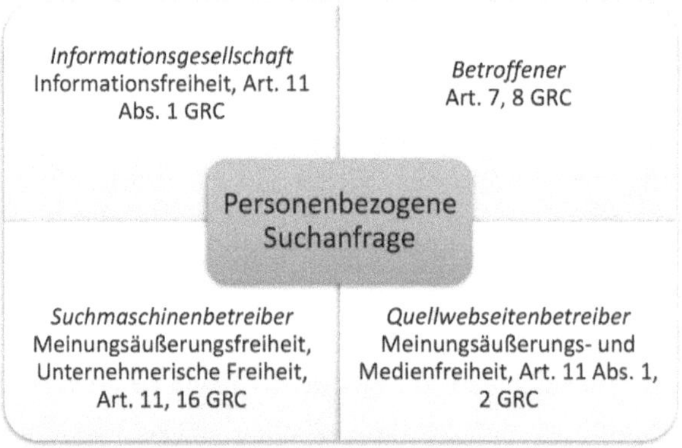

835 *Boehme-Neßler*, NVwZ 2014, 825 (825): „*Seine Entscheidung ist eindeutig: Ein Suchmaschinenbetreiber kann gezwungen werden, bestimmte personenbezogenen Daten nicht mehr anzuzeigen. Damit hat der EuGH die Basis für ein Grundrecht auf Vergessenwerden gelegt.*“

836 *Boehme-Neßler*, NVwZ 2014, 825 (828).

837 BeckOK Informations- und Medienrecht/*Gersdorf*, Art. 8 GRCh, Rn. 35 (Stand: 01.11.2015).

838 *Ziebarth*, ZD 2014, 394 (397). Denkbar sind auch Konflikte mit den Art. 13 und 17 GRCh, vgl. *Boehme-Neßler*, NVwZ 2014, 825 (829); eine ausführliche Bearbeitung weiterer, hypothetisch denkbarer Konflikte würde jedoch den Rahmen der Bearbeitung sprengen.

Durch Suchmaschinen kann theoretisch jeder Internetnutzer ein anhand der im Internet verfügbaren Informationen erstelltes Profil über den Gesuchten abrufen,[839] was seitens des EuGH ausschlaggebend für die Annahme der bei personenbezogenen Suchanfragen grundsätzlich überwiegenden Betroffenenrechte aus Art. 7, 8 GRCh war.[840] Der Informationszugriff im Internet berührt jedoch nicht nur die Interessen derjenigen, die zum Objekt von Suchanfragen werden.[841] Beschränkungen des Informationszugangs können diejenigen treffen, die als Teil der Informationsgesellschaft nach Informationen im Netz suchen. Daneben können sowohl die Betreiber von Suchmaschinen als auch einzelne Quellwebseitenbetreiber durch die Nachwirkungen des *Google-Urteils* Einschränkungen in ihren Rechten erfahren.[842]

Seit dem Neuaufleben der Bezeichnung „Recht auf Vergessenwerden" erfolgt regelmäßig und nahezu einhellig der Hinweis, dass dieses Recht keine absolute Geltung beanspruchen kann.[843] Bereits das 1995 errichtete Datenschutzsystem der EU erkennt z.B. in Art. 9 DSRL[844] oder in Form des Erlaubnistatbestands Art. 7 lit. f) DSRL[845] das Erfordernis an, bei bestimmten Datenverarbeitungen einen Interessenausgleich herstellen zu müssen. In seiner Entscheidung *Volker und Markus Schecke und Eifert* unterstrich der EuGH ausdrücklich, dass dem

839 EuGH, Urteil vom 13. Mai 2014 – C-131/12 (*Google Spain und Google*), Rn. 80; skeptisch demgegenüber *Diesterhöft*, VBlBW 2014, 370 (371).

840 EuGH, Urteil vom 13. Mai 2014 – C-131/12 (*Google Spain und Google*), Rn. 81, 97.

841 Vgl. bereits *B. II. 3. A) Gegenläufige Interessen Privater.* Auch der Legitimationstatbestand des Art. 7 lit. f) DSRL sieht vor, dass bei der Bewertung der „Erforderlichkeit" einer Datenverarbeitung verschiedene Interessen – die Interessen des Verantwortlichen, des Adressaten einer Datenübermittlung und des Betroffenen – berücksichtigt werden. Berechtigt i.S.d. Art. 7 lit. f) DSRL ist jedes Interesse, welches nicht gegen rechtliche Grundsätze, das Gebot von Treu und Glauben eingeschlossen, verstößt, *Dammann/Simitis*, Art. 7, Rn. 12.

842 *DIVSI*, Das Recht auf Vergessenwerden, Seite 10 f.; *Holznagel/Hartmann*, MMR 2016, 228 (230).

843 *Buchholtz*, AöR 2015, 121 (123, 126, 130); *Masing*, NJW 2012, 2305 (2308); *Nolte*, ZRP 2011, 236 (237); *Reding*, SPEECH/12/26, The EU Data Protection Reform 2012: Making Europe the Standard Setter for Modern Data Protection Rules in the Digital Age, Seite 5; vgl. außerdem *Luch/Schulz/Kuhlmann*, EuR 2014, 698 (706).

844 Vgl. hierzu auch Erwägungsgrund Nr. 37 DSRL.

845 *D. I. 1. A) Art. 7 DSRL – Legitimationsgrundlage der Datenverarbeitung.*

Grundrecht aus Art. 8 GRCh keine uneingeschränkte Geltung zukommt und es *„im Hinblick auf seine gesellschaftliche Funktion gesehen werden“* muss.[846] Mehr noch als die aus dem *Google-Urteil* hervorgegangene Möglichkeit eines direkten Vorgehens gegen Suchmaschinenbetreiber erfuhr die oberflächliche Auseinandersetzung des EuGH Kritik,[847] welche den zugrundeliegenden Interessenkonflikt verkannt und unangemessen verkürzt habe.[848]

Auch wenn der – europäische wie nationale – Gesetzgeber mit dem Erlass der Datenschutzrichtlinie bzw. den nationalen Umsetzungsgesetzen der aus dem Persönlichkeitsrecht erwachsenden Schutzpflicht nachgekommen ist, entfällt damit nicht die Verpflichtung zur Herstellung praktischer Konkordanz.[849] Kollidieren verschiedene Grundrechte miteinander, wirkt ein Grundrecht als Schranke des anderen[850] und die Grundrechtskollision verlangt nach einem schonenden Ausgleich der widerstreitenden Interessen.[851] Ob der vom EuGH eingeschlagene Weg des grundsätzlichen Überwiegens der Rechte aus den Art. 7, 8 GRCh diesen schonenden Ausgleich gewährleistet, ist fraglich, zumal die Rechte aller übrigen Beteiligten im *Google-Urteil* kaum Berücksichtigung erfahren haben. Die hier maßgeblichen und

846 EuGH, Urteil vom 9. November 2010 – verbundene Rechtssachen C-92/09 und C-93/09 (*Volker und Markus Schecke und Eifert*), Rn. 48.

847 BeckOK Informations- und Medienrecht/*Gersdorf*, Art. 8 GRCh, Rn. 35 (Stand: 01.11.2015); *Luch/Schulz/Kuhlmann*, EuR 2014, 698 (706 ff.); *Tamò/George*, JIPITEC 2014, 71 (83, 88); vgl. ferner die Kritik von *Kuner*, LSE Working Papers 3/2015, Seite 15: *„Advocate General Jääskinen recognized the importance of the case for the global Internet and the need to strike 'a correct, reasonable and proportionate balance between the protection of personal data, the coherent interpretation of the objectives of the information society and legitimate interests of economic operators and internet users at large' (paragraph 31 of his opinion), but the Court seemed disinterested in these factors.“*

848 *Holznagel/Hartmann*, MMR 2016, 228 (231); *Kuner*, LSE Working Papers 3/2015, Seite 21; *Ziebarth*, ZD 2014, 394 (397). *Diesterhöft* geht davon aus, dass die multipolare Kollisionslage eine umfassende Auseinandersetzung mit allen im Raum stehenden Interessen verlangt, *ders.*, VBlBW 2014, 370 (372).

849 *Luch/Schulz/Kuhlmann*, EuR 2014, 698 (707 f.).

850 *Jarass*, Art. 53 GRCh, Rn. 16.

851 *Jarass*, Art. 53 GRCh, Rn. 17; Meyer/*Borowsky*, Art. 53 GRCh, Rn. 20; KölnKomm/*von Danwitz*, Art. 53 GRCh, Rn. 20; *Trstenjak/Beysen*, EuR 2012, 265 (283); EuGH, Urteil vom 24. November 2011 – C-70/10 (*Scarlet Extended*), Rn. 41 ff.; EuGH, Urteil vom 6. November 2003 – C 101/01 (*Lindqvist*) = EuZW 2004, 245 (251).

zuvor im Schaubild gegenübergestellten Grundrechte werden daher im Folgenden in Relation zueinander gesetzt, um anschließend eine Beurteilung der praktischen Konkordanz zu ermöglichen.

AA) Rechte des Betroffenen auf Achtung der Privatsphäre und auf Schutz personenbezogener Daten

AAA) Gewährleistungsbereich

Eine personenbezogene Suchanfrage im Internet kann sich auf die Rechte einer gesuchten Person aus Art. 7 und 8 GRCh auswirken. Das im Unionsrecht nach Art. 7 GRCh [852] garantierte Grundrecht auf Privatleben soll dem einzelnen EU-Bürger einen Bereich absichern, in welchem er seine Persönlichkeit frei entfalten kann.[853] Geschützt sind u.a. die Entwicklung *„der Persönlichkeit jedes Einzelnen in seinen Beziehungen zu anderen Mitmenschen"*.[854] Der Gewährleistungsgehalt des Grundrechts auf Privatleben geht über ein reines *„right to be let alone"*

852 *Artikel 7 GRCh - Achtung des Privat- und Familienlebens*
Jede Person hat das Recht auf Achtung ihres Privat- und Familienlebens, ihrer Wohnung sowie ihrer Kommunikation.
Die Vorschrift entspricht grundsätzlich Art. 8 EMRK i.S.d. Art. 52 Abs. 3 GRCh, so dass Art. 8 EMRK und die Rechtsprechung des EGMR bei der Auslegung von Art. 7 GRCh zu berücksichtigen sind, Calliess/Ruffert/*Kingreen*, Art. 7 GRCh, Rn. 2. Es kann im Rahmen dieser Arbeit nicht näher behandelt werden, ob es sich bei Art. 7 GRCh um ein Grundrecht mit vier Teilbereichen oder um vier einzelne Grundrechte handelt, vgl. hierzu *Jarass*, Art. 7 GRCh, Rn. 2; BeckOK Informations- und Medienrecht/*Gersdorf*, Art. 7 GRCh, Rn. 8 (Stand: 01.11.2015).
Mit Inkrafttreten des Lissabon-Vertrages ist die GRCh verbindliches (Primär-)Recht geworden, Calliess/Ruffert/*Calliess*, Art. 1 GRCh, Rn. 1; *Schladebach/Simantiras*, EuR 2011, 784 (789); *Schwartmann*, Praxishandbuch Medienrecht, 1. Teil, 2. Kapitel, Rn. 26. Adressatin der in der GRCh enthaltenen Grundrechte ist gem. Art. 51 Abs. 1 S. 1 GRCh in erster Linie die EU selbst: Alle ihr zuzuordnenden, Hoheitsgewalt ausübenden Stellen werden durch die Grundrechte gebunden, Calliess/Ruffert/*Kingreen*, Art. 51 GRCh, Rn. 5. Die Mitgliedsstaaten sind nach Art. 51 Abs. 1 S. 1 GRCh ausschließlich bei der Ausführung von Unionsrecht gebunden, *Ludwig*, EuR 2011, 715 (720); das Handeln einzelner Mitgliedsstaaten wird primär an den Maßstäben nationaler Grundrechte gemessen, Calliess/Ruffert/*Kingreen*, Art. 51 GRCh, Rn. 7.

853 Meyer/*Bernsdroff*, Art. 7 GRCh, Rn. 15.

854 *Jarass*, Art. 7 GRCh, Rn. 3; *Sokur*, Privatsphärenschutz vs. Pressefreiheit, Seite 21. Vgl auch EGMR, Urteil vom 7. 2. 2012 - 40660/08 = GRUR 2012, 745 (746 f.).

hinaus,[855] doch schützt Art. 7 GRCh auch ein Recht des Einzelnen auf Rückzug und Abschottung von anderen Menschen.[856] Der Einzelne soll selbst über die Ausgestaltung seines Privatlebens und dessen Zugänglichmachung gegenüber der Öffentlichkeit entscheiden dürfen.[857]

Art. 7 GRCh steht in einem engen Zusammenhang mit dem nach Art. 8 GRCh gewährleisteten Schutz personenbezogener Daten.[858] Art. 8 GRCh ist *lex specialis* gegenüber dem allgemeinen Art. 7 GRCh[859] und der sachliche Schutzbereich des Grundrechts knüpft nicht daran an, ob besonders sensible Daten über eine Person vorliegen[860] oder eine Information bereits öffentlich bekannt ist.[861] Jede In-

---

Des Weiteren wird auch das Recht auf Selbstdarstellung geschützt, Calliess/Ruffert/*Kingreen*, Art. 7 GRCh, Rn. 6, ferner die Identität, der Name und das Bild einer Person, *Jarass*, Art. 7 GRCh, Rn. 3.

855 Meyer/*Bernsdroff*, Art. 7 GRCh, Rn. 19: „*Der Begriff des Privatlebens entzieht sich dem Versuch einer allgemeingültigen Definition. Jedenfalls versteht der EGMR unter dem Recht auf Achtung des Privatlebens mehr als ein bloßes „right to be let alone“. In einem weiten Sinn sind alle Bereiche des Lebens, die andere nicht betreffen, der Privatsphäre zuzuordnen.*“

856 Calliess/Ruffert/*Kingreen*, Art. 7 GRCh, Rn. 5.

857 Callies/Ruffert/*Kingreen*, Art. 7 GRCh, Rn. 3. Berufliche und geschäftliche Tätigkeiten fallen in dem Umfang in den Bereich des geschützten Privatlebens, in welchem sie der Öffentlichkeit gegenüber abgeschirmt sind, *Jarass*, Art. 7 GRCh, Rn. 13.

858 Meyer/*Bernsdroff*, Art. 7 GRCh, Rn. 14.
Artikel 8 GRCh - Schutz personenbezogener Daten
(1) Jede Person hat das Recht auf Schutz der sie betreffenden personenbezogenen Daten.
(2) Diese Daten dürfen nur nach Treu und Glauben für festgelegte Zwecke und mit Einwilligung der betroffenen Person oder auf einer sonstigen gesetzlich geregelten legitimen Grundlage verarbeitet werden. Jede Person hat das Recht, Auskunft über die sie betreffenden erhobenen Daten zu erhalten und die Berichtigung der Daten zu erwirken.
...

859 BeckOK Informations- und Medienrecht/*Gersdorf*, Art. 7 GRCh, Rn. 17 (Stand: 01.11.2015); Calliess/Ruffert/*Kingreen*, Art. 7 GRCh, Rn. 6; Meyer/*Bernsdroff*, Art. 8 GRCh, Rn. 13; differenzierend dagegen *Jarass*, Art. 8 GRCh, Rn. 4.

860 *Jarass*, Art. 8 GRCh, Rn. 6; Meyer/*Bernsdroff*, Art. 8 GRCh, Rn. 15; Bergmann/Dienelt/*Bergmann*, Art. 8 GRCh, Rn. 1.

861 *Jarass*, Art. 8 GRCh, Rn. 5. Im Zusammenhang mit der Datenschutzrichtlinie hatte der EuGH bereits in der Entscheidung *Satakunnan Markkinapörssi und Satamedia* ausgeführt, dass ein Ausklammern von Zweitveröffentlichungen den Anwendungsbereich der Richtlinie leerlaufen ließe, EuGH, Urteil vom 16. Dezember 2008 – C-73/07 (*Satakunnan Markkinapörssi und Satamedia*), Rn. 48 f.

formation über eine bestimmte oder bestimmbare natürliche Person ist geschützt;[862] neben Informationen aus der engeren Privatsphäre werden auch Informationen über den Beruf oder das Vermögen einer Person erfasst.[863] Um dem sachlichen Schutzbereich des Art. 8 GRCh zu unterfallen, müssen die in Rede stehenden Daten nur irgendeinen personalen Bezug aufweisen.[864]

Eine Beeinträchtigung der Gewährleistungen des Art. 7 GRCh liegt vor, wenn es zu einer Einschränkung der persönlichen Lebensführung oder der Entscheidung über deren Preisgabe gegenüber der Öffentlichkeit kommt.[865] Sobald eine Verarbeitung personenbezogener Daten erfolgt, ist der von Art. 8 GRCh geschützte Bereich berührt;[866] der Grundrechtsberechtigte muss durch die Verarbeitung keinen zusätzlichen Nachteil erleiden.[867] Auch wenn bspw. Art. 8 GRCh keine unmittelbare Bindungswirkung gegenüber Privaten entfaltet, können diese mittelbar durch Vorschriften gebunden werden, die der Gesetzgeber infolge der ihm obliegenden Schutzpflicht erlassen hat.[868]

BBB) Beeinträchtigung des geschützten Bereichs durch die Suchmaschinentätigkeit

Suchmaschinenbetreiber ermöglichen ein systematisches Durchsuchen des Internets nach Informationen und machen dabei aufgefundene personenbezogene Daten i.R.v. personenbezogenen Suchanfrage für

862 Schlussanträge des Generalanwalts vom 25. Juni 2013 in der Rechtssache C-131/12, Rn. 117; Meyer/*Bernsdroff*, Art. 8 GRCh, Rn. 15.

863 *Jarass*, Art. 8 GRCh, Rn. 6.

864 BeckOK Informations- und Medienrecht/*Gersdorf*, Art. 8 GRCh, Rn. 16 (Stand: 01.11.2015); Calliess/Ruffert/*Kingreen*, Art. 8 GRCh, Rn. 9.

865 Calliess/Ruffert/*Kingreen*, Art. 7 GRCh, Rn. 12.

866 *Jarass*, Art. 8 GRCh, Rn. 8. Als Verarbeitung zählt auch der Webseiten-Hinweis auf eine Person, wenn diese bspw. durch Angabe ihres Namens, ihres Beschäftigungsverhältnisses oder auf andere Weise erkennbar gemacht wird, KölnKomm/*Johlen*, Art. 8 GRCh, Rn. 35; EuGH, Urteil vom 6. November 2003 – C 101/01 (*Lindqvist*) = EuZW 2004, 245 (247); Schlussanträge des Generalanwalts vom 25. Juni 2013 in Rechtssache C-131/12, Rn 3 f.

867 *Jarass*, Art. 8 GRCh, Rn. 8; EuGH, Urteil vom 20. Mai 2003 – Verbundene Rechtssachen C-465/00, C-138/01 und C-139/01 (*Österreichischer Rundfunk*), Rn. 75; vgl. *D. II. 2. B) BB) BBB) Ein Recht auf Löschung der in Suchergebnislisten enthaltenen personenbezogenen Daten*.

868 *Jarass*, Art. 8 GRCh, Rn. 3 Fn. 14.

Dritte zugänglich.[869] Personenbezogene Daten werden im Verlauf dieses Prozesses erhoben und gespeichert, sowie anschließend weitergegeben und verbreitet, so dass eine Verarbeitung durch den Suchmaschinenbetreiber und damit einhergehend ein Eingriff in den geschützten Bereich des Art. 8 GRCh vorliegt.[870]

Die Gefahr, der eine gesuchte Person durch die Tätigkeit von Suchmaschinenbetreibern ausgesetzt wird, muss aber noch in einem größeren, über die Verarbeitung einzelner Daten hinausgehenden Kontext begriffen werden. Im 21. Jahrhundert ist vielen Grundrechten ein spezieller Gewährleistungsgehalt im digitalen Raum beizumessen;[871] der Einzelne entfaltet seine Persönlichkeit in immer größeren Ausmaßen im Internet, indem er z.B. aktiv mit anderen Menschen in sozialen Netzwerken interagiert und sich der Selbstdarstellung in Form von Text oder Bild hingibt.[872] *„Die Online-Identität ist … untrennbar mit der „Offline-Persönlichkeit" des Einzelnen verknüpft"*.[873] Als Folge der Verknüpfung des tatsächlichen mit dem digitalen „Ich" verändert sich die Wahrnehmung eines Menschen durch seine Umgebung: Außerhalb persönlicher Begegnungen mit anderen Menschen kann ein Individuum auch im globalen Internet wahrgenommen werden.[874]

Im Verlauf des Suchprozesses wird – sei es durch das Angebot automatischer Suchergänzungsvorschläge oder durch die finale Auflistung von Informationen am Ende einer Suchanfrage – die Wahrnehmung eines Menschen durch die Außenwelt beeinflusst.[875] Ein Such-

869 *B. II. 1. A) Ubiquität und Bedeutung der Suchmaschinen; Exkurs: Indexierung durch Suchmaschinen.*

870 EuGH, Urteil vom 13. Mai 2014 – C-131/12 (*Google Spain und Google*), Rn. 38, 80.

871 *Luch/Schulz*, MMR 2013, 88 (88).

872 *Luch/Schulz*, MMR 2013, 88 (93); *Luch/Schulz/Kuhlmann*, EuR 2014, 698 (711).

873 *Luch/Schulz/Kuhlmann*, EuR 2014, 698 (712).

874 *Luch/Schulz/Kuhlmann*, EuR 2014, 698 (711): *„So wird vieles, was zuvor einzig im direkten persönlichen, postalischen oder Tele(fon) kontakt erfolgte, in den digitalen Raum verlegt. Das soziale Wesen des Menschen bestimmt sich in seiner Interaktion in der Gemeinschaft; Charakter und Persönlichkeit schärfen sich nunmehr in mehr oder minder großen Anteilen auch in der Online-Welt. Der Einzelne wird nicht mehr nur in der realen Welt, sondern vom einen oder anderen Gegenüber (z. B. Freunde in Übersee) sogar nahezu ausschließlich in der digitalen Umwelt erlebt und wahrgenommen."*

875 *Luch/Schulz/Kuhlmann*, EuR 2014, 698 (714) unter Bezugnahme auf die *Autocomplete-Entscheidung* des BGH (= Urteil vom 14. Mai 2013 – VI ZR 269/12).

maschinenbetreiber begründet zwar die Online-Identität eines Menschen nicht, allerdings ermöglicht er Dritten Einblicke in strukturierte Zusammenfassungen der im Internet bekannten Informationen über den Gesuchten.[876] Anhand dieser Zusammenfassungen können Informationen aus der Vergangenheit des Gesuchten in Erfahrung gebracht werden, die ohne die Hilfestellung von Suchmaschinenbetreibern nur unter erheblichen Schwierigkeiten entdeckt worden wären.[877]

Die Gefahren für den Gesuchten durch die Auflistung wahrer, aber veralteter Informationen in einer Ergebnisliste sind kaum geringer, als die ihm drohenden Gefahren durch das Ausweisen falscher Informationen. Bezieht ein Suchmaschinenbetreiber veraltete Informationen in Ergebnislisten ein, ermöglicht er anderen Menschen dadurch die Einsichtnahme in eine in Teilen überholte Online-Identität einer Person. Für die Außenwelt wird der Gesuchte dadurch mit einem vergangenen Entwicklungsstand seiner selbst in Verbindung gebracht, der wenig über den gegenwärtigen Entwicklungsstand aussagen muss.[878] Bspw. lässt der in einer *Google*-Suche enthaltene Hinweis auf die Pfändungen der Grundstücke des *Costeja González* diesen als eine Persönlichkeit erscheinen, welche infolge wirtschaftlichen Scheiterns in die Illiquidität abrutschte. Auch *Andrew Feldmar* wurde aus Sicht des nachforschenden Grenzbeamten wieder zu demjenigen, der in Zeiten von Kubakrise und Woodstock LSD konsumierte.[879]

Die Chancen eines Menschen, die eigene Persönlichkeit frei im Verhältnis zu anderen Menschen zu entwickeln, erfahren durch die allgegenwärtige Präsenz und die Informationsherrschaft der Suchma-

---

876 *Luch/Schulz/Kuhlmann*, EuR 2014, 698 (712 f.); EuGH, Urteil vom 13. Mai 2014 – C-131/12 (*Google Spain und Google*), Rn. 80 f.

877 So *Posner* zur Situation des *Costeja González*, „*We All Have the Right to Be Forgotten*", 14. Mai 2014: „*By prominently surfacing Costeja's old debt woes, Google's search results disclose embarrassing information without providing much continuing value to the public. A private individual's failure to pay a debt more than a decade ago tells us little about his character today*"; zur Bedeutung der Suchmaschinen bei der Informationssuche im Internet vgl. *B. II. 1. A) Ubiquität und Bedeutung der Suchmaschinen*; *C. I. 6. B) Notwendigkeit zur Unterbrechung des allgegenwärtigen Informationsflusses.*

878 *Posner*, „*We All Have the Right to Be Forgotten*", 14. Mai 2014; vgl. *B. II. 2. C) Bedrohung der selbstbestimmten Persönlichkeitsentwicklung.*

879 Zur Situation von *Andrew Feldmar* vgl. *B. II. 2. B) Zusammenspiel moderner Technik zwingt zum Überdenken des Stellenwerts von Erinnerung und Vergessen.*

schinen erhebliche Beeinträchtigungen. Durch die potentiell omnipräsente Vergangenheit droht der einzelne Mensch auf diese reduziert zu werden. In einem vergangenen Entwicklungsstand begangene Verfehlungen und Jugendsünden können nicht überwunden werden, wenn sie sich infolge personenbezogener Suchanfragen erneut in Ergebnislisten bemerkbar machen.[880]

Wirkt sich die Omnipräsenz menschlicher Vergangenheit dahingehend aus, dass die vergangenen Entscheidungen eines Menschen als Grundlage für Werturteile und Handlungen seiner Umwelt dienen, wird außer Acht gelassen, dass die menschliche Persönlichkeit und Identität ständigem Wandel unterworfen ist.[881] Außerhalb des Internets legitimiert die Anerkennung der menschlichen Fähigkeit zur Veränderung und Fortentwicklung staatlich sanktioniertes Vergessen.[882] Die Befähigung zur Veränderung verdient online keine geringe Würdigung als offline.

Kann Vergangenheit nicht überwunden werden, rückt die Chance auf einen erfolgreichen Neuentwurf der eigenen Persönlichkeit in weite Ferne.[883] So wie sich die Gewährung von Vergessen positiv auf den Einzelnen und die Gesellschaft im Ganzen auswirken kann,[884] so wirkt

880 Gerade die Rehabilitation junger Delinquenten geht jedoch mit einer Vielzahl gesellschaftlicher Vorzüge einher, *Blanchette/Johnson*, The Information Society, Vol. 18, 2002, 33 (37); *B. II. 2. B) Zusammenspiel moderner Technik zwingt zum Überdenken des Stellenwerts von Erinnerung und Vergessen.*

881 *Andrade*, IDP 2012, 122 (129); *B. II. 2. C) Bedrohung der selbstbestimmten Persönlichkeitsentwicklung.*

882 *DIVSI*, Das Recht auf Vergessenwerden, Seite 15: *„Sogar heute noch kennen wir staatlich angeordnetes „Vergessen", das ein von Vergangenem befreites Weiterleben ermöglichen soll. So heißt es zum Beispiel in § 45 des Bundeszentralregistergesetzes: „Eintragungen über Verurteilungen werden nach einer bestimmten Frist getilgt." Hinter dieser Regelung steht der Gedanke von Rehabilitierung und Resozialisierung. Um diese für eine straffällig gewordene Person zu ermöglichen, soll die permanente Erinnerung an die fragliche Tat nach Ablauf einer als angemessen festgelegten Zeitspanne erschwert und im Idealfall sogar vollständig verhindert werden. Alle diese Fälle „von oben" festgesetzten Vergessens beruhen auf der Prämisse, dass Individuen und Gesellschaften fähig sind, sich zu ändern, und sie deshalb eine zweite Chance verdient haben."*

883 *Ambrose*, IRIE Vol. 17, 2012, 21 (22); *B. II. 2. B) Zusammenspiel moderner Technik zwingt zum Überdenken des Stellenwerts von Erinnerung und Vergessen.*

884 *Blanchette/Johnson*, The Information Society, Vol. 18, 2002, 33 (36); *Koops*, SCRIPTed Vol. 8, Issue 3, 2011, 1 (22); *B. II. 2. C) Bedrohung der selbstbestimmten Persönlichkeitsentwicklung.*

sich auch die permanente Erinnerung und Konfrontation mit früheren Taten nicht allein zu Lasten eines im Internet gesuchten Individuums aus. Auf lange Sicht kann die Konservierung früherer Entwicklungszustände die demokratische Gesellschaft als solche schwächen, indem der Einzelne in immer geringerem Maße zur Partizipation am demokratischen Prozess bereit ist. Wer fürchtet, dass jegliches eigene Verhalten erfasst wird und – womöglich Jahrzehnte später – zu Konsequenzen führen kann, passt sich an und entfaltet sich weniger freimütig.[885] Die Gefahr, dass die befürchtete Observation des eigenen Verhaltens zu Selbstbeschränkungen und einem Zwang zu konformistischem Verhalten führt, prägte neben dem Volkszählungsurteil des BVerfG[886] bereits *George Orwells* dystopischen Zukunftsausblick *1984*.[887]

Mehr noch als das Internet als „*Ozean von Daten*“[888] ist es die Tätigkeit von Suchmaschinenbetreibern, die dieser altbekannten Gefahr zur Manifestation in neuem Gewand verhelfen kann. Die zentrale Informationsanhäufung in Ergebnislisten birgt ein stärkeres Gewicht, als die isolierte Auffindbarkeit personenbezogener Daten auf einzelnen, im Datenozean verstreuten Quellwebseiten.[889] Die so ermöglichten

885 *Blanchette/Johnson*, The Information Society, Vol. 18, 2002, 33 (36); *Diesterhöft*, Seite 151; *B. II. 2. C) Bedrohung der selbstbestimmten Persönlichkeitsentwicklung.*

886 BVerfG, Urteil vom 15. Dezember 1983 - 1 BvR 209/83 = NJW 1984, 419 (422).

887 *Orwell*, 1984, Seite 6: „*Es bestand natürlich keine Möglichkeit festzustellen, ob man in einem gegebenen Augenblick gerade überwacht wurde. Wie oft und nach welchem System die Gedankenpolizei sich in einen Privatapparat einschaltete, blieb der Mutmaßung überlassen. Es war sogar möglich, daß jeder einzelne ständig überwacht wurde. Auf alle Fälle aber konnte sie sich, wenn sie es wollte, jederzeit in einen Apparat einschalten. Man musste in der Annahme leben – und man stellte sich tatsächlich instinktiv darauf ein –, daß jedes Geräusch, das man machte, überhört und, außer in der Dunkelheit, jede Bewegung beobachtet wurde.*“
Bezugnahmen auf *Orwell* haben mitunter auch Eingang in Beiträge über das Recht auf Vergessenwerden gefunden, vgl. nur *Ambrose/Friess/Van Matre*, SCLJ Vol. 29, 2012, 1 (44): „*As one commentator notes, given today's rapid proliferation of information, criminal trials and records would need to be removed from the public view altogether if one were going to effectively limit access to criminal records. This is the only way to preclude the proliferation of records in the digital world, but such Orwellian control of information is not an option.*“

888 BGH, Urteil vom 14. Mai 2013 – VI ZR 269/12 = NJW 2013, 2348 (2349).

889 EuGH, Urteil vom 13. Mai 2014 – C-131/12 (*Google Spain und Google*), Rn. 87; *DIVSI*, Das Recht auf Vergessenwerden, Seite 16; *D. I. 2. B) BB) BBB) (B) Grundsätzlich überwiegendes Interesse des Betroffenen.*

Einblicke in die Online-Identität eines Menschen können seine Freiheit zur Gestaltung der persönlichen Lebensführung erheblich beeinträchtigen – sei es dadurch, dass er Bewertungen auf Basis seiner Vergangenheit unterworfen wird, oder dass er sich aus Furcht vor möglichen Spätfolgen seines Handelns von vornherein weniger frei entfaltet. Wird die Vergangenheit wie im Falle des *Costeja González* durch Suchmaschinen wieder ins Blickfeld der Gegenwart gezerrt, kommt es zu einer Beeinträchtigung in der nach Art. 7 GRCh geschützten Freiheit zur Entwicklung der eigenen Persönlichkeit.

BB) Rechte der Suchmaschinenbetreiber

AAA) Meinungsäußerungsfreiheit von Suchmaschinenbetreibern

(A) Informationsfreiheit

Wird ein Suchmaschinenbetreiber unter Berufung auf die in Umsetzung der Datenschutzrichtlinie erlassenen Gesetze dazu angewiesen, den Zugang zu Informationen nicht länger i.R.d. personenbezogenen Suchanfrage zu eröffnen, könnte er in grundrechtlich geschützten Positionen, insbesondere in seiner Informationsfreiheit, beeinträchtigt sein.

Der Schutzbereich des Grundrechts aus Art. 11 Abs. 1 GRCh [890] umfasst neben der passiven auch die aktive Informationsfreiheit[891] und schließt in personeller Hinsicht juristische Personen und bestimmte Personenvereinigungen ein.[892] In sachlicher Hinsicht werden

890 *Art. 11 Grundrechte-Charta – Freiheit der Meinungsäußerung und Informationsfreiheit*
(1) Jede Person hat das Recht auf freie Meinungsäußerung. Dieses Recht schließt die Meinungsfreiheit, und die Freiheit ein, Informationen, und Ideen ohne behördliche Eingriffe und ohne Rücksicht auf Staatsgrenzen zu empfangen, und weiterzugeben.
Anders als in Deutschland wird die von der Grundrechte-Charta gewährleistete Informationsfreiheit nicht von der Meinungsfreiheit getrennt; bei der Meinungsäußerungsfreiheit nach Art. 11 Abs. 1 GRCh handelt es sich um ein einheitliches Grundrecht, *Jarass*, Art. 11 GRCh, Rn. 2. Die einheitliche Betrachtungsweise ist bereits im Wortlaut angelegt, Meyer/*Bernsdorff*, Art. 11 GRCh, Rn. 13.

891 Callies/Ruffert/*Calliess*, Art. 11 GRCh, Rn. 14.

892 *Jarass*, Art. 11 GRCh, Rn. 16; ferner Callies/Ruffert/*Calliess*, Art. 11 GRCh, Rn. 10.

die Ab- und Weitergabe,[893] die Entgegennahme[894] und ferner das Empfangen und Speichern von Informationen[895] – mithin der *„gesamte Informationsprozess“*[896] – gewährleistet.

Suchmaschinen sind für den Informationszugang im Internet von kaum zu unterschätzender Bedeutung: Ein Großteil der europäischen Internetnutzer greift bei der Ausübung der Informationsfreiheit im Internet auf ihre Unterstützung zurück.[897] Ohne die Aufbereitungstätigkeit der Suchmaschinenbetreiber wäre das Aufspüren einzelner Informationen im Datenozean – z.B. Jahrzehnte zurückliegende Berichte über die Pfändung von Grundstücken eines spanischen EU-Bürgers – für den überwiegenden Anteil der Internetnutzer nicht zu bewältigen.[898]

Um Suchfanfragen ermöglichen und gemäß den Interessen des Suchenden beantworten zu können, erfassen und speichern Suchmaschinenbetreiber eine Vielzahl an Informationen samt der dazugehörigen Internetstandorte, welche im Anschluss entsprechend der jeweiligen Suchanfrage aufbereitet und weitergegeben werden.[899] Indem Suchmaschinenbetreiber Informationen entweder direkt (über eine Vorschau in den Ergebnislisten[900]) oder indirekt (durch die Standortweitergabe in Form eines Hyperlinks in der Ergebnisliste) weitergeben, üben sie aktiv ihre Informationsfreiheit aus.

Da jede Behinderung eines Kommunikationsprozesses als Eingriff in den geschützten Bereich des Art. 11 Abs. 1 GRCh anzusehen ist,[901]

---

893 *Jarass*, Art. 11 GRCh, Rn. 13.

894 *Schladenbach/Simantiras*, EuR 2011, 784 (789).

895 Meyer/*Bernsdorff*, Art. 11 GRCh, Rn. 13.

896 Ehlers/*Pünder*, § 17.2, II 2, Rn. 11. Bereits das Nennen des Namens einer Person wird von Art. 11 Abs. 1 GRCh erfasst, *Jarass*, Art. 11 GRCh, Rn. 12.

897 Schlussanträge des Generalanwalts vom 25. Juni 2013 in Rechtssache C-131/12, Rn. 131; *C. III. 4. A) DD) Informationsfreiheit in der Informationsgesellschaft.*

898 *B. II. 1. A) Ubiquität und Bedeutung der Suchmaschinen.*

899 Näher zum Ablauf der Suchmaschinentätigkeit vgl. *Exkurs: Indexierung durch Suchmaschinen.*

900 *Exkurs: Indexierung durch Suchmaschinen.*

901 Callies/Ruffert/*Calliess*, Art. 11 GRCh, Rn. 28.
Art. 11 GRCh bindet zwar unmittelbar nur Organe der Union sowie die Mitgliedsstaaten bei der Durchführung und Auslegung von Unionsrecht, Private können aber einer mittelbaren Bindung unterworfen werden, *Jarass*, Art. 11 GRCh, Rn. 7.

erfährt ein Suchmaschinenbetreiber eine Beschränkung seiner Informationsfreiheit, wenn er infolge der im *Google-Urteil* vorgegebenen Auslegung unionsrechtlicher Datenschutzbestimmungen[902] dazu angewiesen wird, bestimmte Informationen über Einzelpersonen nicht länger bei personenbezogenen Suchanfragen zu offenbaren. Diese Verpflichtung könnte einen Suchmaschinenbetreiber zugleich in seiner Meinungsfreiheit im engeren Sinne beeinträchtigen.

(B) Meinungsfreiheit

Die nach Art. 11 Abs. 1 GRCh garantierte Meinungsäußerungsfreiheit schützt neben der Informationsfreiheit auch die Freiheit eine eigene Meinung zu haben und zu äußern[903] und die Freiheit der Meinungsbildung.[904] Meinung ist weit zu verstehen und umfasst jedwede Stellungnahme, Ansicht, Überzeugung und jedes Werturteil.[905] Weder spielen Inhalt und Qualität einer Meinung eine Rolle[906] noch ist der von Art. 11 Abs. 1 GRCh gewährte Schutz an ein spezielles Medium gebun-

902 EuGH, Urteil vom 13. Mai 2014 – C-131/12 (*Google Spain und Google*), Rn. 97.

903 *Jarass*, Art. 11 GRCh, Rn. 2. Auch die Informationsfreiheit ist Bestandteil der Meinungsäußerungsfreiheit, Meyer/*Bernsdorff*, Art. 11 GRCh, Rn. 13. Zum Schutzbereich von Art. 11 Abs. 1 GRCh vgl. bereits *D. III. 4. A) BB) AAA) Meinungsäußerungsfreiheit von Suchmaschinenbetreibern.*

904 Calliess/Ruffert/*Calliess*, Art. 11 GRCh, Rn. 8; Meyer/*Bernsdorff*, Art. 11 GRCh, Rn. 12. Die Meinungsäußerungsfreiheit steht neben natürlichen auch juristischen Personen und bestimmten Personenvereinigungen zu, Callies/Ruffert/*Calliess*, Art. 11 GRCh, Rn. 10, 15; *Jarass*, Art. 11 GRCh, Rn. 16.

905 Calliess/Ruffert/*Calliess*, Art. 11 GRCh, Rn. 6; Meyer/*Bernsdorff*, Art. 11 GRCh, Rn. 12.

906 BGH, Urteil vom 14. Oktober 2010 – I ZR 191/08 (*AnyDVD*) = MMR 2011, 391 (392); *Jarass*, Art. 11 GRCh, Rn. 11. Selbst kommerzielle Äußerungen und Inhalte fallen in den Schutzbereich der Meinungsäußerungsfreiheit, KölnKomm/*Stern*, Art. 11 GRCh, Rn. 25. Auch die Kundgabe beleidigender oder störender Beiträge ist nicht per se vom Schutzbereich ausgeschlossen, EuGH, Urteil vom 6. März 2001 - C-274/99 P, (*Connolly/Kommission*) = EuR 2001, 542 (545); BGH, Urteil vom 14. Oktober 2010 – I ZR 191/08 (*AnyDVD*), MMR 2011, 391 (393).

den,[907] so dass auch Meinungsäußerungen im Internet vom Schutzbereich umschlossen sind.[908]

Die Einordnung der Informationsvermittlung durch Suchmaschinen in die grundrechtlichen Gewährleistungsbereiche des Art. 11 Abs. 1 GRCh ist jedoch nicht ohne Schwierigkeiten möglich. Generalanwalt *Jääskinen* ging in seinen Schlussanträgen noch davon aus, dass der Suchmaschinenbetreiber beim Anbieten von „*Instrumente*[n] *zur Lokalisierung von Informationen im Internet*" regelmäßig in Ausübung seiner Meinungsäußerungsfreiheit handelt.[909] Im Gegensatz dazu schwieg der EUGH im *Google-Urteil* zur Meinungsäußerungsfreiheit *Googles* und ließ nur erkennen, dass Datenverarbeitungen des Betreibers nicht allein journalistischen Zwecken dienten.[910]

---

907 *Jarass*, Art. 11 GRCh, Rn. 13. Dies schließt den Schutz von Meinungsäußerungen mittels der sog. „*Neuen Medien*" mit ein, solange diese auf Individualkommunikation ausgelegt sind, vgl. Calliess/Ruffert/*Calliess*, Art. 11 GRCh, Rn. 12.

908 *Jarass*, Art. 11 GRCh, Rn. 13.

909 Schlussanträge des Generalanwalts vom 25. Juni 2013 in Rechtssache C-131/12, Rn. 132; ebenfalls von einer Eröffnung des Schutzbereichs ausgehend: *Milstein/ Lippold*, NVwZ 2013, 182 (186).
Bezogen auf das deutsche Recht ging das LG Mönchengladbach davon aus, dass der Suchmaschinenbetreiber beim Bereitstellen seines Lokalisierungsdienstes in den Genuss der Pressefreiheit kommt, LG Mönchengladbach, Urteil vom 5. September 2013 – 10 O 170/12 = DuD 2013, 812 (813); *Jandt*, MMR-Aktuell 2014, 358242. Das LG Mönchengladbach beruft sich in seinem Urteil auf eine Entscheidung des OLG Hamburg, welches dem Suchmaschinenbetreiber zwar ebenfalls den Schutz der Pressefreiheit zusprach, allerdings unter Bezugnahme auf die Bedeutung einer Suchmaschine für die Verbreitung von Meinungsäußerungen Dritter im Internet, vgl. OLG Hamburg, Urteil vom 26. Mai 2011 – 3 U 67/11, Juris-Rz. 126: „*Jedenfalls aber kann sich die Beklagte als Betreiberin einer Suchmaschine auf die Pressefreiheit berufen, die den Schutz, den die Äußerung des Dritten durch die Meinungsfreiheit aus Art. 5 Abs. 1 S. 1 GG genießt, einschließt … . Denn sie gewährleistet durch den Einsatz ihrer Suchmaschine den Meinungs- und Informationsaustausch der im Internet stehenden Äußerungen Dritter. … . Denn die Beklagte gewährleistet eben gerade auch für Nutzer im Inland, dass diese durch ihre Suchmaschine überhaupt in der Lage sind, sich im WWW zurechtzufinden und dem Internet die für sie interessanten Informationen, Meinungen, Äußerungen etc. entnehmen zu können.*"

910 EuGH, Urteil vom 13. Mai 2014 – C-131/12 (*Google Spain und Google*), Rn. 85; vgl. hierzu auch *Jandt*, MMR-Aktuell 2014, 358242.
Die allein unter dem Gesichtspunkt der unternehmerischen Freiheit erfolgende Auseinandersetzung mit den Rechten von Suchmaschinenbetreibern wurde im Anschluss an das Urteil aus den Reihen der Literatur erheblich kritisiert, vgl. nur *Holznagel/Hartmann*, MMR 2016, 228 (231): „*Wird eine Internetseite nicht mehr*

(AA) Praktische Relevanz der Einordnung

Ein Suchmaschinenbetreiber übt aktiv seine Informationsfreiheit aus.[911] Die von der Freiheit der Meinungsäußerung i.w.S. eingeschlossene Informationsfreiheit umfasst auch die Kundgabe von Tatsachen,[912] so dass die angebotene Lokalisierungstätigkeit in jedem Fall in den Schutzbereich des Art. 11 Abs. 1 GRCh fällt.[913]

Neben der Weitergabe von Tatsachen könnte ein Suchmaschinenbetreiber möglicherweise auch eigene Werturteile abgeben und somit seine Meinungsäußerungsfreiheit im engeren Sinne ausüben. Obwohl anders als im deutschen Recht Meinungs- und Informationsfreiheit unter dem Dach eines einheitlichen Schutzbereichs geschützt sind, welcher nicht entgegen dem Wortlaut in zwei unterschiedliche Grundrechte aufgespalten werden darf,[914] ist diese Frage nicht ohne jede praktische Relevanz.[915]

(BB) Abgabe eines Werturteils bei der Bereitstellung von Ergebnislisten

Vertreten lässt sich zunächst, dass ein Suchmaschinenbetreiber bei der Bereitstellung der Informationsstandorte in den Ergebnislisten überhaupt keine Werturteile, Ansichten o.ä. abgibt. Im Rahmen seiner Lokalisierungstätigkeit lässt er vorab definierte Datenbestände automatisiert durchsuchen und – sortiert nach dem Grad der Übereinstim-

---

in der Suchmaschine angezeigt, fällt sie de facto fast vollständig aus dem Kommunikationsprozess heraus. Die Meinung ist auf dem Markt der Ideen nicht mehr verfügbar. Vor diesem Hintergrund erscheint es auch zweifelhaft, dass der EuGH den Suchmaschinenbetreiber – übrigens ohne nähere Begründung – allein als Wirtschaftsunternehmen betrachtet und ihm eine Berufung auf Kommunikationsrechte verweigert."

911 *D. III. 4. A) BB) AAA) (A) Informationsfreiheit.*

912 *Jarass*, Art. 11 GRCh, Rn. 10; Ehlers/*Pünder*, § 17.2, II 2, Rn. 11.

913 *Milstein/Lippold*, NVwZ 2013, 182 (186).

914 Vgl. *Jarass*, Art. 11 GRCh, Rn. 2, welcher Art. 11 Abs. 1 GRS auch als „*Freiheit der Meinungsäußerung" im weiteren Sinn*" bezeichnet.

915 Die Unterscheidung zwischen Tatsache und Werturteil gewinnt auf Rechtfertigungsebene an Bedeutung, da im Falle der Einstufung als Tatsache ein Wahrheitsbeweis möglich ist, *Milstein/Lippold*, NVwZ 2013, 182 (186).

mung mit der Suchanfrage – in den Ergebnislisten anzeigen.[916] Eine Sichtweise nimmt daher an, dass keine eigenen Äußerungen aufgestellt, sondern lediglich die Standorte fremder Informationen vermittelt,[917] mithin Tatsachen kundgetan werden.[918] Obwohl in den Ergebnislisten neben den zielführenden Verlinkungen auch eine Informations-Vorschau angeboten werden kann (sog. *„Snippets“*),[919] soll die Bereitstellung der Ergebnisliste auf Basis *„objektiver Kriterien erfolgen und kein wertendes Element beinhalten“*.[920] Auf diese Objektivität des Betreibers würden zugleich die Nutzer einer Suchmaschine vertrauen, welche keine redaktionell veränderten Ergebnislisten erwarteten.[921]

Gegen diese Sichtweise spricht, dass Suchmaschinenbetreiber vor der Bereitstellung der Ergebnisliste eine Vorauswahl an Informationen treffen und diese entsprechend ihrer Relevanz für die jeweilige Suchanfrage sortieren.[922] In dieser Vorauswahl durch den verwendeten Algorithmus wird z.T. ein Werturteil des jeweiligen Betreibers erkannt: Mit der Positionierung von Internetadressen in einer Ergebnisliste bewertet der Betreiber die Relevanz von Informationen für die gestellte

916 Kilian/Heussen/*Egermann*, 3. Abschnitt, Teil 300, Suchmaschinen, I, Rn. 1 (Stand: 33. EL 2017); vgl. bereits ausführlich *B. II. 1. A) Ubiquität und Bedeutung der Suchmaschinen*; *Exkurs: Indexierung durch Suchmaschinen.*

917 OLG Hamburg, Urteil vom 26. Mai 2011 – 3 U 67/11, Juris-Rz. 113.

918 In seinen Schlussanträgen betreffend *Google-France* ging Generalanwalt *Maduro* im Zusammenhang mit der Informationsvermittlung der Suchmaschinen von Tatsachen aus, vgl. Schlussanträge des Generalanwalts in den verbundenen Rechtssachen C-236/08, C-237/08 und C-238/08 (*Google France*) vom 22. September 2009: *„Sie* [Anmerkung: die *Google*-Suchmaschine] *ist im Hinblick auf die übermittelten Informationen neutral. Ihre natürlichen Ergebnisse beruhen auf automatischen Algorithmen, die nach objektiven Kriterien Websites auflisten, von denen angenommen wird, dass sie den Internetnutzer interessieren werden. Die Darstellung der Websites und die Reihenfolge, in der sie angezeigt werden, hängt von der Relevanz ab, die ihnen im Hinblick auf die eingegebenen Stichwörter beigemessen wird, und nicht von dem Interesse, das Google an einer bestimmten Website hat, oder der Beziehung zwischen Google und der Website“*; vgl. hierzu *Milstein/Lippold*, NVwZ 2013, 182 (186).

919 *Exkurs: Indexierung durch Suchmaschinen.*

920 *Sieber/Nolde*, Sperrverfügungen im Internet, Seite 67.

921 LG Mönchengladbach, Urteil vom 5. September 2013 – 10 O 170/12, Juris-Rz. 29.

922 Kilian/Heussen/*Egermann*, 3. Abschnitt, Teil 300, Suchmaschinen, IV, Rn. 9 (Stand: 33. EL 2017).

Suchanfrage nach den von ihm festgelegten Kriterien.[923] Die bspw. an erster Stelle einer Ergebnisliste aufgeführte Information wird vom Betreiber als bedeutsamer angesehen als die an einhundertster Stelle gelistete Information. Da je nach Suchmaschinenbetreiber andere Kriterien in die Algorithmen einfließen,[924] kann die Relevanz ein und derselben Information von verschiedenen Suchmaschinenanbietern unterschiedlich bewertet werden.

Im Ergebnis sprechen die besseren Gründe für die Annahme, dass Suchmaschinenbetreiber bei der Bereitstellung von Ergebnislisten neben Tatsachen auch Werturteile abgeben. Eine Sichtweise, die beim Bereitstellen der Ergebnislisten allein von einem rein objektiven Erklärungsgehalt ausgeht, vermag nicht zu erklären, warum unterschiedliche Suchmaschinenbetreiber ihren Algorithmen unterschiedliche Vorgaben zugrunde legen können,[925] wodurch eine Information von zwei Suchmaschinenbetreibern als unterschiedlich relevant bewertet werden kann. Auch ein Wahrheitsbeweis über die Relevanz einer einsortierten Information ist nicht möglich.[926]

Folglich übt ein Suchmaschinenbetreiber bei der Bereitstellung von Ergebnislisten die Meinungsäußerungsfreiheit nach Art. 11 Abs. 1 GRCh in zwei Varianten aus. Zum einen macht er von der Informationsfreiheit Gebrauch, indem er den Standort von Informationen auf fremden Quellwebseiten verbreitet. Zum anderen gibt der Betreiber durch die Reihenfolge der verlinkten Informationen in den Ergebnislisten ein relevanzbezogenes Werturteil ab. Durch das erzwungene Nichtauflisten bestimmter Daten in einer Ergebnisliste können Suchmaschinenbetreiber daher auch in ihrer Meinungsäußerungsfreiheit im engeren Sinne beeinträchtigt sein.

---

923 *Milstein/Lippold*, NVwZ 2013, 182 (185); ausführlich zur redaktionellen Arbeit von Suchmaschinenbetreibern vgl. *Goldman*, Yale Journal of Law and Technology Vol. 8, Issue 1, 2006, 188.

924 *Milstein/Lippold*, NVwZ 2013, 182 (185).

925 Vgl. erneut *Milstein/Lippold*, NVwZ 2013, 182 (185).

926 *Milstein/Lippold*, NVwZ 2013, 182 (185): *„Die Tatsachenqualität eines Suchmaschinenergebnisses würde zudem voraussetzen, dass der Wahrheitsbeweis führbar ist. Aber die Relevanz einer Webadresse lässt sich nicht abstrakt durch empirische Erfahrungssätze oder naturwissenschaftlich-psychologische Gesetze bestimmen, sondern fällt für jede Suchmaschine anders aus.*"

BBB) Unternehmerische Freiheit

Die Anweisung zur Nichtauflistung von Informationen könnte Suchmaschinenbetreiber auch in ihrer unternehmerischen Freiheit beeinträchtigen.[927] Art. 16 GRCh gewährleistet die Aufnahme, Fortsetzung und Beendigung unternehmerischer Tätigkeiten.[928] Dazu gehört die Freiheit, Wirtschafts- oder Geschäftstätigkeiten auszuüben,[929] ferner jeder Aspekt der Durchführung einer unternehmerischen Tätigkeit, von den für die Tätigkeit bedeutsamen Geschäftsunterlagen angefangen, über die Wahl von Vertragspartnern bis hin zur Gestaltung und Änderung der Vertragsinhalte.[930]

Suchmaschinenbetreiber lassen durch den Einsatz von *Crawlern* automatisiert die Informationsmassen im Internet durchsuchen und aufgefundene Informationen indexieren, um Suchmaschinennutzern die für ihre Suchanfragen als relevant erachteten Informationen (einschließlich der dazugehörigen Internet-Standorte) in Ergebnislisten wiedergeben zu können.[931] Die Bereitstellung der Suchfunktion dient dem Betreiber als Mittel zur Erzielung von Werbeeinahmen („*Keyword-Advertising*")[932]: Gegen die Zahlung des entsprechenden Entgelts können bestimmte Schlüsselwörter als „*Keywords*" festgelegt werden. Gibt ein Suchmaschinennutzer ein Schlüsselwort in die Suchmaschine ein, werden entsprechende Werbeanzeigen aufgeführt.[933] Welche In-

927 Die nach Art. 16 GRCh geschützte unternehmerische Freiheit bildet – neben den Rechten aus Art. 15 und 17 GRCh – ein zentrales Wirtschaftsgrundrecht, *Jarass*, Art. 16 GRCh, Rn. 2. Die unternehmerische Freiheit nach Art. 16 GRCh überschneidet sich zum Teil mit dem Gewährleistungsbereich der nach Art. 15 GRCh geschützten Berufsfreiheit, Meyer/*Bernsdorff*, Art. 16 GRCh, Rn. 9 f.

928 Meyer/*Bernsdorff*, Art. 16 GRCh, Rn. 10a.

929 Meyer/*Bernsdorff*, Art. 16 GRCh, Rn. 11. Die unternehmerische Freiheit steht auch Personenvereinigungen und juristischen Personen zu, *Jarass*, Art. 16 GRCh, Rn. 11.

930 *Jarass*, Art. 16 GRCh, Rn. 9.

931 *B. II. 1. A) Ubiquität und Bedeutung der Suchmaschinen.*

932 *Glöckner/Kur*, GRUR-Beilage 2014, 29 (49); Kilian/Heussen/*Egermann*, 3. Abschnitt, Teil 300, Suchmaschinen, V, Rn. 11, 14 ff. (Stand: 33. EL 2017); Schlussanträge des Generalanwalts vom 25. Juni 2013 in Rechtssache C-131/12, Rn. 124.

933 *Glöckner/Kur*, GRUR-Beilage 2014, 29 (49); Spindler/Schuster/*Namysłowska/Micklitz*, Vierzehnter Teil, § 5 UWG, Rn. 139.
Zahlungen der Werbekunden an den Suchmaschinenbetreiber sind zugleich Voraussetzung dafür, dass die den Suchdienst nutzenden Personen diese Anwendung

formationen erfasst und in die Ergebnislisten eingespeist werden, ist Teil der Durchführung der unternehmerischen Tätigkeit eines Suchmaschinenbetreibers.[934]

Das *Google-Urteil* zementiert einen grundsätzlichen Anspruch des Unionsbürgers von Suchmaschinen allein gelassen zu werden, d.h. bei einer Suchanfrage nach seinem Namen nicht länger mit beanstandeten Informationen in Verbindung gebracht zu werden.[935] Wird ein Suchmaschinenbetreiber von einer Datenschutzbehörde oder einem Gericht angewiesen, den Anspruch eines Betroffenen umzusetzen, wird er in der freien Durchführung seiner unternehmerischen Tätigkeit beschränkt, da er nicht länger selbst über die Aufnahme von Informationen in die Ergebnislisten entscheidet.

Faktisch erfährt der Suchmaschinenbetreiber jedoch noch vor der Weisungserteilung eine Beeinträchtigung seiner unternehmerischen Freiheit. Die Anordnung zur Errichtung eines Filtersystems, mit dem ein Provider zur präventiven Überwachung der gesamten Kommunikation innerhalb seines Netzes gezwungen wurde, bewertete der EuGH in der Entscheidung *Scarlet Extended* als Verstoß gegen die unternehmerische Freiheit.[936] Zwar lag dem *Google-Urteil* keine Anordnung zur Errichtung eines präventiven Filtersystems, sondern eine Einzelfall-Entscheidung der spanischen Datenschutzbehörde *AEPD* gegen *Google* zugrunde.[937] Der Urteilsspruch des EuGH konfrontiert Suchmaschinenbetreiber allerdings mit der Tatsache, dass die Interessen derjeni-

---

unentgeltlich in Anspruch nehmen können, *Glöckner/Kur*, GRUR-Beilage 2014, 29 (41, 49).

934 Generalanwalt *Jääskinen* ging folgerichtig von einer nach Art. 16 GRCh geschützten Ausübung der unternehmerischen Freiheit aus, vgl. Schlussanträge des Generalanwalts vom 25. Juni 2013 in Rechtssache C-131/12, Rn. 124. Der EuGH äußerte sich im *Google-Urteil* nicht direkt zur Ausübung der unternehmerischen Freiheit des Suchmaschinenbetreibers, ließ aber erkennen, dass dieser an der umfassenden Erfassung und Verarbeitung von Informationen im Internet ein wirtschaftliches Interesse habe, EuGH, Urteil vom 13. Mai 2014 – C–131/12 (*Google Spain und Google*), Rn. 81, 97.

935 *D. III. 6. C) Wiederentdeckung eines in der Datenschutzrichtlinie verankerten Instruments.*

936 EuGH, Urteil vom 24. November 2011 – C-70/10 (*Scarlet Extended*), Rn. 47 ff.; *Jarass*, Art. 16 GRCh, Rn. 32.

937 Vgl. zum Sachverhalt erneut *D. II. 1. Sachverhalt*; EuGH, Urteil vom 13. Mai 2014 – C–131/12 (*Google Spain und Google*), Rn. 14 ff.

gen, die aus den Ergebnislisten verschwinden wollen, grundsätzlich als überwiegend eingestuft werden.[938] Reagiert ein Suchmaschinenbetreiber nicht auf das Ersuchen eines Betroffenen, drohen ihm Auseinandersetzungen vor den Datenschutzbehörden oder den Gerichten der Mitgliedsstaaten.[939] Um eine große Anzahl kostenintensiver Verfahren zu vermeiden, liegt aus wirtschaftlichen Gründen die Errichtung eines Systems nahe, in dem sich Suchmaschinenbetreiber direkt mit den Betroffenen auseinandersetzen und den vorgebrachten Anliegen Abhilfe schaffen können; bspw. hat *Google* kurzfristig eine Infrastruktur i.d.S. geschaffen.[940] Bereits durch die Bereithaltung einer solchen Infrastruktur wird die freie Durchführung der Suchmaschinentätigkeit beeinträchtigt.

CC) Kommunikationsfreiheit auf der Quellwebseite

Die Anwendung des *Delisting*-Verfahrens könnte auch die Interessen der Betreiber von Quellwebseiten und den auf Quellwebseiten miteinander kommunizierenden Internetnutzern berühren[941] und diese in ihrer Medien- bzw. Meinungsäußerungsfreiheit beeinträchtigen.

Neben der zuvor skizzierten Meinungsäußerungsfreiheit[942] achtet das Unionsrecht auch die Freiheit der Medien, Art. 11 Abs. 2 GRCh,[943]

---

938 *D. I. 2. B) BB) BBB) (B) Grundsätzlich überwiegendes Interesse des Betroffenen.*

939 EuGH, Urteil vom 13. Mai 2014 – C-131/12 (*Google Spain und Google*), Rn. 77; vgl. auch *E. I. Durchsetzung und Folgen eines Delisting-Begehrens.*

940 Näher zu den praktischen Schwierigkeiten des *Delisting*-Verfahrens *E. Praktische Umsetzung und Anwendbarkeit.*

941 *DIVSI*, Das Recht auf Vergessenwerden, Seite 10.

942 Vgl. *D. III. 4. A) BB) AAA) (B) Meinungsfreiheit.*

943 *Artikel 11 GRCh - Freiheit der Meinungsäußerung und Informationsfreiheit*
...
(2) Die Freiheit der Medien und ihre Pluralität werden geachtet.
Umstritten ist, ob Art. 11 Abs. 2 GRCh ein eigenständiges, von Art. 11 Abs. 1 GRCh losgelöstes Grundrecht garantiert, *Schladebach/Simantiras*, EuR 2011, 784 (790). Zum Teil wird vertreten, Art. 11 Abs. 1 GRCh schütze auch die Äußerungsfreiheit der Medien, so dass dieser gegenüber dem zweiten Absatz als *lex specialis* anzusehen sei und sich die Funktion von Art. 11 Abs. 2 GRCh daher auf die institutionelle Garantie der Medien beschränke, Dauses/*Oster/Wagner*, E. V. 2. b) bb) Rn. 34; offen gelassen bei *Schmitz*, JZ 2001, 833 (842). Überwiegend wird Art. 11 Abs. 2 GRCh jedoch als eigenständiges Grundrecht anerkannt, vgl. nur *Jarass*, Art. 11 GRC, Rn. 3; *Schladebach/Simantiras*, EuR 2011, 784 (790); *Skouris*, MMR

und gewährleistet damit neben der Rundfunk-, Film- und Pressefreiheit[944] auch die Freiheit der neuen Medien.[945] Geschützt sind *„alle mit der Eigenart der Medienarbeit zusammenhängenden Tätigkeiten von der Informationsbeschaffung bis zur Verbreitung der Nachricht"*,[946] sofern Inhalte für einen unbestimmten Personenkreis zusammengetragen und aufbereitet werden.[947] Ist die Medienarbeit nicht auf Individualkommunikation ausgerichtet, wird sie auch im Internet gewährleistet.[948]

Beeinträchtigungen der Meinungsäußerungs- und Medienfreiheit liegen bei jeder Behinderung der Kommunikation vor;[949] auch mittelbare Auswirkungen und faktische Maßnahmen, die geschützte Verhaltensweisen erschweren oder gänzlich verhindern, sind als Beeinträchtigung anzusehen.[950]

Im Zusammenhang mit dem *Google-Urteil* wurde die Entscheidungsfindung seitens des EuGH auch dafür kritisiert, i.R.d. Auflösung des Interessenkonflikts mittelbare Auswirkungen auf die Kommunikationsfreiheiten im Internet nicht ausreichend berücksichtigt zu haben.[951] Verwendet ein Quellwebseitenbetreiber keine *exclusion*

2011, 423 (426). Dafür spricht insbesondere, dass Art. 11 GRCh anders als Art. 10 EMRK die Freiheit der Medien ausdrücklich anführt, Meyer/*Bernsdorff*, Art. 11 GRCh, Rn. 15. Art. 11. Abs. 1 GRCh geht der Meinungsäußerungsfreiheit als *lex specialis* vor, *Jarass*, Art. 11 GRCh, Rn. 9.

944 Meyer/*Bernsdorff*, Art. 11 GRCh, Rn. 17; vgl. auch CCFREU/*Halmai*, Art. 11 GRCh, Seite 122.

945 Callies/Ruffert/*Calliess*, Art. 11 GRCh, Rn. 23; *Jarass*, Art. 11 GRCh, Rn. 17; Meyer/*Bernsdorff*, Art. 11 GRCh, Rn. 17; *Schladebach/Simantiras*, EuR 2011, 784 (790).

946 Meyer/*Bernsdorff*, Art. 11 GRCh, Rn. 17; vgl. auch Callies/Ruffert/*Calliess*, Art. 11 GRCh, Rn. 23; *Jarass*, Art. 11 GRCh, Rn. 18. Die Qualität medialer Tätigkeit ist für die Eröffnung des Schutzbereichs von Art. 11 Abs. 2 GRCh ohne Bedeutung, *Jarass*, Art. 11 GRCh, Rn. 18.

947 *Jarass*, Art. 11 GRCh, Rn. 17. Auf welchem Weg die aufbereiteten Inhalte an ihre Adressaten übermittelt werden ist i.R.v. Art. 11 Abs. 2 GRCh ohne Bedeutung, vgl. *Jarass* a.a.O. Neben der Informationsvermittlung fallen alle Tätigkeiten in den Schutzbereich der Medienfreiheit, die einen Bezug zur Medienarbeit aufweisen, Callies/Ruffert/*Calliess*, Art. 11 GRCh, Rn. 23.

948 *Jarass*, Art. 11 GRCh, Rn. 17.

949 Callies/Ruffert/*Calliess*, Art. 11 GRCh, Rn. 28.

950 *Jarass*, Art. 11 GRCh, Rn. 20, 22.

951 Vgl. nur *Masing*, Vorläufige Einschätzung der „Google-Entscheidung" des EuGH vom 14. August 2014.

codes,[952] um eine Erfassung und Indexierung durch Suchmaschinen-*Crawler* zu verhindern,[953] beabsichtigt er eine möglichst umfangreiche Verbreitung seiner Webseiteinhalte.[954] Wird ein Bericht von einem *Crawler* erfasst und kann dadurch Eingang in die Ergebnislisten halten, erleichtert dies seine Zugänglichkeit erheblich.[955] Sind Quellwebseiten-Inhalte – z.B. auf den Nachrichtenportalen der FAZ, der BBC oder auch der *La Vanguardia* – durch die Eingabe weniger Suchbegriffe mittels Suchmaschinen auffindbar, sind sie für durchschnittliche Internetnutzer leichter zugänglich, als wenn diese zum Ansteuern eines Berichts erst dessen genaue Internetadresse kennen und in einen Webbrowser eingeben müssen. Sind dagegen die Inhalte von Quellwebseiten nicht über Suchmaschinen auffindbar, drohen sie in den unüberschaubaren Informationsmassen des Internets unterzugehen.[956]

Die Einschränkung der Zugänglichkeit und erschwerte Verbreitung eines Internetangebots kann zunächst mit Beschränkungen für den Quellwebseitenbetreiber einhergehen, da die Medienfreiheit auch das Recht schützt, mit dem eigenen Angebot im Internet von Dritten gefunden zu werden.[957] Sein Interesse an der ungehinderten Verbreitung eigener Webseiteninhalte[958] wird mittelbar beeinträchtigt, wenn

952 Zu der Funktion von *exclusion codes* vgl. erneut Schlussanträge des Generalanwalts vom 25. Juni 2013 in Rechtssache C-131/12, Rn. 41; *Exkurs: Indexierung durch Suchmaschinen.*

953 Zur Funktionsweise der *Crawler* siehe *Exkurs: Indexierung durch Suchmaschinen.*

954 Schlussanträge des Generalanwalts vom 25. Juni 2013 in der Rechtssache C-131/12, Rn. 122.

955 EuGH, Urteil vom 13. Mai 2014 – C–131/12 (*Google Spain und Google*), Rn. 87.

956 Wie schwer einzelne Webseiteninhalte ohne genaue Kenntnisse der (sich oft verändernden) Internetadresse aufspüren lassen, hat sich bereits zuvor gezeigt, *C. Technische Herausforderungen und praktische Durchsetzungshindernisse.*

957 *Ziebarth*, ZD 2014, 394 (397). Vgl. auch aus den Reihen der deutschen Rechtsprechung BVerfG, Beschluss vom 10. Oktober 1995 - 1 BvR 1476/91, 1 BvR 1980/91, 1 BvR 102/92 u. 1 BvR 221/92 = NJW 1995, 3303 (3303): „*Geschützt ist ferner die Wahl des Ortes und der Zeit einer Äußerung. Der sich Äußernde hat nicht nur das Recht, überhaupt seine Meinung kundzutun. Er darf dafür auch diejenigen Umstände wählen, von denen er sich die größte Verbreitung oder die stärkere Wirkung seiner Meinungskundgabe verspricht*".

958 *Holznagel/Hartmann*, MMR 2016, 228 (231).

Verlinkungen zu bestimmten Veröffentlichungen bei personenbezogenen Suchanfragen nicht in den Ergebnislisten auftauchen.[959]

Unter dem gleichen Gesichtspunkt drohen auch Einschränkungen der Meinungsäußerungsfreiheit. Der Quellwebseitenbetreiber kann Dritten eine Plattform zum Meinungsaustausch und für verschiedenste Veröffentlichungen bieten, etwa in Gestalt von sozialen Netzwerken oder innerhalb der Kommentarspalten von Nachrichtenportalen. Wendet sich bspw. der in einem Artikel namentlich Genannte erfolgreich an einen Suchmaschinenbetreiber und ist dieser Artikel durch die Anwendung des *Delisting*-Verfahrens nicht mehr mit einer personenbezogenen Suchanfrage zugänglich, kann er nur noch unter erschwerten Bedingungen aufgefunden werden. Hierdurch kann derjenige, der sich auf der vom Quellwebseitenbetreiber angebotenen Plattform geäußert hat, mittelbar in seiner Meinungsäußerungsfreiheit beeinträchtigt sein, da seine Chancen auf das Erreichen eines möglichst großen Publikums eingeschränkt werden.

DD) Informationsfreiheit in der Informationsgesellschaft

Für die moderne Informationsgesellschaft ist der Informationsaustausch im Internet von großer Bedeutung. Informationen werden im Text-, Bild- oder Videoformat ausgetauscht, in sozialen Netzwerken werden vielfältige Debatten geführt, Unionsbürger können sich anhand von Internetquellen über andere Menschen informieren und aktuelle Ereignisse können im Netz in wenigen Minuten das Interesse von Menschen wecken, die sehr weit vom Ereignisort entfernt leben.

Unionsbürger genießen nach Art. 11 Abs. 1 GRCh die Informationsfreiheit, welche die Aufnahme von Informationen über das Internet gleichermaßen gewährleistet[960] wie das Recht auf ungehinderten Zu-

959 BeckOK Informations- und Medienrecht/*Gersdorf*, Art. 8 GRCh, Rn. 35 (Stand: 01.11.2015); noch vor dem *Google-Urteil* so bereits der Einwand von Generalanwalt *Jääskinen*, vgl. Schlussanträge des Generalanwalts vom 25. Juni 2013 in der Rechtssache C-131/12, Rn. 134.

960 *Jarass*, Art. 11 GRCh, Rn. 13; Schlussanträge des Generalanwalts vom 25. Juni 2013 in der Rechtssache C-131/12, Rn. 121. EuGH, Urteil vom 6. November 2003 – C 101/01 (*Lindqvist*), Rn. 86; EuGH, Urteil vom 24. November 2011 – C-70/10 (*Scarlet Extended*), Rn. 50 ff.

gang zu allgemein zugänglichen Informationen.[961] Informationen und Ideen dürfen ohne Rücksichtnahme auf Staatsgrenzen empfangen werden.[962] Der Internetnutzer ist auch dann zur Suche nach Informationen über andere Personen berechtigt, wenn diese nach Art. 7, 8 GRCh geschützt sind.[963]

Um die eigene Informationsfreiheit im Internet ausüben zu können, greift eine Vielzahl von Internetnutzern auf Suchmaschinen zurück.[964] Die von den Suchmaschinenbetreibern ermöglichte Informationssuche zählt zu den wichtigsten Ausübungsformen der Informationsfreiheit im 21. Jahrhundert,[965] da ohne sie die unüberschaubaren Informationsmassen im Netz für einen durchschnittlichen Internetnutzer nicht zielgerichtet nach Informationen durchsuchbar wären.[966] Wer sich der personenbezogenen Suchanfrage zur Informationssuche bedient, macht „*aktiv von seinem Recht auf Empfang von Informationen über die betroffene Person aus öffentlichen Quellen Gebrauch*“.[967]

961 BeckOK Informations- und Medienrecht/*Cornils*, Art. 10 EMRK, Rn. 20 (Stand: 1.05.2016). Der Einzelne hat jedoch keinen Anspruch gegen den Staat oder Dritte auf Eröffnung von Informationsquellen, vgl. EGMR, Urteil vom 19. Februar 1998 – 116-1996-735-932 (*Guerra und andere gegen Italien*) = NVwZ 1999, 57 (58): „*Das Gericht unterstreicht, daß die Freiheit, Informationen zu empfangen, auf die in Abs. 2 von Art. 10 EMRK Bezug genommen wird, „im Grunde einer Regierung verbietet, eine Person am Empfang von Informationen zu hindern, die Dritte ihr mitzuteilen wünschen oder mitzuteilen bereitstehen“ (s. das Leander .–. Schweden-Urteil v. 26. 3. 1987, Serie A Nr. 116, S. 29, § 74). Jene Freiheit kann nicht so ausgelegt werden, als lege sie einem Staat bei einer Sachlage wie der im gegenwärtigen Fall positive Verpflichtungen auf, aus eigenem Antrieb Informationen zu sammeln und zu verbreiten*“; *Cornils*, a.a.O.

962 *Frenz*, Europarecht, Rn. 1116.

963 Schlussanträge des Generalanwalts vom 25. Juni 2013 in Rechtssache C-131/12, Rn. 131.

964 *D. III. 4. A) BB) AAA) (A) Informationsfreiheit.*

965 Schlussanträge des Generalanwalts vom 25. Juni 2013 in Rechtssache C-131/12, Rn. 131.

966 Kilian/Heussen/*Egermann*, 3. Abschnitt, Teil 300, Suchmaschinen, IV, Rn. 8 (Stand: 33. EL 2017); *B. II. 1. A) Ubiquität und Bedeutung der Suchmaschinen*; ferner *C. I. 6. B) Notwendigkeit zu Unterbrechungen des allgegenwärtigen Informationsflusses.*

967 Schlussanträge des Generalanwalts vom 25. Juni 2013 in Rechtssache C-131/12, Rn. 130.

Wird die Vermittlung personenbezogener Daten unterbunden, liegt ein Eingriff in die Informationsfreiheit vor.[968] Tauchen infolge des *Delistings* bestimmte Informationen nicht länger als Resultat einer personenbezogenen Suchanfrage in Ergebnislisten auf, wird der Zugriff auf den Informationsinhalt erschwert oder im schlimmsten Fall unmöglich gemacht.[969] Die Löschung des von einer Suchmaschine gelieferten Verweises kann den Kommunikationsprozess behindern und dadurch das Informationsinteresse der Öffentlichkeit sowie Internetnutzer in der Ausübung ihrer Informationsfreiheit erheblich beeinträchtigen.[970]

B) Angemessenheit des generellen Überwiegens des Persönlichkeitsschutzes?

Entscheidende Bedeutung für den Ausgleich unter verschiedenen Rechtsgütern kommt dem Verhältnismäßigkeitsgrundsatz zu,[971] wonach durch Einschränkungen verursachte Nachteile in angemessenem

968 *Jarass*, Art. 11 GRCh, Rn. 21.

969 *DIVSI*, Das Recht auf Vergessenwerden, Seite 23: *„Können Nutzer nicht nach dem Namen eines Beteiligten suchen, um sich über Ereignisse zu informieren, werden viele Recherchen ohne Ergebnis bleiben. In einem solchen Fall muss der Suchende über erhebliche weitere Kenntnisse über das Ereignis selbst oder aber über zeitliche bzw. personelle Ressourcen verfügen, um doch erfolgreich zu sein.“*

970 *DIVSI*, Das Recht auf Vergessenwerden, Seite 23. Auch Generalanwalt *Jääskinen* warnte in den Schlussanträgen vor einer Beeinträchtigung der Informationsfreiheit eines Internetnutzers durch die Beschneidung der Ergebnislisten, Schlussanträge des Generalanwalts vom 25. Juni 2013 in Rechtssache C-131/12, Rn. 131. Die Wortwahl des Generalanwalts ist jedoch insoweit missverständlich, als er davon spricht, dass „[d]*as Recht des Internetnutzers auf Informationen … beeinträchtigt* [wird], *wenn bei seiner Suche nach Informationen über eine natürliche Person Ergebnisse angezeigt werden, die die einschlägigen Webseiten nicht in ihrer wahren Form wiedergeben, sondern in einer „Bowdler“-Version.*“ Der Suchmaschinenbetreiber beeinflusst nicht die Inhalte auf einzelnen Quellwebseiten, sondern liefert die Internetadresse von Informationen auf Quellwebseiten und bettet ggf. eine Vorschau dieser Informationen in die Ergebnisliste ein. Allenfalls kann der Suchmaschinenbetreiber daher eine Bowdler-Version (eine um vermeintlich unpassende Angaben entschärfte Fassung, Schlussanträge des Generalanwalts vom 25. Juni 2013 in Rechtssache C-131/12, Fn. 94) der Ergebnislisten liefern.

971 Meyer/*Borowsky*, Art. 52 GRCh, Rn. 22b.

Verhältnis zu den verfolgten Zielen stehen müssen.[972] Im Fall von Grundrechtskollisionen beschränken sich die betroffenen Grundrechte wechselseitig,[973] so dass ein schonender Ausgleich der widerstreitenden Interessen erforderlich wird.[974] Die vorausgegangene Darstellung der am Informationszugang über Suchmaschinen bestehenden Interessen verdeutlicht, wieso der Ausgleich im Falle von Persönlichkeits- und Informationsinteressen im Internet „*eine der größten Herausforderungen des 21. Jahrhunderts*" sein könnte.[975]

Der insbesondere durch *Google* ermöglichte zentrale Informationszugang im Internet steht inmitten eines Spannungsverhältnisses verschiedener Interessen.[976] Wird der zentrale Informationszugang durch Ausübung des in Art. 12 lit. b) i.V.m. Art. 6 Abs. 1 lit. c) – e), 7 lit. f) DSRL angelegten Rechts zugunsten von Einzelpersonen, die ihre Vergangenheit nicht länger an einer zentralen Anlaufstelle auffindbar wissen wollen, Beschränkungen unterworfen, werden die Interessen der übrigen Interessengruppen in Mitleidenschaft gezogen. Der Suchmaschinenbetreiber wird sowohl in der Freiheit seiner unternehmerischen Betätigung beschränkt, als auch in seiner Meinungsäußerungsfreiheit, da er Informationen nicht länger frei und in selbst gewählter Reihenfolge als Ergebnis personenbezogener Suchanfragen präsentieren kann. Hierdurch wird zugleich die (europäische) Informationsgesellschaft der Möglichkeit beraubt, Informationen aus der Vergangenheit eines Menschen aufwandslos durch Eingabe des jeweiligen Namens aufzufinden. Quellwebseitenbetreiber müssen als Konsequenz des *Google-Urteils* damit rechnen, dass Teile ihres Internetangebots in Zukunft nur noch unter erschwerten Bedingungen zugänglich sind.

---

972 Callies/Ruffert/*Kingreen*, Art. 52 GRC, Rn. 70; Meyer/*Borowsky*, Art. 52 GRCh, Rn. 22b.

973 *Jarass*, Art. 53 GRCh, Rn. 16.

974 *Jarass*, Art. 53 GRCh, Rn. 17; Meyer/*Borowsky*, Art. 53 GRCh, Rn. 20; KölnKomm/*von Danwitz*, Art. 53 GRCh, Rn. 20; *Trstenjak/Beysen*, EuR 2012, 265 (283); EuGH, Urteil vom 24. November 2011 – C-70/10 (*Scarlet Extended*), Rn. 41 ff.; EuGH, Urteil vom 6. November 2003 – C 101/01 (*Lindqvist*) = EuZW 2004, 245 (251).

975 *Buchholtz*, AöR 2015, 121 (123).

976 *D. III. 4. A) Multipolarer Interessenkonflikt.*

AA) Strukturelles Defizit: Gewährleistung praktischer Konkordanz durch Begründung einer Vorrangstellung?

Es wurde bereits auf den weitgehenden Konsens hingewiesen, dass ein Recht auf Vergessenwerden keine absolute Geltungskraft beanspruchen kann.[977] Damit einhergehend stießen Lösungsvorschläge wie der Verfallsdatenansatz[978] auf Bedenken, da bei diesem Ansatz kein Spielraum für Einzelfallbetrachtungen erkannt wurde.[979] Mechanismen zur automatisierten Gewähr von Vergessenwerden wird eine immanente Gefahrneigung bescheinigt, da sie zur Unterdrückung von Meinungen und Informationen instrumentalisiert werden und die Offenheit des Internets in Gefahr bringen könnten.[980]

Der EuGH hat im *Google-Urteil* zwar keinem automatisierten Mechanismus den Weg bereitet, jedoch eine Vorrangstellung der durch die Suchmaschinentätigkeit beeinträchtigten Rechte aus Art. 7 und 8 GRCh festgestellt.[981] Würde man einzig und allein das Verhältnis zwischen dem Betroffenen und dem verantwortlichen Suchmaschinenbetreiber betrachten, ließe sich der Annahme einer Vorrangstellung wenig entgegenhalten. Aufgrund der Informations-Ubiquität wiegt die Gefahr für den Betroffenen aus der Einflusssphäre der Suchmaschi-

977 *D. III. 4. A) Multipolarer Interessenkonflikt*; *Buchholtz*, AöR 2015, 121 (123, 126, 130); *Masing*, NJW 2012, 2305 (2308); *Nolte*, ZRP 2011, 236 (237); *Reding*, SPEECH/12/26, The EU Data Protection Reform 2012: Making Europe the Standard Setter for Modern Data Protection Rules in the Digital Age, Seite 5.

978 Näher hierzu vgl. *Exkurs: Der Verfallsdatenansatz Viktor Mayer-Schönbergers.*

979 *Ambrose/Friess/Van Matre*, SCLJ Vol. 29, 2012, 1 (21); *de Terwangne*, The Right to be Forgotten and the Informational Autonomy in the Digital Environment, Seite 25 f.; unter Bezugnahme auf das *Google-Urteil* vgl. *Tamò/George*, JIPITEC 2014, 71 (83) und *Bolton*, J. Marshall J. Info. Tech. & Privacy L. Vol. 31, Issue 2, 2015, 133 (136).

980 *Ambrose/Friess/Van Matre*, SCLJ Vol. 29, 2012, 1 (21): „*The delicate nature of human forgiveness and its implications for censorship require a nonautomated response until a system can be designed to know when an individual feels extreme shame or harm by information online and whether it can be appropriately removed or unindexed. If not done thoughtfully, manipulation of this content or the system that preserves it in the name of forgiveness may threaten the openness and robustness of the Internet.*“

981 *D. II. 2. B) BB) BBB) (B) Grundsätzlich überwiegendes Interesse des Betroffenen.*

nenbetreiber schwerer als diejenige, die aus der Verarbeitung personenbezogener Daten auf einzelnen Quellwebseiten erwächst.[982]

Wenn der Betroffene einer suchmaschinenseitigen Datenverarbeitung auch durch die allgegenwärtige Verfügbarkeit seiner Vergangenheit eine Beeinträchtigung erheblichen Gewichts erfährt, darf dennoch keine isolierte Betrachtung erfolgen. Die Beschränkung der personenbezogenen Suchanfrage berührt nicht ein zwei-, sondern ein vierseitiges Interessengeflecht. Bestimmte Interessen – wie etwa die Informationsfreiheit dritter Internetnutzer – als grundsätzlich überlagert anzusehen, muss zwangsläufig Zweifel an der Substanz einer proklamierten Vorrangstellung wecken, wenn die überschriebenen Interessen weder vollständig benannt noch einer konkreten Abwägung unterworfen werden.[983]

AAA) Gesellschaftliche Funktion des Art. 8 GRCh

Das vom EuGH angenommene hierarchische Verhältnis lässt bezweifeln, ob es zur Erzielung eines schonenden Ausgleichs widerstreitender Interessen geeignet ist. Die Erforderlichkeit zur Herstellung des Ausgleichs erkennt der EuGH zwar und stellt klar, dass dieser in besonderen Fällen von der Art der von Suchmaschinen ausgewiesenen Information, ihrer Sensibilität für das Privatleben des Betroffenen und dem

982 Vgl. erneut EuGH, Urteil vom 13. Mai 2014 – C-131/12 (*Google Spain und Google*), Rn. 80, sowie zur Ubiquität *B. II. 1. A) Ubiquität und Bedeutung der Suchmaschinen.*

983 *Kuner*, LSE Working Papers 3/2015, Seite 21: „*A fuller discussion of the judgment's implications for the Internet would also have strengthened the Court's reasoning. For example, it may be asked how the Court can conclude that the rights of data subjects protected by Articles 7 and 8 of the Charter (i.e., the rights to privacy and data protection) override as a general rule the interest of Internet users (para. 81) when it never explains what that interest is. This willingness to give data protection interests priority over other fundamental rights is a leap of logic requiring fuller explanation than the Court gave, as does its assumption that the risks presented by the Internet are greater than the benefits it brings.*"
Art. 11 GRCh wurde in der bisherigen Rechtsprechung des EuGH „*eher beiläufig, ... als Abwägungsposten neben anderen betroffenen Rechtspositionen*" herangezogen, BeckOK Informations- und Medienrecht/*Cornils*, Art. 11 GRCh, Rn. 6 (Stand: 01.05.2016), womit das *Google-Urteil* nahtlos an die bisherige Vernachlässigung angeknüpft.

Zugangsinteresse der Öffentlichkeit abhängen kann,[984] doch vermag dieser Versuch zur Herstellung praktischer Konkordanz[985] nicht zu überzeugen. Bereits die Verwendung von „*in besonderen Fällen*" indiziert eine Nachrangigkeit der Rechte aus den Art. 11 und 16 GRCh. Kein Grundrecht kann jedoch für sich beanspruchen, „*grundsätzlich wichtiger als andere*" zu sein;[986] eine Rangfolge kann nicht a priori und ohne Betrachtung von Einzelfallumständen festgelegt werden.[987] Dies wird auch dadurch unterstrichen, dass sowohl der von *Google* zur Konkretisierung des *Delisting-Verfahrens* hinzugezogene Sachverständigenrat, als auch die Artikel-29-Datenschutzgruppe ganze Kriterienkataloge aufstellten und deren Berücksichtigung i.R.d. *Delisting*-Entscheidung empfahlen.[988]

Neben grundsätzlichen Einwänden erwachsen aus der Natur des Art. 8 GRCh weitere Bedenken gegen die Begründung einer hierarchischen Grundrechtsrangfolge. In der Entscheidung *Volker und Markus Schecke und Eifert* unterstrich der EuGH noch ausdrücklich den nicht grenzenlosen Geltungsanspruch von Art. 8 GRCh,[989] welcher – wie auch die Meinungsäußerungsfreiheit[990] – „*im Hinblick auf seine gesellschaftliche Funktion gesehen werden*" müsse.[991] Das Individuum ist keine isolierte Bezugsgröße: Sein Persönlichkeitsrecht „*tritt in einer auf*

---

984 EuGH, Urteil vom 13. Mai 2014 – C-131/12 (*Google Spain und Google*), Rn. 81.

985 *Sofiotis*, VR 2015, 84 (88).

986 Siehe erneut *Boehme-Neßler*, NVwZ 2014, 825 (828).

987 House of Lords, 2nd Report of Session 2014–15, EU Data Protection law: a 'right to be forgotten'?, Rn. 4: „*Professor Luciano Floridi warned us against attempting to place these rights in some sort of hierarchical order: "one is better off by saying that it depends on specific instances, contexts and practices, and there is no useful, general way of establishing a priori what comes first and what comes later, but only intelligent and wise discernment"*.

988 Auf die Zusammensetzung der beiden Kataloge wird noch zurückzukommen sein, *E. II. 3. AA) 4-Kategorien-System*; *E. II. 3. AA) 13-Kriterien-Liste.*

989 EuGH, Urteil vom 9. November 2010 – verbundene Rechtssachen C-92/09 und C-93/09 (*Volker und Markus Schecke und Eifert*), Rn. 48. Vgl. bereits *D. III. 4. A) Multipolarer Interessenkonflikt.*

990 EuGH, Urteil vom 12. Juni 2003 – C 112/00 (*Schmidberger*), Rn. 80 = EuZW 2003, 592.

991 EuGH, Urteil vom 9. November 2010 – verbundene Rechtssachen C-92/09 und C-93/09 (*Volker und Markus Schecke und Eifert*), Rn. 48.

Gemeinschaft angelegten Gesellschaft ... in ein Spannungsverhältnis mit unterschiedlichen Freiheitspositionen Anderer".[992]

Kommunikationsfreiheiten und Persönlichkeitsschutz stehen einerseits im Spannungsverhältnis zueinander, andererseits bedingen sie sich gegenseitig. Vergessenwerden ist ein Versprechen auf einen Neuanfang und die Überwindung des Stigmas der Vergangenheit.[993] Zunächst wirkt sich dieses positiv auf den Einzelnen aus: Kann er aus den Ergebnislisten der Suchmaschinen verschwinden, kann er seine Persönlichkeit freier entfalten, da er nicht länger um die zentrale und allgegenwärtige Zurschaustellung seiner Vergangenheit in Ergebnislisten fürchten muss. Dürfen vergangene Ereignisse unter rechtlichem und technischem Nachdruck in Vergessenheit geraten, kann sich dies positiv auf das Zusammenleben innerhalb einer Gesellschaft[994] und auch zugunsten der Kommunikationsfreiheiten auswirken. Die Furcht vor einem allgegenwärtig das eigene Verhalten konservierenden *Panoptikum*[995] kann eine geminderte Bereitschaft zur Ausübung der Kommunikationsfreiheiten nach sich ziehen,[996] welche jedoch für die freiheit-

---

992 *Luch/Schulz/Kuhlmann*, EuR 2014, 698 (706).

993 *DIVSI*, Das Recht auf Vergessenwerden, Seite 15.

994 Vgl. bereits ausführlich *Blanchette/Johnson*, The Information Society, Vol. 18, 2002, 33 (36); *Koops*, SCRIPTed Vol. 8, Issue 3, 2011, 1 (22); *B. II. 2. C) Bedrohung der selbstbestimmten Persönlichkeitsentwicklung*; *D. III. 4. A) AA) BBB) Beeinträchtigung des geschützten Bereichs durch die Suchmaschinentätigkeit.*

995 Die Bezeichnung *Panoptikum* geht auf *Jeremy Benthams* Idee eines kreisrunden Gefängnisaufbaus zurück, bei dem ein im Mittelpunkt platzierter Turm dem Gefängnispersonal die Überwachung sämtlicher Zellen erlauben sollte, *Blanchette/Johnson*, The Information Society, Vol. 18, 2002, 33 (34).
„Panoptische Gesellschaft" wird in der Diskussion um ein Recht auf Vergessenwerden teilweise als Bezeichnung für einen Gegenentwurf zur liberalen Demokratie gebraucht, der im Zuge der Verbreitung der Informationstechnologie an Bedeutung gewinnt, *Blanchette/Johnson*, The Information Society, Vol. 18, 2002, 33 (34): *„Democracies are generally thought of as societies in which individuals have a high degree of individual liberty and government power is limited and checked. Yet it appears that information and communication technologies are moving us rapidly toward a panoptic society."* *Mayer-Schönberger*, The Art of Forgetting, Seite 6.

996 *Blanchette/Johnson*, The Information Society, Vol. 18, 2002, 33 (36); *Diesterhöft*, Seite 151; *Mayer-Schönberger*, The Art of Forgetting, Seite 10; *B. II. 2. C) Bedrohung der selbstbestimmten Persönlichkeitsentwicklung.*

liche Demokratie von konstituierender Bedeutung ist.[997] Steht den in den Ergebnislisten zur Schau gestellten Betroffenen ein Direktanspruch gegen Suchmaschinenbetreiber zu, infolge dessen Ausübung Ereignisse aus der Vergangenheit aus Ergebnislisten verschwinden können, kommt dies der freiheitlich-demokratischen Gesellschaft insgesamt zugute, indem der Furcht vor einem *Panoptikum* entgegengewirkt wird.

Vergessenwerden im Internet kann ein dem freien Meinungsaustausch zuträgliches Umfeld erhalten und dadurch den Kommunikationsfreiheiten zugutekommen; umgekehrt kann sich die Gewährleistung der Kommunikationsfreiheiten positiv auf die freie Persönlichkeitsentwicklung auswirken. So dient z.B. die Meinungsfreiheit auch der Gewährleistung von *„Autonomie, Würde und Persönlichkeitsentwicklung des Einzelnen"*.[998] Identität und Persönlichkeit des Einzelnen entwickeln und formen sich durch den Austausch mit anderen Menschen;[999] das Äußern der eigenen Meinung ist ein Akt individueller Selbstbestimmung.[1000] Wird der freie Meinungs- und Informationsaustausch im Internet geschützt, kommt dies dem Einzelnen insoweit zugute, als dieser seine Persönlichkeit auch im Netz entfalten kann. Er kann bspw. in sozialen Netzwerken oder in den Kommentarspalten von Quellwebseiten in Kontakt und Austausch mit anderen Menschen treten. Auch kann er über verschiedene Plattformen – *Wikipedia* oder

997 Callies/Ruffert/*Callies*, Art. 11 GRCh, Rn. 1; vgl. auch *Jarass*, Art. 11 GRCh, Rn. 4; BVerfG, Beschluss vom 10. Oktober 1995 – 1 BvR 1476/91, 1 BvR 1980/91, 1 BvR 102/92 u. 1 BvR 221/92 = NJW 1995, 3303 (3304); ferner EGMR, Urteil vom 7. Dezember 1976 – 5493/72 (Handyside gegen Vereinigtes Königreich), EGMR-E 1, 217 (223): *„Seine Kontrollfunktion gebietet dem Gerichtshof, den Grundsätzen die eine „demokratische Gesellschaft" ausmachen, größte Aufmerksamkeit zu widmen. Das Recht auf freie Meinungsäußerung stellt einen der Grundpfeiler einer solchen Gesellschaft dar, eine der Grundvoraussetzungen für ihren Fortschritt und für die Entfaltung eines jeden Einzelnen."*

998 *Jarass*, Art. 11 GRCh, Rn. 4. Die Freiheit zur Informationsbeschaffung ist Voraussetzung für die Bildung und Artikulation der eigenen Meinung, Ehlers/*Pünder*, § 17.2, II 2, Rn. 11. BVerfG, Beschluss vom 14. Oktober 1969 - 1 BvR 30/66 = NJW 1970, 238 (239), und wird mitunter auch als *„Mutterrecht"* der Kommunikationsrechte bezeichnet, vgl. *Tinnefeld*, NJW 2007, 625 (628). Somit flankiert auch die Informationsfreiheit die freie Entwicklung der eigenen Persönlichkeit, Sachs/*Bethge*, Art. 5 GG, Rn. 52.

999 HGR IV/*Jestaedt*, § 102, Rn. 7.

1000 HGR IV/*Jestaedt*, § 102, Rn. 8.

Nachrichtenportale wie etwa *FAZ.net* oder *nytimes.com* – Informationen aufnehmen, sich darauf aufbauend eine Meinung bilden und diese im Internet kundtun.

Die Rechte aus Art. 7 und 8 GRCh als ggü. den Kommunikationsfreiheiten grundsätzlich vorrangig einzustufen, könnte i.E. dazu führen, den eigentlich intendierten Persönlichkeitsschutz an anderer Stelle zu untergraben, indem der Einzelne nach dem *Google-Urteil* zwar nicht mehr in gleichem Maße um die Omnipräsenz seiner Vergangenheit fürchten muss, er aber im Gegenzug ein weniger austauschfreudiges Internetumfeld zur Persönlichkeitsentwicklung vorfindet. Insbesondere verdient es die Befürchtung eines im Geleit des *Google-Urteils* auftretenden *Chilling Effects*[1001] ernst genommen zu werden.

BBB) Chilling-Effect zulasten der Kommunikationsfreiheiten

Die Berechtigung der Warnung, dass Befürchtungen rechtlicher Konsequenzen in vorauseilendem Gehorsam zu Selbstrestriktionen im Freiheitsgebrauch führen können, veranschaulicht auf europäischer Ebene die *Delisting*-Praxis von *Google*.[1002] Ein Redakteur der *BBC* berichtete wenige Monate nach dem *Google-Urteil* davon, dass die *BBC* von *Google* über die Anwendung des *Delisting*-Verfahrens auf einen von ihm verfassten Blog-Beitrag informiert wurde, in dem eine einzige Person – ein hochrangiger britischer Investmentbanker, dessen erzwungener Abschied von einer Bank Gegenstand des Beitrags war – namentlich genannt wurde.[1003]

Auch wenn sich später herausstellen sollte, dass das *Delisting* des BBC-Beitrags nicht der Investmentbanker, sondern ein den Beitrag kommentierender Dritter eingefordert hatte[1004] und auch wenn *Google* erklärte, nur die Vorgaben des EuGH umzusetzen,[1005] so veranschaulicht die BBC-Konstellation die drohende Selbstrestriktion Privater.

1001 Näher zum *Chilling Effect B. II. 3. B) Chilling Effect – Abschreckungswirkung zulasten der Kommunikationsfreiheit?*

1002 *E. II. 3. A) Sachverständigenrat; E. II. 3. B) Artikel-29-Datenschutzgruppe.*

1003 *Peston*, BBC News, 2. Juli 2014, „*Why has Google cast me into oblivion?*“

1004 *Peston*, BBC News, 2. Juli 2014, „*Why has Google cast me into oblivion?*“ Startete man unter namentlicher Bezeichnung des Investmentbankers eine Suchanfrage, so wurde der BBC-Bericht weiterhin von *Google* in einer Ergebnisliste angezeigt.

1005 *Peston*, BBC News, 2. Juli 2014, „*Why has Google cast me into oblivion?*“

Der Konzern ließ sich aufdrängende Zweifel beiseite, ob die EuGH-Vorgaben vorliegend überhaupt Geltung beanspruchen konnten. Der „Drittkommentator" hatte sich in der BBC-Konstellation freiwillig in die Öffentlichkeit gewagt, während die Vergangenheit von *Costeja González* durch *Google* ans Licht gezerrt wurde.[1006] Allein die Erwägung auf Seiten *Googles*, möglicherweise mit einer Situation konfrontiert zu sein, in denen die Vorgaben des *Google-Urteils* Geltung beanspruchen könnten, hatte das *Delisting* einer Information zur Folge; eine tatsächliche Sanktionierung war nicht erforderlich, um das Unternehmen zum Verzicht auf Freiheitsrechte zu verleiten.

Gegen die Berechtigung der Warnung vor einem *Chilling Effect* ließe sich einwenden, dass die in der BBC-Konstellation erfolgte Beeinträchtigung der Kommunikationsfreiheiten – sowohl auf Seiten des Informationsvermittlers als auch auf Seiten von Quellwebseitenbetreiber und Informationsgesellschaft – i.E. von geringem Gewicht blieb. Der BBC-Blog-Beitrag wurde nur bei einer personenbezogenen Suchanfrage nach dem – für den Beitragsinhalt irrelevanten – Namen eines kommentierenden Dritten aus den Ergebnislisten verbannt. Angesichts der hohen Resonanz, derer sich das *Delisting*-Verfahren in der europäischen Bevölkerung erfreut, sollte aber bedacht werden, dass selbst auferlegte Restriktionen wie im BBC-Zwischenfall keine isolierten Einzelfälle bleiben müssen.

Allein im Zeitraum zwischen dem *Google-Urteil* und dem 17. Februar 2015 sah sich *Google* mit 218.427 Delisting-Anträgen konfrontiert, woraufhin insgesamt 789.496 URLs[1007] überprüft wurden und es

---

1006 So wurden in den Oblivion-Fällen die Informationen über die kriminelle Vergangenheit nicht eigenhändig von den ehemaligen Straftätern öffentlich bekannt gemacht, *Nys*, European Journal of Health Law 2011, 469 (473).

1007 Zur Bedeutung einer URL vgl. *Bender*, ZUM 1997, 708 (709): „*Grundlage eines jeden Links und damit Angelpunkt jeder WWW-Seite ist dabei die Adresse, unter der die Seite abgelegt ist. Diese Adresse wird als Uniform Resource Locator (URL) bezeichnet. Man kann sie nicht nur anklicken, sondern auch in die Befehlszeile des WWW-Programms (des sog. Browser) eingeben, um auf die gewünschte Seite zu gelangen.*" Bei Suchmaschinen muss der Suchende das gewünschte Ziel nur noch anklicken und nicht die komplette URL in seinen Browser eingeben, Kilian/Heussen/*Egermann*, 3. Abschnitt, Teil 300, Suchmaschinen, I, Rn. 1 (Stand: 33. EL 2017). Diese vereinfachte Möglichkeit des Informationsabrufs wird dem Suchenden i.R.d. *Delisting*-Verfahrens wieder genommen, da ihm keine URL mehr bereitgestellt wird, die er „anklicken" könnte.

in 40,3 % der Fälle (= 264.450 URLS) zur *Delisting*-Anwendung kam.[1008] Auch wenn sich damit nicht die Befürchtung bestätigte, dass *Google* sämtlichen *Delisting*-Begehren entspricht,[1009] bleibt Grund zur Sorge. Wenn mehr als 1/3 aller *Delisting*-Begehren entsprochen wird, ist nicht auszuschließen, dass sich weitere Zweifelsfälle finden, in denen ein *Delisting*-Begehren in vorauseilendem Gehorsam umgesetzt wurde. Darunter kann zum einen die Möglichkeit zum zentralen Informationszugang über Suchmaschinen leiden, zum anderen können mittelfristig andere Formen der Informationsvermittlung im Internet in Mitleidenschaft gezogen werden. Das *Google-Urteil* betraf zwar „nur" die Bereitstellung der Suchfunktion, so dass eine Übertragung der zu Art. 7 lit. f) DSRL getätigten EuGH-Ausführungen auf andere Konstellationen fragwürdig ist.[1010] Ein von der Entscheidung ausgehender *Chilling Effect* könnte sich jedoch auch auf andere Ausübungsformen der Kommunikationsfreiheit ausbreiten. Erfahren z.B. die Betreiber von Internetarchiven infolge richterlicher Fehlinterpretationen Einschränkungen,[1011] kann sie dies für die Zukunft dazu verleiten, Berichte zurückhaltender in die Archive aufzunehmen, um rechtlichen Auseinandersetzungen frühzeitig vorzubeugen.

CCC) Zwischenfazit: Gleichberechtigung von Persönlichkeitsschutz und Kommunikationsfreiheit

Die Ermöglichung von Vergessenwerden im Internet muss einen schwierigen Balanceakt bewerkstelligen, da beim suchmaschinengestützten Informationszugang Kommunikationsfreiheiten und Persönlichkeitsschutz einerseits miteinander im Konflikt stehen, andererseits

1008 https://www.google.com/transparencyreport/removals/europeprivacy/?hl=de (zuletzt abgerufen am 18. Februar 2015). Gegenwärtig hat *Google* nach eigenen Angaben als Reaktion auf entsprechende Anträge 806.019 URLs (43,2 %) entfernt; 1.061.569 (56,8 %) URLs wurden trotz entsprechender Aufforderungen weiterhin in Ergebnislisten verfügbar gehalten, vgl. https://transparencyreport.google.com/eu-privacy/overview (zuletzt abgerufen am 12. September 2017).

1009 *Leutheusser-Schnarrenberger*, in: *DIVSI*, Das Recht auf Vergessenwerden, Seite 19.

1010 *D. III. 5. B) Fehlende Verallgemeinerungsfähigkeit über den Suchmaschinenbereich hinaus.*

1011 *Exkurs: Internet-Archiv-Entscheidung des OLG Hamburg vom 7. Juli 2015.*

aufeinander aufbauen. Die Einlassung, dass die Rechte aus Art. 7 und 8 GRCh grundsätzlich Vorrang gegenüber den Kommunikationsfreiheiten genießen, verkennt dieses komplexe Verhältnis und ist dadurch geeignet, den Konflikt eher zu verschärfen als aufzulösen.

Soll im Verhältnis zwischen Privaten einem Grundrecht grundsätzlich Vorrang eingeräumt werden, ist dies stets kritisch zu würdigen[1012] und vorliegend ist die Berechtigung einer Vorrangstellung bereits aus dem Grund abzulehnen, dass Art. 8 GRCh eine gesellschaftliche Funktion zukommt und die freiheitlich-demokratische Gesellschaft zu ihrem Erhalt auf die Inanspruchnahme der Kommunikationsfreiheiten angewiesen ist. Für das Bilden und Äußern eigener Meinungen – Akte die auch der individuellen Selbstbestimmung dienen[1013] – ist im 21. Jahrhundert der zentrale Informationszugang über Suchmaschinen entscheidend, da der Informationssuchende andernfalls im „Informationsmeer" ertrinken würde.[1014] Das dem Vergessenwerden innewohnende Versprechen auf einen Neuanfang[1015] kann nicht absolut gelten, da es sonst die Umgebung beseitigen würde, in der sich die Persönlichkeit demokratischer Bürger zu entwickeln vermag.

Darüber hinaus knüpft auch das Problem des *Chilling Effects* am vom EuGH begründeten grundsätzlichen Überwiegen an. Wenn bereits die Befürchtung von Sanktionierungen zum restriktiven Freiheitsgebrauch führt,[1016] muss dieser umso mehr drohen, wenn derjenige, der Informationen oder Meinungen kundtun will, weiß, dass einer

1012 *Luch/Schulz/Kuhlmann*, EuR 2014, 698 (708): *„Mitunter wäre es hilfreich, die Perspektive zu wechseln: Gäbe es ein Meinungsfreiheits- und Informationsfreiheitsgesetz (welches allgemein die Freiheit der Informationsbeschaffung betont, nicht nur gegenüber staatlichen Stellen) oder ein „Gesetz über die Freiheit des Berufs von Suchmaschinenanbietern" müssten auf einmal die persönlichkeitsrechtlichen Belange bspw. von solchem Gewicht sein, dass sie einen Eingriff in die freie Rede rechtfertigten. Die Einräumung eines grundsätzlichen Vorrangs durch Gesetzgebung oder Rechtsprechung ist im Verhältnis von Grundrechtsträgern und ihrer Rechtspositionen untereinander immer kritisch zu bewerten."*

1013 HGR IV/*Jestaedt*, § 102, Rn. 8.

1014 *D. III. 4. A) AA) BBB) Beeinträchtigung des geschützten Bereichs durch die Suchmaschinentätigkeit.*

1015 *DIVSI*, Das Recht auf Vergessenwerden, Seite 15.

1016 *B. II. 3. B) Chilling Effect – Abschreckungswirkung zulasten der Kommunikationsfreiheit?*

Veröffentlichung von Informationen ein Interesse des Betroffenen entgegensteht, welches grundsätzlich Vorrang genießt. Wer damit rechnen muss, dass ein von ihm ausgeübtes Interesse im Konfliktfall grundsätzlich zurückstehen muss, wird umso eher geneigt sein, sich mit eigenen Äußerungen zurückzuhalten.

Konkurrieren Persönlichkeitsschutz und Kommunikationsfreiheiten, müssen sie fortlaufend miteinander in Ausgleich gebracht werden. So verpflichtet einerseits die besondere Bedeutung der Meinungsäußerungsfreiheit dazu, die mit ihr zusammenhängenden Begriffe (wie z.B. Journalismus) weit auszulegen; andererseits sind der Meinungsäußerungsfreiheit geschuldete Einschränkungen des Art. 8 GRCh auf das absolut notwendige Minimum zu beschränken.[1017] Nicht weniger kritisch als die vom EuGH begründete Vorrangstellung zugunsten von Art. 7 und 8 GRCh wäre daher z.B. ein Gesetz zu sehen, das der Freiheit zur Informationsbeschaffung einen allgemeinen Vorrang vor persönlichkeitsrechtlichen Belangen gewährt.[1018] Daher müssen die Kommunikationsfreiheiten „*gleichberechtigt*" neben den Art. 7 und 8 GRCh „*und nicht nur in besonders gelagerten Fällen in die Abwägung einbezogen werden*".[1019]

1017 EuGH, Urteil vom 16. Dezember 2008 – C-73/07 (*Satakunnan Markkinapörssi und Satamedia*), Rn. 56: „*In Anbetracht der Bedeutung, die der Freiheit der Meinungsäußerung in jeder demokratischen Gesellschaft zukommt, müssen einerseits die damit zusammenhängenden Begriffe, zu denen der des Journalismus gehört, weit ausgelegt werden. Um ein Gleichgewicht zwischen den beiden Grundrechten herzustellen, erfordert andererseits der Schutz der Privatsphäre, dass sich die Ausnahmen und Einschränkungen in Bezug auf den Datenschutz, die in den vorstehend genannten Kapiteln der Richtlinie vorgesehen sind, auf das absolut Notwendige beschränken.*" Vgl. auch EuGH, Urteil vom 9. November 2010 – verbundene Rechtssachen C-92/09 und C-93/09 (*Volker und Markus Schecke und Eifert*), Rn. 77; BeckOK Informations- und Medienrecht/*Gersdorf*, Art. 8 GRCh, Rn. 35 (Stand: 01.11.2015).

1018 *Luch/Schulz/Kuhlmann*, EuR 2014, 698 (708).

1019 *Holznagel/Hartmann*, MMR 2016, 228 (231).

BB) Überwiegende Vorteile?

AAA) Allgegenwärtiges Panoptikum

Auch wenn das vom EuGH begründete grundsätzliche Übergewicht der Art. 7 und 8 GRCh abzulehnen ist, bleibt noch die Frage offen, ob ein direkt gegen den Suchmaschinenbetreiber gerichteter Anspruch aus Art. 12 lit. b) i.V.m. Art. 6 Abs. 1 lit. c) – e), 7 lit. f) DSRL mehr Vor- als Nachteile mit sich bringt.

Wird einem drohenden Panoptikum[1020] überhaupt nicht entgegengewirkt, drohen die Kommunikationsfreiheiten durch einen *Chilling Effect* von der anderen Seite beeinträchtigt zu werden.[1021] Wer fürchten muss, ein Leben lang von früheren Äußerungen verfolgt zu werden, wird sowohl in der freien Persönlichkeitsentfaltung beeinträchtigt[1022] als auch die ihm zukommenden Kommunikationsfreiheiten nur noch restriktiv gebrauchen.[1023]

Der Einzelne soll grundsätzlich selbst entscheiden dürfen, wieweit sein Privatleben der Öffentlichkeit zugänglich wird,[1024] doch die Suchmaschinentätigkeit im Internet beraubt ihn weitgehend seiner Entscheidungsgewalt. Was im Verlauf des Sammelns und Indexierens[1025] an Informationen über eine Person erfasst wird, kann in Form der Ergebnislisten an besonders gefährlicher – da zentraler – Anlaufstelle[1026]

1020 Zur Begriffserläuterung siehe *Blanchette/Johnson*, The Information Society, Vol. 18, 2002, 33 (34); *D. III. 4. B) AA) AAA) Gesellschaftliche Funktion des Art. 8 GRCh.*

1021 *Koreng/Feldmann*, ZD 2012, 311 (313).

1022 *Diesterhöft*, VBlBW 2014, 370 (371); ausführlich *B. II. 2. C) Bedrohung der selbstbestimmten Persönlichkeitsentwicklung.*

1023 *B. II. 2. C) Bedrohung der selbstbestimmten Persönlichkeitsentwicklung; B. II. 3. B) Chilling Effect – Abschreckungswirkung zulasten der Kommunikationsfreiheit? Koreng/Feldmann*, ZD 2012, 311 (313).

1024 Callies/Ruffert/*Kingreen*, Art. 7 GRCh, Rn. 3. Auch berufliche und geschäftliche Tätigkeiten unterfallen dem Bereich des geschützten Privatlebens, soweit sie der Öffentlichkeit gegenüber abgeschirmt sind, *Jarass*, Art. 7 GRCh, Rn. 13.

1025 *Exkurs: Indexierung durch Suchmaschinen.*

1026 Zur Gefahr des Anhäufens von Informationen an einer zentralen Anlaufstelle vgl. bereits *Department of Justice v. Reporters Committee for Freedom of the Press*, 489 U.S. 749, 764 (1989); *B. II. 1. A) Ubiquität und Bedeutung der Suchmaschinen*; ferner *Luch/Schulz/Kuhlmann*, EuR 2014, 698 (705), sowie *Zierbarth*, ZD 2014, 394 (398): „*Es ist durchaus ein Unterschied, ob man beim „manuellen" Zei-*

abgerufen werden. Andernfalls womöglich unauffindbare Informationen aus der Vergangenheit können in den Ergebnislisten wieder in Erfahrung gebracht werden.[1027]

Nicht zu verfangen vermag im Zusammenhang mit suchmaschinenseitigen Datenverarbeitungen der Vorwurf, dass die Datenschutzgesetzgebung zu paternalistisch die Vertragsautonomie beschränkt.[1028] Suchmaschinenbetreibern sind die Personen unbekannt, deren personenbezogene Daten im Verlauf des Sammelns und Indexierens von Informationen erfasst werden; auf diese Unkenntnis berief sich z.B. auch *Google* im Vorabentscheidungsverfahren C-131/12.[1029] Eine Einwilligung des Betroffenen in die Verarbeitung liegt daher nicht vor. Im Verlauf des Suchprozesses wird die Wahrnehmung eines Menschen durch die Außenwelt beeinflusst,[1030] ohne dass diesem zuvor ein Mitspracherecht über die Erfassung ihn betreffender Informationen eingeräumt wurde. Das Interesse an einem „*Rückzug aus der Öffentlichkeit*" ist umso weniger schutzwürdig, je mehr zuvor durch eigenes Verhalten zur Herstellung von Öffentlichkeit beigetragen wurde[1031] - wie der Fall des *Costeja Gonzalez* veranschaulicht, können Suchmaschinen auch Personen in die Öffentlichkeit ziehen, die ihnen dazu keinen Anlass geliefert haben. Das *Google-Urteil* mag in vielerlei Hinsicht Bedenken aufwerfen, doch kann ihm nicht der Vorwurf einer paternalistischen Beschränkung der Vertragsfreiheit gemacht werden, wenn keine vertragliche Einigung zwischen Suchmaschinenbetreiber und Betroffenem vorliegt.

---

tunglesen (online oder in Papierform) zufällig auf ein Datum stößt oder ob Treffer auf eine Namenssuche hin zusammengetragen werden."

1027 *Posner*, „*We All Have the Right to Be Forgotten*", 14. Mai 2014; zur Bedeutung der Suchmaschinen bei der Informationssuche im Internet vgl. *B. II. 1. A) Ubiquität und die Bedeutung der Suchmaschinen; C. I. 6. B) Notwendigkeit zur Unterbrechung des allgegenwärtigen Informationsflusses.*

1028 Zu diesem Vorwurf vgl. nur *Luch/Schulz/Kuhlmann*, EuR 2014, 698 (708).

1029 EuGH, Urteil vom 13. Mai 2014 - C-131/12 (*Google Spain und Google*), Rn. 22.

1030 Vgl. erneut *Luch/Schulz/Kuhlmann*, EuR 2014, 698 (714).

1031 *Alexander*, ZUM 2011, 382 (384). Bedacht werden muss jedoch auch, dass sich viele der an *Google* adressierten *Delisting*-Eingaben auf Verlinkungen bezogen, die zu Webseitenabschnitten des sozialen Netzwerkes *Facebook* führten, *Holznagel/Hartmann*, MMR 2016, 228 (231). Gerade bei einem sozialen Netzwerkliegt liegt die Annahme nicht fern, dass sich ein Betroffener urspr. aus eigener Initiative zwecks Selbstdarstellung ans Licht der Öffentlichkeit gewagt haben kann.

Auch ist zu bedenken, dass Suchmaschinenbetreiber mit deutlich größerem Gewicht in die Rechte der Betroffenen eingreifen, als es bei Datenverarbeitungen einzelner Quellwebseitenbetreiber der Fall ist.[1032] Die Beeinträchtigung der nach Art. 7 und 8 GRCh geschützten Rechte erfolgt im Falle suchmaschinenseitiger Datenverarbeitungen

> *„... nicht aus der Auffindbarkeit der einzelnen Webseite ..., sondern aus der gebündelten Darstellung aller im Internet auffindbaren Informationen über die betreffende Person, deren Informationswert weit über den der Ursprungsveröffentlichung hinaus gehen kann. Es ist nicht allein der Umstand, dass auf einer Webseite personenbezogene Daten enthalten sind, der einen Anspruch auf Nichtanzeige geben kann, sondern vielmehr die Persönlichkeitsrechtsverletzung durch die Aggregation von Suchergebnissen und die damit ermöglichte (erleichterte) Auffindbarkeit.“*[1033]

In den Ergebnislisten können veraltete Informationen zum Vorschein gebracht werden, wodurch der Gesuchte aus der Perspektive von Dritten in die Nähe eines früheren, für die Gegenwart nicht zwingend aussagekräftigen Entwicklungsstandes rückt.[1034] Infolge der omnipräsenten Vergangenheit werden die Chancen eines Menschen beeinträchtigt, seine Persönlichkeit frei entwickeln zu können.[1035] All dies rechtfertigt es, dem Betroffenen grundsätzlich eine Möglichkeit zuzugestehen, auf den zentralen Zugriff ihn betreffender Informationen mittels personenbezogener Suchanfragen Einfluss nehmen zu können.

BBB) Konsequenzen der Beschränkungen personenbezogener Suchanfragen

Personenbezogene Suchanfragen haben nicht allein auf die Interessen des Betroffenen Auswirkungen, so dass ein grundsätzliches Überwiegen seiner Rechte nicht überzeugt.[1036] Suchmaschinen können sowohl

1032 EuGH, Urteil vom 13. Mai 2014 - C-131/12 (*Google Spain und Google*), Rn. 80; *Zierbarth*, ZD 2014, 394 (398).

1033 *Luch/Schulz/Kuhlmann*, EuR 2014, 698 (705).

1034 *Posner*, *„We All Have the Right to Be Forgotten“*, 14. Mai 2014; vgl. bereits *B. II. 2. C) Bedrohung der selbstbestimmten Persönlichkeitsentwicklung*; *D. III. 4. A) AA) AAA) BBB) Beeinträchtigung des geschützten Bereichs durch die Suchmaschinentätigkeit.*

1035 *D. III. 4. A) AA) BBB) Beeinträchtigung des geschützten Bereichs durch die Suchmaschinentätigkeit.*

1036 *D. III. 4. B) AA) CCC) Zwischenfazit: Gleichberechtigung von Persönlichkeitsschutz und Kommunikationsfreiheit.*

dazu beitragen, eine an der öffentlichen Debatte interessierte Gesellschaftsordnung auf die digitale Ebene zu übertragen, aber auch verhindern, dass Forderungen nach umfassenderen bürgerlichen Freiheiten Gehör finden.[1037] Die Informationssuche mittels *Google* und Co. gehört zu den wichtigsten Ausübungsarten der Informationsfreiheit im 21. Jahrhundert;[1038] erfassen *Crawler* Informationen, so dass diese Eingang in Ergebnislisten finden können, werden sie leichter zugänglich.[1039] Ohne die von Suchmaschinen geleistete Vorarbeit wäre das Aufspüren einzelner Informationen im Internet für den durchschnittlichen Internetnutzer nicht zu bewältigen.[1040]

(A) Unzumutbare Beeinträchtigung der Informationsfreiheit?

Ob die Vorteile der vom EuGH vorgezeichneten Auslegung der Art. 12 lit. b) i.V.m. Art. 6 Abs. 1 lit. c) – e), 7 lit. f) DSRL die Nachteile überwiegen, hängt entscheidend davon ab, ob man Beschränkungen personenbezogener Suchoptionen als unzumutbare Beeinträchtigung der Meinungsäußerungsfreiheit bewertet.

Es darf auf der einen Seite nicht übersehen werden, dass an der Möglichkeit eines direkten Informationszuganges durch bloße Namensnennung ein großes Interesse bestehen kann, was insbesondere bei im Licht der Öffentlichkeit stehenden Persönlichkeiten anzunehmen ist.[1041] Daneben hat die Gesellschaft ein Interesse daran, Informationen über die Vergangenheit für künftige Generationen aufzubewahren und dieses Wissen möglichst effektiv nutzbar zu machen.[1042] Auch

1037 So verweist Generalanwalt *Jääskinen* darauf, dass insbesondere Regime autoritärer Prägung dazu tendieren, „*den Zugang zum Internet zu beschränken oder die im Internet zugänglichen Inhalte zu zensieren*“, Schlussanträge des Generalanwalts *Niilo Jääskinen* vom 25. Juni 2013 in der Rechtssache C-131/12, Rn. 121.

1038 Schlussanträge des Generalanwalts vom 25. Juni 2013 in Rechtssache C-131/12, Rn. 131.

1039 EuGH, Urteil vom 13. Mai 2014 – C–131/12 (*Google Spain und Google*), Rn. 87.

1040 Kilian/Heussen/*Egermann*, 3. Abschnitt, Teil 300, Suchmaschinen, IV, Rn. 8 (Stand: 33. EL 2017); ferner *Luch/Schulz/Kuhlmann*, EuR 2014, 698 (707). Vgl. außerdem *B. II. 1. A) Ubiquität und Bedeutung der Suchmaschinen*; *C. I. 6. B) Notwendigkeit zu Unterbrechungen des allgegenwärtigen Informationsflusses.*

1041 *DIVSI*, Das Recht auf Vergessenwerden, Seite 23.

1042 *Luch/Schulz/Kuhlmann*, EuR 2014, 698 (707).

die Auffindbarkeit von Informationen in Internetarchiven mittels Suchanfragen ist für die Informationsfreiheit bedeutsam;[1043] Internetarchive, die nicht durchsucht werden können, sind – wenn überhaupt – von geringem Nutzen.[1044]

Neben Auswirkungen auf die Informationsfreiheit können auch Quellwebseitenbetreiber durch Beschränkungen personenbezogener Suchmöglichkeiten betroffen sein, da sie befürchten müssen, mit ihren Inhalten nur noch kleinere Adressatenkreise zu erreichen.[1045] Die Reichweite digitaler Berichterstattung wird begrenzt, wenn personenbezogene Suchanfragen nach denjenigen, die Gegenstand der Berichterstattung sind, Berichte in den Ergebnislisten nicht zutage fördern. Gesteht man den Betroffenen von suchmaschinenseitigen Datenverarbeitungen die Möglichkeit zu, bei der reinen Berührung ihrer Grundrechte aus Art. 7 und 8 GRCh die Reichweite personenbezogener Suchanfragen einschränken zu können, dann legt man die Entscheidung über den Informationszugang (auch) in ihre Hand.[1046] Die Existenz einer Ausnahme für personenbezogene Daten von in besonderem Maße in der Öffentlichkeit stehenden Persönlichkeiten vermag dieses Ungleichgewicht nicht zu beseitigen, da sich im Internet zahllose Informationen über weniger exponierte Personen auffinden lassen.[1047]

Teilweise wird angenommen, dass die Allgemeinheit *„ein Interesse daran hat, von den Suchmaschinen ein möglichst unverfälschtes Bild verfügbarer Informationen geliefert zu bekommen“*.[1048] Dem lässt sich entgegenhalten, dass ein so weitreichendes Verständnis vom Informationsinteresse der Allgemeinheit, dass nach einem aufwandslosen Informationszugriff mittels personenbezogener Suchanfragen verlangt, keine zwingende Annahme ist.[1049] Dagegen spricht das Gewicht der Beeinträchtigung auf Seiten der Betroffenen, die durch suchmaschinenseitige Datenverarbeitungen Einblicken der Allgemeinheit in strukturierte Zusammenstellungen ihrer Vergangenheit ausgesetzt sein kön-

1043 *Luch/Schulz/Kuhlmann*, EuR 2014, 698 (707).
1044 *Luch/Schulz/Kuhlmann*, EuR 2014, 698 (709).
1045 *D. III. 4. A) CC) Kommunikationsfreiheit auf der Quellwebseite.*
1046 *Luch/Schulz/Kuhlmann*, EuR 2014, 698 (706).
1047 *Luch/Schulz/Kuhlmann*, EuR 2014, 698 (706).
1048 *DIVSI*, Das Recht auf Vergessenwerden, Seite 11.
1049 OLG Hamburg, Urteil vom 7. Juli 2015 – 7 U 29/12 = GRUR-RR 2016, 45 (47).

nen.[1050] Diesbzgl. ist erneut an die Entscheidung *Department of Justice v. Reporters Committee for Freedom of the Press* zu erinnern, in welcher der US Supreme Court 1989 ein höheres Gefahrenpotential in Informationen erkannte, die nicht erst durch mühsame Recherchearbeit erschlossen werden müssen, sondern bereits zusammengefasst an zentraler Stelle zusammenlaufen.[1051]

Auch ist zu berücksichtigen, dass die Ausübung der Informationsfreiheit zwar erschwert wird, wenn im Internet vorhandene Informationen aus der Vergangenheit eines Menschen nicht mehr durch Eingabe seines Namens über Suchmaschinen auffindbar sind, das Auffinden von Informationen dadurch aber nicht unmöglich wird. Wenn Informationen per *Delisting* aus Ergebnislisten verschwinden, wird der Weg zu einer Information hürdenreicher, doch müssen anders als z.T. angenommen die betroffenen Quellwebseiten nicht *„de facto fast vollständig aus dem Kommunikationsprozess heraus*[fallen]".[1052] Der Standort eines Quellwebseitenabschnitts – bspw. die Positionierung eines einzigen journalistischen Beitrags im Internetangebot der FAZ oder der *La Vanguardia* – taucht zwar bei bestimmten personenbezogenen Suchanfragen nicht in den Ergebnislisten auf, er kann aber immer noch durch eine Kombination anderer Suchbegriffe gefunden werden,[1053] da das *Google-Urteil* sachbezogene – an anderen Begriffen als dem Namen einer Person orientierte – Suchanfragen unberührt lässt.[1054] Auch wenn sachbezogene Suchanfragen i.d.R. zeit- und res-

---

1050 *D. III. 4. B) BB) AAA) Allgegenwärtiges Panoptikum*; *D. III. 4. A) AA) BBB) Beeinträchtigung des geschützten Bereichs durch die Suchmaschinentätigkeit.*

1051 *Department of Justice v. Reporters Committee for Freedom of the Press*, 489 U.S. 749, 764 (1989). Vgl. näher *B. II. 1. A) Ubiquität und Bedeutung der Suchmaschinen.*

1052 So jedoch *Holznagel/Hartmann*, MMR 2016, 228 (231), sowie *Masing*, Vorläufige Einschätzung der „Google-Entscheidung" des EuGH vom 14. August 2014: *„Die Betreiber von Internetseiten mit ihren Kommunikationsinteressen werden weder materiell noch verfahrensrechtlich gleichberechtigt in die Entscheidung über die Frage von Nachweissperren eingebunden. Indem sie durch solche Sperren aber faktisch „unsichtbar" werden können, sind sie hiervon jedoch maßgeblich betroffen."* Einschränkend *DIVSI*, Das Recht auf Vergessenwerden, Seite 23.

1053 *Holznagel/Hartmann*, MMR 2016, 228 (231).

1054 *DIVSI*, Das Recht auf Vergessenwerden, Seite 23; mit Zweifeln gegenüber einer Begrenzung auf die sachbezogene Suchanfrage dagegen *Masing*, Vorläufige Einschätzung der „Google-Entscheidung" des EuGH vom 14. August 2014: *„Indem der EuGH dem Suchmaschinenbetreiber eine primäre und unmittelbare Verant-*

sourcenintensiver sind, können dadurch mit ausreichender Einsatzbereitschaft auch vom *Delisting* betroffene Informationen aufgespürt werden.[1055] Es ist jedoch zuzugeben, dass zwischen journalistischen oder allgemein an Dritte adressierten Äußerungen und den darin angesprochenen Personen eine so enge Verbindung bestehen kann, dass relevante Suchergebnisse primär über personenbezogene Suchanfragen auffindbar sind.[1056]

Dem vermeintlichen Interesse der Allgemeinheit an der Lieferung eines möglichst unverfälschten Informationsbildes[1057] lässt sich weiterhin entgegenhalten, dass Suchmaschinen vor dem Anzeigen der Ergebnislisten relevante Informationen filtern und diese anhand selbst gewählter Kriterien nach der erwarteten Relevanz für die Suchanfrage sortieren.[1058] Da Suchmaschinenbetreiber unterschiedliche Kriterien in ihre Algorithmen einfließen lassen,[1059] kann eine einzelne Information von mehreren Suchmaschinenanbietern als unterschiedlich relevant bewertet und ihr ein mehr oder weniger prominenter Platz in den Ergebnislisten zugewiesen werden.[1060] Da die Relevanz einer Information für eine Suchanfrage dem Wahrheitsbeweis nicht zugänglich ist,[1061] sondern diese subjektiven Wertungen unterliegt, würde die Allgemeinheit auch beim Verbot von *Delisting*-Mechanismen kein unver-

---

wortlichkeit für Persönlichkeitsverletzungen aus dem Inhalt der angezeigten Seiten zuweist, beschränkt sich seine Entscheidung der Argumentation nach nicht auf namensbezogene Abfragen."

1055 *DIVSI*, Das Recht auf Vergessenwerden, Seite 23; vgl. bereits *D. III. 6. B) Digitales Oblivion durch Aufhebung der Ubiquität von Informationen.* Auch das OLG Hamburg hat in einer Entscheidung über die Suchfunktion eines digitalen Zeitungsarchivs festgehalten, dass sich Altbeiträge auch bei Ausschluss einer namensbezogenen Durchsuchbarkeit noch mittels sachbezogener Suchanfragen über Suchmaschinen aufspüren lassen, OLG Hamburg, Urteil vom 7. Juli 2015 – 7 U 29/12, GRUR-RR 2016, 45 (47).

1056 *DIVSI*, Das Recht auf Vergessenwerden, Seite 23.

1057 *DIVSI*, Das Recht auf Vergessenwerden, Seite 11.

1058 Kilian/Heussen/*Egermann*, 3. Abschnitt, Teil 300, Suchmaschinen, IV, Rn. 8 (Stand: 33. EL 2017); *D. III. 4. A) BB) AAA) (B) (BB) Abgabe eines Werturteils bei der Bereitstellung von Ergebnislisten.*

1059 *Milstein/Lippold*, NVwZ 2013, 182 (185).

1060 *D. III. 4. A) BB) AAA) (B) (BB) Abgabe eines Werturteils bei der Bereitstellung von Ergebnislisten.*

1061 *Milstein/Lippold*, NVwZ 2013, 182 (185).

fälschtes Informationsbild von den Suchmaschinenbetreibern präsentiert bekommen.

(B) Umgehung des Medienprivilegs

Neben den Auswirkungen auf die Informationsfreiheit muss innerhalb der Folgenabwägung auch berücksichtigt werden, dass das *Google-Urteil* mittelbar auf eine Aushebelung des Art. 9 DSRL hinauslaufen könnte. Bereits im Jahr 2008 finden sich Vorschläge zur Erstreckung des Medienprivilegs auf Suchmaschinenbetreiber, um dadurch die Balance zwischen Datenschutz und Meinungsäußerungsfreiheit zu wahren.[1062] Die Privilegierung des Art. 9 DSRL greift jedoch aus Sicht des EuGH zugunsten eines Suchmaschinenbetreibers nicht ein, da eine von ihm betriebene Datenverarbeitung nicht *„allein zu journalistischen, künstlerischen oder literarischen Zwecken erfolgt"*.[1063]

Dass der EuGH im *Google-Urteil* Medienprivilegierungen nicht *„als Annex"* auf die Betreiber von Suchmaschinen ausdehnte, erfuhr im Anschluss an die Entscheidung ebenfalls Kritik.[1064] Grundsätzlich

1062 *Kulk/Borgesius*, EJRR 2014, 389 (395).

1063 EuGH, Urteil vom 13. Mai 2014 – C-131/12 (*Google Spain und Google*), Rn. 85.

1064 *Spindler*, JZ 2014, 981 (987). Noch deutlich weiter gehen die Befürchtung von *Masing*, wonach der EuGH für die über Suchmaschinen vermittelte Internetkommunikation eine neue Bewertungsebene geschaffen hat, welche bestehende Regeln für die Kommunikation auf der bisherigen Primärebene (d.h. die Regeln für die Zulässigkeit und den Umgang mit Kommunikation auf den Quellwebseiten) überschreibt, Vorläufige Einschätzung der „Google-Entscheidung" des EuGH vom 14. August 2014: *„Über die Frage, welche Informationen im Rahmen gesellschaftlicher Auseinandersetzungen kommuniziert werden können, legt sich damit also auch materiell eine eigene Schicht, die diese Kommunikation – soweit sie durch Suchmaschinen vermittelt wird – zum Schutze des Persönlichkeitsrechts eigenständig beschränkt. Hierdurch werden bestehende gesetzliche Regelungen – von Transparenzpflichten bis hin zu verschiedenen Fristen, innerhalb derer bestimmte Informationen zugänglich gemacht werden – vom Ansatz her überspielt. Auch sonst werden die differenzierenden Maßgaben des Äußerungsrechts grundsätzlich unmaßgeblich. Die – zum Teil in einem konfliktreichen Prozess mühsam zur Durchsetzung gebrachten – Errungenschaften der Rechtsprechung, mit denen diese eine offene, auch gegenüber herkömmlichen Ehrbegriffen, Moralvorstellungen und sozialen Geltungsansprüchen potenziell kritische Auseinandersetzung und öffentliche Kommunikation ermöglicht hat, werden damit vom Grundsatz her außer Kraft gesetzt."*

werde die besondere Bedeutung von Informationsintermediären für die Meinungsbildung *„von der RiL 95/46 in der tradierten Auslegung des Medienprivilegs nicht angemessen erfasst“*.[1065] Entscheidend für eine Einbeziehung der Suchmaschinenbetreiber in den besonders geschützten Bereich streite deren Bedeutung für Journalisten, welche in ihren Internetrecherchen ohne Suchmaschinenunterstützung erheblich beeinträchtigt würden.[1066] Ohne die Vermittlertätigkeit könnten Internetnutzer *„nur auf gut Glück die Meinungs- und Informationsvielfalt wahrnehmen“* und eine Beschränkung des einfachen Informationszugangs im Internet würde einen Bedeutungsverlust für Medien von Bloggern bis hin zu größeren Massenmedien zur Folge haben.[1067]

Auf den ersten Blick erscheint es in der Tat als Widerspruch, Tätigkeiten von Quellwebseitenbetreibern im Bereich Journalismus und Kunst eine Privilegierung über Art. 9 DSRL zuteilwerden zu lassen, diese aber nicht auf die Tätigkeit der Intermediäre zu erstrecken, welche die journalistischen oder künstlerischen Quellwebseitenbeiträge auffindbar machen. Es ließe sich gut vertreten, dass das *Google-Urteil* durch die Verweigerung einer Annex-Ausdehnung auf die Datenverarbeitungen von Suchmaschinenbetreibern den Schutz des Art. 9 DSRL für Quellwebseitenbetreiber unterminiert hat, deren Webseitenangebot durch erfolgreiche *Delisting*-Eingaben künftig schwerer aufspürbar sein könnte.

Dagegen spricht aber zum einen, dass am befürchteten Bedeutungsverlust für Medien im Internet Zweifel bestehen. Bspw. hat *Google* keineswegs sämtlichen *Delisting*-Eingaben entsprochen, sondern ist nur 43,2 % (Stand: 12. September 2017) dieser Ersuchen nachgekommen (Stand: 12. September 2017).[1068] Am häufigsten zum Ziel von *Delisting*-Eingaben wurden weder die Angebote von Bloggern oder klassischen Massen-Medien, sondern Verlinkungen zu Abschnitten des so-

---

1065 *Spindler*, JZ 2014, 981 (987).

1066 *Spindler*, JZ 2014, 981 (987).

1067 *Spindler*, JZ 2014, 981 (987).

1068 https://transparencyreport.google.com/eu-privacy/overview (zuletzt abgerufen am 12. September 2017); vgl. bereits *D. III. 4. B) AA) BBB) Chilling-Effect zulasten der Kommunikationsfreiheiten.*

zialen Netzwerkes Facebook (= 41.351 *Delisting*-Aufforderungen; 17.525 entfernte URLs).[1069]

Gegen eine Annex-Ausdehnung des Art. 9 DSRL spricht zum anderen, dass privilegierte Datenverarbeitungen zu bspw. rein journalistischen Zwecken und Verarbeitung zwecks Ermöglichung personenbezogener Suchanfragen als schlichtweg nicht gleichwertige Vorgänge anzusehen sind.[1070] Würde man die nach Art. 9 DSRL vorzusehenden Ausnahmebestimmungen auf Suchmaschinenbetreiber ausdehnen, weil diese ihrerseits auf besonders schützenswerte Beiträge verweisen, würde man dadurch die bestehenden Unterschiede verleugnen. Datenverarbeitungen eines Suchmaschinenbetreibers müssen nicht durch die gleichen Wertungen wie Verarbeitungsvorgänge auf einer Quellwebseite legitimiert sein. Vor allem aber wohnt den suchmaschinenseitigen Datenverarbeitungen ein vielfach größeres Gefahrenpotential inne als journalistischen Beiträgen auf isolierten Quellwebseiten.[1071]

Entscheidend gegen eine Einbeziehung der Suchmaschinentätigkeit in den privilegierten Bereich des Art. 9 DSRL spricht, dass die Informationsauffindung zwar schwieriger, aber keinesfalls unmöglich wird. Auch wenn eine personenbezogene Suchanfrage nicht mehr zu Links auf eine bestimmte Information verweist, kann diese weiterhin mit sachbezogenen Suchanfragen aufgefunden werden.[1072] Eine Annex-Einbeziehung liefe darauf hinaus, ins Internet gelangte Informationen gegen Eingaben der davon Betroffenen zu immunisieren. Ebenso wie eine Dominanz der Betroffenenrechte gegenüber den Kommunikationsfreiheiten ist ein grundsätzliches Recht von Informationssuchenden auf den aufwandslosen Zugang zu Informationen in einer

1069 https://transparencyreport.google.com/eu-privacy/overview (zuletzt abgerufen am 12. September 2017); vgl. bereits *Holznagel/Hartmann*, MMR 2016, 228 (231).

1070 Das *Google-Urteil* wird jedoch gerade davon geprägt, dass der EuGH Datenverarbeitungen auf Quellwebseiten und Datenverarbeitungen durch Suchmaschinenbetreiber als zwei separat zu bewertende Vorgänge eingestuft hat, *D. II. 2. B) BB) AAA) Rechtmäßigkeit der Datenverarbeitung auf einer Quellwebseite irrelevant.*

1071 *D. III. 5. B) CC) Besonderes Gefahrenpotential der Suchmaschinentätigkeit.*

1072 *D. III. 4. B) BB) BBB) (A) Unzumutbare Beeinträchtigung der Informationsfreiheit? D. III. 6. B) Digitales Oblivion durch Aufhebung der Ubiquität von Informationen*; *DIVSI*, Das Recht auf Vergessenwerden, Seite 23.

übersichtsartigen Aufbereitung abzulehnen; gleiches gilt für ein Recht von Quellwebseitenbetreibern auf die Zugänglichmachung ihres Angebots mittels personenbezogener Suchanfragen. Eine mittelbare Umgehung des Art. 9 DSRL liegt ebenso wenig vor wie eine unzumutbare Beeinträchtigung der Informations- und Meinungsfreiheit.

ccc) Behinderung der Suchmaschinentätigkeit

Die aus Art. 12 lit. b) i.V.m. Art. 6 Abs. 1 lit. c) – e), 7 lit. f) DSRL hervorgegangene Verpflichtung für Suchmaschinenbetreiber ist mit der Befürchtung existenzgefährdender Nachteile einhergegangen. Entweder würden die Betreiber zur Errichtung automatisierter Bereinigungssysteme für die Ergebnislisten verleitet oder es werde letztlich zu einer Überforderung selbst der größten Suchmaschinenanbieter kommen.[1073] Da das *Google-Urteil* selbst multinationalen Konzernen wie *Google* erhebliche Bürden auferlege, befürchtete das britische *House of Lords* aber auch eine Überforderung kleiner Suchmaschinenanbieter.[1074]

Eine Überforderung größerer Suchmaschinenbetreiber hat sich in der seit dem *Google-Urteil* verstrichenen Zeitspanne nicht realisiert. Obwohl sich *Google* allein im auf die Entscheidung folgenden Monat mit der Überprüfung von einer Viertelmillion URLs konfrontiert sah,[1075] konnte der Konzern zeitnah eine effektive Infrastruktur zur Abwicklung von *Delisting*-Eingaben etablieren.[1076] Auch wenn das *Google-Urteil* keinen Zusammenbruch des Suchmaschinenbetriebes nach sich zog, wird dieser doch durch die schiere Anzahl an *Delisting*-Anträgen belastet. Dies gilt umso mehr, als den Betreibern vom EuGH

1073 Schlussanträge des Generalanwalts vom 25. Juni 2013 in Rechtssache C-131/12, Rn. 133.

1074 House of Lords, 2nd Report of Session 2014–15, *EU Data Protection law: a 'right to be forgotten'?*, Rn. 34 f.; ebenso *DIVSI*, Das Recht auf Vergessenwerden, Seite 26; *Dobusch*, Netzpolitik.org, 14. Mai 2014, *„Kommentar zum EuGH-Urteil: Zuviel des Guten – Privatisierte Rechtsdurchsetzung auf dem Vormarsch"*.

1075 House of Lords, 2nd Report of Session 2014–15, *EU Data Protection law: a 'right to be forgotten'?*, Rn. 32 f.

1076 Näher zu den praktischen Erfahrungen mit diesem System *E. II. 3. A) Sachverständigenrat.*

keine Kriterien zur Bewältigung von Interessenkonflikten an die Hand gegeben wurden.[1077]

Da Suchmaschinenbetreiber nicht länger frei darüber entscheiden, welche Informationen in Ergebnislisten aufgenommen werden und sie zur Vorhaltung eines Systems zur Bearbeitung von *Delisting*-Eingaben angehalten sind, werden sie in der freien Durchführung ihrer unternehmerischen Tätigkeit beschränkt.[1078] Der Anreiz, rechtliche wie finanzielle Risiken zu minimieren, kann die Betreiber zu einem Verhalten verleiten, dass vom Grundsatz „Im Zweifel für die Löschung“ geprägt ist.[1079] Eine erfolgreich gegenüber *Google* durchgesetzte *Delisting*-Eingabe hat nicht zur Folge, dass eine Information auch aus den Ergebnislisten von *Yahoo*, *Bing* oder anderen Suchmaschinen verschwindet.[1080] Versucht ein Betroffener seine Chancen auf Vergessenwerden dadurch zu erhöhen, dass er mehr als einen Suchmaschinenbetreiber zum Ausblenden missliebiger Informationen auffordert, könnte ein *Delisting*-Begehren Arbeitsaufwand für mehrere Betreiber bedeuten.

Wo globale Akteure wie *Google* in kurzer Zeit eine Infrastruktur zur Abwicklung von *Delisting*-Eingaben entwickeln können, sind die Herausforderungen für kleinere Suchmaschinenbetreiber ungleich größer.[1081] Für ein Unternehmen, welches dabei ist, im Suchmaschinenmarkt Fuß zu fassen, wird weder der Aufbau einer Rechtsabteilung Priorität genießen[1082] noch wird zwingend genug Personal zur Bewäl-

---

1077 House of Lords, 2nd Report of Session 2014–15, *EU Data Protection law: a 'right to be forgotten'?*, Rn. 22; *Dobusch*, Netzpolitik.org, 14. Mai 2014, *„Kommentar zum EuGH-Urteil: Zuviel des Guten – Privatisierte Rechtsdurchsetzung auf dem Vormarsch“*. Zum Problem der hierdurch eintretenden Verlagerung der Rechtsdurchsetzung auf Private vgl. *E. II. 2. Auflösung des Interessenkonflikts durch moderne Philosophenkönige?*

1078 *D. III. 4. A) BB) BBB) Unternehmerische Freiheit.*

1079 *Dobusch*, Netzpolitik.org, 14. Mai 2014, *„Kommentar zum EuGH-Urteil: Zuviel des Guten – Privatisierte Rechtsdurchsetzung auf dem Vormarsch“*; *Hornung/Müller-Terpitz*, Rechtshandbuch Social Media, Seite 184.

1080 House of Lords, 2nd Report of Session 2014–15, *EU Data Protection law: a 'right to be forgotten'?*, Rn. 36.

1081 *Dobusch*, Netzpolitik.org, 14. Mai 2014, *„Kommentar zum EuGH-Urteil: Zuviel des Guten – Privatisierte Rechtsdurchsetzung auf dem Vormarsch“*.

1082 Netzpolitik.org, 22. Mai 2014, *Kommentar zum EuGH-Urteil: „Recht auf Vergessen – Technik und Recht müssen zusammenarbeiten“*, abrufbar unter https://netzpolitik.org/2014/kommentar-zum-eugh-urteil-recht-auf-vergessen-technik-und-recht-muessen-zusammenarbeiten/ (zuletzt abgerufen am 4. September 2017).

tigung zahlloser *Delisting*-Eingaben vorhanden sein.[1083] Wer sich speziell auf Personensuchen im Internet spezialisiert, für den könnte der Eintritt in den Wettbewerb unter Suchmaschinen sogar ganz unmöglich werden.[1084]

Damit gehen die aus den Art. 12 lit. b) i.V.m. Art. 6 Abs. 1 lit. c) – e), 7 lit. f) DSRL folgenden Verpflichtungen für Suchmaschinenbetreiber zwar mit Nachteilen einher, doch legt der Vergleich zur Entscheidung *Scarlet Extended* nahe, dass dadurch nicht das angemessene Verhältnis zu den verfolgten Zielen überschritten sein muss. In dieser Entscheidung bewertete der EuGH die Anweisung eines Providers[1085] zur Errichtung eines Filtersystems, welches sämtliche Kommunikation im Netz dieses Providers zeitlich unbegrenzt auf mögliche Beeinträchtigungen geistigen Eigentums überwachen sollte, als *„Missachtung des Erfordernisses der Gewährleistung eines angemessenen Gleichgewichts"*.[1086] Eine solche Anweisung würde die unternehmerische Freiheit des Providers beeinträchtigen, da sie ihn dazu *„verpflichten würde, ein kompliziertes, kostspieliges, auf Dauer angelegtes und allein auf seine Kosten betriebenes Informatiksystem einzurichten"*.[1087]

Das *Google-Urteil* baut zulasten von Suchmaschinenbetreibern Druck zur Errichtung eines Systems zur Bewältigung von *Delisting*-Eingaben auf.[1088] Gleichzeitig kann sich die Beurteilung einer *Delisting*-Eingabe als komplizierte Herausforderung darstellen, da den Betreibern zur Auflösung etwaiger Interessenkonflikte – abseits des grundsätzlichen Überwiegens der Betroffenenrechte – keine Vorgaben erteilt

1083 House of Lords, 2nd Report of Session 2014–15, *EU Data Protection law: a 'right to be forgotten'?*, Rn. 56: *„We cannot say that it is impossible for Google to comply with the judgment, because they are attempting to do so, and Professor Floridi, for instance, believes they can. But in our view the judgment is unworkable. It ignores the effect on smaller search engines which, unlike Google, may not have the resources to consider individually large numbers of requests for the deletion of links."*

1084 Netzpolitik.org, 22. Mai 2014, *Kommentar zum EuGH-Urteil: „Recht auf Vergessen – Technik und Recht müssen zusammenarbeiten"*.

1085 Bei dem von der Verwertungsgesellschaft *SABAM* belangten Unternehmen *Scarlet* handelte es sich um einen *internet service provider* (*„Provider"*), welcher seinen Nutzern den Internetzugang ermöglichte, EuGH, Urteil vom 24. November 2011 – C-70/10 (*Scarlet Extended*), Rn. 15 f.

1086 EuGH, Urteil vom 24. November 2011 – C-70/10 (*Scarlet Extended*), Rn. 47, 49.

1087 EuGH, Urteil vom 24. November 2011 – C-70/10 (*Scarlet Extended*), Rn. 48.

1088 Vgl. bereits *D. III. 4. A) BB) BBB) Unternehmerische Freiheit.*

wurden.[1089] Der Aufbau von zur Bearbeitung von *Delisting*-Eingaben bestimmten Systemen oder Abteilungen wird für die Betreiber nicht frei von Kosten sein; solche werden z.B. dann anfallen, wenn Sachverständige damit beauftragt werden, Kriterien zur Beurteilung von *Delisting*-Eingaben zur erstellen.[1090] Anders als im Fall *Scarlet Extended* muss die von Suchmaschinenbetreibern vorzuhaltende Infrastruktur jedoch nicht präventiv zum Einsatz kommen. Dem *Google-Urteil* ist keine ausdrückliche Verpflichtung zu entnehmen, bereits im Verlauf des Indexierungsprozesses[1091] das Vorhandensein von Informationen zu prüfen, die nicht in Ergebnislisten aufgeführt werden dürfen.[1092] Ausweislich des Wortlauts der Entscheidung scheint der EuGH von einer Pflicht zur Überprüfung der Voraussetzung der Art. 6 und 7 DS-RL nur im Rahmen eines Antrages nach Art. 12 lit. b) DSRL auszugehen.[1093] Dies mag unter den Gesichtspunkten der Prinzipien von Zweckbindung und Erforderlichkeit Bedenken aufwerfen, da diese für ein Tätigwerden des Verantwortlichen kein aktives Einschreiten eines Betroffenen erfordern.[1094] Würde man jedoch anstelle eines Tätigwerdens des Verantwortlichen auf Zuruf eines Betroffenen verlangen, dass

1089 Vgl. erneut House of Lords, 2nd Report of Session 2014–15, *EU Data Protection law: a 'right to be forgotten'?*, Rn. 22; *Dobusch*, Netzpolitik.org, 14. Mai 2014, *„Kommentar zum EuGH-Urteil: Zuviel des Guten – Privatisierte Rechtsdurchsetzung auf dem Vormarsch"*.

1090 Näher zur Arbeit des von *Google* beauftragten Expertengremiums *E. II. 3. A) Sachverständigenrat.*

1091 Ausfürlich zu diesem Prozess *Exkurs: Indexierung durch Suchmaschinen.*

1092 *Masing* weist allerdings darauf hin, dass die Herangehensweise des EuGH das Herauslesen einer präventiven Verpflichtung nicht ausschließt, Vorläufige Einschätzung der „Google-Entscheidung" des EuGH vom 14. August 2014: *„Auch kann sich die Verantwortlichkeit des Suchmaschinenbetreibers vom dem Ausgangspunkt des EuGH her eigentlich nicht auf eine erst nachträgliche Kontrolle nach Antrag des Betroffenen beschränken, sondern gehört die sorgsame Abwägung zu den allgemeinen Pflichten, die der Suchmaschinenbetreiber generell von sich aus zu befolgen hat. Wie gesagt, die Entscheidung verhält sich dazu nicht ausdrücklich und man täte ihr sicher Unrecht, wenn man dies als ihre gewollte Folge darstellen würde. Jedoch sind dies Konsequenzen, die sich aus der Argumentation zunächst ohne weiteres ergeben und die wieder einzufangen schwer fallen wird."*

1093 EuGH, Urteil vom 13. Mai 2014 - C–131/12 (*Google Spain und Google*), Rn. 75: *„Ob eine Verarbeitung den Bestimmungen von Art. 6 und Art. 7 Buchst. f der Richtlinie 95/46 entspricht, kann im Rahmen eines Antrags gemäß Art. 12 Buchst. b der Richtlinie geprüft werden; ..."*

1094 *B. I. 2. The Right to Erasure.*

sich Suchmaschinenbetreiber präventiv vor jeder Informationsveröffentlichung des Vorliegens der Voraussetzungen der Art. 6 und 7 DS-RL vergewissern, ist die Befürchtung eines vollständigen Erliegens des Suchmaschinenbetriebs nicht fernliegend. Eine derartige Überforderung der Betreiber müsste sich entsprechend der Entscheidung *Scarlet Extended* den Vorwurf machen lassen, eine vollkommene „*Missachtung des Erfordernisses der Gewährleistung eines angemessenen Gleichgewichts*“ an den Tag zu legen.[1095]

Dem Interesse von Suchmaschinenbetreibern zur freien Durchführung ihrer Tätigkeit steht das Interesse der Betroffenen entgegen, Einblicken der Öffentlichkeit in die eigene Vergangenheit nicht grenzenlos ausgesetzt zu sein. Wird der Einzelne beständig auf Basis seines früheren Entwicklungsstandes beurteilt, wird er seiner Chance zur freien Persönlichkeitsentfaltung beraubt und in geringerem Maße zur Partizipation am demokratischen Prozess bereit sein.[1096] Die Demokratie als solche ist jedoch auf die Bereitschaft der Bevölkerung zur Ausübung der Kommunikationsfreiheiten angewiesen.[1097]

Der vom EuGH beschrittene Weg verpflichtet Suchmaschinenbetreiber zu einer Überprüfung eigener Datenverarbeitungen auf Zuruf und markiert damit einen Kompromiss zwischen den Extremen der Errichtung eines präventiven Kontrollsystems auf der einen und der weitgehenden Immunisierung von Suchmaschinenbetreibern[1098] gegen Eingaben der Betroffenen auf der anderen Seite.

5. Geburtsstunde eines Grundrechts auf Vergessenwerden?

Würde man allein den Wortlaut des *Google-Urteils* betrachten und diesen zum Maßstab erklären, wäre festzuhalten, dass der EuGH kein Recht auf Vergessenwerden geschaffen hat, da er diesen Begriff aus-

---

1095 EuGH, Urteil vom 24. November 2011 – C-70/10 (*Scarlet Extended*), Rn. 47, 49.

1096 *D. III. 4. A) AA) BBB) Beeinträchtigung des geschützten Bereichs durch die Suchmaschinentätigkeit; D. III. 4. B) BB) AAA) Allgegenwärtiges Panoptikum.*

1097 *D. III. 4. B) AA) AAA) Gesellschaftliche Funktion des Art. 8 GRCh.*

1098 Auf eine solche lief jedoch die Auffassung des Generalanwalts hinaus, vgl. Schlussanträge des Generalanwalts vom 25. Juni 2013 in der Rechtssache C-131/12, Rn. 99 f.

drücklich nur bei der Wiedergabe der Vorlagefrage und Betroffenenposition verwendet.[1099] Ungeachtet der Missachtung, mit welcher der EuGH die Bezeichnung gestraft hat, fand die Vorstellung eines am 13. Mai 2014 geborenen Grundrechts auf Vergessenwerden dennoch Eingang in die juristische Literatur. Aus Sicht von *Boehme-Neßler* legte der EuGH mit dem *Google-Urteil* die Basis für ein neues Grundrecht auf Vergessenwerden aus den Art. 7 und 8 Abs. 2 S. 2 GRCh, welches durch die Vorschriften der Datenschutzrichtlinie konkretisiert werde.[1100] Der Schutzbereich des Grundrechts auf Vergessenwerden soll personenbezogene Daten einschließen und im Rahmen mittelbarer Drittwirkung Bindungswirkung zwischen Privaten entfalten.[1101] Auslöser für den aus dem neuen Grundrecht folgenden Löschungsanspruch ist allein der Zeitablauf; je intimer eine Information, umso kürzer die bis zur Aktivierung des Löschungsanspruchs erforderliche Zeitspanne.[1102] Als konkretisierender sekundärrechtlicher Anknüpfungspunkt dient die Datenschutzrichtlinie – insbesondere Art. 6 Abs. 1 DS-RL –, wonach eine umfassende Abwägung mit den gegenläufigen Interessen über die Erforderlichkeit der anhaltenden Informationsaufbewahrung entscheidet.[1103]

A) „Neues" Grundrecht?

Keine Auseinandersetzung mit dem *Google-Urteil* kommt um die Frage herum, was genau der EuGH am 13. Mai 2014 hervorgebracht hat; wo *Boehme-Neßler* ein neues Grundrecht auf Vergessenwerden zu erkennen glaubt, stellen andere diese Neubegründung in Abrede.[1104] Anhand welcher Merkmale gibt sich überhaupt ein neues Grundrecht zu erkennen?

Um eine Neubegründung annehmen zu können, wird zumindest eine neue Gefährdungssituation vorliegen müssen, die i.R.d. bestehenden Gewährleistungen nicht mehr einzudämmen ist. Anschauungsbei-

1099 Vgl. bereits *D. III. 3. Ambivalente Entscheidung*; *Nolte*, NJW 2014, 2238 (2240).
1100 *Boehme-Neßler*, NVwZ 2014, 825 (827).
1101 *Boehme-Neßler*, NVwZ 2014, 825 (827).
1102 *Boehme-Neßler*, NVwZ 2014, 825 (828).
1103 *Boehme-Neßler*, NVwZ 2014, 825 (827).
1104 *Nolte*, NJW 2014, 2238; *Jandt*, MMR-Aktuell 2014, 358242.

spiele hierfür liefern die aus der Bundesrepublik Deutschland bekannten Fälle der Grundrechte auf informationelle Selbstbestimmung und auf Gewährleistung der Vertraulichkeit und Integrität informationstechnischer Systeme („*IT-Grundrecht*"). Durch die Entwicklung des Grundrechts auf informationelle Selbstbestimmung sollte der Grundrechtsschutz auf neue Herausforderungen – automatische Datenverarbeitungen – eingestellt werden.[1105] Auch die Geburt des IT-Grundrechts war einer vom BVerfG erkannten neuen Gefahr geschuldet[1106] und sollte Schutz gegen Eingriffe in informationstechnische Systeme gewährleisten.[1107] Insbesondere das Grundrecht auf informationelle Selbstbestimmung wurde an dieser Stelle als zur Bewältigung moderner Herausforderungen ungenügend erkannt.[1108] Ein neues Grundrecht muss außerdem über einen eigenen, abgrenzbaren Gewährleistungsbereich verfügen.[1109]

Gemessen hieran kann in der EuGH-Entscheidung vom 13. Mai 2014 nicht die Geburtsstunde eines neuen Grundrechts erblickt werden. Zuzustimmen ist *Boehme-Neßler* dahingehend, dass der EuGH bei der Begründung des Löschungsanspruchs Art. 12 lit. b) DS-RL durch die Wertungen der Art. 7 und 8 GRCh „*aufgeladen*" hat.[1110] Dem *Google-Urteil* ging ein Rechtsstreit voraus, der sich im Kern ausschließlich zwischen Privaten abspielte. Das Grundrecht auf Schutz personenbezogener Daten gem. Art. 8 GRCh ist zwar zunächst ein klassisches, gegen den Staat gerichtetes Abwehrrecht,[1111] welches ge-

1105 BeckOK PolR Bayern/*Rosch*, Art. 32 PAG, Rn. 2.

1106 Sachs/*Murswiek*, Art. 2 GG, Rn. 73c.

1107 BeckOK DatenSR/*Brink*, Grundlagen und bereichsspezifischer Datenschutz Verfassungsrecht, C. XII. Neues IT-Grundrecht, Rn. 144.

1108 BeckOK DatenSR/*Brink*, Grundlagen und bereichsspezifischer Datenschutz Verfassungsrecht, C. XII. Neues IT-Grundrecht, Rn. 144.

1109 Für das Verhältnis zwischen allgemeinem Persönlichkeitsrecht und informationeller Selbstbestimmung vgl. nur BeckOK DatenSR/*Brink*, Grundlagen und bereichsspezifischer Datenschutz Verfassungsrecht, C. III. Verhältnis iSB zum APR, Rn. 60: „*Während das APR die Freiheit des einzelnen betrifft, eine eigenständige Persönlichkeit zu entwerfen, zu leben und weiterzuentwickeln – kurz: eine Persönlichkeit zu sein -, gewährt das iSB das Recht, Einfluss auf das eigene Persönlichkeits-"Bild" zu nehmen, das Dritte – sei es der Staat mit seinen Behörden, seien es Private – von einem gewinnen, nutzen oder verbreiten.*"

1110 *Boehme-Neßler*, NVwZ 2014, 825 (828).

1111 *Streinz/Michl*, EuZW 2011, 384 (385).

genüber Privaten keine unmittelbare Bindungswirkung entfaltet.[1112] Das Grundrecht wird jedoch durch die Datenschutzrichtlinie konkretisiert;[1113] soweit sich die Verarbeitung personenbezogener Daten auf den Schutz des Privatlebens auswirken kann, sind die Vorschriften der Datenschutzrichtlinie im Lichte der Grundrechte-Charta auszulegen.[1114]

Auch wenn sich der EuGH mit einer modernen Gefahrenquelle – der Suchmaschinentätigkeit – auseinandersetzen musste, flossen in die Auslegung der Datenschutzrichtlinie keine Wertungen ein, die der Grundrechte-Charta nicht bereits zuvor entnommen werden konnten. Art. 7 GRCh schützt u.a. die Entwicklung *„der Persönlichkeit jedes Einzelnen in seinen Beziehungen zu anderen Mitmenschen“*,[1115] die personale Selbstbestimmung[1116] und ein Recht auf Rückzug und Abschottung,[1117] wohingegen der sachliche Schutzbereich von Art. 8 GRCh jedwede Daten mit personalem Bezug erfasst.[1118] Mit der Feststellung, dass *„die betroffene Person in Anbetracht ihrer Grundrechte aus den Art. 7 und 8 der Charta verlangen kann, dass die betreffende Information der breiten Öffentlichkeit nicht mehr durch Einbeziehung in eine derartige Ergebnisliste zur Verfügung gestellt wird“*,[1119] wird an die bestehenden Gewährleistungen angeknüpft, welche auf einen modernen Anwendungsfall ausgedehnt werden. Die allgegenwärtige Verfügbarkeit von Informationen aus der Vergangenheit eines Menschen kann

1112 *Jarass*, Art. 8 GRCh, Rn. 3; *Streinz/Michl*, EuZW 2011, 384 (385); *Streinz*, in: Streinz, EUV/AEUV, Art. 8 GRCh, Rn. 6.

1113 *Jarass*, Art. 8 GRCh, Rn. 4a.

1114 EuGH, Urteil vom 13. Mai 2014 – C–131/12 (*Google Spain und Google*), Rn. 68; EuGH, Urteil vom 20. Mai 2003 – C-465/00, C-138/01 und C-139/01 (*Österreichischer Rundfunk u.a.*), Rn. 68; *Jarass*, Art. 8 GRCh, Rn. 4a.

1115 *Jarass*, Art. 7 GRCh, Rn. 3; *Sokur*, Privatsphärenschutz vs. Pressefreiheit, Seite 21; ferner EGMR, Urteil vom 7. 2. 2012 - 40660/08, GRUR 2012, 745 (746 f.).

1116 *Jarass*, Art. 7 GRCh, Rn. 14.

1117 Calliess/Ruffert/*Kingreen*, Art. 7 GRCh, Rn. 5.

1118 BeckOK Informations- und Medienrecht/*Gersdorf*, Art. 8 GRCh, Rn. 16 (Stand: 01.11.2015); Calliess/Ruffert/*Kingreen*, Art. 8 GRCh, Rn. 9; *Jarass*, Art. 8 GRCh, Rn. 6. Ausführlich zum Gewährleistungsbereich der Art. 7, 8 GRCh vgl. *D. III. 4. A) AA) AAA) Gewährleistungsbereich.*

1119 EuGH, Urteil vom 13. Mai 2014 – C–131/12 (*Google Spain und Google*), Rn. 99.

dessen Chance auf Entfaltung seiner Persönlichkeit im Hier und Jetzt unmöglich machen.[1120]

Die vom EuGH durch Auslegung der Datenschutzrichtlinie im Lichte der Grundrechte untermauerte Möglichkeit, aus den Ergebnislisten von Suchmaschinen zu verschwinden, leitet sich aus dem Anspruch des Einzelnen ab, die eigene Persönlichkeit entwickeln und entfalten zu dürfen und dabei ggf. auch den Rückzug aus dem öffentlichen Blickfeld antreten zu können. Die neue Bedrohungslage wird damit i.R.d. bestehenden grundrechtlichen Gewährleistungen aufgefangen, so dass das *Google-Urteil* kein neues Grundrecht hervorgebracht hat.

Sofern der europäische Gerichtshof ein neues Grundrecht auf Vergessenwerden hätte begründen wollen, hätte er sich diese Bezeichnung überdies zu eigen machen können, anstelle die Bezeichnung „Recht auf Vergessenwerden" nur bei der Wiederholung von Vorlagefrage und Betroffenenposition aufzugreifen.[1121] Im Gegensatz dazu sprach das BVerfG bei der Anerkennung des Grundrechts auf informationellen Selbstbestimmung im *Volkszählungsurteil* ausdrücklich vom *„Recht auf informationelle Selbstbestimmung"*.[1122] Über das bislang Ausgeführte hinaus sprechen auch die Besonderheiten des Ausgangsfalls gegen die Annahme eines neuen universellen Grundrechts.

B) Fehlende Verallgemeinerungsfähigkeit über den Suchmaschinenbereich hinaus

AA) Zusammenspiel aus weit zurückdatierenden und besonders sensiblen Informationen

Einfallstor für die Wertungen der Art. 7 und 8 GRCh bildete innerhalb der Prüfung des Löschungsanspruchs aus Art. 12 lit. b) DSRL der Er-

1120 *D. III. 4. A) AA) BBB) Beeinträchtigung des geschützten Bereichs durch die Suchmaschinentätigkeit.*

1121 Auf die fehlende Aneignung des Begriffs hinweisend *Nolte*, NJW 2014, 2238 (2240); ferner *Leutheusser-Schnarrenberger*, in: *DIVSI*, Das Recht auf Vergessenwerden, Seite 18: *„In dem Urteil tauchen die Worte „Recht auf Vergessenwerden" oder „Recht auf Vergessen" überhaupt nicht auf."* D. III. 3. *Ambivalente Entscheidung.*

1122 BVerfG, Urteil vom 15. Dezember 1983 – 1 BvR 209/83 = NJW 1984, 419 (422).

laubnistatbestand Art. 7 lit. f) DSRL, welcher eine Abwägung entgegenstehender Rechte und Interessen erfordert.[1123] Beim Tilgen von Informationen aus Ergebnislisten besteht die Notwendigkeit, einen Ausgleich zwischen Art. 7 und 8 GRCh und kollidierenden Rechten wie der Informationsfreiheit herzustellen.[1124] Der Ausgangsfall wies die Besonderheit auf, dass die durch *Google* vermittelten Informationen Vorfälle betrafen, die bereits 16 Jahre in der Vergangenheit zurücklagen, und es sich dabei aus Sicht des EuGH um für das Privatleben des Betroffenen besonders sensible Informationen handelte.[1125] Nicht bei jedem auf Art. 12 lit. b) DSRL gestützten Löschungsbegehren werden die ungewünschten Informationen derart weit in die Vergangenheit zurückreichen.

BB) Unterschiedliche Legitimationsgrundlagen

Des Weiteren müssen bei der Gewähr von Vergessen im Internet Konstellationen getrennt werden, in denen

- entweder der Betroffene einer Verarbeitung seiner Daten durch den Verantwortlichen zugestimmt hat oder
- die Verarbeitung aus anderen Gründen gerechtfertigt ist.[1126]

Art. 7 lit. f) DSRL bildet nur einen der sechs Erlaubnistatbestände des Art. 7 DSRL. Der Erlaubnistatbestand der Einwilligung beinhaltet in seinem Wortlaut - wie sämtliche Tatbestände des Art. 7 DSRL mit

1123 EuGH, Urteil vom 13. Mai 2014 - C-131/12 (*Google Spain und Google*), Rn. 74; ausführlich zu Art. 7 DSRL vgl. *D. I. 2. A) Art. 7 DSRL - Legitimationsgrundlage der Datenverarbeitung*. Die Datenschutzrichtlinie verfolgte das Ziel, umfassenden Grundrechtsschutz, insbesondere das Recht auf Privatleben, i.R.d. Datenverarbeitung zu gewährleisten, EuGH, Urteil vom 13. Mai 2014 - C-131/12 (*Google Spain und Google*), Rn. 3; Erwägungsgrund 2 der DSRL: „*(2) Die Datenverarbeitungssysteme stehen im Dienste des Menschen; sie haben, ungeachtet der Staatsangehörigkeit oder des Wohnorts der natürlichen Personen, deren Grundrechte und -freiheiten und insbesondere deren Privatsphäre zu achten und zum wirtschaftlichen und sozialen Fortschritt, zur Entwicklung des Handels sowie zum Wohlergehen der Menschen beizutragen.*"

1124 EuGH, Urteil vom 13. Mai 2014 - C-131/12 (*Google Spain und Google*), Rn. 81, 97; *D. II. 2. B) BB) BBB) (B) Grundsätzlich überwiegendes Interesse des Betroffenen.*

1125 EuGH, Urteil vom 13. Mai 2014 - C-131/12 (*Google Spain und Google*), Rn. 98.

1126 *de Terwangne*, The Right to be Forgotten and the Informational Autonomy in the Digital Environment, Seite 6 ff.; *Koops*, SCRIPTed Vol. 8, Issue 3, 2011, 1 (9).

Ausnahme von lit. f) – keine Verarbeitungsschranke in Gestalt eines entgegenstehenden, überwiegenden Betroffeneninteresses. Wer einer Verarbeitung seiner personenbezogenen Daten erst durch die eigene Einwilligung Legitimation verschafft, ist anders zu bewerten als derjenige, dessen Daten wie im Fall von *Costeja González* ohne eigenes Zutun zum Verarbeitungsgegenstand werden. Anders als bei dem durch Suchmaschinen ans Licht Gezerrten muss dem Einwilligenden bewusst sein, dass Aspekte seiner Persönlichkeit infolge der eigenen Zustimmung in die öffentliche Wahrnehmung gelangen können.[1127] Das Interesse an einem Rückzug aus der Öffentlichkeit ist umso weniger schutzwürdig, je mehr zuvor durch eigenes Verhalten zur Herstellung von Öffentlichkeit beigetragen wurde.[1128]

cc) Besonderes Gefahrenpotential der Suchmaschinentätigkeit

Ein weiteres Argument gegen die Annahme eines Grundrechts auf Vergessenwerden folgt aus der Tatsache, dass der EuGH sich im *Google-Urteil* ausschließlich mit den Datenverarbeitungen eines Suchmaschinenbetreibers auseinandersetzen musste. Diese speziellen Verarbeitungsvorgänge können eine schwerwiegendere Beeinträchtigung für die Rechte des Betroffenen bedeuten als die Veröffentlichung seiner personenbezogenen Daten auf einer einzelnen Webseite.[1129] Suchmaschinen können personenbezogene Daten einem größeren Adressatenkreis vermitteln als es einer einzelnen Zeitung wie z.B. der *La Vanguardia* möglich wäre; gleichzeitig eröffnen sie jedem Informationssuchenden in der Theorie die Möglichkeit, durch bloße Namenseingabe ein

1127 *Alexander*, ZUM 2011, 382 (384): „*Wer seine Persönlichkeit der Öffentlichkeit preisgibt, muss in Kauf nehmen, dass Dritte die öffentlich gewordenen Informationen aufgreifen.*"

1128 *Alexander*, ZUM 2011, 382 (384, 389).

1129 EuGH, Urteil vom 13. Mai 2014 – C-131/12 (*Google Spain und Google*), Rn. 37, 38, 83, insbesondere Rn. 87: „*Die Aufnahme einer Internetseite und der darin über eine Person enthaltenen Informationen in die Liste mit den Ergebnissen einer anhand des Namens der betreffenden Person durchgeführten Suche ... kann mithin einen stärkeren Eingriff in das Grundrecht auf Achtung des Privatlebens der betroffenen Person darstellen als die Veröffentlichung durch den Herausgeber der Internetseite.*"

Profil des Gesuchten einzusehen.[1130] Es sind Suchmaschinenbetreiber wie *Google*, nicht eine unter abertausenden Internetwebseiten, die einer Information ihre allgegenwärtige Verfügbarkeit im Internet verleihen.[1131]

Die Feststellung des EuGH, dass die Rechte aus Art. 7 und 8 GRCh im Allgemeinen das Informationsinteresse dritter Internetnutzer überwiegen, muss im Zusammenhang mit dem besonderen Eingriffsgewicht bei Datenverarbeitung durch Suchmaschinenbetreiber begriffen werden. Wo nicht die Gefahr besteht, dass einem Internetnutzer der geordnete Einblick über die im Internet vorhandenen Informationen aus dem Leben einer fremden Person gewährt wird oder eine einzelne Information allgegenwärtige Verfügbarkeit erlangt, kann ein generelles Überwiegen der Rechte aus den Art. 7 und 8 GRCh nicht ohne Weiteres angenommen werden. Kein einzelnes Grundrecht ist „*grundsätzlich wichtiger als andere*".[1132] Umgekehrt bedeutet dies aber auch, dass die Vorgaben des *Google-Urteils* – unabhängig von ihrer Größe – von anderen Suchmaschinenbetreibern zu beachten sind[1133] und z.B. auch *Bing* oder *Yahoo* zur Löschung personenbezogener Daten aus Ergebnislisten herangezogen werden können.[1134]

Sofern ein Verantwortlicher weder einen strukturierten Überblick über im Internet verteilte personenbezogene Daten ermöglicht noch einzelne Informationen allgegenwärtig verfügbar macht, lassen sich die Einlassungen des EuGH zum grundsätzlichen Überwiegen nicht

1130 EuGH, Urteil vom 13. Mai 2014 – C-131/12 (*Google Spain und Google*), Rn. 80; *D. II. 2. B) BB) BBB) (B) Grundsätzlich überwiegendes Interesse des Betroffenen.*

1131 EuGH, Urteil vom 13. Mai 2014 – C-131/12 (*Google Spain und Google*), Rn. 80; *B. II. 1. A) Ubiquität und Bedeutung der Suchmaschinen.*

1132 So wiederrum zutreffend *Boehme-Neßler*, NVwZ 2014, 825 (828); vgl. auch *de Terwangne*, The Right to be Forgotten and the Informational Autonomy in the Digital Environment, Seite 13; *Frenz*, Europarecht, Rn. 1001; Schlussanträge des Generalanwalts vom 25. Juni 2013 in Rechtssache C-131/12, Rn. 125; House of Lords, 2nd Report of Session 2014–15, *EU Data Protection law: a 'right to be forgotten'?*, Rn. 4.

1133 House of Lords, 2nd Report of Session 2014–15, *EU Data Protection law: a 'right to be forgotten'?*, Rn. 31.

1134 *Antani*, The Resistance of Memory: Could the European Union's Right to be Forgotten Exist in the United States?, Seite 5.

ohne Weiteres übertragen.[1135] Zu bedenken ist aber, dass auch zahlreiche andere Internetdienstleister, wie z.B. die Betreiber von Nachrichtenportalen und sozialen Netzwerken, oft eine Funktion zum gezielten Durchsuchen ihres Angebots bereitstellen.[1136] Nur dort, wo andere Anbieter als die klassischen Suchmaschinenbetreiber *Google*, *Microsoft* (*Bing*) und *Yahoo* eine Suchfunktion in ihr Internetdienstleistungsangebot aufnehmen, könnte eine Übertragung der im *Google-Urteil* ausgesprochenen Wertungen in Betracht kommen. Diese Frage stellt sich bspw. dort, wo *Twitter* es ermöglicht, sein Kurzmitteilungsangebot – die sog. *Tweets* – gezielt zu durchsuchen[1137] oder ein digitales Zeitungsarchiv gezielt nach Berichten über eine bestimmte Person durchsucht werden kann.[1138]

C) Zwischenfazit

Nach alldem markiert das *Google-Urteil* nicht die Geburtsstunde eines europäischen Grundrechts auf Vergessenwerden[1139], da weniger ein neues Recht geschaffen als vielmehr bestehendes Recht konsequent in einem modernen Sachverhalt zur Anwendung gelangte[1140] und der

1135 *Antani* hält es dagegen für möglich, dass neben *Google*, *Yahoo* und *Bing* auch *Facebook* in einer zukünftigen Entscheidung des EuGH vergleichbaren Verpflichtungen unterworfen werden könnte, The Resistance of Memory: Could the European Union's Right to be Forgotten Exist in the United States?, Seite 5. Ob und wieweit sich die Aussagen des *Google-Urteils* auf andere Verantwortliche als Suchmaschinenbetreiber übertragen lassen bedarf aus Sicht von *Nolte* weiterer Einlassungen, *ders.*, NJW 2014, 2238 (2242).

1136 *Kuner*, LSE Working Papers 3/2015, Seite 8.

1137 *Kulk/Borgesius*, EJRR 2014, 389 (397).

1138 *Luch/Schulz/Kuhlmann*, EuR 2014, 698 (709): *„Hinzu kommt aber eine neue Komponente, da in der Regel jedes Archiv auch mit einer Suchfunktion versehen ist und diese – ausgehend vom Urteil des EuGH – als erneute Datenverarbeitung anzusehen ist.“*

1139 Ablehnend auch *Nolte*, NJW 2014, 2238 (2238); *Jandt*, MMR-Aktuell 2014, 358242; *Mantelero*, Finding a Solution to the Google's Dilemma on the 'Right to Be Forgotten', after the 'Political' ECJ Decision, Seite 3.

1140 *D. III. 5. A) „Neues“ Grundrecht?* Vgl. auch *D. III. 7. A) Konsequente Anwendung des bestehenden Datenschutzregimes und grundsätzlich begrüßenswerter Direktanspruch gegen Suchmaschinenbetreiber.*

Entscheidung eine Ausgangssituation zugrunde lag, die nicht verallgemeinerungsfähig ist.[1141]

Exkurs: Internet-Archiv-Entscheidung des OLG Hamburg vom 7. Juli 2015

Dass das *Google-Urteil* vor allem dort Bedeutung gewinnt, wo Tätigkeiten ausgeübt werden, die in engem Zusammenhang mit personenbezogenen Suchanfragen stehen, zeigt ein jüngeres Urteil des OLG Hamburg.[1142] Unter Berufung auf die Entscheidung in Rechtssache C-131/12 verurteilte der siebte Senat den Verleger einer Tageszeitung und Betreiber eines Internet-Archivs dazu,[1143] Altmeldungen über ein gegen den Kläger eingeleitetes, aber nach § 153a StPO eingestelltes Ermittlungsverfahren nicht länger „*in der Weise zum Abruf bereitzuhalten, dass sie durch Eingabe des Namens des Betroffenen in Internet-Suchmaschinen von diesen aufgefunden werden*".[1144]

Dass vorliegend die Klage gegen den Archivbetreiber anstelle des näher liegenden Suchmaschinenbetreibers gerichtet wurde, dürfte der Tatsache geschuldet sein, dass das *Google-Urteil* zu einem Zeitpunkt erfolgte, als sich die Parteien in Deutschland bereits in der „zweiten Runde", dem laufenden Berufungsverfahren, gegenüberstanden.[1145]

1141 *D. III. 5. B) Fehlende Verallgemeinerungsfähigkeit über den Suchmaschinenbereich hinaus.*

1142 OLG Hamburg, Urteil vom 7. Juli 2015 – 7 U 29/12 = GRUR-RR 2016, 45; ausführlich zu dieser Entscheidung *Koreng*, AfP 2015, 514.

1143 Der Beklagte hielt auf der Internetplattform der Tageszeitung neben aktueller Berichterstattung auch ein Archivsystem bereit, in dem die Berichterstattung der Vergangenheit (mehrere Artikel aus dem Zeitraum 2010 – 2011) abrufbar war, OLG Hamburg, Urteil vom 7. Juli 2015 – 7 U 29/12 = GRUR-RR 2016, 45 (45). Eine über die *Google*-Suchmaschine gestartete personenbezogene Suchanfrage nach dem Kläger wies auf den ersten drei Plätzen der Ergebnisliste auf das Archivangebot der Beklagten hin. Wurde die angegebene Adresse angewählt, erreichte der Suchende eine Webseite, welche Überschriften von vier Berichten im Zusammenhang mit dem Ermittlungsverfahren gegen den Kläger, sowie undatierte Auszüge aus diesen Berichten enthielt, OLG Hamburg a.a.O.

1144 OLG Hamburg, Urteil vom 7. Juli 2015 – 7 U 29/12, GRUR-RR 2016, 45 (45).

1145 So war der Unterlassungsanspruch gegen den Archiv-Betreibe keines der ursprünglich vom Kläger verfolgten Ziele und erforderte eine Modifizierung der

Gemäß dem vom OLG Hamburg bemühten Grundgedanken der *Lebach I* – Entscheidung[1146] gewinnt das Interesse einer Person, nicht auf Dauer mit Geschehnissen der Vergangenheit konfrontiert zu werden, im Laufe der Zeit zunehmend an Bedeutung im Konflikt mit dem entgegenstehenden öffentlichen Interesse an der Berichterstattung über die vergangenen Vorfälle.[1147] Presseorgane hätten jedoch ein berechtigtes Interesse daran, einmal erfolgte Berichterstattung nicht nachträglich entfernen oder inhaltlich verändern zu müssen, da andernfalls der von vornherein unkritischeren, auf Konfliktvermeidung ausgerichteten Berichterstattung der Weg bereitet zu werden drohe.[1148]

Dem Kläger steht jedoch insoweit ein Unterlassungsanspruch aus § 1004 BGB analog i.V.m. dem allgemeinen Persönlichkeitsrecht zu, als Altmeldungen, die seine Person zum Gegenstand haben, über personenbezogene Suchanfragen auffindbar sind. Wenn Beiträge, die das Bild des Klägers in der Öffentlichkeit beeinträchtigen können, durch bloße Eingabe seines Namens auffindbar sind, werde die von diesen Beiträgen ausgehende Gefahr *„perpetuiert"*.[1149] Auch berechtigte Informationsinteressen der Allgemeinheit würden nicht die aufwandslose Auffindbarkeit solcher Altmeldungen erfordern, zumal diese nach wie

klägerseitigen Berufung im Wege der Klageänderung, OLG Hamburg, Urteil vom 7. Juli 2015 – 7 U 29/12, GRUR-RR 2016, 45 (46).

1146 Zu dieser Entscheidung des BVerfG vgl. bereits *B. I. 1. The Right to Oblivion.*

1147 OLG Hamburg, Urteil vom 7. Juli 2015 – 7 U 29/12, GRUR-RR 2016, 45 (46): *„Wenn aber – wie häufig bei einer Berichterstattung über Vorwürfe strafrechtlicher oder ähnlicher Art – das berechtigte öffentliche Interesse daran, über diese Vorgänge jederzeit informiert zu sein, mit der Zeit abnimmt, gewinnt das Interesse des Betroffenen daran, dass ihm die gegen ihn erhobenen Vorwürfe nicht ständig vorgehalten werden, an Gewicht (das ist der Grundgedanke der mit dem Urteil des BVerfG „Lebach" [GRUR 1973, 541] begründeten, inzwischen vielfach modifizierten Rechtsprechung)."*

1148 OLG Hamburg, Urteil vom 7. Juli 2015 – 7 U 29/12, GRUR-RR 2016, 45 (46). Ohne sich den Begriff zu eigen zu machen befürchtet das OLG Hamburg den Eintritt eines sog. *Chilling Effects*, vgl. hierzu *Exkurs: Internet-Archiv-Entscheidung des OLG Hamburg vom 7. Juli 2015.*

1149 OLG Hamburg, Urteil vom 7. Juli 2015 – 7 U 29/12, GRUR-RR 2016, 45 (46). Soweit der Kläger seinen Unterlassungsanspruch auch dagegen gerichtet hatte, dass die Beklagte die Beiträge überhaupt im Archiv bereitstellte, konnte er vor dem OLG Hamburg nicht durchdringen, weil sein Persönlichkeitsrecht aus Sicht des Gerichts nicht die Informationsfreiheit des Archivbetreibers überwog, OLG Hamburg, Urteil vom 7. Juli 2015 – 7 U 29/12, GRUR-RR 2016, 45 (45 f.).

vor über eine sachbezogene Suchanfrage auffindbar bleiben.[1150] Vorkehrungen, die die Auffindbarkeit eines Berichts durch Suchmaschinen verhindern, muss der Archiv-Betreiber jedoch nicht aus eigenem Antrieb treffen, sondern erst infolge eines qualifizierten Hinweises seitens des Betroffenen auf eine Verletzung seines allgemeinen Persönlichkeitsrechts.[1151]

In der Entscheidung vom 7. Juli 2015 hätte der siebte Senat auf Rechtsfolgenseite deutlicher zur Verantwortung des Archiv-Betreibers Stellung nehmen können. Der formulierte Inhalt des Unterlassungsanspruchs[1152] ist dahingehend zu verstehen, dass ein Archiv-Betreiber für angegriffene Altmeldungen *exclusion codes* zum Einsatz bringen muss,[1153] d.h. er hat Vorkehrungen zur Nichterfassung durch fremde Suchmaschinentätigkeit zu treffen. Da das OLG Hamburg aber einen bedenklichen Erst-Recht-Schluss zieht, wird ein Verleger auch dann, wenn er für sein Archiv eine eigene Suchfunktion bereitstellt, zur Einschränkung der personenbezogenen Suchoption verpflichtet sein. Da bereits der Suchmaschinenbetreiber verpflichtet sein könne, die Auffindbarkeit eines Beitrages über die personenbezogene Suchanfrage einzuschränken, müsse der Urheber des Beitrags erst recht in die Pflicht genommen werden.[1154]

1150 OLG Hamburg, Urteil vom 7. Juli 2015 – 7 U 29/12, GRUR-RR 2016, 45 (47).

1151 OLG Hamburg, Urteil vom 7. Juli 2015 – 7 U 29/12, GRUR-RR 2016, 45 (47).

1152 OLG Hamburg, Urteil vom 7. Juli 2015 – 7 U 29/12, GRUR-RR 2016, 45 (46): „*...kann dem Betroffenen gegen den Betreiber des Internetarchivs ein Anspruch darauf zustehen, es zu unterlassen, diese Beiträge in der Weise zum Abruf bereitzuhalten, dass sie durch Eingabe des Namens des Betroffenen in Internet-Suchmaschinen von diesen aufgefunden werden.*“

1153 Zur Funktion von *exclusion codes* vgl. Schlussanträge des Generalanwalts vom 25. Juni 2013 in der Rechtssache C-131/12, Rn. 41.

1154 OLG Hamburg, Urteil vom 7. Juli 2015 – 7 U 29/12, GRUR-RR 2016, 45 (47): „*Denn wenn – wenn auch auf datenschutzrechtlicher Basis – schon der Betreiber einer Suchmaschine dazu angehalten werden kann, die Erreichbarkeit von Internetbeiträgen durch bloße Eingabe des Namens der von diesen Beiträgen in erheblicher Weise betroffenen Personen zu unterbinden (EuGH, GRUR 2014, 895 – Google Spain/AEPD), dann kann es erst recht auch dem Urheber des betreffenden Beitrags – mag er auch das Presseprivileg für sich in Anspruch nehmen können – angesonnen werden, Vorkehrungen dagegen zu treffen, dass dieser Beitrag zu einer stetig fließenden Quelle von Beeinträchtigungen persönlichkeitsrechtlicher Belange des Betroffenen wird.*“

Bedenklich ist dieser Erst-Recht-Schluss aus dem Grund, dass er das Gewicht der Bedrohung durch die *Google-Suchmaschine* auf der einen und einem Internet-Zeitungsarchiv auf der anderen Seite umkehrt. Bei der *Google-Suchmaschine* werden große Teile des Internets für die Allgemeinheit erschlossen, wodurch die Informationsmassen des Internets allgegenwärtig verfügbar und durch die komfortable Suchfunktion effektiv nutzbar werden. Diese Situation kann nicht mit einer solchen verglichen werden, in der ein Archivbetreiber das Durchsuchen seiner früheren Artikel ermöglicht bzw. zulässt, dass diese durch Suchmaschinen erfasst und auffindbar gemacht werden.[1155] Wo der Suchmaschinenbetreiber seinen Nutzern den Einblick in eine strukturierte Übersicht der im Netz über eine Person bekannten Informationen ermöglicht, verfügt ein Archivbetreiber allenfalls über *„punktuelle Informationen über eine bestimmte Person“*.[1156] Die Möglichkeit des aufwandslosen Durchsuchens gewaltiger Informationsmassen, nicht das Einstellen eines Artikels auf einer einzigen Webseite, wurde im *Google-Urteil* vom EuGH als besonders gefahrenbehaftet eingestuft und führt zur besonderen Verantwortlichkeit des Suchmaschinenbetreibers.[1157] Da ein Erst-recht-Schluss voraussetzt, *„dass die Gründe für die Anwendung einer bestimmten Rechtsregel auf einen Sachverhalt bei einem anderen Sachverhalt noch stärker vorliegen“*,[1158] geht der Begründungsansatz des OLG Hamburg fehl.[1159]

Konsequent wäre es daher, dort wo der Archivbetreiber in eigener Verantwortung die Durchsuchbarkeit des Archivs anbietet, ein Unterlassen – d.h. *Delisting* hinsichtlich des klägerischen Namens – anzuordnen, nicht aber als Konsequenz aus einem fehlgeleiteten Erst-Recht-Schluss. Ursächlich für die Gefahr der Perpetuierung eines Beitrages sind primär Suchmaschinen wie *Google*, die ihre Tätigkeit nicht auf einzelne Webseiten beschränken und einem Beitrag dadurch erst die Bühne bereiten. Da sie in der Gefahrenhierarchie über dem einzelnen

1155 Eine Übertragbarkeit auf Archivbetreiber ablehnend auch *Spiecker*, in: *DIVSI*, Das Recht auf Vergessenwerden, Seite 82.

1156 *Koreng*, AfP 2015, 514 (517).

1157 So i.E. auch *Koreng*, AfP 2015, 514 (517).

1158 *Koreng*, AfP 2015, 514 (517).

1159 Auch *Holznagel/Hartmann* kritisieren die Entscheidung des OLG Hamburg vom 7. Juli 2015 als *„zu weitgehend“*, MMR 2016, 228 (232).

Archivbetreiber rangieren, müssen primär Suchmaschinenbetreiber zum *Delisting*, nicht aber Webseitenbetreiber zur Verwendung von *exclusion codes* herangezogen werden.

6. Das Recht, von Suchmaschinen alleine gelassen zu werden

A) Zielsetzung eines Rechts auf Vergessenwerden

Das *Google-Urteil* markiert eine *„Zäsur*"[1160] für das europäische Datenschutzrecht. Der zugrundeliegende Sachverhalt bot dem EuGH die Chance, die Aussichten eines EU-Bürgers auf das Vergessenwerden seiner Vergangenheit nach vorne zu katapultieren. Indem er von den Schlussanträgen des Generalanwalts abwich, ließ der europäische Gerichtshof diese historische Chance nicht ungenutzt verstreichen.[1161]

Als Rechtsbegriff litt das Recht auf Vergessenwerden von Beginn an unter der ihm innewohnenden Unbestimmtheit.[1162] Mit dem *Google-Urteil* scheint der EuGH die vorherrschende Unklarheit nur noch verschlimmert zu haben.[1163] Entgegengesetzt zur These eines neu geschaffenen Grundrechts auf Vergessenwerden[1164] finden sich auch verschiedene Stimmen, nach denen die Entscheidung des EuGH kein Vergessenwerden im eigentlichen Sinne ermöglicht, da durch diese die ursprünglichen Belegenheitsorte personenbezogener Daten (= Quellwebseiten) nicht angetastet werden.[1165] So heißt es z.B. im Abschlussbericht des von Google einberufenen Sachverständigenrats:

1160 *Kühling*, EuZW 2014, 527 (531).

1161 Trotz Ablehnung eines Grundrechts auf Vergessenwerden so i.E. auch *Nolte*, NJW 2014, 2238 (2240): *„Ein wesentlicher Schritt zur Durchsetzung des Rechts auf Vergessenwerden kann aber darin liegen, die Auffindbarkeit der zu löschenden Information mit Hilfe von Suchmaschinen zu verhindern oder jedenfalls wesentlich zu erschweren."*

1162 *A. I. Recht auf Vergessenwerden – Ein Begriff, der Verwirrung stiften sollte.*

1163 Dies konstatierte bspw. das *DIVSI*, Das Recht auf Vergessenwerden, Seite 26 f.: *„Darüber, was der Gerichtshof eigentlich genau entschieden hat, scheinen noch immer sehr viele Missverständnisse und Halbwahrheiten im Umlauf zu sein"*.

1164 *D. III. 5. Geburtsstunde eines Grundrechts auf Vergessenwerden?*

1165 *Holznagel/Hartmann*, MMR 2016, 228 (231); *DIVSI*, Das Recht auf Vergessenwerden, Seite 23; *Nolte*, NJW 2014, 2238 (2240): *„Letztlich geht es ihm* [Anmer-

> *„In fact, the Ruling does not establish a general Right to be Forgotten. Implementation of the Ruling does not have the effect of "forgetting" information about a data subject.*"[1166]

Die Löschung personenbezogener Daten auf den einzelnen Quellwebseiten wird in dieser Sichtweise zur Voraussetzung eines „echten" Rechts auf Vergessenwerden.[1167] Die Annahme, dass mit dem *Delisting* von Informationen kein „Effekt des Vergessenwerdens von Informationen" einhergeht, ist jedoch keinesfalls zwingend. Eine Information kann bereits in Vergessenheit geraten, wenn ihr Aufbewahrungsort nicht länger bekannt ist.[1168]

Auch greift ein Erklärungsansatz, der allein das Löschen von Informationen als Sinngehalt eines Rechts auf Vergessenwerden erkennt, zu kurz. Die ihm anhaftende Unbestimmtheit macht den Begriff „Vergessenwerden" ausfüllungsbedürftig: Ob ein Lösungsansatz ein geeignetes Recht auf Vergessenwerden darstellt, hängt davon ab, was zuvor als Zielsetzung – als Vergessenwerden – definiert wurde. Durch eine längere Lebensspanne von Informationen kombiniert mit einer dank Suchmaschinen erleichterten Auffindbarkeit erlebte die Bezeichnung „Recht auf Vergessenwerden" ihre Renaissance.[1169] Nach dem hiesigen Verständnis steht hinter diesem Neuaufleben die Befürchtung, dass langlebige und zielgerichtet durchsuchbare menschliche Vergangenheit den Einzelnen um die Möglichkeit zur Veränderung seiner selbst beraubt. Kann die eigene Vergangenheit nicht überwunden werden und immer noch als Bewertungsmaßstab in der Gegenwart dienen, so kann

kung: dem EuGH] *nicht ums Vergessenwerden, setzte das doch voraus, dass bestimmte Informationen überhaupt nicht mehr im Internet auffindbar wären.*"

1166 *The Advisory Council to Google on the Right to be Forgotten*, Seite 3.

1167 *Holznagel/Hartmann*, MMR 2016, 228 (231); *Leutheusser-Schnarrenberger*, in: *DIVSI*, Das Recht auf Vergessenwerden, Seite 18; *Nolte*, NJW 2014, 2238 (2240). Aus Sicht von *Gstrein* weist ein Recht auf Vergessenwerden eine größere Reichweite als ein Anspruch auf Nicht-Indexierung auf, bei welchem Informationen weiterhin an ihrem Ursprungsort fortexistieren, *ders.*, Seite 21.

1168 Vgl. erneut *Mayer-Schönberger*, Delete – The Virtue of Forgetting in the Digital Age, Seite 19; *Bannon*, CoDesign Vol. 2, Nr. 1, 2006, 3 (6); *B. II. 4. Recht auf Vergessenwerden – Irreführende Bezeichnung?* Ferner *Assion*, in: *Kappes/Krone/Novy*, Medienwandel, Seite 94.

1169 *B. II. 1. Technischer Wandel und Verschmelzung von Right to Oblivion und Right to Erasure.*

sich ein Mensch nur schwer neu erfinden und wird in seiner Persönlichkeitsentfaltung gehemmt.[1170]

Vergessenwerden ist nach diesem Verständnis kein nach der Beseitigung aller im Internet (oder auch in der analogen Welt) vorhandenen Informationen über die Vergangenheit eines Menschen verlangender Selbstzweck. Weder soll einer orwellschen Welt, in der das Wissen über die Vergangenheit durchgehend manipuliert wird, der Boden bereitet werden, noch soll der Kommunikationsfluss im Internet zum Erliegen gebracht werden.[1171] Vielmehr gilt es sicherzustellen, dass dem Einzelnen die „*Chance auf Vergessen*"[1172] grundsätzlich auch im Internetzeitalter zusteht. Die Beseitigung von Informationen oder Erschwerung des Informationszugangs dient lediglich als Mittel, um die Vergangenheit eines Menschen verblassen zu lassen, so dass dieser sich über sein vergangenes Scheitern hinausentwickeln und wieder anhand seiner gegenwärtigen Persönlichkeit beurteilt werden kann.[1173] Dieses Verständnis von Vergessenwerden zugrunde gelegt, kann ein Recht auf Vergessenwerden auch nicht unter Berufung auf das Wiederaufleben von Informationen durch die analoge Lücke für irreführend erklärt werden.[1174]

Entgegen weit verbreiteter Vorurteile muss nicht jede Information im Internet dauerhaft existieren.[1175] Innerhalb der von Suchmaschinen erschlossenen Internetabschnitte können Informationen über bestimmte Individuen jedoch zielgerichtet mittels einer personenbezogenen Suchanfrage aufgespürt werden. Eine einmal von Suchmaschinen erfasste Information wird allgegenwärtig verfügbar.[1176] In seiner aus-

1170 *B. II. 2. B) Zusammenspiel moderner Technik zwingt zum Überdenken des Stellenwerts von Erinnerung und Vergessen*; *Ambrose*, IRIE Vol. 17, 2012, 21 (22).

1171 Zur dystopischen Version *Orwells* vgl. erneut *Schultz*, Die Zeit vom 18. August 1949, „*Utopie, Möglichkeit – Wirklichkeit? Der Roman einer Gefahr für die Menschheit*"; *A. II. 3. B) Weichenstellung des EuGH: Zweite Chance für Gescheiterte im Internet oder Wegbereitung für eine orwellsche Zukunft.*

1172 *Masing*, NJW 2012, 2305 (2308).

1173 *B. III. 1. Garant der zweiten Chance.*

1174 So aber House of Lords, 2nd Report of Session 2014–15, *EU Data Protection law: a 'right to be forgotten'?*, Rn. 15. Zum Problem der analogen Lücke bereits ausführlich *C. II. 1. B) Die analoge Lücke.*

1175 Ausführlich *C. I. Dauerhafte Existenz von einmal ins Internet gelangten Informationen?*

1176 *B. II. 1. A) Ubiquität und Bedeutung der Suchmaschinen.*

führlichen Untersuchung des *Google-Urteils* bringt das *DIVSI* das zur Gewähr von Vergessenwerden im Internet zu lösende Kernproblem auf den Punkt:

> *„Problematisch … ist nicht allein die Speicherung unüberschaubar vieler Daten, sondern diese Tatsache in Kombination mit der Tätigkeit der Suchmaschinen, die dieses elektronische Gedächtnis verfügbar und jeder Person zugänglich macht. Erst durch Google und andere Anbieter kann tatsächlich davon gesprochen werden, das Internet – und somit jeder, der dazu Zugang hat – vergesse nichts.“*[1177]

B) Digitales Oblivion durch Aufhebung der Ubiquität von Informationen

Das Einwirken auf die Omnipräsenz menschlicher Vergangenheit im Netz ist der Schlüssel um im Internetzeitalter die Chance zur Entwicklung menschlicher Persönlichkeit zu erhalten. Indem der EuGH einen Suchmaschinenbetreiber als Verantwortlichen in die Pflicht nimmt, knüpft er sich das Problem der Ubiquität vor, welches im öffentlichen Bewusstsein bisher nicht ausreichend zur Kenntnis genommen wurde.[1178] Dass sich dieser Ansatz „nur“ gegen personenbezogene Suchanfragen richtet, schmälert die Bedeutung der Entscheidung nicht. Auch wenn eine sachbezogene Suchanfrage nach wie vor Ereignisse aus der

1177 *DIVSI*, Das Recht auf Vergessenwerden, Seite 15 f.; zur Suchmaschinentätigkeit als primäres Hindernis des Vergessenwerdens im Internet siehe bereits *C. I. 6. B) Notwendigkeit zu Unterbrechungen des allgegenwärtigen Informationsflusses.*

1178 Die unzureichende Kenntnisnahme dauert auch nach dem *Google-Urteil* an. In einer vom *DIVSI* angestoßenen Diskussionsrunde zur Beurteilung des *Google-Urteils* wurde das Ubiquitätsproblem nicht als maßgeblicher Auslöser für die Notwendigkeit eines Rechts auf Vergessenwerden erkannt, *DIVSI*, Das Recht auf Vergessenwerden, Seite 27: *„Während sich die meisten Teilnehmer des Grundproblems der permanenten Auffindbarkeit persönlicher Daten im Internet und der damit zusammenhängenden Frage nach den veränderten Bedingungen von Erinnern und Vergessen in der digitalisierten Gesellschaft zwar sehr wohl bewusst sind, wird der Lösungsansatz des Europäischen Gerichtshofs in mehrfacher Hinsicht kritisiert und als ungenügend angesehen. Ein „Recht auf Vergessenwerden“ wird grundsätzlich begrüßt – ein solches soll aber an der Quelle der Information durchgesetzt werden können und nicht nur durch Löschung eines Links aus dem Suchindex. Die Tätigkeit von Google und anderen Suchmaschinen-Anbietern wird gerade nicht als das eigentliche Problem betrachtet.“* Der Lösungsansatz des EuGH wurde von den Teilnehmern als *„erster Schritt zu einem wirklichen „Recht auf Vergessenwerden“ betrachtet, nicht aber als Lösung des Grundproblems“*, *DIVSI*, a.a.O.

eigenen Vergangenheit aufdecken kann,[1179] kann die Zugänglichkeit von Informationen erheblich eingeschränkt sein, da oftmals eine enge Verknüpfung zwischen einem Ereignis und den Namen der daran Beteiligten besteht.[1180]

Ein Vorgehen gegen einzelne Quellwebseitenbetreiber steht hinsichtlich seiner Effektivität im krassen Gegensatz zu einem an der Tätigkeit der Informationsintermediäre des Internets anknüpfenden Vergessensansatz.[1181] Die einfache Verbreitung von digitalisierten Informationen im Internet macht es in technischer Hinsicht unmöglich, sicherzustellen, dass alle Kopien einer bestimmten Information gelöscht werden.[1182] Anstelle eine von ihrer Vergangenheit im Netz verfolgte Person i.E. zu einem Kampf gegen Windmühlen – potenziell unzählige Betreiber einzelner Webseiten – zu verdammen,[1183] verlangt Vergessenwerden durch das digitale Gedächtnis des Internets eine pragmatische Herangehensweise. Zu Beginn der europäischen Datenschutzreform stellte auch die *ENISA* im Rahmen ihrer Machbarkeitsstudie fest, dass die Einwirkung auf Suchmaschinen die pragmatischste und den Einschränkungen der Realität am ehesten Rechnung tragende Herangehensweise zur Verwirklichung von Vergessenwerden im Internet darstellt.[1184]

1179 Zur Veranschaulichung vgl. das Beispiel von *Kulk/Borgesius*, EJRR 2014, 389 (393): „*The CJEU holds that a search engine operator may have to comply with a request for delisting from the search results, even if the original publication is lawful. True, the CJEU's judgment is limited to the removal of search results for a name search. For instance, an article "Public auction of 10 Summer Street", may have to be delisted for a search for "John Doe" who is mentioned in the article, but can still show up in the results when somebody searches for "10 Summer Street"*.

1180 *DIVSI*, Das Recht auf Vergessenwerden, Seite 23.

1181 Nichtsdestotrotz wird dieser Ansatz weiterhin eingefordert, vgl. *E. III. 2. Wiederherstellung der Primärverantwortlichkeit von Quellwebseitenbetreibern.*

1182 *C. II. Hürden bei der gewillkürten Beseitigung von Informationen.*

1183 Die Berechtigung dieses Vergleichs zeigt bspw. der Fall von *Max Mosley*, welcher seit Jahren versucht die ohne sein Wissen angefertigten und ins Internet gelangten Aufnahmen seines Sexuallebens wieder aus dem Netz zu verbannen. Allein in Deutschland erfolgten in diesem Zusammenhang Löschungen auf über 190 Internetseiten, *Stoffels/Bernskötter*, Die Goliath-Falle, Seite 45. Bei einer personenbezogenen Suchanfrage nach Informationen über *Mosley* ließen sich diese Bilder jedoch nach wie vor mit wenig Aufwand aufspüren, *dies.*, Seite 46.

1184 *C. III. ENISA – Ein pragmatischer Weg zum Vergessenwerden im Internet?*

Die nach mehr Pragmatismus verlangende Erkenntnis aus technischem Blickwinkel untermauert der EuGH mit dem *Google-Urteil* und verleiht ihr Nachdruck, indem er sie in ein passendes rechtliches Korsett – Art. 12 lit. b) i.V.m. Art. 6 Abs. 1 lit. c) – e), 7 lit. f) DSRL – kleidet. Konfrontiert mit der Frage nach der „*sekundären Verantwortlichkeit*" von Suchmaschinenbetreibern[1185] nimmt der europäische Gerichtshof diese ausgehend vom Gewicht der ihrer Tätigkeit innewohnenden Gefahren als primäre Gefährder in die Verantwortung. Mit der Etablierung des *Delisting*-Mechanismus, mit dem bestimmte Informationen über die Vergangenheit aus den Ergebnislisten der Suchmaschinen verbannt werden, kann Menschen in Situationen wie der des *Costeja González* die erforderliche Hilfe zuteilwerden.[1186]

Gleichzeitig kann mit dem *Delisting*-Verfahren auch darauf reagiert werden, dass Informationen über die Vergangenheit von Suchmaschinen aus ihrem ursprünglichen Kontext gerissen werden („*de-contextualisation*"); vgl. zu diesem Problem *de Terwangne*, The Right to be Forgotten and the Informational Autonomy in the Digital Environment, Seite 6: „*One notices that it is not so much a problem of erasure of the past that is at stake in these cases. As regards the problem of de-contextualisation for example, it is true that the elements brought to the surface by search engines have necessarily been previously disclosed somewhere on the Net. But 'previously' could mean some minutes before, which is not what is ordinarily meant by the 'past'. It is not the length of time passed since the initial processing of the data that matters. The right to be forgotten in that sense does not even imply the erasure of the data. If remaining in its initial context, the data is not necessarily problematic. One does not necessarily desire its erasure but much more the erasure of the link that allows search engines to select this data while dredging the Web. The right to be forgotten in that approach is much wider than a concern about the link between past and present. It has to do with informational autonomy.*"

1185 Schlussanträge des Generalanwalts vom 25. Juni 2013 in Rechtssache C-131/12, Rn. 46.

1186 *Nolte* ließ den dieser Herangehensweise innwohnenden Pragmatismus bereits einige Jahre vor der Entscheidung in Rechtssache C–131/12 erkennen, wies jedoch darauf hin, dass ein solcher Lösungsansatz zu seiner Verwirklichung innerhalb der deutschen Rechtsprechung erhebliches Umdenken erfordern würde, *ders.*, ZRP 2011, 239 (240).
Costeja González selbst sollte im Zusammenhang mit dem *Google-Urteil* mehr Aufmerksamkeit zuteilwerden als je zuvor, vgl. *C. II. 3. B) Der Streisand-Effekt.*

C) Wiederentdeckung eines in der Datenschutzrichtlinie verankerten Instruments

In Gestalt des *Google-Urteils* untermauert der EuGH eine Sichtweise, nach der ein Recht auf Vergessenwerden bereits in der Datenschutzrichtlinie von 1995 angelegt ist.[1187] Der Ausgangspunkt, das Recht auf Löschung personenbezogener Daten,[1188] ist alles andere als neu.[1189] Auch der Erforderlichkeitsgrundsatz des Art. 6 Abs. 1 lit. e) DSRL,[1190] der i.R.v. Art. 12 lit. b) DSRL zum Tragen kam,[1191] wurde von der Europäischen Kommission bereits 2010 als ihre Vorstellung eines Rechts auf Vergessenwerden präsentiert.[1192] In der ab Mitte 2018 geltenden Datenschutzgrundverordnung wird der Betroffene einer Da-

1187 *Ambrose/Ausloos*, JOIP Vol. 3, 2013, 1 (6 f.); *Zanfir*, Tracing the right to be forgotten in the short history of data protection law: The "new clothes" of an old right, Seite 16: „*Even though the current framework was deemed "inadequate" in previous literature, this case* [Anmerkung: gemeint ist das Vorabentscheidungsverfahren C-131/12] *indicates that the provisions of Directive 95/46 are likely to be interpreted in the sense of an already existing right to be forgotten, which has a piecemeal structure and which needs a dynamic interpretation to become effective.*"

1188 *B. I. 2. The Right to Erasure.*

1189 *Mantelero*, Finding a Solution to the Google's Dilemma on the 'Right to Be Forgotten', after the 'Political' ECJ Decision, Seite 3: „*The direction is represented by the strong support to data subject's rights ("the data subject's rights protected by those articles [7 and 8, Charter of Fundamental Rights of the European Union] also override, as a general rule, that interest of internet users [in having access to information]") and, more specifically, by the support to the right to erasure of personal information that have not been "fairly and lawfully" processed. This is not a new right, as it has been represented in various comments, but an already existing right, which has been recognized both by European law and national courts in Europe.*"; vgl. auch die (noch vor dem *Google-Urteil* ergangenen) Einlassungen von *Zanfir*, Tracing the right to be forgotten in the short history of data protection law: The "new clothes" of an old right, Seite 17: „*In fact, the right to erasure of personal data, sometimes followed by the duty to inform third parties of the erasure request, was enshrined in the European data protection laws since the '70s, and it is also provided for in the Data Protection Directive.*"

1190 *B. I. 2. The Right to Erasure.*

1191 *D. II. 2. B) BB) BBB) (A) Fehlende Erforderlichkeit als Grundlage einer Pflicht zum Vergessen.*

1192 Mitteilung der Kommission an das europäische Parlament, den Rat, den europäischen Wirtschafts- und Sozialausschuss und den Ausschuss der Regionen vom 4. November 2010, KOM(2010) 609 endgültig; *Walker*, Hastings Law Journal, Vol. 64, 2012, 257 (272).

tenverarbeitung unter dem Titel *„Recht auf Löschung ("Recht auf Vergessenwerden")“* ausdrücklich berechtigt, die Einhaltung dieses Grundsatzes einzufordern.[1193]

Das neue Element, um welches das europäische Recht mit dem *Google-Urteil* bereichert wurde, ist weniger das Instrument, dessen sich der EuGH bediente, sondern vielmehr seine bei der ersten sich bietenden Gelegenheit[1194] erfolgte Anwendung gegen die größte Gefahrenquelle für das Vergessenwerden im Internet. Mittels einer schon zuvor vereinzelt eingeforderten „dynamischen Interpretation“[1195] bestehender Mechanismen der Datenschutzrichtlinie in einem modernen Sachverhalt werden die Chancen von EU-Bürgern auf Vergessenwerden im Netz gestärkt (*„the decision of the CJEU reinforced digital forgetting“*).[1196]

1193 *Artikel 17 Recht auf Löschung ("Recht auf Vergessenwerden")*
(1) Die betroffene Person hat das Recht, von dem Verantwortlichen zu verlangen, dass sie betreffende personenbezogene Daten unverzüglich gelöscht werden, und der Verantwortliche ist verpflichtet, personenbezogene Daten unverzüglich zu löschen, sofern einer der folgenden Gründe zutrifft:
a) Die personenbezogenen Daten sind für die Zwecke, für die sie erhoben oder auf sonstige Weise verarbeitet wurden, nicht mehr notwendig.
...
Näher zur Situation unter dem Regime der Datenschutzgrundverordnung vgl. *D. IV. Ausblick: Das Regime der Datenschutz-Grundverordnung.*

1194 *Zanfir*, Tracing the right to be forgotten in the short history of data protection law: The “new clothes” of an old right, Seite 15.

1195 *Zanfir*, Tracing the right to be forgotten in the short history of data protection law: The “new clothes” of an old right, Seite 16.

1196 *Iglezakis*, The Right To Be Forgotten in the Google Spain Case (case C–131/12): A Clear Victory for Data Protection or an Obstacle for the Internet?, Seite 4; ferner *Jandt*, MMR-Aktuell 2014, 358242.
Iglezakis, a.a.O., weist auch auf den Umstand hin, dass das *Google-Urteil* nur einen Monat nach der EuGH-Entscheidung in Sachen *Digital Rights Ireland und Seitlinger u.a.* (Urteil vom 8. April 2014 – Verbundene Rechtssachen C-293/12 und C-594/12) erfolgte; insbesondere das *Google-Urteil* könne als Zeichen der Unterstützung des EuGH für eine Reform des europäischen Datenschutzregimes angesehen werden. Aus Sicht von *Nolte* bleibt es dem europäischen Gesetzgeber sogar verwehrt, mit der Datenschutzgrundverordnung ein Schutzniveau zu etablieren, dass hinter dem Standard des *Google-Urteils* zurückbleibt, da er sich andernfalls den Vorwurf einer Verletzung der Grundrechte-Charta machen lassen müsste, *ders.*, NJW 2014, 2238 (2242).
Das Urteil dürfte der gerade in Deutschland zu beobachtenden Tendenz entgegenwirken, Ansprüche gegen Suchmaschinenbetreiber nur dann anzunehmen,

Kritikern der populären Annahme eines aus dem *Google-Urteil* hervorgegangenen Rechts auf Vergessenwerden ist zuzugeben, dass die Auslegung der Art. 12 lit. b) i.V.m. Art. 6 Abs. 1 lit. c) – e), 7 lit. f) DS-RL durch den EuGH auf ein Recht zur Unterdrückung von Links hinausläuft.[1197] Eine Information kann jedoch bereits in Vergessenheit geraten, sobald der Ort ihrer Aufbewahrung nicht mehr bekannt oder nicht mehr ohne Aufwand aufspürbar ist.[1198] Auch dort, wo an einem bestimmten Internetstandort noch Informationen vorhanden sind, können diese de facto in Vergessenheit geraten, wenn der Standort nicht mehr durch Verweise aufspürbar ist:

> *„Neuroscientists and psychologists are still debating what it means to "forget" information stored in long-term memory. Some think that information in long-term memory cannot be erased except through physiological damage. They suggest that when we forget, what we have lost is not the information itself, but the link to it. It is like a web page on the Internet that no other page links to. With no links pointing to it, the information cannot be found, not even through a stupendous search. For all practical purposes, it is forgotten.“*[1199]

Um den Standort einer Information im Internet in Erfahrung zu bringen, sind Suchmaschinen für einen Großteil der Internetnutzer unerlässlich.[1200] Angewendet auf Datenverarbeitungen eines Suchmaschinenbetreibers bei der Informationsvermittlung werden die Art. 12 lit. b) i.V.m. Art. 6 Abs. 1 lit. c) – e), 7 lit. f) DSRL zu einem Recht, aus dem Blickfeld der Öffentlichkeit verschwinden zu dürfen. Auch wenn der EuGH kein Grundrecht auf Vergessenwerden geschaffen hat,

---

wenn die Ergebnislisten auf Webseiten mit widerrechtlich Inhalten verweisen; der Haftungsprivilegierung von Suchmaschinenbetreibern wird weitgehend die Grundlage entzogen, *Jandt*, MMR-Aktuell 2014, 358242.

1197 *Kuner*, LSE Working Papers 3/2015, Seite 7.

1198 *Bannon*, CoDesign Vol. 2, Nr. 1, 2006, 3 (6): *„Forgetting is a central feature of our lives, yet it is a topic which has had relatively little serious investigation in the human and social sciences. Referring to the computational view, forgetting can be viewed as the simple erasure of a specific memory, or the loss of the link to a memory location (an encoding or decoding problem)“*; *Assion*, in: *Kappes/Krone/Novy*, Medienwandel, Seite 94; *Mayer-Schönberger*, Delete – The Virtue of Forgetting in the Digital Age, Seite 19; *B. II. 4. Recht auf Vergessenwerden – irreführende Bezeichnung?*

1199 *Mayer-Schönberger*, Delete – The Virtue of Forgetting in the Digital Age, Seite 19.

1200 *B. II. 1. A) Ubiquität und Bedeutung der Suchmaschinen.*

bringt die höchstrichterliche Auslegung der Datenschutzrichtlinie im Lichte der Grundrechte-Charta ein sektorspezifisches Recht gegenüber Suchmaschinenbetreibern hervor.

Ein Betroffener kann danach verlangen, vom Suchmaschinenbetreiber mit bestimmten Aspekten seiner Vergangenheit alleine gelassen zu werden. Durch die Anwendung des *Delisting*-Verfahrens wird die allgegenwärtige Verfügbarkeit von Informationen unterbrochen bzw. erheblich eingeschränkt,[1201] wodurch der Betroffene nicht länger einem allgegenwärtigen und aufwandslosen Zugriff der Öffentlichkeit auf seine Vergangenheit ausgesetzt ist. Nimmt der Betroffene keine besondere Rolle im öffentlichen Leben ein, kann er grundsätzlich von Suchmaschinenbetreibern verlangen, im Falle personenbezogener Suchanfragen aus den Ergebnislisten zu verschwinden.[1202] Das im Unionsrecht angelegte Recht von den Suchmaschinen allein gelassen zu werden, läuft auf einen wirkungsmäßigen Anspruch auf Vergessenwerden hinaus, da die eigene Vergangenheit nur noch unter erschwerten Bedingungen einem allgegenwärtigen öffentlichen Zugriff unterliegt.

7. Bewertung des Google-Urteils: Totengräber der Informationsgesellschaft oder Garant der zweiten Chance?

A) Konsequente Anwendung des bestehenden Datenschutzregimes und grundsätzlich begrüßenswerter Direktanspruch gegen Suchmaschinenbetreiber

In der zwischen Euphorie („Meilenstein“) und Enttäuschung („Zensur“) gespaltenen Berichterstattung zum *Google-Urteil* geht unter, dass der Ausgang dieser Entscheidung alles andere als überraschend

1201 Die Möglichkeit zum Auffinden einer Information mittels sachbezogener Suchanfragen wird durch die Entscheidung in Rechtssache C-131/12 nicht eingeschränkt, vgl. erneut *DIVSI*, Das Recht auf Vergessenwerden, Seite 23; *D. III. 6. B) Digitales Oblivion durch Aufhebung der Ubiquität von Informationen.*

1202 *Iglezakis*, The Right To Be Forgotten in the Google Spain Case (case C-131/12): A Clear Victory for Data Protection or an Obstacle for the Internet?, Seite 11; *Ziebarth*, ZD 2014, 394 (398).

war,[1203] welche i.E. eine „*konsequente Weiterentwicklung*" der bisherigen EuGH-Rechtsprechung darstellt.[1204] Schon zuvor hatte der europäische Gerichtshof erkennen lassen, dass Internetveröffentlichungen von Informationen wegen ihrer gegenüber Druckerzeugnissen größeren Reichweite einer anderen Bewertung unterliegen müssen.[1205] Nimmt man die Reichweite einer Veröffentlichung als Maßstab, ist die Arbeit einer Suchmaschine bedeutender als die Erstveröffentlichung auf einer einzelnen Webseite. Drei Jahre nachdem er am Rande der *eDate Advertising*-Entscheidung auf die Gefahren der *Ubiquität* hinwies, reagierte der EuGH mit dem *Google-Urteil* auf die spezielle Bedrohung durch Suchmaschinenbetreiber und nimmt diese als Verantwortliche in die Pflicht, da erst ihre Tätigkeit die Informationsmassen im Internet allgegenwärtig verfügbar und effektiv nutzbar macht.[1206] Ohne die Möglichkeit, zahllose Internetseiten gezielt nach Schlagworten zu durchsuchen, wäre das Aufspüren bereits im Netz vorhandener Informationen über eine bestimmte Person faktisch unmöglich.[1207]

In einem modernen Sachverhalt zog der EuGH schlicht die seit langem bestehenden Vorgaben der Datenschutzrichtlinie stringent heran;[1208] die im Zentrum des *Google-Urteils* stehenden Art. 6 lit. c) – e), 7 lit. f), 12 lit. b) und 14 lit. a) DSRL waren zum Urteilszeitpunkt

1203 *Nolte*, NJW 2014, 2238 (2238); a.A. *DIVSI*, Das Recht auf Vergessenwerden, Seite 8. Näher zur ambivalenten Aufnahme der Entscheidung *DIVSI*, Das Recht auf Vergessenwerden, Seite 25.

1204 *Nolte*, NJW 2014, 2238 (2238). *Nolte* stützt sich bei seiner Feststellung auf die Entscheidung des EuGH vom 25. Oktober 2011 – C-509/09 und C-161/10 (*eDate Advertising u.a.*).

1205 EuGH, Urteil vom 25. Oktober 2011 – C-509/09 und C-161/10 (*eDate Advertising u.a.*), Rn. 45.

1206 EuGH, Urteil vom 13. Mai 2014 – C–131/12 (*Google Spain und Google*), Rn. 80: „*Zudem wird die Wirkung des Eingriffs in die genannten Rechte der betroffenen Person noch durch die bedeutende Rolle des Internets und der Suchmaschinen in der modernen Gesellschaft gesteigert, die den in einer Ergebnisliste enthaltenen Informationen Ubiquität verleihen …*"; *B. II. 1. A) Ubiquität und Bedeutung der Suchmaschinen*; *D. III. 5. B) Fehlende Verallgemeinerungsfähigkeit über den Suchmaschinenbereich hinaus.*

1207 *B. II. 1. A) Ubiquität und Bedeutung der Suchmaschinen.*

1208 Dass Rechtssache C–131/12 zur Bewährungsprobe einer in die Jahre gekommen Richtlinie im Angesicht moderner Technologien werden würde, hatte auch das *Audiencia Nacional* bei seiner Vorlage an den EuGH erkannt, vgl. Schlussanträge des Generalanwalts vom 25. Juni 2013 in der Rechtssache C–131/12, Rn. 19:

seit 19 Jahren Bestandteil des europäischen Datenschutzregimes. Die vom EuGH hervorgehobene Stellung der Rechte aus den Art. 7 und 8 GRCh ist bereits in der Zielsetzung der Datenschutzrichtlinie selbst enthalten. Nach Erwägungsgrund Nr. 12 DSRL wollte der europäische Gesetzgeber die Schutzprinzipien der Datenschutzrichtlinie auf alle Verarbeitungen personenbezogener Daten erstrecken.[1209] Datenverarbeitungen dienen im System der Datenschutzrichtlinie dem Menschen und haben neben dem sozialen Fortschritt, dem ein erleichterter Informationszugang zugutekommen dürfte, insbesondere die Privatsphäre zu respektieren.[1210] Die Art und Weise, wie eine Datenverarbeitung erfolgt, darf nicht darüber entscheiden, ob der Schutz der Richtlinie eingreift.[1211]

Betrachtet man nur die Vorgaben innerhalb der Datenschutzrichtlinie, ist die Annahme der Verantwortlichkeit des Suchmaschinenbetreibers durch den EuGH in sich stimmiger als eine Herangehensweise, bei der die Datenverarbeitung durch den Suchmaschinenbetreiber zwar bejaht, dieser aber nur ausnahmsweise den Pflichten eines Ver-

---

„Die Audiencia Nacional führt in der Vorlageentscheidung aus, in den beiden Verfahren stelle sich die Frage, welche Verpflichtungen die Suchmaschinenbetreiber hinsichtlich des Schutzes personenbezogener Daten von betroffenen Personen träfen, die nicht wollten, dass bestimmte auf Websites Dritter veröffentlichte Informationen, die sie betreffende personenbezogene Daten enthielten, mit denen die Informationen ihnen zugeordnet werden könnten, lokalisiert, indexiert und den Internetnutzern unbegrenzt zur Verfügung gestellt würden. Die Antwort auf diese Frage hänge davon ab, wie die Richtlinie 95/46 im Kontext solcher Technologien, die nach ihrer Bekanntmachung aufgekommen seien, auszulegen sei.“

1209 Erwägungsgrund 12 der DSRL: „(12) *Die Schutzprinzipien müssen für alle Verarbeitungen personenbezogener Daten gelten, sobald die Tätigkeiten des für die Verarbeitung Verantwortlichen in den Anwendungsbereich des Gemeinschaftsrechts fallen. Auszunehmen ist die Datenverarbeitung, die von einer natürlichen Person in Ausübung ausschließlich persönlicher oder familiärer Tätigkeiten - wie zum Beispiel Schriftverkehr oder Führung von Anschriftenverzeichnissen - vorgenommen wird*“.

1210 Erwägungsgrund Nr. 2 DSRL.

1211 Erwägungsgrund Nr. 27 DSRL: „*Datenschutz muß sowohl für automatisierte als auch für nicht automatisierte Verarbeitungen gelten. In der Tat darf der Schutz nicht von den verwendeten Techniken abhängen, da andernfalls ernsthafte Risiken der Umgehung entstehen würden. …*“

antwortlichen unterworfen wird.[1212] Der EuGH beweist in Gestalt des *Google-Urteils* zudem *„die Bereitschaft der Rechtswissenschaft ..., den Herausforderungen der rapiden Technologieentwicklung nachzukommen"*.[1213] Zur Durchsetzung diente dabei kein neu geschaffenes Recht, sondern die Anwendung der seit langem in der Datenschutzrichtlinie existierenden Bestimmungen, Art. 12 lit. b) i.V.m. Art. 6 Abs. 1 lit. c) – e), 7 lit. f) DSRL, auf einen modernen Sachverhalt[1214] und ihre Auslegung im Lichte der Grundrechte-Charta.[1215] Die auf das *Google-Urteil* zurückzuführenden Einschränkungen stehen (noch) in einem angemessenen Verhältnis zu den verfolgten Zielen. Das grundsätzliche Anerkenntnis, dass sich die in einer Ergebnisliste auftauchende Person an Suchmaschinenbetreiber wenden kann und – ohne dass über die Erwähnung in der Ergebnisliste hinaus ein weiterer Nachteil erforderlich ist – verlangen kann, mit bestimmten Informationen nicht mehr durch die personenbezogene Suchanfrage in Verbindung gebracht zu werden, ist zu begrüßen.[1216]

Insbesondere ist die grundlegende Anerkennung der Verantwortlichkeit des Suchmaschinenbetreibers für die von ihm vorgenommene Datenverarbeitung gegenüber einer Immunisierung von Suchmaschinenbetreibern vorzugswürdig, deren Vorstellung noch die Schlussan-

---

1212 So aber die Schlussanträge des Generalanwalts vom 25. Juni 2013 in der Rechtssache C-131/12, Rn. 91 ff.
Ob die Bewertung der verschiedenen im Raum stehenden Grundrechte ebenfalls überzeugend ist, steht auf einem anderen Blatt. Ausführlich zum Interessenkonflikt *D. III. 4. Zwischen Skylla und Charybdis – unauflösbarer Interessenkonflikt beim Vergessen im Internet?*

1213 *Sofiotis*, VR 2015, 84 (89).

1214 *Mantelero*, Finding a Solution to the Google's Dilemma on the 'Right to Be Forgotten', after the 'Political' ECJ Decision, Seite 3; ausführlich *D. III. 6. C) Wiederentdeckung eines in der Datenschutzrichtlinie verankerten Instruments.*
Wenn z.T. kritisiert wird, dass die Entscheidung auf dem Fundament einer mittlerweile in die Jahre gekommenen Datenschutzrichtlinie steht (*Mantelero*, Finding a Solution to the Google's Dilemma on the 'Right to Be Forgotten', after the 'Political' ECJ Decision, Seite 3), so darf dabei nicht übersehen werden, dass dem EuGH infolge der langwierigen Arbeit des europäischen Gesetzgebers an der DS-GVO kein moderneres Rüstzeug zur Verfügung stand.

1215 *D. III. 6. Das Recht von Suchmaschinen alleine gelassen zu werden.*

1216 Zur Kritik an einem gegen den Suchmaschinenbetreiber gerichteten Direktanspruch vgl. *E. III. 2. Wiederherstellung der Primärverantwortlichkeit von Quellwebseitenbetreibern.*

träge des Generalanwalts prägte.[1217] Erinnerung und Vergessen sind für eine Gesellschaft beide von fundamentaler Bedeutung und gehen mit zahlreichen Vorteilen einher[1218]: Bspw. kann das Vergessenwerden für Individuen[1219] – wie mitunter für Europa insgesamt[1220] – die Gewährung einer zweiten Chance bedeuten. Suchmaschinenbetreiber stellen für das Auffinden von Informationen im Internet die zentrale Anlaufstelle dar – so wie ihnen besondere Bedeutung für die Erinnerung im digitalen Raum zukommt,[1221] so können sie sich nicht von ihrer Verantwortung für die Ermöglichung des Vergessens bestimmter Informationen freisprechen.

Für *Costeja González* selbst wird das *Google-Urteil* infolge des losgetretenen *Streisand-Effekts* wenig Aussichten auf Vergessenwerden im Netz nach sich ziehen. Die Verlinkung zu den ursprünglichen Berichten der *La Vanguardia* mag bei personenbezogenen Suchanfragen aus dem Kreislauf von *Google Search* verschwinden. Der Name *Costeja González* wird – begünstigt durch die fehlende Sensibilität des EuGH[1222] – angesichts von mehreren hundert Berichten weltweit[1223] mitnichten aus dem digitalen Gedächtnis verschwinden. Andere Betroffene suchmaschinenseitiger Datenverarbeitungen haben durch die Entscheidung jedoch eine beträchtliche Stärkung ihrer Rechte erfahren.

1217 Vgl. diesbzgl. *D. II. 2. B) AA) Schlussanträge des Generalanwalts.*

1218 *Mantelero*, Finding a Solution to the Google's Dilemma on the 'Right to Be Forgotten', after the 'Political' ECJ Decision, Seite 3. Ausführlich *B. II. 2. Revision des Werts von Erinnerung und Vergessen.*

1219 *B. III. 1. Garant der zweiten Chance.*

1220 Zu der entsprechenden Einlassung *Sir Winston Churchills* in der Europa-Rede vgl. erneut *A. II. 1. Vergessen – Ein altes Problem in der Geschichte der Menschheit.*

1221 So zeichnen sich Suchmaschinenbetreiber verantwortlich für die Ubiquität von Informationen und Perpetuierung von Beiträgen über Einzelpersonen im Internet, *B. II. 1. A) Ubiquität und Bedeutung der Suchmaschinen*; *Exkurs: Internet-Archiv-Entscheidung des OLG Hamburg vom 7. Juli 2015.*

1222 *Ziehbarth* übt Kritik dahingehend, dass der Name des Betroffenen in Rechtssache C-131/12 genannt und dadurch ein effektiver Rechtsschutz konterkariert wurde, ZD 2014, 394 (399).

1223 The Guardian, 14. Mai 2014, „*Costeja González and a memorable fight for the 'right to be forgotten'*".

B) Gleichberechtigte Einbeziehung der Kommunikationsfreiheiten zwingend erforderlich

Die grundsätzliche Zustimmung für den mit dem *Google-Urteil* eingeschlagenen Weg vorangestellt, verbleibt einiges an Kritik. Das hier aufgefundene Ergebnis – ein Überwiegen der erstrebten Vorteile über die bewirkten Nachteile – kann nur unter der Prämisse aufrechterhalten werden, dass das nicht zu rechtfertigende Kriterium des grundsätzlichen Überwiegens der Persönlichkeitsrechte aus Art. 7 und 8 GRCh abgeschwächt wird.[1224] Auch im Internet kann „*der Persönlichkeitsschutz ... keinen Absolutheitsanspruch erheben*".[1225]

Suchmaschinen sind aus dem Alltag des 21. Jahrhunderts nicht hinwegzudenken, ohne dass dabei die Möglichkeit der gezielten Auffindbarkeit von Informationen im Internet aufgegeben wird. An der Auffindbarkeit von Informationen im Wege personenbezogener Suchanfragen können verschiedene und jeweils gewichtige Interessen bestehen.[1226]

Es gilt anzuerkennen, dass „[d]*ie Kommunikationsfreiheit ... dem Persönlichkeitsrecht als gleichwertiges Grundrecht gegenüber*[steht]".[1227] Der besondere Stellenwert der Kommunikationsfreiheiten verlangt nach einer gleichberechtigten Einbeziehung in die erforderliche Interessenabwägung.[1228]

C) Unbestimmte Vorgaben des EuGH

Eine weitere Schwäche der Entscheidung knüpft ebenfalls am Problem des Interessenkonfliktes an. Treffend wird in einer Entscheidungsbesprechung darauf hingewiesen, dass der EuGH im *Google-Urteil* zwar eine Richtungsvorgabe erteilt, aber keinen Streckenausbau vorgenommen hat („...*the decision has pointed to the direction, but has not built*

1224 *D. III. 4. B) AA) CCC) Zwischenfazit: Gleichberechtigung von Persönlichkeitsschutz und Kommunikationsfreiheit.*

1225 *Buchholtz*, AöR 2015, 121 (123).

1226 *D. III. 4. Zwischen Skylla und Charybdis – unauflösbarer Interessenkonflikt beim Vergessen im Internet?*

1227 *Buchholtz*, AöR 2015, 121 (130).

1228 *Holznagel/Hartmann*, MMR 2016, 228 (231); *D. III. 4. B) AA) CCC) Zwischenfazit: Gleichberechtigung von Persönlichkeitsschutz und Kommunikationsfreiheit.*

the path.“).[1229] Die Entscheidung hat für den Rechtsanwender verschiedene Fragen offen gelassen[1230] und ist z.T. erschreckend unbestimmt geblieben.[1231] Dies stellt Suchmaschinenbetreiber vor besondere Hürden, da sie einerseits eine faire Balance herstellen müssen, andererseits mit einem – dem EuGH zufolge – grundsätzlich überwiegenden Gewicht des Persönlichkeitsschutzes konfrontiert sind.[1232] Auch das *Google-Urteil* hat einzelnen mitgliedsstaatlichen Gerichten einen erheblichen Interpretationsspielraum eröffnet, der nicht zwingend vom EuGH intendiert gewesen sein muss. Wo unter Berufung auf die Entscheidung in Sachen *Google Spain und Google* die Betreiber von Internetarchiven angewiesen werden, sich durch die Verwendung von *exclusion codes* gegen eine Indexierung von Archivinhalten zur Wehr zu setzen, wird ebenjene Entscheidung grundlegend verkannt.[1233] Archivbetreiber schaffen keine vergleichbare Gefahrenlage wie Suchmaschinenbetreiber, da sie nicht für die Ubiquität von Informationen verantwortlich sind.[1234]

1229 *Mantelero*, Finding a Solution to the Google's Dilemma on the 'Right to Be Forgotten', after the 'Political' ECJ Decision, Seite 3.

1230 *Kuner*, LSE Working Papers 3/2015, Seite 7 ff. *Ders.* liefert zugleich weitere Nachweise für Kritik am generellen Argumentationsstil des EuGH, LSE Working Papers 3/2015, Seite 15.

1231 *Antani,* The Resistance of Memory: Could the European Union's Right to be Forgotten Exist in the United States?, Seite 4, 8.

1232 *Antani,* The Resistance of Memory: Could the European Union's Right to be Forgotten Exist in the United States?, Seite 8: „*The Court did not discuss the specific criteria for when a link should be removed, leaving specific questions to member states to police within their own jurisdictions. However, the Court did set a vague standard: the examination of a request should strike a "fair balance" between the general interests of internet users and the "fundamental rights" of the requester established under the Directive. It is this lack of specificity that left Google wondering exactly how to enforce the right to be forgotten.*“
Näher zur angeregten Bewältigung dieses Problems durch *Google* vgl. *E. II. 3. A) Sachverständigenrat.*

1233 So jedoch geschehen im Urteil des OLG Hamburg vom 7. Juli 2015 – 7 U 29/12; *Exkurs: Internet-Archiv-Entscheidung des OLG Hamburg vom 7. Juli 2015*. Am 15. Oktober 2015 hat darüber hinaus der Spanische Oberste Gerichtshof („*Tribunal Supremo*“) in einem Urteil die Wertungen des *Google-Urteils* herangezogen, um einem Internetarchivbetreiber die Verhinderung der Indexierung bestimmter Archivbeiträge aufzugeben, MMR-Aktuell 2015, 374257.

1234 Ebenjene Ubiquität war jedoch maßgeblicher Ansatzpunkt des EuGH, vgl. Urteil vom 13. Mai 2014 – C-131/12 (*Google Spain und Google*), Rn. 80.

Auch abseits der Interessenabwägung der zweiten Säule[1235] wirft das *Google-Urteil* Fragen auf. Anders als die Ausführungen des EuGH zu Art. 7 lit. f) DSRL, welche sich unmittelbar mit der Suchmaschinentätigkeit auseinandersetzten und daher über diesen Bereich hinaus kaum übertragbar sind,[1236] können die Einlassungen zur ersten Säule (Art. 6 Abs. 1 lit. c) – e) DSRL) auch in anderen Konstellationen herangezogen werden.[1237] Die Prinzipien der Zweckbindung und Erforderlichkeit wurden in der Vergangenheit jedoch bereits als zahnlos[1238] und zusehends aufgeweicht[1239] kritisiert. Wie weit Zweckbindungsprinzip und Erforderlichkeitsgrundsatz daher in der Praxis dazu beitragen können, Betroffene von der drohenden Omnipräsenz ihrer Ver-

---

1235 Zu den zwei tragenden Säulen der Entscheidung vgl. *D. III. 2. Systematik des Löschungsanspruchs.*

1236 Vgl. *D. III. 5. B) Fehlende Verallgemeinerungsfähigkeit über den Suchmaschinenbereich hinaus*, insbesondere *D. III. 5. B) CC) Besonderes Gefahrenpotential der Suchmaschinentätigkeit.*

1237 Unzutreffend ist die Annahme, dass Art. 12 lit. b) DSRL nur dort zugunsten eines Betroffenen eingreift, wo eine Datenverarbeitung irrelevant oder nicht länger erforderlich ist, welche sich aber in einem von der Europäischen Kommission herausgegebenen *Factsheet* zum *Google-Urteil* wiederfindet, Factsheet on the "Right to be Forgotten" ruling (C-131/12), abrufbar unter http://ec.europa.eu/justice/data-protection/files/factsheets/factsheet_data_protection_en.pdf (zuletzt abgerufen am 4. September 2017):
„*The Court in its judgement did not elevate the right to be forgotten to a "super right" trumping other fundamental rights, such as the freedom of expression or the freedom of the media. On the contrary, it confirmed that* ***the right to get your data erased is not absolute and has clear limits****. The request for erasure has to be assessed on a case-by-case basis. It only applies where personal data storage is* ***no longer necessary or is irrelevant*** *for the original purposes of the processing for which the data was collected. Removing irrelevant and outdated links is not tantamount to deleting content.*"
Fallen die Voraussetzung einer Legitimation nach Art. 7 DSRL weg, so kann dies – unabhängig von den Anforderungen des Art. 6 Abs. 1 lit. c) – e) DSRL – einen Löschungsanspruch nach Art. 12 lit. b) DSRL zur Folge haben, vgl. EuGH, Urteil vom 13. Mai 2014 – C-131/12 (*Google Spain und Google*), Rn. 71:
„*Jede Verarbeitung personenbezogener Daten muss – vorbehaltlich der in Art. 13 der Richtlinie 95/46 zugelassenen Ausnahmen – den in Art. 6 der Richtlinie aufgestellten Grundsätzen in Bezug auf die Qualität der Daten und einem der in Art. 7 der Richtlinie aufgeführten Grundsätze in Bezug auf die Zulässigkeit der Verarbeitung von Daten genügen …*"

1238 *Ambrose/Ausloos*, JOIP Vol. 3, 2013, 1 (7); *B. I. 2. The Right to Erasure.*

1239 *Koops*, SCRIPTed Vol. 8, Issue 3, 2011, 1 (16); *B. I. 2. The Right to Erasure.*

gangenheit zu befreien und die selbstbestimmte Persönlichkeitsentwicklung abzusichern, bleibt abzuwarten.

Zu berücksichtigen ist ferner, dass die höchstrichterlichen Vorgaben auch auf der Ebene der ersten Säule unbestimmt geblieben sind. Die Erforderlichkeit einer Datenverarbeitung soll insbesondere dann entfallen, wenn personenbezogene Daten ihren Erhebungs- oder Verarbeitungszwecken „*in Anbetracht der verstrichenen Zeit nicht entsprechen, dafür nicht oder nicht mehr erheblich sind oder darüber hinausgehen*".[1240] Bedenkt man die Situation eines Suchmaschinenbetreibers genauer, dann muss deutlich werden, welche Schwierigkeiten die Bestimmung der fehlenden Erforderlichkeit nach den Art. 6 Abs. 1 lit. c) – e) DSRL bereitet. Suchmaschinenbetreiber erfassen und indexieren Informationen, um sie bei entsprechenden Suchanfragen in Ergebnislisten auflisten zu können; ermöglicht werden sollen möglichst adäquate Antworten auf die Suchanfragen informationswilliger Personen. Ab welchem Moment schlägt aber eine Verarbeitung personenbezogener Daten durch einen Suchmaschinenbetreiber – z.B. die Tatsache, dass ein spanischer Bürger vor über 15 Jahren in finanzielle Schwierigkeiten geriet – von erheblich in unerheblich um? Ab welchem Zeitpunkt dürfen Suchmaschinenbetreiber davon ausgehen, dass eine einmal verarbeitete Information zukünftig nicht mehr Gegenstand eines mit der personenbezogenen Suchanfrage ausgeübten Informationsinteresses wird und sie für ihren Verarbeitungszweck unerheblich wird?

Auch jenseits des Suchmaschinenbereichs werden die Anforderungen des Art. 6 Abs. 1 lit. c) – e) DSRL Verantwortliche vor erhebliche Herausforderungen stellen. Diese müssen über die schwierige Frage entscheiden, wie weit Taten in der Vergangenheit liegen und wie weit das Informationsinteresse der Öffentlichkeit abgesunken sein muss, damit Informationen über vergangene Geschehensabläufe berechtigterweise vergessen werden dürfen.[1241] Eine gewisse Orientierungshilfe können hier nur bestehende Fälle rechtlich sanktionierten Vergessens liefern; bspw. regte *Andrade* an, Verjährungsvorschriften als Maßstab

1240 EuGH, Urteil vom 13. Mai 2014 – C-131/12 (*Google Spain und Google*), Rn. 93.

1241 *Antani*, The Resistance of Memory: Could the European Union's Right to be Forgotten Exist in the United States?, Seite 31: „*How far in the past must a legal matter be for the public interest to be diminished? What should the law permit to "disappear" from the public eye?*"

für die Zugänglichkeit einer Information heranzuziehen.[1242] Solange ein rechtliches Vorgehen noch initiiert werden kann, bspw. ein Anspruch geltend gemacht oder ein strafrechtlich relevantes Verhalten verfolgt werden kann, kann die betroffene Information nicht mittels eines Rechts auf Vergessenwerden angegriffen werden.[1243]

D) Keine präventive Komponente

Der Vollständigkeit halber bleibt anzumerken, dass vom *Google-Urteil* keine präventive Wirkung ausgeht. Datenschutz übt jedoch primär eine präventive Funktion im Vorfeld von Gefahren aus und soll Schutz entfalten, bevor es zu Beeinträchtigungen kommt.[1244] Auch wenn Auslöser für die Debatte über ein Recht auf Vergessenwerden die als untragbar empfundene Vorstellung von der Bewertung eines Menschen auf Basis überholter Aufzeichnungen im Internet war,[1245] können ihm Gefahren nicht nur dort drohen, wo ihn betreffende Daten veraltet sind.[1246] Verschiedene Stimmen weisen deshalb auf das Erfordernis eines Mechanismus hin, welcher nicht erst dann eingreift, wenn Daten veraltet und für ihre Erhebungszwecke unerheblich sind.[1247]

1242 *Andrade*, IDP 2012, 122 (133).

1243 *Andrade*, IDP 2012, 122 (133). In eine ähnliche Richtung geht auch der Vorschlag von *Diesterhöft*, VBlBW 2014, 370 (373); näher hierzu *E. III. 2. Wiederherstellung der Primärverantwortlichkeit von Quellwebseitenbetreibern.*

1244 Gola/Schomerus/*Gola/Klug/Körffer*, § 1 BDSG, Rn. 6; *Grimm*, JZ 2013, 585 (586).

1245 *Koops*, SCRIPTed Vol. 8, Issue 3, 2011, 1 (15): „...; *after all, the debate about the right to be forgotten is triggered by increasingly long retention of outdated data where there is a higher risk of unfair judgement.*" Vgl. ausführlich *B. II. 2. Revision des Werts von Erinnerung und Vergessen.*

1246 *Koops*, SCRIPTed Vol. 8, Issue 3, 2011, 1 (15 f.).

1247 *Koops*, SCRIPTed Vol. 8, Issue 3, 2011, 1 (15); vgl. außerdem *Gerling/Gerling*, DuD 2013, 445 (446): „*Es muss auch klar sein, dass jedweder Inhalte von Beginn an für das Vergessen markiert werden muss. Eine nachträgliche Ergänzung dieses Attributs ist nicht möglich. Für die Durchsetzung der nötigen Infrastruktur scheint der Datenschutz nicht das geeignete Mittel zu sein. Hierzu wäre die Content-Industrie oder die Legislative sicherlich eher in der Lage. Ob der Datenschutz mit der Forderung nach dem „Recht auf Vergessenwerden" eine Infrastruktur fordern soll, die das ultimative digitale Rechtemanagement implementiert und damit anderen Playern (Content-Industrie, Staaten) die Rechtfertigung und die technische Voraussetzung hierfür liefert, sollte ergebnissoffen diskutiert werden. Nicht, dass wir*

IV. Ausblick: Das Regime der Datenschutzgrundverordnung

1. Reformprozess

Dem Datenschutzsystem der EU stehen erhebliche Verschiebungen bevor, da das über 20 Jahre alte Regime der Datenschutzrichtlinie in naher Zukunft durch ein neues Regelungssystem abgelöst wird. Zu diesem Zweck hatte die Europäische Kommission bereits am 25. Januar 2012 einen Vorschlag für eine Verordnung des europäischen Parlaments und des Rates zum Schutz natürlicher Personen bei der Verarbeitung personenbezogener Daten und zum freien Datenverkehr vorgestellt („*DS-GVO-E*").[1248] Da diese anders als die Datenschutzrichtlinie in allen Teilen verbindlich sein sollte,[1249] wurde von dem auf Art. 16 AEUV gestützten Vorschlag erwartet, eine stärkere Rechtsver-

---

am Ende mit Goethe sagen müssen „Die ich rief, die Geister, werd' ich nun nicht los."
Die Schwächen eines nicht bereits im Vorfeld wirkenden Ansatzes hat etwa *Costeja González* im Anschluss an das *Google-Urteil* erfahren, welches ihm infolge des losgetretenen öffentlichen Interesses am Prozess einen Platz in der Berichterstattung von über 800 Artikeln weltweit verschaffte, The Guardian, 14. Mai 2014, *„Costeja González and a memorable fight for the 'right to be forgotten'"*; vgl. hierzu auch Zierbarth, ZD 2014, 394 (399): *„Man versetze sich in die Lage des Petenten. Er hat seine nationale Kontrollstelle, die spanische Justiz und den EuGH hinter sich gebracht. Er hat gegen Google obsiegt. Wenn die spanische Justiz den Rechtsstreit entscheidet, ist Google – so scheint es – verpflichtet, immer dann, wenn nach dem Namen des Petenten gegoogelt wird, den einen Treffer auszublenden, mit dem bekannt gegeben wird, dass gegen den Petenten wegen Schulden bei der Sozialversicherung die Zwangsversteigerung betrieben wurde. Bedauerlicherweise wird Google jetzt auf eine Suche nach dem Namen des Petenten hin viele Seiten finden, die auf dieses Urteil hinweisen: Dem Urteil sind die streitbefangenen Informationen zu entnehmen. Der Petent hat also erreicht, dass der EuGH sich gegenüber Google schützend vor ihn stellt und die Anzeige einer einzigen Seite verhindert – aber gleichzeitig selbst die schützenswerten Daten in über zwanzig Sprachen übersetzen und im Internet verbreiten lässt. Der Petent hat rechtlich auf der ganzen Linie gewonnen und steht doch faktisch deutlich schlechter als vorher."* Ausführlich zum Problem des *Streisand-Effektes* vgl. *C. II. 3. B) Der Streisand-Effekt*. Eine ausführliche Auseinandersetzung mit der Etablierung eines präventiven Mechanismus würde den Rahmen dieser Bearbeitung sprengen.

1248 Vorschlag für eine Verordnung des europäischen Parlaments und des Rates zum Schutz natürlicher Personen bei der Verarbeitung personenbezogener Daten und zum freien Datenverkehr vom 25. Januar 2012, KOM(2012) 11.

1249 *Hornung*, ZD 2012, 99 (100).

einheitlichung und einen besseren Grundrechtsschutz innerhalb der Union zu bewirken.[1250] Grundlegende Prinzipien des bisherigen Datenschutzsystems sollten zwar nach neuem Recht fortbestehen, aber an die Entwicklung digitaler Technologien angepasst werden.[1251] Besondere Aufmerksamkeit erfuhr Art. 17 DS-GVO-E, welcher ein „*Recht auf Vergessenwerden und auf Löschung*" vorsah.[1252]

1250 Kommissionsvorschlags vom 25. Januar 2012, Seite 6.

1251 Kommissionsvorschlags vom 25. Januar 2012, Seite 4; *Albrecht*, ZD 2013, 587 (589); *Koós*, ZD 2014, 9 (10).

1252 Art. 17 Abs. 1 DS-GVO-E – Recht auf Vergessenwerden und auf Löschung
(1) Die betroffene Person hat das Recht, von dem für die Verarbeitung Verantwortlichen die Löschung von sie betreffenden personenbezogenen Daten und die Unterlassung jeglicher weiteren Verbreitung dieser Daten zu verlangen, speziell wenn es sich um personenbezogene Daten handelt, die die betroffene Person im Kindesalter öffentlich gemacht hat, sofern einer der folgenden Gründe zutrifft:
a) Die Daten sind für die Zwecke, für die sie erhoben oder auf sonstige Weise verarbeitet wurden, nicht mehr notwendig.
b) Die betroffene Person widerruft ihre Einwilligung, auf die sich die Verarbeitung gemäß Artikel 6 Absatz 1 Buchstabe a stützte, oder die Speicherfrist, für die die Einwilligung gegeben wurde, ist abgelaufen und es fehlt an einer anderweitigen Rechtsgrundlage für die Verarbeitung der Daten.
c) Die betroffene Person legt gemäß Artikel 19 Widerspruch gegen die Verarbeitung ein.
d) Die Verarbeitung der Daten ist aus anderen Gründen nicht mit der Verordnung vereinbar.
...
Ob der Vorschlag dem von einer Datenverarbeitung Betroffenen ein einziges Recht in verschiedenen Abstufungen oder zwei verschiedene Rechte garantieren sollte, erschloss sich aus den Einlassungen der Europäischen Kommission nicht ohne Weiteres, „*Artikel 17 garantiert dem Betroffenen das Recht, vergessen zu werden, sowie das Recht auf Löschung. Das in Artikel 12 b der Richtlinie 95/46/EG geregelte Recht auf Löschung wird weiter ausgeführt und präzisiert einschließlich der Bedingungen für das Recht auf Vergessenwerden*", Kommissionsvorschlag vom 25. Januar 2012, Seite 10. Während der erste Satz den Eindruck vermittelte, es sollten zwei unterschiedliche Rechte verankert werden, musste man bei der Betrachtung des Anschlusssatzes den Eindruck gewinnen, dass es sich bei dem geplanten Recht auf Vergessenwerden allenfalls um eine Erweiterung des in der Datenschutzrichtlinie verankerten Rechts auf Löschung handelte.
Die Aneignung des Begriffs Recht auf Vergessenwerden durch die Europäische Kommission wurde wenig überraschend dafür kritisiert, dass dieses allenfalls in der Überschrift des Art. 17 DS-GVO-E in Erscheinung trete, vgl. *Nebel/Richter*, ZD 2012, 407 (413), welche die Regelung des Art. 17 DS-GVO-E als „*Mogelpackung*" bezeichneten; ferner *Koreng/Feldmann*, ZD 2012, 311 (315), wonach die Verwendung des Begriffs irreführend war und es sich bei dem geplanten Recht

Der Vorschlag der Europäischen Kommission blieb nicht unbeantwortet: Ihm folgten 3.999 Änderungsanträge von Abgeordneten des europäischen Parlaments.[1253] Letzteres beriet am 12. März 2014 in erster Lesung über die künftige Verordnung und ließ im Anschluss der Europäischen Kommission, dem Rat sowie den nationalen Parlamenten seinen Standpunkt übermitteln. Von den Änderungswünschen blieb auch Art. 17 DS-GVO-E nicht unberührt; die Bezeichnung Recht auf Vergessenwerden sollte sich weder in den Erwägungsgründen noch in der Überschrift des 17. Artikels der künftigen Datenschutzgrundverordnung wiederfinden.[1254]

---

auf Vergessenwerden allenfalls „*um eine falsa demonstratio für einen gewöhnlichen Löschungsanspruch*" gehandelt habe. Zu den Parallelen von Art. 12 lit. b) DSRL und § 35 Abs. 2 BDSG mit Art. 17 DS-GVO-E vgl. *Gstrein*, ZD 2012, 424 (427). Fortschritte hin zu einem Recht auf Vergessenwerden wurden jedoch in der aus Art. 17 Abs. 1 lit. b) DS-GVO-E i.V.m. Art. 7 Abs. 3 DS-GVO-E folgenden Verbindung von Löschungsrecht und freier Widerruflichkeit der Einwilligung in eine Datenverarbeitung erkannt, *Diesterhöft*, Seite 78. Das Recht zum Widerruf sollte an keinerlei Voraussetzungen geknüpft sein und bei seiner Ausübung die Legitimation zur Verarbeitung personenbezogener Daten mit sofortiger Wirkung entfallen lassen, *Schneider/Härting*, ZD 2012, 199 (202).
Ausführlich zur Kritik an der Verwendung der Bezeichnung „Recht auf Vergessenwerden" vgl. bereits *B. II. 4. Recht auf Vergessenwerden – irreführende Bezeichnung?*

1253 *Albrecht*, ZD 2013, 587 (590).

1254 Vgl. die Abänderungen Nr. 27 und Nr. 28 betreffend die zuvor zitierten Erwägungsgründe Nr. 53 und Nr. 54 des Kommissionsvorschlags vom 25. Januar 2012, sowie Abänderung Nr. 112 betreffend Art. 17 der geplanten Datenschutzgrundverordnung, abrufbar unter http://www.europarl.europa.eu/sides/getDoc.do?pubRef=-//EP//TEXT+TA+P7-TA-2014-0212+0+DOC+XML+V0//DE&language=DE (zuletzt abgerufen am 4. September 2017).
Art. 17 Abs. 1 DS-GVO-E – Recht auf Löschung (in der vom Europaparlament am 12. März 2014 vorgegebenen Form)
(1) Die betroffene Person hat das Recht, von dem für die Verarbeitung Verantwortlichen die Löschung von sie betreffenden personenbezogenen Daten und die Unterlassung jeglicher weiteren Verbreitung dieser Daten sowie von Dritten die Löschung aller Querverweise auf diese personenbezogenen Daten bzw. aller Kopien und Replikationen davon zu verlangen, sofern einer der folgenden Gründe zutrifft:
a) Die Daten sind für die Zwecke, für die sie erhoben oder auf sonstige Weise verarbeitet wurden, nicht mehr notwendig.
b) Die betroffene Person widerruft ihre Einwilligung, auf die sich die Verarbeitung gemäß Artikel 6 Absatz 1 Buchstabe a stützte, oder die Speicherfrist, für die die Einwilligung gegeben wurde, ist abgelaufen und es fehlt an einer anderweitigen Rechtsgrundlage für die Verarbeitung der Daten.

Nachdem in den Trilog-Verhandlungen schließlich ein Kompromiss erzielt werden konnte,[1255] wurde die Datenschutzgrundverordnung am 27. April 2016 und damit mehr als vier Jahre nach der Präsentation des DS-GVO-E vom europäischen Parlament verabschiedet.[1256] Sie trat am 25. Mai 2016 in Kraft und wird zum 25. Mai 2018 die Datenschutzrichtlinie ablösen, Art. 94 Abs. 1, 99 DS-GVO.[1257]

2. Evolutionärer Wandel

Die Bestimmungen der Datenschutzgrundverordnung werden ausschließlich nach europäischen Vorstellungen ausgelegt, so dass die unter dem Regime der Datenschutzrichtlinie herausgebildeten Auslegungspraktiken einzelner Mitgliedsstaaten Bedeutung verlieren.[1258] Da die Datenschutzgrundverordnung jedoch kein von Grund auf neues Datenschutzsystem entwirft, sondern das System der Datenschutzrichtlinie weiterentwickelt und die bekannte Terminologie aufgreift, behält die ältere Richtlinie als Auslegungshilfe für das neue Datenschutzregime Bedeutung.[1259] Dies gilt im Besonderen für das vom EuGH forcierte *Delisting*-System, welches auf Art. 12 lit. b) i.V.m. Art. 6 Abs. 1 lit. c) – e), 7 lit. f) DSRL beruht. Dieser Anspruch des Betroffenen konnte auf zwei Wegen entstehen: Entweder missachtete ein Suchmaschinenbetreiber die Qualitätsanforderungen der Art. 6 Abs. 1 lit. c) – e) DSRL, oder seine Legitimationsgrundlage zur Datenverarbeitung, Art. 7 lit. f) DSRL, entfiel.[1260]

---

c) Die betroffene Person legt gemäß Artikel 19 Widerspruch gegen die Verarbeitung ein.
ca) Ein Gericht oder eine Regulierungsbehörde innerhalb der Union hat rechtskräftig entschieden, dass die betreffenden Daten gelöscht werden müssen.
d) Die Daten wurden unrechtmäßig verarbeitet.
…

1255 *Schantz*, NJW 2016, 1841 (1841).
1256 *Schantz*, NJW 2016, 1841 (1841).
1257 *Schantz*, NJW 2016, 1841 (1841); *Ziegenhorn/von Heckel*, NVwZ 2016, 1585 (1585).
1258 *Ziegenhorn/von Heckel*, NVwZ 2016, 1585 (1586).
1259 *Schantz*, NJW 2016, 1841 (1841).
1260 Ausführlich *D. III. 2. Systematik des Löschungsanspruchs.*

Der Geist dieses Zwei-Säulen-Modells wird in der Datenschutzgrundverordnung weiterleben. Wie zuvor Art. 6 DSRL formuliert Art. 5 DS-GVO[1261] die von jeder Datenverarbeitung einzuhaltenden Verarbeitungsgrundsätze;[1262] die Aufgabe der aus der Datenschutzrichtlinie bekannten Anforderungen an Verarbeitungsvorgänge standen im Reformprozesse „*von keiner Seite jemals ernsthaft zur Disposition*".[1263] Daten dürfen weiterhin nur für festgelegte, eindeutige und legitime Zwecke erhoben werden (Art. 5 Abs. 1 lit. b) DS-GVO; zuvor Art. 6 Abs. 1 lit. b) DSRL) und grundsätzlich nicht länger als zur Reali-

1261 *Artikel 5 Grundsätze für die Verarbeitung personenbezogener Daten*
(1) Personenbezogene Daten müssen
a) auf rechtmäßige Weise, nach Treu und Glauben und in einer für die betroffene Person nachvollziehbaren Weise verarbeitet werden („Rechtmäßigkeit, Verarbeitung nach Treu und Glauben, Transparenz");
b) für festgelegte, eindeutige und legitime Zwecke erhoben werden und dürfen nicht in einer mit diesen Zwecken nicht zu vereinbarenden Weise weiterverarbeitet werden; eine Weiterverarbeitung für im öffentlichen Interesse liegende Archivzwecke, für wissenschaftliche oder historische Forschungszwecke oder für statistische Zwecke gilt gemäß Artikel 89 Absatz 1 nicht als unvereinbar mit den ursprünglichen Zwecken („Zweckbindung");
c) dem Zweck angemessen und erheblich sowie auf das für die Zwecke der Verarbeitung notwendige Maß beschränkt sein („Datenminimierung");
d) sachlich richtig und erforderlichenfalls auf dem neuesten Stand sein; es sind alle angemessenen Maßnahmen zu treffen, damit personenbezogene Daten, die im Hinblick auf die Zwecke ihrer Verarbeitung unrichtig sind, unverzüglich gelöscht oder berichtigt werden („Richtigkeit");
e) in einer Form gespeichert werden, die die Identifizierung der betroffenen Personen nur so lange ermöglicht, wie es für die Zwecke, für die sie verarbeitet werden, erforderlich ist; personenbezogene Daten dürfen länger gespeichert werden, soweit die personenbezogenen Daten vorbehaltlich der Durchführung geeigneter technischer und organisatorischer Maßnahmen, die von dieser Verordnung zum Schutz der Rechte und Freiheiten der betroffenen Person gefordert werden, ausschließlich für im öffentlichen Interesse liegende Archivzwecke oder für wissenschaftliche und historische Forschungszwecke oder für statistische Zwecke gemäß Artikel 89 Absatz 1 verarbeitet werden („Speicherbegrenzung");
f) in einer Weise verarbeitet werden, die eine angemessene Sicherheit der personenbezogenen Daten gewährleistet, einschließlich Schutz vor unbefugter oder unrechtmäßiger Verarbeitung und vor unbeabsichtigtem Verlust, unbeabsichtigter Zerstörung oder unbeabsichtigter Schädigung durch geeignete technische und organisatorische Maßnahmen („Integrität und Vertraulichkeit");
...

1262 *Schantz*, NJW 2016, 1841 (1843).

1263 *Schantz*, NJW 2016, 1841 (1843).

sierung ihres Erhebungs- oder Verarbeitungszweckes aufbewahrt werden (Art. 5 Abs. 1 lit. e) DS-GVO; zuvor Art. 6 Abs. 1 lit. e) DSRL).[1264] Auch der Proportionalitätsgrundsatz des Art. 6 Abs. 1 lit. c) DSRL findet sich in abgewandelter Form in Art. 5 Abs. 1 lit. c) DS-GVO wieder. Nicht länger möglich ist eine konkretisierende Ausgestaltung des Prinzips der Zweckbindung durch nationale Regelungen, da die Datenschutzgrundverordnung eine abschließende Regelung trifft.[1265]

Auch die zweite Säule des Direktanspruchs gegen Suchmaschinenbetreiber existiert in der Datenschutzgrundverordnung fort. Nach wie vor werden Datenverarbeitungen nach neuem Recht – ohne grundsätzliche Unterscheidung zwischen den Verarbeitungen staatlicher und privater Stellen – als Verbot mit Erlaubnisvorbehalt reguliert.[1266] Wie zuvor Art. 7 DSRL benennt Art. 6 Abs. 1 S. 1 DS-GVO sechs verschiedene, zur Vornahme einer Datenverarbeitung erforderliche Erlaubnistatbestände.[1267] Überwiegende Interessen des Betroffenen vermögen unverändert die berechtigten Interessen des Verantwortlichen oder eines Dritten an der Datenverarbeitung zu überschreiben, Art. 6 Abs. 1

1264 Zu den entsprechenden Anforderungen unter der Datenschutzrichtlinie *D. I. 2. B) Art. 6 DSRL – Verarbeitungsgrundsätze.*

1265 *Ziegenhorn/von Heckel*, NVwZ 2016, 1585 (1589).

1266 *Ziegenhorn/von Heckel*, NVwZ 2016, 1585 (1586 f.). Art. 6 Abs. 1 S. 1 lit. f) DS-GVO gilt gem. Art. 6 Abs. 1 S. 2 DS-GVO jedoch nicht für Behörden, die im Rahmen ihrer Aufgabenerfüllung personenbezogene Daten verarbeiten, *Ziegenhorn/von Heckel*, NVwZ 2016, 1585 (1587).

1267 *Schantz*, NJW 2016, 1841 (1843); *Kühling/Martini*, EuZW 2016, 448 (450).
Artikel 6 Rechtmäßigkeit der Verarbeitung
(1) Die Verarbeitung ist nur rechtmäßig, wenn mindestens eine der nachstehenden Bedingungen erfüllt ist:
a) Die betroffene Person hat ihre Einwilligung zu der Verarbeitung der sie betreffenden personenbezogenen Daten für einen oder mehrere bestimmte Zwecke gegeben;
b) die Verarbeitung ist für die Erfüllung eines Vertrags, dessen Vertragspartei die betroffene Person ist, oder zur Durchführung vorvertraglicher Maßnahmen erforderlich, die auf Anfrage der betroffenen Person erfolgen;
c) die Verarbeitung ist zur Erfüllung einer rechtlichen Verpflichtung erforderlich, der der Verantwortliche unterliegt
d) die Verarbeitung ist erforderlich, um lebenswichtige Interessen der betroffenen Person oder einer anderen natürlichen Person zu schützen;
e) die Verarbeitung ist für die Wahrnehmung einer Aufgabe erforderlich, die im öffentlichen Interesse liegt oder in Ausübung öffentlicher Gewalt erfolgt, die dem Verantwortlichen übertragen wurde;

S. 1 lit. f) DS-GVO. Versuche des europäischen Parlaments zur stärkeren Vorzeichnung der Interessenabwägung waren nicht erfolgreich.[1268] Wo nationalstaatliche sektor- oder situationsspezifische Regelungen getroffen wurden, werden diese durch Art. 6 Abs. 1 S. 1 lit. f) DS-GVO ersetzt.[1269]

Mit Art. 17 DS-GVO hält die Datenschutzgrundverordnung ein eigenes Löschungsrecht bereit, welches trotz detaillierter Ausformulierung weitgehend dem bekannten Art. 12 lit. b) DSRL entspricht.[1270] Obwohl Art. 17 DS-GVO die Bezeichnung „Recht auf Vergessenwerden" wieder im Namen führt, wurden weder Verfallsdaten noch ein di-

---

f) die Verarbeitung ist zur Wahrung der berechtigten Interessen des Verantwortlichen oder eines Dritten erforderlich, sofern nicht die Interessen oder Grundrechte und Grundfreiheiten der betroffenen Person, die den Schutz personenbezogener Daten erfordern, überwiegen, insbesondere dann, wenn es sich bei der betroffenen Person um ein Kind handelt.
...

1268 *Schantz*, NJW 2016, 1841 (1843).

1269 *Ziegenhorn/von Heckel*, NVwZ 2016, 1585 (1588).

1270 *Kühling/Martini*, EuZW 2016, 448 (450).
Artikel 17 DS-GVO – Recht auf Löschung („Recht auf Vergessenwerden")
(1) Die betroffene Person hat das Recht, von dem Verantwortlichen zu verlangen, dass sie betreffende personenbezogene Daten unverzüglich gelöscht werden, und der Verantwortliche ist verpflichtet, personenbezogene Daten unverzüglich zu löschen, sofern einer der folgenden Gründe zutrifft:
a) Die personenbezogenen Daten sind für die Zwecke, für die sie erhoben oder auf sonstige Weise verarbeitet wurden, nicht mehr notwendig.
b) Die betroffene Person widerruft ihre Einwilligung, auf die sich die Verarbeitung gemäß Artikel 6 Absatz 1 Buchstabe a oder Artikel 9 Absatz 2 Buchstabe a stützte, und es fehlt an einer anderweitigen Rechtsgrundlage für die Verarbeitung.
c) Die betroffene Person legt gemäß Artikel 21 Absatz 1 Widerspruch gegen die Verarbeitung ein und es liegen keine vorrangigen berechtigten Gründe für die Verarbeitung vor, oder die betroffene Person legt gemäß Artikel 21 Absatz 2 Widerspruch gegen die Verarbeitung ein.
d) Die personenbezogenen Daten wurden unrechtmäßig verarbeitet.
e) Die Löschung der personenbezogenen Daten ist zur Erfüllung einer rechtlichen Verpflichtung nach dem Unionsrecht oder dem Recht der Mitgliedstaaten erforderlich, dem der Verantwortliche unterliegt.
f) Die personenbezogenen Daten wurden in Bezug auf angebotene Dienste der Informationsgesellschaft gemäß Artikel 8 Absatz 1 erhoben.
...

gitaler Radiergummi verankert.[1271] Ein Widerspruch des Betroffenen gegen eine Datenverarbeitung (Art. 17 Abs. 1 lit. c) DS-GVO) kann den Verantwortlichen ebenso wie die fehlende Notwendigkeit (Art. 17 Abs. 1 lit. a) DS-GVO) oder die fehlende Rechtmäßigkeit der Verarbeitung (Art. 17 Abs. 1 lit. d) DS-GVO) zur Löschung verpflichten. Hat er personenbezogene Daten öffentlich gemacht und ist nach Art. 17 Abs. 1 DS-GVO zur Löschung verpflichtet, muss der Verantwortliche zugleich angemessene Maßnahmen ergreifen, um andere Verarbeiter dieser Daten über das Löschungsbegehren zu informieren, Art. 17 Abs. 2 DS-GVO.[1272]

Neu und für die Zukunft des vom EuGH geprägten Direktanspruchs von Interesse ist die Bestimmung des Art. 17 Abs. 3 lit. a) DS-

1271 *Schantz*, NJW 2016, 1841 (1845). Zum digitalen Radiergummi vgl. erneut die Beiträge von *Buchholtz*, AöR 2015, 121 (125); *Nolte*, ZRP 2011, 236 (237 f.); *Federrath/Fuchs/Herrmann/Maier/Scheuer/Wagner*, DuD 2011, 403; zum Verfallsdatenansatz siehe ausführlich *Exkurs: Der Verfallsdatenansatz Viktor Mayer-Schönbergers*. Aufgrund der weitgehenden Übereinstimmung mit dem Löschungsrecht der Datenschutzrichtlinie sprechen manche gar von einem *„Scheinriesen"*, *Kühling/Martini*, EuZW 2016, 448 (450).

1272 *Artikel 17 Recht auf Löschung („Recht auf Vergessenwerden")*

...

(2) Hat der Verantwortliche die personenbezogenen Daten öffentlich gemacht und ist er gemäß Absatz 1 zu deren Löschung verpflichtet, so trifft er unter Berücksichtigung der verfügbaren Technologie und der Implementierungskosten angemessene Maßnahmen, auch technischer Art, um für die Datenverarbeitung Verantwortliche, die die personenbezogenen Daten verarbeiten, darüber zu informieren, dass eine betroffene Person von ihnen die Löschung aller Links zu diesen personenbezogenen Daten oder von Kopien oder Replikationen dieser personenbezogenen Daten verlangt hat.

...

Bereits nach Art. 12 lit. c) DSRL hatte der Verantwortliche Dritte, denen die verarbeiteten Daten übermittelt wurden, von der Löschung in Kenntnis zu setzen, sofern dies nicht unmöglich oder mit unzumutbarem Aufwand verbunden war, *Hornung/Hofmann*, JZ 2013, 163 (166). Umfang und Ausmaß der „neuen" Informationspflicht waren im Verlauf des Reformprozesses umstritten, *Gstrein*, ZD 2012, 424 (425 f.). Während *Gstrein* zumindest für *„sensible Daten"* befürwortete, dass der Informierte seinerseits selbst zur Löschung verpflichtet ist, gingen andere davon aus, dass eine Löschungspflicht des Informierten ausschließlich anhand seiner eigenen Verarbeitungsbefugnisse zu beurteilen sei, *Hornung/Hofmann*, JZ 2013, 163 (167). Auch in seiner endgültigen Form wird Art. 17 Abs. 2 DS-GVO als Verbesserung der Betroffenenstellung aufgefasst, *Schantz*, NJW 2016, 1841 (1845).

GVO, wonach weder Löschungs- noch Informationspflicht Geltung beanspruchen, wenn eine Datenverarbeitung zur Ausübung des Rechts auf freie Meinungsäußerung und Information erforderlich ist.[1273] Die Platzierung eines Erforderlichkeitskriteriums in Art. 17 Abs. 3 lit. a) DS-GVO läuft darauf hinaus, dass an dieser Stelle eine Abwägung zwischen den Rechten des Betroffenen, i.d.R. Art. 7 und 8 GRCh, und den Rechten aus Art. 11 GRCh zu erfolgen hat.[1274] Hier wird insbesondere zu berücksichtigen sein, ob die einer Meinung zugrundeliegenden personenbezogenen Daten für den Prozess der Meinungsbildung weiterhin erforderlich sind.[1275]

3. Fortbestand des Suchmaschinen-Ansatzes unter dem neuen Datenschutzregime

Wenn es am 25. Mai 2018 zur Wachablösung der Datenschutzrichtlinie durch die Datenschutzgrundverordnung kommt, bedeutet dies für das europäische Datenschutzrecht *„keine*[n] *revolutionären, sondern eine*[n] *evolutionären Wandel*".[1276] Viele Bestandteile der neuen Verordnung konnten bereits der Datenschutzrichtlinie mittels einer Auslegung im Lichte der Grundrechte-Charta entnommen werden.[1277] Auch die unter dem Regime der Datenschutzrichtlinie vom EuGH geprägte Möglichkeit eines direkt gegen Suchmaschinenbetreiber adressierten *Delisting*-Anspruchs wird nach neuem Recht fortbestehen. Sowohl die zwei tragenden Säulen des *Google-Urteils*,[1278] als auch die Möglichkeit, ein Löschungsbegehren zu artikulieren, haben Aufnahme in die Datenschutzgrundverordnung gefunden.

Zur Vornahme einer Abwägung zwischen den an einer Datenverarbeitung bestehenden Interessen ist der Verantwortliche bereits aufgrund von Art. 6 Abs. 1 S. 1 lit. f) DS-GVO verpflichtet. Die Ausnahmeregelung des Art. 17 Abs. 3 lit. a) DS-GVO schließt das direkte Vor-

1273 Vgl. hierzu auch *McCarthy*, GRUR Int. 2016, 604 (611).
1274 *Kamlah*, in: Plath, Art. 17 DS-GVO, Rn. 17.
1275 *Kamlah*, in: Plath, Art. 17 DS-GVO, Rn. 17.
1276 *Kühling/Martini*, EuZW 2016, 448 (454).
1277 Vgl. das Interview mit *Selmayr*, ZD-Aktuell 2016, 04206.
1278 *D. III. 2. Systematik des Löschungsanspruchs.*

gehen gegen Suchmaschinenbetreiber nicht aus, sondern unterstreicht nochmals die Notwendigkeit zur Herstellung eines Ausgleichs zwischen Persönlichkeitsschutz und Kommunikationsfreiheiten.[1279] Da die Bestimmungen der Grundrechte-Charta für die Auslegung der Datenschutzgrundverordnung noch bedeutsamer als die Datenschutzrichtlinie sein werden,[1280] droht für Betroffene unter dem neuen Regime kein Rückfall hinter den im *Google-Urteil* etablierten Schutzstandard.[1281]

1279 Dass der europäische Gesetzgeber den Interessenausgleich mit der Datenschutzgrundverordnung nicht abschließend regeln wollte, veranschaulichen insbesondere die Öffnungsklauseln des Art. 85 DS-GVO, *Grages*, in: Plath, Art. 85 DS-GVO, Rn. 4. Zum Anspruch der Kommunikationsfreiheiten auf eine gleichberechtigte Einbeziehung in die Interessenabwägung siehe *D. III. 4. B) AA) CCC) Zwischenfazit: Gleichberechtigung von Persönlichkeitsschutz und Kommunikationsfreiheit* und *D. III. 7. B) Gleichberechtigte Einbeziehung der Kommunikationsfreiheiten zwingend erforderlich.*

1280 *Ziegenhorn/von Heckel*, NVwZ 2016, 1585 (1590).

1281 Vgl. erneut die Voraussage von *Nolte*, NJW 2014, 2238 (2242).

E. Praktische Umsetzung und Anwendbarkeit

Trotz vorhandener Kritik ist das *Google-Urteil* in rechtlicher Hinsicht grundsätzlich zu begrüßen und das direkte Vorgehen gegen Suchmaschinenbetreiber stellt in technischer Hinsicht den vielversprechendsten Ansatz zur Ermöglichung von Vergessenwerden im Internet dar.[1282] Die Entscheidung war jedoch gleichzeitig Auslöser für erhebliche praktische Unsicherheiten – auch ein Jahr nach dem Urteilsspruch war kein Konsens über die Umsetzung des *Google-Urteils* erkennbar.[1283] Verantwortlich hierfür sind in erster Linie die vagen richterlichen Vorgaben an die umsetzungspflichtigen Suchmaschinenbetreiber, welche bei der Etablierung eines *Delisting*-Verfahrens weitgehend allein gelassen wurden.[1284] Technische Versuche zur Umsetzung eines Rechts auf Vergessenwerden sind jedoch darauf angewiesen, dass möglichst klare Vorgaben über ihren Anwendungsbereich existieren.[1285] Wenngleich dem *Google-Urteil* zu Recht bescheinigt wird, *„neue Maßstäbe für das europäische und in dessen Folge auch für das deutsche Datenschutzrecht"* zu setzen,[1286] so blieb doch abzuwarten, ob es eine Verschiebung zum Besseren oder zum Schlechteren bewirken sollte.

Der folgende Abschnitt soll die praktische Umsetzung des *Google-Urteils* näher beleuchten, wobei zunächst die Durchsetzung eines *De-*

1282 Ausführlich zum Bericht der *ENISA* siehe *C. III. 2. ENISA – Alternative Wege zum Oblivion.*

1283 *Holznagel/Hartmann*, MMR 2016, 228 (228).

1284 *D. III. 7. C) Unbestimmte Vorgaben des EuGH*; *Antani*, The Resistance of Memory: Could the European Union's Right to be Forgotten Exist in the United States?, Seite 8; kritisch auch *DIVSI*, Das Recht auf Vergessenwerden, Seite 10.

1285 *ENISA*, The right to be forgotten – between expectations and practice, Seite 7: *„The difficulty is that the EU regulations and laws tend to be deliberately broad and general, to allow for a range of interpretations appropriate for many different situations. However, technical means to ensure the right to be forgotten require a precise definition of the data and circumstances to which the right to be for forgotten shall apply".*

1286 *Jandt*, MMR-Aktuell 2014, 358242.

listing-Begehrens und insbesondere die Reichweite der Verbannung einer Information im Vordergrund steht. Im Anschluss sollen die Vorschläge der D29-Gruppe und des von *Google* einberufen Sachverständigenrats nähere Würdigung erfahren, bevor abschließend zwei Modifikationen zum Lösungsweg des EuGH in den Fokus der Betrachtung rücken.

I. Durchsetzung und Folgen eines Delisting-Begehrens

1. Anlaufstelle des Betroffenen

Das in Art. 12 lit. b), 14 lit. a) i.V.m. Art. 6 lit. c) – e), 7 lit. f) DSRL angelegte Recht kann vom Betroffenen unmittelbar gegen jeden Suchmaschinenbetreiber gerichtet werden, der über mindestens eine Niederlassung in einem Mitgliedsstaat der Union verfügt.[1287] Als Reaktion auf das *Google-Urteil* haben bereits die drei großen Suchmaschinenanbieter *Google*, *Yahoo* und *Bing* Antragsformulare bereitgestellt, mit denen Betroffene das *Delisting* eines bestimmten Sucherergebnisses einfordern können.[1288] Sollte ein Betreiber einem Ersuchen nicht nachkommen, bleibt den Betroffenen das Anrufen einer Kontrollstelle[1289] bzw. eines zuständigen Gerichts[1290] unbenommen, um den Verantwortlichen auf diesem Weg zum *Delisting* zu zwingen.[1291]

1287 *Sofiotis*, VR 2015, 84 (88); vgl. auch EuGH, Urteil vom 13. Mai 2014 – C-131/12 (*Google Spain und Google*), Rn. 77.

1288 *McCarthy*, GRUR Int. 2016, 604 (607). Das Formular von *Google* ist unter https://support.google.com/legal/contact/lr_eudpa?product=websearch&hl=de abrufbar.

1289 Art. 28 Abs. 1 S. 1 DSRL sieht vor, dass die Mitgliedsstaaten Kontrollstellen errichten, welche über die Einhaltung der zwecks Umsetzung der Datenschutzrichtlinie erlassenen Vorschriften wachen. Für Datenverarbeitungen öffentlicher Stellen sind in Deutschland der Bundesbeauftragte für den Datenschutz bzw. die jeweiligen Landesdatenschutzbeauftragten zur Überwachung zuständig, *Streinz*, JuS 2010, 556 (556).

1290 Nach Art. 28 Abs. 3 S. 2 DSRL ist für Fälle einer beschwerenden Entscheidung der Kontrollstelle die Eröffnung des Rechtswegs vorzusehen.

1291 EuGH, Urteil vom 13. Mai 2014 – C-131/12 (*Google Spain und Google*), Rn. 77.

2. Delisting-Reichweite: Ausblenden oder vollkommene Aufgabe der Informationsherrschaft?

Überprüft eine Kontrollstelle oder ein Gericht den Antrag eines Betroffenen und sieht die Anwendungsvoraussetzungen als eröffnet an, kann ein Suchmaschinenbetreiber dazu angewiesen werden, angegriffene Informationen in der Ergebnisliste nicht länger bei personenbezogenen Suchanfragen zugänglich zu machen.[1292] Wenig ergiebig sind die Ausführungen im *Google-Urteil* aber mit Blick auf die erforderliche *Delisting*-Reichweite, d.h. in welchem Umfang Suchmaschinenbetreiber Informationen über Betroffene verbergen müssen. Wo er den Umfang einer Löschung präzisiert, scheint es der EuGH als ausreichend zu erachten, dass eine Information nicht länger direkt (Vorschau) oder indirekt (als Link zur jeweiligen Quellwebseite) als Reaktion einer personenbezogenen Suchanfrage in den Ergebnislisten erscheint.[1293] Diese Auffassung findet sich auch in den Richtlinien der Artikel-29-Datenschutzgruppe wieder:

> *„From the material point of view, and as it's been already mentioned, the ruling expressly states that the right only affects the results obtained on searches made by the name of the individual and never suggests that the complete deletion of the page from the indexes of the search engine is needed. The page should still be accessible using any other terms of search.*"[1294]

Der unbestimmte Begriff „Löschung" in Art. 12 lit. b) DSRL bietet aber auch der Interpretation Raum, dass ein Verantwortlicher nach ihrer Vornahme nicht länger über die betroffene Information verfügen

1292 EuGH, Urteil vom 13. Mai 2014 – C–131/12 (*Google Spain und Google*), Rn. 82, 94.

1293 Vgl. EuGH, Urteil vom 13. Mai 2014 – C–131/12 (*Google Spain und Google*), Rn. 82 („*...können sie den Suchmaschinenbetreiber anweisen, aus der Liste mit den Ergebnissen einer anhand des Namens einer Person durchgeführten Suche Links zu von Dritten veröffentlichten Seiten mit Informationen über diese Person zu entfernen...*") und 94 („*...müssen die betreffenden Informationen und Links der Ergebnisliste gelöscht werden.*").

1294 Guidelines on the implementation of the Court of Justice of the European Union judgment on "Google Spain and Inc v. Agencia Española de Protección de Datos (AEPD) and Mario Costeja González" C–131/12, Seite 9, abrufbar unter http://ec.europa.eu/justice/data-protection/article-29/documentation/opinion-recommendation/files/2014/wp225_en.pdf (zuletzt abgerufen am 4. September 2017).

darf.[1295] Anders formuliert: Genügt es, dass der Suchmaschinenbetreiber beanstandete Informationen aus Ergebnislisten ausblendet, oder muss er diese vollständig aus allen von ihm kontrollierten Speichersystemen entfernen?

Das *Delisting* von Informationen – das Ausblenden einzelner Suchergebnisse bei bestimmten personenbezogenen Suchanfragen – macht diese schwerer im Internet auffindbar; ohne Löschung aus Index und Cache können die betroffenen Informationen aber weiterhin im Herrschaftsbereich eines Suchmaschinenbetreibers überdauern.[1296] Nach dem weiteren Verständnis ist die Pflicht eines Suchmaschinenbetreibers in dieser Konstellation als erfüllt anzusehen, während nach dem strengeren Löschungs-Maßstab die Pflicht nicht erfüllt und die vollständige Aufgabe des Zugriffs auf die betroffene Information weiterhin erforderlich wäre. Die strengere Auslegung würde jedoch dazu führen, dass ein Suchmaschinenbetreiber beanstandete Informationen auch im Rahmen sachbezogener Suchanfragen nicht länger in Ergebnislisten aufführen könnte. Der durchschnittliche Internetnutzer könnte sich den Zugang zu einer Information im Internet dann nicht mehr unter Zuhilfenahme der Suchmaschine erschließen, d.h. für diesen würde die Information de facto unauffindbar.[1297] Auch wenn dies die Chancen des Betroffenen auf das Vergessenwerden vergangenen Geschehens noch einmal erhöhen würde, würde im Gegenzug der am Informationszugang per Suchmaschinen bestehende Interessenkonflikt durch den Ausschluss sachbezogener Suchoptionen untragbar zu Lasten der Kommunikationsfreiheiten aufgelöst.[1298] Der großzügigere und im *Google-Urteil* angelegte Maßstab ist daher vorzugswürdig.

1295 *Dammann/Simitis*, Art. 12, Rn. 16; *D. I. 3. A) Das Recht auf Löschung – Art. 12 lit. b) Var. 2 DSRL.*

1296 Zu Index und Cache vgl. *Exkurs: Indexierung durch Suchmaschinen.*

1297 *B. II. 1. A) Ubiquität und Bedeutung der Suchmaschinen.*

1298 Zur Bedeutung der Möglichkeit einer sachbezogenen Suchanfrage vgl. *D. III. 6. B) Digitales Oblivion durch Aufhebung der Ubiquität von Informationen.*

3. Territoriale Reichweite: Regionales oder globales Delisting?

Zu den Folgeproblemen des *Google-Urteils* gehört auch die Frage nach der territorialen *Delisting*-Reichweite, an der sich mittlerweile ein handfester Streit zwischen *Google* und der französischen Datenschutzbehörde *CNIL* entzündet hat.[1299] Diesem gingen Unklarheiten darüber voraus, ob den Anforderungen des EuGH bereits entsprochen ist, wenn Informationen aus den von europäischen Suchmaschinen-Ablegern präsentierten Ergebnislisten ausgeblendet werden, aber bei personenbezogenen Suchanfragen über außereuropäische Ableger – z.B. *google.com* – weiterhin auffindbar bleiben.[1300] Während die *CNIL* die Anwendung des europäischen Lösungsansatzes auch auf die US-amerikanische *google.com* forderte, vertrat *Google* die Position, dass EU-Standards keine weltweite Beschränkung der Informationsfreiheit bewirken könnten.[1301] Da Suchergebnisse i.R.d. von *Google* praktizierten *Delistings* nicht vollständig aus den eigenen Datenbanken gelöscht, sondern nur regional ausgeblendet wurden, blieben innerhalb des EU-Raums mittels Eingabe der Webbrowseradresse www.google.com/ncr ungefilterte Suchanfragen möglich.[1302]

Die Differenzen führten schließlich zur Eskalation: Die *CNIL* versuchte *Google* durch Androhung von Geldbußen dazu zu bewegen, beanstandete Informationen über französische Bürger weltweit aus dem Suchmaschinenangebot von *Google* zu entfernen.[1303] *Google* kam den

1299 Ausführlich zum Reichweitenstreit *McCarthy*, GRUR Int. 2016, 604 (607 f.).

1300 *Sofiotis*, VR 2015, 84 (89); *McCarthy*, GRUR Int. 2016, 604 (607 f.). Auch der Sachverständigenrat und die Artikel-29-Datenschutzgruppe hatten insoweit unterschiedliche Auffassungen vertreten, *The Advisory Council to Google on the Right to be Forgotten*, Seite 19; Guidelines on the implementation of the Court of Justice of the European Union judgment on "Google Spain and Inc v. Agencia Española de Protección de Datos (AEPD) and Mario Costeja González" C-131/12, Seite 3, 9; *E. II. 3. A) BB) Weitere prozessuale Aspekte*; *E. II. 3. B) BB) Weitere prozessuale Aspekte*; MMR-Aktuell 2015, 372991.

1301 *Jahn*, FAZ.net vom 22. September 2015, *„Recht auf Vergessen werden" – So zeigt Google auch die versteckten Seiten"*; *McCarthy*, GRUR Int. 2016, 604 (607 f.); MMR-Aktuell 2015, 372991.

1302 *Jahn*, FAZ.net vom 22. September 2015, *„Recht auf Vergessen werden" – So zeigt Google auch die versteckten Seiten"*.

1303 *Jahn*, FAZ.net vom 22. September 2015, *„Recht auf Vergessen werden" – So zeigt Google auch die versteckten Seiten"*. Zur Problematik eines über die EU-Grenzen

Forderungen nach weltweitem *Delisting* zunächst durch Verhängung eines sog. „*Geoblockings*“ entgegen. Bei von europäischen Standorten gestarteten Suchanfragen über außereuropäische Ableger sollten grundsätzlich keine ungefilterten Ergebnislisten mehr angezeigt werden.[1304] Da Geoblocking durch technische Gegenmaßnahmen umgehbar ist, genügte der französischen Datenschutzbehörde auch dieser Schritt nicht. Im März 2016 verhängte die *CNIL* ein Bußgeld i.H.v. 100.000 € gegen *Google*, wogegen sich der Konzern seit dem 18. Mai 2016 vor der französischen Verwaltungsgerichtsbarkeit zur Wehr setzt.[1305]

Dass es zwischen einer europäischen Datenschutzbehörde und einem Suchmaschinenbetreiber früher oder später zum offenen Austragen von Differenzen über die Anwendungsreichweite kommen musste, ist primär den unbestimmten Vorgaben des EuGH geschuldet. Zur territorialen Anwendungsreichweite der *Delisting*-Pflicht schwieg dieser sich im *Google-Urteil* zwar aus, doch ermöglicht der Wortlaut der Entscheidung durchaus weite Interpretationen.[1306]

Im Kern kreist der zwischen *Google* und der *CNIL* tobende Streit um die Frage, inwieweit die Vorgaben einer Rechtsordnung in eine andere Rechtsordnung hineinwirken dürfen. Wird eine innerhalb der Union erstrittene *Delisting*-Entscheidung so weit ausgedehnt, dass bestimmte Informationen aus den Ergebnislisten von www.google.com ausgeblendet werden, erfahren auch US-amerikanische Internetnutzer Beeinträchtigungen in ihrer Informationsfreiheit. Angesichts der bekannt gewordenen Positionen der Konfliktparteien vermag die Eskalation im Mai 2016 nicht zu überraschen. Wer sich im Streit über die Regulierung der Suchmaschinentätigkeit auf den Standpunkt stellt, dass keine Nation allein über den Zugriff auf Informationen im Internet entscheiden dürfe, verkürzt das Problem unangemessen. Ihm kann entgegengehalten werden, dass auch der Persönlichkeits- und Privat-

---

hinauswirkenden Rechts auf Vergessenwerdens vgl. *Antani*, The Resistance of Memory: Could the European Union's Right to be Forgotten Exist in the United States?, Seite 47 f.

1304 ZD-Aktuell 2016, 05153.

1305 Becklink 2003343; ZD-Aktuell 2016, 05067; ZD-Aktuell 2016, 05153.

1306 *Kuner*, LSE Working Papers 3/2015, Seite 21 f. *Ders.* weist jedoch auch darauf hin, dass der EuGH sich vor allem mit den ihm vorgelegten Fragen auseinanderzusetzen hatte.

sphäreschutz einer Nation nicht hinter dem in einer anderen Nation stärker ausgeprägten Verständnis der Informationsfreiheit zurückstehen muss.[1307]

Territoriale Staatsgrenzen verlieren im Internet an Bedeutung; da der Informationsfluss an den Landesgrenzen nicht Halt macht, sind Regulierungsbestrebungen einzelner Staaten schnell zum Scheitern verurteilt.[1308] Das Vorhandensein einer Durchsetzungsbarriere im Internet hat die *CNIL* selbst mit ihrem Vorgehen unterstrichen. Da das unter europäischen *Google*-Ablegern wirkende *Delisting* durch ein Ausweichen in die .com Domain umgehbar war, versucht die *CNIL* dem europäischen Standard auch innerhalb der .com Domain zur Durchsetzung zu verhelfen. Sowohl regional begrenztes *Delisting*[1309] als auch *Geoblocking*[1310] bleiben umgehbar. Daher wäre die – von der Artikel-29-Datenschutzgruppe ebenfalls begrüßte[1311] – Ausdehnung des *Delistings* in die .com Domain und das Vorgehen der *CNIL* unter Effektivitätsgesichtspunkten vorzugswürdig. Noch deutlicher ausgedrückt: Damit die Verbannung einer Information aus den Ergebnislisten einen Betroffenen tatsächlich umfassend schützt, ist eine weltweite *Delisting*-Erstreckung womöglich unumgänglich.[1312] Allerdings kann

---

1307 *McCarthy*, GRUR Int. 2016, 604 (608): „*Google's blog post also emphatically rejects any hypothesis of extraterritorial jurisdiction, echoing some of the American criticism of González and concluding that "no one country should have the authority to control what content someone in a second country can access". However, the same argument would also justify the opposite conclusion, as the fundamental right to privacy and data protection enjoyed by EU citizens should not be undermined by US First Amendment values which prioritize free speech.*" Ausführlich zum transatlantischen Konflikt *F. Clash of Civilizations – Chancen einer transatlantischen Initiative.*

1308 *C. II. 2. Globales Kommunikationsmedium: Strukturelle Hindernisse und Aufhebung von territorialen Grenzen.*

1309 *Antani,* The Resistance of Memory: Could the European Union's Right to be Forgotten Exist in the United States?, Seite 7, 46.

1310 *McCarthy*, GRUR Int. 2016, 604 (612).

1311 Guidelines on the implementation of the Court of Justice of the European Union judgment on "Google Spain and Inc v. Agencia Española de Protección de Datos (AEPD) and Mario Costeja González" C-131/12, Seite 3, 9; ausführlich *E. II. 3. B) BB) Weitere prozessuale Aspekte.*

1312 *Antani,* The Resistance of Memory: Could the European Union's Right to be Forgotten Exist in the United States?, Seite 46: „*Applying removal to all domains might be necessary for a full protection of the right.*"

das Vorgehen der *CNIL* „Gebietsstreitigkeiten" im Internet heraufbeschwören.[1313] In der Vergangenheit hatte schon der Entstehungsprozess der europäischen Datenschutzrichtlinie zu Spannungen im transatlantischen Handelsverkehrs geführt.[1314]

Neben begrenzten Ressourcen der Datenschutzbehörden können auch zu hohe Anforderungen an die nötige territoriale Reichweite die Durchsetzung des *Delisting*-Anspruchs behindern.[1315] Innerhalb der EU wird bereits jetzt das Verschwinden von Suchergebnissen ohne transparente Erklärung, richterliche Kontrolle oder umfassende Beschwerde-Möglichkeiten gegen *Delisting*-Entscheidungen befürchtet.[1316] Auch der von *Google* angerufene Sachverständigenrat sprach sich für eine stärkere Stellung des Veröffentlichenden im *Delisting*-Prozess aus.[1317] Treiben einzelne Datenschutzbehörden wie die *CNIL* weiterhin einen *„all-domains"*-Ansatz voran,[1318] drohen fragwürdige Seiten des *Delisting*-Anspruchs, wie z.B. die bislang ungenügende Verfahrensausgestaltung, in andere Rechtsordnungen exportiert zu werden.[1319]

Aufgrund der drohenden Nachteile mit denen das Vorgehen von Artikel-29-Datenschutzgruppe und *CNIL* einhergeht, ist eine zwangs-

---

1313 *Antani,* The Resistance of Memory: Could the European Union's Right to be Forgotten Exist in the United States?, Seite 46 ff.

1314 Diese konnten erst durch die *Safe-Harbor* Entscheidung der Europäischen Kommission überwunden werden, *Whitman,* The Yale Law Journal, Vol. 113, 2003-2004, 1151 (1156); *F. I. Unterschiedliche Vorstellungen auf beiden Seiten.*

1315 *Kuner,* LSE Working Papers 3/2015, Seite 22: *„If the material and territorial scope of the right are disproportionately broad, DPAs will not be able to oversee its implementation in a way that protects fundamental rights, given the limited resources they have at their disposal and the fact that their enforcement jurisdiction ends at the borders of their respective Member States."*

1316 *Antani,* The Resistance of Memory: Could the European Union's Right to be Forgotten Exist in the United States?, Seite 40 f.

1317 *The Advisory Council to Google on the Right to be Forgotten,* Seite 17 f.; *E. II. 3. A) BB) Weitere prozessuale Aspekte.*

1318 *Antani* äußert grundlegende Bedenken gegenüber einem solchen Ansatz, The Resistance of Memory: Could the European Union's Right to be Forgotten Exist in the United States?, Seite 46 f.

1319 Innerhalb der EU auf *Google* einwirkender Druck hat bereits in der Vergangenheit zu weltweiten Verschiebung in der Praxis des Suchmaschinen-Giganten geführt. Die auf Drängen der Artikel-29-Datenschutzgruppe etablierten kürzeren Aufbewahrungsperioden von Nutzerdaten führte *Google* nicht allein innerhalb des Unionsraums, sondern weltweit ein, *Bernal,* EJLT Vol. 2, Issue 2, 2011, 1 (4).

weise Durchsetzung der europäischen *Delisting*-Lösung bspw. in der .com Domain abzulehnen.[1320] Wenngleich sie unter Effektivitätsgesichtspunkten dem weltweit wirkenden *Delisting* von Informationen unterlegen ist, bietet sich das bereits von *Google* initiierte *Geoblocking* als (Interims)Lösung an.[1321]

II. Verlagerung der Rechtsdurchsetzung auf Private – Zensur durch Google und Co.?

1. Orientierung des europäischen Datenschutzes an staatlichem Handeln

Das geltende Regime der Datenschutzrichtlinie muss sich von verschiedenen Seiten den Vorwurf gefallen lassen, angesichts seiner Ursprünge im Jahr 1995 den Anforderungen des digitalen Zeitalters in der Gegenwart nicht mehr gerecht zu werden. Als die Datenschutzrichtlinie erlassen wurde, stand z.B. der Aufstieg der Suchmaschinen noch bevor.[1322] Die Anwendung ihrer Bestimmungen auf moderne Kommunikationsformen wird daher teilweise als unbillig empfunden.[1323]

1320 Für eine regionale *Delisting*-Begrenzung auch *Holznagel/Hartmann*, MMR 2016, 228 (232).

1321 Neben technischen Schwächen kann *Geoblocking* mit eigenen Nachteilen einhergehen, *McCarthy*, GRUR Int. 2016, 604 (612).

1322 Schlussanträge des Generalanwalts vom 25. Juni 2013 in dem Verfahren C-131/12, Rn. 78.

1323 *Masing*, Vorläufige Einschätzung der „Google-Entscheidung" des EuGH vom 14. August 2014; unter Bezugnahme auf das *Google-Urteil* so auch *Mantelero*, Finding a Solution to the Google's Dilemma on the 'Right to Be Forgotten', after the 'Political' ECJ Decision, Seite 3: „*Even though the direction has been defined, the technical solution provided by the courts (the "path") is still inadequate. It should be noted that the reason for this lies in the fundamental inadequacy of the existing legal framework. This was written during the 90's and now it has to address the issues arising from a completely different digital environment.*" Auch der Generalanwalt wies in seinen Schlussanträgen darauf hin, dass eine strenge Auslegung der Datenschutzrichtlinie zu teilweise unsinnigen Ergebnissen führen könne und der EuGH „*keiner Auslegung folgen* [darf], *die praktisch jede Person, die ein Smartphone, ein Tablet oder einen Laptop besitzt, zu einem für die Verarbeitung von im Internet veröffentlichten personenbezogenen Daten Verantwortli-*

Auch wenn Grundrechte primär Abwehrechte gegen den Staat sind, kann ein grundrechtlich geschütztes Rechtsgut durchaus durch das Handeln Privater beeinträchtigt werden.[1324] Dies bedeutet jedoch nicht, dass eine Übertragung der auf das Staat-Bürger-Verhältnis zugeschnittenen datenschutzrechtlichen Bestimmungen auf rein privatrechtliche Sachverhalte zwingend angezeigt ist.[1325] Grund dafür ist ein unterschiedliches Gefahrenniveau von privaten und staatlichen Datenverarbeitungen; anders als im Verhältnis zwischen Privaten kann der Staat dem Einzelnen mit Befehl und Zwang entgegentreten.[1326] Sowohl dem geltenden europäischen Datenschutzrecht,[1327] als auch dem Entwurf der Datenschutzgrundverordnung und dem BDSG[1328] wird vorgeworfen, diese Unterschiede zu vernachlässigen und eine Gleichbehandlung des grundsätzlich Ungleichen vorzunehmen:

> *„Sowohl BDSG als auch Datenschutzrichtlinie leiden daran, dass weitgehende Einschränkungen der Vertragsfreiheit, die sich im „normalen" Verbraucherschutzrecht so nicht finden lassen (wo erst einmal alles erlaubt ist, es sei denn, es ist verboten), das Verhältnis zwischen Nutzer und Anbieter prägen (grundsätzlich ist alles verboten, es sei denn, es ist positiv gestattet). Es kommt durch die gewählte rechtliche Konstruktion zu einem Gleichlauf der Anforderungen, die für den privaten wie den staatlichen Umgang mit den Daten Dritter gelten, obwohl die Ausgangssituation für Staat und Unternehmen vollkommen unterschiedlich ist.*"[1329]

Der Bürger könne im 21. Jahrhundert nicht ausschließlich auf seine Rolle als Betroffener von Datenverarbeitungen reduziert werden, da er selbst – z.B. innerhalb sozialer Netzwerke – zunehmend aktiv Daten

---

chen macht", Schlussanträge des Generalanwalts vom 25. Juni 2013 in Rechtssache C-131/12, Rn. 81.

1324 *Grimm*, JZ 2013, 585 (586 f.).

1325 *Grimm*, JZ 2013, 585 (587).

1326 Ausführlich *Grimm*, JZ 2013, 585 (587). Dagegen geht *Boehme-Neßler* davon aus, dass die Tätigkeit Privater im Bereich des Datenschutzes mindestens ebenso gefahrbehaftet ist, wie das staatliche Datensammeln, NVwZ 2014, 825 (828): *„Sind auch private natürliche und juristische Personen an die Grundrechte gebunden? Im Bereich des Datenschutzes ist diese Frage von besonderer Bedeutung. Denn private Konzerne gefährden die Privatsphäre mindestens ebenso stark wie staatliche Stellen.*"

1327 *Grimm*, JZ 2013, 585 (587).

1328 *Buchholtz*, AöR 2015, 121 (135).

1329 *Luch/Schulz/Kuhlmann*, EuR 2014, 698 (708).

verarbeite.[1330] Wo er als mündiger Bürger eigenverantwortliche Entscheidungen treffe, gelte es dies zu berücksichtigen; staatlicher Schutz vor dem Handeln anderer Privater benötige der Einzelne erst dort, wo seine Befähigung zum Treffen eigenverantwortlicher Entscheidungen gefährdet sei.[1331]

Google ist jedoch nicht nur *„just another Grundrechtsträger“*;[1332] der US-amerikanische Konzern erreicht mit Marktanteilen von stellenweise über 80 % längst eine faktische Monopolstellung.[1333] Die Gefahr stets von der eigenen Vergangenheit eingeholt zu werden, kann den Einzelnen in der freien Entwicklung seiner Persönlichkeit beeinträchtigen.[1334] Durch die Furcht, möglicherweise nach Jahren von der eigenen Vergangenheit eingeholt zu werden, wird er sich im Gebrauch kommunikativer Freiheiten zurückhalten.[1335] Verantwortlich für diese Gefahr sind im Internetbereich insbesondere Suchmaschinenbetreiber, welche Informationen im Netz erst allgegenwärtig verfügbar machen.[1336] Diese Betreiber grundsätzlich in vollem Umfang als Adressaten der in Art. 12 lit. b), 14 lit. a) i.V.m. Art. 6 lit. c) – e), 7 lit. f) DS-RL angelegten Rechte anzuerkennen, begegnet geringeren Bedenken, als es bei ihrer vollständigen Immunisierung der Fall wäre.[1337] Der An-

---

1330 *Buchholtz*, AöR 2015, 121 (135).

1331 *Buchholtz*, AöR 2015, 121 (135).

1332 *Steinbeis*, Verfassungsblog, 14. Mai 2014, *„Google – nur just another Grundrechtsträger?“: „Ist die „Öffentlichkeit“, ist das „Internet“ im Kontext von Google tatsächlich nur just another Grundrechtsträger, der ein genauso legitimes Interesse daran hat, seine Freiheit nicht beschnitten zu sehen, wie derjenige, auf deren Kosten er sie ausübt? Oder haben wir es hier mit einer Konstellation von Macht und Machtunterworfenheit zu tun, in der der Einzelne nach dem Willen der Allgemeinheit diszipliniert, zurechtgebogen und passend gemacht wird, und zwar obendrein einer Allgemeinheit, hinter der in Wahrheit ein mit nahezu unendlichen Machtmitteln ausgestatteter Einzelner steckt?“*; *Buchholtz*, AöR 2015, 121 (135).

1333 *Buchholtz*, AöR 2015, 121 (126).

1334 *D. III. 4. A) AA) BBB) Beeinträchtigung des geschützten Bereichs durch die Suchmaschinentätigkeit; D. III. 4. B) BB) AAA) Allgegenwärtiges Panoptikum.*

1335 *B. II. 2. C) Bedrohung der selbstbestimmten Persönlichkeitsentwicklung; B. II. 3. B) Chilling Effect – Abschreckungswirkung zulasten der Kommunikationsfreiheit? Koreng/Feldmann*, ZD 2012, 311 (313).

1336 *B. II. 1. A) Ubiquität und Bedeutung der Suchmaschinen.*

1337 Vgl. auch *D. III. 7. A) Konsequente Anwendung des bestehenden Datenschutzregimes und grundsätzlich begrüßenswerter Direktanspruch gegen Suchmaschinenbetreiber.*

wendung etwa des Zweckbindungsprinzips auf die Suchmaschinentätigkeit kann auch nicht unter Berufung auf den von vermeintlicher Freiheit geprägten Informationsaustausch zwischen Privaten eine Absage erteilt werden,[1338] da von personenbezogenen Suchanfragen Betroffene keine Mitspracherechte hinsichtlich der Erfassung und Verwendung ihrer Daten durch Suchmaschinenbetreiber genießen.

2. Auflösung des Interessenkonflikts durch moderne Philosophenkönige?

Auch wenn die Adressatenstellung der Suchmaschinenbetreiber grundsätzlich begrüßenswert ist, bewirkt sie ein Folgeproblem nicht unerheblicher Sprengkraft. Die Entscheidung des EuGH vom 13. Mai 2014 hat zur Folge, dass in erster Linie *Google* und andere Suchmaschinenbetreiber über *Delisting*-Eingaben entscheiden,[1339] was den Schwerpunkt der Rechtsdurchsetzung auf die private Ebene verlagert. Dies hat Befürchtungen laut werden lassen, wonach der EuGH mit dem *Google-Urteil* den Beginn einer umfassenden Zensur durch Private im Internet eingeläutet habe.[1340] Durch die Auslagerung der schwierigen und einzelfallabhängigen Auflösung von Interessenkonflikten auf die Schultern privater Suchmaschinenbetreiber habe der EuGH diese wider Willen zu Philosophenkönigen erhoben und damit einen der schwersten Fehler in seiner Geschichte begangen:

1338 So aber *Masing*, Vorläufige Einschätzung der „Google-Entscheidung" des EuGH vom 14. August 2014: „*Eine verobjektivierte Kontrolle, wann welche Daten für welchen Zweck noch notwendigerweise veröffentlicht werden müssen, verfehlt aber den Charakter des Informationsaustauschs zwischen Privaten, der eben auch hinsichtlich des Zwecks maßgeblich von privater Freiheit geprägt ist. Die unterschiedlichen Problemlagen öffentlichen und privaten Datenschutzes werden hier miteinander vermengt.*"

1339 *Kuner*, LSE Working Papers 3/2015, Seite 18.

1340 *Lee*, BBC News vom 14. Mai 2014, „*Google ruling 'astonishing', says Wikipedia founder Wales*"; *Orthwein/Rücker*, DuD 2014, 613 (618); Generalanwalt *Niilo Jääskinen* äußerte entsprechende Bedenken bereits vor dem *Google-Urteil*, Schlussanträge des Generalanwalts vom 25. Juni 2013 in der Rechtssache C-131/12, Rn. 134.

> *„Jules Polonetsky, the executive director of the Future of Privacy Forum, a think tank in Washington, was more vocal. "The decision will go down in history as one of the most significant mistakes that Court has ever made," he said. "It gives very little value to free expression. If a particular Web site is doing something illegal, that should be stopped, and Google shouldn't link to it. But for the Court to outsource to Google complicated case-specific decisions about whether to publish or suppress something is wrong. Requiring Google to be a court of philosopher kings shows a real lack of understanding about how this will play out in reality."*[1341]

Privatunternehmen seien zu einer gerechten Abwägung zwischen entgegengesetzten fundamentalen Rechten nicht fähig;[1342] anders als Journalisten würden die Suchmaschinenbetreiber vor einer Abwägungsentscheidung keine Überprüfung der zugrundeliegenden Tatsachen vornehmen.[1343] Da sie de facto einem *notice-and-take-down*-Regime unterworfen würden, bestünden für Suchmaschinenbetreiber

---

1341 *Toobin*, The New Yorker, 29. September 2014, „*The Solace of Oblivion*"; House of Lords, 2nd Report of Session 2014–15, *EU Data Protection law: a 'right to be forgotten'?*, Rn. 36. Vgl. außerdem *McCarthy*, GRUR Int. 2016, 604 (606); *Antani*, The Resistance of Memory: Could the European Union's Right to be Forgotten Exist in the United States?, Seite 41; House of Lords, 2nd Report of Session 2014–15, *EU Data Protection law: a 'right to be forgotten'?*, Rn. 36.

1342 *Kuner*, LSE Working Papers 3/2015, Seite 19: „*The judgment requires not just an application of the fundamental right to data protection, but a balancing between the various right concerned. The Court did not expressly list all the rights at issue, but besides data protection and privacy this must include freedom of expression and information. Private companies are simply not in a position to make complex decisions on the balancing of different fundamental rights, a task that is difficult even for courts, data protection authorities, and academics.*"; mit Zweifeln auch *Kulk/Borgesius*, EJRR 2014, 389 (394); *Masing*, Vorläufige Einschätzung der „Google-Entscheidung" des EuGH vom 14. August 2014; *Shoor*, Brook. J. Int'l L., Vol. 39:1, 2014, 487 (503).

1343 So *Mantelero*, welcher weniger die privaten als vielmehr die fehlenden journalistischen Hintergründe der Suchmaschinenbetreiber kritisiert, Finding a Solution to the Google's Dilemma on the 'Right to Be Forgotten', after the 'Political' ECJ Decision, Seite 2 f.: „*The critical aspect is not the private nature of the company that makes the balancing test. In a number of legal systems across Europe, the same balancing test is used by media companies in cases regarding privacy, right to be forgotten or defamation. However, in those cases, the test is made by journalists, who take responsibility for checking the facts they publish and have the professional skills to make the above-mentioned test. On the contrary, Google, as well as any other search engine, neither investigates and checks the facts, nor has the professional expertise of a media company.*"

Anreize zur systematischen Entfernung angegriffener Inhalte.[1344] Die Reaktion auf *take-down*-Anfragen eines Nutzers kann zeitintensiv ausfallen, laufende Vorgänge unterbrechen, Kosten verursachen und die Prüfung länderspezifischer Anforderungen verlangen.[1345] Die Praxis der Suchmaschinenbetreiber könnte zu einer Aussperrung von Informationen aus den Ergebnislisten *„auf Zuruf"* führen,[1346] d.h. der Druck, zeitnah über komplexe Sachverhalte entscheiden zu müssen, könnte unter Kostenaspekten zu *Delisting*-Entscheidungen verleiten, die nicht erforderlich sind.[1347] Auch der EuGH befürchtete in der Vergangenheit, dass ein (automatisiertes) privates System zur Erfassung

1344 *Kulk/Borgesius*, EJRR 2014, 389 (394 f.); allgemein *Ambrose*, Speaking of Forgetting: Analysis of Possible Non-EU Responses to the Right to Be Forgotten and Speech Exception, Seite 27. Gleichzeitig können *Notice-and-take-down*-Verpflichtungen mit erheblichen Transparenz-Defiziten über den Entscheidungsfindungsprozess einhergehen, *Kulk/Borgesius*, EJRR 2014, 389 (395).
Erschwerend kommt hinzu, dass Suchmaschinenbetreiber innerhalb der Union in 28 verschiedenen Mitgliedsstaaten operieren und daher mit Rechtsordnungen konfrontiert sein können, in denen unterschiedliche Vorstellung darüber vorherrschen, wie ein Gleichgewicht widerstreitender Rechte – insbesondere zwischen Persönlichkeitsschutz und Kommunikationsfreiheiten – herzustellen ist. Die Verbindung eines Rechts auf Vergessenwerden mit einem *notice-and-take-down*-System für Datenverarbeiter erachtet *Ambrose* aufgrund dieser potentiellen Divergenz verschiedener Rechtsordnungen als nicht empfehlenswert, Speaking of Forgetting: Analysis of Possible Non-EU Responses to the Right to Be Forgotten and Speech Exception, Seite 26: *„A take-down system between data controllers and data subject seeking to be forgotten is not advisable, particularly in such an uncertain legal landscape with variation in the balance between privacy and speech amongst member states. Instead when information is made public, a court order should be required for right to erasure removal requests."*

1345 *Ambrose*, Speaking of Forgetting: Analysis of Possible Non-EU Responses to the Right to Be Forgotten and Speech Exception, Seite 27.

1346 *Diesterhöft*, VBlBW 2014, 370 (375) unter Bezugnahme auf die Berichterstattung von *Freidel*, FAZ.net vom 3. Juli 2014, *„Recht auf Vergessenwerden – Welche Auswirkungen Googles Löschpraxis hat"* und FAZ.net vom 4. Juli 2014, *„Recht auf Vergessenwerden – Google rudert bei gelöschten Links zurück"*; diese Berichterstattung setzt sich vor allem mit dem bereits eingeführten Fall des britischen Investmentbankers auseinander, siehe hierzu erneut *Peston*, BBC News, 2. Juli 2014, *„Why has Google cast me into oblivion?"*; *D. III. 4. B) AA) BBB) Chilling-Effect zulasten der Kommunikationsfreiheiten.*

1347 *Hornung/Müller-Terpitz*, Rechtshandbuch Social Media, Seite 184: *„Die zunächst euphorisch begrüßte Entscheidung erweist sich bei näherer Betrachtung als problematisch: Möglicherweise stärkt sie über Gebühr das Privatheitsinteresse der Betroffenen und schädigt damit zugleich den für eine offene Gesellschaft essentiellen „free* und Sperrung unzulässiger Kommunikationsinhalte keine sichere Abgrenzung unzulässiger von zulässiger Kommunikation gewährleisten und letztere daher unterbinden könnte.[1348]

Dass die Entscheidung über *Delisting*-Eingaben auf Private ausgelagert wird, wurde auch von Journalisten angegriffen. Aus den Reihen des *Guardian* beklagte sich *James Ball* darüber, dass die britische Tageszeitung von *Google* über das *Delisting* von sechs Artikeln informiert wurde, welche aber teilweise im Licht der Öffentlichkeit stehende Personen – etwa einen ehemaligen Premier League Schiedsrichter – zum Gegenstand hatten.[1349] Die *BBC* kündigte nach dem bereits angeführten Zwischenfall[1350] sogar an, ihrerseits eine kontinuierlich aktualisierte Liste mit ausgeblendeten Artikeln zu veröffentlichen;[1351] der Um-

flow of information". Als weltweit operierende Anbieter werden Suchmaschinenbetreiber die skizzierten Abwägungsentscheidungen zwischen den privaten und öffentlichen Interessen möglicherweise nicht mit der gebotenen Sorgfalt vornehmen können bzw. wollen. Hieraus könnte die Gefahr erwachsen, dass beanstandete Links ohne nähere oder nach nur oberflächlicher Prüfung gelöscht werden, insbesondere wenn es darum geht, Prozessrisiken zu minimieren („Im Zweifel für die Löschung")." Bereits allgemein zu Art. 17 DS-GVO-E *Shoor*, Brook. J. Int'l L., Vol. 39:1, 2014, 487 (505); vgl. auch *Ambrose*, Speaking of Forgetting: Analysis of Possible Non-EU Responses to the Right to Be Forgotten and Speech Exception, Seite 27.

1348 EuGH, Urteil vom 24. November 2011 – C-70/10 (*Scarlet Extended*), Rn. 52.

1349 *Ball*, Guardian, 2. Juli 2014, „*EU's right to be forgotten: Guardian articles have been hidden by Google*"; *Antani*, The Resistance of Memory: Could the European Union's Right to be Forgotten Exist in the United States?, Seite 11.

1350 *Peston*, BBC News, 2. Juli 2014, „*Why has Google cast me into oblivion?*"; *D. III. 4. B) AA) BBB) Chilling-Effect zulasten der Kommunikationsfreiheiten.*

1351 *Lee*, BBC, 17. Oktober 2014, „*BBC to publish 'right to be forgotten' removals list*"; *Antani*, The Resistance of Memory: Could the European Union's Right to be Forgotten Exist in the United States?, Seite 12 f.
Die BBC-Liste kann unter http://www.bbc.co.uk/blogs/internet/entries/1d765aa8-600b-4f32-b110-d02fbf7fd379 eingesehen werden (zuletzt abgerufen am 12. September 2017). Auch Zeit Online führt eine öffentliche Liste der vom *Delisting*-Verfahren betroffenen Artikel, die unter https://docs.google.com/spreadsheets/d/10aJyj3rUgIY605z_AUp9mvF8CmnsYuBEZPAv 7DbHoFM/edit#gid=1130789531 abgerufen werden kann. Gegenwärtig wurden danach 82 Artikel von Zeit Online zum Gegenstand einer *Delisting*-Vornahme (zuletzt abgerufen am 12. September 2017).

fang dieser (zuletzt im Mai 2015 aktualisierten) Auflistung hielt sich jedoch in überschaubarem Rahmen.[1352]

Es können wenig Zweifel daran aufkommen, dass bei einem privaten Unternehmen geringer Enthusiasmus aufkommen dürfte, wenn es als Reaktion auf einen vagen Urteilsspruch ein auf eigene Kosten betriebenes *Delisting*-System errichten und unterhalten muss. Es wäre aber vorschnell, Privaten allein auf Basis anfallender Kosten jegliche Eignung zur Erfüllung der immensen Aufgabe abzusprechen, vor die sie das *Google-Urteil* gestellt hat.

Zunächst muss berücksichtigt werden, dass das *Google-Urteil* und sämtliche *Delisting*-Eingaben in ihrem Ausgangspunkt auf Privatrechtsverhältnisse – Betroffene gegen Suchmaschinenbetreiber – heruntergebrochen werden können. Wo die Unterlassung eines bestimmten Verhaltens begehrt wird, wird zunächst regelmäßig der Aufgeforderte eine eigene Bewertung des angegriffenen Verhaltens vornehmen und danach über das Begehren entscheiden; eine gerichtliche Rechtsdurchsetzung greift erst subsidiär ein.[1353] Die Verlagerung der Entscheidungsfindung in das Privatrechtsverhältnis kann erst recht kaum überraschen, wenn eine Rechtsnorm wie Art. 12 DSRL es einem Betroffenen ausdrücklich ermöglichen will, ein Unterlassungsbegehren an den Verantwortlichen zu richten.[1354] Es entbehrt daher nicht eines gewissen Widerspruchs, wenn man insbesondere von *Google* rechts-

1352 http://www.bbc.co.uk/blogs/internet/entries/1d765aa8-600b-4f32-b110-d02fb-f7fd379.

1353 *Luch/Schulz/Kuhlmann*, EuR 2014, 698 (710). Vgl. ferner *Leutheusser-Schnarrenberger* im Abschlussbericht des Sachverständigenrats, *The Advisory Council to Google on the Right to be Forgotten*, Seite 25: „*The search engine is the responsible body to decide on the removal request. This is a typical relationship between a private user on the one hand, who requests the removal and a private company on the other hand, which is entitled to decide whether it grants or denies the request. This right to decide cannot be taken away from the company.*"

1354 Angesprochen auf die Verlagerung der Rechtsdurchsetzung auf Private so auch *Leutheusser-Schnarrenberger*, in: *DIVSI*, Das Recht auf Vergessenwerden, Seite 20: „*Das ist ein Argument, das immer wieder vorgebracht wird, und es hat auch eine gewisse Berechtigung. Aber ohne eine gesetzliche Regelung kann man da gar nichts machen. Letztendlich ist es eine Auseinandersetzung zwischen einem Bürger und einem Unternehmen. Das Unternehmen ist berechtigt und verpflichtet, dem Anspruch zu entsprechen oder nicht.*"

konformes Verhalten einfordert, um das Unternehmen anschließend genau dafür zu kritisieren:

> *„Außerdem gilt: Man kann nicht gleichzeitig Google datenschutzrechtlich in die Pflicht nehmen und sich dann beschweren, wenn das Unternehmen dieser Verpflichtung nachkommt.“*[1355]

Auch zeigen Beispiele aus der *Delisting*-Praxis von *Google*, dass sich die Befürchtungen vor den Suchmaschinenbetreibern als oberste Zensurbehörden (noch) nicht realisiert haben. *Google* etablierte 2014 in unmittelbarem Anschluss an das *Google-Urteil* ein System zur Bearbeitung von *Delisting*-Eingaben, was bereits dafür sprechen könnte, dass zumindest dieses Unternehmen zur Bewältigung der ihm aufgeladenen Bürde willens und fähig ist.[1356] Die italienische Datenschutzbehörde, welche sich als eine der ersten Behörden in Europa mit der Umsetzung des *Google-Urteils* zu befassen hatte, hielt in 7 von 9 Fällen die von *Google* getroffenen Entscheidungen zur weiteren Auflistung in den Ergebnislisten aufrecht.[1357] Auch die im Transparenzbericht von *Google* ausgewiesene *Delisting*-Quote von ca. 43,2 % (Stand: 12. September 2017) spricht nicht dafür, dass in der *Delisting*-Praxis des Konzerns jedem *Delisting*-Ersuchen ungeprüft Folge geleistet wird.[1358] Die in den Sachverständigenrat von *Google* berufene ehemalige Bundesjustizministerin *Leutheusser-Schnarrenberger* verweist zu Recht auf die sich anhand dieser Zahlen aufdrängende Schlussfolgerung:

> *„Die Befürchtung am Anfang war, dass Google einfach alles löschen würde, um sich nicht im Einzelnen damit befassen zu müssen. Das hat sich nicht bewahrheitet: Die Löschquote bei den Anfragen liegt bei 40 Prozent. 60 Pro-*

1355 *Fiedler*, in: *DIVSI*, Das Recht auf Vergessenwerden, Seite 86.

1356 *Antani*, The Resistance of Memory: Could the European Union's Right to be Forgotten Exist in the United States?, Seite 40. Auch in anderen Bereichen – z.B. bei der Bekämpfung von „*Hate Speech*“ auf YouTube – konnte der Konzern Fortschritte verzeichnen, was Zweifel an seiner fehlenden Eignung als Philosophenkönig aufwirft, *Antani*, a.a.O., Seite 41.

1357 *Antani*, The Resistance of Memory: Could the European Union's Right to be Forgotten Exist in the United States?, Seite 7, Fn. 23.

1358 Vgl. erneut https://transparencyreport.google.com/eu-privacy/overview (zuletzt abgerufen am 12. September 2017); *D. III. 4. B) AA) BBB) Chilling-Effect zulasten der Kommunikationsfreiheiten.*

> *zent aller angefragten Suchen werden also nicht gelöscht. Daran sieht man, dass sehr deutlich abgewogen wird.*“[1359]

Womöglich können gerade Private (in der Größenordnung von *Google*) mehr leisten, als es den Datenschutzbehörden selbst möglich wäre. Die Einflussnahmemöglichkeiten der Letztgenannten werden zwar durch die zunächst bei Privaten erfolgende Entscheidungsfindung nicht verdrängt,[1360] so dass in der *Delisting*-Praxis der Suchmaschinenbetreiber verbleibende Ungerechtigkeiten über die nationalen Behörden als Korrektiv in gewissem Umfang abgefangen werden können.[1361] Jedoch ist anzuzweifeln, ob diese Behörden imstande wären, ohne Unterstützung der Suchmaschinenbetreiber die Masse der infolge des *Google-Urteils* losgetretenen *Delisting*-Eingaben zu bewältigen.

Kuner verwundert in diesem Zusammenhang, dass das Recht auf Vergessenwerden große mediale Aufmerksamkeit erfuhr, während andere drängende Datenschutzproblem – insbesondere der Mangel vieler Datenschutzbehörden in Europa an finanziellen und personellen Reserven zur Gewährleistung ihrer Aufgabenerfüllung – in Vergessenheit gerieten.[1362] Zur Verdeutlichung: Bis zum 18. Juli 2014 gingen bei *Google* 91.000 *Delisting*-Eingaben ein; würden auf jede Eingabe nur 10 Minuten Zeit aufgewendet, wären einhundert Personen bei der Zugrundelegung achtstündiger Arbeitstage 190 Tage mit der Prüfung der Anträge beschäftigt.[1363] Stehen unzureichende personelle und finanzielle Ressourcen zur Verfügung, wird diese Masse an *Delisting*-Eingaben nationale Datenschutzbehörden überlasten.[1364] Auch wenn Suchmaschinenbetreiber die *Delisting*-Eingaben der Betroffenen grundsätz-

---

1359 *Leutheusser-Schnarrenberger*, in: *DIVSI*, Das Recht auf Vergessenwerden, Seite 19.

1360 EuGH, Urteil vom 13. Mai 2014 – C-131/12 (*Google Spain und Google*), Rn. 77; vgl. bereits *E. I. 1. Anlaufstelle des Betroffenen.*

1361 *Antani*, The Resistance of Memory: Could the European Union's Right to be Forgotten Exist in the United States?, Seite 41: „*Furthermore, per the ECJ ruling, data protection agencies in member states serve as the proper legal institutions to calibrate decisions made by these private entities. This suggests that with any right to be forgotten rule in the U.S., courts would play at least some role, which may assuage certain fears about extra-judicial conflict resolution.*“

1362 *Kuner*, LSE Working Papers 3/2015, Seite 21, Fn. 72.

1363 *Kuner*, LSE Working Papers 3/2015, Seite 19.

1364 Will man den nationalen Datenschutzbehörden bei der Entscheidungsfindung nur subsidiäre Verantwortung zuweisen und stattdessen die Zivilgerichtsbarkeit lich ignorieren und diese an die Datenschutzbehörden verweisen würden, ginge damit keine Verbesserung einher:

> *„Zwar wäre damit gewährleistet, dass die Entscheidung über den Ausgleich von Äußerungs- und Persönlichkeitsschutzinteressen nicht bei einem privaten Konzern läge. Die Datenschutzbehörden würden dabei jedoch nicht nur mit einer kaum mehr zu bewältigenden Zahl von Verfahren behelligt, sondern würden zu einer allgemeinen Kommunikationsregulierungsbehörde über privatrechtliche Auseinandersetzungen.“*[1365]

Wer privaten Suchmaschinenbetreibern grundsätzlich die Befähigung abspricht, die durch das *Google-Urteil* aufgeworfene Aufgabe bewältigen zu können, muss sich die Anschlussfrage gefallen lassen, ob die mit unzureichenden personellen wie finanziellen Ressourcen ausgestatteten Datenschutzbehörden der gewaltigen Aufgabe besser gerecht werden können.[1366] Gleichwohl kann eine Überforderung auch bei privaten Betreibern eintreten: Wo der Branchenprimus *Google* über 750.000 URL-Beanstandungen innerhalb von weniger als einem Jahr bearbeiten konnte, muss dies Betreibern kleinerer Suchmaschinen nicht ohne Weiteres möglich sein.[1367]

---

stärker einbinden – so bspw. *Luch/Schulz/Kuhlmann*, EuR 2014, 698 (710) –, so ist eine Verlagerung der Überforderung auf die Ebene der Gerichte zu befürchten.

1365 *Masing*, Vorläufige Einschätzung der „Google-Entscheidung“ des EuGH vom 14. August 2014.

1366 So hielten bei der Befragung durch den Sachverständigenrat einige der hinzugezogenen Experten die Datenschutzbehörden für ungeeignet, den durch *Delisting*-Entscheidungen betroffenen Autoren zu einer Gleichberechtigung ihrer Kommunikationsfreiheit zu verhelfen, *The Advisory Council to Google on the Right to be Forgotten*, Seite 34: „*Several experts commented that DPAs alone may lack the expertise, formal role, or orientation to grant equivalent rights or remedies to publishers whose Article 10 rights to freedom of expression may have been compromised by a decision reached by a search engine.*“ Darüber hinaus existieren Stimmen, welche die private Entscheidungsfindung über die Auflistung in Ergebnislisten für das gegenüber einer staatlichen Enflussnahme kleinere Übel halten, vgl. *Fiedler*, in *DIVSI*, Das Recht auf Vergessenwerden, Seite 86: „*Ich verstehe die Vorbehalte dagegen, einem amerikanischen Unternehmen die Macht einzuräumen, über die Sperrung von Links selbst zu entscheiden. Aber das ist immer noch besser als eine staatliche Stelle. Da bestünde die Gefahr einer zentralen Kommunikationskontrolle.*“

1367 *Antani*, The Resistance of Memory: Could the European Union's Right to be Forgotten Exist in the United States?, Seite 42: „*In addition, it is important to consider that the burden of handling right to be forgotten requests might favor lar-*

Festzuhalten ist, dass sich bei allen womöglich drohenden Gefahren des gegenwärtigen *Delisting*-Systems, wie etwa der zuvor angesprochenen Überlastung kleiner Suchmaschinenbetreiber, die bisherige Kritik mehr daran stört, dass Private überhaupt handeln, nicht aber daran, wie dieses System sich bewährt.[1368] Allen Unkenrufen zum Trotz hat das *notice-and-take-down*-Regime den privaten Betreiber *Google* nicht dazu verleitet, jeglichen *Delisting*-Eingaben pauschal zu folgen und es hat den Konzern nicht zu einer privaten Zensurstelle transformiert.[1369] Private Suchmaschinenbetreiber pauschal als zur Entscheidungsfindung ungeeignet zu verdammen, hilft bei der Erfüllung der durch das *Google-Urteil* aufgeworfenen Aufgabe nicht weiter. Das pauschale Misstrauen wird außerdem der Tatsache nicht gerecht, dass sich diese Privaten über Nacht damit konfrontiert sahen, bei der Bewältigung einer der größten Herausforderungen des 21. Jahrhunderts – der Auflösung der Kollision zwischen Persönlichkeits- und Informationsinteressen im Internet[1370] – mitwirken zu müssen. Die Beteiligung einer jeden staatlichen oder privaten Einrichtung an einer Weichenstellung dieser Größenordnung sollte Beobachter grundsätzlich vorsichtig werden lassen.

3. Richtlinien für die Auflösung des Interessenkonfliktes

Der EuGH hat die Suchmaschinenbetreiber weitgehend mit der Frage allein gelassen, wie die Konflikte zwischen Persönlichkeits- und Infor-

ger internet entities like Google over smaller companies, stifling competition and subduing the entrepreneurial spirit of the internet. While Google arguably has the resources to handle the burden of reviewing right to be forgotten claims, smaller internet services are likely not as experienced and as well-equipped to sort out individual issues."

1368 Symptomatisch für das Misstrauen gegenüber privatem Handeln ist die von *Antani* aufgeworfene Frage, The Resistance of Memory: Could the European Union's Right to be Forgotten Exist in the United States?, Seite 40: „*Since Google is not a legal institution, is it right to allow the company to make pivotal decisions about privacy, an issue of deep concern to many?*"

1369 Bereits im unmittelbaren Anschluss an das Urteil zweifelnd gegenüber der dystopischen Befürchtung einer privaten Zensurstelle *Posner*, „*We All Have the Right to Be Forgotten*", 14. Mai 2014.

1370 *Buchholtz*, AöR 2015, 121 (123).

mationsinteressen aufzulösen sind.[1371] Das Treffen von Einzelfallentscheidungen über im Netz befindliche Informationen ist nur unter Schwierigkeiten möglich.[1372] Der folgende Abschnitt soll daher einen Überblick über die Anregungen zweier Einrichtungen – den Bericht des von Google einberufenen Sachverständigenrats[1373] und die Richtlinien der Artikel-29-Datenschutzgruppe[1374] – geben, welche sich an die Konkretisierung der unbestimmten Ausführungen des *Google-Urteils* wagten.

A) Sachverständigenrat

Allein gelassen mit der Aufgabe Persönlichkeits- und Informationsinteressen auszubalancieren, ersuchte *Google* mehrere Sachverständige – darunter die ehemalige Bundesjustizministerin *Leutheusser-Schnarrenberger*, den Wikipedia Gründer *Jimmy Wales* und den ehemaligen *Google*-CEO *Eric Schmidt* – um Rat. In dem vom Sachverständigenrat erstellten und im Januar 2015 vorgestellten Bericht[1375] werden reine Empfehlungen an *Google* ausgesprochen.[1376]

AA) 4-Kategorien-System

Der Sachverständigenrat betrachtet das *Google-Urteil* nicht als Freibrief für die Zensur von Informationen über vergangenes Gesche-

1371 *D. III. 7. C) Unbestimmte Vorgaben des EuGH*; *Antani*, The Resistance of Memory: Could the European Union's Right to be Forgotten Exist in the United States?, Seite 8; *Dobusch*, Netzpolitik.org, 14. Mai 2014, *„Kommentar zum EuGH-Urteil: Zuviel des Guten – Privatisierte Rechtsdurchsetzung auf dem Vormarsch"*; kritisch auch *DIVSI*, Das Recht auf Vergessenwerden, Seite 10.

1372 *Luch/Schulz/Kuhlmann*, EuR 2014, 698 (709).

1373 *The Advisory Council to Google on the Right to be Forgotten.*

1374 Guidelines on the implementation of the Court of Justice of the European Union judgment on "Google Spain and Inc v. Agencia Española de Protección de Datos (AEPD) and Mario Costeja González" C–131/12.

1375 Dazu standen dem Sachverständigenrat ausschließlich öffentlich zugängliche Informationen zur Verfügung, da *Google* keine Details über spezifische *Delisting*-Gesuche oder die in der bisherigen Entscheidungspraxis herangezogenen Kriterien offenlegte, *The Advisory Council to Google on the Right to be Forgotten*, Seite 2.

1376 *Freialdenhoven/Heinzke*, GRURPrax 2015, 119 (120).

hen.[1377] Die Entscheidung über das *Delisting* soll auf Basis von vier Hauptkriterien getroffen werden:
- die Rolle einer Person im öffentlichen Leben,
- die Art der Information,
- die Quelle der Information sowie
- die vergangene Zeit.

Weder ist ein Kriterium alleinentscheidend, noch besteht untereinander eine strikte Hierarchie.[1378]

AAA) Rolle im öffentlichen Leben

Die öffentliche Rolle einer Person kann in drei Unterkategorien aufgeteilt werden:
- klar öffentlich,
- keine erkennbare öffentliche Rolle sowie
- begrenzt öffentliche Bedeutung.[1379]

Klare öffentliche Bedeutung soll z.B. Politikern, CEOs, Prominenten und religiösen Führern zukommen, wodurch ein i.d.R. überwiegendes Informationsinteresse der Öffentlichkeit anzunehmen sein wird.[1380] Im Gegensatz dazu sollen die Persönlichkeitsrechte eines Betroffenen dort eher überwiegen, wo keine ihm zukommende öffentliche Bedeutung ersichtlich ist.[1381] Schwerer fällt die Entscheidungsfindung dort, wo Personen nur in bestimmten Kreisen öffentlich bekannt sind, etwa im Falle von Schuldirektoren oder öffentlichen Bediensteten. Eine derart begrenzte öffentliche Bedeutung spreche isoliert weder für noch gegen eine *Delisting*-Entscheidung, so dass der Inhalt der angegriffenen Information zur Bewertung heranzuziehen sei.[1382]

1377 *The Advisory Council to Google on the Right to be Forgotten*, Seite 6.
1378 *The Advisory Council to Google on the Right to be Forgotten*, Seite 7.
1379 *The Advisory Council to Google on the Right to be Forgotten*, Seite 7 f.
1380 *The Advisory Council to Google on the Right to be Forgotten*, Seite 7 f.
1381 *The Advisory Council to Google on the Right to be Forgotten*, Seite 8.
1382 *The Advisory Council to Google on the Right to be Forgotten*, Seite 8.

BBB) Art der Information

Es kann weiterhin zwischen solchen Informationen unterschieden werden, die für ein starkes Interesse des Betroffenen sprechen, und solchen, die auf ein höheres Gewicht des öffentlichen Informationsinteresses hindeuten. In die erste Subkategorie fallen grundsätzlich Informationen aus dem Intimleben eines Menschen, über seine Finanzen, persönliche Kontaktdaten, nach EU-Recht als sensibel anzusehende Informationen (z.B. Art. 8 Abs. 1 DSRL), über Kinder des Betroffenen sowie Informationen, die falsch sind oder den Betroffenen einem Risiko wie z.B. Stalking aussetzen.[1383] Liegt eine Information als Bild- oder Videodatei vor, erhöht dies das Gewicht der auf Seiten des Betroffenen zu berücksichtigenden Interessen.[1384] Wenngleich die aufgezählten Informationsarten grundsätzlich zugunsten der *Delisting*-Vornahme sprechen, können Ausnahmen bestehen, etwa wenn eine Information das Intimleben eines Prominenten enthüllt.[1385]

Für ein starkes Informationsinteresse der Öffentlichkeit sprechen dagegen Informationen, die für politische, philosophische oder religiöse Diskurse sowie Debatten von generellem Interesse relevant sein können, die die öffentliche Gesundheit oder den Verbraucherschutz betreffen, die wahr und richtig sind, die historische Bedeutung aufweisen oder wesentlich für Wissenschaft und Kunst sind.[1386] Wo Vorschriften zum Umgang mit Informationen über die kriminelle Vergangenheit einer Person existieren, sollen diese als Orientierungshilfe für die *Delisting*-Entscheidung dienen; andernfalls soll der Kontext der Information (Schwere der Tat; Rolle des Betroffenen; öffentliches Interesse; Verstoß gegen das humanitäre Völkerrecht) berücksichtigt werden.[1387]

1383 *The Advisory Council to Google on the Right to be Forgotten*, Seite 9 f.
1384 *The Advisory Council to Google on the Right to be Forgotten*, Seite 10.
1385 *The Advisory Council to Google on the Right to be Forgotten*, Seite 9 f.
1386 *The Advisory Council to Google on the Right to be Forgotten*, Seite 10 ff.
1387 *The Advisory Council to Google on the Right to be Forgotten*, Seite 11 f.

CCC) Quelle einer Information / Zeitfaktor

Ebenfalls zu berücksichtigen ist die Quelle einer von Suchmaschinenbetreibern aufgegriffenen Information. Stammt diese aus Regierungsveröffentlichungen, von Autoren oder Bloggern, wurden bei der Veröffentlichung journalistische Standards gewahrt oder stimmte der Betroffene der Veröffentlichung zu, so soll ein größeres Informationsinteresse anzunehmen sein.[1388]

Die Relevanz einer Information kann im Laufe der Zeit abnehmen.[1389] Besonderes Gewicht kommt dem Zeit-Kriterium bei der Bewertung einer kriminellen Vergangenheit zu: Eine vor vielen Jahren begangene Tat geringer Schwere wirkt sich begünstigend auf eine *Delisting*-Entscheidung aus.[1390]

BB) Weitere prozessuale Aspekte

Abseits der vier Entscheidungskriterien tätigte der Sachverständigenrat weitere Einlassungen zu den prozessualen Abläufen beim *Delisting* von Informationen;[1391] hierbei sind die Einlassungen zur territorialen

1388 *The Advisory Council to Google on the Right to be Forgotten*, Seite 13.

1389 *The Advisory Council to Google on the Right to be Forgotten*, Seite 14.

1390 *The Advisory Council to Google on the Right to be Forgotten*, Seite 14.

1391 *The Advisory Council to Google on the Right to be Forgotten*, Seite 15 ff. Eine ausführliche Behandlung aller vom Sachverständigenrat angesprochenen Aspekte würde den Rahmen dieser Bearbeitung sprengen. Zusammenfassend ist darauf hinzuweisen, dass der Sachverständigenrat sich zum Umfang der von dem Betroffenen bereitzustellenden Informationen äußert (Seite 15 f.), eine Benachrichtigung des Quellwebseitenbetreibers über die Vornahme des *Delistings* empfiehlt (Seite 17) und es für geboten erachtet, dass Veröffentlichenden – ähnlich wie Betroffenen – die Möglichkeit offensteht, Entscheidung der Suchmaschinenbetreiber vor den Datenschutzbehörden anzugreifen (Seite 18). Um künftig für mehr Transparenz im *Delisting*-Ablauf zu sorgen, wird *Google* des Weiteren empfohlen, die eigenen *Delisting*-Richtlinien sowie anonyme Statistiken zu veröffentlichen (Seite 21).
In Ergänzung zum Bericht des Sachverständigenrates lehnte der Sachverständige *Jimmy Wales* die vom *Google-Urteil* geschaffene Rechtslage, in der ein Privater zum Richter über mehrere fundamentale Rechte werde, ohne dass Herausgebern Berufungsmöglichkeiten zustünden, „restlos“ ab, *The Advisory Council to Google on the Right to be Forgotten*, Seite 27.

Reichweite der *Delisting*-Pflicht von besonderem Interesse, da der EuGH diesen Bereich nicht näher präzisierte.[1392]

Google entschied sich zunächst dazu, das *Delisting* von Informationen auf die europäischen Ableger seiner Suchmaschinen zu beschränken; da nach den Angaben des Konzerns über 95 % der europäischen Suchanfragen von europäischen *Google*-Ablegern gestartet wurden, erachtete der Sachverständigenrat diese regionale *Delisting*-Begrenzung als ausreichend.[1393] Anders ausgedrückt: Es soll für die Erfüllung der Pflicht aus Art. 12 lit. b), 14 lit. a) i.V.m. Art. 6 lit. c) – e), 7 lit. f) DS-RL genügen, wenn Informationen bei Anfragen auf europäischen Suchmaschinen (.de, .fr, .es etc.) ausgeblendet werden, über das US-amerikanische *google.com* aber weiter auffindbar bleiben. Ein weltweit auf alle Suchmaschinenableger angewandtes *Delisting*-Verfahren könnte zwar einen nahezu absoluten Schutz gewährleisten, würde aber zugleich zu Konflikten mit den gegenläufigen Interessen von Menschen aus anderen Rechtsordnungen führen.[1394]

B) Artikel-29-Datenschutzgruppe

Die Grundlage für die Errichtung der Artikel-29-Datenschutzgruppe findet sich innerhalb der Datenschutzrichtlinie: Art. 29 Abs. 1 DS-RL sieht die Bildung einer unabhängigen Gruppe mit beratender Funktion vor,[1395] welche dem Schutz von Personen bei der Verarbeitung personenbezogener Daten dient. Zur Artikel-29-Datenschutzgruppe gehören Vertreter der nationalen Datenschutzbehörden, die

1392 *E. I. 3. Territoriale Reichweite: Regionales oder globales Delisting?*

1393 *The Advisory Council to Google on the Right to be Forgotten*, Seite 19.

1394 *The Advisory Council to Google on the Right to be Forgotten*, Seite 19; zu den drohenden Konflikten vgl. auch *E. I. 3. Territoriale Reichweite: Regionales oder globales Delisting?* Der Idee, Europäern auf technischem Weg den Zugang zu ausgeblendeten Suchergebnissen – d.h. den Weg über *google.com* – zu versperren, steht der Sachverständigenrat ablehnend gegenüber, da dadurch ein Präzedenzfall geschaffen und Anreize für repressive Regime gesetzt würden, *The Advisory Council to Google on the Right to be Forgotten*, Seite 20. Dagegen sprach sich die Sachverständige *Leutheusser-Schnarrenberger* in einer abweichenden Meinung für die weltweite *Delisting*-Anwendung aus, *The Advisory Council to Google on the Right to be Forgotten*, Seite 26 f.

1395 *Mayen*, NVwZ 1997, 446 (449).

Europäische Kommission sowie der Europäische Datenschutzbeauftragte.[1396]

AA) 13-Kriterien-Liste

Auch in den Richtlinien der Artikel-29-Datenschutzgruppe wird vorab klargestellt, dass der angebotene Leitfaden flexibel zu handhaben ist und keinem der 13 Kriterien alleinentscheidende Bedeutung zukommt.[1397] Berücksichtigt werden sollen:

- betrifft ein Suchergebnis eine natürliche Person (unter ihrem echten Namen)?
- die Rolle einer Person im öffentlichen Leben;
- betrifft das Suchergebnis einen Vorfall im Zeitraum der Minderjährigkeit?
- die Genauigkeit der Information;
- die Relevanz einer Information;
- die Sensibilität;
- ob Informationen auf der Höhe der Zeit sind;
- die negativen Auswirkungen auf den Betroffenen;
- Gefahren für den Betroffenen;
- der Kontext einer Veröffentlichung;
- ob eine Veröffentlichung ursprünglich journalistischen Zwecken diente;
- ob der Veröffentlichende die Information aufgrund einer ihm obliegenden rechtlichen Pflicht öffentlich gemacht hat;
- der Bezug einer Information zu einer Straftat.[1398]

Regelmäßig wird zum Treffen einer *Delisting*-Entscheidung mehr als ein Kriterium vorliegen müssen.[1399]

1396 https://edps.europa.eu/data-protection/our-work/edps-worldwide_en#WP29 (zuletzt abgerufen am 5. September 2017).

1397 Guidelines on the implementation of the Court of Justice of the European Union judgment on "Google Spain and Inc v. Agencia Española de Protección de Datos (AEPD) and Mario Costeja González" C-131/12, Seite 5.

1398 Guidelines on the implementation of the Court of Justice of the European Union judgment on "Google Spain and Inc v. Agencia Española de Protección de Datos (AEPD) and Mario Costeja González" C-131/12, Seite 13 ff.

1399 Guidelines on the implementation of the Court of Justice of the European Union judgment on "Google Spain and Inc v. Agencia Española de Protección de Datos

AAA) Rolle im öffentlichen Leben

Wo es um den Zugang zu Informationen über eine Person des öffentlichen Lebens geht, bestehen Parallelen zwischen den Richtlinien der Artikel-29-Datenschutzgruppe und dem Bericht des Sachverständigenrats. Nach einer (groben) Entscheidungshilfe sollen Menschen, die aufgrund ihrer Profession den Medien ausgesetzt sind, als Personen des öffentlichen Lebens anzusehen sein. Dies betrifft i.d.R. Politiker, Menschen mit höheren Rollen im öffentlichen Dienst oder bekannte Geschäftsleute.[1400] Bei Personen des öffentlichen Lebens soll grundsätzlich ein Interesse der Öffentlichkeit am Zugang zu Informationen bestehen, die mit der öffentlichen Position und dem öffentlichen Verhalten im Zusammenhang stehen.[1401] Selbst in der Öffentlichkeit exponierte Personen sollen jedoch nicht vollständig schutzlos gestellt sein: Bei Informationen über ihre Gesundheit oder ihre Familienmitglieder lässt sich ein Interesse an der Auflistung in Ergebnislisten i.d.R. nur schwer begründen.[1402]

BBB) Minderjährigkeit / Genauigkeit / Sensibilität / Folgen und Gefahren

Ein *Delisting* von Informationen ist eher in Betracht zu ziehen, wenn der Betroffene zum Zeitpunkt der Veröffentlichung minderjährig war; gleiches gilt für Ungenauigkeiten oder verzerrende Darstellungen.[1403] Sensible Informationen i.S.d. Art. 8 DSRL können grundsätzlich mit

(AEPD) and Mario Costeja González" C–131/12, Seite 12. Die Arbeit der Artikel-29-Datenschutzgruppe basiert auf der Auswertung abgelehnter *Delisting*-Gesuche, bei denen sich die Betroffenen im Anschluss an die Ablehnung an die Datenschutzbehörden wandten.

1400 Guidelines on the implementation of the Court of Justice of the European Union judgment on "Google Spain and Inc v. Agencia Española de Protección de Datos (AEPD) and Mario Costeja González" C–131/12, Seite 13.

1401 Guidelines on the implementation of the Court of Justice of the European Union judgment on "Google Spain and Inc v. Agencia Española de Protección de Datos (AEPD) and Mario Costeja González" C–131/12, Seite 13.

1402 Guidelines on the implementation of the Court of Justice of the European Union judgment on "Google Spain and Inc v. Agencia Española de Protección de Datos (AEPD) and Mario Costeja González" C–131/12, Seite 14.

1403 Guidelines on the implementation of the Court of Justice of the European Union judgment on "Google Spain and Inc v. Agencia Española de Protección de Datos (AEPD) and Mario Costeja González" C–131/12, Seite 15.

einer größeren Beeinträchtigung für den Betroffenen einhergehen, so dass ihre Auflistung in den Ergebnislisten ebenfalls mit größerer Wahrscheinlichkeit zum *Delisting* führen soll.[1404]

Der EuGH setzt für einen Anspruch auf das Entfernen personenbezogener Daten aus Ergebnislisten keinen erlittenen Nachteil des Betroffenen voraus,[1405] doch spricht es aus Sicht der Artikel-29-Datenschutzgruppe stark zugunsten des *Delistings*, wenn der Betroffene infolge der Verfügbarkeit einer Information bereits Nachteile erlitten hat oder Gefahren ausgesetzt ist, wie z.B. der Bildung von Vorurteilen oder dem Risiko von Stalking und Identitätsdiebstahl.[1406]

CCC) Aktualität / Relevanz / Tatsachenbezug / Kontext

Auch die Aktualität einer Information soll in die Abwägungsentscheidung einfließen: Hat sich der Informationsinhalt mit der Zeit überholt und ist dadurch als fehlerhaft anzusehen, werden Datenschutzbehörden das *Delisting* einer Information vorantreiben.[1407] Ferner ist die Relevanz einer Information gemessen am Zugangsinteresse der Öffentlichkeit in die Abwägung einzustellen. Bspw. kann das Alter von Informationen gegen ihre Relevanz sprechen.[1408] Anders als Informationen über das Arbeitsleben sind Informationen über das Privatleben einer

1404 Guidelines on the implementation of the Court of Justice of the European Union judgment on "Google Spain and Inc v. Agencia Española de Protección de Datos (AEPD) and Mario Costeja González" C-131/12, Seite 17 f.

1405 *D. II. 2. B) BB) BBB) Ein Recht auf Löschung der in Suchergebnislisten enthaltenen personenbezogenen Daten*; EuGH, Urteil vom 13. Mai 2014 - C-131/12 (*Google Spain und Google*), Rn. 96, 99.

1406 Guidelines on the implementation of the Court of Justice of the European Union judgment on "Google Spain and Inc v. Agencia Española de Protección de Datos (AEPD) and Mario Costeja González" C-131/12, Seite 18.

1407 Guidelines on the implementation of the Court of Justice of the European Union judgment on "Google Spain and Inc v. Agencia Española de Protección de Datos (AEPD) and Mario Costeja González" C-131/12, Seite 18. Über das Kriterium der Relevanz wird i.E. der Erforderlichkeitsgrundsatz zur Abwägung herangezogen, da die Artikel-29-Datenschutzgruppe darauf abstellt, dass für die Abwägung i.R.d. Aktualitätskriteriums auf den Zweck der ursprünglichen Verarbeitung („*the purpose of the original processing*") abzustellen ist.

1408 Guidelines on the implementation of the Court of Justice of the European Union judgment on "Google Spain and Inc v. Agencia Española de Protección de Datos (AEPD) and Mario Costeja González" C-131/12, Seite 15 f.

nicht in der Öffentlichkeit stehenden Person grundsätzlich irrelevant und dem *Delisting* zu unterwerfen.[1409] Innerhalb der Relevanz ist zu beachten, ob die angegriffene Information erwiesene Tatsachen oder persönliche Meinungen wiedergibt; das *Delisting* wird eher bei Informationen in Betracht zu ziehen sein, die sich als Fakt präsentieren, tatsächlich aber falsch sind.[1410]

Der Kontext einer Veröffentlichung kann ebenfalls zur Entscheidung über das *Delisting* herangezogen werden. Stimmte der Betroffene der Veröffentlichung einer Information ursprünglich zu und wird die Information ungeachtet seines späteren Zustimmungswiderrufs vom Quellwebseitenbetreiber zugänglich gehalten, werden Datenschutzbehörden grundsätzlich zum *Delisting* neigen.[1411] Auch ein eventueller journalistischer Zweck der Ursprungsveröffentlichung muss in die Abwägung eingestellt werden, ist für sich allein genommen aber nicht ausreichend für die Ablehnung eines *Delisting*-Begehrens.[1412]

DDD) Rechtspflicht zur Veröffentlichung / Kriminelle Vergangenheit

Macht der Quellwebseitenbetreiber eine Information ursprünglich aufgrund einer ihm obliegenden Rechtspflicht bekannt, spricht dies gegen

1409 Guidelines on the implementation of the Court of Justice of the European Union judgment on "Google Spain and Inc v. Agencia Española de Protección de Datos (AEPD) and Mario Costeja González" C-131/12, Seite 16.

1410 Guidelines on the implementation of the Court of Justice of the European Union judgment on "Google Spain and Inc v. Agencia Española de Protección de Datos (AEPD) and Mario Costeja González" C-131/12, Seite 17.

1411 Guidelines on the implementation of the Court of Justice of the European Union judgment on "Google Spain and Inc v. Agencia Española de Protección de Datos (AEPD) and Mario Costeja González" C-131/12, Seite 19.

1412 Guidelines on the implementation of the Court of Justice of the European Union judgment on "Google Spain and Inc v. Agencia Española de Protección de Datos (AEPD) and Mario Costeja González" C-131/12, Seite 19. Grund dafür ist die vom EuGH vorgenommene getrennte Bewertung des Verarbeitungsvorgangs i.R.d. ursprünglichen Quellwebseitenveröffentlichung und der Datenverarbeitung des Suchmaschinenbetreibers. Vgl. hierzu bereits *D. II. 2. B) BB) AAA) Rechtmäßigkeit der Datenverarbeitung auf einer Quellwebseite irrelevant*; ferner *D. III. 4. B) BB) BBB) (B) Umgehung des Medienprivilegs.*

ein *Delisting*, solange ein Veröffentlichungsbedarf noch besteht.[1413] Schließlich ist auch der Bezug von Daten auf eine frühere Straftat des Betroffenen zu berücksichtigen: Betreffen Informationen lange zurückliegende Taten von geringer Schwere, werden Datenschutzbehörden eher dem *Delisting* zuneigen als bei kürzlich begangenen Straftaten.[1414]

BB) Weitere prozessuale Aspekte

Verglichen mit dem medialen Nachhall des *Google-Urteil* nimmt die Artikel-29-Datenschutzgruppe eine ernüchternde Haltung gegenüber der Entscheidung ein. Die praktischen Auswirkungen des *Delisting*-Verfahrens auf die Meinungsäußerungsfreiheit und den Informationszugang werden von der Gruppe als gering erachtet, da die Datenschutzbehörden bei einem überschreibenden Interesse der Öffentlichkeit ein *Delisting* unterbinden würden.[1415] Die Grundsätze des *Google-Urteils* werden von der Artikel-29-Datenschutzgruppe zwar grundsätzlich für auf andere Intermediäre übertragbar gehalten, dies gilt jedoch nicht für in Quellwebseiten integrierte Suchmaschinen, die lediglich das Durchsuchen dieser Quellwebseite ermöglichen. Letztere ermöglichen keinen Einblick in strukturierte Einsichten der über eine Person im Internet verfügbaren Informationen.[1416]

1413 Guidelines on the implementation of the Court of Justice of the European Union judgment on "Google Spain and Inc v. Agencia Española de Protección de Datos (AEPD) and Mario Costeja González" C-131/12, Seite 19. Da kein Kriterium alleinentscheidende Bedeutung genießt und somit stets eine Einzelfallentscheidung erforderlich wird, müssen hier insbesondere die Relevanz- und Aktualitätskriterien zur Ergänzung herangezogen werden.

1414 Guidelines on the implementation of the Court of Justice of the European Union judgment on "Google Spain and Inc v. Agencia Española de Protección de Datos (AEPD) and Mario Costeja González" C-131/12, Seite 20. Sofern in den einzelnen Mitgliedsstaaten Regelungen zum Umgang mit Informationen über die kriminelle Vergangenheit bestehen, werden die Datenschutzbehörden diesen bei ihrer Entscheidung Rechnung tragen.

1415 Guidelines on the implementation of the Court of Justice of the European Union judgment on "Google Spain and Inc v. Agencia Española de Protección de Datos (AEPD) and Mario Costeja González" C-131/12, Seite 2.

1416 Guidelines on the implementation of the Court of Justice of the European Union judgment on "Google Spain and Inc v. Agencia Española de Protección de Datos (AEPD) and Mario Costeja González" C-131/12, Seite 8.

Wird eine Information von *Google* für die personenbezogene Suchanfrage aus den Ergebnislisten ausgesperrt, wirkt sich dies nicht auf den Informationszugang über *Yahoo* oder *Bing* aus.[1417] Betreiber trifft zudem keine Überwachungspflicht für die in die Ergebnislisten aufgenommenen Informationen; reagieren müssen sie erst auf Zuruf, d.h. bei *Delisting*-Eingaben der Betroffenen.[1418] Um die Effektivität einer *Delisting*-Eingabe zu steigern, wird Betroffenen nahegelegt, diese gleichzeitig an mehr als einen Suchmaschinenbetreiber zu adressieren.[1419]

In zwei Bereichen gehen die Umsetzungsvorstellungen des Sachverständigenrates und der Artikel-29-Datenschutzgruppe deutlich auseinander. Dies betrifft zum einen die *Delisting*-Transparenz: Während der Sachverständigenrat die Mitteilung eines vollzogenen *Delistings* an den betroffenen Quellwebseitenbetreiber für geboten hielt,[1420] will die Artikel-29-Datenschutzgruppe von einer Benachrichtigung

1417 Die Artikel-29-Datenschutzgruppe beabsichtigt jedoch eine Abstimmung mit den drei genannten Suchmaschinenbetreibern zwecks der Erstellung gemeinsamer Richtlinien, *Kuner*, LSE Working Papers 3/2015, Seite 18. Insbesondere sollten die Betreiber in Zukunft die angewandten *Delisting*-Kriterien veröffentlichen und detailliertere (anonymisierte) Statistiken zur Verfügung stellen, Guidelines on the implementation of the Court of Justice of the European Union judgment on "Google Spain and Inc v. Agencia Española de Protección de Datos (AEPD) and Mario Costeja González" C–131/12, Seite 3, 10.

1418 Guidelines on the implementation of the Court of Justice of the European Union judgment on "Google Spain and Inc v. Agencia Española de Protección de Datos (AEPD) and Mario Costeja González" C–131/12, Seite 6.

1419 Guidelines on the implementation of the Court of Justice of the European Union judgment on "Google Spain and Inc v. Agencia Española de Protección de Datos (AEPD) and Mario Costeja González" C–131/12, Seite 7. Auf dieses Problem wurde auch das House of Lords aufmerksam, 2nd Report of Session 2014–15, *EU Data Protection law: a 'right to be forgotten'?*, Rn. 36: „*Morrison & Foerster made the point that, self-evidently, a request to Google which they comply with will not cause information to be removed from Bing.com, Yahoo.com or Ask.com. Individuals would have to make the same request to each search engine separately, and different search engines might well reach different conclusions. Particular data which could no longer be found on one search engine might still be easy to find on another.*"

1420 *The Advisory Council to Google on the Right to be Forgotten*, Seite 17; *E. II. 3. A) BB) Weitere prozessuale Aspekte.*

absehen, da diese keine Grundlage im Unionsrecht habe.[1421] Lediglich bei besonders komplizierten Abwägungsentscheidungen soll der Quellwebseitenbetreiber hinzugezogen werden, um weitere Informationen für die Entscheidungsfindung beizusteuern.[1422]

Zum anderen befürwortet die Artikel-29-Datenschutzgruppe eine größere territoriale Reichweite als der Sachverständigenrat. Das ausschließlich innerhalb der EU erfolgende Ausblenden von Informationen aus den Ergebnislisten sei ungenügend und daher auf alle relevanten Domains, insbesondere auf die .com-Suchmaschinen, zu erstrecken.[1423] Das von *Google* bemühte und vom Sachverständigenrat aufgegriffene Argument – die bevorzugte Nutzung europäischer Suchmaschinenableger seitens europäischer Suchmaschinennutzer[1424] – sieht die Artikel-29-Datenschutzgruppe expressis verbis als ungenügend für die Rechtfertigung territorialer *Delisting*-Grenzen an.[1425]

1421 Guidelines on the implementation of the Court of Justice of the European Union judgment on "Google Spain and Inc v. Agencia Española de Protección de Datos (AEPD) and Mario Costeja González" C-131/12, Seite 3, 10. Eine andere Behandlung soll dagegen dem Betroffenen zuteilwerden: Wird sein *Delisting*-Begehren abgelehnt, sollen Suchmaschinenbetreiber ihre Entscheidung ausführlich gegenüber dem Betroffenen erklären und ihn über die Möglichkeit des Rechtsschutz vor den Datenschutzbehörden und Gerichten aufklären, Guidelines on the implementation of the Court of Justice of the European Union judgment on "Google Spain and Inc v. Agencia Española de Protección de Datos (AEPD) and Mario Costeja González" C-131/12, Seite 7.

1422 Guidelines on the implementation of the Court of Justice of the European Union judgment on "Google Spain and Inc v. Agencia Española de Protección de Datos (AEPD) and Mario Costeja González" C-131/12, Seite 3, 10.

1423 Guidelines on the implementation of the Court of Justice of the European Union judgment on "Google Spain and Inc v. Agencia Española de Protección de Datos (AEPD) and Mario Costeja González" C-131/12, Seite 3, 9. Zum Streit um die territoriale Reichweite vgl. auch *E. I. 3. Territoriale Reichweite: Regionales oder globales Delisting?*

1424 *E. II. 3. A) BB) Weitere prozessuale Aspekte*; *The Advisory Council to Google on the Right to be Forgotten*, Seite 19.

1425 Guidelines on the implementation of the Court of Justice of the European Union judgment on "Google Spain and Inc v. Agencia Española de Protección de Datos (AEPD) and Mario Costeja González" C-131/12, Seite 9: „*In that sense, limiting de-listing to EU domains on the grounds that users tend to access search engines via their national domains cannot be considered a sufficient means to satisfactorily guarantee the rights of data subjects according to the judgment. In practice, this means that in any case de-listing should also be effective on all relevant domains, including .com.*"

C) Zwischenfazit

Die vom Sachverständigenrat und der Artikel-29-Datenschutzgruppe herausgearbeiteten Entscheidungskriterien könnten Suchmaschinenbetreibern in der Zukunft bei der Bearbeitung von *Delisting*-Eingaben helfen. Gleichzeitig verdeutlichen die zahlreichen Kriterien die Komplexität des Abwägungsvorgangs; auch wenn beide Berichte Wege zur Auflösung des Interessenkonfliktes vorzeichnen, wird dieser übereinstimmend nicht anhand eines einzigen Kriteriums für auflösbar gehalten.[1426] Auch unter Berücksichtigung eines oder beider Kriterien-Systeme müssen Suchmaschinenbetreiber komplizierte Entscheidungen im Einzelfall treffen; wenngleich ihnen umfangreiche Hilfestellungen erteilt werden, wird die Entscheidungsfindung insbesondere für kleinere und ressourcenschwache Suchmaschinenbetreiber doch keine geringe Herausforderung.[1427]

Abseits der Auflösung des Interessenkonfliktes zeigen die Arbeiten des Sachverständigenrats und der Artikel-29-Datenschutzgruppe ein weiteres Problem des mit dem *Google-Urteil* etablierten *Delisting*-Verfahrens auf: Die Informationspolitik bei der Umsetzung von *Delisting*-Ersuchen.[1428] Die Tendenzen in beiden Abschlussberichten gehen dort auseinander, wo es um die Informierung der Quellwebseitenbetreiber

1426 Vgl. erneut *The Advisory Council to Google on the Right to be Forgotten*, Seite 7; Guidelines on the implementation of the Court of Justice of the European Union judgment on "Google Spain and Inc v. Agencia Española de Protección de Datos (AEPD) and Mario Costeja González" C-131/12, Seite 5.

1427 Zu der befürchteten Überforderung kleinerer Suchmaschinenbetreiber durch die vom *Google-Urteil* aufgeworfenen Verpflichtungen vgl. bereits *Antani*, The Resistance of Memory: Could the European Union's Right to be Forgotten Exist in the United States?, Seite 42; *Dobusch*, Netzpolitik.org, 14. Mai 2014, *„Kommentar zum EuGH-Urteil: Zuviel des Guten – Privatisierte Rechtsdurchsetzung auf dem Vormarsch"*; House of Lords, 2nd Report of Session 2014–15, *EU Data Protection law: a 'right to be forgotten'?*, Rn. 34 f.; *DIVSI*, Das Recht auf Vergessenwerden, Seite 26.

1428 Vgl. hierzu auch *Antani*, The Resistance of Memory: Could the European Union's Right to be Forgotten Exist in the United States?, Seite 45: *„Google has made it a policy to send notices to content owners anyways, citing transparency concerns. This highlights important issues: 1) whether content owner rights are being abrogated by the European Union's right to be forgotten, and 2) whether a right to be forgotten law should include provisions aimed at promoting transparency about removals."*

geht. Während die Artikel-29-Datenschutzgruppe eine Benachrichtigung grundsätzlich ablehnt, befürwortete der Sachverständigenrat sie.[1429] Das *Google-Urteil* selbst schweigt zur Frage, inwieweit der ursprünglich Veröffentlichende gegenüber *Delisting*-Entscheidungen wehrlos oder wehrhaft gestellt wird.[1430]

Den ursprünglich Veröffentlichenden über ein vollzogenes *Delisting* zu informieren, ist nicht gänzlich risikofrei. Der Betroffene kann durch die Mitteilung des Betreibers womöglich erkannt und dadurch – z.B. in Fällen von auf Hasspropaganda spezialisierten Webseiten – in Gefahr gebracht werden.[1431] Auch außerhalb solcher Extremszenarien ist denkbar, dass das Mitteilungsbedürfnis von Suchmaschinenbetreibern Probleme für Betroffene bewirken kann. Kann der informierte Quellwebseitenbetreiber aus der Mitteilung herauslesen, welche Veröffentlichung auf seiner Webseite nicht mehr mittels personenbezogener Suchanfragen auffindbar ist, kann er dadurch unter Umständen die Identität des Betroffen aufdecken.[1432]

Umgekehrt steht ohne Benachrichtigung durch den Suchmaschinenbetreiber der Quellwebseitenbetreiber dem *Delisting* einer Information noch wehrloser gegenüber. Dass dieser sich rechtlich gegen das

1429 Vgl. erneut Guidelines on the implementation of the Court of Justice of the European Union judgment on “Google Spain and Inc v. Agencia Española de Protección de Datos (AEPD) and Mario Costeja González” C–131/12, Seite 3, 10; *The Advisory Council to Google on the Right to be Forgotten*, Seite 17. Neben dem Sachverständigenrat hat sich auch das deutsche Bundesinnenministerium in einem Ergänzungsvorschlag zur DS-GVO für ein Anhörungsrecht der möglicherweise vom *Delisting* betroffenen Dritten ausgesprochen, vgl. *Holznagel/Hartmann*, MMR 2016, 228 (232).

1430 *Antani*, The Resistance of Memory: Could the European Union's Right to be Forgotten Exist in the United States?, Seite 45.

1431 *Kulk/Borgesius*, EJRR 2014, 389 (396).

1432 *Kulk/Borgesius*, EJRR 2014, 389 (396 f.): „*If Google delists a search result, it informs the relevant website publisher. Google tells the website publisher which URL it delisted, but does not disclosewho submitted the request or other details about the request. This practice informs the publisher about the removal, and gives that publisher a clue to find out why their page has been removed from certain search results. For instance, a website publisher that is notified about the delisting of a page concerning politician X, can check whether the politician caused the removal by searching for the politician's name, and seeing if the page shows up. If the publication does not show up, and the publisher does not agree with the delisting, the publisher can ask Google to reevaluate the delisting.*“

die Auffindbarkeit einschränkende Vorgehen eines Suchmaschinenbetreibers nicht zur Wehr setzen kann, wurde bereits vom Generalanwalt angemahnt.[1433] Informiert *Google* einen Quellwebseitenbetreiber über das *Delisting* einer Publikation, kann dieser unter Umständen die betroffene Veröffentlichung ermitteln und *Google* um das Überdenken des Ausblendens ersuchen.[1434] Ohne aber überhaupt von einem *Delisting*-Vorgang in Kenntnis gesetzt zu werden, werden die ohnehin geringen Handlungsoptionen eines Quellwebseitenbetreibers noch weiter beschnitten. Aufgrund seiner Unkenntnis von der nunmehr eingeschränkten Auffindbarkeit kann dieser nicht einmal ein Ersuchen um erneutes Überdenken der Entscheidung auf den Weg bringen.

Es muss festgehalten werden, dass es zwischen den Zielsetzungen Transparenz auf der einen und dem Vergessen von Informationen auf der anderen Seite zwangsläufig zu Konflikten kommen muss: „*Vergessenwerden zielt auf das Gegenteil von Transparenz*".[1435] Ähnlich wie beim Konflikt zwischen Persönlichkeitsschutz und Kommunikationsfreiheiten wird die Erzielung eines Ausgleichs erforderlich. Darüber hinaus werden ohne eine transparentere Beleuchtung der *Delisting*-Praxis die Vorbehalte gegenüber den wider Willen zur Entscheidungsfindung berufenen Suchmaschinenbetreibern nicht kleiner werden.[1436]

1433 Schlussanträge des Generalanwalts vom 25. Juni 2013 in Rechtssache C-131/12, Rn. 134: „*Es käme zu einem Eingriff in die Freiheit der Meinungsäußerung des Webseitenurhebers, der in einem solchen Fall ohne angemessenen Rechtsschutz bliebe, da ein ungeregeltes Verfahren zur Meldung und Entfernung eine privatrechtliche Angelegenheit zwischen der betroffenen Person und dem Suchmaschinen-Diensteanbieter wäre. Dies liefe auf eine Zensur der vom Urheber veröffentlichten Inhalte durch einen Privaten hinaus.*" Auch aus den Reihen der *Wikimedia Foundation* wurde bemängelt, dass richtige Suchergebnisse in Europa ohne jegliche Erklärung oder eine Beschwerdemöglichkeit verschwinden würden, *Antani,* The Resistance of Memory: Could the European Union's Right to be Forgotten Exist in the United States?, Seite 40 f. *Freialdenhoven/Heinzke* weisen ebenfalls darauf hin, dass gegen eine stattgebende *Delisting*-Entscheidungen kein Rechtsschutz gewährt wird, GRURPrax 2015, 119 (120).

1434 *Kulk/Borgesius*, EJRR 2014, 389 (397).

1435 *Boehme-Neßler*, NVwZ 2014, 825 (829).

1436 Einen unfreiwilligen Einblick in die eigene Praxis ermöglichte *Google* 2015 dem *Guardian*, vgl. *Tippman/Powles*, The Guardian, 14. Juli 2015, „*Google accidentally reveals data on 'right to be forgotten' requests*". Dabei offenbarte sich eine deutliche Zurückhaltung des Konzerns beim Entsprechen von *Delisting*-Eingaben, welche den Bereichen „Schwerverbrechen" oder „Persönlichkeit des öffentlichen

III. Alternative Ausgestaltungen

Zumindest größere Suchmaschinenbetreiber können durchaus fähig sein, sich mit einer Vielzahl von *Delisting*-Eingaben auseinanderzusetzen. Gleichzeitig unterstreicht die Konsultation eines Sachverständigenrates durch den führenden Suchmaschinenanbieter die Bereitschaft der privaten Betreiber, den aus dem *Google-Urteil* folgenden Verpflichtungen nachkommen zu wollen ohne dabei die drohenden und schwierig aufzulösenden Interessenkonflikte zu übergehen.[1437] Für kleinere Suchmaschinebetreiber, denen anders als *Google* die Konsultation bekannter Internetgrößen unter Umständen nicht möglich ist, bieten die Leitlinien der Artikel-29-Datenschutzgruppe zumindest eine Orientierungshilfe für die Auflösung der Interessenkonflikte.[1438]

Lebens" zugeordnet wurden („*Only 1,892 requests – less than 1% of the overall total – were successful for the four remaining issue types identified within Google's source code: "serious crime" (728 requests), "public figure" (454), "political" (534) or "child protection" (176) – presumably because they concern victims, incidental witnesses, spent convictions, or the private lives of public persons.*").

Einen Schritt zu größerer Transparenz beging *Google* mit der Bereitstellung einer Übersicht zu den „*Ersuchen zur Löschung von Suchergebnissen gemäß europäischem Datenschutzrecht*", abrufbar unter https://transparencyreport.google.com/eu-privacy/overview (zuletzt abgerufen am 12. September 2017). Dieser beschränkt sich jedoch weitgehend auf die Angabe der monatlichen *Delisting*-Eingaben, der Angabe der *Delisting*-Quote (43,2 % der überprüften URLs wurden aus den Ergebnislisten entfernt), Beispielen für eingehende *Delisting*-Ersuchen und die Auflistung der zehn am häufigsten betroffenen Quellwebseiten (zu denen u.a. *Facebook* und *Twitter* gehören).

1437 Es ist erneut darauf hinzuweisen, dass es sich beim Abschlussbericht des Sachverständigenrates nur um Empfehlungen handelt, über deren Berücksichtigung seitens *Google* nichts bekannt ist, *Freialdenhoven/Heinzke*, GRURPrax 2015, 119 (120); *E. II. 3. A) Sachverständigenrat.*

1438 *Spiecker* betrachtet die positiven Auswirkungen des von *Google* angestoßenen Abschlussberichts des Sachverständigenrates für Mitbewerber des Suchmaschinenprimus als klassischen Fall der Rechtsentwicklungsgeschichte, vgl. *DIVSI*, Das Recht auf Vergessenwerden, Seite 81: „*Wir hätten dann einen klassischen Fall in der Rechtsentwicklungsgeschichte: Eine private Organisation, ein Unternehmen, entwickelt mit externem Sachverstand einen bestimmten Verhaltenskodex. Dieser Verhaltenskodex wird von den Konkurrenten, die keinen eigenen Kodex entwickeln wollen oder können, übernommen. Wir beobachten das im Zivilrecht relativ häufig. Das ist als Selbstregulierungsmechanismus normal und akzeptiert. Dadurch wurde diese angesprochene Problematik, dass kleinere Wettbewerber*

Anstatt anlässlich des *Google-Urteils* die Eignung Privater zum Treffen komplexer Entscheidungen generell in Zweifel zu ziehen, sollte größere Aufmerksamkeit darauf gerichtet werden, welche Art von Privaten der EuGH indirekt zur Entscheidungsfindung berufen hat. Dem bekannten Wirtschaftsprofessor und Ökonom *Milton Friedman* zufolge sollen politische Entscheidungen nicht anhand ihrer ausschlaggebenden Absichten, sondern auf Grundlage ihrer Folgen beurteilt werden.[1439] Gemessen hieran könnte sich womöglich auch das *Google-Urteil* als Entscheidung der besten Absichten und schlimmsten Folgen bezeichnen lassen.

Ausschlaggebend für die Anerkennung der Suchmaschinenbetreiber als Verantwortliche und Adressaten der in Art. 12 lit. b), 14 lit. a) i.V.m. Art. 6 lit. c) – e), 7 lit. f) DSRL angelegten Rechte war das ihrer Tätigkeit innewohnende Gefahrenpotential. Diese Tätigkeit kann einen strukturierten Einblick der im Internet über eine Person verfügbaren Information ermöglichen und zeichnet sich für die Ubiquität von Informationen verantwortlich.[1440] Die Entscheidung in Rechtssache C-131/12 hat bewirkt, dass Suchmaschinenbetreiber wie *Google* nun die primäre Entscheidungslast tragen und erst in zweiter Linie Datenschutzbehörden und Gerichte konsultiert werden.[1441]

Infolge dieses Verantwortungszugewinns wollen einige erkennen, dass der EuGH Suchmaschinenbetreiber nicht weniger, sondern deutlich einflussreicher gemacht habe.[1442] So kritisiert etwa *Ambrose*, dass *Google* dank des gleichnamigen Urteils nunmehr den Inhalt eines

nicht die Manpower haben, diese Abwägung durchzuführen, entscheidend abgeschwächt, weil sie eben die Kriterien nicht mehr selbst entwickeln müssen.“

1439 „*One of the great mistakes is to judge policies and programs by their intentions rather than their results. We all know a famous road that is paved with good intentions*“. Das Zitat entstammt einem Auftritt *Friedmans* in der amerikanischen TV-Sendung *The Open Mind* aus dem Dezember 1975, http://www.wsj.com/articles/notable-quotable-milton-friedman-1444169267 (zuletzt abgerufen am 5. September 2017).

1440 EuGH, Urteil vom 13. Mai 2014 – C-131/12 (*Google Spain und Google*), Rn. 80; *B. II. 2. B) BB) BBB) (B) Grundsätzlich überwiegendes Interesse des Betroffenen.* Zur Ubiquität vgl. bereits *B. II. 1. A) Ubiquität und Bedeutung der Suchmaschinen.*

1441 *Kuner*, LSE Working Papers 3/2015, Seite 18.

1442 Mit dieser Befürchtung *Ambrose*, „*EU Right to be Forgotten Case: The Honorable Google Handed Both Burden and Boon*“, Pla(Y)giarizing for Educational Purpo-

Rechts auf Vergessenwerden definieren könne.[1443] Auch wenn er die Unterwerfung von Suchmaschinenbetreibern unter das europäische Datenschutzrecht grundsätzlich begrüßt, geht die Kritik des Bundesverfassungsrichters *Masing* in die gleiche Richtung.[1444] Dieser sieht die Entscheidung zwar von der Intention angetrieben, sich den Problemen langwieriger Datenverfügbarkeit und der beschränkten Wirkung eines Vorgehens gegen einzelne Quellwebseitenbetreiber annehmen zu wollen, hält sie hinsichtlich der Eindämmung der Suchmaschinenmacht aber i.E. für kontraproduktiv.[1445] Suchmaschinenbetreiber würden durch das Urteil zu einer privaten Schiedsinstanz mit weitreichenden Entscheidungsbefugnissen darüber, welche Quellwebseiteninhalte im Netz vermittelt werden dürfen.[1446] *Zierbarth* ergänzt dies um den Hinweis, dass Suchmaschinebetreiber protokolieren müssen, welche Information sie über einen bestimmten Betroffenen nicht im Wege personenbezogener Suchanfragen zugänglich machen dürfen;[1447] infolge dieser internen Auflistung verwandele sich ein Suchmaschinenbetreiber zu einem weltweiten Geheimnishüter.[1448]

---

ses vom 19. Mai 2014; *Masing*, Vorläufige Einschätzung der „Google-Entscheidung" des EuGH vom 14. August 2014; *Zierbarth*, ZD 2014, 394 (398); bezogen speziell auf die Position von *Google*: *Dobusch*, Netzpolitik.org, 14. Mai 2014, „*Kommentar zum EuGH-Urteil: Zuviel des Guten – Privatisierte Rechtsdurchsetzung auf dem Vormarsch*"; vgl. ferner *Holznagel/Hartmann*, MMR 2016, 228 (232).

1443 *Ambrose*, „*EU Right to be Forgotten Case: The Honorable Google Handed Both Burden and Boon*", Pla(Y)giarizing for Educational Purposes vom 19. Mai 2014: „*But, this decision does not take power away from Google. It gives Google Almighty more power than ever. Google gets to decide what the right to be forgotten means, because its interpretation of the right will be as good as anyone else's guess. Without any sense of what the right is and is not, Google will have to create ist own policy for addressing user takedown requests.*" Ausführlich zur Kritik am Entscheidungsfindungsprozess durch private Betreiber *E. II. 2. Auflösung des Interessenskonfliktes durch ein Tribunal privater Philosophenkönige?*

1444 *Masing*, Vorläufige Einschätzung der „Google-Entscheidung" des EuGH vom 14. August 2014.

1445 *Masing*, Vorläufige Einschätzung der „Google-Entscheidung" des EuGH vom 14. August 2014.

1446 *Masing*, Vorläufige Einschätzung der „Google-Entscheidung" des EuGH vom 14. August 2014.

1447 *Zierbarth*, ZD 2014, 394 (398).

1448 *Zierbarth*, ZD 2014, 394 (398): „*Er muss also speichern, dass er auf eine Suchanfrage, die den Namen des Petenten enthält, ein bestimmtes Ergebnis nicht anzeigen*

Dass das verbreitete und generelle Misstrauen gegen die Betreuung Privater mit weitreichenden Aufgaben und schwierigen Entscheidungsfindungsprozessen im Rahmen dieser Arbeit nicht geteilt wird, wurde bereits zuvor klargestellt.[1449] Dies erlaubt es jedoch nicht über den Umstand hinwegzugehen, dass es sich bei Suchmaschinenbetreibern nicht um „einfache" Private handelt, sondern – zumindest im Falle von *Google*, *Yahoo* und *Bing* – um bereits vor dem *Google-Urteil* äußerst einflussreiche Kommunikationsvermittler. Als solche sind sie eben nicht nur *„just another Grundrechtsträger"*.[1450] Kommt es zu Machtkonzentrationen an einer einzigen Stelle, sollte dies – unabhängig davon, ob es sich um eine staatliche oder private Einrichtung handelt – in einer liberalen Gesellschaft niemals ohne Sorge gesehen werden.

Abseits des vom EuGH eingeschlagenen Pfades der Einwirkung auf den zentralen Informationsverteiler existieren zahlreiche Eingaben und Gedankenspiele zur Ausgestaltung von Vergessenwerden im Internet. Diese reichen vom Verfallsdatenansatz *Mayer-Schönbergers*[1451] über die Begrenzung der Personensuche auf die letzten fünf Jahre[1452] oder einer generellen Suchmaschinen *opt out-Option*[1453] bis hin zur

darf. Der Petent muss sich identifizieren und offenbaren, dass genauer (und nicht etwa ein Namensvetter) mit der umstrittenen Information gemeint ist. Im Zweifel muss der Suchmaschinenbetreiber begründen können, warum er Ergebnisse sperrt. Letztendlich muss er also aus Gründen des Datenschutzes eine „ewige" Datenbank von personenbezogenen, besonders schützenswerten Geheimnissen anlegen. Der „Datenkrake" gerät so zum weltweiten Geheimnishüter."

1449 *E. II. 2. Auflösung des Interessenskonfliktes durch ein Tribunal privater Philosophenkönige?*

1450 *Steinbeis*, Verfassungsblog, 14. Mai 2014, *„Google – nur just another Grundrechtsträger?"*; *Buchholtz*, AöR 2015, 121 (135).

1451 Ausführlich *Exkurs: Der Verfallsdatenansatz Viktor Mayer-Schönbergers.*

1452 *Ambrose/Friess/Van Matre*, SCLJ Vol. 29, 2012, 1 (64).

1453 *Masing*, Vorläufige Einschätzung der „Google-Entscheidung" des EuGH vom 14. August 2014: *„Ausgehend davon, dass sich die Entscheidung maßgeblich nur auf Treffer bei namensbezogene Abfragen bezieht und sie hierbei auch darauf abstellt, dass gerade in der Zusammenführung persönlicher Informationen aus verschiedenen Lebensbereichen zu einem Persönlichkeitsprofil ein zentrales Problem liegt, mag man überlegen, ob es für den Persönlichkeitsschutz sachgerecht sein kann, dem einzelnen eine mehr oder weniger freie opt out-Option einzuräumen, seine Person nicht zum Gegenstand von unmittelbaren Internetrecherchen machen*

Pseudonymisierung von Nutzerprofilen nach japanischem Vorbild,[1454] um nur einige zu nennen.[1455] Eine ausführliche Auseinandersetzung mit jeder Alternatividee würde den Rahmen dieser Bearbeitung sprengen, wohingegen eine verkürzte Darstellung keinem Vorschlag gerecht werden könnte. Die folgenden Ausführungen sollen sich daher auf zwei Ideen konzentrieren, die besonders dazu geeignet erscheinen, Druck und Einfluss von den Suchmaschinenbetreibern zu nehmen.

---

zu lassen. Ausgenommen von dieser opt out-Option wären Persönlichkeiten des öffentlichen Lebens. Den oben genannten Einwänden gegen eine primäre Verantwortlichkeit der Suchmaschinenbetreiber würde ein solches Modell jedenfalls in wesentlicher Hinsicht dann entgehen, wenn hierbei nur die Option bestünde, entweder den eigenen Namen sperren zu lassen, oder ihn recherchierbar zu halten, nicht aber hinsichtlich der einzelnen Treffermeldungen zu unterscheiden." Abseits dieses Gedankenspiels erkennt *Masing* Vorzüge darin, die Bewertung der Rechtmäßigkeit einer Informationsvermittlung von Suchmaschinen mit der Rechtmäßigkeit der ursprünglichen Informationsveröffentlichung auf einer Quellwebseite zu verbinden; diesen Gedanken aufgreifend: *Luch/Schulz/Kuhlmann*, EuR 2014, 698 (707).

1454 *Rosen*, J. On Telecomm. & High Tech L. Vol. 9 2011, 345 (353 f.).

1455 Darüber hinaus existieren weitere Vorschläge wie z.B. der „Reputations-Bankrott", bei dem sämtliche veralteten Informationen über eine Person – seien sie positiver oder negativer Natur – gelöscht werden, *Zittrain*, The Future of the Internet – And How to Stop It, Seite 228 f.; *Ambrose/Friess/Van Matre*, SCLJ Vol. 29, 2012, 1 (58 f.). Angelehnt an die Idee des Verfallsdatenansatzes kursierte in Deutschland die Idee eines „digitalen Radiergummis", welcher 2011 von der ehemaligen Bundesverbraucherschutzministerin *Aigner* vorgestellt wurde, *Nolte*, ZRP 2011, 236 (237). Der digitale Radiergummi gilt jedoch als technisch nicht realisierbar bzw. als mit einer Vielzahl technischer Schwächen versehen, *Buchholtz*, AöR 2015, 121 (125); *Nolte*, ZRP 2011, 236 (237 f.); ausführlich zu den Schwächen *Federrath/Fuchs/Herrmann/Maier/Scheuer/Wagner*, DuD 2011, 403. Wiederum andere wollen zur Auflösung der drohenden Interessenkonflikte die Sphärentheorie des BVerfG heranziehen, vgl. den Vorschlag von *Buchholtz*, ZD 2015, 570 (575 ff.). *Mantelero* wiederum schlug vor, den Suchmaschinenbetreibern die (direkte) Entscheidung über ein Löschbegehren im Zuge der künftigen Datenschutzgrundverordnung zu entziehen und direkt bei den Datenschutzbehörden / den Gerichten anzusiedeln. Parallel dazu sollte die Möglichkeit des „Einfrierens" von Links in den Ergebnislisten vorgesehen werden: Ein *Delisting*-Begehren hätte danach zur Folge, dass Suchmaschinenbetreiber eine angegriffene Information vorübergehend aus den Ergebnislisten entfernen müssten. Sofern der Betroffene innerhalb der Einfrier-Phase (zwischen 20 und 30 Tagen) keine rechtlichen Schritte einleiten würde, sollte der betroffene Link wieder in die Ergebnislisten eingespeist werden, *Mantelero*, Finding a Solution to the Google's Dilemma on the 'Right to Be Forgotten', after the 'Political' ECJ Decision, Seite 4.

Hierbei handelt es sich zum einen um den Vorschlag des *DIVSI*, wonach der *Delisting*-Entscheidung der Suchmaschinenbetreiber ein Verfahren vor einer Streitbeilegungsinstanz nachgeschaltet wird. Zum anderen ist in Betracht zu ziehen, ob eine Rückbesinnung auf die primäre Verantwortlichkeit der Quellwebseitenbetreiber gegenüber dem *Delisting* von Suchmaschinenbetreibern vorzugswürdig ist. Letzteres würde bedeuten, dass der jeweilige Webseitenbetreiber über die Löschung von Informationen entscheidet, während das Ausblenden von Informationsverweisen aus den Ergebnislisten nachrangig in Betracht zu ziehen ist.

1. DIVSI-Ansatz: Ergänzung des Delisting-Verfahrens um eine nachgeschaltete Schiedsstelle

Schon im Abschlussbericht des Sachverständigenrates findet sich die Anregung, das bislang primär in der Verantwortung des Suchmaschinenbetreibers liegende *Delisting*-Verfahren um einen Arbitrationmechanismus zu ergänzen;[1456] insbesondere die ehemalige Bundesjustizministerin *Leutheusser-Schnarrenberger* befürwortete die Ergänzung um eine außergerichtliche Streitbeilegungsinstanz.[1457] Auch das deutsche Bundesinnenministerium hatte im Entstehungsprozess der Datenschutzgrundverordnung einen Vorschlag eingebracht, welcher im Falle seiner Umsetzung die Errichtung von Schlichtungsstellen in allen Mitgliedsstaaten nach sich gezogen hätte.[1458]

1456 *The Advisory Council to Google on the Right to be Forgotten*, Seite 34.

1457 *The Advisory Council to Google on the Right to be Forgotten*, Seite 25. Vereinzelt findet sich auch der Vorschlag, Beschwerden über die Behandlung einzelner *Delisting*-Eingaben durch die Suchmaschinenbetreiber an ein neu zu errichtendes europäisches Schiedsgericht zu übertragen, welches zugleich zur Entwicklung eines einheitlichen europäischen Lösungsansatzes beitragen würde, vgl. *Holznagel/Hartmann*, MMR 2016, 228 (232).

1458 *DIVSI*, Das Recht auf Vergessenwerden, Seite 112. Der Vorschlag des Bundesinnenministeriums kann unter http://pastebin.com/HEj2vcct eingesehen werden (zuletzt abgerufen am 5. September 2017), in die endgültige Fassung der DS-GVO fand er jedoch keinen Eingang, vgl. *DIVSI*, Das Recht auf Vergessenwerden, Seite 113.

Deutlich weiter fortgeschritten als die bislang genannten Eingaben ist der im Oktober 2015 veröffentlichte Lösungsansatz des *DIVSI*. Der ausgearbeitete Kodex des *DIVSI* sieht neben Anregungen zur Ausgestaltung des bei den Suchmaschinenbetreibern angesiedelten *Delisting*-Verfahrens auch die Errichtung einer nachgestalteten staatlichen Schiedsstelle vor.[1459]

A) Hintergrund

Leitmotiv hinter dem Wunsch nach einer zusätzlichen Streitbeilegungsinstanz ist primär der Abbau „*rechtsstaatliche*[r] *Bedenken gegenüber einer vorwiegend privatwirtschaftlichen Behandlung durch die Suchmaschinen-Anbieter*".[1460] Daneben soll eine Entlastung der Suchmaschinenbetreiber erwirkt und der Konflikt über den Informationszugang im Netz wieder auf die Ebene verlagert werden, auf der er seinen Ausgang nahm: Dem Verhältnis zwischen Äußerndem und Be-

Die Errichtung dieser Stellen hätte den Suchmaschinenbetreibern obliegen sollen, vgl. Art. 17c Abs. 4 des Vorschlags:
„*The Internet search engine operators should set up dispute settlement units in the Member States. The autonomy, independence and plurality of the dispute settlement units and the expertise of their staff must be guaranteed. The dispute settlement units decide about complaints against the Internet search engine operator's decisions pursuant to paragraph 3; these decisions are binding for the Internet search engine operator solely.*"

1459 *DIVSI*, Das Recht auf Vergessenwerden, Seite 11 f. Das Institut betrachtet den eigenen Kodex als zweistufigen Entwurf, bei dem auf der ersten Ebene Verfahrensregeln für das *Delisting*-Verfahren erarbeitet werden; die zweite Ebene bildet der Entwurf der Streitbeilegungsinstanz, *DIVSI*, Das Recht auf Vergessenwerden, Seite 60.
Auch wenn i.R.d. Abschnitts die zweite Stufe des Kodex im Fokus steht, soll nicht verschwiegen werden, dass auf der ersten Stufe angeregt wird, den auf einer Webseite Kommunizierenden über die Ausblendung der von ihm publizierten Inhalte aus den Ergebnislisten zu informieren, *DIVSI*, Das Recht auf Vergessenwerden, Seite 11. Des Weiteren werden vom *DIVSI* - ähnlich wie vom Sachverständigenrat und der Artikel-29-Datenschutzgruppe - auf der ersten Stufe Kriterien vorgeschlagen, die bei einer *Delisting*-Entscheidung Berücksichtigung erfahren sollen, *DIVSI*, Das Recht auf Vergessenwerden, Seite 63 ff., 103 ff.

1460 *DIVSI*, Das Recht auf Vergessenwerden, Seite 83. Ausführlich zu diesen Bedenken bereits *E. II. 2. Auflösung des Interessenskonfliktes durch ein Tribunal privater Philosophenkönige?*

troffenem.[1461] Die Frage, ob ein Link in einer Ergebnisliste auftaucht oder nicht, berühre kein originäres Interesse eines Suchmaschinenbetreibers.[1462] Dieser sei innerhalb der vom *Google-Urteil* geprägten Rechtslage in die Rolle einer Partei gezwungen worden, während der tatsächliche Gegenspieler des Betroffenen keine Rolle in der Entscheidungsfindung spiele.[1463] Durch das Hinzutreten der Streitbeilegungsinstanz profitiere auch der Betroffene, welchem bislang als Reaktionsmöglichkeit auf eine Entscheidung des Suchmaschinenbetreibers allein der kostspielige ordentliche Rechtsweg offen stehe.[1464] Bei auf eingegrenzte Themenfelder spezialisierten Entscheidungskörpern liege zudem eine größere Sachkunde über die Spezialmaterie vor, als bei mit zahlreichen unterschiedlichen Aufgaben betreuten Gerichten.[1465]

B) Ausgestaltung

Anders als das Bundesinnenministerium, welchem die Errichtung einer von den Suchmaschinenbetreibern zu unterhaltenden Schlichtungsstelle vorschwebte, spricht sich das *DIVSI* für eine Streitbeilegungsinstanz in Gestalt einer Schiedsstelle aus.[1466] Diese wäre von

1461 *DIVSI*, Das Recht auf Vergessenwerden, Seite 84. Eine Entlastung soll aus Sicht des *DIVSI* dadurch eintreten, dass sich die Relevanz der Entscheidung des Suchmaschinenbetreibers durch Nachschaltung eines kostengünstigen Überprüfungsverfahrens verringert.

1462 *DIVSI*, Das Recht auf Vergessenwerden, Seite 84.

1463 *DIVSI*, Das Recht auf Vergessenwerden, Seite 84.

1464 *DIVSI*, Das Recht auf Vergessenwerden, Seite 85. Es wurde bereits auf die bestehenden Zweifel an der Befähigung der Datenschutzbehörden zur Bewältigung einer Vielzahl von *Delisting*-Eingaben hingewiesen, *E. II. 2. Auflösung des Interessenskonfliktes durch ein Tribunal privater Philosophenkönige?* Diesbzgl. ist – worauf seitens des *DIVSI* hingewiesen wird – zu bedenken, dass die zahllosen *Delisting*-Anträge daneben auch zu einer Überlastung staatlicher Gerichten führen und Nachteile wie eine längere Dauer laufender Verfahren oder übereilte Entscheidungen mit sich bringen könnten, *DIVSI*, Das Recht auf Vergessenwerden, Seite 85.

1465 *DIVSI*, Das Recht auf Vergessenwerden, Seite 85.

1466 *DIVSI*, Das Recht auf Vergessenwerden, Seite 88. Hintergrund dafür ist, dass der bestehende Spielraum zur Erarbeitung eines Kompromissvorschlags vom *DIVSI* als zu gering erachtet wird, da am Ende nur eine Entscheidung für oder gegen die *Delisting*-Vornahme stehen kann. Gleichzeitig wird aufgrund der Finanzierungspflicht der Suchmaschinenbetreiber die Neutralität der vom Bundesinnenministerium gewünschten Schlichtungsstelle angezweifelt, *DIVSI*, Das Recht auf staatlicher Seite zu finanzieren und würde gesetzlichen Regeln unterliegen.[1467] Das Schiedsverfahren würde als Zwischenschritt fungieren, d.h. dem *Delisting*-Verfahren nach- und einem Gerichtsverfahren vorgeschaltet werden, so dass seine Durchführung als zwingende Voraussetzung für die Einleitung des letztgenannten Verfahrens konzipiert werden könnte.[1468]

Zwingend am Schiedsverfahren zu beteiligen sind der Betroffene und der sich im Internet Äußernde; die Einbindung des Letztgenannten wird hier insbesondere dadurch erforderlich, dass das *DIVSI* seine Beteiligung auf Ebene des *Delisting*-Verfahrens vor dem Suchmaschinenbetreiber nicht vorsieht.[1469] Das Schiedsverfahren soll ausschließlich auf Antrag des Betroffenen oder des Publizierenden durchgeführt werden.[1470] Einem Suchmaschinenbetreiber soll der Beitritt gleich einem Nebenintervenienten offenstehen; auch wenn er i.d.R. kein eigenes Interesse am Ausgang einer *Delisting*-Entscheidung hat, liefe seine Nichtbeteiligung auf eine Entscheidung zu Lasten Dritter hinaus.[1471]

Damit das Schiedsverfahren zu möglichst geringen Verzögerungen führt, rät das *DIVSI* zu einer am einstweiligen Verfügungsverfahren des Zivilprozesses orientierten Ausgestaltung.[1472] Auch trifft die Schiedsstelle keine verbindliche Entscheidung, so dass der von ihr her-

---

Vergessenwerden, Seite 88. Die Sinnhaftigkeit der Ausgestaltung als Schiedsgericht wird ebenfalls in Zweifel gezogen, da deren Etablierung auf einer Einigung zwischen den Parteien beruht und die Möglichkeit, dass sich die sämtliche Beteiligten auf die Unterwerfung unter das Urteil eines Schiedsgerichtes einigen, für fernliegend gehalten wird, *DIVSI*, Das Recht auf Vergessenwerden, Seite 87. Ausführlich zu den Unterschieden zwischen Schiedsstelle, Schiedsgericht und Schlichtungsstelle vgl. *DIVSI*, Das Recht auf Vergessenwerden, Seite 85 ff.

1467 *DIVSI*, Das Recht auf Vergessenwerden, Seite 12, 88.

1468 *DIVSI*, Das Recht auf Vergessenwerden, Seite 86.

1469 *DIVSI*, Das Recht auf Vergessenwerden, Seite 89. Die Einbindung des im Netz Kommunizierenden im *Delisting*-Verfahren wird von Seiten des *DIVSI* abgelehnt, da dies zu Lasten der Effizienz dieses Verfahrensabschnittes gehen würde.

1470 *DIVSI*, Das Recht auf Vergessenwerden, Seite 90. Das *DIVSI* rät weiterhin dazu, den Verfahrensbeteiligten keine oder allenfalls geringe Gebühren für die Durchführung des Schiedsverfahrens aufzugeben, *DIVSI*, Das Recht auf Vergessenwerden, Seite 98.

1471 *DIVSI*, Das Recht auf Vergessenwerden, Seite 90. In Fällen grundlegender Bedeutung soll darüber hinaus eine Beteiligung von Vertretern der Zivilgesellschaft oder der Datenschutzbehörden erwogen werden.

1472 *DIVSI*, Das Recht auf Vergessenwerden, Seite 91.

ausgearbeitete Einigungsvorschlag nur in Rechtskraft erwächst, wenn er von den Parteien angenommen wird; widerspricht eine der Parteien dem Einigungsvorschlag, wird die Einleitung des Gerichtsverfahrens möglich.[1473]

2. Wiederherstellung der Primärverantwortlichkeit von Quellwebseitenbetreibern

Wo der *DIVSI*-Lösungsansatz den vom EuGH beschrittenen Weg i.E. modifizieren möchte, wollen andere größere Wege zur Beschneidung des Suchmaschineneinflusses gehen. *Masing* – auch wenn er *„die Anerkennung eines Rechts auf Vergessen vom Grundsatz her* [als] *überzeugend*" bewertet – befürchtet, dass der EuGH mit dem *Google-Urteil* Strukturen geschaffen habe, die einen Ausgleich der in der demokratischen Gesellschaft widerstreitenden Interessen nur noch schwer zulassen.[1474] Daher will er die Lösung des Interessenkonfliktes wieder im Ursprungsverhältnis zwischen dem Betroffenen und dem im Netz Kommunizierenden verortet wissen.[1475] Der EuGH habe *„ohne Not mit dem bewährten Grundsatz der zurückgenommenen Haftung technischer Verbreiter gebrochen"*.[1476] Auch wenn ursprünglich rechtmäßig veröffentlichte Informationen mit der Zeit zu einer Belastung für die Betroffenen erwachsen könnten, sei zumindest fraglich, ob es sich da-

1473 *DIVSI*, Das Recht auf Vergessenwerden, Seite 12, 86.

1474 *Masing*, Vorläufige Einschätzung der „Google-Entscheidung" des EuGH vom 14. August 2014. *Ders.* erkennt aber zugleich den Grundsatz des EuGH als überzeugend an, das Gewicht der Suchmaschinentätigkeit nicht zu unterschlagen und diese als eigenständige Datenverarbeitung zu bewerten.

1475 *Masing*, Vorläufige Einschätzung der „Google-Entscheidung" des EuGH vom 14. August 2014: *„Ausgehend hiervon dürfte es im Sinne eines effektiven Ausgleichs der sich gegenüberstehenden Grundrechtspositionen ebenfalls richtig sein, die Auseinandersetzung über Persönlichkeitsverletzungen durch Verbreiten personenbezogener Daten auch verfahrensmäßig jedenfalls im Grundmodus dort anzusiedeln, wo der Konflikt liegt, die maßgeblichen Informationen vorliegen und die jeweiligen Interessen und Rechte authentisch verteidigt werden können: dezentral zwischen Betroffenen und sich Äußernden."*

1476 *Diesterhöft*, VBlBW 2014, 370 (375).

bei um ein originäres Problem der Suchmaschinenbetreiber handele.[1477] Vielmehr sei

> „[d]*ie Frage, wie lange die Verbreitung von bestimmten Äußerungen aufrechterhalten werden darf, ... auch und primär eine Frage der verantwortlichen Internetseitenbetreiber und bedarf jedenfalls auch als solche eines Interessenausgleichs der verschiedenen Seiten.*“[1478]

Den Interessenkonflikt auf seiner Ursprungsebene aufzulösen bedeute nicht allein eine sachnähere Einordnung,[1479] sondern sei zugleich effizienter, da eine auf Quellwebseitenebene getroffene Entscheidung gegenüber allen Suchmaschinenbetreibern Wirkung entfalte.[1480] Da der Betroffene sich lediglich mit einem „*intellektuell Verantwortlichen*“ statt mit einer Vielzahl von Suchmaschinenbetreibern auseinandersetzen müsse, werde sein Rechtsschutzziel umfassend erreicht.[1481] Beim Vorgehen gegen den Quellwebseitenbetreiber handele es sich um „*das weniger eingriffsintensive Vorgehen*“, da Letzterem eine größere Bandbreite an Handlungsoptionen offenstehe.[1482] Dieser könne Klarnamen unkenntlich machen, vollständig entfernen oder *exclusion codes* zum Einsatz bringen um der Indexierung durch Suchmaschinen entgegenzuwirken.[1483] Mit einem einmaligen Tätigwerden des Quellwebseitenbetreibers werde der Schutz des Betroffenen sichergestellt, wohingegen

1477 *Masing*, Vorläufige Einschätzung der „Google-Entscheidung“ des EuGH vom 14. August 2014.

1478 *Masing*, Vorläufige Einschätzung der „Google-Entscheidung“ des EuGH vom 14. August 2014. Auch *Diesterhöft* sieht die Heranziehung eines vermeintlich neutralen Dritten durch die Ausgangslage des *Google-Urteils* als nicht gerechtfertigt an, VBlBW 2014, 370 (373).

1479 *Masing*, Vorläufige Einschätzung der „Google-Entscheidung“ des EuGH vom 14. August 2014; *Hornung/Müller-Terpitz*, Rechtshandbuch Social Media, Seite 184.

1480 *Masing*, Vorläufige Einschätzung der „Google-Entscheidung“ des EuGH vom 14. August 2014.

1481 *Diesterhöft*, VBlBW 2014, 370 (374).

1482 *Ziebarth*, ZD 2014, 394 (397).

1483 *Ziebarth*, ZD 2014, 394 (397). Durch den Einsatz von *exclusion codes* wird dem Suchmaschinenbetreiber die Aufforderung signalisiert, bestimmte Webseitenabschnitte nicht zu indexieren, Schlussanträge des Generalanwalts vom 25. Juni 2013 in Rechtssache C-131/12, Rn. 34, 41, 73. Ihre Wirksamkeit hängt jedoch von der Bereitschaft des Suchmaschinenbetreibers zur Beachtung der *exclusion codes* ab, *Ambrose/Friess/Van Matre*, SCLJ Vol. 29, 2012, 1 (61). Ausführlich zum Ablauf des Indexierungsverfahrens *Exkurs: Indexierung durch Suchmaschinen.*

ein Suchmaschinenbetreiber dauerhaft darüber wachen müsse, dass eine einmal ausgeblendete Information keinen erneuten Eingang in die Ergebnislisten finde.[1484]

Parallel dazu sollen Suchmaschinenbetreiber weitgehend gegen eine Inanspruchnahme seitens der Betroffenen immunisiert werden. Da Informationen im Internet ihre Rechtmäßig- bzw. Rechtswidrigkeit nicht ohne Weiteres offenbarten, sei Suchmaschinenbetreibern ihre Aufnahme und Veröffentlichung in Ergebnislisten so lange uneingeschränkt zu ermöglichen, bis diese Anzeichen für eine Rechtswidrigkeit der Quellwebseitenveröffentlichung erkennen.[1485] Angelehnt an bestehende Privilegierungstatbestände (Art. 15 der Richtlinie 2000/31/EG („*E-Commerce-Richtlinie*"); § 8 TMG) sollen die Möglichkeit zur Inanspruchnahme von Suchmaschinenbetreibern weitgehend ausgeschlossen und Betroffene auf die Auseinandersetzung mit dem jeweiligen Quellwebseitenbetreiber verwiesen werden.[1486] Es wird angeregt, dass solange sich die

1484 *Ziebarth*, ZD 2014, 394 (398).

1485 *Luch/Schulz/Kuhlmann*, EuR 2014, 698 (709). Ab dem Moment, in dem ein Suchmaschinebetreiber Anhaltspunkte der möglichen Rechtswidrigkeit erkennt, soll ihn die Verpflichtung zur Vornahme einer erneuten Interessenabwägung treffen, *dies.*, a.a.O. In eine vergleichbare Richtung bewegt sich auch die Einschätzung von *Masing*, Vorläufige Einschätzung der „Google-Entscheidung" des EuGH vom 14. August 2014: „*Dort wo nicht die Generierung eigener Informationen durch Suchmaschinen in Frage steht, spricht in meinen Augen vieles dafür, die Rechtmäßigkeit des Nachweises einer Internetseite eng mit der Rechtmäßigkeit der Äußerung auf der betreffenden Internetseite selbst zu verzahnen. Der Grundsatz, dass Informationen, die rechtmäßig öffentlich ins Netz gestellt werden, jedenfalls grundsätzlich auch rechtmäßig nachgewiesen werden dürfen, hat zumindest gute Gründe auf seiner Seite.*"

1486 *Diesterhöft*, VBlBW 2014, 370 (373 f.) (Art. 15 E-Commerce-Richtlinie); *Hornung/Müller-Terpitz*, Rechtshandbuch Social Media, Seite 184 (§ 8 TMG). Der Generalanwalt ging jedoch in seinen Schlussanträgen davon aus, dass die Tätigkeiten von Suchmaschinenanbietern „*wohl nicht in den Anwendungsbereich der Richtlinie 2000/31 über den elektronischen Geschäftsverkehr*" fallen, Schlussanträge des Generalanwalts vom 25. Juni 2013 in der Rechtssache C-131/12, Rn. 37.
Artikel 15 E-Commerce-Richtlinie - Keine allgemeine Überwachungspflicht
(1) Die Mitgliedstaaten erlegen Anbietern von Diensten im Sinne der Artikel 12, 13 und 14 keine allgemeine Verpflichtung auf, die von ihnen übermittelten oder gespeicherten Informationen zu überwachen oder aktiv nach Umständen zu forschen, die auf eine rechtswidrige Tätigkeit hinweisen.

> „*erneute Veröffentlichung des Beitrags* [Anmerkung: gemeint ist der ursprüngliche Quellwebseitenbeitrag] - *an prominenter Stelle und bei voller Auffindbarkeit – gemessen an den herkömmlichen medienrechtlichen Standards als rechtmäßig erweist, ... auch eine Veränderung der bereits bestehenden Abrufbarkeit nicht unter Verweis auf den Zeitablauf verlangt werden* [kann]."[1487]

Eine subsidiäre Inanspruchnahme von Suchmaschinenbetreibern soll jedoch für Fälle möglich bleiben, in denen ein Quellwebseitenbetreiber nicht erreichbar[1488] oder seine Inanspruchnahme unzumutbar bzw. aufgrund ersichtlicher Rechtswidrigkeit unnötig ist.[1489]

---

(2) Die Mitgliedstaaten können Anbieter von Diensten der Informationsgesellschaft dazu verpflichten, die zuständigen Behörden unverzüglich über mutmaßliche rechtswidrige Tätigkeiten oder Informationen der Nutzer ihres Dienstes zu unterrichten, oder dazu verpflichten, den zuständigen Behörden auf Verlangen Informationen zu übermitteln, anhand deren die Nutzer ihres Dienstes, mit denen sie Vereinbarungen über die Speicherung geschlossen haben, ermittelt werden können.
§ 8 TMG - Durchleitung von Informationen
(1) Diensteanbieter sind für fremde Informationen, die sie in einem Kommunikationsnetz übermitteln oder zu denen sie den Zugang zur Nutzung vermitteln, nicht verantwortlich, sofern sie
1. die Übermittlung nicht veranlasst,
2. den Adressaten der übermittelten Informationen nicht ausgewählt und
3. die übermittelten Informationen nicht ausgewählt oder verändert haben.
Satz 1 findet keine Anwendung, wenn der Diensteanbieter absichtlich mit einem Nutzer seines Dienstes zusammenarbeitet, um rechtswidrige Handlungen zu begehen.
...

1487 *Diesterhöft*, VBlBW 2014, 370 (373). Sofern nach dem von *Diesterhöft* angeregten Erst-Recht-Schluss eine erneute Veröffentlichung des Ursprungsbeitrages nicht zulässig wäre, soll es zu einer Beweislastumkehr kommen, bei der ein besonderes Publikationsinteresse nachgewiesen werden muss um die Auffindbarkeit einer Publikation im Netz weiterhin zu rechtfertigen, *ders.*, a.a.O.

1488 *Diesterhöft*, VBlBW 2014, 370 (374); *Hornung/Müller-Terpitz*, Rechtshandbuch Social Media, Seite 184.

1489 *Diesterhöft*, VBlBW 2014, 370 (374).

3. Stellungnahme

A) Modifikation statt Aufgabe des Google-Standards

Die mit dem *Google-Urteil* erfolgte Unterwerfung der Suchmaschinenbetreiber unter grundlegende europäische Datenschutzanforderungen markierte den Auftakt und nicht das Ende einer umfassenden Diskussion,[1490] wie auch die Ausführungen zu Folgeproblemen wie etwa der territorialen Reichweite[1491] oder verbleibenden prozessualen Defiziten verdeutlichen.[1492] Der „*Google*-Standard", die direkte Anrufung von Suchmaschinenbetreibern durch Betroffene zwecks Verbannung von Informationen aus der eigenen Vergangenheit aus Ergebnislisten, ist auch mehr als zwei Jahre nach seiner Etablierung noch weit davon entfernt, perfekt zu sein.[1493] Unabhängig davon, ob man ihn in privaten oder staatlichen Händen besser aufgehoben wähnt, stellt der Ausgleich der widerstreitenden Interessen im Internet keine leichte Aufgabe dar. Bei dem Versuch, das Vergessenwerden von Informationen im Internet durchzusetzen, besteht stets auch die Gefahr eines zweckwidrigen Missbrauchs.[1494]

1490 *Kuner*, LSE Working Papers 3/2015, Seite 22.

1491 *E. I. 3. Territoriale Reichweite: Regionales oder globales Delisting?*

1492 *E. II. 3. C) Zwischenfazit.*

1493 Vgl. z.B. *Antani*, The Resistance of Memory: Could the European Union's Right to be Forgotten Exist in the United States?, Seite 6. Danach kann das *Delisting* dort seine Wirkung verfehlen, wo bspw. zwei Personen in einem Artikel genannt sind. Wird die personenbezogene Suchanfrage für einen der genannten Namen versperrt, kann der Artikel nicht nur durch sachbezogene Suchanfragen, sondern – die Kenntnis des zweiten Protagonisten vorausgesetzt – auch durch die Eingabe des nicht betroffenen Namens aufgefunden werden.

1494 *Gerling/Gerling*, DuD 2013, 445 (446): „*Jede technische Lösung, die ein „Recht auf Vergessenwerden" implementiert, kann auch zur Kontrolle von anderen Inhalten genutzt werden. Ob ein Foto, ein Video aus Datenschutzgründen technisch eingesperrt wird oder ob die Verbreitung aus anderen Gründen kontrolliert wird, ist egal: Konzeptionell handelt es sich um ein „Digitales Rechtemanagement" (DRM). Aus diesem Grunde liefert eine technische Implementierung des „Rechts auf Vergessenwerden" der Content-Industrie oder weniger demokratischen Herrschern und Regimen immer auch das Werkzeug zur Kontrolle ihrer Inhalte. Im Grunde ist es ein klassisches janusköpfiges „Dual-Use-Tool", bei dem technisch nicht zwischen datenschutzrechtlicher und anderer Verwendung unterschieden werden kann.*" Speziell gegenüber dem *Delisting*-Verfahren besteht die Befürchtung politisch motivierten *Whitewashings*, vgl. *Tanriverdi*, in: *DIVSI*, Das Recht auf Vergessen-

Diese generellen Anmerkungen vorweg gestellt, verbleibt die Frage, welche der zuvor vorgestellten Ausgestaltungsalternativen den größten Mehrwert verspricht. Wo der Lösungsansatz des *DIVSI* an den Vorarbeiten des Sachverständigenrats andockt[1495] und den bestehenden *Google*-Standard um eine Schiedsstelle ergänzen will,[1496] gehen Befürworter der Primärverantwortlichkeit deutlich weiter. Diese wollen verstärkt Quellwebseitenbetreiber in die Verantwortung nehmen und gleichzeitig die Möglichkeit einer Inanspruchnahme von Suchmaschinenbetreibern einschränken. Es vermögen jedoch weder die Vorzüge noch die Argumentation hinter dem letztgenannten Lösungsansatz zu überzeugen.

Befürworter einer Stärkung der Primärverantwortlichkeit berufen sich auf das Argument größerer Effizienz einer auf der Quellwebseitenebene getroffene Entscheidung gegenüber allen Suchmaschinenbetreibern zugleich.[1497] Diese trifft jedoch nur unter der Prämisse ein, dass sich Suchmaschinenbetreiber tatsächlich dazu entschließen, alle zum Einsatz gebrachten *exclusion codes* zu beachten.[1498] Die Abhängigkeit des Betroffenen von der Mitwirkung der Suchmaschinenbetreiber würde bei diesem Lösungsansatz nicht verringert. Wo ein Suchmaschinenbetreiber dem Signal des Webseitenbetreibers nicht folgt, wird ein Betroffener ebenfalls in die Auseinandersetzung mit dem sich verweigernden Gatekeeper gezwungen. Spätestens in dem Moment, in dem die auf der Ursprungswebseite kundgetane Information kopiert und auf weiteren Webseiten zugänglich gemacht wird, sind die Einflussnahmemöglichkeiten eines Quellwebseitenbetreibers erschöpft.

werden, Seite 74: „*Ein anderes Beispiel: Ich bin Anfang dreißig und will in die Politik gehen. Davor gehe ich zu Google und sage, lösch mal alle negativen Ergebnisse, die du über mich hast. Google macht das, denn ich bin keine öffentliche Person, und es interessiert niemanden. Wenn ich mich dann aber für ein politisches Amt bewerbe, ändert sich das – und was passiert dann? Stellt Google die Ergebnisse wieder her? Solche Fragen sind noch offen, und die müssen wir klären.*“

1495 *DIVSI*, Das Recht auf Vergessenwerden, Seite 63 ff.

1496 *E. III. 1. B) Ausgestaltung.*

1497 *Masing*, Vorläufige Einschätzung der „Google-Entscheidung“ des EuGH vom 14. August 2014.

1498 Der Generalanwalt wollte den Suchmaschinenbetreiber jedoch als Verantwortlichen anerkannt wissen, sofern dieser sich zur Missachtung von *exclusion codes* entscheiden sollte, vgl. Schlussanträge des Generalanwalts vom 25. Juni 2013 in Rechtssache C-131/12, Rn. 91 ff.

Diesen Umstand hat der Generalanwalt bereits in den Schlussanträgen hervorgehoben:

> *„Diese Verantwortlichkeit des Urhebers garantiert jedoch nicht, dass sich Datenschutzprobleme durch den Rückgriff auf den für die Verarbeitung der Quellenwebseite Verantwortlichen abschließend ausräumen lassen. Wie das vorlegende Gericht ausgeführt hat, können nämlich dieselben personenbezogenen Daten auf unzähligen Seiten veröffentlicht worden sein, so dass das Auffinden und Ansprechen aller betreffenden Urheber schwierig oder gar unmöglich ist. Außerdem ist denkbar, dass der Urheber in einem Drittland ansässig ist und dass die in Rede stehenden Webseiten nicht in den Anwendungsbereich der Datenschutzvorschriften der Union fallen. Es mögen auch - wie im vorliegenden Fall - rechtliche Hindernisse bestehen, wenn der Fortbestand der ursprünglichen Veröffentlichung im Internet als rechtmäßig angesehen wird.“*[1499]

Dem wird von Befürwortern einer Primärverantwortlichkeit entgegengehalten, dass in Fällen einer Informationsverbreitung über die Ursprungswebseite hinaus Ausnahmen von der grundsätzlich subsidiären Verantwortung des technischen Verbreiters möglich seien.[1500] Dabei wird jedoch verkannt, dass die Informationsverbreitung über mehrere Webseiten keineswegs eine Ausnahmeerscheinung bedeutet. Anders als oft kommuniziert, kann auch das Internet „vergessen“.[1501] Das größte Hindernis für das gezielte Vergessenwerden von Information besteht gerade darin, dass ihre Verbreitung im offenen Netzwerk für den Erstveröffentlichenden nicht kontrollierbar ist.[1502] Ab dem Zeitpunkt der erstmaligen Veröffentlichung ist von der latenten Dauerge-

1499 Schlussanträge des Generalanwalts vom 25. Juni 2013 in Rechtssache C-131/12, Rn. 44. Ebenso EuGH, Urteil vom 13. Mai 2014 - C-131/12 (*Google Spain und Google*), Rn. 84.

1500 *Diesterhöft*, VBlBW 2014, 370 (374); ebenso *Masing*, Vorläufige Einschätzung der „Google-Entscheidung“ des EuGH vom 14. August 2014.

1501 *Nolte*, NJW 2014, 2238 (2240): *„Der Forderung nach einem Recht auf Vergessenwerden wird regelmäßig die resignative Behauptung entgegengehalten, das Internet vergesse nichts. Das ist allerdings nur die halbe Wahrheit: Das Internet besteht aus einer Vielzahl miteinander vernetzter Rechner. Daten darauf können naturgemäß wieder gelöscht werden; die komplexen Netzstrukturen stellen freilich einen umfassenden Löschungsanspruch vor besondere Herausforderungen“*; ferner *Ambrose*, IRIE Vol. 17, 2012, 21 (23): *„Contrary to popular notions, Web content is quite ephemeral.“ C. I. 6. A) Keine unbegrenzte Lebensdauer von ins Internet gelangten Informationen.*

1502 *ENISA*, The right to be forgotten - between expectations and practice, Seite 10: *„In open networks such as the Internet, information accessible to the public typical-*

fahr auszugehen, dass eine Information kopiert wird und sich weitläufig im Netz verteilt.[1503] Den aussichtsreichsten Weg zum Vergessenwerden von Informationen bildet daher eine Erschwerung des Informationszugangs durch Einwirkung auf die zentralen Informationsintermediäre des Internet, d.h. die Einwirkung auf Suchmaschinenbetreiber.[1504] Die *Delisting*-Vornahme stellt den pragmatischsten Weg zum Vergessenwerden dar,[1505] da der durchschnittliche Internetnutzer für seine zielgerichtete Navigation im Internet auf die Suchfunktion angewiesen ist.[1506] Die Koordinierungsversuche der Artikel-29-Datenschutzgruppe könnten zudem zur besseren Abstimmung zwischen den Suchmaschinenbetreibern beitragen und dem Betroffenen dadurch in Zukunft die Anrufung verschiedener Betreiber ersparen.[1507]

Es stellt sich außerdem nicht so dar, dass Suchmaschinenbetreiber zu einer Interessenabwägung rechtlich nicht verpflichtet sind.[1508] Ob man die Anwendung der Datenschutzrichtlinie begrüßt oder ablehnt[1509]: Gegenwärtig beziehen die personenbezogene Suchanfragen ermöglichenden Datenverarbeitungen ihre Legitimation über den Erlaubnistatenbestand des Art. 7 lit. f) DSRL, welcher vom Verantwortlichen eine Interessenabwägung verlangt.[1510] Dass zunächst der Adres-

ly cannot be kept under the control of the user who originated the data. The reason is that data can be digitally copied, stored locally, and re-entered into the Internet, often in different locations for different purposes"; vgl. auch *C. I. 6. A) Keine unbegrenzte Lebensdauer von ins Internet gelangten Informationen.*

1503 *C. II. 1. A) Erleichterte Verbreitung digitaler Informationen in einem offenen System.*

1504 *ENISA*, The right to be forgotten – between expectations and practice, Seite 13; *C. III. ENISA – Ein pragmatischer Weg zum Vergessenwerden im Internet?*

1505 *C. IV. Zwischenfazit: Delisting – Schlechtester Weg zum Vergessenwerden im Internet, abgesehen von allen anderen?*

1506 *C. IV. Zwischenfazit: Delisting – Schlechtester Weg zum Vergessenwerden im Internet, abgesehen von allen anderen?*

1507 Vgl. erneut *Kuner*, LSE Working Papers 3/2015, Seite 18; *E. II. 3. B) BB) Weitere prozessuale Aspekte.*

1508 So jedoch *Diesterhöft*, VBlBW 2014, 370 (375).

1509 Zur Kritik an der Ausrichtung des gegenwärtigen europäischen Datenschutzregimes vgl. *E. II. 1. Orientierung des europäischen Datenschutzes an staatlichem Handeln.*

1510 *D. I. 2. A) Art. 7 DSRL – Legitimationsgrundlage der Datenverarbeitung.*

sat eines Unterlassungsbegehrens das eigene Verhalten neu bewertet, stellt darüber hinaus einen üblichen Vorgang dar.[1511]

Es wird weiterhin vorgetragen, dass die vom EuGH befürchtete unterschiedliche Bewertung der Datenverarbeitungen von Quellwebseiten- und Suchmaschinenbetreibern vor dem Hintergrund des Art. 9 DSRL[1512] nicht drohe, wenn dieser die erforderliche Auslegung des Sekundärrechts im Licht der Grundrechte wahre.[1513] Hierbei müsse es zwangsläufig zu einer Angleichung der Bewertungsmaßstäbe für die Ursprungsveröffentlichung einerseits, und die Datenverarbeitung eines Suchmaschinenbetreibers andererseits kommen.[1514] Diese Schlussfolgerung ist jedoch keinesfalls zwingend. Wie zuvor aufgezeigt, nehmen die Art. 7 und 8 GRCh in der Zielsetzung der Datenschutzrichtlinie eine hervorgehobene Stellung ein.[1515] Dieser besonderen Position wird es nicht gerecht, wenn verschiedene Bedrohungslagen für den Betroffenen einer identischen Bewertung unterworfen werden. Es macht einen Unterschied, ob eine Information nach einiger Recherche an ihrem Ursprungsort auffindbar ist, oder ob zum Informationszugriff lediglich eine zentrale Informationsschnittstelle angerufen werden muss.[1516] Für die allgegenwärtige Informationsverfügbarkeit zeichnen sich nicht einzelne Webseitenbetreiber verantwortlich, sondern Suchmaschinenbetreiber, welche die gezielte Informationssuche erst ermöglichen.[1517] Der Interessenkonflikt über den Informationszugang nimmt seinen Anstoß zwar im Moment der Erstveröffentlichung auf einer

---

1511 *Luch/Schulz/Kuhlmann*, EuR 2014, 698 (710); *The Advisory Council to Google on the Right to be Forgotten*, Seite 18; vgl. ferner die Stellungnahme von *Leutheusser-Schnarrenberger, The Advisory Council to Google on the Right to be Forgotten*, Seite 25; *E. II. 2. Auflösung des Interessenkonflikts durch ein Tribunal privater Philosophenkönige?*

1512 EuGH, Urteil vom 13. Mai 2014 – C-131/12 (*Google Spain und Google*), Rn. 85. Zur befürchteten Umgehung des Medienprivilegs siehe *D. III. 4. B) BB) BBB) (B) Umgehung des Medienprivilegs.*

1513 *Diesterhöft*, VBlBW 2014, 370 (374).

1514 *Diesterhöft*, VBlBW 2014, 370 (374).

1515 *D. III. 7. A) Konsequente Anwendung des bestehenden Datenschutzregimes und grundsätzlich begrüßenswerter Direktanspruch gegen Suchmaschinenbetreiber.*

1516 EuGH, Urteil vom 13. Mai 2014 – C-131/12 (*Google Spain und Google*), Rn. 80; *Department of Justice v. Reporters Committee for Freedom of the Press*, 489 U.S. 749, 764 (1989); *B. II. 1. A) Ubiquität und Bedeutung der Suchmaschinen.*

1517 *B. II. 1. A) Ubiquität und Bedeutung der Suchmaschinen.*

Quellwebseite – die besondere Gefahr für die Fortentwicklungsfähigkeit des Betroffenen resultiert jedoch aus der auf Suchmaschinenbetreiber zurückzuführenden Ubiquität.[1518] Es verbietet sich daher, einzelne Quellwebseitenbetreiber – auch wenn diese die Erfassung und Zugänglichmachung ihrer Inhalte voraussehen können[1519] – für die Tätigkeit von Suchmaschinenbetreibern in Haftung zu nehmen.

Gegen eine primäre Inanspruchnahme von Quellwebseitenbetreibern spricht weiter, dass dieses Vorgehen eigene Gefahren birgt. Wo Menschen vollkommen von der Konfrontation mit ihrer Vergangenheit befreit werden, droht einer Geschichtstilgung Tür und Tor geöffnet zu werden.[1520] Ebendiese Gefahr droht das Vorgehen gegen Quellwebseitenbetreiber heraufzubeschwören, wenn diese nachträglich zu Veränderungen an bestehenden Veröffentlichungen gezwungen werden, wie das OLG Hamburg treffend feststellte:

> „*... eine latente Verpflichtung, einmal rechtmäßig erstellte Beiträge ändern zu müssen,* [wäre] *mit der Gefahr verbunden, dass die Presse von vornherein anders – und insbesondere weniger kritisch – berichtet, um zu verhindern, sich später Ansprüchen auf eine Änderung der einmal erstellten Beiträge ausgesetzt zu sehen; ...*“.[1521]

B) Stärkung von Kommunikationsfreiheiten und effektivem Rechtsschutz

Nach den bisherigen Ausführungen ist festzuhalten, dass vorzugsweise die Suchmaschinenbetreiber zum *Delisting*, nicht aber einzelne Webseitenbetreiber zum Einsatz von *exclusion codes* heranzuziehen sind.[1522] Um die Chance auf eine Fortentwicklung der eigenen Persönlichkeit im Internetzeitalter zu bewahren, ist an der Effizienz des vom

1518 *B. II. 1. A) Ubiquität und Bedeutung der Suchmaschinen; D. III. 4. A) AA) BBB) Beeinträchtigung des geschützten Bereichs durch die Suchmaschinentätigkeit.*

1519 Vgl. *Diesterhöft*, VBlBW 2014, 370 (374), wonach die Indexierung durch Suchmaschinen „*als integraler Bestandteil des Internets*“ den Webseitenbetreibern bekannt ist.

1520 Siehe erneut BGH, Urteile vom 9. Februar 2010 - VI ZR 243/08 u. VI ZR 244/08 = MMR 2010, 573 (575).

1521 OLG Hamburg, Urteil vom 7. Juli 2015 – 7 U 29/12, GRUR-RR 2016, 45 (46); näher zu dieser Entscheidung *Exkurs: Internet-Archiv-Entscheidung des OLG Hamburg vom 7. Juli 2015.*

1522 *Exkurs: Internet-Archiv-Entscheidung des OLG Hamburg vom 7. Juli 2015.*

EuGH beschrittenen Weges festzuhalten und weiterhin an den zentralen Schaltstellen des Informationszugangs anzusetzen.

Dies bedeutet jedoch nicht, dass sämtliche Anregungen der Befürworter einer primären Verantwortlichkeit der Quellwebseitenbetreiber ausgeblendet werden sollten. Wenn diese verlangen, dass bei der Auflösung des Interessenkonfliktes eine umfassende Interessenabwägung durchzuführen ist,[1523] verdient dies Zustimmung. So wie Vergessen und Erinnerung beide fundamentale Aspekte der menschlichen Existenz sind,[1524] so müssen auch die Kommunikationsfreiheiten Gleichberechtigung neben den Art. 7 und 8 GRCh beanspruchen.[1525] Um diese Gleichberechtigung gegenüber den Interessen der Betroffenen abzusichern, müssen die Interessen der im Netz Kommunizierenden eine Chance auf Gehör haben.[1526] Dazu bietet sich der vom *DIVSI* angeregte Lösungsweg an, welcher an der grundlegenden Stoßrichtung des EuGH im *Google-Urteil* festhält und weiterhin auf Ebene der Suchmaschinenbetreiber ansetzt. Gleichzeitig wird das *Delisting*-Verfahren aber um ein nachgeschaltetes Schiedsverfahren ergänzt, in welchem der Äußernde zwingend zu beteiligen ist. Dies würde ihm nicht nur die Verteidigung seiner Interessen ermöglichen, sondern gleichzeitig der verbreiteten Kritik an der Verlagerung der Entscheidungsfindung auf private Suchmaschinenbetreiber entgegenkommen.[1527] Noch vor der Beteiligung von Datenschutzbehörden oder Gerichten würde ein zusätzliches Korrektiv eingeschaltet, welches sowohl staatlich organi-

---

1523 *Diesterhöft*, VBlBW 2014, 370 (372).

1524 *Mantelero*, Finding a Solution to the Google's Dilemma on the 'Right to Be Forgotten', after the 'Political' ECJ Decision, Seite 3: „*Remembering and forgetting are fundamental aspects of our individual and social life, and the balance between remembering and forgetting has a substantial impact on our digital society.*"

1525 *Holznagel/Hartmann*, MMR 2016, 228 (231); *D. III. 4. B) AA) AAA) Gesellschaftliche Funktion des Art. 8 GRCh; D. III. 4. B) AA) CCC) Zwischenfazit: Gleichberechtigung von Persönlichkeitsschutz und Kommunikationsfreiheit.*

1526 Zustimmung verdient daher der Einwurf von *Masing*, Vorläufige Einschätzung der „Google-Entscheidung" des EuGH vom 14. August 2014: „*Denn wenn materiell die Rechtmäßigkeit einer Treffermeldung von einer inhaltlichen Beurteilung des Veröffentlichungsinteresses gegenüber dem Privatheitsanspruch des Betroffenen abhängig gemacht wird, müssen sich beide Seiten mit zumindest gleichen Rechten gegenüberstehen; ...*".

1527 Ausführlich zu dieser Kritik *E. II. 2. Auflösung des Interessenkonflikts durch ein Tribunal privater Philosophenkönige?*

siert als auch finanziert wäre und die Bedeutung von Fehlentscheidungen der Suchmaschinenbetreiber mindern könnte.[1528] Angelehnt an die Vorgehensweise im gescheiterten Vorschlag des Bundesinnenministeriums[1529] könnte Art. 17 DS-GVO um eine Schiedsstellen-Regelung ergänzt werden. Zugleich würden bei diesem Lösungsansatz große wie kleine Suchmaschinenbetreiber entlastet, da ihnen – wie bereits von der Artikel-29-Datenschutzgruppe und dem Sachverständigenrat – Entscheidungshilfen an die Hand gegeben würden.[1530]

Exkurs: Der Verfallsdatenansatz Viktor Mayer-Schönbergers

Die neugewonnene Popularität des Rechts auf Vergessenwerden im 21. Jahrhundert ist untrennbar mit der Arbeit *Mayer-Schönbergers* verbunden. Dieser erkannte eine Gefahr für das Vergessen als solches, da moderne Technologien das Regel-Ausnahme-Verhältnis zwischen Vergessen und Erinnerung umkehren und die Erinnerung dadurch zum neuen Regelfall erheben würden.[1531] Im gesellschaftlichen Vergessen liege jedoch die Anerkennung der menschlichen Entwicklungsfähigkeit und der Möglichkeit des Hinauswachsens über frühere Fehler, wohingegen die Befürchtung einer die eigene Existenz überdauernden Lebensspanne von Informationen den Weg zur Selbstzensur markieren könnte.[1532] Um dies zu verhindern schwebte *Mayer-Schönberger* die Idee eines festgelegten Verfallsdatums vor, nach dessen Ablauf Informationen verfallen sollen.[1533]

1528 *E. III. 1. B) Ausgestaltung.*

1529 *E. III. 1. DIVSI-Ansatz: Ergänzung des Delisting-Verfahrens um eine nachgeschaltete Schiedsstelle.*

1530 *E. II. 3. A) AA) 4-Kategorien-System*; *E. II. 3. B) AA) 13-Kriterien-Liste*; *DIVSI*, Das Recht auf Vergessenwerden, Seite 63 ff., 103 ff.

1531 *A. II. 2. Neue Herausforderungen: Internet und Wandel der Erinnerungskultur*; *Mayer-Schönberger*, Delete – The Virtue of Forgetting in the Digital Age, Seite 8 ff., 196; *ders.*, The Art of Forgetting, Seite 3.

1532 *A. II. 2. Neue Herausforderungen: Internet und Wandel der Erinnerungskultur*; *Mayer-Schönberger*, Delete – The Virtue of Forgetting in the Digital Age, Seite 4 f., 13; vgl. ausführlich zu diesen Gefahren *B. II. 2. C) Gefährdung der selbstbestimmten Persönlichkeitsentwicklung.*

1533 *Mayer-Schönberger*, Delete – The Virtue of Forgetting in the Digital Age, Seite 14 f.

Die technische Umsetzung dieses Verfallsdatenansatzes sah vor, Datenspeicher so einzustellen, dass eine Information automatisch beim Erreichen ihres zuvor definierten Verfallsdatums gelöscht wird.[1534] Vor der Erstellung bspw. eines Dokuments sollte der Nutzer durch das informationstechnische System zur Vergabe eines Verfallsdatums gezwungen sein.[1535] In der einfachsten Ausgestaltung sollte das individuelle Verfallsdatum als Metainformation verankert werden, so dass es einer Information auch im Falle eines Kopiervorganges anhaften würde.[1536] Als *conditio sine qua non* für den Erfolg seines Verfallsdatenansatzes erachtete *Mayer-Schönberger* eine möglichst einfache Handhabung bei der Vergabe des Verfallsdatums; sofern diese vom Nutzer als Beeinträchtigung empfunden werde, drohe die Nichtakzeptanz der Verfallsdatenlösung.[1537] Kernelement des Verfallsdatenansatzes sollten i.E. jedoch weder die technischen noch die rechtlichen Aspekte des Vergessenwerdens bilden, sondern die ständig wiederkehrende Konfrontation des Nutzers mit der Endlichkeit von Informationen:

> *„Expiration dates are not about imposed forgetting. They are about awareness and human action, and about asking humans to reflect – if only for a few moments – how long the information they want to store may remain valuable and useful.“*[1538]

1534 *Mayer-Schönberger*, Delete – The Virtue of Forgetting in the Digital Age, Seite 171.

1535 *Mayer-Schönberger*, Delete – The Virtue of Forgetting in the Digital Age, Seite 171 f.

1536 *Mayer-Schönberger*, Delete – The Virtue of Forgetting in the Digital Age, Seite 174. Die technische Verankerung eines Verfallsdatums als Metainformation und die automatisierte Löschung bei Überschreitung des Datums sollte rechtlich in Gesetzesform abgesichert werden, *ders.*, Delete – The Virtue of Forgetting in the Digital Age, Seite 174.

1537 *Mayer-Schönberger*, Delete – The Virtue of Forgetting in the Digital Age, Seite 172, 192. Komplizierter wäre der Vergabeprozess in Mehrpersonenverhältnissen, da hier jede von einer Information betroffene Person ein individuelles Verfallsdatum festlegen müsste, *ders.*, Delete – The Virtue of Forgetting in the Digital Age, Seite 185 f.

1538 *Mayer-Schönberger*, Delete – The Virtue of Forgetting in the Digital Age, Seite 172 f.; vgl. auch *Mayer-Schönberger* im Interview mit *Biermann*, Zeit Online, 3. April 2008, *„Das Netz soll auch vergessen“*: *„Durch das Verfallsdatum werde ich ... ständig mit dem Problem konfrontiert, da ich angeben muss, für wie relevant ich eine Information halte und wie lange sie gespeichert werden soll – bei-*

Durch die erzwungene Befassung mit der angemessenen Lebensspanne von Informationen sollte nichts Geringeres als die Wiedereinkehr des Vergessens in das menschliche Alltagsleben bewirkt werden.[1539]

Ähnlich wie das spätere *Google-Urteil* wurde der Verfallsdatenansatz schnell zum Kritikgegenstand, da ihm *„prinzipielle und technische Untauglichkeiten"* bescheinigt wurden.[1540] *Peter Fleischer* (Global Privacy Counsel von *Google*) bezeichnete Ansätze zur automatisierten Informationslöschung nach dem Ablauf der festgelegten Zeitspanne sogar als „80%-Lösung".[1541] Schwächen zeigt *Mayer-Schönbergers* Lösungsansatz zum einen dort, wo Informationen mehr als eine Person betreffen. Werden z.B. unterschiedliche Verfallsdaten für eine Information festgelegt, kommt der Vorstellung desjenigen, der die längste Aufbewahrungsdauer wünscht, die effektive Letztentscheidungskompetenz zu.[1542] Soll ein Verfallsdatum individuell zwischen mehreren Parteien ausgehandelt werden, können sich die Ungleichheiten im Kräfteverhältnis zwischen den Parteien manifestieren und der schwächeren Partei nur geringe Chancen zur Durchsetzung eines zeitnahen Verfallsdatums lassen.[1543]

Aber auch dort, wo eine einzige Person über die Vergabe eines Verfallsdatums entscheidet, ist die Verfallsdatenlösung nicht zwingend

spielsweise Suchabfragen bei Google. Ich muss mich immer wieder damit auseinandersetzen, mir auch die Gefahren bewusst machen."

1539 *Mayer-Schönberger*, Delete – The Virtue of Forgetting in the Digital Age, Seite 172 f., 181.

1540 *Federrath/Fuchs/Herrmann/Maier/Scheuer/Wagner*, DuD 2011, 404 (403). Vgl. auch *Nolte*, in: ZRP 2011, 236 (237).

1541 *Fleischer*, *„Foggy thinking about the Right to Oblivion"*: *„Engineers describe most autodelete functionalities as 80% solutions, meaning that they never work completely. Just for the sake of debate, on one extreme, governmentmandated autoexpire laws would be as sensible as burning down a library every 5 years."*

1542 *Mayer-Schönberger*, Delete – The Virtue of Forgetting in the Digital Age, Seite 186.

1543 Zur Problematik des Kräfteungleichgewichts vgl. nur *Simitis*, NJW 1984, 398 (401): *„Spätestens bei der Verarbeitung von Arbeitnehmerdaten zeigt sich freilich auch, wie wenig es angeht, sich mit der Bemerkung zufriedenzugeben, die im Rahmen rechtsgeschäftlicher Beziehungen ohnehin geltende Privatautonomie reiche völlig aus, um die informationelle Selbstbestimmung zu garantieren. Die Möglichkeiten des einzelnen, auf die Verarbeitung Einfluß zu nehmen, schwinden in dem Maße, in dem er ansonsten ebenfalls nicht in der Lage ist, auf die Gestaltung von Vertragsverhältnissen einzuwirken."*

zielführend; nicht jede Information erlaubt ohne Weiteres die Vergabe eines sinnvollen Datums.[1544] Der Ersteller einer Datei kann sich zudem der von *Mayer-Schönberger* intendierten Reevaluierung der Informations-Relevanz entziehen, indem er zur Vergabe von „Unendlichkeits"-Verfallsdaten übergeht.[1545] Auch gegen sog. Datenschatten – ohne Wissen des Betroffenen erstellte Daten – erweisen sich Verfallsdaten als wirkungslos;[1546] gleiches gilt für die Gefahr der analogen Lücke: Mit Verfallsdatum versehene Informationen können ebenfalls Opfer von Momentaufnahmen – z.B. per Screenshot – werden.[1547]

Aufgrund zahlreicher praktischer Schwächen sollte auch der Verfallsdatenansatz *„eher als Diskussionsanstoß, nicht aber als Lösung des Problems verstanden werden"*.[1548]

1544 *Koops*, SCRIPTed Vol. 8, Issue 3, 2011, 1 (14): *„For some types of data, for example data for a concrete, contemporaneous context such as tweets or subsidy requests, this will be relatively easy, but for many types of data, users will have difficulty in foreseeing future use(s) or usefulness of the data. How long do you want a photograph to be on your Facebook page? How long do you think your blog will be interesting to read?"* Mit Zweifeln gegenüber der Auswahl sinnvoller Verfallsdaten auch *Ambrose/Friess/Van Matre*, SCLJ Vol. 29, 2012, 1 (21). Einige bescheinigen dem Verfallsdatenansatz einem grundlegenden menschlichen Bedürfnis nach der Bewahrung der Vergangenheit entgegenzulaufen, *Weber*, JIPITEC 2011, 120 (127): *„Furthermore, the proposal of "expiration dates" also seems to be inadequate and deficient in and of itself since the approach focuses on self-censorship or a lack thereof, contradicting the human desire to chronicle life (to the smallest and most trivial detail) and to immortalize previously fleeting memories."*

1545 *Koops*, SCRIPTed Vol. 8, Issue 3, 2011, 1 (14).

1546 *Koops*, SCRIPTed Vol. 8, Issue 3, 2011, 1 (15).

1547 *Nolte*, ZRP 2011, 236 (237). Zum Problem der analogen Lücke ausführlich *C. II. 1. B) Die analoge Lücke.*

1548 So auch das Fazit von *Nolte* zum sog. *„digitalen Radiergummi"*, ZRP 2011, 236 (238). Auch mit diesem 2011 von der ehemaligen Bundesverbraucherschutzministerin *Aigner* vorgestellten Lösungsansatz sollten Daten mit einem festgelegten Verfallsdatum versehen werden, nach dessen Überschreiten sich die betroffenen Daten nicht mehr einsehen lassen sollten, *Nolte*, ZRP 2011, 236 (237).

F. Clash of Civilizations – Chancen einer transatlantischen Initiative

Der mit dem *Google-Urteil* verankerte *Delisting*-Ansatz bietet den Vorteil, in immerhin 28 Staaten zur Geltung zu gelangen, bleibt aber i.E. ein regional begrenzter Lösungsansatz. Das Internet stellt jedoch ein globales Medium zur Kommunikation dar,[1549] so dass die Regulierung internetbezogener Sachverhalten nach einem größeren Lösungsansatz verlangt;[1550] einer Initiative zur weltweiten Gewährleistung von Vergessenwerden im Internet werden jedoch nur geringe Aussichten auf Erfolg zugestanden.[1551] Da im kalifornischen *Silicon Valley* einige der größten und bekanntesten Datenverarbeiter beheimatet sind,[1552] könnte sich ein abgestimmtes Vorgehen zwischen den USA und der EU anbieten, um die Durchsetzungschancen des Vergessens im Internet zu stärken. Überdies wird auch von immer mehr US-Amerikanern berichtet, die einen Kontrollverlust über ihre persönlichen Informationen beklagen.[1553]

Mit der Vorstellung des Kommissionsentwurfs einer Datenschutzgrundverordnung am 25. Januar 2012 wurde das Recht auf Vergessenwerden endgültig[1554] auch in den Vereinigten Staaten zum Diskussi-

---

1549 *C. II. 2. Globales Kommunikationsmedium: Strukturelle Hindernisse und Aufhebung von territorialen Grenzen.*

1550 Vgl. nur *Schertz*, NJW 2013, 721 (722), der sich auf dem Gebiet des Persönlichkeitsschutzes für eine größere Harmonisierung auf EU-Ebene ausspricht.

1551 So die *ENISA* mit Bezug auf den Verfallsdaten-Lösungsansatz, The right to be forgotten – between expectations and practice, Seite 11: „*A word-wide legal mandate to respect data expiration dates, on the other hand, seems out of reach in the foreseeable future.*"

1552 Dazu gehören z.B. *Apple* (Cupertino), *Facebook* (Menlo Park) und *Google* (Mountain View).

1553 *Carlton*, JCRED Vol. 16, Issue 2, 2002, 393 (394).

1554 2009 hatte *Mayer-Schönberger* das Buch „*Delete – The Virtue of Forgetting in the Digital Age*" veröffentlicht, *Nolte*, ZRP 2011, 236 (236); bereits im März 2007 onsgegenstand,[1555] und rief dort vor allem ablehnende Reaktionen hervor.[1556] Die Idee wurde als *„foggy thinking“*[1557] verschrien oder sogar als größte Bedrohung der Meinungsfreiheit im Internet im 21. Jahrhundert angesehen.[1558] Parallel dazu bemühten sich US-amerikanische Unternehmen und die US-amerikanische Bundesregierung früh um eine Abschwächung der Datenschutzgrundverordnung.[1559] Ablehnung folgte gleichermaßen auch auf das am 13. Mai 2014 ergangenen *Google-Urteil*.[1560]

Auch auf europäischer Seite bestehen erhebliche Vorbehalte gegenüber der US-amerikanischen Seite: Verbreitet ist die Annahme, dass in den USA generell die Äußerungsfreiheiten Vorrang vor dem Persönlichkeitsschutz genießen.[1561] Zudem belastet seit den Enthüllungen *Edward Snowdens* ein anhaltendes Misstrauensklima das euro-

---

veröffentlichte *Mayer-Schönberger* zudem den Aufsatz *„Useful Void: The Art of Forgetting in the Age of Ubiquitous Computing“*.

1555 Vgl. nur die Beiträge von *Ambrose*, Speaking of Forgetting: Analysis of Possible Non-EU Responses to the Right to Be Forgotten and Speech Exception; *dies.*, STLR Vol. 16, No. 2, 2013, 369; *Bennett*, BJIL, Vol. 30, Issue 1, 2012, 161; *Rosen*, Stan. L. Rev. Online, Vol. 64, 2012, 88; *Shoor*, Brook. J. Int'l L., Vol. 39:1, 2014, 487; *Walker*, Hastings Law Journal, Vol. 64, 2012, 257; *Werro*, in: Liability in the third millennium, Seite 285. Bereits am 9. März 2011 mit einem Diskussionsbeitrag: *Fleischer*, *„Foggy thinking about the Right to Oblivion“*.

1556 Einen Überblick über die auf die Vorstellung des ersten DS-GVO-E folgenden Reaktionen liefert *Bennett*, BJIL, Vol. 30, Issue 1, 2012, 161 (164 ff.).

1557 *Fleischer*, *„Foggy thinking about the Right to Oblivion“*.

1558 *Rosen*, Stan. L. Rev. Online, Vol. 64, 2012, 88 (88): *„Although Reding depicted the new right as a modest expansion of existing data privacy rights, in fact it represents the biggest threat to free speech on the Internet in the coming decade.“* Noch weiter in ihrer Kritik geht die Gastprofessorin der Brooklyn Law Scholl *Yakowitz*: Das mit Beginn der europäischen Datenschutzreform geplante Recht auf Vergessenwerden bevorzugt aus ihrer Sicht ohne jede Hinterfragung die Interessen derjenigen, deren Daten verarbeitet werden; *dies.* erkennt im Datenschutzansatz der EU vor allem das Verlangen, technologische Entwicklungen anzuhalten, Forbes, 25. Januar 2012, *„More Bad Ideas from the E.U.“*.

1559 *O'Brien*, New York Times, 25. Januar 2013, *„Silicon Valley Companies Lobbying Against Europe's Privacy Proposals“*.

1560 Vgl. McCarthy, GRUR-Int. 2016, 604 (606); *DIVSI*, das Recht auf Vergessenwerden, Seite 26.

1561 *Jahn*, FAZ.net vom 22. September 2015, *„Recht auf Vergessen werden“ – So zeigt Google auch die versteckten Seiten“*.

päisch-amerikanische Verhältnis.[1562] Ihren vorläufigen Höhepunkt erreichten diese transatlantischen Spannungen mit dem Urteil des EuGH vom 6. Oktober 2015, durch welches die Entscheidung der Europäischen Kommission vom 26. Juli 2000 gemäß der Richtlinie 95/46/EG des Europäischen Parlaments und des Rates über die Angemessenheit des von den Grundsätzen des „sicheren Hafens“ und der diesbezüglichen „Häufig gestellten Fragen“ (FAQ) gewährleisteten Schutzes („*Safe Harbor-Entscheidung*“) für ungültig erklärt wurde.[1563]

1562 Die Enthüllungen *Snowdens* über die Überwachungsprogramme US-amerikanischer Geheimdienste riefen bei US-amerikanischen Unternehmen Befürchtungen vor Verlusten im europäischen Raum hervor, *Kerry*, Brookings Mai 2014, 1 (5). US-Amerikanische Dienstleister mussten das Entgleiten erheblicher Marktanteile aufgrund der Abwanderung europäischer Kunden befürchten; bis zum Jahre 2016 drohten ihnen Schätzungen zufolge Verluste i.H.v. ca. 22 Milliarden US-Dollar (im günstigsten Falle) bzw. 180 Milliarden US-Dollar (im schlimmsten Fall), *Kerry*, a.a.O.; *Castro*, ITIF, 5. August 2013 „*How Much Will PRISM Cost the U.S. Cloud Computing Industry*", ITIF vom 5. August 2013; *Staten*, Forrester Blogs, 14. August 2013, „*The Cost of PRISM Will Be Larger Than ITIF Projects*".
Über die drohenden wirtschaftlichen Einbußen hinaus forderte das EU-Parlament in einer Entschließung vom 23. Oktober 2013 die Aussetzung des Abkommens zwischen der EU und den USA über die Verarbeitung von Zahlungsverkehrsdaten und deren Übermittlung aus der Europäischen Union in die USA für die Zwecke des Programms zum Aufspüren der Finanzierung des Terrorismus, veröffentlicht im Amtsblatt der Europäischen Union vom 27. Juli 2010, L 195/5 („*Swift-Abkommen*“), Handelsblatt vom 12. Februar 2014, „*NSA-Affäre: EU-Parlament will Datenschutzabkommen mit USA kündigen*“, abrufbar unter http://www.handelsblatt.com/politik/international/nsa-affaere-eu-parlament-will-datenschutzabkommen-mit-usa-kuendigen/v_detail_tab_print/9473778.html (zuletzt abgerufen am 5. September 2017); die Entschließung P7_TA(2013)0449 des europäischen Parlaments vom 23. Oktober 2013 ist abrufbar unter http://www.europarl.europa.eu/sides/getDoc.do?pubRef=-//EP//TEXT+TA+P7-TA-2013-0449+0+DOC+XML+V0//DE (zuletzt abgerufen am 5. September 2017), das *Swift-Abkommen* kann unter http://www.bfdi.bund.de/SharedDocs/Publikationen/GesetzeVerordnungen/AbkommenEU_USA_Swift.pdf?__blob=publicationFile (zuletzt abgerufen am 5. September 2017) eingesehen werden. Zudem forderte bspw. der ehemalige hessische Justizminister *Jörg-Uwe Hahn* einen Boykott derjenigen amerikanischen Dienstleister, die der National Security Agency („*NSA*“) Nutzerdaten zur Verfügung stellten, *Neuerer*, Handelsblatt vom 7. Juni 2013, „*Konsequenzen gefordert - Internet-Bespitzelung alarmiert Deutschland*“.

1563 EuGH, Urteil vom 6. Oktober 2015 – C-362/14 (*Schrems*) = NJW 2015, 3151. Die europäischen Datenschutzvorgaben wirkten von Beginn an bis in die Vereinigten Staaten hinein und stellten US-amerikanische Unternehmen, die aus dem europäischen Raum stammende Daten verarbeiteten, vor nicht unerhebliche

Um die Erfolgsaussichten eines gemeinsamen europäisch-amerikanischen Vorgehens beurteilen zu können, wird im Folgenden unter-

---

Probleme, *Levin/Nicholson*, UOLTJ 2005, 357 (377). Nach Art. 25 Abs. 1 DSRL sehen die Mitgliedsstaaten der EU vor, dass eine Übermittlung personenbezogener Daten in ein Drittland zulässig ist, sofern dieses Land ein angemessenes Schutzniveau gewährleistet. Kriterien zur Bestimmung eines angemessenen Schutzniveaus liefert Art. 25 Abs. 2 DSRL; wird die Nichtgewährleistung angemessenen Schutzes festgestellt, müssen Maßnahmen ergriffen werden um Datentransfers in das betroffene Land zu unterbinden, Art. 25 Abs. 4 DSRL. Der Erlass der Datenschutzrichtlinie stellte sowohl die europäische als auch die amerikanische Seite vor das Problem, dass den USA kein angemessenes Schutzniveau i.S.d. Art. 25 Abs. 1 DSRL attestiert werden konnte, so dass zu befürchten war, dass sämtlichen Datenübertragungen aus der EU in die USA ein Riegel vorgeschoben werden würde, *Räther/Seitz*, MMR 2002, 425 (427).
Nach Art. 25 Abs. 6 DSRL kann die Kommission feststellen, dass in einem Drittland ein angemessenes Niveau für den Schutz der Privatsphäre, der Freiheiten und Grundrechte i.S.d. Art. 25 Abs. 2 DSRL gewährleistet ist. Mit der Safe Harbor Entscheidung wurde sichergestellt, dass personenbezogene Daten weiterhin in die Vereinigten Staaten übermittelt werden konnten. Der Safe Harbor Entscheidung gingen intensive Verhandlung zwischen der damaligen EG-Kommission und der amerikanischen Regierung voraus, Simitis/*Simitis*, § 4b BDSG, Rn. 70. Wollten US-amerikanische Unternehmen Daten aus der EU empfangen, mussten sie sich zuvor gegenüber der zuständigen US-amerikanischen Behörde verpflichten, die entsprechend den *Frequently Asked Questions* umgesetzten Safe Harbor Grundsätze einzuhalten (Art. 1 Abs. 2 Safe Harbor Entscheidung), Gola/Schomerus/*Gola/Klug/Körffer*, § 4b BDSG, Rn. 15. Sobald das Unternehmen dem *United States Department of Commerce* („*DOC*" bzw. „*Handelsministerium der Vereinigten Staaten*") seinen Beitritt zu den Safe Harbor Grundsätzen angezeigt hatte und in die Safe Harbor Liste aufgenommen wurde, musste es die Praktizierung der nunmehr verbindlichen *Safe Harbor Privacy Principles* gewährleisten, *Räther/Seitz*, MMR 2002, 425 (428). Ob die selbst zertifizierten Voraussetzungen tatsächlich erfüllt wurden, wurde nicht geprüft, Simitis/*Simitis*, § 4b BDSG, Rn. 75.
Die Safe Harbor Übereinkunft bot amerikanischen Unternehmen den Vorteil, dass ihnen durch den Beitritt zur Safe Harbor Liste keine Nachteile aufgrund von Art. 25 DSRL mehr drohten, *Räther/Seitz*, MMR 2002, 425 (428). Allerdings wurde die Safe Harbor Entscheidung lange Zeit als unzureichend kritisiert; bemängelt wurde neben der ausbleibenden Überprüfung der *Safe Harbor Privacy Principles* insbesondere die drohende Aushöhlung des mit der Datenschutzrichtlinie angestrebten Schutzstandards, vgl. Simitis/*Simitis*, § 4b BDSG, Rn. 73 ff. m.w.N.
Die Verhandlungen über eine neue Übereinkunft zum Datenaustausch dauerten nach der EuGH-Entscheidung vom 6. Oktober 2015 zunächst weiter an, *Peintinger*, ZD-Aktuell 2016, 04172, bis zwischen den Vereinigten Staaten und der EU-Kommission am 2. Februar 2016 eine Einigung über das sog. „*Privacy Shield*"-Abkommen erzielt wurde, *Grau/Granetzny*, NZA 2016, 405 (405).

sucht, ob und inwieweit ein Recht auf Vergessenwerden in den Vereinigten Staaten von Amerika umsetzbar wäre.

I. Unterschiedliche Vorstellungen auf beiden Seiten

Welche Informationen dem Zugang der Öffentlichkeit unterliegen und welche dem geschützten Privatbereich angehören, kann in jeder Gesellschaft unterschiedlich beurteilt werden.[1564] Das größte Hindernis für eine transatlantische Zusammenarbeit könnte darin liegen, dass die Vorstellungen über die Regelung menschlicher Online-Aktivität zu weit auseinanderfallen[1565] und den vom Recht auf Vergessenwerden berührten Positionen – die Äußerungsfreiheiten einerseits, der Schutz des Privatlebens (innerhalb dieses Abschnittes auch als „*Privacy*“ bezeichnet) andererseits – zu unterschiedliche Stellenwerte zukommen.

Sprechen Europäer und Amerikaner über *Privacy*, verstehen sie darunter oftmals verschiedene Gewährleistungen;[1566] die Frage, was zum geschützten *Privacy*-Bereich gehört, offenbarte in der Vergangenheit bereits tiefe Gräben zwischen US-amerikanischer und europäischer Seite.[1567] Für Personen, die nur mit dem kontinental-europäischen Recht vertraut sind, erscheint es oft so, als sei das Rechtssystem

1564 *Masing*, NJW 2012, 2305 (2310); *Whitman*, The Yale Law Journal, Vol. 113, 2003-2004, 1151 (1153).

1565 *Cellan-Jones*, BBC News, 15. Mai 2014: „*And the cultural divide between Europe and the US appears wider than ever, with two very different views of how we should live our lives online.*“

1566 *Walker*, Hastings Law Journal, Vol. 64, 2012, 257 (270); zu den Schwierigkeiten im Umgang mit dem Begriff siehe auch *Spies*, ZD 2011, 12 (13). Erschwerend kommt hinzu, dass sich hinter dem Begriff *Privacy* in den USA – wie in Europa hinter dem Begriff „Privatleben“ – verschiedenste Inhalte verbergen können; ist von *Privacy* die Rede, wird selten zwischen den einzelnen, hinter dem Begriff stehenden Aspekten getrennt, vgl. ausführlich *Harper*, AICGS Policy Report 22, Seite 29 ff. Zum *Privacy*-Bereich gehören bspw. Autonomie und Vertraulichkeit, aber auch die Kontrolle persönlicher Informationen und die Eröffnung ihres Zugangs gegenüber Dritten, *DeVires*, BTLJ Vol. 18, Issue 1, 2003, 283 (285 ff., insbesondere 288).

1567 Vgl. nur *Whitman*, The Yale Law Journal, Vol. 113, 2003-2004, 1151 (1155): „*In fact, we are in the midst of significant privacy conflicts between the United States and the countries of Western Europe-conflicts that reflect unmistakable differences in sensibilities about what ought to be kept "private."* Mit Bezug auf die unterder USA offen für umfangreichste Persönlichkeitsverletzungen.[1568] Auf der anderen Seite können Erscheinungen des europäischen Rechts für US-Amerikaner verstörend wirken, da sie als Einschränkungen in fundamentale Rechte begriffen werden[1569] oder geradezu paternalistisch

schiedlichen Vorstellungen im Bereich des Datenschutzes *Bennett*, BJIL, Vol. 30, Issue 1, 2012, 161 (168 f.).

1568 *Whitman*, The Yale Law Journal, Vol. 113, 2003-2004, 1151 (1156).

1569 Bspw. wurden die Versuche, eine namentliche Erwähnung der Beteiligten am Mord des Schauspielers *Walter Sedlmayr* in Online-Archiven und *Wikipedia* (gerichtlich) zu unterdrücken, in den USA als unerträglicher Angriff auf das Recht der freien Meinungsäußerung angesehen, vgl. etwa *Krulwich*, Is The Right To Be Forgotten' The 'Biggest Threat To The Free Speech On The Internet'? („*In America, they'd be thrown out of court. We don't erase people out of history because they have a Right to Be Forgotten. That's a little too Orwellian. ("He who controls the past controls the future.") But privacy has more sway in Europe, and criminals in Germany do get their names expunged in certain circumstances. That case is still being argued.*"), *Rosen*, Stan. L. Rev. Online, Vol. 64, 2012, 88 (88) („*In America, by contrast, publication of someone's criminal history is protected by the First Amendment, leading Wikipedia to resist the efforts by two Germans convicted of murdering a famous actor to remove their criminal history from the actor's Wikipedia page.*"), sowie *Shoor*, Brook. J. Int'l L., Vol. 39:1, 2014, 487 (493) („*The German editors of Wikipedia removed the convicts' names from the German language site upon request, but the two men wanted their names removed from the site internationally as well. Claims of this nature would fail in the United States on First Amendment grounds, but the German editors of Wikipedia removed the content avoiding a lengthy lawsuit.*").
Einer der Verurteilten hatte sich u.a. gegen den Betreiber der Plattform „*www.dradio.de*" gewandt und gefordert, dass dieser es unterlassen solle, unter Angabe des Namens des Verurteilten über die Tat zu berichten. Noch bis ins Jahr 2007 war auf der Plattform ein Bericht aus dem Jahr 2000 über die Verurteilung der Täter im Jahr 1993 abrufbar, in welchem ihre vollständigen Namen genannt waren, BGH, Urteil vom 15. Dezember 2009 – VI ZR 227/08, Juris-Rz. 2, 3. Auch versuchten die Verurteilten die hinter der Online-Enzyklopädie *Wikipedia* stehende *Wikimedia Foundation* dazu zu bewegen, die Namen der Täter nicht mehr in den Einträgen über *Walter Sedlmayer* aufzuführen; als Reaktion darauf bereinigte der deutsche Wikipedia-Ableger den Eintrag über *Sedlmayer* und entfernte die entsprechenden Namen, *Schwartz*, New York Times, 12. November 2009, „*Two German Killers Demanding Anonymity Sue Wikipedia's Parent*". Versuche, die amerikanische *Wikimedia Foundation* dazu zu zwingen, die Namen auch aus den englischsprachigen *Wikipedia*-Datenbanken zu entfernen, bescheinigten amerikanische Autoren keine Aussicht auf Erfolg, vgl. *Schwartz*, a.a.O.; *Shoor*, a.a.O.; *Rosen*, a.a.O.
Amerikanische Quellen übersehen bei ihrer Auseinandersetzung mit den jüngeren *Sedlmayer*-Fällen aber, dass die Klage auf Unterlassung gegen *www.dradio.de* schon im Dezember 2009 vor dem BGH scheiterte, wo dem Kläger nach Abwä-

erscheinen.[1570] Vorbehalte gegenüber dem Recht der jeweils anderen Seite können eine nicht zu unterschätzende Gefahr für die erforderliche Zusammenarbeit bedeuten. Schon zum Ende des 20. Jahrhunderts gefährdeten Auseinandersetzungen im Bereich des Verbraucherdatenschutzes den transatlantischen Handelsverkehr[1571] und in der jüngeren Vergangenheit belasteten die Enthüllungen des US-amerikanischen Whistleblowers *Edward Snowden* den Austausch von Informationen und Dienstleistungen zwischen den USA und der EU.[1572] Die Hintergründe zu begreifen, warum eine Idee in einem anderen Teil der Welt womöglich einen anderen Stellenwert als in Europa genießt, ist der Schlüssel zur transatlantischen Zusammenarbeit auf dem Gebiet des Rechts auf Vergessenwerden und zur Vermeidung eines weiteren Handelskonfliktes.[1573]

---

gung seines Persönlichkeitsrechtes gegen das von der Beklagten angestrebte Informationsinteresse der Öffentlichkeit und ihrem Recht auf freie Meinungsäußerung kein Anspruch auf Unterlassung zugesprochen wurde, BGH, Urteil vom 15. Dezember 2009 – VI ZR 227/08, Juris-Rz. 7 ff. Auch im deutschen *Wikipedia*-Auftritt werden die Namen der Täter wieder vollständig genannt, https://de.wikipedia.org/wiki/Walter_Sedlmayr#Ermordung (zuletzt abgerufen am 5. September 2017).

1570 *Whitman*, The Yale Law Journal, Vol. 113, 2003-2004, 1151 (1158): „*There are numerous aspects of European law that can seem not only ridiculous, but somewhat shocking to Americans. For example, continental governments assert the authority to decide what names parents will be permitted to give their children-a practice affirmed by the European Court of Human Rights as recently as 1996. This is an application of state power that Americans will view with complete astonishment, as a manifest violation of proper norms of the protection of privacy and personhood.*“

1571 *Whitman*, The Yale Law Journal, Vol. 113, 2003-2004, 1151 (1156): „*These are clashes in attitude that go well beyond the occasional social misunderstanding. In fact, they have provoked some tense and costly transatlantic legal and trade battles over the last decade and a half. Thus, the European Union and the United States slid into a major trade conflict over the protection of consumer data in the 1990s, only problematically resolved by a 2000 "safe harbor" agreement. Europeans still constantly complain that Americans do not accept the importance of protecting consumer privacy.*“ Ferner *Reidenberg*, Hous. L. Rev., Vol. 38 (2001-2002), 717 (718).

1572 *F. Clash of Civilizations – Chancen einer transatlantischen Initiative.*

1573 Zur Bedeutung eines vertieften Verständnisses der unterschiedlichen Vorstellungen vgl. *Whitman*, The Yale Law Journal, Vol. 113, 2003-2004, 1151 (1160). Die Vorbehalte und Vorwürfe der Europäer gegenüber dem amerikanischen *Privacy*-Verständnis sind keinesfalls neu, sondern können seit (min.) 1903 beob-

1. Historische Entwicklungen

Das Recht auf Vergessenwerden wird oft als kontinentaleuropäische Idee mit Wurzeln im französischen Recht begriffen.[1574] In den USA unterliege es anderen Rahmenbedingungen als in der EU,[1575] da hier der freien Meinungsäußerung ein höherer Stellenwert zukomme, während in Europa Persönlichkeitsrechte vorrangig seien.[1576]

Die Rechtssysteme in Kontinentaleuropa und den Vereinigten Staaten entwickelten sich unter unterschiedlichen Voraussetzungen, die bis in die heutige Zeit nachwirken.[1577] So lässt sich der besondere Stellenwert der Meinungsfreiheit in den USA darauf zurückführen, dass die eigene Staatsgründung auch als Reaktion auf Unterdrückung und Versuche zur Beschränkung der Meinungsfreiheit durch Großbritannien erfolgte.[1578] Als Konsequenz zeichnete ein ausgeprägtes Misstrauen gegenüber einer zentralen Staatsgewalt die Entwicklung des

---

achtet werden; wenngleich in Europa diese Annahme verbreitet ist, trifft es doch nicht zu, dass US-Amerikanern der Schutz der Persönlichkeit gleichgültig ist, *ders.*, The Yale Law Journal, Vol. 113, 2003-2004, 1151 (1157 f., 1162).

1574 *Rosen*, J. On Telecomm. & High Tech L. Vol. 9 2011, 345 (346): „*This is an extremely French notion. In America we want to be remembered; the French want to be forgotten. It's straight out of Sartre.*" *Lagone*, The Right to Be Forgotten: A Comparative Analysis, Seite 5 f.; *Shoor*, Brook. J. Int'l L., Vol. 39:1, 2014, 487 (495); *Walker*, Hastings Law Journal, Vol. 64, 2012, 257 (272); *B. I. 1. The Right to Oblivion.*

1575 *Antani*, The Resistance of Memory: Could the European Union's Right to be Forgotten Exist in the United States?, Seite 14.

1576 *Antani*, The Resistance of Memory: Could the European Union's Right to be Forgotten Exist in the United States?, Seite 14; *Shoor*, Brook. J. Int'l L., Vol. 39:1, 2014, 487 (492 f.): „*The approach to privacy by these European countries, particularly France and Germany, is "diametrically opposed" to the United States' approach. Where the United States values the First Amendment protections of freedom of expression far more than individual privacy, European countries place a greater premium on individual privacy.*"

1577 *Antani*, The Resistance of Memory: Could the European Union's Right to be Forgotten Exist in the United States?, Seite 14; *Whitman*, The Yale Law Journal, Vol. 113, 2003-2004, 1151 (1160): „*What we must acknowledge, instead, is that there are, on the two sides of the Atlantic, two different cultures of privacy, which are home to different intuitive sensibilities, and which have produced two significantly different laws of privacy.*"

1578 *Lagone*, The Right to Be Forgotten: A Comparative Analysis, Seite 2; *Harper*, AICGS Policy Report 22, Seite 32.

US-amerikanischen Rechts.[1579] Aufbauend auf *John Stuart Mills* Vorstellung von einem Marktplatz der Ideen wird der erste Verfassungszusatz[1580] – die Garantie der freien Presse („*freedom of the press*") und freien Meinungsäußerung („*freedom of speech*") – als beinah unverletzlich angesehen.[1581]

Die Ursache dafür, dass Europäern mehr am Schutz ihres Privatlebens als am Schutz ihrer Meinungsfreiheit gelegen ist, wird dagegen teilweise auf die Erfahrungen des Nationalsozialismus zurückgeführt.[1582] Da die europäische Bevölkerung erlebte, wie die Nationalsozialisten ihre Gegner in ganz Kontinentaleuropa durch ein System aus Massenüberwachung und Datensammlung aufspürten, sensibilisierte

---

1579 *Werro*, in: Liability in the third millennium, Seite 299; vgl. auch *Harper*, AICGS Policy Report 22, Seite 32: „*The nation was founded in a revolution against what was viewed as the oppressive and out-of-touch government of King George's Britain. The Founding Fathers, authors of the Declaration of Independence and the Constitution, were students of the Enlightenment thinkers. They adopted the English common law, but otherwise designed a radically different governmental system from England's—with limited national authority, and with branches of government, and levels of government, pitted against one another for power. This was intended to leave maximal freedom and responsibility to individuals.*"

1580 Vgl. erneut Amendment I (1791):
„*Congress shall make no law respecting an establishment of religion, or prohibiting the free exercise thereof; or abridging the freedom of speech, or of the press; or the right of the people peaceably to assemble, and to petition the Government for a redress of grievances.*"

1581 *McCarthy*, GRUR Int. 2016, 604 (608).

1582 Vgl. nur *Monahan*, Law & Pol'y Int'l Bus. Vol. 29, 1998, 275 (283): „*Fueled by memories of the Third Reich's use of personal data to track targeted populations, European nations have long treated privacy as a fundamental human right. Given this initial perspective, European nations weigh the right to privacy against the right to public access to information in a much different light than the United States does.*" Ferner *Salbu*, J. Transnat'l L. Vol. 35, 2002, 655 (666); *Lagone*, The Right to Be Forgotten: A Comparative Analysis, Seite 2. Mit Bezug auf Deutschland so wohl auch *Shoor*, Brook. J. Int'l L., Vol. 39:1, 2014, 487 (496). In Deutschland kommen überdies die Erfahrungen mit der systematischen Überwachung durch das Ministerium für Staatssicherheit („*Stasi*") hinzu, welches massive Verletzungen von Persönlichkeitsrechten verübte, vgl. hierzu SUG-Kommentar *Stoltenberg/Bossack*, Einleitung, Rn. 1; insbesondere der unter diesen Maßnahmen leidenden Bevölkerungsteil der „neuen" Bundesländern wurde als Konsequenz für Fragen nach dem richtigen Umgang mit personenbezogenen Daten sensibilisiert, *Abel*, DtZ 1991, 112 (112).

sie dies besonders für den Persönlichkeitsschutz.[1583] Zutreffend daran ist zwar, dass der Persönlichkeitsschutz in Europa nach Überwindung des NS-Systems gestärkt wurde, doch liegt der Ursprung für die auseinanderfallende Gewichtung von Äußerungsfreiheiten und Privatsphäreschutz weiter in der Vergangenheit zurück.[1584]

Das europäische Recht wurde in seiner Entwicklung entscheidend durch die französische Auffassung von Ehre und die deutsche Vorstellung von Autonomie und Selbstbestimmung geprägt.[1585] Ein Beispiel dafür ist der Schutz des Privatlebens durch Art. 8 EMRK, welcher von der französischen *Privacy*-Tradition – dem Schutz des Bürgers und seines Ansehens vor dem Eindringen von außen – inspiriert wurde.[1586] Während der Schutz des Privatlebens in Europa Ausprägung des Schutzes menschlicher Würde ist, wird *Privacy* in den Vereinigten Staaten als Erscheinungsform der Freiheit verstanden.[1587]

1583 *Salbu*, J. Transnat'l L. Vol. 35, 2002, 655 (666); kritisch dagegen *Whitman*, The Yale Law Journal, Vol. 113, 2003-2004, 1151 (1165). Die Geheime Staatspolizei („*Gestapo*") beschäftigte in der NS-Ära zum Teil über 30.000 Mitarbeiter und leistet durch ein System flächendeckender Überwachung und Ausspähung einen nicht unerheblichen Beitrag zum Machterhalt der Nationalsozialisten, *Masing*, NJW 2012, 2305 (2305).

1584 Vgl. nur die Untersuchung der Entwicklung des deutschen Persönlichkeitsschutzes von *Whitman*, The Yale Law Journal, Vol. 113, 2003-2004, 1151 (1186 ff.).

1585 *Shoor*, Brook. J. Int'l L., Vol. 39:1, 2014, 487 (500): „*The differences can also be explained by looking to socio-political differences between Europe and the United States; U.S. law developed critical of centralized power, while European law originates from social traditions of aristocracy, honor, and autonomy.*" Ferner *Werro*, in: Liability in the third millennium, Seite 299. Vertiefend zur Entwicklung der beiden kontinentalen Strömung vgl. *Whitman*, The Yale Law Journal, Vol. 113, 2003-2004, 1151 (1171 ff. [französisches Recht], 1180 ff. [deutsches Recht]). Ein Blick auf die deutsche und französische Rechtstradition eignet sich besonders gut zum Verständnis des europäischen Persönlichkeitsschutzes, da es sich dabei um die dominierenden Rechtsströmungen auf dem Kontinent handelt, *Shoor*, Brook. J. Int'l L., Vol. 39:1, 2014, 487 (493); *Whitman*, The Yale Law Journal, Vol. 113, 2003-2004, 1151 (1164).

1586 *Walker*, Hastings Law Journal, Vol. 64, 2012, 257 (270). Art. 8 Abs. 1 EMRK findet sich nahezu wortgleich in Art. 7 GRCh wieder.

1587 *Lagone*, The Right to Be Forgotten: A Comparative Analysis, Seite 2: „*Europe considers privacy to be a personality right predicated on dignity, which attaches to a person rather than his or her property. In other words, Europeans view privacy as essential to personal dignity while Americans view privacy as a liberty.*"; *Walker*, Hastings Law Journal, Vol. 64, 2012, 257 (270); *Whitman*, The Yale Law Journal, Vol. 113, 2003-2004, 1151 (1160 f.).

In diesen unterschiedlichen Grundverständnissen ist der Ursprung eines immer wieder aufflammenden Konfliktes angelegt:[1588] Die größte Bedrohung der Persönlichkeit nach europäischem Verständnis geht von den Medien aus, die durch Veröffentlichung von Informationen die Würde des Einzelnen in der Öffentlichkeit herabzusetzen drohen,[1589] wohingegen *Privacy* nach US-amerikanischem Verständnis primär den Schutz vor staatlichem Eindringen bezweckt.[1590] Diese unterschiedlichen Konzepte haben nicht bloß zur Folge, dass die Auffas-

---

Falsch wäre es aus unterschiedlichen Gewichtungen darauf zu schließen, dass freiheitliche Aspekte in Europa ohne Bedeutung sind. Freiheit spielt auch im europäischen Persönlichkeitsschutz eine Rolle, doch wird Freiheit dort auf andere Art und Weise verstanden als in Amerika. In Deutschland bspw. wird Freiheit diesbzgl. nicht als bloße Freiheit von staatlicher Unterdrückung, sondern als Freiheit zur Entfaltung und Selbstverwirklichung des Einzelnen begriffen, *Whitman*, The Yale Law Journal, Vol. 113, 2003-2004, 1151 (1181): „*Where Americans often think of "freedom" as opposed primarily to tyranny, nineteenth-century Germans often thought of "freedom" as opposed primarily to determinism. To be free was, in the first instance, not to be free from government control, nor to be free to engage in market transations. Instead, to be free was to exercise free will, and the defining characteristic of creatures with free will was that they were unpredictably individual, creatures whom no science of mechanics or biology could ever capture in their full richness.*"

1588 *Whitman*, The Yale Law Journal, Vol. 113, 2003-2004, 1151 (1160 f.). Instruktiv setzt dieser sich dieser am Beispiel Deutschlands auch mit der Behauptung auseinander, dass der größere Stellenwert und Schutz des Persönlichkeitsrechtes in Europa als Reaktion auf die NS-Zeit entstand. Etwa anhand einer *Palandt*-Passage aus dem Jahr 1944 zu § 823 BGB lässt sich danach belegen, dass selbst im nationalsozialistischen Deutschland bereits ein – ideologisch auf den „Volkskameraden" beschränktes – allgemeines Persönlichkeitsrecht geschützt wurde. Der Persönlichkeitsschutz entstand nicht erst als Reaktion auf den Nationalsozialismus, sondern wurde vielmehr als Reaktion auf diese düstere Epoche verstärkt, *ders.*, The Yale Law Journal, Vol. 113, 2003-2004, 1151 (1188 f.).

1589 *Walker*, Hastings Law Journal, Vol. 64, 2012, 257 (270); *Whitman*, The Yale Law Journal, Vol. 113, 2003-2004, 1151 (1161). Im Zentrum der europäischen Privacy Rechte steht aber aus Sicht *Whitmans* gerade das Recht, das eigene Bild in der Öffentlichkeit zu kontrollieren: „*Continental privacy protections are, at their core, a form of protection of a right to respect and personal dignity. The core continental privacy rights are rights to one's image, name, and reputation, and what Germans call the right to informational self-determination-the right to control the sorts of information disclosed about oneself. These are closely linked forms of the same basic right: They are all rights to control your public image-rights to guarantee that people see you the way you want to be seen.*"

1590 *Walker*, Hastings Law Journal, Vol. 64, 2012, 257 (270); *Whitman*, The Yale Law Journal, Vol. 113, 2003-2004, 1151 (1161 f.).

sung über das Vorliegen einer Persönlichkeitsverletzung auseinander fallen.[1591] Ein an Würde und Kontrolle des eigenen Bildes ausgerichteter Persönlichkeitsschutz kollidiert neben der Meinungsfreiheit auch zwangsweise mit weiteren fundamentalen US-amerikanischen Werten: Der freien Presse und dem freien Markt.[1592]

2. Amerikanischer Privacy-Schutz

Der amerikanische *Privacy*-Schutz erfolgt auf den unterschiedlichen Ebenen von Verfassungsrecht, *Common Law* und *Statute Law*.[1593] Welches Recht einschlägig ist, hängt zumeist davon ab, ob privates (größtenteils *Common Law*; teilweise kodifiziertes Recht) oder staatliches Handeln (Verfassungsrecht) vorliegt.[1594]

1591 *Whitman*, The Yale Law Journal, Vol. 113, 2003-2004, 1151 (1162): „*Such is the contrast that lies at the base of our divergent sensibilities about what counts as a "privacy" violation. On the one hand, we have an Old World in which it seems fundamentally important not to lose public face; on the other, a New World in which it seems fundamentally important to preserve the home as a citadel of individual sovereignty*".

1592 *Whitman*, The Yale Law Journal, Vol. 113, 2003-2004, 1151 (1171, 1190); ferner *Werro*, in: Liability in the third millennium, Seite 299: „*One way to look at this divide is in terms of the cultural loci if trust: the Europeans trust in the government and distrust the market, while Americans take precisely the opposite view. In general, that is, Americans feel that increasing the flow of information to the government is more likely to result in abuse than tangible benefit and Europeans share a similar skepticism with respect to the market; protecting „privacy" in the vocabulary of both thus demands a shutting off of the flow of information to the institution that the respective society trusts the least.*"

1593 *Antani*, The Resistance of Memory: Could the European Union's Right to be Forgotten Exist in the United States?, Seite 15; *DeVires*, BTJL Vol. 18, Issue 1, 2003, 283 (285); *Harper*, AICGS Policy Report 22, Seite 32. Speziell zur Fragmentierung im Datenschutzbereich *Sotto/Simpson*, in: Data Protection & Privacy 2014, Seite 191.
Näher zum von der Legislative geschaffene *Statute Law* als zweite bedeutende Rechtsquelle des anglo-amerikanischen Rechtskreises vgl. *Blumenwitz*, Einführung in das anglo-amerikanische Recht, Seite 45 ff.

1594 *Harper*, AICGS Policy Report 22, Seite 32.

A) Privacy-Schutz auf Verfassungsebene

Auf Bundesebene enthalten weder die Verfassung von 1787,[1595] noch die späteren Verfassungszusätze eine ausdrückliche *Privacy*-Gewährleistung,[1596] wohingegen freie Presse und freie Meinungsäußerung durch den ersten Zusatzartikel zur US-Verfassung von 1791 geschützt sind.[1597] Das Fehlen einer ausdrücklichen *Privacy*-Normierung auf Verfassungsebene[1598] bedeutet nicht, dass auf Bundesverfassungsebene kein Persönlichkeitsschutz erfolgt. Weitgehend anerkannt ist, dass der

---

1595 Abrufbar unter http://www.senate.gov/civics/constitution_item/constitution.htm (zuletzt abgerufen am 5. September 2017).

1596 *Antani,* The Resistance of Memory: Could the European Union's Right to be Forgotten Exist in the United States?, Seite 14; *Wittmann,* ZaöRV 2013, 373 (379); *Werro,* in: Liability in the third millennium, Seite 291 f.

1597 Aus der Tatsache, dass die Äußerungsfreiheiten – anders als ein *right to privacy* – eine ausdrückliche Normierung in der Verfassung erfahren haben, wird darauf geschlossen, dass diesen in den USA mehr Bedeutung zukomme als dem Schutz der Privatsphäre, *Shoor,* Brook. J. Int'l L., Vol. 39:1, 2014, 487 (498).

1598 Anders als in den USA hat der Persönlichkeitsschutz ausdrücklichen Eingang in die Verfassungen vieler europäischer Staaten gefunden. Zu nennen sind etwa das deutsche Grundgesetz und die spanische Verfassung, *Monahan,* Law & Pol'y Int'l Bus. Vol. 29, 1998, 275 (283); *Salbu,* J. Transnat'l L. Vol. 35, 2002, 655 (666). Auf Unionsebene wird durch Art. 7 GRCh das Recht einer Person auf Achtung des Privatlebens, der Wohnung und ihrer Kommunikation geschützt.
Auf dem Gebiet des Datenschutzes beschritt die damalige EG mit dem Erlass der Datenschutzrichtlinie den Pfad persönliche Informationen durch umfassende gesetzliche Vorgaben anstatt durch unternehmerische Selbstverpflichtungen zu schützen, *Reidenberg,* Hous. L. Rev., Vol. 38 (2001-2002), 717 (718). Dem Erlass der Datenschutzrichtlinie ging ein jahrzehntelanges Ringen zwischen dem europäischen Parlament, den Mitgliedsstaaten der europäischen Gemeinschaft und der Europäischen Kommission voraus; mit der 1995 in Kraft getretenen Datenschutzrichtlinie wurden die wichtigsten Bestandteile der in vielen Mitgliedsstaaten bereits bestehenden Datenschutzgesetze kombiniert, *Simitis,* NJW 1997, 281 (281 f.). Anders als in den Vereinigten Staaten, wo die Verwendung personenbezogener Daten im Verhältnis zwischen Privaten in geringerem Umfang reguliert ist, erfasst das europäische Datenschutzregime auch diesen Bereich, *Levin/Nicholson,* UOLTJ 2005, 357 (357, 362).
Bis zum Inkrafttreten des Lissabon-Vertrages blieb dem Unionsrecht eine ausdrückliche grundrechtliche Datenschutz-Gewährleistungen fremd; mit Inkrafttreten dieses Vertrages erfolgte der Aufstieg zum eigenständigen Grundrecht in Gestalt von Art. 8 GRCh bzw. Art. 16 Abs. 1 AEUV, Callies/Ruffert/*Kingreen,* Art. 16 AEUV, Rn. 3. Zuvor wurde der Datenschutz auf europäischer Ebene lediglich als Ausprägung des nach Art. 8 EMRK geschützten Rechts auf Privatsphäre begriffen, GHN/*Sobotta,* Art. 16 AEUV, Rn 5 (Stand: 51. EL 2013).

vierte Verfassungszusatz,[1599] in dem sich das allgegenwärtige amerikanische Misstrauen gegenüber einer zentralen Staatsgewalt manifestiert,[1600] ein *right to privacy* garantiert.[1601] Dieses *right to privacy* soll

---

Deutschland nimmt im Bereich des Datenschutzes unter den europäischen Staaten eine Vorreiterstellung ein. Zum einen wurde das weltweit erste Datenschutzgesetz 1970 im deutschen Bundesland Hessen verabschiedet, MIT/*Scheja/Haag*, Teil 5, C., Rn. 5. Zum anderen prägte die Einflussnahme Deutschlands maßgeblich die Datenschutzrichtlinie und das Datenschutzkonzept der EU, *Spies*, AICGS 46 (2014), 1 (5); *ders.*, AICGS Policy Report 22, Seite 8.

1599 Amendment IV:
„*The right of the people to be secure in their persons, houses, papers, and effects, against unreasonable searches and seizures, shall not be violated, and no Warrants shall issue, but upon probable cause, supported by Oath or affirmation, and particularly describing the place to be searched, and the persons or things to be seized*".

1600 *Walker*, Hastings Law Journal, Vol. 64, 2012, 257 (270).

1601 *Whitman*, The Yale Law Journal, Vol. 113, 2003-2004, 1151 (1212); *Wittmann*, ZaöRV 2013, 373 (385 f.). Vgl. auch die *dissenting opinion* von *Louis D. Brandeis* in der Entscheidung Olmstead v. United States (1928), 277 U.S. 438, 478: „*The makers of our Constitution undertook to secure conditions favorable to the pursuit of happiness. They recognized the significance of man's spiritual nature, of his feelings, and of his intellect. They knew that only a part of the pain, pleasure and satisfactions of life are to be found in material things. They sought to protect Americans in their beliefs, their thoughts, their emotions and their sensations. They conferred, as against the Government, the right to be let alone -- the most comprehensive of rights, and the right most valued by civilized men. To protect that right, every unjustifiable intrusion by the Government upon the privacy of the individual, whatever the means employed, must be deemed a violation of the Fourth Amendment.*"
Dissenting opinion bezeichnet die abweichende persönliche Begründung eines einzelnen Richters, der mit der Entscheidung eines Kollegialgerichts nicht einverstanden ist, wohingegen *concurring opinion* eine mit der Mehrheitsentscheidung zwar im Ergebnis übereinstimmende, mit ihrer Begründung aber konfligierende Sonderbegründung meint, *Blumenwitz*, Einführung in das anglo-amerikanische Recht, Seite 39 f.
Gemeinsam mit *Samuel D. Warren* hatte *Brandeis* bereits 1890 in einem Artikel für die Harvard Law Review die Auffassung vertreten, dass das Common Law das Recht des Einzelnen schütze, grundsätzlich selbst zu entscheiden, ob und in welchem Umfang er seine Gedanken, Meinungen und Empfindungen anderen ggü. offenlegt, *Warren/Brandeis*, Harvard Law Review Vol. 4, 1890, 193 (198); *Walker*, Hastings Law Journal, Vol. 64, 2012, 257 (263); eine Übersetzung des Aufsatzes von *Warren/Brandeis* aus dem Englischen ins Deutsche ist abgedruckt in DuD 2012, 755. *Brandeis* und *Warren* waren zugleich die Ersten, die eine genauere Umschreibung des *right to privacy* lieferten, *DeVires*, BTLJ Vol 18, Issue 1, 2003, 283 (286); ferner *Lagone*, The Right to Be Forgotten: A Comparative Analysis, Seite 3.

vor staatlichen Eingriffen schützen, nicht aber Bedrohungen im Verhältnis zwischen Privaten abwehren[1602] oder den Schutz der Würde des Einzelnen garantieren.[1603] Der vierte Verfassungszusatz entfaltet Privatsphäreschutz gegenüber staatlichen Durchsuchungen nach Maßgabe der „*reasonable expectation of privacy*"-Formel.[1604] Entscheidend ist, ob eine Person in einer Situation tatsächlich Vertraulichkeit erwartete und ob diese Erwartung von der Gesellschaft als „begründet" angesehen wird.[1605] Das *right to privacy* greift umso eher ein, je deutlicher eine Verbindung zur Wohnung als der zentralen Verteidigungsstellung des Einzelnen gegen den Staat besteht, und nimmt mit zunehmender Entfernung zur Wohnung ab.[1606]

Zum vierten Verfassungszusatz als verfassungsrechtliche Datenschutzgrundlage vgl. *Lejeune*, CR 2013, 755 (755).

1602 *Levin/Nicholson*, UOLTJ 2005, 357 (362, 371).

1603 *Walker*, Hastings Law Journal, Vol. 64, 2012, 257 (270).

1604 *Harper*, AICGS Policy Report 22, Seite 32 f.; *Wittmann*, ZaöRV 2013, 373 (386). Die *reasonable expectation of privacy*-Formel hat ihren Ursprung in einer *concurring opinion* des US-Bundesrichters *John Marshall Harlan* in der Entscheidung *Katz v. United States* 389 U.S. 347 (1967); Wittmann, ZaöRV 2013, 373 (386, Fn. 67). Aufgegriffen wurde diese durch den US Supreme Court z.B. in *Kyllo v. United States*, 533 U.S. 27, 33 (2001): „*As Justice Harlan's oft-quoted concurrence described it, a Fourth Amendment search occurs when the government violates a subjective expectation of privacy that society recognizes as reasonable.*"

1605 *Harlan* interpretierte den vierten Verfassungszusatz folgendermaßen: „*As the Court's opinion states, "the Fourth Amendment protects people, not places." The question, however, is what protection it affords to those people. Generally, as here, the answer to that question requires reference to a "place." My understanding of the rule that has emerged from prior decisions is that there is a twofold requirement, first that a person have exhibited an actual (subjective) expectation of privacy and, second, that the expectation be one that society is prepared to recognize as "reasonable"*, *Katz v. United States*, 389 U.S. 347, 361 (1967).
Bspw. das Anfertigen von Wärmebildaufnahmen zur Feststellung, ob in einer bestimmten Wohnung Marihuana angebaut wird, scheiterte an den Anforderungen der *reasonable expectation of privacy*-Formel und führte dazu, dass die entstandenen Aufnahmen nicht im Prozess gegen den Anbauenden verwendet werden durften, *Kyllo v. United States*, 533 U.S. 27, 28, 40 (2001); *Harper*, AICGS Policy Report 22, Seite 33.

1606 *Whitman*, The Yale Law Journal, Vol. 113, 2003-2004, 1151 (1194, 1202, 1215); vgl. auch *Kyllo v. United States*, 533 U.S. 27, 40 (2001).

B) Privacy-Schutz zwischen Privaten

Auf der Ebene des US-amerikanischen Bundesstaates besteht grundsätzlich ein Schutz des Privatlebens nach Maßgabe des *right to privacy*.[1607] Im Zentrum der vorliegenden Arbeit steht jedoch ein gegen die Bedrohungen durch Private gerichtetes Recht auf Vergessenwerden, so dass sich die folgenden Ausführungen auf die *Privacy*-Gewährleistungen gegenüber dem Eindringen Privater konzentrieren.[1608]

AA) Privacy-Schutz im Common und Statute Law

AAA) Brandeis-Torts

Der *Privacy*-Schutz zwischen Privaten erfolgte ursprünglich auf Ebene des *Common Law*.[1609] Besonderen Anteil daran hatten *Louis D. Brandeis* und *Samuel D. Warren*, welche 1890 mit ihrem Aufsatz „*The Right to Privacy*" einen frühen Versuch wagten, ein Umdenken innerhalb der Rechtsprechung zu bewirken.[1610] Die Autoren sahen in den sich im späten 19. Jahrhundert verbreitenden Technologien, wie etwa der Fotografie, eine zunehmende Bedrohung für das menschliche Bedürfnis nach dem Rückzug des Einzelnen aus dem Licht der Öffentlichkeit und traten für die Anerkennung eines „*right to be let alone*" ein.[1611] Ihre Anregungen wurden im Laufe der Zeit durch die Rechtsprechung vieler Bundesstaaten aufgegriffen und führten (nach Ausdifferenzie-

1607 Zutreffend ist daher die Feststellung, dass die „*weit verbreitete Ansicht, den Amerikanern sei der informationelle Persönlichkeitsschutz fremd, ... unzutreffend* [ist]", da „[t]*he Right of Privacy*" *bzw.* „*The Freedom of Information*" *... in den USA anerkannte Grundrechte mit Verfassungsrang* [sind]", MIT/*Scheja*/*Haag*, Teil 5, C., Rn. 4.

1608 Der grundsätzlich gegenüber dem Staat bestehende *Privacy*-Schutz wurde der Vollständigkeit halber skizziert, kann jedoch keine vertieften Ausführungen erfahren, da dies den Rahmen der Bearbeitung sprengen würde.

1609 *Harper*, AICGS Policy Report 22, Seite 32, 34.

1610 *Harper*, AICGS Policy Report 22, Seite 35.

1611 Vgl. nur *Warren*/*Brandeis*, Harvard Law Review Vol. 4, 1890, 193 (195): „*Recent inventions and business methods call attention to the next step which must be taken for the protection of the person, and for securing to the individual what Judge Cooley calls the right "to be let alone."* *McNealy*, Northern Kentucky Law Review Vol. 39, Issue 2, 2012, 119 (124).

rung durch *Prosser* im *Second Restatement of Torts* 1960)[1612] zur Schaffung eines neuen Deliktstypus – der sog. „*invasion of privacy*".[1613] Die *invasion of privacy* kann durch vier verschiedene „*causes of actions*"[1614]

1612 *McNealy*, Northern Kentucky Law Review Vol. 39, Issue 2, 2012, 119 (125); zur Bedeutung des *Second Restatement of Torts* vgl. *Harper*, AICGS Policy Report 22, Seite 34. Auch wenn die Rechtsprechung mit der Anerkennung erster *Privacy-Torts* bereits wenige Jahre nach der Veröffentlichung des Aufsatzes von *Brandeis* und *Warren* begann, wurde die endgültige Anerkennung des *Right to Privacy* im *Common Law* erst Jahrzehnte später durch *William L. Prosser* ermöglicht. Dieser untersuchte die seit der Veröffentlichung von *Warren* und *Brandeis* entschiedenen Fälle, in denen *Privacy* Verletzungen geltend gemacht wurden und filterte vier sog. „*causes of action*" heraus, *McNealy*, Northern Kentucky Law Review Vol. 39, Issue 2, 2012, 119 (125); *Prosser*, California Law Review, Vol. 48, Issue 3, 1960, 383 (389):
„*The law of privacy comprises four distinct kinds of invasion of four different interests of the plaintiff, which are tied together by the common name, but otherwise have almost nothing in common except that each represents an interference with the right of the plaintiff, in the phrase coined by Judge Cooley, "to be let alone." Without any attempt to exact definition, these four torts may be described as follows:*
1. Intrusion upon the plaintiffs seclusion or solitude,or into his private affairs.
2. Public disclosure of embarrassing private facts about the plaintiff.
3. Publicity which places the plaintiff in a false light in the public eye.
4. Appropriation, for the defendant'S advantage, of the plaintiffs name or likeness."

1613 *McNealy*, Northern Kentucky Law Review Vol. 39, Issue 2, 2012, 119 (125); ferner *Hay*, US-Amerikanisches Recht, Rn. 405.
Das US-amerikanische Deliktsrecht („*law of torts*") besteht aus verschiedenen Deliktstypen und ist vom *Case Law* weitgehend dominiertes, einzelstaatliches Recht, *Hay*, US-Amerikanisches Recht, Rn. 353. Klagen mit deliktsrechtlichem Einschlag werden i.R.d. Zivilprozesses aufgelöst, eine der insgesamt zwei US-amerikanischen Prozessarten (Zivil- und Strafprozess); öffentlich-rechtliche Streitfälle unterfallen in den USA ebenfalls der Zivilgerichtsbarkeit, *ders.*, a.a.O., Rn. 98, 352. Zur näheren Definition eines *Torts* (Delikts) im US-amerikanischen Recht vgl. *Harper*, AICGS Policy Report 22, Seite 34: „*In American law, a tort is a private or civil wrong or injury. It is the violation of a duty that the law imposes upon all persons in a certain situation or in a certain relationship to other people. A person commits a tort when he or she performs an act that is recognized by the law as wrongful toward others and for which the remedy is a private legal action.*"

1614 *McNealy*, Northern Kentucky Law Review Vol. 39, Issue 2, 2012, 119 (125). Innerhalb des anglo-amerikanischen Rechtskreises bildet die Schadensersatzforderung des durch unerlaubte Handlung Geschädigten eine einheitliche *Cause of Action*, die grundsätzlich nur ein einziges Mal geltend gemacht werden kann, *Stoll*, in: FS Bötticher, Seite 347. Mit der Urteilsfällung über eine *Cause of Action* (materieller Klageanspruch) kann die ausgesprochene Rechtsfolge nicht erneut eingeklagt werden; darüber hinaus werden auch alle aus dem zugrundeliegenausgelöst werden („*Privacy-Torts*“ bzw. „*Brandeis-Torts*“[1615]): Das Eindringen in die fremde Privatsphäre, die unautorisierte Verwendung eines fremden Namens / Bildes, die Veröffentlichung privater Tatsachen oder Veröffentlichungen, die eine Person in einem falschen Licht erscheinen lassen.[1616]

Unter den *Brandeis-Torts* wird der Ausgleichsanspruch für die Veröffentlichung privater Tatsachen („*public disclosure tort*“[1617]) als die am ehesten einem Recht auf Vergessenwerden entsprechende Ausprägung des US-amerikanischen Rechts betrachtet („*...the closest thing in American law to a right to be forgotten: public disclosure of private facts.*“).[1618] Auch der *public disclosure tort* stützt sich auf eine „*Reasonableness*“-Erwägung und ist davon abhängig, ob eine vernünftige Per-

---

den Lebenssachverhalt folgenden materiell-rechtlichen Ansprüche „verbraucht“, selbst wenn sie nicht vom Kläger geltend gemacht wurden, *Otte*, Seite 121.

1615 *Walker*, Hastings Law Journal, Vol. 64, 2012, 257 (265).

1616 *Hay*, US-Amerikanisches Recht, Rn. 405; *Shoor*, Brook. J. Int'l L., Vol. 39:1, 2014, 487 (498 f.); ferner *Harper*, AICGS Policy Report 22, Seite 35 f. Die vier Kategorien der *Brandeis-Torts* schützen zwar jeweils unterschiedliche Interessen, werden aber durch den Gedanken zusammengehalten, dass zwischen dem Einzelnen und der Öffentlichkeit eine „Trennwand“ – das Deliktsrecht – steht. Grundlegende Idee hinter den *Brandeis-Torts* ist, dass die Offenlegung bestimmter Arten von Informationen von verständigen Menschen als Angriff empfunden wird, *Walker*, Hastings Law Journal, Vol. 64, 2012, 257 (265); vgl. auch *McNealy*, Northern Kentucky Law Review Vol. 39, Issue 2, 2012, 119 (124).

1617 Für eine nähere Umschreibung vgl. die Ausführungen des US Supreme Courts in *Cox Broadcasting Corp. v. Cohn*, 420 U.S. 489 (1975): „*The version of the privacy tort now before US -- termed in Georgia "the tort of public disclosure" ... is that in which the plaintiff claims the right to be free from unwanted publicity about his private affairs, which, although wholly true, would be offensive to a person of ordinary sensibilities. Because the gravamen of the claimed injury is the publication of information, whether true or not, the dissemination of which is embarrassing or otherwise painful to an individual, it is here that claims of privacy most directly confront the constitutional freedoms of speech and press.*“

1618 *Werro*, in: Liability in the third millennium, Seite 292; vgl. auch *Walker*, Hastings Law Journal, Vol. 64, 2012, 257 (265), welcher die vier *Brandeis-Torts* in der hypothetischen Situation durchspielt, in welcher eine Person ihre frühere Teilnahme an einer Aktfotografie bedauert und nun dagegen vorgehen möchte, dass die Aufnahmen mittlerweile ins Internet gelangt sind. *Walker* kommt dabei zu dem Ergebnis, dass allein der (seiner Auffassung nach „höchst wahrscheinlich verfassungswidrige“) *public disclosure tort* einschlägig ist.
Dass der *public disclosure tort* der europäischen Idee eines modernen Rechts auf Vergessenwerden am nächsten kommt, könnte seinen Ursprung darin haben, dass sich *Brandeis* und *Warren* 1890 mit der Idee des *right to be let alone* am von

son die Offenlegung privater Informationen als hochgradig anstößig auffassen würde.[1619]

Mit dem *public disclosure tort* existiert grundsätzlich auch im Verhältnis zwischen US-Amerikanern ein Instrument zur Gewährleistung von *Privacy*-Schutz. Bspw. wurde in der Entscheidung *Barber v. Time, Inc.*[1620] die Verurteilung des Herausgebers des *Time*-Magazins auf Grundlage des *public disclosure tort* vom Obersten Gerichtshof Missouris aufrechterhalten;[1621] das Nachrichtenmagazin hatte zuvor nicht einvernehmlich Details über die aufsehenerregende Erkrankung einer Patientin veröffentlicht.[1622]

(A) Cox Broadcasting Corp v. Cohn

Die freie Rede und die Freiheit der Presse stellen fundamentale Werte innerhalb des US-amerikanischen Rechtssystems dar.[1623] Wie alle deliktischen Tatbestände, die die Ausübung der freien Rede oder die Freiheit der Presse beschränken können, kann auch die Verurteilung auf Grundlage des *public disclosure torts* eine Verletzung des ersten Verfassungszusatzes bedeuten.[1624] Tatsächlich erfuhr auch der von den

---

der menschlichen Würde ausgehenden europäischen Privatsphäreverständnis orientierten, *Werro*, a.a.O.; vgl. auch *Whitman*, The Yale Law Journal, Vol. 113, 2003-2004, 1151 (1204), wonach die *Brandeis-Torts* den gescheiterten Versuch markieren, ein Recht nach kontinentaleuropäischem Vorbild in den USA einzuführen.

1619 *McNealy*, Northern Kentucky Law Review Vol. 39, Issue 2, 2012, 119 (125): „*Public disclosure of private facts uses a reasonableness expectation, asking whether a defendant's publication of private information about the plaintiff was highly offensive to a reasonable person.*"

1620 *Barber v. Time, Inc.*, 348 Mo. 1199 (Mo. 1942).

1621 *Barber v. Time, Inc.*, 348 Mo. 1199 (Mo. 1942); *McNealy*, Northern Kentucky Law Review Vol. 39, Issue 2, 2012, 119 (125).

1622 *Barber v. Time, Inc.*, 348 Mo. 1199 (Mo. 1942); *McNealy*, Northern Kentucky Law Review Vol. 39, Issue 2, 2012, 119 (125).

1623 *F. I. 1. Historische Entwicklungen.*

1624 *McNealy*, Northern Kentucky Law Review Vol. 39, Issue 2, 2012, 119 (125). Die Garantien des ersten Verfassungszusatzes richten sich zwar ausschließlich gegen den Staat, wird jener aber – z.B. in Gestalt eines auf *Privacy*-Verletzungen folgenden Urteils – tätig, können dabei Äußerungsfreiheiten Dritter beschränkt werden und so der Schutz des ersten Verfassungszusatzes ausgelöst werden, *An-*

Brandeis-Torts gewährte *Privacy*-Schutz in der Praxis aus dem ersten Verfassungszusatz erwachsende Einschränkungen.[1625]

Ein Beispiel dafür ist die Entscheidung *Cox Broadcasting Corp v. Cohn* („*Cox Broadcasting-Entscheidung*“), in welcher eine Schadensersatzklage auf Grundlage des *public disclosure tort* vor dem US Supreme Court scheiterte; zugrunde lag die Veröffentlichung des aus Gerichtsakten in Erfahrung gebrachten Namens eines Vergewaltigungsopfers durch einen TV-Sender.[1626] Ausschlaggebend hierfür war die vom US Supreme Court bei Haftung des Senders befürchtete Behinderung der Informationsfunktion der Medien insgesamt: Die Veröffentlichung von (über die Gerichtsakten) bereits der Öffentlichkeit eröffneten Informationen könne angesichts der Garantie der freien Presse nicht durch Zuerkennung eines Schadensersatzanspruchs sanktioniert werden.[1627] Gleichzeitig stellte der Supreme Court klar, dass das Interesse an der

---

tani, The Resistance of Memory: Could the European Union's Right to be Forgotten Exist in the United States?, Seite 16 f.

1625 *Shoor*, Brook. J. Int'l L., Vol. 39:1, 2014, 487 (499); *Werro*, in: Liability in the third millennium, Seite 292.

1626 *Cox Broadcasting Corp. v. Cohn*, 420 U.S. 469 (1975); vgl. ausführlich *Werro*, in: Liability in the third millennium, Seite 293 f.

1627 Mit der *Cox Broadcasting-Entscheidung* hob der US Supreme Court eine Berufungsentscheidung des Supreme Courts von Georgia auf. Zugrunde lag die Schadensersatzklage des Vaters eines Vergewaltigungsopfers, der sich gegen die Veröffentlichung des Namens seiner verstorbenen Tochter im Bericht eines TV-Senders wandte, *Cox Broadcasting Corp. v. Cohn*, 420 U.S. 469 (1975). Der Kläger hatte – neben der Verletzung des in Georgia geltenden Gesetzes § 26-9901 – auch einen Klageanspruch gestützt auf den *public disclosure tort* geltend gemacht („*the complaint stated a cause of action "for the invasion of the appellee's right of privacy, or for the tort of public disclosure" -- a "common law tort exist[ing] in this jurisdiction without the help of the statute that the trial judge in this case relied on.*“), *Cox Broadcasting Corp. v. Cohn*, 420 U.S. 474 (1975). Zentrale Frage war aus Sicht des US Supreme Court, ob Sanktionen an die Veröffentlichung eines Namens geknüpft werden dürfen, wenn dieser aus öffentlich zugänglichen Aufzeichnungen (vorliegend aus Gerichtsakten) in Erfahrung gebracht wird, *Cox Broadcasting Corp. v. Cohn*, 420 U.S. 491 (1975). Wären Gerichtsakten für Medien zwar öffentlich zugänglich, die Veröffentlichung der darin befindlichen Inhalte aber untersagt, ließe dies befürchten, dass den Medien ihre Aufgabe zur Informierung der Öffentlichkeit erheblich erschwert würde. Die Garantien des ersten und vierzehnten Verfassungszusatzes ließen es nicht zu, Presseorgane bei der Veröffentlichung wahrer und aus öffentlichen Gerichtsdokumenten erlangten Informationen einer Haftung auszusetzen, *Cox Broadcasting Corp. v. Cohn*, 420 U.S. 496 (1975).

Wahrung der Privatsphäre abnimmt, wenn eine Information bereits in öffentlichen Aufzeichnungen auftaucht.[1628]

Die *Cox Broadcasting-Entscheidung* und sie aufgreifende Entscheidungen wie etwa *Oklahoma Pub. Co. v. District Court* („*Oklahoma Publishing-Entscheidung*")[1629] hatten zur Folge, dass sich ein amerikanisches *Privacy*-Verständnis etablierte, innerhalb dessen Informationen über eine Person nur so lange gegen ein Eindringen von außen gesichert sind, wie sie nicht durch einen Akt des Staates der Öffentlichkeit eröffnet wurden.[1630]

(B) Florida Star v. B.J.F.

Noch einschneidender als die *Cox Broadcasting-* und *Oklahoma Publishing-Entscheidung* wirkte das Urteil in Sachen *Florida Star v. B.J.F.* („*Florida Star-Entscheidung*"), welches regelmäßig als das entscheidende Argument gegen die Verwirklichung eines Rechts auf Vergessenwerden in den USA angeführt wird.[1631] Dieser Entscheidung lag die Berichterstattung der Lokalzeitung *Florida Star* über eine Vergewaltigungstat zugrunde, im Zuge derer der vollständigen Name des Opfers genannt wurde.[1632] Zum Zeitpunkt der Berichterstattung war gem.

1628 *Cox Broadcasting Corp. v. Cohn*, 420 U.S. 469, 494 f. (1975): „*Thus, even the prevailing law of invasion of privacy generally recognizes that the interests in privacy fade when the information involved already appears on the public record.*" *Walker*, Hastings Law Journal, Vol. 64, 2012, 257 (266).

1629 In der *Oklahoma Publishing-Entscheidung* befand der US Supreme Court, dass eine Zeitung nicht dafür haften kann, Informationen aus einem nach den Gesetzen des Staates Oklahoma nicht-öffentlichen Gerichtsverfahren veröffentlicht zu haben, wenn das Gericht zuvor die Anwesenheit von Medienvertretern im Gerichtssaal zuließ, *Oklahoma Pub. Co. v. District Court*, 430 U.S. 308 (1977); *Werro*, in: Liability in the third millennium, Seite 294.

1630 *Werro*, in: Liability in the third millennium, Seite 294.

1631 *Florida Star v. B.J.F.*, 491 U.S. 524 (1989). Vgl. nur *Werro*, in: Liability in the third millennium, Seite 298: „*Put another way, there is no reason to think that a right to be forgotten stands any chance of developing under the current Cox and Florida Star regime in American privacy law.*"

1632 *Florida Star v. B.J.F.*, 491 U.S. 524 (1989). Den Namen des Opfers konnte ein Reporter des *Florida Star* erst dadurch in Erfahrung bringen, dass ein Bericht über die Tat (in welchem der vollständige Name des Opfers genannt wurde) im Presseraum des örtlichen Sheriff Departements ausgehängt wurde. Die Tatsache,

Florida Stat. § 794.03 in Florida die Veröffentlichung des Namens von Opfern sexueller Gewalt mit „Mitteln der Massenkommunikation" untersagt.[1633] Die Lokalzeitung wurde zunächst zur Leistung von Entschädigungszahlungen verurteilt, worin der US Supreme Court jedoch eine Verletzung der vom ersten Verfassungszusatz geschützten Freiheit der Presse erkennen und daraufhin das vorausgegangene Urteil aufheben sollte.[1634] Auch wenn der Supreme Court in der *Florida Star-Entscheidung* offen ließ, ob Veröffentlichungen wahrer Informationen immer vom ersten Verfassungszusatz geschützt sind, bestimmte er zugleich, dass derartige Veröffentlichungen nur sanktioniert werden dürften, wenn durch sie ein eng umgrenztes staatliches Interesse von höchstem Rang berührt wird.[1635] In seiner abweichenden *dissenting opinion* bewertete Bundesrichter *White* die Weigerung des US Supreme Courts, den Schutz des *Privacy*-Interesses eines Vergewaltigungsopfers als staatliches Interesse höchsten Ranges anzuerkennen, als faktische Aufgabe des *public disclosure torts*.[1636]

---

dass das Sheriff Departement durch die namentliche Veröffentlichung gegen Florida Stat. § 794.03 verstieß, führte nicht zu einer Gesetzeswidrigkeit der Veröffentlichung durch die Lokalzeitung, *Florida Star v. B.J.F.*, 491 U.S. 524, 536 (1989).

1633 Vgl. *Florida Star v. B.J.F.*, 491 U.S. 524 (1989): *„Florida Stat. § 794.03 makes it unlawful to "print, publish, or broadcast . . . in any instrument of mass communication" the name of the victim of a sexual offense."*

1634 *Florida Star v. B.J.F.*, 491 U.S. 524, 532 ff., 541 (1989).

1635 *Florida Star v. B.J.F.*, 491 U.S. 524, 541 (1989): *„Our holding today is limited. We do not hold that truthful publication is automatically constitutionally protected, or that there is no zone of personal privacy within which the State may protect the individual from intrusion by the press, or even that a State may never punish publication of the name of a victim of a sexual offense. We hold only that, where a newspaper publishes truthful information which it has lawfully obtained, punishment may lawfully be imposed, if at all, only when narrowly tailored to a state interest of the highest order, and that no such interest is satisfactorily served by imposing liability under § 794.03 to appellant under the facts of this case."*

1636 *Dissenting opinion* von Richter *White* in *Florida Star v. B.J.F.*, 491 U.S. 524, 550 (1989): *„By holding that only "a state interest of the highest order" permits the State to penalize the publication of truthful information, and by holding that protecting a rape victim's right to privacy is not among those state interests of the highest order, the Court accepts appellant's invitation, ..., to obliterate one of the most noteworthy legal inventions of the 20th century: the tort of the publication of private facts."* *Walker*, Hastings Law Journal, Vol. 64, 2012, 257 (267); *Werro*, in: Liability in the third millennium, Seite 297.

(C) Gates v. Discovery Communication Inc.

Abschließend ist noch auf die Entscheidung *Gates v. Discovery Communication Inc.* („*Gates-Entscheidung*") hinzuweisen, in welcher der Supreme Court Kaliforniens die Aufhebung der erstinstanzlichen Verurteilung eines Verlegers durch das Berufungsgericht bestätigte.[1637] Der Verleger brachte 2001 eine TV-Dokumentation heraus, in der aus Gerichtsakten gewonnene Informationen über die Tatbeteiligung einer Person präsentiert wurden, die 1988 Beihilfe zu einem Mord geleistet hatte.[1638] Aufgrund der vorausgegangenen Entscheidungen *Cox Broadcasting* und *Florida Star* sah sich der kalifornische Supreme Court nicht im Stande, die noch vom *Trial Court* ausgesprochene Haftung des Verlegers aufrechtzuerhalten.[1639]

BBB) Schutz des ersten Verfassungszusatzes für Ergebnislisten?

Der erste Verfassungszusatz schützt auch das Recht zum Empfang von Informationen;[1640] hiervon eingeschlossen sind die von Suchmaschinen erstellten Ergebnislisten.[1641] Bevor ein Suchalgorithmus verschiedene Links zu Quellwebseiten in eine Ergebnisliste einsortieren kann, muss der jeweilige Betreiber über die Bedeutung der zugrunde zu le-

1637 *Gates v. Discovery Communications, Inc.*, 34 Cal.4th 679, 21 Cal.Rptr.3d 663, abrufbar unter http://www.casp.net/california-anti-slapp-first-amendment-law-resources/caselaw/california-supreme-court/gates-v-discovery-communications-inc/ (zuletzt abgerufen am 5. September 2017); *Ambrose,* Speaking of Forgetting: Analysis of Possible Non-EU Responses to the Right to Be Forgotten and Speech Exception, S. 13.

1638 *Gates v. Discovery Communications, Inc.*, 34 Cal. 4th 679.

1639 *Gates v. Discovery Communications, Inc.*, 34 Cal. 4th 679 (696): „*Accordingly, following Cox and its progeny, we conclude that an invasion of privacy claim based on allegations of harm caused by a media defendant's publication of facts obtained from public official records of a criminal proceeding is barred by the First Amendment to the United States Constitution.*"

1640 US Supreme Court, *Stanley v. Georgia*, 394 U.S. 557 (1969): „*The Constitution protects the right to receive information and ideas, regardless of their social worth, and to be generally free from governmental intrusions into one's privacy and control of one's thoughts.*" *McCarthy*, GRUR Int. 2016, 604 (608).

1641 *Milstein/Lippold*, NVwZ 2013, 182 (182); *Volokh/Falk*, Journal of Law, Economics & Policy Vol. 8:4, 2012, 883 (884).

genden Bewertungsmaßstäbe entscheiden.[1642] Der Algorithmus spiegelt die Einschätzung wieder, welche Internetadressen am ehesten für den Suchenden von Relevanz sein werden;[1643] i.R.d. Indexierung können ganze Webseiten ausgespart werden.[1644] Wo sie die von Dritten veröffentlichten Informationen aufgreifen und in einer Übersicht – der Ergebnisliste – zusammenstellen, drücken sich Suchmaschinenbetreiber daher in einer vom ersten Verfassungszusatz geschützten Art und Weise aus.[1645] Letzterer schützt sowohl die Entscheidungsfreiheit, auf Drittinhalte hinzuweisen, als auch das Unterlassen eines entsprechenden Hinweises.[1646] Schon 1995 hatte der US Supreme Court anlässlich einer Parade festgestellt, dass die Organisation fremder Beiträge in den geschützten Bereich fällt:

> „*Nor, under our precedent, does First Amendment protection require a speaker to generate, as an original matter, each item featured in the communication. ... For that matter, the presentation of an edited compilation of speech generated by other persons is a staple of most newspapers' opinion pages, which, of course, fall squarely within the core of First Amendment security ...*“.[1647]

In einer Streitigkeit zwischen *Google* und einem konkurrierenden Werbevermarkter befand das Bezirksgericht West Oklahomas, dass es sich bei den Bewertungen von Webseiten durch *Google* um subjektive Befunde handele, die als solche umfangreich durch die Verfassung ge-

1642 Zu den in Ergebnislisten zum Ausdruck kommenden subjektiven Bewertungen vgl. *D. III. 4. A) BB) AAA) (B) (BB) Abgabe eines Werturteils bei der Bereitstellung von Ergebnislisten.*

1643 *Volokh/Falk*, Journal of Law, Economics & Policy Vol. 8:4, 2012, 883 (884): „*Third, and most valuably, search engines select and sort the results in a way that is aimed at giving users what the search engine companies see as the most helpful and useful information. ... This selection and sorting is a mix of science and art: It uses sophisticated computerized algorithms, but those algorithms themselves inherently incorporate the search engine company engineers' judgments about what material users are most likely to find responsive to their queries.*“

1644 *Goldman*, Yale Journal of Law and Technology Vol. 8, Issue 1, 2006, 188 (190).

1645 *Volokh/Falk*, Journal of Law, Economics & Policy Vol. 8:4, 2012, 883 (891).

1646 *Volokh/Falk*, Journal of Law, Economics & Policy Vol. 8:4, 2012, 883 (886, 891); *McCarthy*, GRUR Int. 2016, 604 (609).

1647 US Supreme Court, *Hurley v. Irish-American Gay, Lesbian and Bisexual Group of Boston*, Inc. 515 U.S. 557 (1995), 570; *Volokh/Falk*, Journal of Law, Economics & Policy Vol. 8:4, 2012, 883 (891).

schützt seien.[1648] In der Entscheidung *Zhang v. Baidu.com Inc.* wurde dem chinesischen Suchmaschinenbetreiber *Baidu* vorgeworfen, innerhalb der USA Suchanfragen über die demokratische Bewegung Chinas zu zensieren.[1649] Das Bezirksgericht für den Südlichen Bezirk New Yorks erkannte jedoch gute Gründe für die Annahme, dass der erste Verfassungszusatz Suchergebnisse gegenüber staatlicher Einflussnahme vollständig immunisiert.[1650] Innerhalb des Marktplatzes der Ideen garantiere gerade der erste Verfassungszusatz das Recht *Baidus*, für Regierungsformen abseits der Demokratie einzutreten:

> *„As the Supreme Court has explained, "[t]he First Amendment does not guarantee that . . . concepts virtually sacred to our Nation as a whole . . . will go unquestioned in the marketplace of ideas." Texas v. Johnson, 491 U.S. 397, 418 (1989). For that reason, the First Amendment protects Baidu's right to advocate for systems of government other than democracy (in China or elsewhere) just as surely as it protects Plaintiffs' rights to advocate for democracy.“*[1651]

Der Schutz des ersten Verfassungszusatzes greift auch dort, wo in den Ergebnislisten personenbezogene Daten wiedergegeben werden.[1652]

CCC) Fair Credit Reporting Act

Während der *Privacy*-Schutz zwischen Privaten zunächst i.R.d. des *Common Laws* – insbesondere über die *Privacy-Torts* – erfolgte, be-

---

1648 US District Court for Western Oklahoma, Order vom 27. Mai 2003, *Search King, Inc. v. Google Technology,* Inc., Case No. CIV-02-1457-M; *Volokh/Falk*, Journal of Law, Economics & Policy Vol. 8:4, 2012, 883 (886); *McCarthy*, GRUR Int. 2016, 604 (609).

1649 United States District Court, S.D. New York., Opinion and Order vom 27. März 2014, *Jian Zhang v. Baidu. Com Inc.*, No. 11 Civ. 3388 (Jmf); die Entscheidung in Sachen *Zhang v. Baidu.com Inc.* ist abrufbar unter https://scholar.google.ca/scholar_case?case=4961942862909103310&q=Zhang+v.+Baidu.com+&hl=en&as_sdt=2006 (zuletzt abgerufen am 7. September 2017); vgl. diesbzgl auch *McCarthy*, GRUR Int. 2016, 604 (609).

1650 United States District Court, S.D. New York., Opinion and Order vom 27. März 2014, *Jian Zhang v. Baidu. Com Inc.*: *„In light of those principles, there is a strong argument to be made that the First Amendment fully immunizes search-engine results from most, if not all, kinds of civil liability and government regulation.“*

1651 United States District Court, S.D. New York., Opinion and Order vom 27. März 2014, *Jian Zhang v. Baidu. Com Inc.*

1652 *McCarthy*, GRUR Int. 2016, 604 (609).

gann sich mit dem Ende der 1960er zunehmend die Regulierung i.R.d. *Statute Law* auf diesen Bereich zu erstrecken.[1653] Dadurch entstand kein zentrales Regime zur Gewährleistung von *Privacy*- oder Datenschutz, wie es innerhalb der EU in Form der Datenschutzrichtlinie[1654] existiert. Stattdessen wurden sektorspezifische Regelungen für Bereiche etabliert, in denen besonders sensible Informationen verarbeitet werden.[1655]

Ein Beispiel dafür ist der *Fair Credit Reporting Act* („*FCRA*").[1656] Um die Kreditwürdigkeit einer Person zu beurteilen, ist ein Blick auf ihr früheres Verhalten von erheblichem Wert.[1657] Als Reaktion auf die sich ausweitende Tätigkeit von Auskunfteien („*credit reporting agencies*") sollte der 1970 verabschiedete FCRA gewährleisten, dass diese Dienstleister die Kreditwürdigkeit einer Person nicht auf Basis veralte-

---

1653 *Harper*, AICGS Policy Report 22, Seite 32, 42. Ausschlaggebend für die verstärkte *Statute Law* Aktivität war die einsetzende Verbreitung von Computern in diesem Zeitraum und die (zu) langsame Anpassung des *Common Laws* an eine sich verändernde Lebenswirklichkeit.

1654 Auch eine dem BDSG entsprechende, umfassende gesetzliche Regelung existiert nicht, *Lejeune*, CR 2013, 755 (755).

1655 *Harper*, AICGS Policy Report 22, Seite 42; *Lejeune*, CR 2013, 755 (755). In den nicht von diesen Regulierungen erfassten Bereichen vertraut man weiterhin auf die Gestaltungskraft des freien Marktes. Insoweit wird der Verbraucher als die entscheidende Figur des amerikanischen *Privacy*-Schutzes betrachtet („*the consumer is the most important actor in U.S. privacy protection*"), da er es in der Hand habe, *Privacy*-freundliche Unternehmen durch Auswahl ihrer Produkte zu honorieren und das Angebot *Privacy*-feindlicher Unternehmen zu meiden, *Harper*, AICGS Policy Report 22, Seite 42 f. Insbesondere im Bereich des Datenschutzes vertrauen die USA weitgehend auf einen marktorientierten Ansatz, bei dem Datenschutz durch freiwillige Selbstverpflichtungen der datenverarbeitenden Unternehmen gewährleistet werden soll, *Räther/Seitz*, MMR 2002, 425 (427).

1656 Fair Credit Reporting Act (FCRA), 15 U.S.C. § 1681, abrufbar über die Webseite der *FTC* unter http://www.consumer.ftc.gov/sites/default/files/articles/pdf/pdf-0111-fair-credit-reporting-act.pdf (zuletzt abgerufen am 5. September 2017).
Ein weiteres Beispiel für die *Privacy*-Regulierung auf Ebene des *Statute Law* ist der 1998 verabschiedete *Children's Online Privacy Act* („*COPPA*"), 15 U.S.C. §§ 6501-6506; für nähere Ausführungen zum *COPPA* vgl. *Lejeune*, CR 2013, 755 (757 f.).

1657 *Blanchette/Johnson*, The Information Society, Vol. 18, 2002, 33 (38).

ter Informationen bewerten.[1658] Dazu wurden je nach Informationsart unterschiedlich ausfallende „rechtliche Verfallsdaten" im FCRA angeordnet, 15 U.S.C. § 1681c subsection (a).[1659] Hierdurch wird grundsätzlich die Auswertung von Informationen im Anwendungsbereich des FRCA verhindert, sobald diese älter als sieben Jahre sind.[1660]

In Form des FCRA wurde zwar auch in den USA die Notwendigkeit anerkannt, dass Informationen über ein früheres Scheitern die Bewertung einer Person in der Gegenwart nicht grenzenlos beherrschen dürfen;[1661] die Reichweite der Verfallsdaten des FCRA werden aber von verschiedenen Ausnahmeregelungen wieder beschränkt.[1662] Ohne diese weitreichenden Ausnahmevorschriften würde der FCRA einen

1658 *Antani*, The Resistance of Memory: Could the European Union's Right to be Forgotten Exist in the United States?, Seite 22; *Ambrose/Friess/Van Matre*, SCLJ Vol. 29, 2012, 1 (47).

1659 *Blanchette/Johnson*, The Information Society, Vol. 18, 2002, 33 (38). Bspw. dürfen gem. 15 U.S.C. § 1681c subsection (a) (2) Zivilurteile oder Aufzeichnungen über eine Verhaftung, die zum Zeitpunkt der Kreditwürdigkeitsbewertung mehr als 7 Jahre in der Vergangenheit liegen, grundsätzlich nicht in die Bewertung einfließen:

§ 605. Requirements relating to information contained in consumer reports [15 U.S.C. § 1681c]

(a) Information excluded from consumer reports. Except as authorized under subsection (b) of this section, no consumer reporting agency may make any consumer report containing any of the following items of information:

...

(2) Civil suits, civil judgments, and records of arrest that from date of entry, antedate the report by more than seven years or until the governing statute of limitations has expired, whichever is the longer period.

...

1660 *Blanchette/Johnson*, The Information Society, Vol. 18, 2002, 33 (38). Teilweise wurden durch den FCRA auch großzügigere Zeiträume festgesetzt, bspw. dürfen gem. 15 U.S.C. § 1681c subsection (a) (1) Informationen über dem amerikanischen Konkursrecht (*Title 11 of the United States Code*; *Bankcruptcy Act*) unterfallende Fälle erst dann nicht mehr in eine Kreditwürdigkeitsbewertung einfließen, wenn sie älter als 10 Jahre sind, vgl. *Ambrose/Friess/Van Matre*, SCLJ Vol. 29, 2012, 1 (47).

1661 Vgl. *Blanchette/Johnson*, The Information Society, Vol. 18, 2002, 33 (38), welche dies als „*social forgetfulness*" bezeichnen.

1662 Die Ausnahmeregelungen von den Verwertungsverboten des 15 U.S.C. § 1681c subsection (a) finden sich in 15 U.S.C. § 1681c subsection (b). Die Verwertungsverbote greifen danach u.a. bei Kreditaufnahmen über 150.000 $ oder beim Eingehen von Arbeitsverhältnissen mit jährlichem Arbeitslohn über 75.000 $.

der ambitioniertesten Anläufe zur Verhinderung des Wiederauflebens der eigenen Vergangenheit innerhalb der USA markieren.[1663]

DDD) Zwischenfazit

Festzuhalten ist, dass es in Form des *public disclosure torts* und des FCRA auch in den USA mehrfach Anläufe gab, um zu verhindern, dass Informationen aus der Vergangenheit eines Menschen in der Gegenwart wiederaufleben und sich dort schadensträchtig auswirken. In der Praxis wurden aber sowohl der *public disclosure tort* als auch der FCRA diesem Zweck nur unzureichend gerecht. Der Schutz durch den FCRA wird zunehmend durch die Arbeit von Suchmaschinen gefährdet.[1664] Auf den *public disclosure tort* gestützte Verurteilungen wurden hingegen wiederholt vom US Supreme Court wegen Verletzungen des ersten Verfassungszusatzes aufgehoben.[1665] Die Eignung dieses Instruments zur Abwehr ungewollter Veröffentlichungen privater Informationen wurde dadurch untergraben, dass der US Supreme Court fortlaufend die Äußerungsfreiheiten als vorrangig betrachtete.[1666]

Die Entscheidungen von *Cox Broadcasting* bis hin zu *Florida Star* werden als Argument dafür angeführt, dass bereits eine „traditionell analoge" Form des Rechts auf Vergessenwerden im Geltungsbereich des ersten Verfassungszusatzes nicht existenzfähig ist.[1667] Unter dem Regime der *Florida Star-Entscheidung* können Veröffentlichungen rechtlich zulässigerweise gewonnener Informationen nur dann eine

1663 *Blanchette/Johnson*, The Information Society, Vol. 18, 2002, 33 (38).

1664 Vgl. nur *Antani*, The Resistance of Memory: Could the European Union's Right to be Forgotten Exist in the United States?, Seite 23: „*Costeja's case represents how the absence of a right to be forgotten might allow Google search results to undermine the FCRA. While a person may have had a very old debt issue that the FCRA hides from official reports, an article chronicling that debt issue might turn up as the first result of a Google search. Indeed, creditors are increasingly relying on internet searches to uncover more information about potential borro-wers. Proponents of a U.S. right to be forgotten argue that it can restore function to certain laws like the FCRA whose substantive value the internet erodes.*"

1665 *F. I. 2. B) AA) AAA) Brandeis-Torts.*

1666 *Walker*, Hastings Law Journal, Vol. 64, 2012, 257 (266).

1667 *Ambrose*, Speaking of Forgetting: Analysis of Possible Non-EU Responses to the Right to Be Forgotten and Speech Exception, Seite 13; vgl. erneut *Werro*, in: Liability in the third millennium, Seite 298.

Sanktionierung erfahren, wenn ein eng umrissenes staatliches Interesse höchsten Ranges betroffen ist.[1668] Da selbst der angestrebte Schutz von Opfern sexueller Gewalt nicht zur Überwindung dieser Hürde ausreichte, ist dem abweichenden Sondervotum von *White* zuzustimmen, wonach de facto die Aufgabe des *public disclosure torts* erfolgt ist. Auch die Gates-Entscheidung, welche Parallelen zur *Lebach I-Entscheidung* des BVerfG aufweist,[1669] spricht dafür, dass die Vorstellung eines modernisierten *Right to Oblivion* in den USA gegenwärtig nicht umsetzbar ist.

In einer Situation wie sie dem *Google-Urteil* zugrunde lag, würde der *public disclosure tort* für Betroffene keinerlei Schutz entfalten, da die von *Google* verarbeiteten Information über *Costeja Gonzalez* bereits Jahre zuvor auf staatliche Veranlassung von der *La Vanguardia* öffentlich bekannt gemacht wurden.[1670] Zu Recht stellt *McCarthy* im Zusammenhang mit dem Schutz von Suchergebnissen durch den ersten Verfassungszusatz fest,[1671] dass es hier zu einem Konflikt der Prinzipien von *Florida Star-Entscheidung* und *Google-Urteil* kommt:

> „*More generally, when considering the factors that allow a European data subject to require that search results be delisted – i.e. that the information "appears to be inadequate, irrelevant or no longer relevant, or excessive in relation to those purposes and in light of the time that has elapsed" – the clash with the principle enshrined in Florida v. B.J.F is clear. In the parlance of the US Supreme Court, imposing broad restrictions on search results to protect the reputation and privacy rights of a few would amount to "burning the house to roast the pig*“.[1672]

Der *public disclosure tort* – „*the closest thing in American law to a right to be forgotten*“[1673] – entfaltet keinen ausreichenden Schutz vor dem Wiederaufleben der eigenen Vergangenheit, da er mit der *Florida Star-Entscheidung* einer Hürde unterworfen wurde, die seiner faktischen

1668 *F. I. 2. B) AA) AAA) (B) Florida Star v. B.J.F; Florida Star v. B.J.F.*, 491 U.S. 524, 541 (1989).

1669 Zur *Lebach I-Entscheidung* vgl. bereits *B. I. 1. The Right to Oblivion.*

1670 *D. II. 1. Sachverhalt.*

1671 Vgl. hierzu *F. I. 2. B) AA) BBB) Schutz des ersten Verfassungszusatzes für Suchergebnislisten?*

1672 *McCarthy*, GRUR Int. 2016, 604 (609 f.).

1673 *Werro*, in: Liability in the third millennium, Seite 292; *Walker*, Hastings Law Journal, Vol. 64, 2012, 257 (265).

Aufgabe gleichkommt.[1674] Der Feststellung, dass in den Vereinigten Staaten kein Recht auf Vergessenwerden existiert, verdient bis hierhin Zustimmung.[1675] Allerdings hat sich auch das Recht einzelner US-amerikanischer Bundesstaaten dem *Privacy*-Schutz angenommen.[1676] Eine Vorreiterrolle nimmt im Internetbereich Kalifornien ein,[1677] dessen jüngere Gesetzgebung hinsichtlich des Rechts auf Vergessenwerden von besonderem Interesse ist und gleichzeitig den ambitioniertesten Ansatz aller US-amerikanischen Bundesstaaten zur Ermöglichung von Vergessen im Internet verfolgt.[1678]

1674 So weist *Walker* darauf hin, dass nach der *Florida Star-Entscheidung* US-amerikanische Gerichte in nicht einer einzigen Entscheidung „*privacy rights*" des Einzelnen als „*state interest of highest order*" anerkannt haben, *ders.*, Hastings Law Journal, Vol. 64, 2012, 257 (276).

1675 So bereits die Feststellung von *McNealy*, Northern Kentucky Law Review Vol. 39, Issue 2, 2012, 119 (133).

1676 Etwa beinhalten – anders als die Bundesverfassung – die Verfassungen verschiedener US-amerikanischer Bundesstaaten ausdrückliche *Right to Privacy*-Gewährleistungen, *Ambrose/Ausloos*, JOIP Vol. 3, 2013, 1 (8); vgl. bspw. Art. 1 Sec. 1 der kalifornischen Verfassung vom 3. März 1879:
ARTICLE 1 DECLARATION OF RIGHTS
SECTION 1. All people are by nature free and independent and have inalienable rights. Among these are enjoying and defending life and liberty, acquiring, possessing, and protecting property, and pursuing and obtaining safety, happiness, and privacy.
Neben Kalifornien finden sich ausdrückliche Gewährleistungen auch in den Verfassungen anderer Staaten wie z.B. Alaska, Arizona, Florida, Hawaii, oder Washington, *Ambrose/Ausloos*, JOIP Vol. 3, 2013, 1 (8).

1677 Im Datenschutzbereich nimmt neben Kalifornien auch Massachusetts eine Vorreiterstellung ein, *Lejeune*, CR 2013, 755 (758).

1678 *Bolton*, J. Marshall J. Info. Tech. & Privacy L. Vol. 31, Issue 2, 2015, 133 (138): „*This deference to the states in regulating tort actions as part of our country's federalism scheme has resulted in a broad array of approaches comparable to the right to be forgotten. While some state and federal courts have gone so far as to describe the idea as "Orwellian," others like the state of California have readily embraced the notion. California has presented the most comprehensive version by far of these laws at the state level.*"

BB) Das kalifornische Eraser Button-System

AAA) SB 568

Zum 1. Januar 2015 trat in Kalifornien *Senate Bill No. 568* („*SB 568*") in Kraft, mit dem die *Privacy*-Rechte kalifornischer Minderjähriger im Internet gestärkt werden sollten; der kalifornischen Gesetzgeber reagierte damit auf die Befürchtung, die im Internet von Minderjährigen preisgegebenen Informationen könnten deren berufliches Fortkommen in Zukunft behindern.[1679] Neben einer Einschränkung der an Minderjährige adressierten Werbemöglichkeiten auf Webseiten[1680] ergänzt *SB 568* den *California Business and Professions Code* („*CBPC*") in § 22581 (a) (1) CBPC um ein – auch als „*Eraser Button*" bezeichnetes[1681] – System.

Die Betreiber von direkt an Minderjährige gerichteten Webseiten, Onlinediensten, Online- oder mobilen Anwendungen („*Internetdienstanbieter*") sind danach verpflichtet, einem registrierten minderjährigen Nutzer[1682] zu ermöglichen, die von ihm zugänglich gemachten („*geposteten*") Inhalte und Informationen zu entfernen bzw. – nach Aus-

1679 SB 568 ergänzt Abteilung („*Division*") 8 des CBPC um Abschnitt 22.1 und ist abrufbar unter http://leginfo.legislature.ca.gov/faces/billNavClient.xhtml?bill_id=201320140SB568 (zuletzt abgerufen am 5. September 2017). Im Verlauf des *SB 568* vorausgehenden Gesetzgebungsverfahrens wurden Studien vorgelegt, wonach 27 % (über die *Google*-Suchmaschine) bzw. 26 % (auf Facebook) der College-Zulassungsstellen als Teil des Bewerbungsprozesses im Internet nach Informationen über Bewerber suchten, *Lee*, UC Davis Law Review Vol. 48, Issue 3, 2015, 1173 (1192). Als weitere Zielsetzung sollte *SB 568* auch dem Problem des sog. *Revenge Porn* entgegenwirken, *Bolton*, J. Marshall J. Info. Tech. & Privacy L. Vol. 31, Issue 2, 2015, 133 (138).

1680 *Lee*, UC Davis Law Review Vol. 48, Issue 3, 2015, 1173 (1176); *Shoor*, Brook. J. Int'l L., Practicum, 16. November 2013 „*Internet Eraser Laws: California and Europe Attempt to Reign in Your Online Reputation*".
§ 22580 (a) CBPC verbietet die Werbung für in § 22580 (i) CBPC aufgezählte Produkte (darunter bspw. Waffen und Munition) auf einer an Minderjährige gerichteten Webseite.

1681 *Lee*, UC Davis Law Review Vol. 48, Issue 3, 2015, 1173 (1173); *Lejeune*, CR 2013, 755 (759); *Orthwein/Rücker*, DuD 2014, 613 (617 f.).

1682 Als Minderjähriger im Sinne der Vorschrift gilt jede in Kalifornien wohnhafte natürliche Person unter 18 Jahren, § 22580 (d) CBPC.

übung des Betreiber-Wahlrechts – ihre Entfernung anzufordern.[1683] Das *Eraser Button*-System erfasst nicht nur personenbezogene Informationen, sondern sämtliche vom Minderjährigen preisgegebenen Inhalte.[1684] Ein Anspruch auf das Entfernen von Informationen und Inhalten wird vom *Eraser Button*-System nicht gewährt, wenn ein anderes (bundes- oder einzelstaatliches) Gesetz die Aufbewahrung dieser Inhalte / Informationen vorschreibt, § 22581 (b) (1) CBPC.[1685]

BBB) Das Eraser Button-System

(A) Ausnahmebestimmungen

Da das *Eraser Button*-System nicht auf personenbezogene Daten beschränkt ist, greift der kalifornische Ansatz weiter als die Vorschriften der DSRL.[1686] Gleichzeitig ist sich der kalifornische Gesetzgeber aber seiner begrenzten rechtlichen Gestaltungsmacht im Internet bewusst, was in § 22581 (a) (4) CBPC klargestellt wird. Nach dieser Vorschrift ist der Minderjährige darauf hinzuweisen, dass eine Entfernung i.S.v. § 22581 (a) (1) CBPC nicht gewährleistet, dass Informationen und Inhalte vollständig oder flächendeckend aus dem Internet entfernt werden.[1687]

1683 *22581. (a) An operator of an Internet Web site, online service, online application, or mobile application directed to minors or an operator of an Internet Web site, online service, online application, or mobile application that has actual knowledge that a minor is using its Internet Web site, online service, online application, or mobile application shall do all of the following:*
(1) Permit a minor who is a registered user of the operator's Internet Web site, online service, online application, or mobile application to remove or, if the operator prefers, to request and obtain removal of, content or information posted on the operator's Internet Web site, online service, online application, or mobile application by the user.
...

1684 *Lejeune*, CR 2013, 755 (759); *Orthwein/Rücker*, DuD 2014, 613 (618).

1685 *Lejeune*, CR 2013, 755 (759); *Orthwein/Rücker*, DuD 2014, 613 (618).

1686 Gem. Art. 1 Abs. 1 DSRL beschränkt sich der Anwendungsbereich der DS-RL ausdrücklich auf die Verarbeitung personenbezogener Daten.

1687 *22581. ...*
(4) Provide notice to a minor who is a registered user of the operator's Internet Web site, online service, online application, or mobile application that the removal described under paragraph (1) does not ensure complete or comprehensive removal of

In persönlicher Hinsicht wird der Anwendungsbereich des „Entfernungsanspruchs" im Vergleich zu Art. 12 lit. b) DSRL breiter eingeschränkt. Wo die Bestimmungen der DSRL den von der Datenverarbeitung Betroffenen schützen wollen, ist der Anwendungsbereich von § 22581 (a) (1) CBPC nicht nur auf Minderjährige beschränkt, sondern erfordert auch ein gezielt auf diese ausgerichtetes Internetangebot[1688] oder die Kenntnis des Internetdienstanbieters davon, dass Minderjährige sein Internetangebot nutzen,[1689] sowie eine Registrierung des Minderjährigen als Nutzer des Internetangebots.[1690]

Die strikte Orientierung von § 22581 (a) (1) CBPC an der Minderjährigkeit wirft die Frage auf, ob die Entfernung nur in Gang gesetzt werden kann, solange eine Person tatsächlich minderjährig ist, oder auch mit Erreichen der Volljährigkeit möglich bleibt, wenn die Informationen / Inhalte im minderjährigen Alter gepostet wurden.[1691] Käme eine Entfernung nur bei tatsächlicher Minderjährigkeit in Betracht,

the content or information posted on the operator's Internet Web site, online service, online application, or mobile application by the registered user.

...

Vgl. auch *Orthwein/Rücker*, DuD 2014, 613 (618). Wie bereits dargelegt, kann eine einmal im Internet veröffentlichte Informationen kopiert und an anderen Orten (hier bspw. in einem anderen Abschnitt des angebotenen Internetdienstes) wieder zugänglich gemacht werden, vgl. *C. II. 1. Dezentrale Aufbewahrung.*

1688 Die Ausrichtung des Internetdienstes auf Minderjährige („*Internet Web site, online service, online application, or mobile application directed to minors*") bedeutet, dass das Angebot darauf ausgelegt ist einen Personenkreis zu erreichen, der sich überwiegend aus minderjährigen Personen zusammensetzt und nicht auf das Erreichen eines allgemeineren Personenkreises abzielt, vgl. § 22580 (e).

1689 Beachtet werden muss bzgl. dieser zweiten Alternative (Kenntnis des Anbieters), dass Dienstanbieter unter SB 568 nicht dazu verpflichtet sind das Alter der Nutzer ihres Angebots zu überprüfen, § 22581 (e). Dies wirft die Frage auf, ob ein Dienstanbieter (der sein Angebot nicht auf eine überwiegend minderjährige Zielgruppe ausgerichtet hat) die Verpflichtung des § 22581 (a) (1) umgehen kann, indem er bei der Zurverfügungstellung seines Angebots Altersabfragen unterlässt, *Orthwein/Rücker*, DuD 2014, 613 (618).

1690 Die Nutzung eines Internetangeboten – wie bspw. der allgemeine Internetauftritt der FAZ (http://www.faz.net/) – erfordert jedoch nicht in jedem Fall die vorherige Registrierung.

1691 *Orthwein/Rücker*, DuD 2014, 613 (618); vgl. ferner *Goldman*, Forbes vom 24. September 2013, „*California's New 'Online Eraser' Law Should Be Erased*", für den die Vorschrift einen Entfernungsanspruch nur dann gewährt, wenn eine Person tatsächlich noch minderjährig ist. Auch *Shoor* geht davon aus, dass der Wortlaut einer Interpretation zugänglich ist, die einen Entfernungsanspruch nur würde die Zielsetzung von SB 568 – der Schutz Minderjähriger vor den Spätfolgen ihrer Veröffentlichungen in jungen Jahren – unterlaufen.[1692]

Auch außerhalb des persönlichen Anwendungsbereichs wird die Pflicht zur Entfernungsermöglichung durch mehrere Ausnahmeregelungen unterlaufen, § 22581 (b) CBPC. Neben Fällen der gesetzlich vorgeschriebenen Aufbewahrung besteht die Entfernungspflicht auch dann nicht, wenn der Internetdienstanbieter die vom Minderjährigen geposteten Inhalte anonymisiert (§ 22581 (b) (3) CBPC) oder dem Minderjährigen für das Bereitstellen der Inhalte eine Gegenleistung oder Vergütung gewährt (§ 22581 (b) (5) CBPC).[1693] Die Pflichten eines Internetdienstanbieters gelten außerdem auch dann noch als erfüllt, wenn er die vom Minderjährigen veröffentlichten Inhalte weiterhin speichert, diese aber für andere Nutzer seines Internetangebotes und die Öffentlichkeit nicht länger sichtbar macht, § 22581 (d) (1) CBPC.[1694]

---

im Zeitraum bestehender Minderjährigkeit gewährt, vgl. *dies.*, Brook. J. Int'l L., Practicum, 16. November 2013 „*Internet Eraser Laws: California and Europe Attempt to Reign in Your Online Reputation*".

1692 *Shoor*, Brook. J. Int'l L., Practicum, 16. November 2013 „*Internet Eraser Laws: California and Europe Attempt to Reign in Your Online Reputation*".

1693 *22581. …*
(b) An operator or a third party is not required to erase or otherwise eliminate, or to enable erasure or elimination of, content or information in any of the following circumstances:
…
(3) The operator anonymizes the content or information posted by the minor who is a registered user, so that the minor who is a registered user cannot be individually identified.
…
(5) The minor has received compensation or other consideration for providing the content.
Mit Kritik an der Unbestimmtheit des Merkmals „*other consideration*" in § 22581 (b) (5) CBPC vgl. *Goldman*, Forbes vom 24. September 2013, „*California's New 'Online Eraser' Law Should Be Erased*".

1694 *22581. …*
(d) An operator shall be deemed compliant with this section if:
(1) It renders the content or information posted by the minor user no longer visible to other users of the service and the public even if the content or information remains on the operator's servers in some form.

(B) Ausklammerung von „Repost"-Fällen

Den weitgehendsten Einschnitt erfährt § 22581 (a) (1) CBPC durch § 22581 (b) (2) CBPC, wonach der Internetdienstanbieter einem Minderjährigen keine Entfernung ermöglichen muss, wenn Inhalte und Informationen von einem Dritten stammen.[1695] Dies gilt auch dann, wenn der Dritte Inhalte oder Informationen kopiert, die der Minderjährige ursprünglich selbst postete, und der Dritte die kopierten Inhalte nunmehr seinerseits auf einer Webseite postet („*Repost*"), § 22581 (d) (2) CBPC.[1696] *SB 568* schafft für einen Minderjährigen zwar die Möglichkeit preisgegebene Informationen im Einflussbereich des Internetdienstanbieter für die Öffentlichkeit wieder unsichtbar machen zu lassen, sobald die offengelegten Inhalte aber von Dritten aufgegriffen und weiterverbreitet wurden, gewährt § 22581 (a) (1) CBPC keinen Schutz mehr. Da das *Eraser Button*-System in Repost-Fällen nicht eingreift, sieht es sich dem Vorwurf ausgesetzt, die weitaus größte Gefahrenquelle für Minderjährige im Netz zu ignorieren[1697]: *SB 568* erwecke den Anschein größerer Kontrolle über die eigenen Informationen im Internet als es tatsächlich gewähre.[1698]

1695 *22581. ...*
(b) An operator or a third party is not required to erase or otherwise eliminate, or to enable erasure or elimination of, content or information in any of the following circumstances:
...
(2) The content or information was stored on or posted to the operator's Internet Web site, online service, online application, or mobile application by a third party other than the minor, who is a registered user, including any content or information posted by the registered user that was stored, republished, or reposted by the third party.

1696 *22581. ...*
(d) An operator shall be deemed compliant with this section if:
...
(2) Despite making the original posting by the minor user invisible, it remains visible because a third party has copied the posting or reposted the content or information posted by the minor.

1697 *Goldman*, Forbes vom 24. September 2013, „*California's New 'Online Eraser' Law Should Be Erased*"; *Lee*, UC Davis Law Review Vol. 48, Issue 3, 2015, 1173 (1177).

1698 Vgl. *Goldman*, Forbes vom 24. September 2013, „*California's New 'Online Eraser' Law Should Be Erased*", welcher insoweit von einer „Illusion von Kontrolle" spricht. Auch schreibt *SB 568* mit dem Löschungsanspruch für eigene Inhalte in

Inhalte im Internet können gerade dann hohe Aufmerksamkeit erzeugen, wenn sie besonders kontrovers sind[1699] und dadurch zum Gegenstand von Debatten werden. Ein Beispiel hierfür liefert der Fall einer US-amerikanischen Schülerin, deren Online-Veröffentlichungen einen sog. „*Shitstorm*" nach sich zogen.[1700] Die Schülerin hatte in einem sozialen Netzwerk rassistische Ansichten geäußert, durch die losgetretene Entrüstungswelle in weniger als 24 Stunden ihren Nebenjob verloren[1701] und muss von nun an befürchten, für den Rest ihres Lebens mit diesem Vorfall in Verbindung gebracht zu werden.[1702] Das *Eraser Button*-System würde es der Schülerin zwar ermöglichen ihre ursprünglichen Aussagen im sozialen Netzwerk zu entfernen, jede von Dritten erstellte und veröffentlichte Kopie der Aussagen bliebe aber unangetastet. Den für das Recht auf Vergessenwerden grundlegenden

Kalifornien einen Standard gesetzlich fest, den viele Internetdienstanbieter bereits gegenwärtig anbieten, *Goldman*, Forbes vom 24. September 2013, „*California's New 'Online Eraser' Law Should Be Erased*"; *Lee*, UC Davis Law Review Vol. 48, Issue 3, 2015, 1173 (1199).

1699 *Goldman*, Forbes vom 24. September 2013, „*California's New 'Online Eraser' Law Should Be Erased*".

1700 Bei einem *Shitstorm* „*handelt* [es] *sich um eine „unvorhergesehene, anhaltende, über soziale Netzwerke und Blogs transportierte Welle der Entrüstung über das Verhalten öffentlicher Personen oder Institutionen, die sich schnell verselbstständigt und vom sachlichen Kern entfernt und häufig auch in die traditionellen Medien hinüber schwappt*", *Glaser*, NVwZ 2012, 1432 (1432). *Glaser* bedient sich der Definition auf der Internetseite *Anglizismus des Jahres*, welche die Bezeichnung *Shitstorm* zum Anglizismus des Jahres 2011 kürte (abrufbar unter http://www.anglizismusdesjahres.de/anglizismen-des-jahres/adj-2011/ (zuletzt abgerufen am 5. September 2017)). Vgl. auch *Meindel*, GRUR-Prax 2014, 97 (97): „*Insbesondere den unter I. 2. bis 5. aufgelisteten Störfällen ist gemein, dass sie zu einem sog. „Shitstorm", einer massenhaften öffentlichen Entrüstung in einem Kommunikationsmedium des Internets führen können, mit der Folge, dass sachliche Kritik mit zahlreichen unsachlichen Beiträgen bis hin zur Schmähkritik vermischt und eine sinnvolle Diskussion dadurch verhindert wird (Definition Wikipedia).*"

1701 *Patalong*, Spiegel Online, 26. Januar 2015, „*Hatz in sozialen Netzwerken. Rassisten am Internet-Pranger*".

1702 Die Betroffene zog sich kurze Zeit später aus allen sozialen Netzwerken zurück; für den über die Geschehnisse berichtenden Journalisten von Spiegel Online, der den Vorfall auch als „*sozialen Selbstmord*" bezeichnete, erweckten die Äußerungen des Arbeitgebers nach Kündigungsausspruch den Anschein, „*als sei die Vorsitzende des Ku-Klux-Klans zur Strecke gebracht worden – nicht nur ein rassistischen Blödsinn plappernder Teenager*", *Patalong*, Spiegel Online, 26. Januar 2015, „*Hatz in sozialen Netzwerken. Rassisten am Internet-Pranger*".

Interessenkonflikt[1703] löst *SB 568* damit weitgehend zulasten der Minderjährigen auf.

(C) Perspektiven des Eraser Button-Systems

SB 568 weist durch seine zahlreichen Ausnahmeregelungen – insbesondere durch die Ausklammerung von Repost-Fällen – strukturelle Schwächen auf. Kritiker bescheinigen dem Gesetz nicht zu Unrecht einen eingeschränkten Nutzen.[1704] Im Ausgangsfall des *Google-Urteils*[1705] würde das *Eraser Button*-System dem Betroffenen keine Abhilfe ermöglichen. Zum einen wäre *Costeja Gonzalez* als Volljähriger nicht in den Schutzbereich des Gesetzes einbezogen, zum anderen handelte es sich bei den von *Google* verarbeiteten Informationen über die Insolvenzverstrickung nicht um von ihm selbst veröffentlichte Informationen.

Durch die Ausklammerung der Fälle in denen Informationen von Dritten veröffentlicht werden, könnte *SB 568* aber Einschränkungen durch den ersten Verfassungszusatz umgehen. Der umfassende Schutz der Meinungs- und Pressefreiheit bildet – wie sich am Beispiel des *public disclosure torts* zeigte[1706] – das größte Hindernis für die Verankerung eines Rechts auf Vergessenwerden innerhalb der USA.[1707] Auch das Entfernen seitens Dritter erstellter Webseiteninhalte droht eine Verletzung des ersten Verfassungszusatzes nach sich zu ziehen.[1708]

1703 *D. III. 4. Zwischen Skylla und Charybdis – unauflösbarer Interessenkonflikt beim Vergessen im Internet?*

1704 *Goldman*, Forbes vom 24. September 2013, „*California's New 'Online Eraser' Law Should Be Erased*"; *Lee*, UC Davis Law Review Vol. 48, Issue 3, 2015, 1173 (1177).

1705 *D. II. 1. Sachverhalt.*

1706 *F. I. 2. B) AA) AAA) Brandeis-Torts.*

1707 *Antani*, The Resistance of Memory: Could the European Union's Right to be Forgotten Exist in the United States?, Seite 15. In der Vergangenheit führten die Versuche einzelner US-Bundesstaaten zur Stärkung des individuellen *Privacy*-Schutzes wiederholt zu Verfahren vor dem Supreme Court, in denen i.E. den Gewährleistungen des ersten Verfassungszusatzes Vorrang eingeräumt wurde, *Werro*, in: Liability in the third millennium, Seite 292 ff.

1708 *Walker*, Hastings Law Journal, Vol. 64, 2012, 257 (276 f.).

Wenngleich die Ausklammerung von Fällen mit Drittbezug zu Lasten der Reichweite des *Eraser Button*-Systems geht,[1709] könnte sie gleichzeitig ausschlaggebend dafür sein, dass das *SB 568*-Regime nicht an den Anforderungen des ersten Verfassungszusatzes scheitert.[1710] Dadurch, dass es das kalifornische Gesetz von vornherein nicht erlaubt fremde Inhalte mit Informationen über die eigene Person anzutasten, wird das Potential für erfolgreiche Angriffe gegen das *Eraser Button*-System auf Basis einer Verletzung des ersten Verfassungszusatzes minimiert.

Was verbleibt ist das Recht des Minderjährigen, von ihm freiwillig zur Verfügung gestellte Informationen vom Internetdienstanbieter wieder beseitigen zu lassen. Der erste Verfassungszusatz garantiert das Recht sich frei zu äußern, zwingt aber nicht zu dessen Ausübung; geschützt wird auch das Recht zu schweigen.[1711] Dieses kann dergestalt ausgeübt werden, dass z.B. das in ein soziales Netzwerk eingestellte Bild später wieder vom Einstellenden entfernt wird; die Entfernung zuvor freiwillig übermittelter Informationen würde als solche keine Verletzung des ersten Verfassungszusatzes nach sich ziehen.[1712]

Unter Berücksichtigung der restriktiven Rechtsprechung des US Supreme Courts stellt das mit *SB 568* installierte Recht auf Entfernung freiwillig übermittelter Informationen den maximal in den USA zu verwirklichenden Lösungsansatz für die Beseitigung von im Internet verfügbaren Informationen über die eigene Person dar. Auch wenn der kalifornische Ansatz keine von Dritten veröffentlichten / kopierten In-

---

1709 *Lee*, UC Davis Law Review Vol. 48, Issue 3, 2015, 1173 (1193).

1710 Vgl. *Bolton*, J. Marshall J. Info. Tech. & Privacy L. Vol. 31, Issue 2, 2015, 133 (139), wonach die Ausnahmebestimmungen zu § 22581 (b) CBPC der Rücksichtnahme auf den ersten Verfassungszusatz geschuldet sind.

1711 *Walker*, Hastings Law Journal, Vol. 64, 2012, 257 (277).

1712 *Walker*, Hastings Law Journal, Vol. 64, 2012, 257 (277 f.): „*Therefore, just as Nell may exercise her right to free expression by posting photographs on her website, she also has a right to stop speaking by removing the pictures, thereby muting the instrument of her speech. Similarly, nothing in the First Amendment forbids Nell from entering into a contract with her website hosting company where she could mandate that data she posts be permanently removed from their servers upon request. In instances where a user submits her own personal data to a website and then demands removal, both actions are variations on the same underlying constitutional right. As such, a circumscribed version of the right to be forgotten—a right to delete voluntarily submitted data—would not offend the First Amendment.*“

formationen über einen Minderjährigen erfasst, wäre er doch nicht ohne Nutzen. Ein großer Teil der im Internet auffindbaren Informationen über nach 1985 geborene Personen wurde zuvor freiwillig von diesen preisgegeben,[1713] so dass diesbzgl. - bis zur Volljährigkeit - ein Instrument zum Gegensteuern in Kalifornien bereitsteht.

Trotz der Rücksichtnahme des kalifornischen Gesetzgebers auf die Anforderungen der US-amerikanischen Verfassung ist nicht sichergestellt, dass *SB 568* nicht doch aufgrund einer Verletzung des ersten Verfassungszusatzes eingeschränkt wird. Die Reichweite der Entfernungspflicht wird vereinzelt als zu unklar kritisiert: Es sei nicht sicher, ob diese sich auch auf Inhalte des Minderjährigen erstrecke, die Dritte zwar nicht kopiert, auf die sie aber Bezug genommen hätten.[1714] Würde man die Entfernungspflicht auf Fälle anwenden, in denen Dritte (wie in sozialen Netzwerken üblich) auf einen Post des Minderjährigen mit eigenen Anmerkungen geantwortet haben, drohen bei Entfernung der ursprünglichen Veröffentlichung des Minderjährigen Sinn und Nachvollziehbarkeit einer solchen digitalen Konversation verloren zu gehen.[1715] Für den Fall, dass ein Minderjähriger unter Berufung auf § 22581 (a) (1) CBPC z.B. ein von ihm gepostetes Bild entfernen lässt, welches Dritte mit Kommentaren versehen haben, könnten diese in ihrer Äußerungsfreiheit eingeschränkt werden.[1716] Die Einschränkungen von Meinungsäußerungen, die sich auf öffentlich bereits bekannte

1713 *Zittrain*, The Future of the Internet – And How to Stop It, Seite 231: *„A large part of the personal information available on the Web about those born after 1985 comes from the subjects themselves. People routinely set up pages on social networking sites—in the United States, more than 85 percent of university students are said to have an entry on Facebook—and they impart reams of photographs, views, and status reports about their lives, updated to the minute. Friends who tag other friends in photographs cause those photos to be automatically associated with everyone mentioned—a major step toward the world in which simply showing up to an event is enough to make one's photo and name permanently searchable online in connection with the event.“*

1714 *Orthwein/Rücker*, DuD 2014, 613 (618).

1715 *Goldman*, Forbes vom 24. September 2013, *„California's New 'Online Eraser' Law Should Be Erased“*.

1716 *Shoor*, Brook. J. Int'l L., Practicum, 16. November 2013 *„Internet Eraser Laws: California and Europe Attempt to Reign in Your Online Reputation“*. *Dies.* weist auch darauf hin, dass ein US-amerikanisches Bundesberufungsgericht sog. *„Likes“* im sozialen Netzwerk (= die Betätigung der *„Gefällt mir“* Schaltfläche unter einem Posting) als vom ersten Verfassungszusatz geschützt eingestuft hat; es

Informationen beziehen, ist nach der *Florida Star-Entscheidung* nur bei der Beeinträchtigung eng begrenzter staatlicher Interessen von höchstem Rang zulässig.[1717] Da i.R.d. *Florida Star-Entscheidung* der vom Bundesstaat Florida angestrebte *Privacy*-Schutz eines Vergewaltigungsopfers diese Voraussetzung nicht erfüllte, ist zweifelhaft, ob *SB 568* diesen Anforderung genügt. Voraussetzung dafür wäre aber, dass der US Supreme Court das zuvor skizzierte Auseinanderreißen digitaler Unterhaltungen überhaupt als Beschränkung der vom ersten Verfassungszusatz garantierten *freedom of speech* bewertet.

Ob der vom kalifornischen Gesetzgeber gewagte Anlauf erfolgreich sein wird, oder auch *SB 568* an der hohen Hürde des ersten Verfassungszusatzes bzw. der *dormant Commerce Clause* scheitern wird,[1718] entscheidet sich erst, wenn auch dieses Gesetz vor dem US Supreme Court herausgefordert wird. Durch den nahezu absoluten Schutz der von Dritten erstellten Inhalte erfahren in *SB 568* die Äußerungsfreiheiten jedoch grundsätzlich Vorrang, wodurch sich das kalifornische Modell vom europäischen Ansatz des *Google-Urteils* unterscheidet, in welchem den Rechten auf Privatsphäre und Schutz personenbezogener Daten *„im Allgemeinen"* der Vorrang eingeräumt wurde.[1719] Die praktischen Erfahrungen mit *SB 568* könnten dennoch von Nutzen für den europäischen Vergessensansatz sein und ggf. Anpassungsbedarf aufzeigen.[1720] Auch bleibt trotz aller Kritik hervorzuheben, dass Kalifornien mit *SB 568* einen ambitionierten Versuch gewagt

stelle sich daher die Frage, ob es auch zu einer Verletzung dieser Verfassungsbestimmung komme, wenn der Minderjährige die Entfernung seines von Dritten bereits mit *Likes* versehenen Bildes beim Internetdienstanbieter einfordere.

1717 *F. I. 2. B) AA) AAA) (B) Florida Star v. B.J.F.*

1718 Aus der Rechtsprechung des US Supreme Court zu Article 1 Section 8 Clause 3 der US Verfassung folgt ein Verbot für die einzelnen US-amerikanischen Bundestaaten, Gesetze zu erlassen, die den zwischenstaatlichen Handel benachteiligen oder übermäßig erschweren (= *dormant Commerce Clause*), *Lee*, UC Davis Law Review Vol. 48, Issue 3, 2015, 1173 (1178). Auch wenn nähere Ausführungen zum Problem der *dormant Commerce Clause* den Rahmen dieser Arbeit sprengen würden, bleibt doch anzumerken, dass bereits Kritik laut wurde, die in *SB 568* eine Verletzung der *dormant Commerce Clause* erkennt, ausführlich *Lee*, UC Davis Law Review Vol. 48, Issue 3, 2015, 1173 (1191 ff.).

1719 EuGH, Urteil vom 13. Mai 2014 – C-131/12 (*Google Spain und Google*) = NJW 2014, 2257 (2263); *D. II. 2. B) BB) BBB) (B) Grundsätzlich überwiegendes Interesse des Betroffenen.*

1720 *Orthwein/Rücker*, DuD 2014, 613 (618).

hat, um die Rechte von Minderjährigen im Internet zu stärken und diese vor den Spätfolgen ihrer im Internet preisgegebenen Informationen zu schützen.

II. Fazit: Right to be forgotten – Aussichten auf eine transatlantische Zusammenarbeit?

1. Der erste Verfassungszusatz – ein unüberwindbares Hindernis?

Die Betrachtung der für diese Arbeit maßgeblichen Teile des US-amerikanischen Rechts hat zum einen gezeigt, dass einem gemeinsamen transatlantischen Vorgehen nicht unerhebliche Hindernisse begegnen. Zwar ist die in Europa verbreitete Annahme eines in den USA vorherrschenden geringen Stellenwerts der Privatsphäre bei näherer Betrachtung nicht haltbar. Der US Supreme Court betonte noch in der *Florida Star-Entscheidung* den hohen Stellenwert von *Privacy* innerhalb der amerikanischen Gesellschaft,[1721] und wenngleich *Privacy* nicht ausdrücklich in den Zusatzartikeln der US-Verfassung aufgeführt wird, so ist ihre Garantie durch den vierten Verfassungszusatz doch allgemein anerkannt.[1722]

Die Anerkennung von *Privacy* als Recht von Verfassungsrang bedeutet nicht zugleich, dass sich dahinter in den USA die gleichen Gewährleistungen verbergen wie in Europa.[1723] Versuche, den amerikanischen *Privacy*-Schutz nach kontinentaleuropäischem Vorbild auszubauen, mussten in der Vergangenheit – wie das Beispiel des auf *Brandeis* und *Warren* zurückzuführenden *public disclosure torts* verdeutlicht – immer wieder am ersten Verfassungszusatz scheitern, dessen Garan-

1721 Vgl. nur die Feststellung des US Supreme Court in *Florida Star v. B.J.F.*, 491 U.S. 524, 534 (1989): „*Respecting the fact that press freedom and privacy rights are both "plainly rooted in the traditions and significant concerns of our society,"…*".

1722 *F. I. 2. A) Privacy-Schutz auf Verfassungsebene.*

1723 *Whitman*, The Yale Law Journal, Vol. 113, 2003-2004, 1151 (1211): „*And there are many areas of the law, as we have seen, where Americans do not even perceive the sorts of privacy violations that seem to Europeans obviously present. The Europeans are right. At the end of the day, Americans do not really grasp the European idea of the protection of privacy.*"

tien sich als „tödlichste Feinde“ derartiger Vorhaben erwiesen.[1724] Weitgehende Einheit besteht auch dahingehend, dass es durch ein Recht auf Vergessenwerden nach europäischem Vorbild zu Verletzungen des ersten Verfassungszusatzes kommen würde; die Rechtsprechung des US Supreme Courts schiebt einem derart weitreichenden Ansatz einen unüberwindbaren Riegel vor.[1725] Die Betrachtung von der *Cox Broadcasting*- bis hin zur *Florida Star-Entscheidung* bestätigte,[1726] dass der US Supreme Court in seiner Rechtsprechung zum ersten Verfassungszusatz einem für EU und USA gemeinsam tragbaren Recht auf Vergessenwerden ein erhebliches Hindernis in den Weg gelegt hat. Hätte sich *Costeja Gonzalez* in den Vereinigten Staaten mittels des *public disclosure torts* gegen *Google* gewandt, wäre ihm schon deshalb kein Erfolg beschieden gewesen, weil seine Insolvenzverwicklung Jahre zuvor öffentlich bekannt wurde und in seinem Fall kein gewichtigeres Interesse an der Informationsunterdrückung erkennbar ist, als es in der *Florida Star-Entscheidung* der Fall war.

Eine identische Übertragung des vom EuGH im *Google-Urteil* angewandten Lösungsansatzes in die USA scheidet nach alldem aus;[1727] die unterschiedlichen Gewichtungen von *Privacy* und Äußerungsfreiheiten verhindern, dass sich ein auch auf Inhalte Dritter erstreckendes

1724 *Whitman*, The Yale Law Journal, Vol. 113, 2003-2004, 1151 (1209): „*Freedom of expression has been the most deadly enemy of continentalstyle privacy in America. To cite once again our German scholar of 1959, the conflict has always been one between the values of Jefferson and the values of Goethe. Of all American liberty values, freedom of the press is the most poisonous for continental-style privacy rights.*“ *Whitman* weist auch darauf hin, dass die von *Brandeis* und *Warren* 1890 mit ihrem Plädoyer für ein *right to be let alone* begründeten *Brandeis-Torts* zwar noch immer Bestand des geltenden US-amerikanischen Rechts sind, in der Praxis aber wenig Wirkung zeigen. Die Ursache dafür sieht er darin, dass die *Brandeis-Torts* keine originäre Entwicklung des amerikanischen Rechts seien, sondern den missglückten Versuch darstellen, kontinentaleuropäisches Recht in den USA zu verankern, *ders.*, The Yale Law Journal, Vol. 113, 2003-2004, 1151 (1204, 1206).

1725 *Ambrose*, Speaking of Forgetting: Analysis of Possible Non-EU Responses to the Right to Be Forgotten and Speech Exception, Seite 11 ff.

1726 *F. I. 2. B) AA) AAA) Brandeis-Torts.*

1727 Es muss hinzugefügt werden, dass eine solche Übertragung von vorherein kaum erwartet werden konnte, *Orthwein/Rücker*, DuD 2014, 613 (613): „*Mentalitätsunterschiede und verschiedene Rechtskulturen eine unveränderte Übertragung der entwickelten Konzepte oft verhindern …*“.

Recht auf Vergessenwerden in den USA einfügt.[1728] Um die verschiedenen gegenläufigen Rechte gegeneinander auszubalancieren, besteht in den USA, anders als in Europa, kein ausreichender Spielraum.[1729]

Neben der Annahme grundsätzlicher Unvereinbarkeit eines europäisch geprägten Rechts auf Vergessenwerden mit der US-Verfassung befürchteten amerikanische Autoren außerdem bereits zu Beginn der europäischen Datenschutzreform, dass aus dem Zusammenspiel von Löschungsverpflichtungen und hohen Strafzahlungsandrohungen eine zu große Löschbereitschaft datenverarbeitender Stellen folgen und ein *chilling effect* eintreten könnte.[1730] Das in die jüngere Vergangenheit fallende Verhalten der französischen Datenschutzbehörde *CNIL* gegen

---

1728 Zum Konflikt zwischen den Prinzipien der *Florida Star-Entscheidung* und des *Google-Urteils* vgl. erneut *McCarthy*, GRUR Int. 2016, 604 (609 f.). Siehe außerdem *Shoor*, Brook. J. Int'l L., Vol. 39:1, 2014, 487 (499 f.): „*The difference in valuing privacy over freedom of expression is why the Right to Be Forgotten fits within the framework of the EU, but conflicts with the values underlying U.S. law.*" Ferner *Ambrose*, Speaking of Forgetting: Analysis of Possible Non-EU Responses to the Right to Be Forgotten and Speech Exception, Seite 27: „*Non-E.U. countries and data controllers have four options, which show how and where more reform is necessary. First, they can simply harmonize their own laws with the E.U. This option is not realistic at least in the U.S. where the First Amendment likely does not leave room for a right to erasure.*"

1729 *Bennett*, BJIL, Vol. 30, Issue 1, 2012, 161 (173 f.); ferner *Werro*, in: Liability in the third millennium, Seite 286: „*The notion that constitutional rights could be balanced against each other and that the freedom to speak and to inform could be balanced against a competing constitutional entitlement to the respect of one's private life does not seem to be an option under United States Constitutional Law.*"

1730 *Rosen*, Stan. L. Rev. Online, Vol. 64, 2012, 88 (90 f.); *Shoor*, Brook. J. Int'l L., Vol. 39:1, 2014, 487 (488, 505 f., 511 f.). Befürchtet wurden bei Verstößen gegen Art. 17, 19 DS-GVO-E (im Fall von *Google*) Geldbußen auf Grundlage von Art. 79 Abs. 5 lit. c) DS-GVO-E bzw. Art. 79 Abs. 6 lit. c) DS-GVO-E i.H.v. bis zu 379 Millionen Euro, *Shoor*, Brook. J. Int'l L., Vol. 39:1, 2014, 487 (506).
Art. 79 DS-GVO-E – Verwaltungsrechtliche Sanktionen
…
5. Die Aufsichtsbehörde verhängt eine Geldbuße bis zu 500 000 EUR oder im Fall eines Unternehmens bis in Höhe von 1 % seines weltweiten Jahresumsatzes gegen jeden, der vorsätzlich oder fahrlässig
…
(c) das Recht auf Vergessenwerden oder auf Löschung nicht beachtet, keine Vorkehrungen trifft, um die Einhaltung der Fristen zu gewährleisten, oder nicht alle erforderlichen Schritte unternimmt, um Dritte von einem Antrag der betroffenen Person auf Löschung von Links zu personenbezogenen Daten sowie Kopien oder Replikationen dieser Daten gemäß Artikel 17 zu benachrichtigen;

Google[1731] wird – auch wenn sich die angedrohten Geldbußen in einem geringerem Rahmen bewegen als die zu Beginn der Datenschutzreform in den Raum gestellten Zahlen[1732] – nicht zum Abbau dieser Bedenken beitragen.[1733] Zwar werden die grundlegenden Vorbehalte gegen die private Entscheidungsfindung nicht geteilt,[1734] doch ist zugleich auf die generelle Bereitschaft von Unternehmen zur Gesetzesbefolgung hinzuweisen, die auch zur überstürzten Erfüllung von Löschbegehren führen könnte.[1735] Die amerikanischen Befürchtungen des vorauseilenden Gehorsams sind zumindest nicht völlig aus der Luft gegriffen.

2. Ausblick: Kalifornien als Hoffnungsschimmer für eine mögliche Zusammenarbeit

Während bislang die Vorstellung eines gemeinsam getragenen Ansatzes für ein Recht auf Vergessenwerden illusorisch erscheint, lassen jüngere Entwicklungen innerhalb der USA doch hoffen, dass die Basis für

...
6. Die Aufsichtsbehörde verhängt eine Geldbuße bis zu 1 000 000 EUR oder im Fall eines Unternehmens bis in Höhe von 2 % seines weltweiten Jahresumsatzes gegen jeden, der vorsätzlich oder fahrlässig
(c)… das Recht auf Widerspruch gemäß Artikel 19 oder eine damit verbundene Bedingung nicht beachtet;
...

1731 Ausführlich *E. I. 3. Territoriale Reichweite: Regionales oder globales Delisting?*

1732 Angedroht wurden seitens der französischen Datenschutzbehörde *CNIL* Strafen i.H.v. bis zu 150.000 € bzw. 300.000 € (im Wiederholungsfall), *Jahn*, FAZ.net vom 22. September 2015, „*Recht auf Vergessen werden*“ – *So zeigt Google auch die versteckten Seiten*“; bei Verstößen gegen die ursprünglichen Art. 17, 19 DS-GVO-E wurden dagegen Geldbußen i.H.v. bis zu 379 Millionen Euro befürchtet, *Shoor*, Brook. J. Int'l L., Vol. 39:1, 2014, 487 (506).

1733 Es gilt zudem zu berücksichtigen, dass amerikansche Gerichte unter Berufung auf den ersten Verfassungzusatz bereits in der Vergangenheit französische Einflussnahmeversuche im US-amerikanischen Rechtsraum zurückwiesen, *McCarthy*, GRUR Int. 2016, 604 (610).

1734 *E. II. 2. Auflösung des Interessenkonflikts durch ein Tribunal privater Philosophenkönige?*

1735 *Ambrose*, Speaking of Forgetting: Analysis of Possible Non-EU Responses to the Right to Be Forgotten and Speech Exception, Seite 27 f.

eine Zusammenarbeit nicht völlig außer Reichweite ist. Zum einen erfährt das Recht auf Vergessenwerden in der amerikanischen Bevölkerung nicht geringe Zustimmungswerte.[1736] Zum anderen hat die strenge Rechtsprechung des US Supreme Courts womöglich eine allerletzte Tür offengelassen, die dem Vergessenwerden im Internet auch im US-amerikanischen Recht genug Raum bieten könnte und die sich der kalifornische Gesetzgeber zu Nutze gemacht hat. Die *Florida Star-Entscheidung* bedeutete zwar die faktische Aufgabe des *public disclosure torts*,[1737] doch ist dies nicht gleichbedeutend mit der Aufgabe eines Rechts auf Vergessenwerden.[1738] Allerdings verdeutlicht das Beispiel des *public disclosure torts*, dass einer Veröffentlichung wahrer Informationen durch Dritte in den USA nicht mit der Auferlegung von Sank-

---

1736 In einer Umfrage im Jahr 2014 wurden 500 US-Amerikaner danach befragt, ob Suchmaschinen auf Aufforderung der Betroffenen dazu verpflichtet sein sollten, ältere oder unwichtige Suchergebnisse weiterhin anzuzeigen. 61 % der Befragten hielten danach zumindest irgendeine Form eines Rechts auf Vergessenwerden für erforderlich:
„*Key Findings:*
1. Sixty-one percent of Americans believe some version of the right to be forgotten is necessary.
2. Thirty-nine percent want a European-style blanket right to be forgotten, without restrictions.
3. Nearly half of respondents were concerned that "irrelevant" search results can harm a person's reputation."
Abrufbar unter http://www.softwareadvice.com/security/industryview/right-to-be-forgotten-2014/ (zuletzt abgerufen am 5. September 2017).

1737 *F. I. 2. B) AA) AAA) (B) Florida Star v. B.J.F.*

1738 *Ambrose*, Speaking of Forgetting: Analysis of Possible Non-EU Responses to the Right to Be Forgotten and Speech Exception, Seite 12: „*The Supreme Court left an important opening, stating "we do not hold that truthful publication is automatically constitutionally protected, or that there is no zone of personal privacy within which the State may protect the individual from intrusion by the press," (Florida Star, 1989). The right to be forgotten is not equivalent to the public disclosure of private facts tort, but it also does not necessarily slip in that opening.*" Vgl. aber erneut *Werro*, in: Liability in the third millennium, Seite 292, wonach der *public disclosure tort* innerhalb des US-amerikanischen Rechts am Ehesten einem Recht auf Vergessenwerden entspricht. Während die europäischen Mechanismen erzwingen wollen, dass Informationen über Personen im Internet durch Datenverarbeiter wie *Google* beseitigt werden, soll der *public disclosure tort* diejenigen Veröffentlichungen privater Informationen sanktionieren, welche sich für einen vernünftigen Menschen hochgradig anstößig darstellen, vgl. *F. I. 2. B) AA) AAA) Brandeis-Torts.*

tionen begegnet werden kann; dieser Weg ist durch den umfassenden Schutz des ersten Verfassungszusatzes versperrt.

Für realisierbar wird dagegen eine Spielart des Rechts auf Vergessenwerden gehalten, die ihren Ursprung in der Freiheit zu schweigen hat und die es erlaubt, eigenhändig preisgegebene Informationen zu beseitigen.[1739] Hier knüpft der Lösungsansatz an, den Kalifornien mit *SB 568* bestreitet. Von Dritten verbreitete Informationen lässt das *Eraser Button*-System unberührt; eine Interessenabwägung findet von vornherein nicht statt. Wenn sie auch nicht vollends ausgeschlossen werden,[1740] so werden dadurch aber Beeinträchtigungen der Äußerungsfreiheiten Dritter – sei es im Rahmen der Pressetätigkeit oder privater Meinungsäußerungen – erheblich minimiert.

In seiner umfassenden Betrachtung der Wurzeln der unterschiedlichen *Privacy*-Verständnisse in den USA und Europa stellte *Whitman* fest, es bestehe wenig Grund zur Annahme, dass Europäer oder US-Amerikaner plötzlich die Position des jeweils anderen einnehmen würden.[1741] Nichts anders gilt für den Bereich des Rechts auf Vergessenwerden, welches innerhalb der EU teilweise als zwingende Notwendigkeit, in den USA teilweise als größte Bedrohung der Meinungsfreiheit betrachtet wird.[1742] Soll ein Recht auf Vergessenwerden in irgendeiner Form in den USA Fuß fassen, muss dem US-amerikanischen

---

1739 Danach hindert der erste Verfassungszusatz nicht daran, eingestellte Bilder wieder aus sozialen Netzwerken zu entfernen oder Verträge mit einem Webseitenbetreiber zu schließen, welche diesen auf Aufforderung zu Datenlöschungen verpflichten, *Walker*, Hastings Law Journal, Vol. 64, 2012, 257 (277 f.); vgl. bereits *F. I. B) BB) BBB) (C) Perspektiven des Eraser Button-Systems*. Ferner *Lagone*, The Right to Be Forgotten: A Comparative Analysis, Seite 22: „... *it may be possible to reconcile the right with a modified version that avoids a full debate about freedom of expression versus privacy. If the right to be forgotten is merely a right to demand deletion of personally identified stored data after a certain period of time, then it should not pose too much controversy and could be widely implemented.*“

1740 *F. I. B) BB) BBB) (C) Perspektiven des Eraser Button-Systems.*

1741 *Whitman*, The Yale Law Journal, Vol. 113, 2003-2004, 1151 (1221): „*In truth, there is little reason to suppose that Americans will be persuaded to think of their world of values in a European way any time soon; American law simply does not endorse the general norm of personal dignity found in Europe. Nor is there any greater hope that Europeans will embrace the American ideal; the law of Europe does not recognize many of the antistatist concerns that Americans seem to take for granted.*“

1742 Vgl. erneut *Rosen*, Stan. L. Rev. Online, Vol. 64, 2012, 88 (88).

Verständnis von *Free Speech* und *Privacy* Rechnung getragen werden. Dem Streit über das grundlegende Gewicht dieser Gewährleistungen ist das Auffinden eines für beide Seiten akzeptablen Minimalkonsenses vorzuziehen.[1743] Versuche, einem europäischen Recht auf Vergessenwerden innerhalb der USA volle Geltung zu verschaffen – wie es die französische Datenschutzbehörde *CNIL* beim Lösungsansatz des *Google-Urteils* praktiziert[1744] – sind dagegen kritisch zu würdigen. Der Kern der *Florida Star-Entscheidung* und zugleich der Kern des amerikanischen *Privacy*-Verständnisses – was einmal die öffentliche Debatte erreicht hat, kann (de facto) nicht mit Zwang unterdrückt werden – wird beim Vorgehen der *CNIL* verkannt. In einem nach den *Snowden-Enthüllungen* immer noch von Misstrauen geprägten Verhältnis ist Kooperation der Konfrontation vorzuziehen.

Von allen Problemen denen ein Recht auf Vergessenwerden in den USA begegnet, bereitet die herausragende Stellung der Äußerungsfreiheiten die größten Bedenken.[1745] Auch wenn es im Vergleich zum Lösungsansatz des *Google-Urteils* eine geringere Reichweite aufweisen mag, bietet sich das kalifornische *Eraser Button*-System als Minimalkonsens an. Durch die Aussparung der von Dritten im Internet veröffentlichten Inhalte reduziert das *SB 568*-Regime das Konfliktpotential mit dem ersten Verfassungszusatz auf ein Minimum[1746] und trägt dadurch dem besonderen Stellenwert dieser Verfassungsbestimmung Rechnung. Dass sich die kalifornische Lösung in ihrem persönlichen Anwendungsbereich auf Minderjährige beschränkt, erhöht zusätzlich ihre Chancen, im US-amerikanischen Rechtssystem zu überdauern.[1747]

1743 *Bennett*, BJIL, Vol. 30, Issue 1, 2012, 161 (179).

1744 Vgl. erneut *Jahn*, FAZ.net, 22. September 2015, *„Recht auf Vergessen werden" – So zeigt Google auch die versteckten Seiten"*.

1745 Vgl. bereits *F. I. 2. B) AA) AAA) Brandeis-Torts*; ferner *Lagone*, The Right to Be Forgotten: A Comparative Analysis, Seite 14: *„And finally, the biggest concern for the United States is how the right to be forgotten will be balanced against freedom of expression."*

1746 Mit absoluter Sicherheit ist die Möglichkeit einer Verletzung dieses Verfassungszusatzes nicht auszuschließen, *F. I. B) BB) BBB) (C) Perspektiven des Eraser Button-Systems.*

1747 Vgl. auch *Antani*, The Resistance of Memory: Could the European Union's Right to be Forgotten Exist in the United States?, Seite 48 f. Danach hätte ein eng begrenztes Vorgehen in den USA größere Aussichten zur Geltung zu gelangen, als

Es bleibt festzuhalten, dass in den USA gegenwärtig kein über den kalifornischen Lösungsweg hinausgehender Ansatz zur Verwirklichung eines Rechts auf Vergessenwerdens vorstellbar ist, gleichzeitig aber eine Zusammenarbeit auf Basis dieses Modelles im Rahmen des Möglichen liegt. Die Datenschutzpolitik der EU konnte sich schon in der Vergangenheit im US-amerikanischen Raum auswirken und dort für neue legislative Impulse sorgen.[1748] Es würde sich daher anbieten, jenseits der Grenzen Europas die Verbreitung eines an *SB 568* angelehnten Systems in einem gemeinsamen Dialog mit den USA über den transatlantischen Datenaustausch zu fördern.[1749] Dies bedeutet nicht die Aufgabe des innerhalb der EU durch das *Google-Urteil* etablierten *Delisting*-Ansatzes, sondern einen Aufruf zur Zurückhaltung bei der von der *CNIL* praktizierten zwangsweisen Durchsetzung eines nicht akzeptierten europäischen Standards innerhalb der USA. Vorzuziehen ist ein kooperatives, auf Verwirklichung eines gemeinsamen Minimalstandards gerichtetes Vorgehen. Schrittweise könnte die EU damit auf die Akzeptanz eines Modelles hinwirken, welches es auch US-Amerikanern ermöglicht, ein nicht von den Fehlern der Vergangenheit beherrschtes Leben zu führen.[1750]

---

ein breiterer, dem *Google-Urteil* nachempfundener *Delisting*-Ansatz. *Antani* plädiert daher für einen kontextbezogenen Ansatz, der z.B. nur auf dem Gebiet des *Credit Reportings* Anwendung findet.
Vorteil des *Eraser Button-Systems* ist, dass es nur für eine besonders schützenswerte Personengruppe Anwendung findet und daher den von *Antani* präferierten engen Kontextbezug aufweist.

1748 *Bennett*, BJIL, Vol. 30, Issue 1, 2012, 161 (177): „*Indeed, EU data policy developments have, to some degree, pushed the world toward uniform standards of data protection, and have spurred US regulators to action. Moreover, EU developments have sparked US interest in dialogue with EU authorities.*" Noch weiter in ihrer Prognose des Einflussbereichs des EU-Rechts geht *Lagone*: Wäre das in der DS-GVO-E vorgesehene Recht auf Vergessenwerden umgesetzt worden, so sei zu erwarten gewesen, dass es sich zum de facto Weltstandard etabliert hätte, The Right to Be Forgotten: A Comparative Analysis, Seite 11.

1749 So wies *Bennett*, BJIL, Vol. 30, Issue 1, 2012, 161 (178), in der Vergangenheit darauf hin, dass sich die nahenden Veränderungen des EU-Datenschutzsystems zum Dialog mit den USA über eine Harmonisierung anböten.

1750 So bereits die Prognose von *Posner*, „*We All Have the Right to Be Forgotten*", 14. Mai 2014: „*In the old days, Europeans who wanted to forget their pasts would come to America for a fresh start. Today, one would head in the opposite direction.*"

G. Abschlussbemerkungen – Europas Chance auf Vergessenwerden im Internet

I. Zusammenfassung der Untersuchung

1. Erinnerung und Vergessen sorgen infolge des technischen Wandels für neue Probleme

Die erste Hürde in der Auseinandersetzung mit dem Recht auf Vergessenwerden liegt in den fehlenden Konturen der Bezeichnung; obwohl sie Eingang in zahlreiche Beiträge gefunden hat, bereitet ihre Verwendung noch immer Schwierigkeiten. Wie *Ambrose* treffend feststellte, scheint es oft so, als wüsste niemand, was sich dahinter eigentlich verbirgt:

> „*The problem is no one knows what the right to be forgotten means. There is no body of law giving this right shape or edges. Sure, there is some scattered case law related to past criminal activity from a few EU member states, but the only guidance the CJEU gives Google is that the data subject's rights override the interest of internet users, as a general rule, and that the balance of interests should be case specific.*“[1751]

Die vorliegende Arbeit soll einen Beitrag zur Enträtselung leisten, wozu sie sich zunächst der Frage annahm, warum die ungewöhnliche Bezeichnung „Recht auf Vergessenwerden“ im 21. Jahrhundert wiederauflebte. Wenngleich sie zuerst im 20. Jahrhundert von *Flaherty* gebraucht wurde,[1752] beschäftigten Vergessen und Erinnerung die Menschheit im Laufe der Geschichte doch schon lange zuvor und bei mehr als einer Gelegenheit. So wurde etwa zu Zeiten *Ciceros* die Frage nach einer möglichen Beherrschbarkeit der menschlichen Erinne-

1751 *Ambrose*, „*EU Right to be Forgotten Case: The Honorable Google Handed Both Burden and Boon*“, Pla(Y)giarizing for Educational Purposes vom 19. Mai 2014.

1752 *Flaherty*, Protecting Privacy in Surveillance Societies, Seite 180, 380; *A. II. 1. Vergessen – Ein altes Problem in der Geschichte der Menschheit.*

rungsfähigkeit aufgeworfen[1753] und im *Talmud* ist die Erkenntnis festgehalten, dass ein über seine früheren Verfehlungen hinausgewachsener Mensch nicht beständig an diese Vorfälle erinnert werden soll.[1754] Der letztgenannte Gedanke hat nicht nur Eingang in den *Talmud* gehalten, sondern findet sich auf einer weniger spirituellen Ebene auch im Europa der Gegenwart wieder, wo das Recht einzelner EU-Mitgliedsstaaten ein *Right to Oblivion* kennt, wodurch einstige Straftäter nicht auf unbegrenzte Zeit mit ihren früheren Verfehlungen konfrontiert werden sollen.[1755] Daneben finden sich auf europarechtlicher Ebene in Gestalt der Datenschutzrichtlinie Vorgaben für einen Löschungsanspruch.[1756]

Worin ist angesichts dieser bereits vorhandenen Instrumente die Ursache für den Ruf nach einem Recht auf Vergessenwerden zu erblicken? Ausschlaggebend für die Erneuerung des Wunsches, die Vergangenheit ins Oblivion, d.h. in die Vergessenheit, zu überführen, waren neue, sich im Internetbereich abzeichnende Gefahren, namentlich Ubiquität und Ewigkeitseffekt.[1757] Informationen können immer länger und zu geringeren Kosten aufbewahrt werden;[1758] sobald sie digitalisiert werden und ins Internet gelangen, können sie grundsätzlich weltweit abgerufen werden und erlangen Ubiquität.[1759] Dafür, dass einzelne Informationen für den durchschnittlichen Internetnutzer tatsächlich allgegenwärtig verfügbar sind, tragen in erster Linie die Suchmaschinenbetreiber Verantwortung, welche die Informationsmassen im Netz durch ihre Tätigkeit effektiv nutzbar machen und gezielte Suchanfragen ermöglichen.[1760]

Auch wenn der Ruf nach einem Recht auf Vergessenwerden im Zusammenhang mit dem technischen Wandel steht, darf dieses nicht

1753 *Cicero*, De finibus bonorum et malorum libri quinque, Seite 99; *A. II. 1. Vergessen - Ein altes Problem in der Geschichte der Menschheit.*

1754 *Rosen*, New York Times, 21. Juli 2010, *„The Web Means the End of Forgetting“*; *A. II. 1. Vergessen - Ein altes Problem in der Geschichte der Menschheit.*

1755 *B. I. 1. The Right to Oblivion.*

1756 *B. I. 2. The Right to Erasure.*

1757 *B. II. 1. Technischer Wandel und Verschmelzung von Right to Oblivion und Right to Erasure.*

1758 *B. II. 1. B) „Das Internet vergisst nicht“ - der Ewigkeitseffekt.*

1759 *B. II. 1. A) Ubiquität und Bedeutung der Suchmaschinen.*

1760 *B. II. 1. A) Ubiquität und Bedeutung der Suchmaschinen.*

allein auf die Löschung personenbezogener Daten reduziert werden.[1761] Die Auswirkungen moderner Technologie im 21. Jahrhundert können sich direkt auf den Geltungsanspruch von Vergessen und Erinnerung auswirken und deren bisheriges Regel-Ausnahmeverhältnis ins Gegenteil verkehren, wodurch i.E. auch positive Aspekte des Vergessens gefährdet werden könnten.[1762] Letzteres ist zwar keine ausschließlich positive Erscheinungsform und kann sich bspw. bei zu früher Gewährung negativ auf die Opfer von Straftaten auswirken[1763] und die Erinnerung an die Vergangenheit geht oft genug mit eigenen Vorteilen einher.[1764] Es gilt jedoch zu bedenken, dass das Vergessenwerden ein Versprechen auf einen Neuanfang und eine zweite Chance bedeutet[1765] und damit die menschliche Fähigkeit zur Fortentwicklung anerkennt.[1766] Die „*Chance auf Vergessen*"[1767] ist die „*Grundbedingung der unabgeschlossenen (Fort-)Entwicklung der eigenen Persönlichkeit*".[1768] Im Verlauf eines Lebens kann sich die menschliche Persönlichkeit verändern,[1769] doch dadurch, dass Informationen aus der Vergangenheit im Internet ohne Weiteres wiederaufleben können, droht die Vergangenheit zum Bewertungsmaßstab im Hier und Jetzt zu werden.[1770] Wo Menschen aber auf unbestimmte Zeit befürchten müssen, von den Fehlern ihrer Vergangenheit eingeholt zu werden, werden sie in ihren Möglichkeiten zur selbstbestimmten Persönlichkeitsentwicklung be-

1761 So aber z.B. *Kamlah*, in: Plath, Art. 17 DSGVO, Rn. 3.

1762 *Mayer-Schönberger*, Delete – The Virtue of Forgetting in the Digital Age, Seite 8 ff., 196 f.; *ders.*, The Art of Forgetting, Seite 3; ferner *Ausloos*, CLSR 2012, 143 (144).

1763 *Ambrose/Friess/Van Matre*, SCLJ Vol. 29, 2012, 1 (14); *B. II. 2. B) Zusammenspiel moderner Technik zwingt zum Überdenken des Stellenwerts von Erinnerung und Vergessen.*

1764 *B. II. 2. B) Zusammenspiel moderner Technik zwingt zum Überdenken des Stellenwerts von Erinnerung und Vergessen.*

1765 *DIVSI*, Das Recht auf Vergessenwerden, Seite 15.

1766 *Mayer-Schönberger*, Delete – The Virtue of Forgetting in the Digital Age, Seite 13.

1767 *Masing*, NJW 2012, 2305 (2308).

1768 *Diesterhöft*, Seite 150.

1769 *Andrade*, IDP 2012, 122 (129); *Koops*, SCRIPTed Vol. 8, Issue 3, 2011, 1 (22).

1770 *B. II. 2. C) Bedrohung der selbstbestimmten Persönlichkeitsentwicklung.*

schnitten.[1771] Dies kann sich negativ auf eine Gesellschaft im Ganzen auswirken.[1772]

Ein Recht auf Vergessenwerden muss eine Antwort auf die Herausforderung der zweiten Chance durch moderne Technologie liefern und verkörpert als solche – auch wenn darauf aufgebaut wird – mehr als einen reinen Löschungsanspruch.[1773] Auf diesen Bedeutungsgehalt eingegrenzt ist die Bezeichnung „Recht auf Vergessenwerden" weder irreführend, noch soll damit umfassenden Geschichtsneuschreibungen der Weg bereitet werden.[1774]

2. Auch das Internet vergisst

Wenngleich die Ökonomie digitalen Erinnerns – die Verfügbarkeit größerer Speichermengen zu geringeren Preisen[1775] – und der mit Datenlöschungen einhergehende höhere Arbeitsaufwand[1776] die Entscheidung zur langfristigen Informationsaufbewahrung begünstigt, können Informationen auch im Internet vergessen werden. Es kommt zwar im Netz zur Archivierung von Informationen, doch ließ sich die Archivierung einer jeden Information – d.h. eine Archivierungsrate

1771 *B. II. 2. B) Zusammenspiel moderner Technik zwingt zum Überdenken des Stellenwerts von Erinnerung und Vergessen.*

1772 *B. II. 2. C) Bedrohung der selbstbestimmten Persönlichkeitsentwicklung.*

1773 *Zanfir*, Tracing the right to be forgotten in the short history of data protection law: The "new clothes" of an old right, Seite 17: „*Even if technically speaking the right to be forgotten is an upgraded right to erasure, it represents more: it stands for the autonomy, liberty, and identity of the person in an over-digitalized world. These fundamental values are inherent to the human being and it will be more and more difficult to define geographically the instruments which will preserve such values.*"

1774 *B. II. 4. Recht auf Vergessenwerden – irreführende Bezeichnung? B. III. 1. Garant der zweiten Chance.*

1775 *Diesterhöft*, Seite 24; *Mayer-Schönbergers*, Delete – The Virtue of Forgetting in the Digital Age, Seite 104; *Walker*, Hastings Law Journal, Vol. 64, 2012, 257 (281). *B. II. 1. B) „Das Internet vergisst nicht" – der Ewigkeitseffekt.*

1776 Vgl. erneut *European Data Protection Supervisor*, A comprehensive approach on personal data protection in the European Union, Seite 18; *de Terwangne*, The Right to be Forgotten and the Informational Autonomy in the Digital Environment, Seite 3 f.; *dies.*, IDP 2012, 109 (116); *B. II. 1. B) „Das Internet vergisst nicht" – der Ewigkeitseffekt.*

von 100 % – nicht nachweisen.[1777] Die beliebte Behauptung „das Internet vergisst nicht“ ist ohne absoluten Geltungsanspruch; die Lebensdauer von Informationen im Netz muss nicht von Dauer sein und es treten mit zunehmendem Zeitverlauf Verfallserscheinungen und Informationsverluste auf.[1778]

Doch auch wenn die Behauptung „das Internet vergisst nicht“ ohne absoluten Geltungsanspruch ist, bedeutet dies nicht, dass die vollständige Entfernung einer Information samt aller ggf. existierenden Kopien aus dem Internet garantiert werden kann. Ein solches Vorhaben stößt auf eine Reihe tatsächlicher Schwierigkeiten: Informationen können kopiert und auf zahlreichen Webseiten verbreitet werden, sobald sie einmal ihren Weg ins Internet gefunden haben;[1779] die Gestaltungsmacht und Einflussnahmemöglichkeiten einzelner Nationalstaaten stoßen diesbzgl. an ihre Grenzen.[1780] Versuche zur Informationsunterdrückung können zudem das Gegenteil der beabsichtigten Wirkung erzielen und einen *Streisand-Effekt* auslösen, in dessen Konsequenz eine Information bekannter wird, als sie es ohne den Versuch ihrer Unterdrückung jemals geworden wäre.[1781]

Die größte im Internet lauernde Gefahr für die Fortentwicklungschancen des Einzelnen ist jedoch in der Sphäre der Suchmaschinen zu erkennen:

> *„Problematisch … ist nicht allein die Speicherung unüberschaubar vieler Daten, sondern diese Tatsache in Kombination mit der Tätigkeit der Suchmaschinen, die dieses elektronische Gedächtnis verfügbar und jeder Person zugänglich macht. Erst durch Google und andere Anbieter kann tatsächlich*

1777 *C. I. 4. How Much of the Web is Archived? (2011).*

1778 Ausführlich *C. I. Dauerhafte Existenz von einmal ins Internet gelangten Informationen?* Vgl. insbesondere *C. I. 5. Losing My Revolution (2012).*

1779 *C. II. 1. A) Erleichterte Verbreitung digitaler Informationen in einem offenen System.*

1780 *C. II. 2. Globales Kommunikationsmedium: Strukturelle Hindernisse und Aufhebung von territorialen Grenzen; Hoffmann/Schulz/Borchers,* MMR 2014, 89 (95): *„Insofern muss man anerkennen, dass die Steuerungsfähigkeit des Nationalstaats in einer globalisierten Welt begrenzt ist; wer die Vorteile der Globalisierung, der zunehmenden Vernetzung, der auf Ubiquität und Raum- und Zeitunabhängigkeit basierenden Dienste nutzt, muss sich im Gegenzug vergegenwärtigen, dass er nicht in gleicher Weise Schutz des Staates beanspruchen kann wie in rein nationalen Sachverhalten.“*

1781 *C. II. 3. B) Der Streisand-Effekt.*

davon gesprochen werden, das Internet – und somit jeder, der dazu Zugang hat – vergesse nichts."[1782]

Neben der größten Gefahrenquelle bilden die Suchmaschinen zugleich den effektivsten Ansatzpunkt für die Gewährleistung von Vergessenwerden im Internet.[1783] Anstelle des ambitionierten, aber i.E. aussichtslosen Versuchs, eine Information über die Vergangenheit eines Menschen samt all ihrer im Netz existierenden Kopien zu beseitigen, bietet sich der von der *ENISA* angeregte Suchmaschinenansatz an, welcher von größerem Pragmatismus geprägt ist.[1784] Ohne eine Suchfunktion zur Hand zu haben, wird das Aufspüren einzelner Informationen im Datenozean für die meisten Menschen unmöglich.[1785] Wer z.B. bei der Eingabe des Namens *Costeja Gonzalez* nicht direkt auf die Jahre zurückliegende Berichterstattung der *La Vanguardia* gestoßen wird, der hat deutlich größere Mühe, diese aufzufinden. Um Menschen im 21. Jahrhundert eine Chance auf das Vergessen ihres früheren Scheiterns zu bewahren und ihre selbstbestimmte Persönlichkeitsentwicklung zu sichern, müssen Mechanismen bereitstehen, die die Verbreitung von Informationen über die Vergangenheit zumindest erschweren können.

3. Das Google-Urteil: Ein großer Schritt für das Vergessenwerden innerhalb der Union und die zweite Chance im Internet

Von Pragmatismus war auch die Herangehensweise des EuGH im *Google-Urteil* geprägt, welches dem von der *ENISA* angeregten Suchmaschinenansatz rechtlichen Nachdruck verlieh. Indem er auf der Ebene der Suchmaschinen ansetzte, unterstrich der EuGH eindrucksvoll die Flexibilität der Datenschutzrichtlinie und ihre Anwendbarkeit auf Kommunikationsformen, deren Verbreitung bei Verabschiedung

1782 *DIVSI*, Das Recht auf Vergessenwerden, Seite 15 f.

1783 *C. IV. Zwischenfazit: Delisting – Schlechtester Weg zum Vergessenwerden im Internet, abgesehen von allen anderen?*

1784 Ausführlich *C. III. ENISA – Ein pragmatischer Weg zum Vergessenwerden im Internet?*

1785 Vgl. bereits *B. II. 1. A) Ubiquität und Bedeutung der Suchmaschinen.*

der Richtlinie nicht einmal vorhersehbar war.[1786] Begrüßenswert am *Google-Urteil* ist zunächst die Separation der eigenständigen Datenverarbeitungen von Quellwebseiten- und Suchmaschinenbetreibern, welche unterschiedliche Gefahrenpotentiale mit sich bringen und folgerichtig getrennten Bewertungen unterworfen werden. Gleichsam begrüßenswert ist auch die vom EuGH zementierte Möglichkeit, Suchmaschinenbetreiber seitens des Betroffenen direkt zu Einschränkungen in der Reichweite personenbezogener Suchanfragen zu veranlassen.

Im *Google-Urteil* stützte sich der EuGH auf seit langem bestehende Vorgaben der Datenschutzrichtlinie, welche mit den grundrechtlichen Wertungen der Art. 7, 8 GRCh aufgeladen wurden.[1787] Ein „neues" Grundrecht auf Vergessenwerden wurde dadurch, anders als z.T. angenommen, nicht geschaffen.[1788] Zum einen erfolgten die EuGH-Ausführungen zur Datenschutzrichtlinie allein im Zusammenhang mit den Besonderheiten der Tätigkeit von *Google*, wodurch eine Übertragung auf Bereiche außerhalb der Suchmaschinentätigkeit weitgehend ausscheidet.[1789] Zum anderen war eine Neuschöpfung als Reaktion auf die Gefahren der Suchmaschinentätigkeit nicht erforderlich, da die moderne Bedrohungslage im Rahmen bestehender grundrechtlicher Gewährleistungen eingefangen werden konnte. Die Möglichkeit, aus Ergebnislisten zu verschwinden, kann aus dem Anspruch des Einzelnen abgeleitet werden, die eigene Persönlichkeit entwickeln zu dürfen und dabei unter Umständen auch einen Rückzug aus dem öffentlichen Blickfeld antreten zu können.[1790] Das *Google-Urteil* ist treffender als „*konsequente Weiterentwicklung*" des bestehenden Rechts und der bisherigen EuGH-Rechtsprechung zu beschreiben.[1791]

Zur Beantwortung der Frage, ob ein Recht auf Vergessenwerden Bestandteil geltenden Europarechts ist, leistete das *Google-Urteil* selbst wenig Aufschluss, was der vom EuGH an den Tag gelegten Zurückhal-

---

1786 *Kühling/Martini*, EuZW 2016, 448 (454).
1787 *Boehme-Neßler*, NVwZ 2014, 825 (828).
1788 *D. III. 5. C) Zwischenfazit.*
1789 *D. III. 5. B) CC) Besonderes Gefahrenpotential der Suchmaschinentätigkeit.*
1790 *D. III. 5. A) „Neues" Grundrecht?*
1791 *D. III. 7. A) Konsequente Anwendung des bestehenden Datenschutzregimes und grundsätzlich begrüßenswerter Direktanspruch gegen Suchmaschinenbetreiber*; *Nolte*, NJW 2014, 2238 (2238).

tung im Gebrauch dieses Begriffes geschuldet ist, der nur bei der Wiederholung der Vorlagefrage Verwendung fand.[1792] Die Auslegung der Art. 12 lit. b) i.V.m. Art. 6 Abs. 1 lit. c) – e), 7 lit. f) DSRL im Lichte der Grundrechte-Charta mag mit „Recht zur Linkunterdrückung“[1793] sowohl sprachlich als auch in ihrer Umsetzung präziser beschrieben sein – in seiner Wirkung kann der *Delisting*-Anspruch aber darauf hinauslaufen, dass Informationen über eine Person in Vergessenheit geraten.

Das Vergessenwerden einer Information verlangt nicht, dass diese samt aller vorhandenen Kopien aus dem Internet beseitigt wird. Eine Information kann bereits als vergessen bezeichnet werden, wenn das Wissen um ihren Aufenthaltsort verloren ist.[1794] Die Herbeiführung ebendieses Zustandes wird mit dem *Google-Urteil* möglich: Verstreute Informationen über die Vergangenheit eines Menschen sind deutlich schwerer auffindbar, wenn die Namenseingabe bei *Google* & Co. sie nicht mehr zu Tage fördert.[1795] Durch die Möglichkeit, von einem Suchmaschinenbetreiber zu verlangen, mit bestimmten Aspekten der Vergangenheit allein gelassen zu werden, wird der allgegenwärtige und aufwandslose Zugriff der Öffentlichkeit auf die eigene Vergangenheit erheblich eingeschränkt.[1796] Das auf der seit langem bestehenden, im Lichte der Grundrechte-Charta ausgelegten Datenschutzrichtlinie beruhende *Google-Urteil* hat EU-Bürgern zumindest eine Chance auf Vergessenwerden im Netz ermöglicht („*the decision of the CJEU reinforced digital forgetting*“).[1797]

Ein Recht auf Vergessenwerden auf einen Anspruch auf die spurenlose Tilgung von Informationen zu reduzieren, greift überdies zu kurz. Hinter dem Ruf nach einem Recht auf Vergessenwerden verbirgt

1792 Siehe nochmals *Nolte*, NJW 2014, 2238 (2240); *Leutheusser-Schnarrenberger*, in: *DIVSI*, Das Recht auf Vergessenwerden, Seite 18.

1793 Vgl. erneut *Kuner*, LSE Working Papers 3/2015, Seite 7.

1794 *Bannon*, CoDesign Vol. 2, Nr. 1, 2006, 3 (6); *Mayer-Schönberger*, Delete – The Virtue of Forgetting in the Digital Age, Seite 19.

1795 *D. III. 6. C) Wiederentdeckung eines in der Datenschutzrichtlinie verankerten Instruments.*

1796 *D. III. 6. B) Digitales Oblivion durch Aufhebung der Ubiquität von Informationen; D. III. 6. C) Wiederentdeckung eines in der Datenschutzrichtlinie verankerten Instruments.*

1797 *Iglezakis*, The Right To Be Forgotten in the Google Spain Case (case C-131/12): A Clear Victory for Data Protection or an Obstacle for the Internet?, Seite 4.

sich nach diesseitigem Verständnis die Forderung, dass der Einzelne eine Chance erhält, auch in einem Zeitalter, in dem Informationen über seine Vergangenheit ubiquitär verfügbar sind, über die Vergangenheit hinauswachsen zu dürfen. Nur die Chance auf eine nicht von der allgegenwärtigen Vergangenheit versperrte Persönlichkeitsentwicklung, nicht aber die beliebige Manipulation der Vergangenheit, nicht die isolierte Beseitigung einer Information und nicht die Unterbrechung des freien Kommunikationsflusses kann Ziel und Sinngehalt des Rechts auf Vergessenwerden sein.[1798] Dort, wo die Chance Fehler zu machen und in der Zukunft über diese hinauswachsen zu können nicht mehr gewährleistet ist, kann die freie Kommunikation als solche gefährdet sein. Muss man wie in einem allgegenwärtigen Panoptikum befürchten, von früheren Äußerungen noch Jahre später eingeholt zu werden, könnte es infolge eines *chilling effects* zur Zurückhaltung im Gebrauch eigener Kommunikationsfreiheiten kommen.[1799] Bei sorgfältiger und vorsichtiger Ausgestaltung kann das Recht auf Vergessenwerden nicht nur Garant der zweiten Chance im Internet sein, sondern zugleich eine Umgebung schaffen, in der Einzelne nicht von der Furcht um unabsehbare künftige Folgen vom Gebrauch der Kommunikationsfreiheiten abgehalten werden.

Die Möglichkeit des Direktanspruchs gegen Suchmaschinenbetreiber ist als solche grundsätzlich begrüßenswert, doch trifft dies nicht in gleichem Maße für das Postulat des im Regelfall überwiegenden Persönlichkeitsschutzes zu. Bei der Ermöglichung von Vergessenwerden im Internet ist ein schwieriger Balanceakt zu bewerkstelligen, da an dieser Stelle Kommunikationsfreiheiten und Persönlichkeitsschutz einerseits miteinander im Konflikt stehen, andererseits aufeinander aufbauen. Bei der Begründung einer Vorrangstellung zugunsten der Rechte aus Art. 7 und 8 GRCh wird dieses komplexe Verhältnis ver-

1798 *D. III. 6. A) Zielsetzung eines Rechts auf Vergessenwerden.*

1799 *B. II. 2. C) Bedrohung der selbstbestimmten Persönlichkeitsentwicklung; B. II. 3. B) Chilling Effect – Abschreckungswirkung zulasten der Kommunikationsfreiheit? D. III. 4. B) BB) AAA) Allgegenwärtiges Panoptikum; Koreng/Feldmann*, ZD 2012, 311 (313).

kannt.[1800] Auch eignet sich die Begründung einer Vorrangstellung nicht zur Herbeiführung der praktischen Konkordanz kollidierender Grundrechte.[1801] Es ist dem EuGH zwar zuzugeben, dass derjenige, in dessen Vergangenheit mittels personenbezogener Suchanfragen allgegenwärtig Einblicke möglich werden, eine Beeinträchtigung erheblichen Gewichts erfährt.[1802] Ein Recht auf Vergessenwerden kann aber niemals absolute Geltungskraft beanspruchen:

> *„Doch das Interesse am Vergessen kann in einer freiheitlichen Demokratie keinen absoluten Schutz genießen, denn es kollidiert mit berechtigten Informationsansprüchen, die essentiell für den öffentlichen Meinungsdiskurs sind. Das Ergebnis eines absoluten Vergessens wäre kein Segen, „nicht befreiende Erinnerungslosigkeit, sondern es wäre Verschwommenheit, Ungewissheit, wäre eine partielle Rückkehr zum Glauben und Ahnen". Ein solcher Ansatz wäre geradezu „antiaufklärerisch".*[1803]

So wie Vergessen und Erinnerung, so stehen auch Persönlichkeitsschutz und Kommunikationsfreiheiten in einer engen Verbindung.[1804] Wird dem Einzelnen kein Vergessen früheren Scheiterns gewährt, wird er nicht nur in der Entwicklung seiner Persönlichkeit behindert, sondern auch zurückhaltender von seinen Kommunikationsfreiheiten Gebrauch machen und in geringerem Maße am Diskurs der offenen Gesellschaft partizipieren. Wird seinem Wunsch nach Vergessen dagegen jederzeit entsprochen, wird er aus der Verantwortung für die von ihm getroffenen Entscheidungen entlassen.[1805] Belange der Kommunikationsfreiheiten sind gleichberechtigt neben den Interessen der Betroffenen in die Abwägung der verschiedenen Interessen am über Suchmaschinen vermittelten Informationszugang einzubeziehen.[1806]

1800 Ausführlich *D. III. 5. B) Angemessenheit des generellen Überwiegens des Persönlichkeitsschutzes? D. III. 4. B) CCC) Zwischenfazit: Gleichberechtigung von Persönlichkeitsschutz und Kommunikationsfreiheit*; ferner *D. III. 7. B) Gleichberechtigte Einbeziehung der Kommunikationsfreiheiten zwingend erforderlich.*

1801 *D. III. 5. B) AA) Strukturelles Defizit: Gewährleistung praktischer Konkordanz durch Beründung einer Vorrangstellung?*

1802 *D. III. 4. A) AA) BBB) Beeinträchtigung des geschützten Bereichs durch die Suchmaschinentätigkeit.*

1803 *Buchholtz*, AöR 2015, 121 (126).

1804 *B. II. 2. C) Bedrohung der selbstbestimmten Persönlichkeitsentwicklung.*

1805 *B. II. 2. C) Bedrohung der selbstbestimmten Persönlichkeitsentwicklung.*

1806 *Holznagel/Hartmann*, MMR 2016, 228 (231); *D. III. 4. B) CCC) Zwischenfazit: Gleichberechtigung von Persönlichkeitsschutz und Kommunikationsfreiheit*; ferner

Bei aller Kritik an der Vorgehensweise des EuGH und der in die Jahre gekommenen Datenschutzrichtlinie sollte aber stets berücksichtigt werden, dass dieser einerseits einen äußerst komplexen Interessenkonflikt auflösen musste und anderseits zu einer Zeit, als der Abschluss der Datenschutzreform wieder und wieder auf sich warten ließ, weitgehend das Beste aus dem ihm zur Verfügung stehenden Material gemacht hat.

4. Praktische Umsetzung: Modifizierung nach dem DIVSI-Vorbild

Das *Google-Urteil* markierte für den europäischen Datenschutz einen bedeutenden Schritt nach vorne und gewährt Betroffenen eine Chance darauf, dass ihre Vergangenheit auch im Internet in Vergessenheit geraten kann. Gleichzeitig warf diese Entscheidung auf praktischer Ebene Unklarheiten und Bedenken auf.[1807] Hierzu gehört auch die Frage, in welchem Umfang Suchmaschinenbetreiber auf Wunsch der von ihren Datenverarbeitungen Betroffenen zur Bereinigung von Ergebnislisten verpflichtet sind. Müssen die Betreiber eine beanstandete Information nur regional bei Suchanfragen aus dem EU-Raum aus Ergebnislisten ausblenden oder ist eine so umfängliche Löschung vorzunehmen, dass angegriffene Informationen vollständig aus dem Herrschaftsbereich eines Suchmaschinenbetreibers verschwinden? Da das letztgenannte Verständnis zur Folge haben könnte, dass Informationen auch bei sachbezogenen Suchanfragen nicht länger in Ergebnislisten auftauchen, was einen stärkeren Eingriff in die Kommunikationsfreiheiten bedeuten würde, ist die Verpflichtung eines Suchmaschinenbetreibers mit vollzogenem *Delisting* als erfüllt anzusehen.[1808]

Große Sprengkraft – auch außerhalb der EU – besitzt die Frage nach der angemessenen territorialen Reichweite einer *Delisting*-Entscheidung. Im Verhältnis USA-Europa wird hierbei entweder die Informationsfreiheit innerhalb der USA durch das Vorgehen der franzö-

D. III. 7. B) Gleichberechtigte Einbeziehung der Kommunikationsfreiheiten zwingend erforderlich.

1807 Ausführlich *E. Praktische Umsetzung und Anwendbarkeit.*

1808 *E. I. 2. Delisting-Reichweite: Ausblenden oder vollkommene Aufgabe der Informationsherrschaft?*

sischen Datenschutzbehörde *CNIL* zugunsten des Persönlichkeitsschutzes in der EU belastet, oder der europäische Persönlichkeitsschutz wird zurückhaltender verteidigt, um keine Beeinträchtigungen amerikanischer Nutzer von *Google* und Co. nach sich zu ziehen.[1809] Eine vollends befriedigende Lösung dieses Problems ist derzeit nicht ersichtlich; die Artikel-29-Datenschutzgruppe und der Sachverständigenrat haben an dieser Stelle entgegengesetzte Empfehlung ausgesprochen.[1810] Auch wenn ein regional beschränktes Vorgehen, d.h. das Ausblenden von Suchergebnissen allein bei aus dem europäischen Raum gestarteten personenbezogenen Suchanfragen, mit einer geringeren Effizienz einhergeht, welche auch durch *Geoblocking* nicht vollständig ausgeglichen werden kann, ist diese Herangehensweise dem Verhalten der *CNIL* vorzuziehen.[1811]

Die für diese Arbeit zentrale Entscheidung des EuGH hat auch die Furcht vor einer Zensur durch Private geweckt. Es wird vehement kritisiert, dass sich infolge des *Google-Urteils* die Rechtsdurchsetzung auf private Suchmaschinenbetreiber verlagert und diese darüber entscheiden, welche Informationen im Netz über personenbezogenen Suchanfragen auffindbar sind und welche ausgeblendet werden.[1812] Hierbei gilt es jedoch zu bedenken, dass es sich bei dem Konflikt zwischen einem Suchmaschinenbetreiber und dem von seiner Datenverarbeitung Betroffenen im Ausgangspunkt um den Konflikt zweier Privatrechtssubjekte handelt, so dass die zunächst innerhalb dieses Verhältnisses erfolgende Entscheidungssuche nicht ungewöhnlich ist.[1813] Auch geht die größte Gefährdung für die Fortentwicklungsfähigkeit des Einzelnen auf die Ubiquität von Informationen aus seiner Vergangenheit zurück – dafür, dass Informationen ubiquitär verfügbar wer-

---

1809 *E. I. 3. Territoriale Reichweite: Regionales oder globales Delisting?*

1810 *E. II. 3. A) BB) Weitere prozessuale Aspekte*; *The Advisory Council to Google on the Right to be Forgotten*, Seite 19; *E. II. 3. B) BB) Weitere prozessuale Aspekte*; Guidelines on the implementation of the Court of Justice of the European Union judgment on "Google Spain and Inc v. Agencia Española de Protección de Datos (AEPD) and Mario Costeja González" C-131/12, Seite 3, 9.

1811 *E. I. 3. Territoriale Reichweite: Regionales oder globales Delisting?*

1812 *E. II. 2. Auflösung des Interessenkonflikts durch ein Tribunal privater Philosophenkönige?*

1813 *Luch/Schulz/Kuhlmann*, EuR 2014, 698 (710). Vgl. ferner *The Advisory Council to Google on the Right to be Forgotten*, Seite 18, 25.

den, zeichnen sich die Betreiber von Suchmaschinen verantwortlich.[1814] Es ist daher nur konsequent, den Hebel zur Sicherung der Fortenwicklungsfähigkeit am primären Gefahrenherd anzusetzen.

Überdies lässt sich nicht allein aus der Tatsache, dass es sich bei Suchmaschinenbetreibern um Private handelt, darauf schließen, dass diese zur Abwägung zwischen fundamentalen Interessen grundsätzlich ungeeignet sind.[1815] Gerade die Bemühungen von *Google*, die bis zur Anrufung eines Sachverständigenrates reichten, zeigen, dass sich auch Private der Tragweite dieser Aufgabe bewusst sein können und die Furcht vor der Errichtung eines automatisierten Löschungssystems verfrüht war.[1816] Dass in erster Linie *Google* und andere Suchmaschinenbetreiber über *Delisting*-Eingaben entscheiden, bedeutet nicht das Ende der freien Kommunikation im Internet. Ganz gleich ob der Interessenwiderstreit um den zentralen Informationszugang im Internet in private oder staatliche Hände gegeben wird, muss bedacht werden, dass bei Mechanismen zum zwangsweisen Vergessenwerden von Informationen im Netz eine Missbrauchsgefahr besteht.[1817] Zusätzliche Sicherheit und einen Beitrag zum Abbau der bestehenden Vorbehalte gegen die Beteiligung Privater könnte hier die Berücksichtigung des *DIVSI*-Vorschlags leisten, welcher zwischen privater und staatlicher Entscheidungsfindung eine Schiedsstelle zwischenschalten will.[1818] Neben der Ermöglichung zusätzlichen Rechtsschutzes würden damit auch die Kommunikationsfreiheiten prozessual gestärkt, da der ebenfalls von einer *Delisting*-Entscheidung betroffene Quellwebseitenbetreiber vom unbeteiligten Zuschauer in die Rolle eines aktiv am Verfahren Beteiligten aufrücken würde. Da bereits der Vorschlag des deutschen Bundesinnenministeriums zur Verankerung einer Schlichtungsstelle keine Aufnahme in die Datenschutzgrundverordnung erfahren

1814 *B. II. 1. A) Ubiquität und Bedeutung der Suchmaschinen.*

1815 *E. II. 2. Auflösung des Interessenkonflikts durch ein Tribunal privater Philosophenkönige?*

1816 *E. II. 2. Auflösung des Interessenkonflikts durch ein Tribunal privater Philosophenkönige?*

1817 Vgl. erneut *Gerling/Gerling*, DuD 2013, 445 (446); *Tanriverdi*, in: *DIVSI*, Das Recht auf Vergessenwerden, Seite 74; *E. III. 3. A) Modifikation statt Aufgabe des Google-Standards.*

1818 *E. III. 1. DIVSI-Ansatz: Ergänzung des Delisting-Verfahrens um eine nachgeschaltete Schiedsstelle.*

hat,[1819] ist jedoch nicht damit zu rechnen, dass dem *DIVSI*-Vorschlag ein anderes Schicksal beschieden sein wird und er in den ersten Jahren des neuen Datenschutzregimes Berücksichtigung erfährt.

Auch wenn bei den drei großen Suchmaschinen *Google*, *Yahoo* und *Bing* von ausreichenden finanziellen wie personellen Ressourcen zur Bewältigung der vom *Google-Urteil* aufgeworfenen Herausforderung – der Errichtung von *Delisting*-Systemen – auszugehen ist, muss dies nicht in gleicher Weise für kleinere Suchmaschinenbetreiber gelten.[1820] Abhilfe können hier z.T. die Vorarbeiten der Artikel-29-Datenschutzgruppe und des Sachverständigenrates schaffen, etwa indem sie Richtlinien für die Auflösung von Interessenkonflikten vorgeben. Hiervon profitieren kleinere und wenig finanzstarke Suchmaschinenanbieter in besonderem Maße, da ihnen auch dann, wenn sie finanziell nicht dazu imstande sind, die Ausarbeitung eines Kriterienkatalogs durch Sachverständige zu tragen, Orientierungshilfen zur Verfügung stehen.[1821]

5. Geringe Aussichten für eine gemeinsame transatlantische Initiative

Das Internet ist ein grenzüberschreitendes Medium und wirft Probleme globaler Natur auf, was Lösungsversuchen im nationalstaatlichen Alleingang geringe Aussichten auf Erfolg zuteilwerden lässt.[1822] Es hat sich bei dem im fünften Teil der Arbeit (*F. Clash of Civilizations – Chancen einer transatlantischen Initiative*) gewagten Blick über den europäischen Tellerrand hinaus gezeigt, dass eine weitere populäre

1819 *DIVSI*, Das Recht auf Vergessenwerden, Seite 113.

1820 House of Lords, 2nd Report of Session 2014–15, *EU Data Protection law: a 'right to be forgotten'?*, Rn. 34 f.; *DIVSI*, Das Recht auf Vergessenwerden, Seite 26; *Dobusch*, Netzpolitik.org, 14. Mai 2014, „*Kommentar zum EuGH-Urteil: Zuviel des Guten – Privatisierte Rechtsdurchsetzung auf dem Vormarsch*"; *D. III. 4. B) BB) CCC) Behinderung der Suchmaschinentätigkeit.*

1821 Unter Bezugnahme auf die von *Google* angestoßene Arbeit des Sachverständigenrates so *Spiecker*, in: *DIVSI*, Das Recht auf Vergessenwerden, Seite 81; zu den einzelnen Vorschlägen vgl. *E. II. 3 A) Sachverständigenrat* und *E. II. 3. B) Artikel-29-Datenschutzgruppe.*

1822 *C. II. 2. Globales Kommunikationsmedium: Strukturelle Hindernisse und Aufhebung von territorialen Grenzen.*

Vorstellung – der geringe Stellenwert für Privatsphäre- und Persönlichkeitsbelange in den USA – nicht haltbar ist. Sowohl der US-amerikanischen Bundesverfassung als auch den Verfassungen einzelner Bundesstaaten sind *Privacy*-Gewährleistungen zu entnehmen,[1823] welche um ein Geflecht von *Common-* und *Statute Law*-Mechanismen ergänzt werden.[1824] Insbesondere mit dem *public disclosure tort* und dem FCRA wurde auch in den USA zu verhindern versucht, dass Informationen aus der Vergangenheit eines Menschen wiederaufleben und diesem in der Gegenwart zum Schaden gereichen können.[1825]

Allerdings droht der vom FCRA gewährte Schutz durch die Tätigkeit von Suchmaschinenbetreibern ausgehöhlt zu werden.[1826] Um den *public disclosure tort* ist es nicht besser bestellt: der erste Verfassungszusatz genießt in den USA einen derart hohen Stellenwert, dass er den bestehenden Privacy-Schutz in vielen Fällen überlagert, wie insbesondere die *Florida Star-Entscheidung* verdeutlicht. Wo selbst der Schutz von Opfern sexueller Gewalt zur Begründung eines staatlichen Interesses von höchstem Rang – welches die Sanktionierung von Veröffentlichungen zulässig gewonnener Informationen erlauben würde[1827] – nicht ausreicht, dort wird es schwer, sich Voraussetzungen auszumalen, unter denen ein Recht auf Vergessenwerden funktionieren kann. Auch wenn er als *„the closest thing in American law to a right to be forgotten"*[1828] beschrieben wird, bietet der *public disclosure tort* in einer Ausgangssituation, wie sie dem *Google-Urteil* zugrunde lag, keinen Schutz; eine Lösung nach europäischem Vorbild wäre mit den Prinzipien der *Florida Star-Entscheidung* unvereinbar.[1829] Ergebnislisten genießen umfassenden Schutz durch den ersten Verfassungszusatz, wel-

1823 *F. I. 2. A) Privacy-Schutz auf Verfassungsebene*; zum Privacy-Schutz in den einzelnen Verfassungen der Bundesstaaten vgl. *Ambrose/Ausloos*, JOIP Vol. 3, 2013, 1 (8).

1824 Ausführlich unter *F. I. 2. B) AA) Privacy-Schutz im Common und Statute Law.*

1825 *F. I. 2. B) AA) DDD) Zwischenfazit.*

1826 *Antani*, The Resistance of Memory: Could the European Union's Right to be Forgotten Exist in the United States?, Seite 23; *F. I. 2. B) AA) DDD) Zwischenfazit.*

1827 *F. I. 2. B) AA) AAA) (B) Florida Star v. B.J.F*; *Florida Star v. B.J.F.*, 491 U.S. 524, 541 (1989).

1828 *Werro*, in: Liability in the third millennium, Seite 292.

1829 *McCarthy*, GRUR Int. 2016, 604 (609 f.); vgl. auch *Ambrose*, Speaking of Forgetting: Analysis of Possible Non-EU Responses to the Right to Be Forgotten and cher Suchmaschinenbetreibern, dies zeigt das Bsp. *Baidus*, einen bis zur gezielten Informationsunterdrückung reichenden Spielraum verschafft.[1830]

Hoffen lässt aber zum einen, dass innerhalb der US-amerikanischen Bevölkerung durchaus Sympathien für die Idee eines Rechts auf Vergessenwerden zu erkennen sind.[1831] Zum anderen beweist auch die Herangehensweise des kalifornischen Gesetzgebers, dass innerhalb der USA Problembewusstsein für die Begleiterscheinungen des Internets vorhanden ist. Dem *Eraser Button-System* könnte zum Vorteil gereichen, dass ein Recht auf Vergessenwerden innerhalb der USA nur dort erfolgreich sein kann, wo es auf der Freiheit zu schweigen aufbaut, und die Initiative des kalifornischen Gesetzgebers an dieser Stelle ansetzt.[1832] Allerdings ist die Reichweite des *Eraser Button-Systems* begrenzt und ermöglicht anders als eine *Delisting*-Entscheidung nach europäischem Vorbild keine direkte Antwort auf das Problem der Ubiquität.[1833]

Wie der Streit zwischen der französischen Datenschutzbehörde *CNIL* und *Google* – und damit das direkte Aufeinandertreffen unterschiedlicher europäischer und US-amerikanischer Ansichten – verdeutlicht, sind die Aussichten eines sowohl für die europäische als auch die US-amerikanische Seite akzeptablen gemeinsamen Ansatzes zur Gewährleistung einer Chance auf Vergessenwerden im Internet bestenfalls gering, bei einer realistischeren Betrachtungsweise sind sie nicht vorhanden.

Speech Exception, Seite 11 ff.; *F. I. 2. B) AA) DDD) Zwischenfazit*; *F. II. 1. Der erste Verfassungszusatz – ein unüberwindbares Hindernis?*

1830 *F. 2. B) AA) BBB) Schutz des ersten Verfassungszusatzes für Ergebnislisten?*

1831 Vgl. erneut http://www.softwareadvice.com/security/industryview/right-to-be-forgotten-2014/; *F. II. 2. Ausblick: Kalifornien als Hofnungsschimmer für eine mögliche Zusammenarbeit.*

1832 *F. I. B) BB) BBB) (C) Perspektiven des Eraser Button-Systems*; *F. II. 2. Ausblick: Kalifornien als Hofnungsschimmer für eine mögliche Zusammenarbeit.*

1833 *F. 2. B) BB) BBB) (C) Perspektiven des Eraser Button-Systems.*

II. Eine Chance auf Vergessenwerden im Internet

Die primäre Zielsetzung dieser Arbeit war die Suche nach einer Antwort auf die Frage, ob innerhalb des Unionsrechts ein Recht auf Vergessenwerden existiert, wodurch eine Auseinandersetzung mit dem *Google-Urteil* unerlässlich wurde. Beginnend am Tag seiner „Geburt" löste diese Entscheidung die unterschiedlichsten Reaktionen aus;[1834] in der vielleicht treffendsten Beschreibung wurde in der Entscheidung der Vorbote des (künftigen) europäischen Datenschutzregimes erkannt.[1835] Nach der Betrachtung der nunmehr verabschiedeten Datenschutzgrundverordnung ist dieser Sichtweise beizupflichten. Der EuGH hat am 13. Mai 2014 den Grundstein für ein *Delisting*-Regime gelegt, mit dem der Einzelne teilweise aus den Ergebnislisten der Suchmaschinen verschwinden kann. Dieses *Delisting*-Regime wird unter der Datenschutzgrundverordnung fortbestehen[1836] und einen stärkeren Geltungsanspruch erheben.[1837]

Die *Delisting*-Lösung dockte am „alten" Datenschutzregime an und wurde durch den EuGH mit Wertungen der Grundrechte-Charta aufgeladen, doch ein neues Grundrecht auf Vergessenwerden hat der Gerichtshof damit nicht geschaffen.[1838] Bedeutet dies, dass mit dem verbleibenden Recht auf Linkunterdrückung[1839] kein Recht auf Vergessenwerden einhergeht? Nach der Auffassung des Verfassers ist dieser Sichtweise entschieden entgegenzutreten. Der EuGH mag „nichts weiter" getan haben, als das alte Instrument eines bestehenden Datenschutzsystems einer modernen Interpretation zu unterziehen[1840] –

1834 *D. IV. 3. Fortbestand des Suchmaschinen-Ansatzes unter dem neuen Datenschutzregime.*

1835 *Kuner*, LSE Working Papers 3/2015, Seite 20: *„The judgment is a harbinger of the future of EU data protection law under the Lisbon framework and the proposed EU General Data Protection Regulation."*

1836 *D. IV. 3. Fortbestand des Suchmaschinen-Ansatzes unter dem neuen Datenschutzregime.*

1837 So sind z.B. konkretisierende Ausgestaltungen des Prinzips der Zweckbindung für den nationalen Gesetzgeber nicht länger möglich, *Ziegenhorn/von Heckel*, NVwZ 2016, 1585 (1589); *D. IV. 2. Evolutionärer Wandel.*

1838 *D. III. 5. Geburtsstunde eines Grundrechts auf Vergessenwerden?*

1839 *Kuner*, LSE Working Papers 3/2015, Seite 7.

1840 *D. III. 6. C) Wiederentdeckung eines in der Datenschutzrichtlinie verankerten Instruments.*

herausgekommen ist dabei jedoch eine pragmatische Lösung, die an der entscheidenden Stellschraube für das Vergessenwerden im Internet ansetzt. Diese Sichtweise erfreut sich auch der Unterstützung des Mannes, der im 21. Jahrhundert den Anstoß für die Diskussion über die Vorzüge des Vergessenwerdens lieferte:

> „*Viktor Mayer-Schönberger believes that the European Court has taken an important first step. "It's a pragmatic solution," he said. "The underlying data are not deleted, but the Court has created, in effect, a speed bump." In Germany, he explained, "if you quickly search on Google.de, you'll not find the links that have been removed. But if you spend the extra ten seconds to go to Google.com you find them. You are not finding them accidentally, and that's as it should be. This speed-bump approach gives people a chance to grow and get beyond these incidents in their pasts.*"[1841]

Wer jederzeit an die Vergangenheit erinnert wird und an dieser gemessen werden kann, für den rückt die Chance zur Fortentwicklung der eigenen Persönlichkeit und auf die Anerkennung seines Umfeldes für die gezogenen Lehren aus den Fehlern der Vergangenheit in weite Ferne. Für das allzu leichte Wiederaufleben der Vergangenheit ist nicht primär die Anhäufung größerer und immer länger existierender Datenberge verantwortlich, sondern die für jedermann gegebene Möglichkeit, durch die Eingabe eines Namens aufwandslos in die Vergangenheit des Namensträgers einzutauchen, sofern diese einmal ihren Weg ins Internet gefunden hat.[1842] Dank der passenden Vorlagefragen hat der EuGH mit dem *Google-Urteil* eine Möglichkeit geschaffen, dem drohenden Kampf gegen Windmühlen – der Löschung einer Information von allen sie zur Schau stellenden Webseiten – zu entgehen und stattdessen diejenigen in Anspruch zu nehmen, die für den vereinfachten Informationszugang im Netz verantwortlich sind.[1843] Der Einzelne kann sich nunmehr gegen den aufwandslosen Zugriff der Öffentlichkeit auf seine Vergangenheit zur Wehr setzen und diesen in gewissen Grenzen unterbrechen. Der Fokus auf die Gatekeeper der modernen Informationsgesellschaft ist i.E. richtig und zu begrüßen:

1841 *Toobin*, The New Yorker, 29. September 2014, „*The Solace of Oblivion*".

1842 *C. I. 6. B) Notwendigkeit zur Unterbrechung des allgegenwärtigen Informationsflusses.*

1843 *D. III. 6. B) Digitales Oblivion durch Aufhebung der Ubiquität von Informationen.*

> *„But all of the effort will be wasted if the telltale content has already been copied and pasted elsewhere and then swept into Google's servers. That's why the European court's focus on search results is key—the problem isn't the continuing online existence of the information you want to hide. It's how easy it is to find.*"[1844]

Das *Google-Urteil* ist der Vorbote der zweiten Chance im Internet: Bürger der Union können in begrenztem Umfang ein Recht auf Vergessenwerden geltend machen, welches ihnen eine Chance darauf zurückgibt, über ein früheres Scheitern hinauszuwachsen. Dieses Recht ist bislang weitgehend auf den Raum der Union beschränkt[1845] und wirkt infolge der erforderlichen Interessenabwägung[1846] weder absolut, noch lässt es Informationen über die Vergangenheit eines Menschen völlig aus dem Netz verschwinden.[1847] Wenngleich ein erster Schritt hin zu einer neuen digitalen Erinnerungsökonmie[1848] gewagt wurde, so ist doch zu befürchten, dass sich selbst in einer bewusst von Menschen gestalteten digitalen Umgebung noch immer zahlreiche „Star Wars Kinder" finden werden.[1849] Die Auseinandersetzung mit der Rol-

---

1844 *Posner*, „*We All Have the Right to Be Forgotten*", 14. Mai 2014.

1845 *E. I. 3. Territoriale Reichweite: Regionales oder globales Delisting?*

1846 Umfassend zum bestehenden Interessenkonflikt *D. III. 4. A) Multipolarer Interessenkonflikt.*

1847 *C. IV. Zwischenfazit: Delisting - Schlechtester Weg zum Vergessenwerden im Internet, abgesehen von allen anderen?*

1848 Auf deren Notwendigkeit weist z.B. *Euler* hin, in: *DIVSI*, Recht auf Vergessenwerden, Seite 16: „*Welche Inhalte aus dem Internet erinnert oder vergessen werden, ist zufällig und von technischen, rechtlichen und finanziellen Fragen abhängig, statt von gedächtnispolitischen und strategischen Gesichtspunkten. Wir brauchen eine neue, eine digitale, Erinnerungsökonomie, die interdisziplinär erarbeitet wird. Dies unterstützend, sind die zu schaffenden Rahmenbedingungen rechtlich zu bewerten und abzusichern.*"

1849 Vgl. die Voraussage von *Zittrain*, The Future of the Internet - And How to Stop It, Seite 34: „*The differential between our public and private selves might be largely resolved as we develop digital environments in which views can be expressed and then later revised. Our missteps and mistakes will not be cause to stop the digital presses; instead, the good along with the bad will form part of a dialogue with both the attributes of a small town and a "world where anyone, anywhere may express his or her beliefs, no matter how singular, without fear of being coerced into silence or conformity." Such an environment will not be perfect: there will be Star Wars Kids who wish to retract their private embarrassing moments and who cannot. But it will be better than one without powerful generative instrumentalities, one where the tools of monitoring are held and monopolized by the faceless institutions anticipated and feared in 1973.*"

le von Erinnerung und Vergessen hat eine lange Tradition in der Geschichte der Menschheit.[1850] „[I]*ch erinnere mich auch an das, was ich nicht will, und vergessen kann ich nicht, was ich will*" – so findet sich eine Umschreibung des menschlichen Dilemmas, weder Erinnerung noch Vergessen vollends kontrollieren zu können, bereits in einem Werk *Ciceros*, welcher in jenem Kontrollwunsch zugleich eine gewisse Vermessenheit erkannte.[1851] Auch wenn die mit dem Internet einhergehenden Verwerfungen eine Erscheinung der jüngeren Geschichte bilden, die Erinnerung an bestimmte Aspekte der Vergangenheit durch die Suchmaschinen leichter geworden und der EuGH dieser Entwicklung im *Google-Urteil* mit einem begrenzten Recht auf Vergessenwerden entgegengetreten ist: Der Wunsch jederzeit über Erinnerung und Vergessen gebieten zu können, bleibt im Internetzeitalter so vermessen wie zu Zeiten *Ciceros*.

1850 *A. II. 1. Vergessen – Ein altes Problem in der Geschichte der Menschheit.*
1851 *Cicero*, De finibus bonorum et malorum libri quinque, Seite 99; *A. I. Recht auf Vergessenwerden – Ein Begriff, der Verwirrung stiften sollte.*

FSC
www.fsc.org
MIX
Papier | Fördert gute Waldnutzung
FSC® C083411

Kolibri 360 GmbH
Ferdinand-Jühlke-Straße 7
99095 Erfurt, Deutschland
produktsicherheit@kolibri360.de